Das
Bayerische Jagdgesetz

vom 30. März 1850

Mit den Gesetzen
über den Ersatz des Wildschadens
und
sämtlichen einschlägigen reichs- und landesrechtlichen Bestimmungen

erläutert von

Dr. jur. et rer. pol. Albert Behr
Landgerichtsrat in Regensburg

2. neubearbeitete Auflage

1928
München, Berlin und Leipzig
J. Schweitzer Verlag (Arthur Sellier).

Druck von Dr. F. P. Datterer & Cie., Freising-München
Printed in Germany.

Vorwort der 1. Auflage.

Der Kommentar soll Staats-, Gemeinde- und Privatbeamten sowie Rechtsanwälten, welche sich mit jagdrechtlichen Fragen zu befassen haben, ein brauchbarer Gehilfe, Eigenjagdbesitzern, Jagdpächtern und Grundeigentümern bei der Prüfung aller in ihren speziellen Interessenkreis fallenden Rechtsangelegenheiten ein zuverlässiger Berater sein. Die weitestgehende Behandlung praktischer Fälle will dem juristischen Laien Sinn und Tragweite der einschlägigen Bestimmungen klar machen und deren Anwendung auf „seinen Fall" ermöglichen; die ausgiebige Heranziehung jagdtechnischer Fragen, jagdlicher und naturwissenschaftlicher Fachliteratur soll dem Richter und Verwaltungsbeamten die Beurteilung und Bewertung aller Beweismittel erleichtern. Die umfassende Aufnahme aller, den Jagdbetrieb und Wildbretverkehr auch nur entfernt berührenden zivil-, straf-, verwaltungs-, materiell- und prozeßrechtlichen Vorschriften, die erschöpfende Zitierung und Verwertung der Rechtsprechung und Literatur des Jagdrechts und seiner sämtlichen Nachbargebiete, die vergleichende Berücksichtigung der außerbayerischen, vor allem der preußischen Jagdgesetzgebung, die kritische Besprechung schwebender Fragen und die bestimmte Stellungnahme zu ihnen unter Mitteilung entgegenstehender Meinungen werden es jedem Interessenten ermöglichen, für den konkreten Fall direkten Aufschluß oder doch einen ähnlichen Rechts- und Sachverhalt zu finden. Dem alphabetischen Register ist durch Aufnahme der verschiedensten Stichworte besondere Sorgfalt zugewendet.

Möchte das Buch mit seinem Teile beitragen zur Ausgleichung und Milderung der zwischen dem Jagdbetriebe einerseits, den Interessen der Land-, Forst- und Fischereiwirtschaft, der Industrie, des Gewerbes und Verkehrs andererseits bestehenden, oft ungerecht und unverständig verschärften Gegensätze, zur Erhaltung guten deutschen Waidwerks, das, trotz mancher Anfeindungen, einen nicht zu unterschätzenden Mitkämpfer stellt in dem gewaltigsten Ringen, das je ein Volk um seine wirtschaftliche Existenz und Freiheit gerungen hat.

München, Januar 1918.

Der Verfasser.

Vorwort zur 2. Auflage

Die seit Erscheinen der 1. Auflage eingetretenen einschneidenden Änderungen des Jagdgesetzes, der Jagdpolizeiverordnung, des Stempelgesetzes, des Reichsstrafgesetzbuches, der Reichsstrafprozeßordnung, der Gemeindeordnung (Selbstverwaltungsgesetz) machten eine Neubearbeitung des Kommentars umso notwendiger, als z. Zt. ein, diese Neuerungen berücksichtigendes Werk über die bayerische Jagdgesetzgebung und deren reichs- und landesrechtliche Nachbargebiete überhaupt nicht vorhanden ist. Die verflossenen 10 Jahre haben auch eine Fülle neuer jagdrechtlicher und jagdwirtschaftlicher Fragen und damit eine Reihe von Neuerscheinungen in Rechtsprechung und Schrifttum gebracht, welche in die 2. Auflage erschöpfend hereingezogen und eingearbeitet sind. Unter Beibehaltung des bisherigen Aufbaues mußten deshalb zur Vermeidung einer die Übersichtlichkeit und den Preis nachteilig beeinflussenden Umfangssteigerung mancherlei Kürzungen vorgenommen werden, die jedoch der stofflichen Ausschöpfung des gesamten Rechtsgebietes keinerlei Eintrag tun. Die 2. Auflage geht also, angereichert durch sämtliches Neumaterial der Gesetzgebung, Rechtsprechung und des Schrifttums als eine gründlich umgearbeitete, vervollständigte und verbesserte Wiedergeburt der 1. Auflage in die Öffentlichkeit, der sie ein treuer, verlässiger Berater sein möge.

Regensburg, im Christmond 1927.

Der Verfasser.

Inhaltsverzeichnis.

Literatur- und Abkürzungsverzeichnis.

BayrB. = Der bayer. Bürgermeister, Verwaltungsblatt für die Stadt- und Landgemeinden Bayerns, München.
BGB. = Bürgerliches Gesetzbuch.
BGZ. = Bayer. Gemeindezeitung, Organ f. alle Gemeindeangelegenheiten des rechtsrhein. Bayerns und der Pfalz.
Barlet = Das bayer. Wildschadenrecht von Dr. K. Barlet.
BlfAdmPr. = Blätter für administrative Praxis.
BlfRA. = Seufferts Blätter für Rechtsanwendung.
Boehm-Klein = Kommentar z. bayr. AusfGes. z. BGB.
Brenner = Bayer. Wassergesetz.
DanzerBLR. = M. Danzer, Das bayer. Landrecht.
DJäger = Der Deutsche Jäger, illustr. süddeutsche Jagdzeitung. — J. U.: J. rechtliche Umschau.
DJZ. = Deutsche Juristenzeitung.
EJZ. = Zeitschrift für Jagdrecht, -schutz, -wirtschaft von Ebner, Berlin (1907 und 1908).
Fischer-Henle = Handausgabe des BGB. und EinfG. mit Erläuterungen.
ForstwZBl. = Forstwirtschaftliches Zentralblatt.
Frank = Kommentar zum Reichsstrafgesetzbuch, 17. Aufl. 1926.
Gereke = Gereke-Pressel, Wildschadenersatz.
Goercke = Die preußische Jagdordnung vom 15. Juli 1907.
GoltdA. = Archiv f. Strafrecht und -prozeß von Goltdammer.
Harster-Cassimir = Bayer. Wassergesetz.
Henle-Schneider = Die bayer. AusfGes. z. BGB., Handausgabe.
Hubertus = St. Hubertus, Zeitschrift für Jagd, Fischerei und Naturkunde, Koethen.
Johow = Jahrbuch für Entscheidungen des Kammergerichts.

JW.	= Juristische Wochenschrift, Organ des deutschen Anwaltsvereins, Hrsg. v. Neumann.
KG.	= Entscheidungen des Kammergerichts.
OLG. Mü.	= Sammlg. v. Entscheidungen des K. Oberlandesgerichts München in Strafsachen.
ObersttGH.	= Dsgl. des K. bayer. Obersten Gerichtshofs: St. = in Strafsachen; Z. = in Zivilsachen.
ObersttLG.	= Dsgl. des bayer. Obersten Landgerichts.
Oertmann	= Bayer. Landesprivatrecht.
Olsh.	= Olshausen, Strafgesetzbuch, Kommentar, 7. Aufl.
Opph	= Oppenhoff, Strafgesetzbuch, Kommentar 1902.
Planck	= BGB., Kommentar.
Pollw.	= Pollwein, Ausübung der Jagd, 10. Aufl. 1923.
Dr. Pollw.	= Dr. Pollwein, Übertragung des Jagdpachtes.
Proegel	= Verwaltungspraxis und Bürgermeisteramt, Tit. 43, Roesch, Jagdwesen, 1913.
Recht	= „Das Recht“ Umschau f. d. deutschen Juristenstand.
Reger	= Entscheidungen der Gerichte und Verwaltungsbehörden.
Reger-Dames	= Polizeistrafgesetzbuch.
Rörig	= Jagd, Wild und Bodenkultur.
RG.	= Entscheidungen des Reichsgerichts: St. = Strafsachen; Z. = Zivilsachen; Rspr. = Rechtsprechung.
ROHG.	= Entscheidungen des Reichsoberhandelsgerichts.
Rspr. OLG.	= Mugdan, Entscheidungen der Oberlandesgerichte.
SeuffA.	= Seufferts Archiv für Entscheidungen der obersten Gerichte i. d. deutschen Staaten.
Schüllerm.	= Schüllermann, Jagdgesetz.
Schulz	= Schulz, Jahrbuch für Entscheidungen des Kammergerichts.
Simon	= Der Wildschaden; seine rechtl. Behandlung, Ermittelung u. Bestimmung im Königreich Preußen v. K. Simon 1912.
Staud.	= Staudinger, Kommentar z. BGB.
Stengel	= Reichsviehseuchengesetz.
Stengl.	= Stenglein, Zeitschrift f. Gerichtspraxis u. Rechtswissenschaft.
Sutner	= Polizeistrafgesetzbuch.

VGH. = Entscheidungen des Verwaltungsgerichtshofs.
VGG. = Verwaltungsgerichtshofgesetz.
Wirsch. = Wirschinger, Jagdrecht des Königreichs Bayern.
ZfRpfl. = Zeitschrift f. Rechspflege in Bayern.

Sonstige Abkürzungen:

E. = Ergänzungsband.
GVBl. = Gesetz- und Verordnungsblatt.
RegBl. = Regierungsblatt.
KrABl. = Kreisamtsblatt
KAV. = Königliche Allerhöchste Verordnung.
Bek. = Bekanntmachung.
Entschl. = Entschließung.
VV. = Vollzugsvorschriften.
JPV. = Jagdpolizeiordnung.
JG. = Jagdgesetz.
JGG. = Jugendgerichtsgesetz
FG. = Fischereigesetz.
WG. = Wassergesetz.
MBl. = Ministerialamtsblatt: JMBl. = der Justiz; MBlJ. = des Innern; VMBl. = des Verkehrsministeriums.
Mot. = Motive (z. B. zum Entwurf eines BGB.).
Prot. = Protokolle der Kommission f. d. 2. Lesung des BGB.
SVG. = Selbstverwaltungsgesetz
V.d.K.d.A. = Verhandlungen der Kammer der Abgeordneten.
V.d.K.d.R. = Verhandlungen der Kammer der Reichsräte.
Sten.Ber. = Stenographischer Bericht des Reichstags (des Landtags).

Wortzusammensetzungen mit „Jagd-“ (z. B. pacht) sind abgekürzt „J.“ (z. B. J.pacht).

Bei Zitierung von Entscheidungen ist die Bandzahl groß, die Seitenzahl durch eine daneben gesetzte kleine Zahl bezeichnet: „RGSt. 1,52“ = Entscheidungen des Reichsgerichts in Strafsachen Band 1 Seite 52 der Sammlung.

Bei Zitaten aus Zeitschriften ist entweder die Jahrzahl oder der Jahrgang vor der Seitenzahl angegeben: „DJZ. 1913 S. 100“ = Deutsche Juristenzeitung 1913 Seite 100.

Bloße Bezeichnung: „S. 300“ oder „oben S. 300“ und „unten S. 300“ bedeutet: Seite 300 dieses Kommentars. (vgl. = vergleiche.)

a. A. = anderer Ansicht.

I. Bayer. Gesetz vom 30. März 1850, die Ausübung der Jagd betreffend.

(GBl. S. 118.)

Maximilian II. von Gottes Gnaden König ꝛc. (unter Aufhebung des Gesetzes vom 4. Juni 1848, die Aufhebung des Jagdrechts auf fremdem Grund und Boden ꝛc. betr.).

Art. 1. I Im Grundeigentume liegt die Berechtigung zur Jagd auf eigenem Grund und Boden.

II Die Jagdgerechtigkeit auf fremdem Grund und Boden bleibt aufgehoben und darf in Zukunft nicht wieder als Grundgerechtigkeit bestellt werden.

Art. 1a. I Dem Jagdrecht unterliegen die wilden Säugetiere und Vögel, deren Fleisch, Pelzwerk oder Gefieder verwertet zu werden pflegt oder die als Raubtiere diesem Wilde nachstellen. Die Tiergattungen, welche zu dem jagdbaren Wilde gehören, können durch Königliche Verordnung bestimmt werden.

II Das ausschließliche Recht des Jagdberechtigten erstreckt sich auf die verendeten Tiere, sowie auf die Eier des Federwildes[1]).

Art. 2. I Die Ausübung des Jagdrechts durch den Grundeigentümer selbst ist nur zulässig:

1. auf allen unmittelbar an die Behausung stoßenden Hofräumen und Hausgärten, sobald sie durch irgendeine Umfriedigung begrenzt oder sonst vollständig abgeschlossen sind;
2. auf allen und jeden Grundstücken, welche mit einer Mauer, einer zusammenhängenden Hecke oder mit einer dichten Einzäunung und mit verschließbaren Türen versehen sind, — worunter die gewöhnlichen, zunächst nur die Abwehr oder den Einschluß des Weideviehes bezweckenden Feldzäune nicht begriffen;
3. auf einem zusammenhängenden Grundbesitze von mindestens 240 bayerischen Tagwerken im Flachlande und 400 Tagwerken im Hochgebirge;

---

[1]) Art. 143 AG. BGB. vom 9. Juni 1899. (GVBl. Beil. zu Nr. 28 S. 39).

4. auf Seen und Fischteichen von mindestens 50 Tagwerken.

II Straßen und Wege, sowie Flüsse und Bäche unterbrechen nicht die Kontinuität des Jagdbezirks.

Art. 3. I Sind von einem solchen Gutskomplexe ein oder mehrere Grundstücke, welche nicht unter die Bestimmung des Art. 2 fallen, und auch nicht zusammenhängend 240, beziehungsweise 400 Tagwerke betragen, vollständig umschlossen, so steht dem Eigentümer des ersteren auch die Jagdbefugnis auf diesen Grundstücken (Inklaven) gegen Entschädigung der Eigentümer zu.

II Die Größe der Entschädigung wird in Ermangelung eines Übereinkommens der Beteiligten nach den jeweiligen Jagdpachtpreisen in der Gemeindemarkung, in welcher diese Grundstücke liegen, und wenn und so lange solche nicht bestehen, nach jenen in der nächstgelegenen Gemeindemarkung nach Verhältnis des Flächeninhalts berechnet und festgestellt.

Art. 4. In allen übrigen Fällen übt die politische Gemeinde namens der Grundeigentümer innerhalb ihres Bezirkes das Jagdrecht durch Verpachtung aus.

Art. 5. I Die Gesamtflur jeder politischen Gemeinde bildet einen selbständigen Jagdbezirk.

II Jeder Gemeinde bleibt unbenommen, sich mit anderen politischen Gemeinden zu einem gemeinschaftlichen Jagdbezirke zu vereinen. Gemeinden, deren Flur 480 bayerische Tagwerke oder mehr umfaßt, können mehrere, die Zahl von 6 nicht überschreitende, wenigstens 240 Tagwerke haltende Jagdbezirke bilden.

Art. 6. Die im Art. 2 benannten Jagdberechtigten können die ihnen zustehende Selbstbenützung der Jagd auf ihrem in oder an dem betreffenden Jagdbezirke liegenden Besitztum mit in die Verpachtung geben.

Art. 7. I Die Verpachtung geschieht durch die Gemeindeverwaltung und zwar in der Regel auf dem Wege der öffentlichen Versteigerung an den Meistbietenden.

II Das Ergebnis unterliegt in Städten und Märkten mit magistratischer Verfassung der Genehmigung des Magistrats und der Gemeindebevollmächtigten, in den übrigen Gemeinden der Genehmigung der Gesamtgemeinde.

III Gleiche Beschlußfassungen sind erforderlich, wenn ausnahmsweise die Jagd ohne Versteigerung durch Kontraktsabschluß verpachtet werden will.

IV Als Pächter können aber solche die gemeindliche Genehmigung nicht erhalten, welchen nach Art. 18 oder 19 die Ausstellung der Jagdkarte verweigert wird; auch dürfen die

Pachtbedingungen den ausdrücklichen Bestimmungen des gegenwärtigen Gesetzes nicht widerstreiten.

Art. 8. Die Pachtschillinge werden in die Gemeindekassen einbezahlt und den beteiligten Grundbesitzern verrechnet, beziehungsweise zu den sie treffenden Gemeindeausgaben verwendet.

Art. 9. In dem Falle des Art. 6 geschieht die Verteilung des erzielten Pachtschillings nach den Bestimmungen der hierüber getroffenen Übereinkunft, in Ermangelung einer solchen nach der Tagwerkzahl der Grundstücke.

Art. 10. I Für einen Jagdbezirk können nicht mehr als drei Pächter zugelassen werden.

II Den zur Ausübung der Jagd berechtigten Grundeigentümern sowohl als den Jagdpächtern ist erlaubt, für die Jagdausübung eigene gelernte Jäger aufzustellen.

III Den genannten Grundeigentümern, Pächtern und Jägern ist weiter gestattet, Personen, welche eine Jagdkarte besitzen, mit auf die Jagd zu nehmen.

Art. 11. Die Gemeinden sind ausnahmsweise befugt, die Jagd in Selbstverwaltung durch höchstens drei jagdkartenfähige Gemeindemitglieder auszuüben:

1. wenn die Gemeinde als solche Eigentümerin eines zusammenhängenden Grundbesitzes von mindestens 240 beziehungsweise 400 Tagwerken ist;
2. wenn die von ihr versuchte Verpachtung entweder gar kein Resultat gewährt, oder
3. wenn kein Pachtgebot erfolgt, welches den von der Gemeindeverwaltung bestimmten Aufwurfspreis erreicht.

Art. 12. Übertragung des Jagdpachtes kann nur mit Einwilligung der Gemeinde und unter Zustimmung der etwaigen Mitpächter stattfinden.

Art. 13. I Bei Ausübung der Jagd sind die feld-, forst-, jagd- und sicherheitspolizeilichen Vorschriften einzuhalten.

II Der Jagdausübende hat neben der polizeilichen Strafe (Art. 23) jeden, durch das Betreten noch nicht abgeräumter Felder und unabgelesener Weinberge, sowie jeden an kultivierten Waldgründen oder anderweitig angerichteten Schaden zu ersetzen.

Art. 14. I Niemand darf ohne eine Jagdkarte oder einen Jagdschein jagen. Jagdkarte und Jagdschein müssen von der zuständigen Behörde ausgestellt sein. Sie gelten nur für die Person, für die sie ausgestellt sind.

II Jagdscheine dürfen nur Personen ausgestellt werden, die im Deutschen Reich keinen Wohnsitz haben[1]).

Art. 15. I Jagdkarten und Jagdscheine werden von der Bezirkspolizeibehörde ausgestellt und sind nach Maßgabe des Stempelgesetzes stempelpflichtig.

II Den für den Jagd- und Forstschutz Angestellten oder Verpflichteten sind lediglich zum Zwecke dieses Schutzes — soweit die Bestimmungen der Art. 18 und 19 dieses zulassen — auf ihren Aufsichtsbezirk beschränkte, zur Jagdausübung jedoch nicht berechtigende eigene Karten unentgeltlich auszustellen.

Art. 16. I Die Jagdkarten werden auf die Dauer je eines Kalenderjahres ausgestellt und gelten für das ganze Land.

II Die Jagdscheine werden für die darin angegebene Zeit, jedoch höchstens auf vier Wochen, ausgestellt und gelten für das ganze Land.

Art. 17. Die Verhandlungen über die Ausstellung von Jagdkarten unterliegen weder der Taxe noch der Stempelpflicht.

Art. 18. Jagdkarten und Jagdscheine müssen verweigert werden:

1. den wegen Geisteskrankheit oder Geistesschwäche Entmündigten und den notorisch Geisteskranken;
2. den unter polizeiliche Aufsicht Gestellten;
3. denjenigen, welche ihren Lebensunterhalt Armuts halber aus öffentlichen Gemeinde- oder Stiftungskassen und Anstalten erhalten;
4. denjenigen, welche nicht im Besitze der bürgerlichen Ehrenrechte sind.

Art. 19. I Jagdkarten können verweigert werden:

1. den Minderjährigen, den wegen Verschwendung oder wegen Trunksucht Entmündigten und den nach § 1906 des Bürgerlichen Gesetzbuchs unter vorläufige Vormundschaft gestellten Personen.
2. jedem, welcher wegen eines Verbrechens oder wegen Vergehens des Diebstahls, des Betrugs, der Unterschlagung, der Hehlerei oder der Fälschung, wegen Jagdvergehens, wegen Bettels oder wegen rachsüchtiger oder mutwilliger Beschädigung von Bäumen, Früchten auf dem Halme oder Pflanzungen bestraft worden ist.
3. jedem, welcher wegen einer fahrlässigen, durch eine Schußwaffe begangenen Tötung oder Verwundung oder wegen

[1]) Lichtbildzwang (Bek. Min. d. J. vom 21. Sept. 1925, StAnz. Nr. 218/25).

des auf gleiche Weise begangenen Vergehens vorsätzlicher Körperverletzung, sowie

4. jedem, welcher nach Verletzung der persönlichen Sicherheit, durch Selbsthilfe oder Störung des häuslichen Friedens verurteilt worden ist;

5. allen Handwerksgesellen, Dienstboten und in solcher Kategorie stehenden Personen;

6. allen Personen, die im Deutschen Reich keinen Wohnsitz haben.

II Die Ausstellung der Jagdscheine (Art. 14 Abs. II) steht, vorbehaltlich des Art. 18, im freien Ermessen der Behörde.

Art. 20. Die Bezirkspolizeibehörde ist berechtigt und beziehungsweise verpflichtet, die ausgestellte Jagdkarte, den Jagdschein und die Jagd- und Forstschutzkarte, — Schutzgewehrscheine, — einzuziehen, wenn nach der Ausstellung in der Person des Inhabers einer der in den Artikeln 18 und 19 angeführten Gründe eintritt oder erst bekannt wird.

Art. 21. Gegen die von der Bezirkspolizeibehörde verweigerte Ausstellung oder verfügte Einziehung einer solchen Karte oder eines Jagdscheines ist eine Berufung an die einschlägige Königliche Regierung, Kammer des Innern, innerhalb vierzehn Tagen vom Tage der Eröffnung des bezirkspolizeilichen Beschlusses an, zulässig.

Art. 22. Im Falle der Einziehung der für einen Jagdpächter ausgestellten Jagdkarte ist — insoferne nicht die allenfallsigen Mitpächter dessen Verbindlichkeit übernehmen, oder eine Übertragung des Pachtes an einen andern nach Art. 12 erfolgt — der Jagdpachtvertrag ohne Pachtentschädigung des Pächters sofort gelöst.

Die in einem solchen Falle für die Verpächter und Mitpächter entspringenden Beschädigungen bleiben — insoferne der Pachtvertrag nichts anderes bestimmt — der Austragung vor dem Zivilrichter vorbehalten.

Art. 23. An Geld bis zu einhundertfünfzig Mark ist zu bestrafen:

1. wer von der ihm zustehenden Befugnis zur Jagdausübung Gebrauch macht, bevor er eine Jagdkarte (Jagdschein) gelöst hat, oder nachdem die Zeit ihrer Gültigkeit abgelaufen ist;
2. wer zwar eine gültige, auf seinen Namen lautende Jagdkarte (Jagdschein) besitzt, dieselbe aber bei Ausübung der Jagd nicht bei sich führt;

3. wer seine eigene Jagdkarte (Jagdschein) einem Anderen zum Gebrauche überläßt;
4. wer den polizeilichen Vollzugsbeamten oder Dienern die Vorzeigung der Jagdkarte (Jagdschein) oder bei sich ergebenden Anständen deren Abgabe verweigert;
5. wer bei Ausübung der Jagd sich gegen im Verordnungswege erlassene jagdpolizeiliche Vorschriften verfehlt;
6. wer in einem fremden Jagdbezirke mit Genehmigung des Jagdberechtigten, jedoch ohne dessen Begleitung oder ohne eine schriftliche Erlaubnis desselben bei sich zu führen, jagt.

Jeder, der auf Grund vorstehender Bestimmungen unter Ziff. 1 und 3 bestraft wird, soll außer der gesetzlichen Strafe zur Zahlung einer dem Preise der Jagdkarte (Jagdschein) gleichkommenden Summe verurteilt werden.

Transitorische Bestimmung.

Art. 24. Jagdpachtverträge, welche von den Gemeinden nicht nach den Bestimmungen des gegenwärtigen Gesetzes abgeschlossen sind, lösen sich sechs Monate nach Publikation dieses letztern ohne gegenseitige Entschädigung der Jagdbesitzer und Jagdpächter auf, wenn drei Monate vor diesem Termine von dem einen oder andern Teile gekündigt worden ist.

Gegenwärtiges Gesetz ist nur für die Regierungsbezirke diesseits des Rheins gültig und ist durch das Gesetzblatt bekannt zu machen.

Unsere Staatsminister der Justiz, der Finanzen und des Innern sind mit dem Vollzuge desselben beauftragt.

II. Vollzugsvorschriften des K. Staatsministeriums des Innern vom 3. Februar 1857.

Einleitung.

Das Gesetz vom 30. März 1850, die Ausübung der Jagd betreffend, zerfällt, insoweit mit dessen Vollzuge gemäß der Schlußbestimmung in Art. 24 Abs. 3 das K. Staatsministerium des Innern beauftragt ist, nach seiner innern Wesenheit in zwei durchaus verschiedene Abschnitte.

Der eine Abschnitt umfaßt, nachdem Art. I die rechtliche Grundlage der Jagd festgestellt hat, jene Bestimmungen (Art. 2

mit 12), deren Anwendung unter der Aufsicht des Staates zunächst der Tätigkeit der Beteiligten, der Gemeinden und gemeindlichen Organe zugeschieden ist; in dem andern sind jene Normen enthalten, deren Vollziehung und Handhabung (Art. 13 mit 21) primär in die Hand und in den Zuständigkeitskreis der Polizeibehörden gelegt ist.

In jedem dieser Abschnitte macht sich für die Letzteren ein besonderer Standpunkt geltend.

Der eine Standpunkt, ein wesentlich negativer, beschränkt die polizeiliche Mitwirkung auf die Kontrolle über die richtige Gesetzesanwendung von Seite der zur Jagdausübung berechtigten Grundeigentümer, Gemeinden und ihrer Organe, sowie auf Abwehr und Beseitigung hiebei wahrgenommenen gesetzwidrigen Vorgehens, während der zweite Standpunkt die Bezirkspolizeibehörden zu initiativem und positivem Handeln und Eingreifen, zu bestimmten, von dem Zutun der Beteiligten unabhängigen Maßnahmen und Verfügungen verpflichtet.

Je freiere Bewegung aber einerseits den Gemeinden durch das Gesetz eingeräumt ist, und je bestimmter anderseits das gemeine Beste vollkommen geordnete Zustände bei der Jagdausübung erheischt, desto schärfer und pünktlicher muß jene Überwachung gehandhabt, desto nachdrucksamer jedem Mißbrauche von Seite der Gemeinden in seinen ungesetzlichen Erscheinungen und faktischen Folgen begegnet werden.

Von diesen Gesichtspunkten ist schon die dem Gesetze vom 30. März 1850 nachgefolgte Instruktion vom 2. April ej. a. erlassen worden; von eben denselben sind auch die gegenwärtigen Vollzugsvorschriften wieder ausgegangen, welche, durch Aufnahme der im Vollzuge dieses Gesetzes inzwischen veranlaßten Ausschreibungen und Spezialentscheidungen ergänzt, hiemit an die Stelle der Ersteren treten und in nachstehender Weise zur Nachachtung allgemein bekannt gemacht werden.

I. Abschnitt.

§ 1. Zu Art. 1. Nach Art. 1 des Gesetzes vom 30. März 1850, die Ausübung der Jagd betreffend, ist die Berechtigung zur Jagd ein Ausfluß des Grundeigentums. Das Grundeigentum bildet daher fortan nur noch die einzige Quelle des Jagdrechtes.

Die Jagd gehört aber zu jenen Privatrechten, deren Ausübung die Gesetzgebung wegen des hierbei berührten Interesses der sittlichen Ordnung und allgemeinen Sicherheit unter die Bestimmungen des öffentlichen Rechtes gestellt hat.

Von diesem Gesichtspunkte aus muß bei Anwendung des Gesetzes vom 30. März 1850 durchgreifend von dem obersten Grundsatze ausgegangen werden, daß den gesetzlichen Bestimmungen über Ausübung der Jagd mit steter Rücksicht auf das Grundprinzip des Eigentums — dessen Erhaltung — der Vollzug zu sichern ist.

Die vorsorgenden Anordnungen für diesen Zweck sind zunächst in den jagdpolizeilichen Vorschriften enthalten, deren fortdauernde Gültigkeit in Art. 13 des Gesetzes ausdrücklich anerkannt ist.

Welche Folgen sich hieraus für Vollziehung des Gesetzes vom 30. März 1850 ableiten, und welche Aufgaben hiernach für die polizeiliche Tätigkeit innerhalb des ihr durch das Gesetz zugeschiedenen Wirkungskreises erwächst, wird in gegenwärtiger Instruktion bei den einzelnen Gesetzesbestimmungen besonders vorgesehen werden.

§ 2. Zu Art. 2 und 3. Die Ausübung der Jagd ist dem Grundeigentümer nur unter gewissen tatsächlichen Voraussetzungen gestattet, ohne deren Dasein die politische Gemeinde namens der Grundeigentümer innerhalb ihres Bezirkes das Jagdrecht durch Verpachtung auszuüben hat. Dieser Bestimmung liegen nicht privatrechtliche Motive, sondern Rücksichten für die allgemeine Ordnung zugrunde.

Die Polizeibehörden haben daher von Amts wegen darüber zu wachen, daß die Grundeigentümer nur in den im Art. 2 Ziff. 1 mit 4 bestimmten Fällen das Jagdrecht ausüben. Abweichungen hiervon oder Streitigkeiten hierüber, welche durch die Einsprache Beteiligter entstehen, sind, vorbehaltlich des Rekurses, ordnungsmäßig zu bescheiden.

Weiter sind die Polizeibehörden verpflichtet, mit besonderer Aufmerksamkeit darauf zu sehen:

a) daß jeder Grundeigentümer, welcher von der ihm zustehenden Befugnis der Jagdausübung nach Art. 2 Gebrauch macht, nicht ohne Besitz einer Jagdkarte jagt, woraus von selbst folgt, daß ein solcher Grundeigentümer der Jagdausübung sich zu enthalten hat, wenn ihm auf Grund der Art. 18 und 19 die Ausstellung einer Jagdkarte verweigert worden ist;

b) daß derselbe bei Ausübung der Jagd die feld-, forst-, sicherheits- und jagdpolizeilichen Vorschriften beachte und hiezu insbesondere sich keiner durch letztere verbotenen Werkzeuge bediene.

c) Was namentlich das Jagen in Hofräumen und Hausgärten (Ziff. 1) betrifft, so sind die bestehenden Verbote hinsichtlich des Gebrauches des Schießgewehres in Städten und Dörfern und in deren nächster Umgebung streng zu handhaben.
Die Polizeibehörden haben pflichtmäßige Sorge zu tragen, daß in Fällen wahrgenommener Übertretungen der vorstehenden Art die zuständige Einschreitung veranlaßt werde.

d) Der Zusammenhang des Grundbesitzes nach Art. 2 ist als gegeben zu erachten, wenn die einzelnen Grundstücke, welche zusammen den Komplex bilden, wenigstens in einem Punkte so unmittelbar sich berühren, daß man von dem einen auf das andere ohne Betretung fremden Eigentums gelangen kann, oder wenn dieselben, getrennt durch Straßen, Wege, Flüsse oder Bäche, auch nur auf einem Punkte rechtwinkelig sich gegenüber liegen.

§ 3. Zu Art. 4. Insoferne dem Grundeigentümer die Ausübung des Jagdrechtes gesetzlich nicht zukommt, tritt die politische Gemeinde als disponierende Persönlichkeit an die Stelle der Grundeigentümer. Sie hat aber die Jagd — die im Art. 11 zugelassenen Fälle der Selbstverwaltung ausgenommen — unbedingt zur Verpachtung zu bringen, und hiefür nicht nur die maßgebenden Bestimmungen des Gesetzes selbst, sondern auch gemäß Art. 13 die mehrerwähnten polizeilichen Vorschriften bei Behandlung der Jagd zur Richtschnur zu nehmen.
In dieser Eigenschaft erstreckt sich das Dispositionsrecht der Gemeinde nur auf die innerhalb des Markungsverbandes gelegenen Grundstücke. Grundstücke einer Gemeinde und ihrer Angehörigen innerhalb der Flurgrenze einer anderen politischen Gemeinde gehören, wenn jene nicht nach Art. 2 bzw. Art. 11 Ziff. 1 sich zu einem zur Selbstausübung durch den Grundeigentümer oder zur Selbstverwaltung durch die grundbesitzende Gemeinde berechtigenden Jagdbezirke eignen, dem Jagdbezirke der Letzteren an.

§ 4. Zu Art. 5. Beim Vollzuge des Art. 5 haben die Polizeibehörden von dem Gesichtspunkte sich leiten zu lassen, daß, — da angemessene Jagdbezirke nicht nur die Erhaltung der Jagd, sondern auch die Sicherung der öffentlichen Ordnung zu fördern geeignet sind, die Aufrechterhaltung der die Gesamtflur einer politischen Gemeinde umfassenden selbständigen Jagdbezirke oder die Ausführung des legal ausgesprochenen

Willens von Gemeinden zur Vereinigung mehrerer Gemeindemarkungen zu einem gemeinschaftlichen Jagdbezirke mit Beseitigung der entgegentretenden Hindernisse in jeder zulässigen Weise zu unterstützen ist.

Will jedoch eine Gemeinde von der ihr zustehenden Befugnis der Unterabteilung ihrer Markung in mehrere, die Zahl von 6 nicht überschreitende, wenigstens 240 Tgw. haltende Jagdbezirke Gebrauch machen, so ist hiezu die Fassung eines besonderen Gemeindebeschlusses notwendig [1]).

Verpachtungen, welche ohne einen solchen vorherigen Beschluß zustande kommen, oder welchen mehr als 6 Unterabteilungen oder weniger als 240 Tgw. zugrunde liegen, haben die Polizeibehörden ohne weiteres abzustellen.

§ 5. Zu Art. 6. Da das Gesetz den im Art. 2 benannten Jagdberechtigten, die ihnen zustehende Selbstbenützung der Jagd auf ihrem in oder an dem betreffenden Jagdbezirke liegenden Besitztum mit in die Verpachtung zu geben, im Art. 6 unbedingt eingeräumt hat, so ist für eine solche Einverleibung die Zustimmung der Gemeinde nicht erforderlich. Dieser Vereinigung ist auch der Zustand nicht hinderlich, daß das mit in die Verpachtung zu gebende Besitztum sich in eine andere Gemeindemarkung zusammenhängend fortsetzt.

§ 6. Zu Art. 7. Es unterliegt keinem Zweifel, daß in dem Akte der Verpachtung und in den Bedingungen, unter welchen dieselbe vollzogen werden soll, die wesentlichste Grundlage für eine entsprechende Jagdausübung zu suchen ist. Hier gewinnen die bezüglichen Normen des Gesetzes zunächst ihre praktische Bedeutung. Unverkennbar konkurriert in dem Vergebungsakte das öffentliche Interesse mit dem Privatinteresse der Grundbesitzer. Das erstere besteht bei der Jagd, wie schon bemerkt, vorwiegend in entsprechender Vorsorge nicht minder für die allgemeine Sicherheit und sittliche Ordnung, als für die Bodenkultur und Landwirtschaft, während letzteres in erster Linie die Nutzung aus dem Jagdrechte ins Auge faßt.

Hieraus folgt notwendig, daß das öffentliche Interesse eigens gewahrt werden müsse, und daß dasselbe bei dem kollidierenden Standpunkte der Beteiligten hauptsächlich nur durch die mit dem Vollzuge des Gesetzes betrauten Organe der Staatsgewalt gewahrt werden könne.

Die Polizeibehörden haben daher ihre ganz besondere Aufmerksamkeit diesem Gegenstande zuzuwenden, und mit der ge-

[1]) Gemeinderats- (Stadtrats-) Beschluß (SVG.).

wissenhaftesten Sorgfalt darüber zu wachen, daß der Art. 7 allenthalben mit unbedingter Genauigkeit im Geiste des Gesetzes vollzogen werde.

Dieselben sind hiernach insbesondere verpflichtet, mit Nachdruck darauf zu bestehen:

1. daß außer den Fällen des Art. 11 die Jagd in den Gemeindebezirken nur durch Verpachtung ausgeübt werde; und

2. daß keine Verpachtung ins Leben trete, deren Ergebnis nicht zuvor nach Vorschrift des Abs. 2 der Beschlußfassung der Gemeinde unterstellt worden ist [2]);

3. daß die öffentliche Versteigerung, als der gesetzlich erklärte, regelmäßige Modus der Verpachtung, insolange festgehalten werde, als nicht die Gemeinde aus Gründen, welche eine Ausnahme von der Regel tatsächlich zu rechtfertigen geeignet sind, die Vergebung der Jagd mittelst Vertragsabschlusses ohne Versteigerung in vorschriftsmäßiger Weise beschlossen hat.

Zu einem solchen Beschlusse ist aber erforderlich, daß nicht nur in Städten und Märkten mit magistratischer Verfassung Magistrat und Gemeindebevollmächtigte sich hierüber geeinigt, und in den übrigen Gemeinden die Gesamtgemeinde zugestimmt habe, sondern auch [2])

a) daß der Beschluß auf genaue Konstatierung der das ausnahmsweise Vorgehen in der Jagdvergebung motivierenden Tatsachen und Erwägungen sich gründe;

b) daß er mit Beziehung auf diesen speziellen Nachweisungsakt rechtzeitig, d. h. nicht erst in dem Versteigerungstermine oder doch so kurz vorher gefaßt oder eingeleitet werde, daß die bereits erfolgte öffentliche Bekanntmachung über Verpachtung der Jagd nicht mehr zurückgenommen werden kann; und daß endlich

c) derselbe mit dem abgeschlossenen Vertrage alsbald der zuständigen Polizeibehörde zur Kenntnis gebracht werde, welche hiernach von den Verhandlungen Kognition zu nehmen, und bei etwaiger Wahrnehmung eines Mangels in den allgemeinen und besonderen gesetzlichen Erfordernissen des Ausnahmsfalles dem Bestande des Pachtes keine Folge zu gestatten, vielmehr die Gemeinde zur Verpachtung der Jagd auf dem Wege der öffentlichen Versteigerung an den Meistbietenden anzuhalten hat.

Die Polizeibehörden haben weiter pflichtmäßig zu überwachen:

4. daß jeder Jagdversteigerung in einem Gemeindebezirke eine öffentliche Bekanntmachung, welche den oder die Jagd-

---

[2]) Gegenstandslos (SBG.).

bezirke mit ihrem (beiläufigen) Flächeninhalte und den Termin und Ort der Handlung genau bezeichnet, in einem öffentlichen, für die betreffende Gegend gangbaren Blatte und mittels Anschlages an dem Gemeindehause mindestens 14 Tage vor dem Verpachtungstermine vorausgehe;

5. daß bei der öffentlichen Versteigerung der Meistbietende oder, wenn dieser die nach Art. 7 Abs. 4 notwendigen Eigenschaften nicht besitzt, der ihm im Pachtgebote zunächst Vorangehende zum Pachte zuzulassen ist;

6. daß die Pachtbedingungen, welche der Versteigerung oder dem Vertragsabschlusse unterlegt sind, den ausdrücklichen Bestimmungen des Gesetzes nicht widerstreiten.

Unter den letzteren sind in Gemäßheit des Art. 13 auch die bestehenden feld-, forst-, jagd- und sicherheitspolizeilichen Vorschriften mitbegriffen. Keine Bedingung darf daher bei dem Pachtabschlusse Aufnahme finden, durch welche der Pächter angehalten oder veranlaßt werden könnte, die in jenen Vorschriften statuierten Ge- oder Verbote bei der Jagdausübung zu umgehen oder unbeachtet zu lassen. Da alle älteren, noch fortan gültigen Jagdordnungen von dem Grundsatze eines nachhaltigen Jagdbetriebes ausgehen oder dieses Prinzip als bestimmtes Gebot an die Spitze gestellt haben, so erstreckt sich dessen Anwendung auch auf die Pachtbedingungen bezüglich der Dauer der Jagdpachte, insoferne durch deren zu enge Zeitbegrenzung die Möglichkeit einer die Erhaltung der Jagd sichernden Ausübung ausgeschlossen wird.

7. Nach Art. 7 Abs. 4 können als Pächter diejenigen, welchen nach Art. 18 oder 19 des Gesetzes vom 30. März 1850 die Ausstellung der Jagdkarte verweigert wird, die gemeindliche Genehmigung nicht erhalten.

Hiernach bildet die persönliche Befähigung zur Erlangung einer Jagdkarte bezüglich jener Personen, welche in einen Jagdpacht einzutreten beabsichtigen, die gesetzliche Voraussetzung, unter welcher die gemeindliche Genehmigung hierzu erteilt werden kann. Das Dasein dieser Voraussetzung muß daher schon bei Verpachtung der Jagd zur Gewißheit gebracht sein, und diese ist entweder schon an sich durch den Besitz der Jagdkarte gegeben, oder aber kann durch ein Zeugnis der zuständigen Polizeibehörde darüber, daß der Ausfertigung einer Jagdkarte an die betreffende Person ein gesetzliches Hindernis nicht im Wege steht, geliefert werden.

Personen ohne einen solchen Nachweis können als jagdpachtunfähig weder zum Pachte noch auch überhaupt zur Teilnahme am Versteigerungsakte zugelassen werden. Wenn die Pachtung von Jagden nach bestehenden Disziplinarvorschriften einzelnen Kategorien öffentlicher Bediensteten entweder ganz untersagt oder aber von einer vorgängigen besonderen dienstpolizeilichen Erlaubnis abhängig ist, so haben die Bezirkspolizeibehörden bei Wahrnehmung einzelner Kontraventionsfälle an die vorgesetzte Dienstesstelle der betreffenden Bediensteten hierüber Anzeige zu erstatten.

Hierbei wird auf die Vorschriften Bezug genommen, die gemäß Allerhöchsten Befehles den Landgerichtsbeamten die Pachtung von Jagden in ihren Amtsbezirken untersagen (RBl. v. J. 1850 Nr. 28); dann hinsichtlich der Jagdpachtungen des Personals der Finanzverwaltung vermöge Reskripts des K. Staatsministeriums der Finanzen vom 5. Juli 1850 Nr. 9044, sowie bezüglich der Schullehrer mittels Entschließung des K. Staatsministeriums des Innern für Kirchen- und Schulangelegenheiten vom 30. April 1850 Nr. 3599 erlassen worden sind [1]).

8. In allen Fällen, wo im Vollzuge des Art. 7 sowohl, als auch der Art. 5, 9, 11 und 12 eine gemeindliche Beschlußfassung, bzw. gemeindliche Genehmigung notwendig ist, hat diese in der im Art. 7 Abs. 2 vorgeschriebenen Weise, nämlich in Städten und Märkten mit magistratischer Verfassung durch den Magistrat und die Gemeindebevollmächtigten, in den übrigen Gemeinden durch die Gesamtgemeinde zu geschehen [2]).

Die formelle Gültigkeit dieser gemeindlichen Akte bemißt sich nach den Bestimmungen der §§ 36 mit 40 des revidierten Gemeinde-Ediktes [2]).

9. Dem Gesetze liegt unverkennbar die Absicht zugrunde, daß die von den Gemeindeverwaltungen rite vorgenommenen Verpachtungen, wenn denselben ein gültiger Gesamtbeschluß nachgefolgt ist, und auch außerdem keines der gesetzlichen Erfordernisse abgeht, zum Vollzuge gebracht und von keiner Seite weiter beanstandet werden sollen.

Die Bezirkspolizeibehörden haben daher in allen Fällen darauf zu dringen, daß im Versteigerungswege von den Gemeindeverwaltungen vollzogene Jagdverpachtungen bei dem Vorhandensein der gesetzlichen Erfordernisse und in Ermangelung der Ausnahmsfälle des Art. 11 nach erfolgtem gültigen Gemeindebeschlusse [2]) dem Meistbietenden gesichert werden.

10. Fehlt es aber an einem gültigen Gemeindebeschlusse, oder [2]) wurde die Jagdverpachtung mittels öffentlicher Versteigerung oder besonderen Kontraktsabschlusses fehlerhaft vollzogen, oder stehen dem Ergebnisse auf das Gesetz und die geltenden feld-, forst-, jagd- und sicherheitspolizeilichen Vorschriften gegründete Hindernisse entgegen, so ist der Gemeindeverwaltung die Vornahme einer neuen Jagdverpachtung auf dem Wege öffent-

[1]) Geändert; unten S. 153 f.
[2]) Gegenstandslos (SBG.).

licher Versteigerung aufzutragen, zugleich aber vorsorgliche Anordnung dahin zu treffen, daß die gesetzwidrige Verpachtung nicht in Vollzug trete.

11. In dem Falle des Art. 5 Abs. 2 muß, wenn für die Unterabteilung eines Gemeindebezirkes kein gültiger zustimmender Gemeindebeschluß vorliegt, oder [1]) die zulässige Zahl der Unterabteilungen oder das Minimum des Flächeninhalts überschritten ist, die Jagd nach der Gesamtflur der politischen Gemeinde zur Verpachtung gebracht werden.

12. Einigen sich in Städten mit magistratischer Verfassung Magistrat und Gemeindebevollmächtigte in ihren Beschlüssen nicht, so ist nach den vorstehenden Ziff. 10 bzw. 11 zu verfahren [1]).

13. Alle geschlossenen Jagdverpachtungsverhandlungen von Gemeinden, mit Ausnahme jener einem Landgerichte [2]) nicht untergeordneten Stadtmagistrate, sind alsbald der zuständigen Bezirkspolizeibehörde in Vorlage zu bringen.

Dieselben müssen enthalten:

a) die geschehene öffentliche Bekanntmachung nach Ziff. 4 dieses § 6;
b) alle der Verpachtung zugrunde gelegten Bedingungen;
c) das über den Versteigerungsakt aufgenommene, dessen wesentliche Bestandteile konstatierende Protokoll;
d) den oben unter Ziff. 7 geforderten Nachweis.

Hat sich der betreffende Meistbietende durch den Besitz einer Jagdkarte über seine Pachtfähigkeit legitimiert, so genügt, hierüber eine Registratur zu führen.

Der Nachweis fällt gänzlich weg, wenn der Meistbietende in dem nämlichen Bezirkspolizeibezirke wohnt, oder seine Pachtfähigkeit auf Notorietät beruht; endlich

e) die gemeindliche Beschlußfassung über das Verpachtungsergebnis.

14. Außerdem ist der Vorlage der Pachtverhandlungen eine auf Grund deren gefertigte Tabelle nach folgendem Formulare beizufügen:

Verpachtende Gemeinde	Bezeichnung und Flächengehalt des Jagdbezirkes	Name, Stand und Wohnort des oder der Pächter	Datum des Übertragungsaktes	Anfang und Dauer des Pachtes	Betrag und Termin der Pachtschillingszahlungen	Bemerkungen
1.	2.	3.	4.	5.	6.	7.

[1]) Gegenstandslos (SVG.). [2]) Bezirksamte.

Bei Ausfüllung der einzelnen Rubriken ist folgendes zu beachten:

a) Ist die Flurmarkung einer politischen Gemeinde in zwei oder mehrere Jagdbezirke abgeteilt, so werden diese in der Rubrik 2 einzeln nacheinander aufgeführt und in der letzten Rubrik der Gemeindebeschluß mit seinem Datum, auf welchen die Unterabteilung sich gründet, noch besonders bemerkt.

b) Die Eigenschaft der Mitpächter, wenn solche vorhanden sind, soll dem Hauptpächter gegenüber in der Rubrik 3 durch den Beisatz „Mitpächter" bezeichnet und in der 7. Rubrik die Tatsache der gemeindlichen Einwilligung konstatiert[1]) werden.

c) In der Rubrik 4 ist der Übertragungs- resp. Verpachtungsakt nach seiner Natur (ob Versteigerungsprotokoll oder besonderer Vertrag) anzugeben.

d) Im Falle des Art. 6 hat nur die Eintragung des in die Gemeindekasse einzuzahlenden Betrages, die Angabe der dem Grundeigentümer des einverleibten Jagdbezirkes zukommenden Quote aber in der Rubrik „Bemerkungen" zu geschehen.

e) Letztere hat überdies, wenn zum Jagdschutze und zur Jagdausübung ein gelernter Jäger oder auch nur für den Jagdschutz ein besonderes Individuum bestellt ist, dessen Namen und Wohnort, sowie alle weiteren Aufschlüsse zu enthalten, welche durch besondere Anlässe hervorgerufen sind.

15. Aus dieser Tabelle haben die Bezirkspolizeibehörden eine Hauptübersicht über alle gemeindlichen Jagdbezirke ihres Amtsbezirkes nach demselben Formulare herzustellen, etwaige Mängel oder Unrichtigkeiten auf Grund der Pachtverhandlungen zu ergänzen, beziehungsweise zu berichtigen und durch rechtzeitige Nachtragung der eintretenden Veränderungen stets evident zu halten.

Diese Hauptübersicht soll auch noch erkennen lassen, wann der Verpachtungsakt ohne polizeiliche Erinnerung an die Gemeindeverwaltung zurückgegeben worden ist.

Der Zweck dieser Anordnung ist die Ermöglichung eines leichteren Überblickes über die bestehenden Jagdverhältnisse der Amtsgemeinden, einer leichteren Kontrolle über den entsprechenden Vollzug des Gesetzes vom 30. März 1850 über-

---

[1]) Gegenstandslos (SVG.).

haupt und eines Behelfes für die Revision der Gemeinderechnungen mit Beziehung auf Art. 8.

Auf dem Grunde dieser Übersicht haben die Bezirkspolizeibehörden auch die rechtzeitige Wiederverpachtung der Jagden in den Gemeindebezirken bei dem herannahenden Ablaufe bestehender Pachtverhältnisse zu überwachen.

16. Sobald nun in vorstehender Weise die Jagdverpachtungsverhandlungen von den Gemeindeverwaltungen an die Bezirkspolizeibehörden gelangt sind, so erwächst für ihre Tätigkeit die Aufgabe, von denselben genaue Einsicht zu nehmen und solche einer gründlichen Prüfung darüber zu unterstellen, ob die vollzogenen Akte und das hieraus gewonnene Ergebnis den bezüglichen Bestimmungen des Gesetzes vollkommen entsprechen, oder ob etwa Unregelmäßigkeiten unterlaufen sind, welche im Vollzuge der gesetzlichen Bestimmungen vom aufsichtlichen Standpunkte eine Einschreitung erheischen.

Im ersteren Falle sind die sämtlichen Verhandlungen mit dem Bemerken an die Gemeindebehörde zurückzuschließen, daß dieselben eingesehen und eine Erinnerung dagegen nicht wahrgenommen worden sei.

Im anderen Falle aber sind unter Rückgabe der Verhandlungen deren Mängel mit ausdrücklicher Bezugnahme auf die einschlägigen Stellen des Gesetzes deutlich zu bezeichnen, zur Beseitigung der wahrgenommenen Gesetzwidrigkeiten in den verschiedenen Beziehungen nach Maßgabe der gegenwärtigen Instruktionormen die geeigneten Anordnungen zu treffen und die Gemeindebehörden zu deren Befolgung nachdrucksamst aufzufordern.

Die Gemeindebehörden sind verpflichtet, die von den Bezirkspolizeibehörden hiernach an sie erlassenen Aufforderungen und Aufträge genau zu befolgen, und im Unterlassungs- oder Weigerungsfalle zu deren Befolgung durch Disziplinarstrafen und Einschreitungen anzuhalten[1]).

Dieselben Grundsätze sind von den Kreisregierungen in Anwendung zu bringen, wenn es sich um die Überwachung des Gesetzvollzuges in den denselben unmittelbar untergeordneten Stadtgemeinden handelt.

Die K. Kreisregierungen können zu dem Ende bei besonderen Anlässen die Pachtverhandlungen sich vorlegen lassen, oder auch nach Umständen die regelmäßige Vorlage derselben anordnen.

---

[1]) Art. 13 SBG.

17. Hinsichtlich der Rechtskraft der gefaßten polizeilichen Beschlüsse und Verfügungen, dann des Rekursrechtes gegen dieselben, sowie bezüglich des Instanzenzuges kommen die einschlägigen allgemeinen Vorschriften auch in diesen Angelegenheiten zur Anwendung.

Bei der hohen Bedeutung, welche sich sowohl für das öffentliche Interesse, als auch für die Gemeinden und beteiligten Grundeigentümer an einen durchaus entsprechenden Vollzug der gesetzlichen Bestimmungen über die Verpachtung der Jagden knüpft, wird von den Behörden erwartet, daß sie von dem ihnen gesetzlich zustehenden Aufsichts- und Einschreitungsrechte mit pflichtmäßiger Sorgfalt, mit Umsicht und Nachdruck, jedoch ohne Eingriff in die den Gemeinden nach dem Gesetze eingeräumten Befugnisse zu Werke gehen.

§ 7. Zu Art. 8 und 9. Die Einzahlung der Pachtschillinge von den durch die Gemeindebehörden vollzogenen Jagdverpachtungen hat unter allen Umständen in die Gemeindekassen zu geschehen, wo sie den beteiligten Grundbesitzern verrechnet, bzw. zu den sie treffenden Gemeindeausgaben verwendet werden. Selbstverständlich können dieselben auch mit Einwilligung der beteiligten Grundbesitzer zu besonderen gemeindlichen Zwecken ohne Zugutmachung für jene bestimmt werden.

Daß die Pachtschillinge richtig und rechtzeitig in die Gemeindekassen entrichtet werden, ist strenge zu überwachen. Diese Überwachung soll nicht nur auf Grund der angeordneten Hauptübersichtstabelle bei der jährlichen Revision der Gemeinderechnungen, sondern auch bei den Gemeindevisitationen durch die Bezirksamtsvorstände und durch Vornahme von besonderen Kassastürzen gelegentlich dienstlicher Anwesenheit von Bezirksamtsbeamten vollzogen werden.

Die Bezirkspolizeibehörden haben sonach keine Gelegenheit zur Übung dieser Kontrolle vorübergehen zu lassen.

§ 8. Zu Art. 10. Für einen Jagdbezirk können nicht mehr als drei Pächter zugelassen werden.

Daß diese Bestimmung strengstens gehandhabt werde, ist in jenen Fällen, wo eine Gemarkung in mehrere Jagdbezirke abgeteilt ist, von besonderem Gewichte. Gar häufig wird hierbei das Verbot einer größeren Zahl von Jagdpächtern durch Zugeständnisse gegenseitiger Jagdausübung in den verschiedenen Jagdbezirken der Gemeindeflur umgangen, und hierdurch die

Jagd in derselben statt Gegenstand geregelter Ausübung ein Tummelplatz zügel- oder maßloser Leidenschaft.

Die Bezirkspolizeibehörden haben solch gesetzwidrigem Unfuge mit nachdrücklicher Einschreitung zu begegnen, die unberechtigte Jagdausübung sofort einzustellen, nötigenfalls dem bestehenden Pachtverhältnisse keine weitere Folge zu gestatten und außerdem wegen der zu ihrer Kenntnis gelangenden Fälle unbefugter Jagdausübung nach Gestalt der Dinge die gerichtliche Untersuchung wegen Jagdfrevels zu veranlassen.

Die Aufsicht auf den Vollzug des Art. 10 Abs. 1 wird wesentlich erleichtert werden, wenn von den Gemeindevorstehern die ihnen nach § 115 des revidierten Gemeindeedikts [1]) obliegende Aufsicht auf die richtige Erhaltung der Flur- und Markungsgrenzzeichen pünktlich gehandhabt, und auch bei Unterabteilung der Gemeindefluren auf der Ermittlung wohlerkennbarer Grenzen für die einzelnen Jagdbezirke nach Flüssen, Wegen, Tälern oder Bergen usw. bestanden wird.

Die Jagdausübung ist, außer dem jagdberechtigten Grundeigentümer und dem Pächter, nur dem hierfür aufgestellten gelernten Jäger gestattet. Das Mandat hiezu hat von dem Grundeigentümer oder Pächter auszugehen.

Damit aber ein solcher Jäger von der ihm übertragenen Jagdausübung Gebrauch machen könne, ist erforderlich, daß derselbe vorher der zuständigen Bezirkspolizeibehörde angezeigt und von ihr in dieser Eigenschaft anerkannt werde.

Bestehen Zweifel darüber, ob der Angemeldete die nötigen Eigenschaften eines gelernten Jägers besitzt, so ist mit dem einschlägigen Forstamte ins Benehmen zu treten.

In Ermangelung dieser Eigenschaften ist demselben die anvertraute Jagdausübung zu untersagen.

Zur Bestellung eines Jagdschutzes hat das Gesetz eine Verpflichtung nicht ausgesprochen.

Die Gemeinden sind indessen gemäß der Bestimmung des revidierten Gemeindeedikts § 67 u. f. und § 107 u. f.[2]), dann insbesondere des § 115 Abs. 2 [1]) verbunden, für ausreichenden Flurschutz durch Aufstellung verpflichteter Flurwächter zu sorgen.

Die Realisierung dieser Pflicht muß daher, insoweit ein Bedürfnis hiefür gegeben erscheint, im Interesse der öffentlichen Sicherheit auch mit Rücksicht auf die Jagd in der Ge-

---

[1]) Jetzt Art. 92, 94; 138 GemO. vom 29. April 1869.
[2]) Jetzt Art. 38, 92 II; 141 GemO. vom 29. April 1869.

meindemarkung gegen dieselben in Anspruch genommen werden, und die Bezirkspolizeibehörden haben zu dem Ende nach dem örtlichen Erfordernisse das Geeignete vorzukehren. Um daher einer etwa mit Rücksicht auf die Jagd erhöhten Inanspruchnahme ihrer Kräfte für Beschützung der Flurmarkung vorzubeugen, ist den Gemeinden anzuraten, bei den Jagdverpachtungen sich der Mitwirkung der Pächter zum Flur-, bzw. Jagdschutz durch Aufstellung besonderer Jagdschutz-Individuen mittels der Pachtbedingungen in allen jenen Fällen zu sichern, wo nach dem lokalen Bedürfnisse die Persönlichkeit des Jagdpächters allein hiefür nicht ausreichend erscheinen sollte.

Es versteht sich indessen von selbst, daß eigens bestellte Jagdflurschützen die Vorbedingungen verpflichteter Flurwächter zu erfüllen haben.

§ 9. Zu Art. 11. Von der Regel, daß die Gemeinden namens der Grundeigentümer — außer den Fällen der Art. 2 und 3 — innerhalb ihres Bezirkes die Jagd zur Verpachtung zu bringen haben, hat das Gesetz in Art. 11 denselben ausnahmsweise gestattet, die Jagd in Selbstverwaltung der Korporation durch drei jagdkartenfähige Gemeindeglieder auszuüben.

Die Zulässigkeit dieser Ausnahme ist auf die im Art. 11 bezeichneten Fälle beschränkt und unter keiner Voraussetzung einer Ausdehnung fähig.

Bei dem Vollzuge dieser gesetzlichen Bestimmungen ergeben sich nun für die Tätigkeit der Polizeibehörden folgende Richtpunkte:

1. Die gemeindliche Selbstverwaltung der Jagd ist eine wahre korporative Angelegenheit, und für die Regelung dieses Gegenstandes finden die einschlägigen Bestimmungen des revidierten Gemeindediktes, insbesondere die §§ 59, 82, 83 und 104[1]) volle Anwendung.

Die Bezirkspolizeibehörden, bzw. Kreisregierungen haben sohin hiebei in das Verhältnis der vorgesetzten Kuratelen einzutreten.

2. Da sich die Gemeinden für die Selbstverwaltung einer Jagd nicht mehr als höchstens dreier jagdkartenfähiger Personen, welche wirkliche Mitglieder der Gemeinde sind, bedienen dürfen, so haben sich die Polizeibehörden die hiefür ausersehenen Individuen anzeigen zu lassen, das Vorhandensein dieser Eigenschaften zu prüfen, und wenn hierin ein Anstand

[1]) Jetzt Art. 26 ff., 70 ff., 84 ff., 130 ff., 154 GemO. vom 29. April 1869.

nicht obwaltet, deren Eintragung in die Hauptübersicht mit der hiezu erforderlichen erläuternden Bemerkung und deren Bekanntmachung nicht nur in der eigenen, sondern auch in den an den Jagdbezirk angrenzenden Gemeinden anzuordnen.

Auf der Jagdkarte dieser Gemeindeglieder ist unten die Bemerkung beizufügen: „zur Jagdausübung für die selbstverwaltende Gemeinde N. legitimiert."

3. Die im Art. 11 Ziff. 1 zugelassene Selbstverwaltung ist nach Analogie des Art. 2 Ziff. 3 zu bemessen. Unter allen Umständen aber kann statt dieser die Verpachtung der Jagd mittels öffentlicher Versteigerung von der Gemeinde beschlossen werden.

4. Wenn die im Vollzuge der Art. 4 und 7 von der Gemeindeverwaltung namens der Grundeigentümer versuchte Verpachtung gar kein Ergebnis geliefert hat, auch ein nochmaliger Versuch keinen Erfolg erwarten läßt, oder wenn durch die gelegten Pachtgebote der von der Gemeindeverwaltung bestimmte Aufwurfspreis nicht erreicht worden ist, so hat das Gesetz auch in diesen Fällen die Jagdausübung durch Selbstverwaltung der Gemeinde ausnahmsweise gestattet.

Diese Bestimmung kann als ausdrücklich erklärte Ausnahme nur eine durchaus strenge Anwendung zulassen. Wenn daher eine solche Jagdverpachtung auf dem im Art. 7 Abs. 1 vorgeschriebenen Wege ein Resultat geliefert hat, welchem im Hinblicke auf Abs. 4 des nämlichen Artikels ein Hindernis nicht im Wege steht, und bei welchem auch der bestimmte Aufwurfspreis erzielt worden ist, so ist in einem solchen Falle die Selbstverwaltung durch die Gemeinde nicht gestattet, vielmehr für unbedingt unzulässig auch dann zu erachten, wenn die Gemeinde nach Art. 7 Abs. 2 in einem formell gültigen Gemeindebeschlusse dem Ergebnisse die Genehmigung versagt hat[1]).

Diese Auffassung rechtfertigt sich zunächst nicht nur durch die Ausnahmsstellung des Art. 11, sondern auch durch die Wortfassung der Ziff. 2 hierzu, wo von der nach Art. 7 Abs. 1 ohne Erfolg versuchten Verpachtung ohne Bezugnahme auf die im Abs. 2 dieses Artikels angeordnete gemeindliche Genehmigung die Rede ist, sowie hauptsächlich durch die Erwägung, daß die im Art. 11 statuierte Ausnahme, wenn ein mit gesetzlichen Hindernissen außerdem nicht begleitetes Pachtergebnis durch die Gemeinde aus anderen beliebigen Gründen nicht genehmigt würde, willkürlich umgangen und die Selbstverwaltung durch das faktische Vorgehen der Gemeinde zur Regel werden könnte.

[1]) Gegenstandslos (SBG.).

5. Das Erträgnis aus dem Jagdbetriebe tritt beim Vollzuge des Art. 11 an die Stelle der Pachtschillinge und wird für die Gemeindekasse verrechnet. Dasselbe bildet im Falle des Art. 11 Ziff. 1 eine eigentliche Gemeindeeinnahme, in den Fällen Ziff. 2 und 3 aber wird nach Abzug der Verwaltungskosten der Mehrbetrag des Erlöses nach Art. 8 für die beteiligten Grundbesitzer verwendet, wenn diese nicht zugunsten gemeindlicher Zwecke auf den Genuß verzichtet haben.

§ 10. Zu Art. 12. Die nach Art. 12 für die Übertragung des Jagdpachtes erforderliche Einwilligung der Gemeinde kann nur nach Vorschrift des Art. 7 Abs. 2[1]) gültig erteilt werden[2]).

Diese Bestimmung begreift nicht nur den Eintritt von Mitpächtern in sich, sondern auch die Fortsetzung eines noch bestehenden Pachtverhältnisses durch einen andern Pächter an der Stelle des früheren.

Der Einwilligung der Gemeinde hat die Zustimmung der beteiligten Pächter voranzugehen, welche zu den Verhandlungen zu konstatieren ist.

Von jeder nach dem Verpachtungsakte eintretenden derartigen Veränderung ist der zuständigen Bezirkspolizeibehörde unter Vorlage der Verhandlungen Anzeige zu erstatten, welche die Pachtfähigkeit des neuen Pächters nach Art. 7 Abs. 4 zu prüfen, dabei den Vollzug des Art. 10 Abs. 1 zu überwachen, und nach Gestalt der Sache gemäß den einschlägigen gesetzlichen Bestimmungen das Geeignete zu verfügen hat.

II. Abschnitt.

§ 11. Zu Art. 13. Der Art. 13 hat die Einhaltung der feld-, forst-, jagd- und sicherheitspolizeilichen Vorschriften bei Ausübung der Jagd als ein allgemein durchgreifendes Gebot bezeichnet.

Die Handhabung dieser Vorschriften bildet nach den zurzeit bestehenden organischen Einrichtungen zunächst eine dienstliche Obliegenheit der Polizeibehörden. Die Einschreitungen wegen Zuwiderhandlungen sind jedoch den Gerichten überwiesen.

Insoweit der Vollzug des Art. 13 den Wirkungskreis der ersteren berührt, werden hiefür nachstehende Direktiven erteilt:

1. Die erwähnten polizeilichen Vorschriften sind nach dem Wortlaute des Art. 13 für die Jagdausübung maßgebend. Das Gesetz vom 30. März 1850 begreift aber unter Jagd-

---

[1]) Siehe Art. 112 und 114; 146 und 147 GemO. vom 29. April 1869.
[2]) Gegenstandslos (SVG.).

ausübung nicht nur den wirklichen Jagdbetrieb, sondern auch den Gebrauch der eigenen Jagdberechtigung nach Art. 2 und 3, und hauptsächlich gemäß der Wortfassung der Art. 4, 7 und 11 die verschiedenen Vergebungsarten: Verpachtung und Selbstverwaltung.

Hieraus folgt notwendig, daß die mehrgenannten polizeilichen Vorschriften ebensowohl bei Behandlung der Jagd durch den berechtigten Grundeigentümer oder Pächter, als auch bei Bestimmung der Modalitäten, unter welchen eine Jagd von den Gemeinden verpachtet oder selbst verwaltet werden soll, beachtet werden müssen, insoferne nicht — was die jagdpolizeilichen Anordnungen betrifft — denselben in einzelnen Richtungen durch die Bestimmungen des Gesetzes selbst unzweifelhaft derogiert worden ist.

2. Bei Aufstellung der Pachtbedingungen von Seite der Gemeindeverwaltungen namentlich haben daher unter diesen Voraussetzungen die bestehenden Polizeinormen unbedingt zur Anwendung zu kommen. Bedingungen, welche den letzteren widerstreiten, sind nicht minder ungesetzlich, als wenn sie den ausdrücklichen Bestimmungen des Gesetzes selbst zuwiderlaufen.

Wenn sohin eine Gemeinde bei Vergebung der Jagd z. B. etwa bedingen oder gestatten wollte, daß das Mitnehmen oder Laufenlassen der Hunde auf den Feldern und in den Waldungen unverwehrt geschehe, daß der Pächter während der Schuß- und Hegezeit, oder mittels Schlingen das Wild erlege, Rehgeißen und Kitzen schieße, von dem Federwilde und den Singvögeln die Eier und Jungen aus den Nestern nehme, oder beim Jagdbetriebe Handlungen vornehme, welche die öffentliche Sicherheit gefährden oder mit dem Forstgesetze im Widerstreite sich befinden, so würden derartige Bedingungen, bzw. Zugeständnisse mit bestimmten polizeilichen Verboten im geraden Widerspruche stehen und ihre alsbaldige Beseitigung von Amts wegen notwendig machen.

3.[1]) Bezüglich der Feldpolizei geben die bestehenden besonderen Flurordnungen von Gemeinden und jene allgemeinen Vorschriften Ziel und Maß, welche im Vollzuge der gemeinschaftlichen Entschließung der K. Staatsministerien des Innern, dann des Handels und der öffentlichen Arbeiten vom 12. Dezember 1855 Nr. 11 222 von den Kreisregierungen, Kammern des Innern, diesseits des Rheins in revidierter Weise erlassen worden sind und sich abgedruckt finden

a) für Oberbayern: im Kreisamtsblatte von 1856 Nr. 45 S. 1217;

b) für Niederbayern: ebendaselbst Nr. 58 S. 853;

c) für Oberpfalz und Regensburg: in der besonderen Instruktion für die Landgemeindeverwaltungen vom 24. April 1856;

---

[1]) Siehe nunmehr die bei Art. 13 des JG. aufgeführten Vorschriften.

d) für Oberfranken: im Kreisamtsblatte von 1856 Nr. 47 S. 697;
e) für Mittelfranken: ebendaselbst Nr. 69 S. 1281;
f) für Unterfranken und Aschaffenburg: schon früher im Kreis-Intelligenzblatte von 1852 Nr. 145 S. 1008;
g) für Schwaben und Neuburg: in der Extrabeilage zum Kreisamtsblatte von 1856 Nr. 25.

Die forstpolizeilichen Bestimmungen enthält das Forstgesetz vom 28. März 1852.

In Ansehung der jagdpolizeilichen Vorschriften ist bereits beim Erscheinen des Gesetzes vom 30. März 1850 den Kreisregierungen aufgetragen worden, dafür zu sorgen, daß die desfalls für die einzelnen Teile des Königreiches, mitunter selbst des nämlichen Regierungsbezirkes geltenden, ganz verschiedenen Normen, insoweit sie noch in Wirksamkeit sind, in den einzelnen Bezirken in angemessener Weise wieder öffentlich bekannt gemacht und zu allseitiger Kenntnis des Publikums gebracht werden. Diesem Auftrag ist auch entsprochen worden.

Indessen hat das Staatsministerium des Innern Anlaß genommen, eine Revision der in den verschiedenen Gebietsteilen diesseits des Rheins vorhandenen älteren Jagdordnungen einzuleiten und zu dem Ende dieselben sich vorlegen zu lassen, um hiernach, wenn das Material hiefür vollständig gesammelt, auf Grund derselben allgemeine gültige Vorschriften in Übereinstimmung mit den gesetzlichen Bestimmungen über die Ausübung der Jagd und im Einklange mit den Bedürfnissen der Zeit zu erlassen.

Bis diese erfolgt sind [1]), haben die Bezirkspolizeibehörden innerhalb ihrer Zuständigkeit den dermalen noch bestehenden Normen und Anordnungen den pünktlichsten Vollzug zu sichern.

§ 12. Zu Art. 14, 15, 16 und 17. A. Bei Handhabung dieser Bestimmungen haben die Bezirkspolizeibehörden Nachstehendes zu beachten:

1. Nach Art. 14 darf niemand ohne eine von der zuständigen Behörde auf seine Person ausgestellte und nur für diese gültige Jagdkarte jagen.

   Die Jagdkarte kann sohin allein nur von der Person, auf welche sie lautet, zum Jagen benützt werden. Ausnahmen sind hiebei unter keinen Umständen zulässig.

   Die Verpflichtung zum Besitze einer Jagdkarte erstreckt sich nicht nur auf den Pächter, sondern auch auf den Grundeigentümer, sobald und so oft der Letztere in einem der

---

[1]) Nun VO. vom 9. Juni 1909.

Fälle des Art. 2 Ziff. 1 mit 4 von der ihm zustehenden Jagdausübung wirklich Gebrauch macht.

Enthält sich aber der Jagdpächter oder der berechtigte Grundeigentümer des Selbstjagens, und hat derselbe nach Art. 10 Abs. 2 den Jagdbetrieb einem gelernten Jäger übertragen, so kann er zur Lösung einer Jagdkarte auf die Dauer dieses Verhältnisses für seine Person nicht angehalten werden.

2.[1]) Die nach Art. 15 zu entrichtende Jagdkartengebühr von 8 fl. hat zu einem Drittteil in die Staatskasse und zu zwei Dritteilen in die Kasse derjenigen Armenpflege zu fließen, in deren Bezirk der die Jagdkarte Lösende wohnt, oder sich aufhält.

[2]) Die im Falle nachgewiesenen Verlustes für die Ausfertigung eines Duplikates zu zahlende Taxe von 15 kr. unterliegt gleicher Behandlung. (Generalisiertes Reskript des K. Staatsministeriums der Finanzen vom 19. April 1850 Nr. 5732.)

3. Da das Gesetz vom 30. März 1850 bei der Ausstellung von Jagdkarten zwischen In- und Ausländern keinen Unterschied macht, so ist die Zulässigkeit der Ausfertigung einer solchen Karte an einen Ausländer im allgemeinen nicht zu beanstanden. Die Bezirkspolizeibehörden haben aber hiebei mit besonderer Vorsicht zu Werke zu gehen, und die Gesuche nach Maßgabe der Art. 18 und 19 sorgfältig zu prüfen.

[3]) Die Taxanteile für die Armenkasse sind in diesen Fällen jener Lokalarmenpflege zuzuweisen, in deren Bezirk die Distriktspolizeibehörde, von welcher dem Ausländer die Jagdkarte ausgefertigt wird, ihren Sitz hat.

4.[3]) Erhält ein im Auslande wohnender bayerischer Staatsangehöriger auf sein Verlangen eine behördliche Jagdkarte, so sind die Gebührenzweidritteile der Armenpflege seiner Heimatgemeinde auszuantworten.

5. Der Abs. 2 des Art. 15 handelt von den Schutzgewehrscheinen, welche an die für den Jagd- und Forstschutz Angestellten oder Verpflichteten unter den Bestimmungen der Art. 18 und 19 von der zuständigen Behörde unentgeltlich verabreicht werden.

Solche Legitimationen berechtigen aber nicht zur Jagdausübung, und beschränken sich in ihrer Wirksamkeit auf den betreffenden Jagd- bzw. Forstschutzbezirk. Hiedurch ist aber das verpflichtete Forstschutzpersonal unter den Voraussetzungen des Art. 137 (136) des Forstgesetzes vom 28. März 1852 nicht behindert, Forstfrevler über die Grenze

---

[1]) Jetzt Art. 1 Stempelgesetz vom 21. August 1914 und Tarif Nr. 24 hiezu (GVBl. S. 437, 488, 531) und Gesetz vom 22. Januar 1924 (GVBl. S. 9): Stempel 50 RMk.

[2]) Jetzt Art. 161 Ziff. 1 Kostengesetz vom 21. August 1914 (GVBl. S. 437, 499, 477). Gebühr 1 Mk.

[3]) Aufgehoben.

des speziellen Schutzbezirkes zu verfolgen und Haussuchungen vorzunehmen.

Ebensowenig ist das Zusammenziehen dieses Personals zweier oder mehrerer Reviere behufs der Ausübung des Forstschutzes in vorkommenden einzelnen Fällen, sowie überhaupt dessen Verwendung zu dienstlichen Verrichtungen außerhalb eines solchen Aufsichtsbezirkes gehemmt oder gar unmöglich gemacht.

Auch für die lediglich zum Jagdschutze Angestellten besteht bezüglich der Verfolgung von Jagdfrevlern auf frischer Tat ein derartiges Hindernis nicht, wenn dieselben für ihren Dienst von der zuständigen Behörde verpflichtet worden und hiernach zu dem vorerwähnten Forstschutzpersonale in ein analoges Verhältnis getreten sind.

6. Zur Erlegung des Raubzeuges ist — den Fall der Notwehr abgerechnet — nur das zum Jagdschutze bestellte Personal mittels des Schutzgewehrscheines berechtigt.

7. Da von jeder neuen Jagdkarte eine Gebühr von 8 fl.[4]) zu entrichten ist, so kommt selbstverständlich der volle Betrag auch von jenen Jagdkarten zur Erhebung, welche erst im späteren Verlaufe des Kalenderjahres, für welches die Jagdkarte gilt, gelöst werden.

8. Einen ebenso ernsten, als wohlerwogenen Vollzug nehmen die Bestimmungen der Art. 18, 19 und 20 in Anspruch. Hier erheischen die höheren Rücksichten für die öffentliche Ordnung vor allem ein tatkräftiges Eingreifen der bezirkspolizeilichen Tätigkeit. Die Vorstände der Bezirkspolizeibehörden haben daher die Prüfung der tatsächlichen Voraussetzungen zur Verweigerung von Jagdkarten und Schutzgewehrscheinen, sowie zur Wiedereinziehung solcher Legitimationen als eine ihnen persönlich zugewiesene Dienstesaufgabe zu vollziehen, und hierbei im Hinblicke auf die inmitte liegenden bestimmtesten allerhöchsten Befehle mit unbedingter Sorgfalt und Genauigkeit zu Werke zu gehen[5]).

Dieselben sind für den pünktlichen und gewissenhaften Vollzug zunächst verantwortlich und haben ihrerseits, unter Hinweisung auf die Verfügungen des K. Staatsministeriums des Innern vom 31. Oktober und 29. Novem-

---

[4]) Siehe oben Anm. 1 zu § 12 Ziff. 2 Abs. 1 VV. S. 24.
[5]) Vgl. MinEntschl. vom 10. Juli 1909 Nr. 2028.

ber 1853 Nr. 8765 und 3812, die gleiche Verantwortlichkeit gegen die untergeordneten Vollzugsorgane zu deren eifrigster Mitwirkung mit Nachdruck geltend zu machen.

Insbesondere ist

a) die Jagdkarte allen unter besondere polizeiliche Aufsicht Gestellten zu verweigern, da die kategorische Fassung des Art. 18 Ziff. 2 eine Unterscheidung nach den verschiedenen Anlässen der angeordneten besonderen polizeilichen Beaufsichtigung nicht zuläßt.

Keine Kategorie der unter Polizeiaufsicht Gestellten ist daher von der Bestimmung des Art. 18 Ziff. 2 ausgenommen, namentlich auch diejenigen nicht, welche wegen tatsächlich bewiesener Gemeingefährlichkeit aus Gründen der öffentlichen Sicherheit dieser Maßnahme unterworfen sind.

Da ohnehin, bestehender Vorschrift zufolge, bei jeder Bezirkspolizeibehörde ein eigenes Verzeichnis über die der Polizeiaufsicht unterworfenen Individuen ihres Amtsbezirkes vorhanden sein soll, so wird dessen genaue Führung und Evidenthaltung zum Vollzuge der angezogenen gesetzlichen Bestimmung wesentlich beitragen.

b) Es kann keinem Zweifel unterliegen, daß unter denjenigen, welchen nach Ziff. 3 in Art. 18 eine Jagdkarte nicht ausgestellt werden darf, auch solche Personen zu verstehen sind, welche, in die Gefahr häuslichen Umsturzes gekommen, auf Grund des Art. 56 der gesetzlichen Bestimmungen vom 17. November 1816 über das Armenwesen[6]) die Einschreitung und Mitwirkung der Armenpflegschaftsräte zu ihrem besseren Fortkommen gegen sich veranlaßt haben.

c) Ebensowenig kann bezweifelt werden, daß zu dem in Art. 18 Ziff. 4 genannten Vergehen des Diebstahls auch das im Art. 104 des Forstgesetzes vorgesehene Vergehen des Gewohnheitsfrevels zu zählen ist.

d) In dem in Art. 19 bezeichneten Fällen ist die Verweigerung der nachgesuchten Jagdkarte dem Ermessen der zuständigen Behörde anheimgestellt. Dieses Ermessen ist aber kein willkürliches, vielmehr ein durch die wohlerwogenste Beurteilung der inneren Gründe des einzelnen Falles bedingtes, bei welchem die Bezirkspolizeibehörde stets die hohe Bedeutung im Auge zu behalten hat, die

---

[6]) Jetzt Armengesetz vom 21. August 1914 GVBl. S. 551.

für das allgemeine Beste und die öffentliche Ordnung an den Vollzug der Art. 18 und 19 überhaupt geknüpft ist.

Nur ausnahmsweise wird daher bei dem Vorhandensein der tatsächlichen Voraussetzungen des Art. 19 die Ausstellung einer Jagdkarte gerechtfertigt erscheinen.

e) Es leuchtet von selbst ein, daß bei Ausfertigung einer Jagdkarte, mit Vermeidung einer bloß mechanischen Behandlung, eine wiederholte gründliche Prüfung der Gesuche und letztere im Vollzuge des Art. 20 auch außerdem so oft eintrete, als im Laufe des Jahres Tatsachen vorkommen, oder erst bekannt werden, welche die Bezirkspolizeibehörden verpflichten, bzw. berechtigen, sohin von Amts wegen veranlassen, die ausgestellten Jagdlegitimationen einzuziehen.

9. Als Vollzugs- und Beaufsichtigungsorgane bei dem Vollzuge der gesetzlichen Bestimmungen vom 30. März 1850 über Ausübung der Jagd stehen den Bezirkspolizeibehörden innerhalb ihres Wirkungskreises zur Verfügung:

a) die Gemeindevorsteher,
b) das Gerichtsdienerpersonal,[7])
c) die Gendarmerie,
d) das gemeindliche Polizeipersonal mit Inbegriff der verpflichteten Flurwächter,
e) die für die Jagd besonders, oder für den Forstschutz zugleich aufgestellten und von der zuständigen Behörde verpflichteten Individuen, gleichviel in welchem Dienste sie stehen,
f) die gelernten Jäger, wenn sie für den Jagdschutz in vorschriftsmäßiger Weise verpflichtet worden sind.

Außerdem sind in Gemäßheit allerhöchsten Befehles die sämtlichen Revierförster, Forstwärter und Forstgehilfen[8]) angewiesen, jede wahrgenommene Nichtbeachtung resp. Übertretung der Jagdkartenordnung zur Kenntnis der Polizeibehörden zu bringen.

B. Die formelle Behandlung bei Ausfertigung der Jagdkarten und Schutzgewehrscheine richtet sich im allgemeinen und im besonderen nach folgenden Vorschriften:

1. Um für die Beschlußfassung, ob einer Person die nachgesuchte Jagdkarte auszustellen oder auf Grund einer der Bestimmungen der Art. 18 und 19 zu verweigern ist, die erforder-

---

[7]) Kommt jetzt nicht mehr in Betracht.
[8]) Jetzt Forstverwalter, Amtsförster, Forstaufseher.

lichen Anhaltspunkte und Notizen zu erlangen, haben sich die Bezirkspolizeibehörden, insoferne dies im gegebenen einzelnen Falle notwendig erscheint, und der Polizeibehörde über die Unfähigkeit eines die Ausstellung einer Jagdkarte nachsuchenden Individuums, eine solche zu erhalten, ohnehin nicht schon geeignete Nachweise vorliegen, jederzeit mit den Gerichten unverzüglich ins Benehmen zu setzen.

2. Das Staatsministerium des Innern sorgt für die Anfertigung der Formularien und versendet dieselben alljährlich an die Kreisregierungen, Kammern des Innern, diesseits des Rheins, welche sie an die Bezirkspolizeibehörden nach Bedarf hinauszugeben und letztere anzuweisen haben, daß andere Formularien als die mitgeteilten nicht verwendet werden dürfen.

Bei momentanem Mangel an vorrätigen Formularien können Interimsbescheinigungen ausgestellt werden, welche jedoch gegen die alsbald zu erholenden vorschriftsmäßigen Formularien wieder einzuwechseln sind.

3. Auf jede Jagdkarte oder Interimsbescheinigung ist von der ausstellenden Behörde der Name, Stand und Wohnort des Inhabers, sowie dessen Personalbeschreibung (Alter, Statur, Haare, besondere Kennzeichen) einzutragen und hiebei mit besonderer Genauigkeit zu verfahren.

Der die Jagdkarte Lösende hat die ihm ausgestellt werdende Karte bei der Behörde mit seiner Namensunterschrift oder seinem Handzeichen zu versehen.

Jeder Jagdkarte ist das Datum der geschehenen Ausstellung und die amtliche Fertigung beizusetzen.

Ist der Inhaber der Jagdkarte zugleich Jagdpächter, so kann er die Eintragung dieser Eigenschaft auf der Jagdkarte unter Vorzeigung eines genügenden Nachweises hierüber bei der ausstellenden Bezirkspolizeibehörde verlangen, welche sodann dem Namen und Charakter des Inhabers die entsprechende Bemerkung: „Jagdpächter auf der Gemeindemarkung N. N." beifügt.

4. Jede Bezirkspolizeibehörde hat nach dem bisherigen Formulare ein Verzeichnis über die von ihr in einem Kalenderjahre ausgestellten Jagdkarten zu führen, in welchem der Jagdkarteninhaber selbst in der betreffenden Rubrik seinen Namen zu unterzeichnen oder sein Handzeichen einzutragen hat.

Die fortlaufende Nummer dieses Verzeichnisses ist auf der linken Seite der einschlägigen Jagdkarte beizusetzen.

Diese Verzeichnisse über die ausgestellten Jagdkarten sind von den Bezirkspolizeibehörden den Aufsichts- und Vollzugsorganen des Bezirkes zur Erleichterung der diesen obliegenden Überwachung mitzuteilen und sonst in geeigneter Weise zu veröffentlichen.

Dasselbe hat mit den nach dieser Mitteilung sich weiter noch ergebenden Zugängen und den auf Grund des Art. 20 erfolgten Einziehungen von Jagdkarten zu geschehen.

5. Die Gebühr von 8 fl. für die Jagdkarte ist noch vor deren Aushändigung an die ausstellende Behörde zu entrichten, welche sofort zwei Dritteile hievon an die nach Art. 15 zuständige Armenpflege gegen Empfangsbescheinigung abzugeben hat [9]). Das letzte in die Staatskasse fließende Dritteil ist nach den mittelst Entschließung des Staatsministeriums der Finanzen vom 19. April 1850 Nr. 5732 erlassenen Weisungen zu vereinnahmen und zu verrechnen.

6. Dem Inhaber einer ausgestellten, aber zu Verlust gegangenen Jagdkarte ist auf sein Verlangen gegen eine Gebühr von 15 kr. [10]) für das verwendete Formular ein Duplikat, auf welchem der behauptete Verlust der ursprünglich ausgestellten Jagdkarte zu bemerken ist, von der Bezirkspolizeibehörde auszustellen.

7. Mit dem Schlusse des Kalenderjahres sind von jeder Bezirkspolizeibehörde die nicht verbrauchten, sohin noch vorrätigen Jagdkartenformulare an die vorgesetzte Regierung, Kammer des Innern, einzusenden, welche dieselben alsbald zu vernichten hat.

8. Die den für den Jagd- und Forstschutz-Angestellten oder Verpflichteten in Gemäßheit des Art. 15 Abs. 2 unentgeltlich auszustellenden Karten (Schutzgewehrscheine) hat diejenige Bezirkspolizeibehörde, in deren Bezirk der Aufsichtssprengel ganz oder zum größten Teil gelegen ist, auszufertigen, es mögen die genannten Personen zum Schutze von Staats-, Gemeinde-, Stiftungs- oder Privatjagden und Waldungen angestellt und verpflichtet sein.

9. Die Formularien für die Jagd- und Forstschutzkarten werden gleichfalls von dem Staatsministerium des Innern an die Regierungen, Kammern des Innern, behufs der weiteren Abgabe an die Bezirkspolizeibehörden versendet. Über deren Verwendung gilt das am Schlusse Ziffer 2 Bemerkte.

10. Die bezüglich der Ausstellung und Fertigung der Jagdkarten, der Führung eines Verzeichnisses über dieselben erteilten Vorschriften finden auch auf diese Karten Anwendung. Auf denselben ist insbesondere der Bezirk, für welchen der Inhaber

---

[9]) Siehe oben Anm. 1 zu § 12 Ziff. 2 VB. (S. 24) und VollzBek. vom 23. Dezember 1914 Ziff. 5 Satz 2 (GVBl. S. 663 f.).

[10]) Siehe oben Anm. 2 zu § 12 Ziff. 2 Abs. II VB. Seite 24.

der Karte zum Jagd- oder Forstschutze angestellt oder verpflichtet ist, genau anzugeben und einzutragen.

Das Verzeichnis über die ausgestellten Schutzgewehrscheine, welches nach dem mitgeteiltem Formulare einzurichten ist, sowie die in demselben sich ergebenden Zu- und Abgänge sind den Aufsichts- und Vollzugsorganen gleichfalls mitzuteilen.

Eine Veröffentlichung dieser Verzeichnisse hat nicht stattzufinden.

11. Die Jagd- und Forstschutzkarte gilt ebenso, wie die Jagdkarte auf die Dauer eines Kalenderjahres.

Wird dem Inhaber eines solchen Schutzgewehrscheines der für einen bestimmten Bezirk übertragene Jagd- oder Forstschutz abgenommen, so hat derselbe die ausgestellte Jagdkarte an die Bezirkspolizeibehörde einzuliefern.

12. Hinsichtlich der Ausfertigung und Zustellung von Jagdkarten und Schutzgewehrscheinen an die von dem Sitze der Bezirkspolizeibehörde entfernt wohnenden Forst- und Jagdbediensteten bewendet es bei demjenigen Verfahren, welches hiefür zwischen den Staatsministerien des Innern und der Finanzen vereinbart und mittels generalisierter Entschließung vom 9. September 1850, Nr. 14443, den Kreisregierungen, Kammern des Innern, diesseits des Rheins zur Information der Bezirkspolizeibehörden kundgegeben worden ist.

§ 13. Zu Art. 21, 22 und 23. Sämtliche Polizeibehörden haben die Verpflichtung, die zu ihrer Kenntnis gelangenden, mit einer polizeilichen Geldstrafe bedrohten Übertretungen des Gesetzes unverzüglich dem zur Abwandlung derselben zuständigen Gerichte I. Instanz[1]) zur Anzeige zu bringen und die Bestrafung der Übertreter zu veranlassen.

§ 14. Durch vorstehende Vollzugsvorschriften zum Gesetze vom 30. März 1850 — die Ausübung der Jagd betr. — ist die Instruktion vom 2. April 1850 in allen ihren Teilen ergänzt und mit dem Erscheinen der gegenwärtigen Vollzugsnormen außer Wirksamkeit gesetzt.

---

[1]) Amts- oder Staatsanwalt.

III. Kommentar.

Das Jagdgesetz.

Gesetz vom 30. März 1850, die Ausübung der Jagd betreffend.
(GBl. S. 118).

Maximilian II. von Gottes Gnaden König rc. (unter Aufhebung des Gesetzes vom 4. Juni 1848, die Aufhebung des Jagdrechts auf fremdem Grund und Boden rc. betr.).

Art. 1.

Im Grundeigentume liegt die Berechtigung zur Jagd auf eigenem Grund und Boden.

Die Jagdgerechtigkeit auf fremdem Grund und Boden bleibt aufgehoben und darf in Zukunft nicht wieder als Grundgerechtigkeit bestellt werden.

VV. Einleitung § 1.

A. Da „J.recht im einzelnen nur nach Bedürfnis und geschichtlich gegebenen Verhältnissen größerer oder kleinerer Bezirke geregelt werden kann, die Art und Weise dieser Regelung mehr als lokale Bedeutung nicht hat, und auch der meist polizeiliche Inhalt der einschlägigen Vorschriften ein weiteres Hindernis der reichsrechtlichen Kodifikation bildet"[1]), verzichtet der Gesetzgeber des BGB., der sonst das Außerkrafttreten der privatrechtl. Vorschr. der Landesgesetze statuiert[2]), auf Regelung des J.rechtes und läßt die Vorschriften der Landesgesetze über die J. unberührt[3]).

Eine bedeutsame Einschränkung enthält Art. 69 EG.: Die Frage des Eigentumserwerbes an j.barem Wilde soll sich fortan nach Vorschrift des § 958 II BGB. entscheiden[4]).

§ 958 BGB.: „Wer eine herrenlose bewegliche Sache in Eigenbesitz nimmt, erwirbt das Eigentum an der Sache." J.bare Tiere sind herrenlose Sachen, wie sich schon aus Verweisung des vom

---

[1]) Motive zum Entwurf eines BGB. Bd. 3 S. 5 und zum Entw. eines EG. hiezu S. 164.
[2]) Art. 55 EG.
[3]) Art. 69 EG.
[4]) Prot. z. Entw. eines EG. Art. 43.

J.recht handelnden Art. 69 EG. auf § 958 II ergibt. § 854 BGB.: „Der Besitz einer Sache wird durch Erlangung der tatsächlichen Gewalt über die Sache erworben" — § 872: „Wer eine Sache als ihm gehörend besitzt, ist Eigenbesitzer." Aber § 958 II: „Eigentum wird nicht erworben, wenn die Aneignung gesetzlich verboten ist, oder wenn durch die Besitzergreifung das Aneignungsrecht eines anderen verletzt wird." Landesgesetze können nicht bestimmen, daß gesetzlich verbotene oder das Aneignungsrecht eines Dritten beeinträchtigende Okkupation Eigentum verschafft[5]). — Demnach sind zwei Alternativen zu unterscheiden:

1. Ausschluß des Eigentumserwerbs an herrenlosen Sachen wegen Verletzung des Aneignungsrechts eines andern: Ein solches Aneignungsrecht ist das J.recht. In den Fällen, in welchen das Aneignungsrecht bloß bestimmten Personen zusteht, ist Aneignung nur rechtswirksam, wenn sie gerade vom Berechtigten ausgeht[6]).

„Gefreveltes" Wild wird zwar tatsächlich Besitzgut dessen, der es sich unter Eingriff in fremdes J.recht aneignet, nicht aber rechtlich sein Eigentum: Aneignung hat eine Änderung der rechtlichen Herrschaftsverhältnisse überhaupt nicht zur Folge, die Sache bleibt „herrenlos"[7]). Es erwirbt also durch Besitzergreifungshandlung des Wilderers auch der J.berechtigte nicht Eigentum, sein Aneignungsrecht besteht fort. Folge: Erst tatsächlicher Übergang an den J.berechtigten oder an gutgläubigen Dritten (§ 932 BGB.) läßt für sie Eigentum entstehen[8]). Fortbestehen des Aneignungsrechtes gibt dem J.berechtigten keine Befugnis zu eigenmächtiger Besitzergreifung. § 858 BGB., wonach derjenige, welcher dem Besitzer ohne dessen Willen den Besitz entzieht oder ihn im Besitze stört, widerrechtlich handelt (verbotene Eigenmacht), gilt auch für den J.berechtigten gegenüber dem Wilderer, da kein Gesetz Entziehung oder Störung gestattet. Aber Schadensersatzklage nach § 823 II BGB. Auch bestehen Ansprüche aus Gesichtspunkt der ungerechtfertigten Bereicherung (§§ 812 ff. BGB.) da Besitz des Wilderergutes fehlerhaft, weil durch unerlaubte Handlung erlangt[9]). Endlich kann er, ohne Beschränkung

---

5) Staud., Anm. 2 C Abs. III lit. a zu Art. 69 EG. Bd. 6 S. 182.

6) Cosack, § 230 Z. 4 a Bd. 2 S. 131; „Wild und Hund" 1918 S. 603.

7) „Recht" 1915 Nr. 1674; SächsArch. 6, 324.

8) § 935 BGB. bestimmt zwar, daß Erwerb des Eigentums nicht eintritt, wenn die Sache dem Besitzer abhanden gekommen war. Allein der J.berechtigte hatte an Wilderergut noch keinen Besitz, weshalb er dem dritten Erwerber Einwand des „Abhandengekommenseins" nicht entgegenhalten kann. (Motive AG. BeilBd. S. 93; Endem. Bd. 2 S. 564; Staud. Anm. 2 Abs. III zu § 958 Bd. 3 S. 221 und Art. 69 EG. Anm. 2 C Abs. III lit. b S. 182; Planck Bd. 6 Anm. 4 S. 177; Henle-Schneider Art. 143 AG. Anm. 10 Abs. II S. 229; Wirsch. S. 243; Boehm-Klein, AG. Anm. 2 Abs. III und Anm. 6 S. 227; Goercke S. 2 Anm. 6; — unentschieden: Oertm. Bd. 2 S. 370 Z. I a; S. 372 Z. II 1; Pollw. Anm. 2 e S. 16).

9) §§ 823 II, 852 II BGB. Objekt der Bereicherung ist zwar noch nicht in Vermögen des Konditionsberechtigten übergegangen, berührt aber dessen Vermögensstand, zu dem ausschließliches Aneignungsrecht gehört Oertm. Bd. 1 S. 373.

auf seinen J.bezirk, dem auf frischer Tat ertappten Wilderer eine Beute mit Wirkung sofortigen Eigentumserwerbes im Wege der Selbsthilfe weg- und an sich nehmen[10]). Auch der Dritte, welcher, mit Kenntnis von Art der Erlangung, das Tier vom J.frevler erhält, erwirbt nicht Eigentum, selbst dann nicht, wenn er das Tier gezähmt hat[11]). Befand sich der Erwerber in entschuldbarem Irrtum über unrechtmäßigen Erwerb, so erwirbt er Eigentum; ist ihm aber infolge „grober Fahrlässigkeit" unbekannt geblieben, daß die Sache dem Veräußerer nicht „gehört", so ist er „bösgläubig" und kann nicht Eigentümer werden[12]). Der J.berechtigte, in dessen Bezirk ein auf anderem, fremdem J.gebiete gewildertes Wild durch Frevler verbracht wird, erwirbt kein Aneignungsrecht, dieses verbleibt vielmehr dem J.berechtigten, in dessen Revier das Wild mit Verletzung seines Okkupationsrechtes ergriffen wurde[13]). Dagegen läßt Erwerb durch einen gutgläubigen Dritten das Aneignungsrecht des J.berechtigten erlöschen: Klage wegen ungerechtfertigter Bereicherung (§§ 812 ff. BGB.) und Anspruch gegen Wilderer[14]). Entfernung der Wildererbeute oder eines kranken, wegen seiner Jugend unbeholfenen Tieres (Rehkitz) darf er event. gewaltsam hindern, Zurückverbringung auf sein Gebiet erzwingen[15]).

2. Die andere Alternative des § 958 II BGB. betrifft den Ausschluß des Eigentumserwerbes an herrenlosen Sachen, deren „Aneignung gesetzlich verboten ist", richtet sich gegen J.berechtigte wie gegen Nichtberechtigte. Gleichgültig, ob das Verbot durch Reichs- oder Landesgesetz, durch „Gesetz" im strengen Wortsinne oder durch eine, in diesem vorbehaltene Verordnung ausgesprochen. Diese „gesetzlichen" Verbote bilden zwei Gruppen verschiedenen Inhalts:

a) Absolute, uneingeschränkte Aneignungsverbote: KAB. vom 6. Juni 1909: § 3 betreffend Rehgeißen, Reh- und Gemskitze, Auer- und Birkhennen, deren Erlegung im Interesse der Erhaltung des Wildstandes mit Rücksicht auf das Geschlecht oder im Interesse der wirtschaftlichen Behandlung der Jagden im Hinblicke auf die noch nicht abgeschlossene Entwickelung jugendlicher Individuen, die vollen Nutzungswert noch nicht erlangt haben, „zu jeder Zeit verboten ist". § 7, wonach Aushebung der Eier und der Nestbrut des Federwildes auch dem J.berechtigten untersagt ist. Durch Aneignung dieser J.objekte erwirbt auch der J.berechtigte kein Eigentum.

---

10) §§ 229 ff. BGB.; Pollw. S. 16 A. 2 e; Wirsch. S. 243.
11) RGSt. 39, 427; „Wild und Hund" 1908 S. 230; RGSt. 5, 281; 23, 90.
12) §§ 932 II, 1007 I, III BGB.; RGSt. 39, 432; vgl. auch § 59 StGB.
13) Pollw. S. 17.
14) Motive zum BGB. Bd. 3 S. 341; „Wild und Hund" 1918 S. 603. — OLG. Karlsruhe 12. Febr. 1925: DJäger Ill. Nr. 53/26 S. IX.
15) RGSt. 39, 427.

b) Vorschriften über Zeit, Ort, Art der Aneignung herrenloser Tiere bezwecken nur *relativen* Schutz, *beschränkte Hege*. So alle Bestimmungen, welche für bestimmte Wildarten während einer bestimmten Zeit jede Art der Erlegung usw. untersagen; § 2 JPV. A und B, wo *Hegezeiten* für Haar- und Federwild festgesetzt sind, § 4 IV l. c., soweit er bei ausnahmsweiser Genehmigung des Abschusses von Rehgeißen und -Kitzen, von Auer- und Birkhennen die Festsetzung der Erlegungs*art* verlangt; § 12, soweit er Abhaltung von *Treibjagden* bei Mondschein, in Waldungen während der Monate April mit Juni verbietet; § 13, der Verwendung bestimmter J.*vorrichtungen* ausschließt; § 14, der *Kugelschuß* auf Hochwild fordert, also Schrotschuß für unzulässig erklärt.

Diese zeitlichen Okkupations*beschränkungen*, örtlichen *Einengungen* des Aneignungsrechtes und Verbote einzeln bezeichneter Erlegungs*arten*, *Fangmethoden* und Fang*vorrichtungen* sind *keine* gesetzlichen Aneignungsverbote *absoluten* Charakters nach § 958 II BGB., werden durch diesen nicht getroffen, *schließen* Eigentums*erwerb* des sie verletzenden J.berechtigten *nicht aus*[16]).

B. Berechtigung zur Jagd.

In ältester Zeit war die J.gerechtigkeit eine Befugnis der *Markgenossen*, von diesen auf dem ungeteilten Gemeindelande, der *Almende* ausgeübt, also Ausfluß des Grundeigentums[17]). Dieser, durch Schaffung des J.*regals* und sonstiger fremder *realer* J.*rechte* untergegangene Grundsatz des freien J.rechts der freien Markgenossen wurde durch die Gesetzgebung des Jahres 1848 neu belebt, durch Art. 1 des J.gesetzes zu fortdauernder Geltung gebracht. Danach ist das J.recht *Ausfluß des Grundeigentums*, welches fortan seine einzige Quelle bildet[18]). Das Gesetz geht noch weiter, indem Bestellung einer J.*berechtigung als Realrecht* in Zukunft als ungültig, *nichtig* bezeichnet wird[19]).

---

[16]) Staud., Kommentar § 958 Note II, 1 Abs. II; Vorträge S. 359 f., *anders*: Vollw. S. 18; Cosack § 203[3] Bd. 2 S. 131; Dernburg, Bürgerl. Recht Bd. 3 § 111 N. 6; BlfRA. 63 S. 284.

[17]) Wirsch. S. 1.

[18]) BV. § 1 Abs. I; Verh. der AbgK. 1849/50: StenB. Bd. 2 S. 78, 87, 94, 135, Bd. 3 S. 80, 84, 86; Mot. z. Entw. BeilBd. 1 S. 58; OGHZ. 8,[568]; VGH. 1,[161], [173], [250]; 13,[187]; OLG. Mü. Straff. 3,[463]; RGSt. 5,[230]; 17,[289]; 18,[265]; DJZ. 1915 S. 109; Wirsch. S. 27; Oertm. Bd. 1 S. 376.

[19]) § 134 BGB. Insbesondere ist also die Bestellung einer beschränkten persönlichen Dienstbarkeit, durch welche derjenige, zu dessen Gunsten die Belastung erfolgt, berechtigt sein sollte, das Grundstück in Beziehung auf das darauf befindliche Wild zu benutzen, unzulässig (§ 1090 BGB.; Art. 115 EG. hiezu und Staud. Bd. 6 S. 246 Note 4; Oertm. Bd. 1 S. 466). Die Begründung eines persönlichen *vererblichen* Rechts dieses Inhalts wäre nichts anderes, wie eine Umgehung dieser Bestimmung, die Bestellung einer „irregulären persönlichen Servitut", welche nach § 1092 BGB. unzulässig ist (Staud. Bd. 3 S. 347, 3. Titel Ziffer II; Vollw. S. 23 A. III). Dagegen umfaßt der *Nießbrauch*

Das J.*recht* ist kein selbständiges dingliches Recht, wie der selbständige Fischereibetrieb[20]), sondern *abstrakt* gesprochen, *Bestandteil des Eigentums*, Konsequenz der dem Grundeigentümer von Gesetzes wegen zukommenden vollen Verfügungsmacht[21]). Es erstreckt sich gem. § 905 BGB. auf den Raum über der Oberfläche und auf den Erdkörper unter dieser, berechtigt den Eigentümer zum Eindringen in die Erde zwecks Aufsuchung dort sich aufhaltenden Wildes (Kaninchen, Fuchs, Dachs, Otter, Iltis, Wiesel) und zur Verfolgung von Flugwild mittels Luftfahrzeuges[22]). — *Konkret ist J.recht die ausschließliche Befugnis zur Vornahme aller Handlungen, welche dem Auskundschaften, Aufsuchen, Verfolgen, Erlegen und Erlangen j.barer Tiere auf weidgerechte und unweidmännische Weise innerhalb des J.gebietes dienen*[23]). J.berechtigung umfaßt auch das Recht, *Wildstand* im J.bezirk *zu begründen, zu erhalten, zu mehren*, insbes. durch Aussetzen und Einbürgern heimischen und fremden Wildes[24]).

I. Subjekt dieser Befugnisse ist der *Grundeigentümer*. Er ist autochthoner J.berechtigter, Träger des J.rechts kat' exochén.

---

auch das Jagdrecht auf dem belasteten Grundstück, da dieser an Grund und Boden haftet und das Recht zur Ziehung der „Nutzungen" des Grundstücks gewährt, soweit sie der Eigentümer desselben selbst ziehen kann und darf (§ 1030 BGB.), „Nutzungen" die „Früchte" einer Sache (§ 100 l. c.), und „Früchte" in § 99 l. c. als die Ausbeute, welche aus einer Sache ihrer Bestimmung gemäß gezogen werden, definiert sind, die „Ausbeute" eines Grundstückes in seiner Eigenschaft als *Jagd*revier aber endlich das zu erlegende jagdbare Wild ist (Staud. § 99 Note 7 S. 285; Oertm. Bd. 1 S. 377 ββ; Wirsch. S. 30, 119, 120, 248, 249 und die dort Zitierten; Endem. Bd. 1 S. 252; Reger 25,[165]; Goercke S. 31 f. Anm. 13 bis 16; unten Anm. III zu Art. 8.

20) Im Eigentum an einem Gewässer liegt die Berechtigung zur Ausübung der Fischerei in diesem, ebenso wie die Jagdberechtigung auf eigenem Grund und Boden im Eigentum am Grundstücke. Im Gegensatz zum JG. wird durch Art. 3 FischG. das Fortbestehen von Fischereirechten in fremden Wässern gewährleistet (Vertrag, Verzicht, letztwillige Verfügung, Verleihung durch Inhaber des Fischereiregals, ehemalige gutsherrliche Verhältnisse, Urteil, nach den meisten Partikularrechten auch Ersitzung), und die Bestellung von Fischereirechten in solchen für die Zukunft zugelassen (Malsen-Hofer S. 152 Allg. und Anm. 1; Bleyer S. 29 Anm. 1; 38 Anm. 5; 49 Anm. 1).

21) § 903 BGB.; Menner, BGZ. 1913 S. 7/8. Anders Fromhold in Iher. Jahrbüchern Bd. 53 S. 188, der selbständiges Recht *neben* dem Grundeigentum annimmt; RGZ. 41,[345] spricht von „*quasidinglichem*" Recht; 51,[280]; 52,[127]; 70,[70]; Gruchot 54,[355].

22) Sein Recht auf Ausschluß anderer von jeder Einwirkung findet Einschränkung in § 905 S. 2 BGB., wonach er Einwirkungen nicht verbieten kann, die in solcher Höhe oder Tiefe vorgenommen werden, daß er an der Ausschließung kein Interesse hat. Anlegung von Bergwerken kann er, abgesehen von bergrechtlichen Bestimmungen (bayr. Berggesetz vom 13. Aug. 1910/10. Okt. 1919 Art. 56), so wenig hindern, wie die in einer für ihn gleichgültigen Höhe vorgenommene Jagd eines Luftschiffers (Reichs-Luftschiffahrtsgesetz vom 1. Aug. 1922 RGBl. I S. 681; Vollw. S. 13 und die in F. 3 dort Zitierten).

23) Vollw. S. 13 Anm. II; Wirsch. S. 26; Oertm. Bd. 1 S. 372; RGSt. 5,[277]; 6,[375]; 13,[84]; 15,[268]; 23,[89]; 3,[226] (R. 2,[271]); 5,[85]; 22,[125].

24) § 1 der KAV. vom 6. Juni 1909, wonach die Jagden pfleglich zu behandeln und in ihrer nachhaltigen Benutzung durch den J.betrieb nicht gefährdet werden dürfen, und Hegevorschriften der §§ 2—5, 7—10, 13.

Allein „da die J. zu jenen Privatrechten gehört, deren Ausübung die Gesetzgebung wegen des Interesses der sittlichen Ordnung und allgemeinen Sicherheit und aus volkswirtschaftlichen Gründen[25]) unter Bestimmungen des öffentlichen Rechts" stellen mußte[26]), wurden gesetzliche Beschränkungen des Grundeigentümers geschaffen, welche eine scharfe Trennung des theoretischen, objektiven J.rechts von der praktischen, subjektiven J.ausübungsbefugnis herbeiführten, die Betätigung des J.rechts durch den Grundeigentümer von bestimmten dinglichen Voraussetzungen abhängig machen und für die weitaus überwiegende Zahl der Grundeigentümer die J.gerechtigkeit zu einem mehr oder minder theoretisch juristischen Gebilde zusammenschrumpfen lassen; denn nur in den seltensten Fällen ist der[27]) j.berechtigte Grundeigentümer auch j.ausübungsberechtigt, in vielen Fällen nur in beschränktem, räumlichem Umfang. Nur Grundbesitz von fest bestimmter Mindestgröße oder Besitz gewisser, besonders befriedeter Örtlichkeiten läßt ihn zur praktischen Betätigung seines, sonst schlummernden J.rechtes gelangen, welches sonst an die Gemeinde als Zwangsgenossenschaft, die mit juristischer Persönlichkeit ausgestattete Repräsentantin aller in ihrer Markung berechtigten Grundeigentümer übergeht. Für die Grundeigentümer kommt ihr „Jagdrecht" diesesfalls nur insoferne zur Auswirkung, als der in die Gemeindekasse fließende J.pachtschilling oder das in diese einzuzahlende J.erträgnis ihnen an ihren Gemeindeumlagen gut gerechnet oder bar hinausbezahlt wird[28]). Sonst ist j.ausübungsberechtigt nur derjenige, welchem dieses durch Vertrag gegen Entgelt von der Gemeinde oder dem Eigenj.berechtigten übertragen wird, — der J.pächter.

J.berechtigt im weiteren Sinne sind zwei Personengruppen, welchen ein abgeleitetes J.ausübungsrecht zusteht, das sie vom Eigenj.berechtigten oder vom J.pächter herleiten können:

1. Hauskinder, Jäger, J.aufseher, sonstige bei J.ausübung verwendete Angestellte des J.berechtigten sind Besitzdiener in einem Abhängigkeitsverhältnis, vermöge dessen sie seinen, auf Ausübung des J.rechts, die sich auch im Aufscheuchen, Zutreiben, Aufnehmen und Fortschaffen des Wildes äußert, bezüglichen Weisungen Folge zu leisten haben[29]). Sie erwerben unmittelbar für den J.berechtigten Besitz und Eigentum[30]), sind aber zivilrechtlich nicht Besitzer[31]), können sich nur gegen verbotene Eigenmacht wehren[32]).

---

25) Volkswirtschaftl. Bedeutung der Jagd: BGZ. 1908 S. 357 ff.; „Wild und Hund" 1908 S. 84; 1913, S. 241 und 262; 1915 S. 326; BGZ. 1910 S. 450.

26) VV. § 1 Abs. II.

27) Gem. Art. 1 JG.

28) § 9 Z. 5 VV.

29) §§ 854, 855 BGB.; Planck Bd. 3 S. 36 Anm. 2 Abs. IV; RGSt. 39, 180

30) § 958 I l. c.; Pollw. in BlfRA. Bd. 74 S. 86.

31) Henle-Fischer A. 5 zu § 855 l. c.

32) §§ 860, 859 l. c.

2. Der J.gast, „Gnadenjäger", ist Besitzmittler i. S. § 868 BGB., in Ansehung der durch ihn ausgeübten J.befugnis Vertreter des J.berechtigten, da er in dessen Namen und ausschließlichem Interesse Rechtshandlungen vornimmt[33]). Vertretungsmacht (Vollmacht) wird erteilt durch Ausstellung des Erlaubnisscheines, mündliche oder stillschweigende, aus aktuellen Handlungen bei persönlicher Mitnahme durch den J.berechtigten erkennbare Genehmigung[34]). Er erwirbt Besitz, gleichzeitig aber auch der J.berechtigte, der Vertreter unmittelbar, der Vollmachtgeber mittelbar („Doppelbesitz"). Für letzteren gilt Eigentumsvermutung des § 1006 Abs. I und III BGB., er erwirbt Eigentum mit Übergabe durch Besitzmittler (mit Absendung an ihn); diesem steht Dritten gegenüber das Recht auf Wiedereinräumung und auf Beseitigung von Störungen des Besitzes zu[35]).

3. Davon zu unterscheiden ist der in keinen rechtl. oder tatsächl. Beziehungen zum J.berechtigten stehende Dritte, welcher entweder, um Interessen desselben wahrzunehmen — z. B. um verendet gefundenes Wild vor dem Verludern zu bewahren —, oder aus Mitleid — indem er eine von Hunden schwer verletzte Rehgeiß abnickt —, oder zwecks Erhaltung eines jagdbaren Tieres — durch Mitnahme eines mutterlosen Rehkitzes — Wild in Besitz nimmt, um es an den J.berechtigten abzuliefern oder unter Benachrichtigung desselben bei sich zu pflegen; er handelt nach dessen mutmaßlichem Willen, als „Geschäftsführer ohne Auftrag"[36]), ist gem. § 667 verpflichtet, dem „Geschäftsherrn" alles, was er aus Geschäftsführung erlangt, herauszugeben[37]), kann dafür Ersatz der Aufwendungen fordern, welche er den Umständen nach für erforderlich halten darf[38]). Auch er ist Besitzmittler[39]), welcher für den Geschäftsherrn mittelbaren Besitz erwirbt und seinen unmittelbaren Besitz durch Übergabe des Erlangten aufgeben muß, wodurch der J.berechtigte Eigentum erwirbt.

II. Der räumliche Umfang ist beschränkt auf das J.gebiet, auf eine geometrisch begrenzte Fläche, den Erdkörper und die Luftsäule darüber, gleichgültig, ob Jagdgebiet aus Land- oder Wassergrundstücken besteht[40]). Das J.folgerecht, wonach angeschossenes oder angehetztes Wild auf **fremdes** Jagdgebiet unter gewissen, lokal verschiedenen Voraussetzungen verfolgt werden durfte, ist aufgehoben. Das Gesetz v. 25. Juli 1850, das sie beseitigte, gilt nicht mehr, trotzdem aber ist die Wildfolge nicht wieder zulässig geworden; sie bedeutete „J.gerechtigkeit auf fremdem Grund und Boden", welche nach Art. 1 Abs. II JG. „auf-

33) Henle-Fischer S. 85, Vorbem. zum 5. Titel.
34) §§ 166, 167 BGB.
35) §§ 868, 861, 862 l. c.
36) §§ 677 ff. BGB.
37) § 861 l. c.
38) §§ 683, 670 l. c.
39) § 868 l. c.
40) BlfadmPr. 68, 267.

gehoben bleibt"[41]). Kann aber zwischen J.nachbarn vertraglich vereinbart werden. Zur Ausübung Erlaubnisschein des Gegenkontrahenten nötig, da Art. 23 Z. 6 JG. Genehmigung **und** Erlaubnisschein verlangt[42]).

Pächter eines Grundstücks, das zur Eigenj. berechtigt, erlangt nicht das J.ausübungsrecht, sondern muß es durch gesonderten J.pachtvertrag übertragen erhalten[43]).

III. Objekt der J.berechtigung: Lebende und verendete jagdbare Tiere sowie Eier des Federwildes[44]). J.berechtigter kann sich aber auch nicht j.bare, dem freien Tierfange unterliegende Tiere aneignen.

IV. Aneignungshandlung landesrechtlich nicht geregelt, also nach BGB. zu beurteilen, und zwar verschieden nach Objekt und Art der Ausführung.

1. Rechtmäßige Aneignung von Tieren in Freiheit[45]).

a) Jagdbare Tiere: „Wilde" Tiere, welche § 960 Abs. I BGB. als „herrenlos" bezeichnet. Eigentum wird an ihnen durch Erlangung der tatsächlichen Gewalt und im Augenblick derselben erworben[46]). Rechtliche und tatsächliche Wirksamkeit nach den Umständen verschieden.

Tödliche Verletzung des Tieres genügt nicht. Denn dieses kann sich trotzdem der endgültigen Ergreifung und Festhaltung durch oft weite Flucht, Verschlüpfen in unzugängliches Dickicht, Stürzen in ungangbare Abgründe, Fallen oder Wegtreiben in Wasser[47]) entziehen. Selbst schon ergriffenes Wild kann noch entkommen: Weidwund geschossener Bock wird noch auf eigenem Gebiete erfaßt, um abgenickt zu werden, zieht den Jäger über die Grenze, der ihn ins eigene Revier zurückzerrt und da abfängt; oder dieser muß den heftig schlagenden Bock, der ihm zu entkommen droht, auf fremdem J.bezirke abnicken. In beiden Fällen keine „J.folge", da Jäger das Wild festhält, wenigstens augenblicklich in seiner tatsächlichen Gewalt hat und schon auf eigenem Gebiete hatte; es war nicht mehr „herrenlos". Aber die zum Eigentumserwerb erforderliche Aneignung mit vollkommener Verfügungsmöglichkeit war noch nicht vollendet, als sich das Tier schon auf fremdem Boden befand; denn bloßes Festhalten allein vermag keine dauernde Herrschaft zu begründen, gewährt nicht „physische Möglichkeit faktischer Verfügung" über das noch lebende

---

[41]) OberstLGSt. 13, 487; unten § 292 RStGB. C III. 1; Wirsch. S. 175, [10]; Binding, Lehrbuch d. StR. Bes. Teil Bd. 1 S. 323.

[42]) Vgl. Goercke S. 19 Anm. 13; unten Art. 23 Z. 6 JG. Anm. VI.

[43]) Vollw. S. 28 A. I 2 b.

[44]) Von ihnen wird bei Art. 1 a ausführlich gesprochen.

[45]) „Das Aneignungsrecht am Wild" — „Wild und Hund" 1918 S. 603. — „Einiges über Aneignung von Tieren mittels Jagd usw." BlfRA. 63, [285].

[46]) §§ 854, 872, 958 I BGB.

[47]) BGZ. 1902 S. 589.

Tier[48]). „Herrschaft ist ihrem Begriff nach auf eine gewisse Dauer angelegt. Deshalb genügt zum Besitzerwerb nicht, wenn Sache bloß vorübergehend in Gewalt des Erwerbers kommt. Vielmehr erforderlich, daß dieser nach dem gewöhnlichen Gang der Dinge sich auch in der Gewalt zu behaupten imstande ist"[49]).

Ergreifen verletzten Wildes durch den Hund genügt in vielen Fällen nicht zur Vollendung der Aneignung: Der geständerte Fasan, der lauskranke Hase entkommt dem Jäger im Augenblicke, in welchem der Jäger ihn dem apportierenden Hunde abnimmt. Hund bringt ein auf dem Gebiet seines Herrn tot herabgefallenes Feldhuhn ein, überquert eine, in dieses einspringende Wiese des Nachbarn und verliert es dort, oder erhält es vom Hunde des Nachbarn entrissen. Durch Dachshund im Bau gewürgte Jungfüchse werden nicht herausgebracht und können im Felsenbau nicht gegraben werden. Sie sind für J.berechtigten verloren.

Ebenso getötetes Wild durch Niederfallen oder Fortrollen an Stellen, wo es nicht mehr zu sehen und zu finden ist, oder, indem es, mangels Hundes oder wegen unzulänglicher Dressur desselben, von einem dem Jäger unerreichbaren Platze nicht beigebracht werden kann. In solchen Fällen wird vom J.berechtigten weder Besitz noch Anspruch auf Herausgabe gegenüber demjenigen erworben, in dessen J.gebiet das flüchtige oder wieder flüchtig gewordene, selbst das im Verenden befindliche Wild ergriffen wird[50]).

Auch nach vollendeter Okkupation kann Wild noch aus eigener Kraft entweichen: Der durch Streifschuß geprellte Bock liegt im Feuer, geht aber bei Nahen des Jägers über die Grenze. Besitz geht verloren; Eigentum war nicht erworben, da die erlangte Herrschaft keine dauernde war.

Endlich kann bereits rechtmäßig erworbenes Eigentum an erlegtem Wild durch Verlust auf fremdem J.gebiete abhanden kommen: Kopf des am Hühnergalgen hängenden Spielhahns reißt ab und bleibt in der Schlinge, während Hahn selbst zu Boden fällt; der an einer Stange des Wildwagens hängende Hase fällt durch Erschütterung des Fuhrwerks auf die Straße; zusammengebundene Wildenten gleiten von der Spitze des Kahnes ins Wasser und treiben in fremder Jagd an Land: Eigentum war bereits erworben; Erwerber konnte sich in der Herrschaft an den toten Tieren behaupten. Er darf die verlorenen Sachen gemäß §§ 1005, 867 BGB. aufsuchen und wegschaffen. Weder Grundeigentümer noch J.berechtigter ist befugt, dies zu verbieten[51]). Denn das Wild kann von unberechtigtem Dritten an sich genommen, von Raubzeug verschleppt, mindestens ange-

---

48) Pollw. S. 14 Anm. 2 a, vgl. PreußALR. §§ 128, 129 I 9; Goercke S. 17/19 und Anm. 11.

49) Cosack, § 186 Z. 2 d Bd. 2 S. 68.

50) Pollw. S. 14; Wirsch. S. 398; GoltdA. Bd. 16, [27]; 32, [349]

51) § 904 BGB. „Nothilfe".

schnitten, also unbrauchbar, oder bei Unterlassung sofortigen Suchens verludern oder doch anbrüchig werden[52]).

Wenn dagegen der Jäger den Kern des abgebalgten Fuchses, als für ihn wertlos, liegen läßt, wird dieser herrenlos: Dereliktion. —

Bisher „unmittelbare" Aneignung besprochen, die lediglich in einer Handlung des Erwerbers besteht. „Erlangung der tatsächlichen Herrschaft kann sich aber auch aus einer solchen Handlung und einem weiteren Vorgange anderer Art zusammensetzen"[53]). So bei Aufstellen einer Falle, eines Fangeisens durch J.berechtigte, in welche Wild gerät. Nicht erforderlich, daß er anwesend bleibt, nicht einmal Kenntnis vom erfolgten Fange. Wild kommt sofort, wenn es in Vorrichtung geht, in seinen Besitz[54]). Bedingung für Erlangung des Eigentums ist aber auch hier „physische Möglichkeit faktischer Einwirkung", der Eigenbesitz muß realisiert und befestigt sein[55]). Wenn der in der Kastenfalle gefangene Iltis das an Falltüre angebrachte Drahtgitter durchbeißt und entkommt, entzieht er sich dieser „faktischen Einwirkung" ebenso, wie wenn er bei unvorsichtigem Öffnen des Türchens entwischt. Fuchs, welcher den ins Tellereisen geratenen Lauf abreißt, wird mit erlangter Freiheit wieder herrenlos. Der entkommene Fuchs oder Iltis war nie Eigentum des J.berechtigten, der sich in der Herrschaft über sie zu behaupten nicht imstande war. Deshalb § 960 II BGB. unanwendbar[56]). Der J.berechtigte kann von seinem Nachbarn, auf dessen Gebiet der Fuchs geriet und erbeutet wurde, Herausgabe nicht verlangen. Denn dieser hat das Aneignungsrecht an „herrenlosem" Wilde und erwirbt Eigentum durch Erlangung des Eigenbesitzes[57]). Wohl aber muß der J.-berechtigte, auf dessen Gebiet der samt Eisen dorthin geflüchtete Fuchs erlegt wird, das Eisen dem Eigentümer zurückerstatten[58]). Hängt der in einem vom J.berechtigten A gestellten Eisen gefangene und auf Nachbarjagd B geratene Fuchs an der, auf J.gebiet des A befestigten Kette fest, so gehört Fuchs dem A[59]) (vgl. „Wild und Hund" 1922 S. 330). — Wer das, in einer vom J.berechtigten aufgestellten Fangvorrichtung gefangene Wild, sei es auch

---

52) Goercke S. 3 Anm. 7.

53) Cosack Bd. 2 S. 68 § 186 Z. 2 a.

54) Cosack Bd. 2 S. 68 § 186 Z. 2 b; Endem. §§ 34 ff., 36 Z. 7, 9; RGSt. 32, 164; RG. 2. Juni 1926 JW. 1926 S. 2647 1.

55) Endem. Bd. 2 S. 340 N. 2.

56) Vgl. Staudinger Bd. 3 S. 223 Anm. 1 b Abs. II; anders: DJäger 1918 S. 25; dagegen: 1920 S. 63.

57) § 958 I l. c. Insoweit wird daher die zit. RG. Bd. 32, 164 einzuschränken sein, welche erklärt, daß „das Geraten eines Tieres in das von dem Jäger zum Zwecke der Jagd aufgestellte Netz (Eisen, Falle) als ein Fall der vollendeten Besitznehmung durch die Jagd zu bezeichnen ist, durch die Eigentum erworben wird, von dem Augenblicke an, da dies geschehen". DJäger Ill. 13/27 S. VIII; RG. 2. Juni 1926 JW. 1926 S. 2647 1.

58) §§ 985, 867 und ev. 965, 966, 971 BGB.

59) Vgl. „Wild und Hund" 1922 S. 330.

nur aus Mitleid, der Freiheit wiedergibt, handelt widerrechtlich, weil er dem Besitzer ohne dessen Willen den Besitz entzieht[60]). — Voraussetzung für Besitzerwerb bleibt stets, daß derjenige, welcher durch die Fangvorrichtung Besitz ergreifen will, diese selbst in tatsächlicher Gewalt behält[61]). Wer nicht mehr weiß, wo er das Eisen aufgestellt, es also verloren hat, kann nicht Besitz oder Eigentum am darin gefangenen Wilde erwerben. Hier Vorschriften über Fund anzuwenden, Tier selbst bleibt herrenlos: Wer das Eisen findet, muß es an den Eigentümer gegen Finderlohn herausgeben[62]); wer das gefangene Tier an sich nimmt, handelt nach dem mutmaßlichen Willen des J.berechtigten, als Geschäftsführer ohne Auftrag, und hat, gegen Ersatz erforderlicher Aufwendungen, das Tier an diesen abzuliefern[63]). — Keine Voraussetzung für Besitzerwerb, daß sich Tier der Gattung fängt, für welche Fangvorrichtung berechnet ist[64]).

Der Wilddieb erlangt durch Fang von Wild in Fallen, Netzen, Schlingen, Eisen, so wenig Besitz, wie durch irgendwelche andere, in fremdes J.recht eingreifende Aneignungshandlungen[65]). Das Okkupationsrecht verbleibt dem J.berechtigten, das Tier bleibt herrenlos[66]).

Der dritte Nichtberechtigte, welcher Wild aus der vom Frevler gestellten Fangvorrichtung nimmt, erwirbt weder Besitz noch Eigentum. Schlingen, Fang- und Fallgruben, Pfahleisen werden im allgemeinen wohl nur von Wilderern aufgestellt und angelegt[67]); wer Wild unberechtigt aus solchen nimmt, wird schwerlich mit Berufung auf guten Glauben durchdringen. Der J.berechtigte, der zu diesen Fangmethoden greifen sollte, erwirbt[68]) allerdings Besitz, in welchem er durch verbotene Eigenmacht gestört werden kann, wird aber kaum Besitzansprüche geltend machen. Aneignung solchen Wildes wäre Eingriff in fremdes Aneignungsrecht und gemäß § 958 II BGB. zum Eigentumserwerb durch un-

---

[60]) §§ 858, 862 BGB.; Klage auf Unterlassung der Störung sowie Antrag auf Straffestsetzung (§ 890 ZPO.) und auf Bestellung einer Sicherheit für den, durch fernere Zuwiderhandlungen entstehenden Schaden, wenn Störer etwa geäußert hat, er werde jedes in einer Fangvorrichtung gefundene Tier befreien, weil er diese Art der J.ausübung für „Tierquälerei" halte!

[61]) RGSt. 29, 217.

[62]) §§ 966, 969, 971 BGB.; „Hubertus" 1912 S. 124, 148, 219, 283.

[63]) §§ 677, 681, 683, 667 BGB.

[64]) Anders: Pollw. S. 15 Fußn. 3. So kann sich in einem, speziell für einen Fuchs, der die Gegend schon lange unsicher machte, aufgestellten Tellereisen auch Fischotter auf seiner Landwanderung fangen. Es ist nicht einzusehen, warum J.berechtigter an dem Otter nicht Besitz und Eigentum erwerben sollte! Ja selbst der Bock, welcher gegen Willen des J.berechtigten in Schwanenhals gerät, wird dessen Eigentum. Nur wenn gesetzliches Verbot durch Fang verletzt wird, kann auch J.berechtigter dieses nicht beanspruchen; Eigenbesitz erwirbt er aber auch an dem im Eisen gefangenen geschützten Bussard.

[65]) § 958 II BGB.

[66]) RG. 3, 226; 13, 84; 23, 89; 9, 127; 13, 61.

[67]) Vgl. § 13 JPB.

[68]) Oben S. 34 A 2 b.

berechtigte Dritte, wie für deren böswillige Erwerbsnachfolger ungeeignet[69]).

b) Nichtjagdbare wilde Tiere nach § 960 Abs. I 1 BGB. „herrenlos“, solange sie sich in Freiheit, in einer ihrer Natur und Herkunft entsprechenden örtlichen Umgebung befinden[70]). Aneignung an sich unbeschränkt, jedem gestattet, nicht bloß dem Grundeigentümer vorbehalten[71]). *Einengend* greifen hier mit Wirkung gegen jedermann die Vogelschutzbestimmungen und Bestimmungen des Fischereigesetzes ein[72]). Dem freien Tierfang unterliegen auch eingebürgerte wilde Tiere, welche in anderen Bundesstaaten für j.bar erklärt sind, bis zur Schaffung einer entsprechenden bayrischen Bestimmung[73]).

2. Gegensatz zu den **in Freiheit befindlichen** wilden Tieren:

a) Wilde Tiere in Gefangenschaft. Allgemein bestimmt § 960 II BGB., daß sie herrenlos werden, wenn sie die *Freiheit wieder erlangen*. Z. B. wilde Tiere, die aus zoologischen Gärten entweichen, auch wenn sie bei uns nicht heimisch sind (tropische und arktische Tiere). Jedoch bleiben sie Eigentum, wenn Eigentümer sie unverzüglich[74]) verfolgt, bis er dies aufgibt[75]).

Gezähmte, ursprünglich *wild gewesene*, durch die Behandlung des Menschen *im einzelnen Falle* erst ihrer natürlichen Wildheit entkleidete Tiere, werden herrenlos, wenn sie die Gewohnheit ablegen, an den ihnen bestimmten Ort zurückzukehren[76]). Nicht zu diesen, sondern zu den wilden gefangenen Tieren zählt *Wild in Tiergärten*[77]). Entsch. des I. StrS. des RG. vom 26. Nov. 1908[78]): „Nach § 960 BGB. sind wilde Tiere in der Gefangenschaft der tatsächlichen und rechtlichen Herrschaft des einzelnen unterworfen, sie gehen, sobald durch den Berechtigten zum

---

69) Die RGSt. 23, 89 gelangt zwar zu dem gleichen Ergebnis, aber durch die m. E. nicht zutreffende Erwägung, daß der Schlingensteller durch Fangen des Wildes in der Schlinge dieses noch *nicht* okkupiert habe. Tatsächlich bestand aber bis zu dem Zeitpunkte, in welchem das etwa noch lebende Tier von dem Dritten aus der Schlinge genommen wurde, „die physische Möglichkeit faktischer Einwirkung“, also Besitz.

70) Endem. Bd. 2 S. 339 Note 7.

71) Roth-Becher (bayr. Zivilrecht Bd. 2 Abt. 3 S. 248) nimmt im Widerspruch mit § 960 Abs. I S. 1 BGB., der ein *ausschließliches* Verfügungsrecht des Grundeigentümers verneint, letzteres an.

72) Art. 1 des Ges. vom 15. Aug. 1908 und § 1 der VB. hiezu vom 18. März 1909.

73) Z. B. Elch, Mufflon, Wildziege, Steinbock; unten S. 63.

74) Auch durch öffentliche Bekanntmachung oder Ausschreiben in der Presse.

75) DJäger 1922 S. 119.

76) § 960 III BGB.; BlfRA. 63 S. 286.

77) Von Pollw. (S. 18 g) unzutreffend „Standwild“ genannt, welches in „freier Wildbahn“ vorkommt und den Gegensatz zu „Wechselwild“ bildet. Hartig: Weidmannssprache. Dombrowski: „Wild und Hund“ 1914 S. 301.

78) E. 42, 75; ebenso RG. 11. Juni 1926 (DJäger JU. 36/26 S. XIII); vgl. JW. 1895 S. 93 Nr. 19; Recht 1909 Nr. 2321; 1911 S. 141; DJZ. 1909 S. 741 und 1910, 18. Spruchslg. S. 29; RGSt. 8, 272; 26, 218; DJZ. 1911 S. 221 (RG. 1. Dez. 1910); *anders*: Recht 1917 S. 49 (KG. 8. Febr. 1916); DJäger 1919 S. 219.

Zwecke der Aneignung die Aufhebung des Zustandes der Freiheit erfolgt ist, in sein Eigentum über, und die Gefangenhaltung bewirkt die Fortdauer des Eigentumsrechtes. Der Eigenbesitz einer Person, ihre tatsächliche Herrschaft über ein Tier, durch Gefangenhaltung betätigt, begründet sonach fortdauerndes Eigentumsrecht, sofern nicht die in der ursprünglichen Gefangennahme enthaltene Besitzergreifung gegen ein gesetzliches Verbot verstoßen oder das Aneignungsrecht eines anderen verletzt hat (§ 958 BGB.). Die zum Zwecke der Ausübung des Besitzes begründete oder unterhaltene Gefangenschaft vollzieht sich nach den ausdrücklichen Bestimmungen des § 960 l. c. auch durch Unterbringung und Verwahrung des Tieres in einem „Tiergarten", obwohl die Tiere dort nicht, wie solche, die in Behältern gehalten werden, ihrer natürlichen Freiheit in dem Maße beraubt sind, daß sie ihre Lebensbedürfnisse nicht so befriedigen können, wie es der Trieb ihrer Gattung verlangt. Dadurch sind die Zweifel beseitigt, die sich in bezug auf die Frage, ob ein Tier als gefangen gilt und im Besitz einer Person ist, dann erhoben werden können, wenn dem Tier, nicht nur um es zu erhalten und um ihm Fortpflanzung zu ermöglichen, sondern namentlich auch um für seine demnächstige Erlegung weidmännische Form beibehalten zu können, ein derartiges Maß von Freiheit eingeräumt ist, daß ihm soviel Ortsveränderung ermöglicht ist, wie sie erfahrungsgemäß überhaupt von seiner Gattung beansprucht wird [79]). Mit anderen Worten: Das Gesetz hat nicht nur einzelne Tiere, die in kleinen Gärten unter Umständen gehalten werden, daß sie stets sichtbar und auffindbar sind und sofort ergriffen werden können, als der rechtlichen Herrschaft unterworfen bezeichnet; dazu bedurfte es neben dem ersten Absatze des § 960 keiner weiteren Bestimmung. Das Gesetz ermöglicht vielmehr in Satz 2 die Erhaltung bestehender und Anlegung neuer J.parke, in denen Wild, namentlich auch neu eingesetztes, dem Parkinhaber zu Eigentum verbleibt. — Hienach ist für die Frage des Eigentums an Parkwild nur erheblich, ob der zur Festhaltung des eingehegten Wildes bestimmte umschlossene Raum nach Gesamtheit der zur Einschließung getroffenen Vorrichtungen geeignet ist, Gefangenschaft des Wildstandes zu begründen. — Für die Frage der Gefangenhaltung kommt es begrifflich nicht auf die Größe der Fläche an, innerhalb welcher Wild eingeschlossen ist (Motive Bd. III S. 371). Die Größe ist nur insoferne von Bedeutung, als sie für die Frage von Erheblichkeit sein k a n n , ob durch die Gesamtheit der Einrichtungen eine solche Einschließung des Wildes erreicht wird, daß Entweichung aus dem Parkgebiete vorgebeugt ist. Dies trifft zweifellos dann n i c h t zu, wenn ein J.revier, um Wild darin tunlichst festzuhalten, mit Hecken, Gräben, Gebüsch, niederen Zäunen umgeben und durch Verbindung solcher und ähnlicher Anlagen eine Umhegung geschaffen ist, ohne daß dadurch dem Wilde das Wech-

[79]) Unzutreffend, anders: Gereke S. 39.

seln in anderes, außen liegendes Gebiet unmöglich gemacht wäre. Ist aber eine zusammenhängende Fläche nach Art eines umzäunten Gartens derart nach außen abgeschlossen, daß dem Wilde überall durch wirksame, nicht zu überwindende Hindernisse der Austritt überhaupt unmöglich gemacht wird, sind namentlich auch den Park durchziehende Wege durch Abteilungen und Abschlüsse im Innern dem Wilde unzugänglich gemacht, sind ihm Eisenbahnen, die ins Freie führen, und Ausgänge der im Park befindlichen Wohnstätten unerreichbar, weist die äußere Umschließung keine unzureichend überwachten oder mangelhaft angelegten Öffnungen auf, so kann daraus, daß bei der Größe des Parkes das Wild innerhalb der Umschließung volle Bewegungsfreiheit genießt, nicht geschlossen werden, daß der in Wahrheit eingesperrte Wildstand „sich in der Freiheit befinde". Insbesondere kann nicht gefordert werden, daß jedes Stück des Wildstandes jederzeit herausgegriffen werden könne, und ihm die Möglichkeit benommen sein müsse, sich der Ausübung der tatsächlichen Herrschaft auch nur vorübergehend zu entziehen. Der Besitz, eine Voraussetzung des Eigentums, wird durch Verwahrung im umschlossenen Raume ausgeübt. Schon die Zusammenstellung des Wildes in Tiergärten mit Fischen in Teichen und geschlossenen Privatgewässern jeder Größe läßt erkennen, daß das einzelne Stück einer gefangen gehaltenen Menge deshalb nicht besitzfrei und herrenlos ist, weil es sich, im Gegensatz zu den in Behältnissen eingeschlossenen Tieren, vorübergehend der Betätigung unmittelbarer Herrschaft zu entziehen vermag. Andernfalls wäre Besitz und Eigentum auch für Parkwild im kleinsten Park zu verneinen; denn nach den Einrichtungen der Parkwildzucht gilt es gerade, Erlegung und Ergreifung des einzelnen Stückes tunlichst so zu gestalten, wie in freier Wildbahn"[80]). Selbstverständlich erstreckt sich das Eigentum nicht nur auf das Wild selbst, sondern auch auf Junge, abgeworfene Gehörne und Geweihe, Losung und verendete Tiere[81]).

Das Eigentum an „eingegattertem" Wild geht verloren, wenn es die Freiheit erlangt und Eigentümer es nicht unverzüglich verfolgt oder Verfolgung aufgibt[82]).

Auch im Wildgarten geborene Tiere, die nie „in Freiheit", nie „herrenlos" waren, können durch Ausbrechen aus dem Gatter sich dem Eigentum des Parkbesitzers entziehen und „herrenlos" werden. Dem steht nicht entgegen, daß § 960 Abs. II BGB. von „Wieder"erlangen der Freiheit spricht; denn nicht das einzelne Stück, sondern der gesamte Wildstand ist „gefangen"[83]).

---

[80]) Vgl. auch RGSt. 26, [218] u. Rspr. 15, [214]; Rspr. 1, [120]; 5, [354] u. Reger 3, [402]; RGSt. 8, [273] (Rspr. 5, [54]); Entsch. des RG. 3325/02 v. 9. Aug. 1902, VI 217/01 v. 9. Jan. 1902, I 3273/00 v. 3. Dez. 1900; anders DJäger 1919 S. 219 (RG. 8. Febr. 1916); Wirsch. S. 186 ff., Pollw. S. 19 g.

[81]) Pollw. S. 19 g; „Wild und Hund" 1914 S. 837; RG. 11. Juni 1926 (DJäger JU. 36/26 S. XIII).

[82]) Oben S. 42 Anm. 2a Fußn. 75.

[83]) Vgl. „Wild und Hund" 1908 S. 214.

Tiere, die wirksam am Verlassen der Umhegung nicht gehindert werden können, wie wilde Kaninchen und Hasen, die unterm Zaun oder zwischen den Pfählen durchschlüpfen, oder Federwild, das die Umwehrung überfliegen kann, bleibt auch im Tierpark herrenlos[84]).

„Fasanerien", Örtlichkeiten, wo künstliche Aufzucht des J.fasans durch Bezug von Eiern, Ausbrütenlassen derselben, Pflege und Wartung der Jungen betrieben wird, sind nicht schlechthin „Tiergärten" i. S. des § 960 Abs. I² BGB., insbesondere nicht sog. „wilde" Fasanerien, in denen der Fasan unter menschlicher Pflege in vollständiger Freiheit lebt, sich fortpflanzt und dauernd erhält, mögen sie auch mit besonderen Schutzvorrichtungen gegen Witterungseinflüsse und Schädigungen durch Raubzeug, künstlichen Remisen zur Herrichtung der Nistgelegenheit, mit eigens angelegten Teichen, während des Winters offengehaltenen Wasserrinnsalen, Feldern, Futterplätzen, Staubbädern ausgestattet sein, unter ständiger Aufsicht von Fasanenwärtern stehen, mit Hecken, Gräben, Zäunen umgeben sein, welche einen gewissen Abschluß darstellen, aber Entfliegen nicht hindern können. Selbst Kennzeichnung der Fasane mit gestempelten und numerierten Fußringen ist unter solchen Umständen nicht geeignet, Eigentum zu begründen. Das Tier bleibt als wildes, in Freiheit befindliches „herrenlos". — Anders die „zahmen" Fasanerien, welche § 11 KAB. vom 6. Juni 1909 unter der Sammelbezeichnung „eingefriedigte Wildgärten" neben „Wildparken" allein meinen kann. Die Anlage besteht aus einem inmitten der „Fasanerie" gelegenen, geschlossenen Raum („Fasanengarten"), einer großen oder mehreren kleinen Volieren, welche, um gegen Verletzungen beim Aufsteigen zu sichern, mit gestrickten, weitmaschigen Netzen bedeckt sind. Dort findet die Aufzucht statt, bis die Jungen flugfähig sind. Sie werden dann zunächst mit beschnittenen Flugfedern ins Freie gesetzt, wo sie heranwachsen und, sobald ihnen die Schwingen nachgewachsen sind, sich ins umliegende Revier verteilen können. Bis zu diesem Zeitpunkte sind sie, wie auch die ausgewachsenen Zuchttiere und die Eier, Eigentum des Züchters. Sobald sie sich aber über freies J.gebiet verbreitet haben, werden die Fasanen, mögen sie auch noch ab und zu an ihre „Geburtsstätte" zurückkehren (was bald aufhört), herrenlos[85]).

Besondere Verhältnisse bei wilden Schwänen: Höckerschwan (Cygnus olor), Singschwan (Cygn. musicus), Zwergschwan (Cygn. Bewickii s. minor). Sie weilen nur im Winter vereinzelt bei uns, wenn Nahrungsquellen im Norden infolge Frostes verschlossen werden. Höckerschwan wird an so vielen Orten zahm und halb-

---

84) Goercke S. 4 Anm. 10.

85) „Wild und Hund" 1902: Cronau, Fasanerien, ihre Anlage und Unterhaltung; Aufzucht S. 17, 35, 54, 68; Schwarzungen, Eine wilde Fasanerie in Böhmen S. 545; 1904 Poloczek, Fasanenzucht S. 518, s. unten S. 83 und Fußn. 133 zu Art. 2 Z. 2.

wild gehalten, daß man bei erlegten Exemplaren oft im Unklaren sein kann, ob man es nicht mit verwilderten zu tun hat. Dieser Zweifel fällt da weg, wo er gelähmt oder mit beschnittenen Schwungfedern auf Privatteichen gehalten wird. Hier ist Besitzwille in so unverkennbarer Weise und derart wirksam durch erhebliche Bewegungsbeschränkung zum Ausdruck gebracht, daß das Tier keinesfalls als „herrenlos" angesprochen werden kann. Anders, wenn es, in voller, unbeschränkter Freiheit belassen, seiner Gewohnheit gemäß, namentlich zur Paarungs- und Zugzeit, umherschweift, sich nur vorübergehend da und dort niederläßt und erst nach längerem Fernbleiben immer wieder an dem Orte einfindet, wo es gefüttert und gepflegt wird, vielleicht auch sein Nest angelegt und seine Jungen großgezogen hat. Durch diese Gewöhnung an eine „Heimat" im Schutze des Menschen ist der Schwan offenbar zu einem „gezähmten wilden Tiere" geworden, an dem Eigentum erworben ist. Während seiner Abwesenheit verliert zwar der Eigentümer, der seinen Verbleib nicht kennt, die tatsächliche, physische Herrschaft, nicht aber die rechtliche, — das Tier ist nicht „herrenlos" geworden (§ 960 III BGB.). Der Umstand, daß der „wilde" Schwan gem. § 1 B Ziff. 21 VO. v. 11. Juli 1900 zu den j.baren Tieren gehört, gibt dem J.berechtigten nicht schlechthin die Befugnis, jeden im Freien betroffenen Schwan auf einem See oder an einem Strome zu töten[86].

b) „Haustiere", deren „ganze Gattung oder Art, nicht bloß ein einzelnes Tierindividuum, durch dauernde Gewöhnung an den Menschen als gezähmt erscheint"[87]. Ob „Haustier" oder „gezähmtes (wildes) Tier" ist mitunter nicht unzweifelhaft. Gattung „Fuchs" und „Reh" sind „wilde" Tiere, Zähmung eines Einzelindividuums macht dieses nicht zum „zahmen", zum „Haustier". Wenn es die Gewohnheit ablegt, an den ihm bestimmten Ort zurückzukehren, wird es „herrenlos" (§ 960 III BGB.). Der Pfau (Pavo cristatus), dessen Verwandte heute noch wild in Asien leben, ist zum „Hofvogel" seit ältesten Zeiten geworden[88]. Auch der Puter (Meleagris gallopavo) ist domestiziert, aber vereinzelt in Parken und freier Wildbahn ausgesetzt (mexikanischer Bronzeputer) und zum „J.wild" geworden. Silberfasan (Euplocomus nycthemerus), Goldfasan (Phasianus pictus), Diamant- oder Amherstfasan (Phas. amherstiae), Wildvögel des östlichen Asiens, bilden eine Zierde der Volieren, nur gelähmt Bewohner des Geflügelhofes, werden manchmal auch zu züchterischen Spielereien in Fasanerien gehalten; zu „zahmen", zu „Haustieren" sind sie bei uns nicht geworden, sondern „gezähmte wilde Tiere", welche bei Freiheitserlangung wieder verwildern und dann herrenlos werden; Königsfasan (Phas. Reevesii) und Buntfasan (Phas. versicolor) sind ihnen

---

[86]) RGSt. 10, 257; 21, 341; Reger 11, 410.
[87]) Endem. S. 339.
[88]) „Wild und Hund" 1908 S. 31.

als geschätztes Federwild unserer freien Wildbahnen mancherorts schon vorangegangen.

Haustiere werden gem. § 959 erst herrenlos, wenn der Eigentümer in der Absicht, auf Eigentum zu verzichten, den Besitz aufgibt. Entlaufener Hund, welcher sich so verirrt hat, daß er nicht wiedergefunden wird, bleibt, ungeachtet seiner dauernden Unerreichbarkeit und dem dadurch bewirkten Besitzverluste, Eigentum seines Herrn, selbst wenn er die consuetudo redeundi verliert, — es sei denn, daß der Eigentümer den gewollten Erfolg des Eigentumsverlustes herbeiführt. Eigentum kann durch Dritte — J.berechtigte — nicht mittels Aneignung, sondern nur durch Übertragung seitens des früheren Eigentümers, durch den Finder auch nach §§ 973, 974 BGB. erworben werden, insbesondere nicht durch nachträglichen Verzicht des Eigentümers[89]). Hunde können vollkommen verwildern, sich Baue anlegen, verlassene Fuchs- oder Dachsbaue annehmen, dort wölfen und ihr Geheck nach Art wilder Raubtiere ernähren und aufziehen. Herrschaft einer Person über solche Tiere, die ihre bisherigen Lebensgewohnheiten derart einschneidend ändern, ist nicht mehr anzuerkennen[90]). Sollten sie nicht als herrenlos anzusehen sein, so hat der von ihnen heimgesuchte J.besitzer ihnen gegenüber doch das Recht der Verteidigung, da er eine fremde Sache zerstören darf, um eine, durch sie drohende Gefahr von seinem J.rechte abzuwenden. Die Tötung ist nicht widerrechtlich, da zur Abwendung der, seinem Wildstande fortgesetzt drohenden Gefahr erforderlich. Der dem Eigentümer etwa erwachsende Schaden darf nicht außer Verhältnis zu dieser Gefahr stehen[91]).

Tiere, von welchen Gefährdung von Menschen zu besorgen ist, können in Fällen dringender Gefahr von jedermann getötet werden (Art. 19 II PStGB.). So wutverdächtige oder bösartige Hunde und Katzen. Aber auch Hirsch, Rehbock, Sau, der „verrückte“ Auerhahn dürfen, selbst in der Hegezeit, getötet werden, wenn sie Menschen attackieren. Verletzung der Schonvorschriften findet nicht statt. Verbotene Eigenmacht liegt bei dem sich verteidigenden Nichtj.berechtigten nicht vor, daher auch keine Schadensersatzpflicht, es sei denn, daß der Handelnde durch Reizen des Tieres den Schaden verschuldet[92]). Über erforderliche Verteidigung hinaus gehen seine Rechte nicht; er muß das verletzte oder getötete Tier dem J.berechtigten herausgeben[93]).

Aneignung fremder Tauben, welche auf das Feld fliegen und in den Schlag zurückzukehren pflegen, bemißt sich nach den

---

[89]) Planck a. a. O. Anm. 2b Abs. II.

[90]) Vgl. „Wild und Hund“ 1913 Nr. 50; 1914 S. 10 u. 400.

[91]) § 228 BGB.; Rehbein, BGB. mit Erläuterungen Bd. 1 S. 341 Note 2a.

[92]) § 228 S. 2 BGB.; „Hubertus“ 1912 S. 267: Einer Bache werden von einem Unberechtigten Frischlinge weggenommen.

[93]) Beispiele: Nordenflycht: Hohe Jagd S. 464; „Wild und Hund“ 1914 S. 536; „Hubertus“ 1912 S. 187, 204.

allgemeinen Grundsätzen über zahme oder Haustiere[94]). Art. 130 EG. BGB. läßt landesgesetzliche Vorschriften über Recht zur Aneignung der einem anderen gehörigen, im Freien betroffenen Tauben unberührt. In Bayern besteht nur Vorschrift des Art. 120 Z. 1 PStGB. über Einsperren von Feldtauben zur Saat- und Erntezeit. Aneignungs- oder Erlegungsrecht gibt die bayr. Landesgesetzgebung auch dem J.berechtigten nicht[95]). RG. v. 28. Mai 1894 betr. Schutz der Brieftauben und Brieftaubenverkehr (RGBl. S. 463) enthält für Bayern keine besonderen Bestimmungen.

3. Konkurrenz des Fischereiberechtigten: Art. 69 EG. BGB. läßt landesgesetzliche Vorschriften über Fischerei unberührt. Art. 1 AG. hat auf Grund dessen die bisherigen Bestimmungen aufrecht erhalten. Seit 1. April 1909 gilt für Bayern Fischereigesetz vom 15. Aug. 1908 (Art. 113 ds. Ges.). Dieses bestimmt in Art. 85 (GVBl. S. 527):

> Dem Fischereiberechtigten ist gestattet, Fischotter (Lutra vulgaris), Reiher (Ardea cinerea L. und Ardetta minuta, Gray), Fischadler (Pandion haliaëtus Cuvier), Möven d. h. die Arten der Gattungen Lestris und Larus mit Ausnahme der Lachmöwen (Larus ridibundus, Linné) und Eisvögel (Alcedo ispida L.) innerhalb seines Fischwassers und in einer Entfernung von höchstens 3 m vom Ufer des Fischwassers zu fangen oder ohne Anwendung von Schußwaffen, von Giftstoffen oder von Sprengstoffen zu erlegen. Die gleiche Befugnis steht dem in einem geschlossenen Gewässer der im Art. 2 Abs. 1 Nr. 1, 2 bezeichneten Art Fischereiberechtigten hinsichtlich der Wasseramsel (Cinclus aquaticus, Brehm) zu. Schlingen sowie andere Eisen als Ottereisen oder Pfahleisen dürfen nicht verwendet werden; Ottereisen dürfen nur unter Wasser gelegt werden; Pfahleisen müssen in einer Höhe von mindestens 0,5 m über dem Wasserspiegel oder dem Erdboden aufgestellt werden.
>
> Abs. 2. Über den Ort der Aufstellung von Schlageisen zum Otterfange hat der Fischereiberechtigte dem Jagdberechtigten 24 Stunden vor ihrer Legung Mitteilung zu machen.
>
> Abs. 3. Der Fischereiberechtigte hat die gefangenen oder getöteten jagdbaren Tiere an den Jagdberechtigten innerhalb 24 Stunden nach ihrer Erbeutung abzuliefern. Dem Fischereiberechtigten ist erlaubt, die zur Erlangung einer Entlohnung allenfalls erforderlichen Körperteile der Tiere vor der Ablieferung sich anzueignen.
>
> Abs. 4. Der Jagdberechtigte kann verlangen, daß die Mitteilung und die Ablieferung an den von ihm aufgestellten Vertreter erfolgen.
>
> Abs. 5. Der Fischereiberechtigte ist für jeglichen Schaden, der durch die Schlageisen jemandem zugeht, ersatzpflichtig.

---

94) Reger 6, 270.
95) Anders in Preußen § 111 I 9 ALR.; Goercke S. 15 Anm. 3.

Abs. 6. Wenn die im Abs. 1 bezeichneten Tiere in einer den Interessen der Fischerei schädlichen Weise überhandnehmen und der Jagdberechtigte trotz Aufforderung der Verwaltungsbehörde innerhalb einer bestimmten Frist die geforderte Abminderung nicht herbeigeführt hat, so kann die Verwaltungsbehörde nach Benehmen mit dem K. Forstamte auf Antrag und auf Kosten der Fischereiberechtigten das Abschießen der Tiere sowie die Zerstörung der Nester (Horste) der Vögel samt den Eiern und der Brut anordnen und über die erlegten Tiere verfügen.

a) Rechtlicher Charakter. Kein beschränktes J.recht des F.berechtigten, keine Einengung des ausschließlichen Aneignungsrechtes des J.berechtigten, der auch im Wasser und dessen näher bezeichneter Umgebung die J. ausüben darf. Der F.berechtigte wird neben ihm in den gezogenen örtlichen und sachlichen Grenzen zu Fang und Erlegung, nicht aber zur Aneignung berechtigt [96]), handelt dabei jedoch nicht als Vertreter des J.berechtigten, sondern kraft eigenen, gesetzl. begründeten Abwehrrechtes. Durch Ergreifung verlieren die bezeichneten Tiere die Eigenschaft herrenloser Sachen, der F.berechtigte erwirbt, soweit sie j.bar sind [97]), nur Besitz [98]), nicht Eigenbesitz [99]) oder Eigentum (§ 958 I), da er gem. Abs. III die gefangenen oder erlegten Tiere an den J.berechtigten abliefern muß. Dieser Besitz vermag nicht die gesetzl. Eigentumsvermutung des § 1006 zu begründen, da Art. 85 III offenbar Behauptung des Eigentums durch den J.berechtigten ausschließt. Da er weder beschränktes J.recht ausübt noch als Vertreter des J.berechtigten handelt, kann er für diesen weder Besitz noch Eigentum erwerben [100]). Geschäftsführung ohne Auftrag [101]) kommt nicht in Frage. Denn F.berechtigter führt nicht ein fremdes Geschäft für den J.berechtigten, sondern ein eigenes [102]). Erst durch die, dem F.berechtigten zur Pflicht gemachte Ablieferung an den J.berechtigten findet die „Übertragung" statt, welche nach § 929 S. 1 BGB. zum Eigentumserwerb erforderlich ist [103]). Dem J.berechtigten steht kein dinglicher, sondern ein obligatorischer Anspruch auf Ablieferung zu. Er hat gegen den F.berechtigten, der etwa den Balg des gefangenen Otters an einen gutgläubigen Dritten veräußert und übergeben hat, Anspruch auf Herausgabe des durch die Veräußerung Erlangten unterm Gesichtspunkt der ungerechtfertigten Bereicherung [104]). Hat der Dritte den Balg geschenkt er-

96) Bleyer S. 157 A. 3; 159 A. 5.
97) Nicht jagdbare erwirbt er zu Eigentum (Bleyer S. 159 A. 8 a).
98) § 854 BGB.
99) § 872 l. c.
100) Anders: Malsen-Hofer S. 272 A. II u. Bleyer S. 161 A. 8 b.
101) Vollw. S. 260 A. 4; GoltdA. 54, 260.
102) § 677 BGB. Planck Bd. 2 S. 684 A. 2a bis 2c.
103) Planck Bd. 3 S. 221 A. 1 a; Bleyer S. 160 A. 8 b.
104) §§ 816 Abs. I S. 1, 929, 932, 933 BGB.

halten, trifft ihn Verpflichtung zur Herausgabe des Pelzes oder seines Wertes[105]).

b) Subjekt ist der F.berechtigte: d. i. der dinglich Berechtigte — in öffentlichen Gewässern der Staat, in Privatgewässern deren Eigentümer[106]) —, der Erwerber[107]), der Nießbraucher[108], der nach familienrechtlichen Bestimmungen Berechtigte[109]); der vom F.berechtigten bestellte F.aufseher[110]); der F.gast[111]) aber nur mit besonderer Erlaubnis des F.berechtigten. — Da Ausübung der Befugnisse des Art. 85 keine J.ausübung, bedürfen die F.-berechtigten keiner Jagdkarte, nicht einmal der F.karte, weil keine „F."-Ausübung gem. Art. 1 FG.[112]).

c) Objekt des, dem § 228 BGB. nachgebildeten Selbsthilferechts sind ausschließlich die in Art. 85 I namentlich aufgeführten Tiere[113]). Eisvogel (Königsfischer Alcedo ispida) und Wasseramsel (Cinclus aquaticus s. merula) sind nicht j.bar[114]); Abs. 3, 4 des Art. 85 finden auf sie keine Anwendung. Die zwar manchmal zu den Möwen, nicht aber zu den Gattungen Larus und Lestris gerechneten, oft massenhaft auftretenden und dann sicher f.schädlichen Seeschwalben (Sternidae) sind weder j.bar noch dem F.berechtigten freigegeben[115]). — Eier und Nestjunge sind dem Zugriffe des F.berechtigten und des J.berechtigten entzogen[116]). Die Verwaltungsbehörde kann Zerstörung der Horste j.barer Vögel der in Abs. I bezeichneten Arten (sowie des Eisvogels und des Wasserstars) samt Eiern und Nestbrut anordnen, Abschießen (nicht sonstige Erlegung) der beflogenen Vögel und des hierher gehörigen Haarwildes anordnen, wenn der J.berechtigte, trotz Aufforderung, eine Dezimierung der überhandnehmenden F.schädlinge nicht vornimmt (Abs. VI). Gegen diesen, nur auf Antrag des F.berechtigten zu fassenden Beschluß der Bezirksverwaltungsbehörde[117]) steht dem J.berechtigten Beschwerde mit aufschiebender Wirkung zur Kreisreg. K. d. J. zu[118]) Nichtbefolgung der vom Bezirksamt erlassenen Abminderungsaufforderung kann am J.berechtigten mit Ordnungsstrafe bis zu 10 Mk.[119]),

---

105) §§ 816 Abs. I S. 2, 818 II l. c.
106) Art. 1, 18 FG.
107) Art. 9, 10, 13 l. c.
108) § 1030 BGB.
109) §§ 1363, 1443, 1525, 1549, 1626, 1627, 1684, 1793 BGB.
110) Art. 86 FG.
111) Art. 35, 68 l. c.
112) Art. 64 FG.; Vollw. S. 260 N. 3; Malsen S. 314 A. 1; 373 A. II; unten Anm. III 4 zu Art. 14 JG.; Bleyer S. 159 A. 5 II.
113) Malsen-Hofer S. 137 A. 4.
114) § 1 der Vogelschutzverordng. v. 5. Mai 1913 mit Anl. I.
115) § 1 der V. v. 5. Mai 1913 mit Anl. I; Bleyer S. 157 A. 1.
116) § 7 V. v. 6. Juni 1909; Ausnahme § 7 II l. c.; § 292 StGB.; Bleyer S. 159 A. 6, 7.
117) Art. 89 FG.
118) Art. 93 A. 1 II bei Malsen S. 394.
119) Die nicht in Haft umgewandelt werden kann!

nötigenfalls wiederholt geahndet werden[120]). Die Kosten der Durchführung der Zwangsabminderung trägt stets der F.berechtigte.

d) Räumliche Ausdehnung. Zweifellos ist die Befugnis des F.berechtigten innerhalb seines F.wassers, gleichgültig, ob geschlossen oder nicht. Dagegen bestimmt das Gesetz nicht, wie die „Entfernung von höchstens 3 m vom Ufer des F.wassers" zu berechnen ist. Zur Feststellung, wo „F.wasser" und „Ufer" sich erreichen — „Uferlinie" —, werden die, mit Rücksicht auf die Veränderlichkeit des Wasserstandes getroffenen Bestimmungen des Wassergesetzes vom 23. März 1907 heranzuziehen sein. Danach wird die Uferlinie der öffentlichen Flüsse, deren Ufer den Anliegern gehören (Art. 5 I WG.), und der im Staatseigentume stehenden Privatflüsse und -bäche durch Bezirksverwaltungsbehörde nach dem mittleren Wasserstande unter Berücksichtigung der Grenze des Pflanzenwuchses festgesetzt und, wo notwendig, angemessen bezeichnet, absichtliche Entfernung, Abänderung oder Beschädigung der Zeichen wird bestraft[121]). Bei den, in privatem Eigentum stehenden Privatflüssen und -Bächen wird die Uferlinie in der Grenze des Wassergrundstückes und des Landgrundstückes verlaufen. Bei Gewässern im Eigentum der Uferanlieger — Adjazentengewässer — reichen die Grundstücke bis zur Mitte des Fluß- oder Bachbettes. Die Uferlinie wird hier nach Art. 6 WG. eine ideelle, nach dem mittleren Wasserstande, unter besonderer Berücksichtigung des Pflanzenwuchses gezogene Linie sein; ebenso bei geschlossenen Gewässern i. S. des Art. 2 I[122]). Der 3 m-Streifen gilt auch für im F.wasser liegende Inseln. Verlandungen, welche durch allmähliches Anspülen von Bestandteilen anderer Grundstücke oder (bleibendes) Zurücktreten des Wassers entstehen, bei mittlerem Wasserstande mit bisherigem Ufer zusammenhängen und Pflanzenwuchs tragen (Art. 8 Abs. I u. II WG.), ändern im Laufe der Zeit die Uferlinie, da sie in allen Flüssen und Bächen den Eigentümern der, das Ufer bildenden Grundstücke anwachsen, daher Uferbenützungsrecht nach Art. 70 JG. und Befugnis nach Art. 85 räumlich beeinflussen[123]). Ebenso die in Art. 14 WG. behandelten Uferabrisse, die zwar erst binnen Jahresfrist unter gewissen Voraussetzungen Eigentum des fremden Ufereigentümers werden, aber schon vor dieser Zeit die Ausdehnung des Grenzstreifens nach Art. 85 JG. verändern. Bei Inseln hinsichtlich Befugnis dieses Artikels keine Besonderheiten[124]); Stücke Landes, welche durch Wassergewalt (Durchbruch) vom Ufer getrennt werden, sind, da untrennbar und ständig mit der Flußsohle verbunden und wesentliche Bestandteile

[120]) Art. 94 JG.
[121]) Art. 6, 23, 202 Z. 3 WG.; VB. v. 1. Dez. 1907 § 5; VB. v. 3. Dez. 1907 §§ 8 u. 9.
[122]) Bleyer S. 157 A. 4; Malsen S. 374 A. 5.
[123]) Art. 8 Abs. I u. II, 21, 23, 24 WG.
[124]) Art. 13, 22, 23, 24, 11, 15, 81 WG.

derselben[125]), Eigentum des Flußbetteigentümers[126]). — Über die, in einer Entfernung von höchstens 3 m von der Uferlinie weg, dieser parallel gezogene Linie hinaus keine Verfolgung der auf dieser Fläche verwundeten und über sie hinaus flüchtenden Tiere. Jenseits derselben bedeutet jede auf Erlegung oder Fang gerichtete Handlung des F.berechtigten Eingriff in das ausschließliche Aneignungsrecht des J.berechtigten mit allen zivilrechtl. und strafrechtl. Folgen. Auch bei Austritt des Wassers über die Uferlinie ist er nicht befugt, über den bezeichneten Uferstreifen hinaus, auf dem überfluteten Grundstücke oder gar weitere 3 m von der Hochwassergrenze weg j.bare oder geschützte Tiere zu erlegen oder zu fangen. Art. 6 FG. spricht ausdrücklich nur vom Rechte des im F.wasser F.berechtigten, auf dem durch dessen Austritt überschwemmten Grundstücke zu „fischen", also Fische, Krebse oder andere nutzbare Wassertiere, soweit sie nicht Gegenstand des J.rechts sind (Art. 1 I FG.), sowie nach dem Rücktritte des Wassers auf den Grundstücken in Gräben und anderen Vertiefungen, welche nicht in fortdauernder Verbindung mit dem Fischwasser stehen, zurückgebliebene Fische sich längstens innerhalb einer Woche anzueignen.

Dieses räumlich begrenzte Recht des Art. 85 ist keine Beschränkung des Grundeigentums, kann daher auf Grund besonderer Rechtsverhältnisse noch mehr eingeengt oder ganz aufgehoben sein. Es ist abhängig von der bestehenden oder mangelnden Befugnis des F.berechtigten, fremde Ufergrundstücke, Brücken, Wehre und Schleusen zum Zwecke ordnungsmäßiger Ausübung der F. zu betreten[127]). Das F.recht oder das am Wasser liegende Grundstück kann durch Grunddienstbarkeit[128]), beschränkte persönliche Dienstbarkeit[129]) oder durch obligatorischen Vertrag[130]) in der Weise belastet sein, daß das Uferbenützungsrecht des Art. 70 FG. ganz oder teilweise ausgeschlossen wird. Dann kann auch die Befugnis des Art. 85 FG. vom F.berechtigten gar nicht oder nur auf einem, durch dingliche oder obligatorische Beschränkung bestimmten, weniger als 3 m breiten Uferstreifen ausgeübt werden. Umgekehrt können räumliche Erweiterungen des Uferbenützungsrechts die durch Art. 85 mit den Worten: „höchstens 3 m" gezogene räumliche Höchstgrenze der Befugnisse des F.berechtigten nicht ausdehnen[131]).

Eine weitere räumliche Einengung liegt in der Beschränkung der Befugnis zum Erlegen und Fang der Wasseramsel auf bestimmte geschlossene Gewässer und deren Umgebung, nämlich auf künstlich angelegte F.teiche und F.behälter und auf ledig-

---

125) §§ 93, 94, 95 BGB.
126) Art. 13 III, 22 III WG.
127) Art. 70 FG.
128) § 1018 BGB.
129) § 1090 BGB.
130) BGZ. 1907 S. 170.
131) Massen S. 375 A. 5 Abs. II; Bleyer S. 158 A. 4.

lich zum Zwecke der F.zucht oder F.haltung künstlich hergestellte und ständig abgesperrte Rinnsale, solange sie ausschließlich diesen Zwecken dienen[132]). Erlegung an anderen Orten, insbesondere auch in oder an den in Art. 2 Abs. I Ziff. 3 FG. bezeichneten, oder in nicht geschlossenen Gewässern (also auch in allen Altwässern) ist eine unbefugte.

e) **Inhalt der Befugnis** ist beschränkt durch Ausschluß von Schußwaffen (auch Legbüchsen, Selbstschüssen usw.), Gift- und Sprengstoffen, Schlingen[133]) und anderen als Otter- und Pfahleisen. Zur Erlegung nicht zugelassene Werkzeuge und Mittel dürfen auch nicht zum Fang nach vorheriger bloßer Betäubung durch sie verwendet, Ottereisen, deren Verankerung am Ufer gestattet sein muß, nur unter Wasser, Pfahleisen nur mindestens ½ m über dem jeweiligen Wasserspiegel oder dem Erdboden aufgestellt werden. Dem J.berechtigten ist die Anwendung von Pfahleisen untersagt[134]). § 2 der VO. vom 5. Mai 1913 verbietet Fangen von Vögeln jeder Art mit Pfahleisen, hält aber Art. 85 I FG. ausdrücklich aufrecht. Dadurch ist dem F.berechtigten das Fangen nur der hier bezeichneten Vögel erlaubt. Gebrauch von Pfahleisen kann vertraglich zwischen F.- und J.berechtigtem ausgeschlossen werden. Fang- und Fallgruben kann ersterer anlegen, dem J.berechtigten ist dies nach § 13 JPV.[135]) verboten. Abgabe von Blindschüssen zum Verscheuchen allen Wildes, vorbehaltlich der Bestimmungen in §§ 367 8 und 368 7 RStGB. angängig, dagegen zum Treiben in aufgestellte Fangnetze usw. auch hinsichtlich der in Art. 85 I FG. bezeichneten Tiere verboten. Verwendung von Hunden, insbesondere der Ottermeute, ist bedenklich wegen der kaum zu vermeidenden Verfolgung über die räumlich sehr engen Grenzen[136]).

Eine inhaltliche Einschränkung ist ferner die Pflicht zur Benachrichtigung des J.berechtigten von der Aufstellung der Ottereisen binnen 24 Stunden. Rechtzeitige Aufgabe der Mitteilung zur Post vor Legung der Eisen genügt[137]). Schuldhafte Unterlassung der Anzeige nach Art. 101 Ziff. 6 FG. strafbar[138]). Bei Sachbeschädigung, fahrlässiger Körperverletzung oder Tötung höhere Strafe aus §§ 303, 230, 222 RStGB., ebenso bei fehlerhafter Verwendung der übrigen Erlegungs- oder Fangmittel, deren Aufstellung nicht anzeigepflichtig ist.

Wegen schuldhafter gefährdender Verwendung der erlaubten Mittel Schadensersatzpflicht[139]). Beim Legen von

---

132) Art. 2 Abs. I Z. 1 u. 2 FG.; § 2 VV.; Bleyer S. 26 f.
133) Nicht von Netzen.
134) § 13 JPV. v. 6. Juni 1909 i. d. F. des § 5 der V. v. 5. Mai 1913.
135) Die Jagdpolizeiverordnung findet auf den nicht jagenden Fischereiberechtigten überhaupt keine Anwendung. Bleyer S. 159 A. 5 II.
136) Malsen S. 375, 376 A. 6.
137) Malsen S. 376 A. 9; Vollw. S. 261; Bleyer S. 161 A. 9.
138) Bis 150 RM. oder 14 Tage Haft.
139) § 823 I BGB.

Schlageisen Haftung ohne Rücksicht auf Verschulden[140]), J.berechtigter nur haftbar, wenn er ohne polizeiliche Erlaubnis an bewohnten oder von Menschen besuchten Orten Schlageisen legt[141]). An solchen Orten muß natürlich auch der F.berechtigte zur Vermeidung krimineller Bestrafung pol. Erlaubnis nachsuchen[142]). Anwendung verbotener Erlegungsmittel und Fanggeräte, unsachgemäße oder strafbare Verwendung durch F.berechtigten oder den von ihm Ermächtigten macht Ersteren ersatzpflichtig für alle Beschädigungen von Menschen, Tieren, Sachen, insbes. von Treibern, J.hunden, Wild, das dadurch unbrauchbar wird, J.kähnen usw.[143]).

Inhaltliche Beschränkung bildet auch die Ablieferungspflicht binnen 24 Stunden[144]). Sofortige, ohne schuldhaftes Zögern bewirkte, kostenfreie Absendung nach Erlegen, Fang, Auffinden des Tieres oder erlangter Kenntnis von Ergreifung durch Fangvorrichtung erforderlich[145]). J.berechtigter nicht befugt, in Fangvorrichtungen des Fischers gefundenes Wild sich ohne weiteres anzueignen. Das wäre verbotene Eigenmacht[146]). Schuldhaft verzögerte oder unterlassene Ablieferung macht F.berechtigten schadensersatzpflichtig[147]). Abschneiden der Schnauze beim Otter, der Ständer des Reihers, der Waffen des Fischadlers usw. ist vielfach zwecks Erlangung einer Prämie verlangt und dann dem Fischer gestattet. Wo Vorzeigung des Tieres oder des Balges gefordert wird, kann er zeitweise Überlassung vom J.berechtigten verlangen; Abschneiden der bezeichneten Körperteile wäre Schikane[148]). Der F.berechtigte, dem die Ausübung der Befugnisse des Art. 85 nur „gestattet", nicht aber eine Pflicht zu ihrer Durchführung auferlegt ist, kann sich derselben durch Vertrag mit dem J.berechtigten begeben, etwa unter dem Vorbehalte, daß dieser für entsprechende Abminderung der Fischschädlinge im Rahmen seines gesetzlichen Aneignungsrechtes sorgt; Lässigkeit des J.berechtigten gäbe ihm, nach erfolgter Mahnung[149]), Recht, auf Erfüllung zu klagen[150]) und Schadensersatz wegen Verzugs zu fordern[151]). Unmöglichkeit der Leistung (Hochwasser, Zerstörung der Fangvorrichtungen durch Dritte) befreit den J.berechtigten von der Verpflichtung für die Dauer der Unmöglichkeit[152]). Antragsrecht des Art. 85 Abs. 6 bliebe unberührt, wenn nicht auch darauf verzichtet.

---

140) Abs. 5; Bleyer S. 161 A. 10, 11.
141) § 367,[8] RStGB.
142) Malsen S. 376 A. 8 u. S. 377 A. 12; Pollw. S. 262 zu Abs. V.
143) §§ 823 I u. II, 249, 278, 831 BGB.; Pollw. S. 261 N. 6 b; Bleyer S. 161 A. 10, 11.
144) S. oben unter a S. 49 f.
145) Pollw. S. 262 zu Abs. III.
146) §§ 858 ff. BGB.
147) §§ 276, 823 I BGB.; Bleyer S. 160 A. 8 b.
148) § 226 BGB. (Schadensersatzpflicht!)
149) § 284 BGB.
150) §§ 242, 267, 269 I, 271 l. c.
151) §§ 286 ff. l. c.
152) § 275 l. c.

Der F.berechtigte muß andere J.tiere, die sich in seinen Fangvorrichtungen fangen, an den J.berechtigten abliefern. Er erwirbt zwar Besitz, nicht aber Eigentum, da dessen Aneignungsrecht verletzt wird[153]. Die „Verletzung" setzt kein Verschulden voraus. Besitzergreifung mit Zueignungswillen ist J.vergehen[154], nachträgliche Zueignung Unterschlagung: Schadensersatz oder Wertsentschädigung[155]. Dem zugleich f.berechtigten J.berechtigten stehen sämtliche Befugnisse nur in dem in Art. 85 JG. bezeichneten räumlichen Umfange zu. Er darf Pfahleisen, Fang- und Fallgruben nicht auch auf seinem *sonstigen* J.gebiete aufstellen oder anlegen, Eisvögel oder Wasseramseln dort nicht erlegen.

f) **Zeitliche Beschränkung.** Da § 5 Abs. I VogelschutzG. ohne Vorbehalt hinsichtlich der Hegezeit bestimmt, daß Vögel, welche j.barem Feder- und Haarwild und dessen Brut und Jungen sowie Fischen und deren Brut nachstellen, nach Maßgabe der landesgesetzl. Bestimmungen über J. und Fischerei von dem J.- oder F.berechtigten und deren Beauftragten getötet werden dürfen, darf der F.berechtigte Eisvögel und Wasseramseln während des ganzen Jahres erlegen und fangen. Dagegen finden die Beschränkungen des § 2 Ziff. a mit e 8 Abs. II auch für F.berechtigte bezüglich Eisvogel und Wasseramsel Anwendung[156].

Art. 1a.

Dem Jagdrecht unterliegen die wilden Säugetiere und Vögel, deren Fleisch, Pelzwerk oder Gefieder verwertet zu werden pflegt, oder die als Raubtiere diesem Wilde nachstellen. Die Tiergattungen, welche zu dem jagdbaren Wilde gehören, können durch Verordnung bestimmt werden.

Das ausschließliche Recht des Jagdberechtigten erstreckt sich auf die verendeten Tiere, sowie auf die Eier des Federwildes.

---

[153] § 958 II BGB.
[154] § 292 StGB.; Bleyer S. 160 A. 8 b.
[155] §§ 823 I, 250, 251 BGB.; RGSt. 37, 202; Bleyer S. 160 A. 8 b.
[156] A. A. Bleyer S. 156 A. 5.

Vgl. hierher: *Staudinger*, Einiges über Aneignung von Tieren mittels Jagd, Fischerei und Vogelfang. BlfRA. 1898 S. 285. *Schmidt*, Ansprüche und rechtliche Befugnisse des J.ausübungsberechtigten gegenüber dem sein Aneignungsrecht verletzenden Wilderer. BlfRA. 1904 S. 357. *Wilke*, Die Streitfrage nach dem rechtlichen Schicksal des von einem Unbefugten okkupierten Wildes. Inaug.-Diss. Berlin 1898 (insbes. S. 71 ff.). *Uhde*, Eigentum am Wild. Inaug.-Diss. Jena 1904. *Nußbaum*, Eigentumserwerb an widerrechtlich erlegtem Wild. Inaug.-Diss. Berlin 1897. *Rotering*, Jagd- und Wildbestandsschutz in Zeitschrift für Jagdrecht, Jagdschutz und Jagdwirtschaft von A. Ebner 1907 S. 13, 30, 44, 59, 76, 140, 157. Dr. *Machwart*, Jagd und Jagdrecht im ehemal. Markgrafentum Ansbach. Ansbach 1904.

Die Frage, auf welche Tiere sich das J.recht erstreckt, ist nach dem Landesrecht, also nach besonderen Gesetzen, J.ordnungen zu entscheiden; sie ist eine zivilrechtliche[1]).

Absatz I. Art. 1a beschränkt sich auf allgemeine Definition des Begriffes der dem J.rechte unterliegenden Tiere und überläßt Aufzählung der einzelnen Tiergattungen, die zum J.wilde gehören sollen, einer Verordnung. Diese ist ergangen am 11. Juli 1900 und abgeändert durch die VO.zum Schutze der Vögel vom 5. Mai 1913[2]). Sie ist durch den gesetzlichen Vorbehalt in Art. 1a zwar nicht Bestandteil des J.gesetzes, aber mit Gesetzeskraft ausgestattet, enthält zur Verhütung der nach den früheren Rechten möglichen Zweifel eine absolut bindende, erschöpfende Aufzählung sämtlicher, derzeit als jagdbar zu erachtenden Tiere. Einwand der Unvollständigkeit ebenso unstatthaft, wie Unterstellung der zoologisch unzutreffenden Einreihung einer Tiergattung unter den, durch Art. 1a festgelegten Begriff des „j.baren Wildes". Richter kann zugunsten der J.barkeit eines Tieres nicht davon ausgehen, daß auf dieses die gesetzlichen Kriterien des Art. 1a zutreffen[3]). Wassertiere, die Gegenstand des J.rechtes sind, können nicht Gegenstand des F.rechts werden[4]).

§ 1: Folgende Tiere sind für j.bar erklärt:

A. Haarwild:

1. **Rotwild**: Edelhirsch (Cervus elaphus), typischer europäischer Rothirsch, Maral (Cerv. asiaticus, eustephanus), Wapiti (Cerv. canadensis), Altai- und Kaukasushirsch (Cerv. circassicus), Sikahirsch (Cerv. sika)[5]).

2. **Damwild** (Cerv. dama).

3. **Rehwild** (Cerv. capreolus), auch das sibirische (Cerv. capr. pygargus).

Elch (Cerv. alces) und Ren (Rangifer tarandus) sind „Hirsche", aber in Bayern nicht j.bar.

4. **Gemswild** (Capella rupicapra).

5. **Schwarzwild** (Sus scrofa ferus), Stammform sämtlicher mitteleuropäischer Landschläge des Hausschweins, auch in seinen gelegentlichen wildlebenden Kreuzungen mit diesem j.bar.

6. Der **gemeine Hase**, Feld- oder Waldhase (Lepus vulgaris) und der **Alpenhase**, Schnee- oder Holzhase (Lepus variabilis).

7. Das **wilde Kaninchen** (Lepus cuniculus).

8. Das **Murmeltier** (Arctomys marmotta)[6]).

9. Der **Biber** (Castor fiber), in Bayern ausgestorben.

---

1) RGSt. 5, 85; 8, 71, 378; 10, 234; 11, 192; 19, 350.

2) GVBl. 1900 S. 693; 1913 S. 189; VO. v. 29. April u. 9. Mai 1925 (Steinadler und Uhu — GVBl. S. 144).

3) Henle-Schneider: AG. BGB. S. 241 N. 4; Pollwein S. 24 A. 3; Oertmann: Bd. 1 S. 372; Goercke S. 30 A. 1 Abs. II.

4) Art. 1 Abs. 3 FischG.; Bleyer A. 5.

5) „Wild und Hund" 1914, 836; 1913, 1018.

6) Nicht aber das nahe verwandte Zisel (Spermophilus citillus).

10. Der **Fuchs** (Canis vulpes)[7]).

Der zu den hundeartigen Raubtieren gehörige Wolf (Canis lupus), wiewohl für Bayern wegen Möglichkeit seines Eindringens aus den Vogesen und Ardennen in die Rheinpfalz nicht bedeutungslos, nicht j.bar.

„Verwilderte" Hunde keine J.tiere; dürfen ebenso wie aufsichtslos in J.revieren umherstreifende getötet werden[8]).

11. Die **Wildkatze** (Felis catus) und die verwilderte Hauskatze. „Verwildert" nur dann, wenn sie Gewohnheit der Rückkehr an den ihr bestimmten Ort abgelegt hat[9]), herrenlos geworden ist. — Zahme Hauskatzen, welche sich wildernd im J.revier herumtreiben, sind nicht j.bar[10]).

Zur Familie der Katzen gehört auch der Luchs (Felix lynx), in Deutschland nirgends mehr Standwild, in Bayern nicht j.bar[11]).

12. Der **Dachs** (Meles taxus).

13. Der **Fischotter** (Lutra vulgaris)[12]).

14. Der **Nörz** (Foetorius lutreola), in Bayern kaum noch anzutreffen.

15. Die **Marder**: Edel-, Baum- oder Buchmarder (Mustela martes); Stein-, Haus- oder Dachmarder (Mustela foina)[13]).

16. Der **Iltis** (Foetorius putorius). Farbenvarietät (albinotische Form) ist das Frettchen (Foetorius furo); nur im Zustande der Domestikation bekannt; kommt nicht als j.bares Tier, aber als Gehilfe des Jägers zur Kaninchenjagd („Frettieren") in Betracht[14]).

17. Die **Wiesel**, bei uns nur zwei Arten: Foetorius erminea = Hermelin, großes Wiesel[15]), und Foetorius vulgaris = kleines Wiesel, Mauswiesel, mit unveränderlichem Sommer- und Winterkleid.

B. Federwild.

1. **Auerwild** (Tetrao urogallus) = großer Hahn.

2. **Birkwild** (Tetrao tetrix) = Spielhahn, kleiner Hahn, Schildhahn.

3. **Rackelwild** (Tetrao hybridus), Kreuzungsprodukt aus Birkhahn und Auerhenne[16]); Bastard aus Rackelhahn u. Auerhenne[17]); Blendling aus Rackelhahn und Birkhenne, sehr selten. Auch Rackelhahn und -Henne erzeugen Nachkommenschaft[18]).

---

[7]) Unterschiede zwischen Hunde- und Fuchsskelett: Schaeff S. 214; Dr. Hilzheimer: Geschichte unserer Haustiere (Verl. Thomas, Leipzig) S. 49 f.

[8]) § 16 JPV. v. 6. Juni 1909 und oben S. 47.

[9]) § 960 III BGB.

[10]) § 16 JPV. v. 6. Juni 1909; Oertmann Bd. 1 S. 375 lit. d.

[11]) cf. Schaeff S. 205.

[12]) Über die Befugnisse des Fischereiberechtigten zum Fang und Erlegen s. o. S. 48 ff.

[13]) Zuverlässige Unterscheidungsmerkmale s. b. Schaeff S. 240, 245.

[14]) Dietzel S. 319 ff.

[15]) Erkenntlich an der schwarzen Rutenspitze, welche sowohl am rötlich und gelblich braunen Sommer-, als am weißen Winterkleid auffällt.

[16]) Der am meisten vorkommende „Rackelhahn mit Birkhahntypus".

[17]) Der „Rackelhahn mit Auerhahntypus".

[18]) Schaeff S. 420; Dr. Wurm bei Nordenflycht S. 512 und „Das Auerwild" S. 184 ff.; Ludwig: „Das Birkwild" S. 141 ff.

4. Das **Haselhuhn** (Tetrao bonasia)[19].

5. Das **Schneehuhn**, und zwar nur **Alpenschneehuhn** (Lagopus mutus) = kleines Schneehuhn, Berg- oder Felsenhuhn. Nicht das nur im östlichen Ostpreußen um Tilsit und Gumbinnen auf deutschem Boden vorkommende Moorschneehuhn[20].

6. Das **Steinhuhn** (Caccabis saxatilis = Rothuhn), nur in den bayer. Alpen[21].

7. Das **Feldhuhn** (Perdix perdix) = Rebhuhn. Auch das „Wanderrebhuhn".

8. Die **Wachtel** (Coturnix coturnix). Die (kalifornische) Schopfwachtel (Callipepla [Lophorthyx] californica) gehört zur gleichen Gattung, wurde auch schon in freier Wildbahn einzubürgern versucht, wird aber als nicht naturalisierte Ausländerin kaum zu den jagdbaren Vögeln zu rechnen sein[22].

9. Die **Fasanen** (Phasianidae): Jagd-, Edel- oder Kupferfasan (Phas. colchicus), mongolischer Ringfasan (Phas. mongolicus), chinesischer Ringfasan (Phas. torquatus), englischer, grünrückiger Fasan. — Königsfasan (Phas. Reevesii), vielfach in freier Wildbahn eingeführt; Sömmeringfasan (Phas. Soemmeringii[23]).

10. Das **wilde Truthuhn** (Meleagris gallopavo)[24].

11. Das **Steppenhuhn** (Syrrhaptes paradoxus). Eigentliche Heimat die Kirgisensteppen Turkestans, Mongolei, Nordchina. Wiederholt nicht nur einzeln oder in kleinen Gesellschaften, sondern zum Teil in ungeheuren Scharen nach Europa gewandert, hat es sich in fast allen Ländern unseres Erdteils längere oder kürzere Zeit aufgehalten, in einzelnen Fällen gebrütet. Bekannteste Invasionen 1859, 1863 und 1888[25].

12. Die **Wildtauben** (Ringel-, Hohl- und Turteltaube [Columba palumbus, oenas und Turtur turtur]. Nicht aufgeführt die Felsentaube[26], wohl weil sie bei uns nicht brütet. „Auf dem Zuge könnte sie Deutschland erreichen oder durchreisen, doch ist auch dies nicht sicher"[27]; n i c h t j.bar.

13. Der **Krammetsvogel** (Wachholderdrossel = Turdus pilaris = Ziemer, Kranawitter). Dunkelkastanienbrauner Rücken und aschgrauer Kopf und Bürzel lassen ihn leicht von unseren anderen sechs, n i c h t j.baren Drosselarten unterscheiden.

---

[19] Handel: MEJ. v. 14. Febr. 1911 ABl. S. 90.

[20] Lagopus lagopus, Schaeff S. 427; von Skandinavien und Rußland kommen im Winter große Mengen dieses Schneehuhns auf den deutschen Wildmarkt. Handel: MEJ. v. 14. Febr. 1911 ABl. S. 90.

[21] Schaeff S. 434. Handel: MEJ. v. 14. Febr. 1911 ABl. S. 90.

[22] Brehm II S. 477.

[23] Schaeff S. 447 ff.; „Wild und Hund" 1907 S. 280 ff.; im übrigen oben S. 45/46.

[24] Siehe oben S. 46; Nordenskjöld S. 609.

[25] Schaeff S. 455; Brehm II S. 437; Naumann VII S. 29; Fürst: Deutschlands nützl. und schädl. Vögel Tafel XII[5], Text S. 51.

[26] Col. livia, nach Darwins Untersuchungen die Stammart unserer zahmen Taubenrassen.

[27] Schaeff S. 461; im übrigen oben S. 47/48.

14. Die **Waldschnepfe** (Scolopax rusticola) und die **Bekassinen**: Gallinago gallinago = Heer-, Moos-, gemeine Sumpfschnepfe, Himmelsziege mit 14 fedrig. Schwanz; Gallinago media = Doppel-, Mittel-, Pfuhlschnepfe, große Bekassine, von bedeutenderer Größe, mit 16 Schwanzfedern, in Bayern nicht brütend; Gallinago gallinula = stumme, Halb-, Haar-, Moor-, kleine Heerschnepfe, kleine Bekassine, etwa von Stargröße, an Metallschimmer auf dem Rücken leicht erkenntlich[28]).

15. Der **Kiebitz** (Vanellus vanellus).

16. Der **Brachvogel** (Moosgrille). Großer Brachvogel (Numenius arcuatus) = Kronschnepfe, Brutvogel; Regenbrachvogel (Num. phaeopus) und dünnschnäbeliger B. (Num. tenuirostris), ersterer im nördlichen, letzterer im südlichen Europa beheimatet, beide selten bei uns, in Bayern wohl nie brütend. Trotzdem werden auch sie unter den Sammelbegriff „Brachvogel" zu subsummieren sein.

17. Die **Trappen**, die große (Otis tarda) und die kleine (Otis tetrax).

18. Der **Kranich**, der gemeine oder graue Kr. (Grus cinerea).

19. Die **Reiher**, darunter die **Rohrdommel**; Fisch- oder grauer Reiher (Ardea cinerea), Purpur-R. (A. purpurea, bei uns kaum brütend), Silber-R. (Herodias alba [sehr selten als Zugvogel]), Seiden-R. (Her. garzetta [sehr selten auf dem Zuge]), Schopfreiher = Irrvogel (Ardeola ralloides [vereinzelt auf dem Zuge]), Zwergrohrdommel (Ardetta minuta [häufiger, als wegen ihres versteckten, stillen Lebens angenommen wird]), große Rohrdommel (Botaurus stellaris [brütend]), Nacht-R. Nycticorax nycticorax [stark im Abnehmen, selten brütend]).

20. **Alle übrigen Sumpfvögel** sowie **Wasser- und Rohrhühner** mit Ausnahme der Störche und des Triels (Dickfußes).

Die wichtigeren „Sumpfvögel" in Nr. 14, 15, 16, 18 und 19 aufgezählt[29]), die große Zahl der übrigen nur allgemein zusammengefaßt[30]). Ausgenommen werden Störche, und zwar weiße und schwarze (Ciconia alba und nigra)[31]).

Triel, Dickfuß, großer Regenpfeifer (Oedicnemus oedicnemus) verlangt kahle, sandige Heideflächen mit spärlicher Vegetation (schlechtwüchsige Kiefern), Wachholder). Einreihung unter „Sumpf"-vögel unrichtig[32]). Sichler und Löffler ausgesprochene Bewohner weiter sumpfiger Niederungen und deshalb hierher zu rechnen, wiewohl sie nicht in Bayern brüten, also nicht zu dem „auf den Mösern

---

[28]) Schaeff S. 503, 511, 514, 516.

[29]) Nr. 17 „Trappen" sind keine Sumpfvögel.

[30]) S. unten S. 60.

[31]) Brauner Sichler (Plegadis autumnalis) und Löffler (Plataleo leucorodia) den Störchen nahe verwandt, aber nicht zu diesen zu zählen. Ersterer Vertreter einer besonderen Familie, letzterer Mitglied einer Gruppe ibisartiger Schreitvögel. Schaeff S. 481, 482.

[32]) Schaeff S. 554; Brehm II S. 581; Naumann VIII S. 128, 129, wo dieser Irrtum besonders hervorgehoben ist; Welser S. 69, der den gleichen Fehler begeht; s. aber oben S. 56.

brütenden Federwild" i. S. des § 2 B der VO. v. 6. Juni 1909 gehören[33]). „Übrige Sumpfvögel" sind: **1. Bläßhuhn (Fulica atra = Weißblässe, schwarzes Wasserhuhn, Brutvogel); 2. grünfüßiges Teichhuhn (Gallinula chloropus = Rotblässe, Brutvogel); 3. Wasserralle (Rallus aquaticus, Brutvogel); 4. grauer Kranich (Grus cinerea, kein Brutvogel); 5. große Sumpfschnepfe (Gallinago media, kein Brutvogel); 6. kleine Sumpfschnepfe (Gall. gallinula, ab und zu brütend); 7. schwarzschwänzige Uferschnepfe (Limosa limosa, kein Brutvogel); 8. rotschwänzige Uferschnepfe (Limosa lapponica, kein Brutvogel); 9. Kampfhahn (Machetes pugnax, kein Brutvogel); 10. Rotschenkel (Totanus totanus, brütend); 11. dunkelfarbiger Wasserläufer (Totanus fuscus, Zugvogel); 12. hellfarbiger Wasserläufer (Totanus littoreus, kein Brutvogel); 13. punktierter Wasserläufer (Totanus ochropus, brütend); 14. Bruchwasserläufer (Totanus glareola, Brutvogel); 15. Teichwasserläufer (Totanus stagnatilis, kein Brutvogel); 16. Uferflußläufer (Tringoides hypoleucus, Brutvogel); 17. Alpenstrandläufer (Tringa alpina, kein Brutvogel); 18. bogenschnäbeliger Strandläufer (Tringa ferruginea, kein Brutvogel); 19. Seestrandläufer (Tringa maritima, kein Brutvogel); 20. isländischer Strandläufer (Tringa canutus, kein Brutvogel); 21. Zwergstrandläufer (Tringa minuta, kein Brutvogel); 22. Temminks-Strandläufer (Tringa Temmincki, kein Brutvogel); 23. Sumpfläufer (Limicola platyrhyncha, kein Brutvogel); 24. Sanderling (Calidris arenaria, Brutvogel); 25. plattschnäbeliger Wassertreter (Phalaropus fulicarius, kein Brutvogel); 26. schmalschnäbeliger Wassertreter (Phalaropus lobatus, kein Brutvogel); 27. Stelzenläufer, Strandreiter (Himantopus himantopus, kein Brutvogel); 28. Säbelschnäbler (Recurvirostra avocetta, kein Brutvogel); 29. Kiebitz (Vanellus vanellus, Brutvogel); 30. Flußregenpfeifer (Charadrius dubius, stellenweise Brutvogel); 31. Sandregenpfeifer (Charadrius hiaticula, kein Brutvogel); 32. Kibitzregenpfeifer (Charadrius squatarola, kein Brutvogel); 33. Brachschwalbe (Glareola fusca, kein Brutvogel); 34. Rennvogel (Cursorius gallicus = Wüstenläufer, kein Brutvogel); 35. Steinwälzer (Arenaria interpres, kein Brutvogel); 36. Austernfischer (Haematopus ostralegus); 37. Brachvogel, großer (Numenius arcuatus, Brutvogel); 38. Regen-Brachvogel (N. phaeopus, kein Brutvogel); 39. dünnschnäbeliger Br. (N. tenuirostris, kein Brutvogel); 40. Zwergrohrhühnchen, kleines und getüpfeltes Sumpfhuhn (Ortygometra pusilla, parva und porzana, Brutvögel).[34])** Wachtelkönig (Crex crex) zweifellos kein Sumpf-, sondern ausgesprochener Wiesenvogel, der Sumpf-, Schilf- und Rohrbestände geflissentlich meidet und nur, verscheucht durch die Sense des Mähers, in Weiden- und Rohrgestrüpp flüchtet (daher Wiesenralle, -schnarrer, -knarre[35]). Er ist unter keine Kategorie j.barer Vögel einzureihen, also dem freien Tierfang überlassen, auch im Vogelschutzgesetz vom 30. Mai 1908 und in der VogelschutzVO. vom 5. Mai 1913 nicht namentlich erwähnt, also nur im Rahmen des § 3 Abs. I VogelschutzG. — 1. März bis 1. Okt. — geschützt[36]).

21. Die **wilden Schwäne** (Cygnus olor = Höcker-, stummer Schwan; C. musicus = Sing-, Wildschwan; C. Bewickii = Zwerg-, kleiner schwarznasiger Schwan[37]).

---

33) Pollwein S. 203 Fußnote 1.

34) Vgl. zu Nr. 20 im einzelnen Schaeff, dem die meisten Angaben entnommen sind, und Naumann Bd. VII, 122, 142, 191, 97; IX, 167, 194, 111, 120; VIII, 250; IX, 55, 70, 81, 43, 32, 96, 3; VIII, 205, 223, 230, 239, 197, 191, 182, 174, 167, 161, 150, 140, 3, 67, [43, 21], 35, 109, 102, 82, 91; IX, 140, 151, 159; VII, 174, 166, 156.

35) Pollw. rechnet ihn zu den „jagdbaren Sumpfvögeln": S. 201 A. 10. — Schaeff S. 492; Brehm II S. 515; Naumann VII S. 184. Vielleicht gab die, auch von Naumann gewählte, zoologisch unzutreffende und irreführende Gattungsbezeichnung „Wiesen-Sumpf-Huhn" dazu Anlaß. Welser führt ihn weder unter den „Sumpfvögeln" oder den „Moosbrütern" noch sonstwo an (S. 68, 69, 113, 115, 121).

36) Vgl. § 1 lit. b der preuß. JO. v. 15. Juli 1907, welche ihn eigens unter den jagdbaren Vögeln aufführt und unmittelbar nach den Trappen, anerkannten Feldvögeln, nennt; Goercke S. 31.

37) S. oben S. 45/46.

22. Die **Wildgänse**: 1. Graugans (Anser cinereus); 2. Saatgans (A. fabalis); 3. Bläßgans (A. albifrons); 4. Zwerggans (A. erythropus); 5. Kurzschnabelgans (A. brachyrhynchus); 6. Ringelgans (Branta bernicla); Weißwangengans (Br. leucopsis); 8. Rothalsgans (Br. ruficollis).

23. Die **Wildenten**: 1. Stock- oder Märzente (Anas boschas); 2. Brandente (Tadorna tadorna); 3. Rostente (Casarca casarca); 4. Pfeifente (Anas penelope); 5. Spießente (A. acuta); 6. Schnatterente (A. strepera); 7. Krickente (A. crecca); 8. Knäckente (A. querquedula); 9. Löffelente (A. clypeata); 10. Moorente (Nyroca nyroca); 11. Tafelente (Nyr. ferina); 12. Kolbenente (Nyr. rufina); 13. Bergente (Nyr. marila); 14. Reiherente (Nyr. fuligula); 15. Schellente (Nyr. clangula = Vierauge); 16. Eisente (Nyr. hiemalis); 17. Kragenente (Harelda histrionica); 18. Scheckente (Cosmetta Stelleri); 19. Trauer- und Sammetente (Oidemia nigra und fusa); 20. Eider- und 21. Königseiderenten (Somateria mollissima und spectabilis); 22. Ruderente (Erismatura leucocephala)[38].

24. Die **Säger**: Gänse- (Mergus merganser), mittlerer (rostbrüstiger: Merg. serrator) und Zwerg-, kleiner oder weißer Säger (Merg. albellus = Eiskönig).

25. Die **Möwen**, mit Ausnahme der Lachmöwe (Larus ridibundus), nämlich: 1. Elfenbeinmöve (Pagophila eburnea); 2. Dreizehenmöwe (Rissa tridaktyla); 3. Schwalbenmöwe (Xema Sabinii); 4. Zwergmöwe (Larus minutus); 5. Schwarzkopfmöwe (Lar. melanocephalus); 6. Sturmmöwe (Lar. canus); 7. Silbermöwe (Lar. argentatus); 8. Eismöwe (Lar. glaucus); 9. Polarmöwe (Lar. leucopterus); 10. Mantelmöwe (Lar. marinus); 11. Heringsmöwe (Lar. fuscus); 12. kleine oder langschwänzige Raubmöwe (Stercorarius cephus); 13. Schmarotzer- oder gemeine Raubmöve (Sterc. parasiticus); 14. mittlere Raubmöve (Sterc. pomarinus); 15. große Raubmöwe (Sterc. catharractus). — Nicht zu den Möwen rechnen Sturmschwalben (Hydrobates), Möwensturmvögel (Eissturmvogel — Porcellaria glacialis —), Seeschwalben (Sternidae); nicht j.bar, letztere geschützt.

26. Der **Kormoran** (Scharbe, auch „Sparbe") oder Seerabe (Phalacrocorax carbo). Die Krähenscharbe (Phal. graculus) kommt noch seltener zu uns, wie die Zwergscharbe (Phal. pygmaeus)[40].

Pelikan (Pelecanus onocrotalus) gehört zwar, wie Kormoran, zur Ordnung der „Ruderfüßler", bildet aber eigene, unter den j.baren Vögeln nicht aufgeführte Familie, nach den allgemeinen Bestimmungen geschützt[41])

27. Die **Taucher** (Ordnung Urinatores): 1. Zwergsteißfuß (Colymbus nigricans); 2. Schwarzhalssteißfuß (Col. nigricollis, Brutvogel); 3. Ohrensteißfuß (Col. auritus, Zugvogel); 4. Rothalssteiß-

[38]) Vgl. Schaeff S. 682 ff.; Naumann Bd. X.
[40]) Schaeff S. 623.
[41]) Schaeff S. 619.

fuß (Col. griseigena, nicht selten auf dem Zuge); 5. Haubensteißfuß (Col. cristatus, Brutvogel). — Nicht hierher gehören Sturmtaucher (Puffinus)[42].

28. Die **Adler**, mit Ausnahme der Schell- (Aquila clanga), Schlangen- (Circaëtus gallicus = Schlangenbussard), Schrei- (Aqu. pomerina), See- (Haliaëtus albicilla) und Steinadler (Aquila chrysaëtus)[43]; sonach: 1. Kaiseradler (Aqu. melanaëtus); 2. Zwergadler (Hieraëtus pennatus); 3. Habichtsadler (Nisaëtus fasciatus); 4. Fischadler (Pandion haliaëtus).

29. Die **Falken** mit Ausnahme des Abend- (Cerchneïs vespertinus = Rotfußfalke), Rötel- (Cerchneïs Naumannii) und Turmfalken (Cerchneïs tinnunculus), also[44]: 1. Wanderfalke (Falco peregrinus); 2. Baumfalke (F. subbuteo = Lerchenfalke); 3. Merlin (Cerchneïs merilla = Zwerg- oder Steinfalke).

30. Der **Habicht** (Astur palumbarius = Hühnerhabicht, Taubenstößer oder -Falke) und der **Sperber** (Accipiter nisus = Finkenstößer).

31. Die **Weihen**: 1. Rohrweihe (Circus aeruginosus); 2. Wiesenweihe (Circ. pygargus); 3. Kornweihe (Circ. cyaneus); 4. Steppenweihe (Circ. macrurus). — Der häufig als „Gabelweihe" bezeichnete rote oder Königsmilan (Milvus regalis) und der unter dem Namen „Hühnerweihe" bekannte schwarzbraune Milan (Milvus korschun) sind keine echten Weihen, nicht j.bar[45]) und genießen völligen Schutz[46].

32. Die **Geier** bei uns nirgends Brutvögel; einzelne Vögel des Mönchs- oder grauen (Vultur monachus), des weißköpfigen oder Gänse- (Gyps fulvus) und des ägypt. Aasgeiers (Neophron percnopterus) gelegentlich vorkommend. Bart- oder Lämmergeier (Gypaëtus barbatus) „hat seit verhältnismäßig wenigen Jahren aufgehört, zur Fauna Mitteleuropas zu gehören, ist aber in den Nachbargebieten noch zu finden, weshalb ein gelegentliches Wiedererscheinen an geeigneten Örtlichkeiten nicht unbedingt von der Hand zu weisen ist"[47].

§ 2. Die Staatsministerien der Justiz, des Innern und der Finanzen werden ermächtigt, weitere Tiergattungen, welche der Begriffsbestimmung in Artikel 1 a des Jagdgesetzes vom 30. März 1850 entsprechen und durch Einwanderung oder künstliche Einbürgerung in das Gebiet des Königreichs gelangt sind oder gelangen werden, für jagdbar zu erklären.

---

42) Der Uhu (bisher Nr. 28) ist nicht mehr jagdbar und das ganze Jahr geschützt (oberpol. V. v. 29. April 1925 GVBl. S. 143).

43) Oberpol. V. v. 29. April 1925 (GVBl. S. 143).

44) Abgesehen von den bei uns wohl nie anzutreffenden Jagdfalken: Kleiner Gerfalke (Falco gyrofalco), isländ. Gerfalke (F. islandicus), Feldeggsfalke (F. Feldeggi), Würgfalke (F. lanarius).

45) Die frühere Ziffer B3, welche sie nannte, ist durch § 6 c VO. v. 5. Mai 1913 gestrichen.

46) § 1 a. a. O. und Anl. I verbis: „Gabelweihen (rote Milane)" und „schwarze Milane".

47) Schaeff S. 318.

Hiedurch ist dem Bedürfnis Rechnung getragen, weitere Tiergattungen dem J.schutze und J.rechte zu unterstellen. Die Bisamratte (Fiber zibethicus) wurde vor Jahren von Amerika in Böhmen eingeführt, hat sich dort stark vermehrt, — ist im Jahre 1915 im Regen bis nach Zwiesel vorgedrungen, jetzt über ganz Bayern verbreitet. Nicht j.bar. Die J.ausübungsberechtigten und ihre J.angestellten sind zur planmäßigen Vertilgung verpflichtet. Durch Bez.-Verw.-Behörde werden an eigene Bisamfänger Karten bis zur Dauer eines Kalenderjahres für den Amtsbezirk oder einen Teil desselben ausgestellt. Zur Bekämpfung dürfen nur angewendet werden Reusenfallen (Roitsche Bisamfalle), Schlageisen (Teller- und Haareisen), die nur in das Innere der Baue gelegt werden dürfen, bestimmte vom Min. d. J. bezeichnete gifthaltige Mittel, Ausgraben der Baue, Abspüren der Baue mit Hunden und Verwendung von Hunden zum Ausgraben und Ausräuchern. Hunde sind außerhalb der eigentlichen Arbeit abseits von Wegen an der Leine zu führen. Schußwaffengebrauch nur den J.ausübungsberechtigten und deren Beauftragten gestattet; ausnahmsweise mit Erlaubnis der Bez.-Verw.-Behörde auch anderen Personen, die Waffenschein brauchen. — Auftreten von Bisamratten innerhalb 3 Tagen bei Ortspolizeibehörde anzuzeigen. Halten und Versenden lebender B. verboten. — Strafbestimmung: Art. 120 Abs. I Ziff. 2 PStGB.[48]).

Art. 1a Abs. II Jagdgesetz.

Aneignungsrecht des J.berechtigten ergreift auch „Fallwild", im engeren Sinne, d. h. das infolge von Krankheiten, Seuchen, Alter, Unfällen eingegangene Wild, und im weiteren Sinne, also solches, welches durch Raubzeug gerissen und angeschnitten, durch Anschießen usw. umgekommen, in Brunstkämpfen getötet worden ist[49]). Auch unverwertbares, weil durch vorgeschrittene Verwesung zerstörtes Fallwild noch Gegenstand des J.rechts, da Untauglichkeit des „Fleisches" zum menschlichen Genusse oder völlige Wertlosigkeit des Wildes belanglos[50]); ferner Skelette, soferne noch in einem gewissen Zusammenhange befindlich; deshalb auch Geweihe und Gehörne oder Sauwaffen, sofern sie noch in einem erkennbaren Zusammenhang mit dem Schädel stehen. Nicht dagegen durch Fäulnis total zerstörte, in völliger Auflösung begriffene Kadaver, verstreut liegende Teile des Körpers und des Knochengerüstes[51]). — Beseitigung von Fallwild:

---

48) Oberpol. V. des StMin. d. J. v. 19. Okt. 1925 (GVBl. S. 324). — DJäger 1919 S. 78; 1921 S. 283, 585; 1923 S. 448.

49) Reger I ^{300}, V ^{444}, VI $^{279, 452}$, VII ^{260}, VIII ^{78}, IX ^{462}, X $^{70, 284}$, XIII ^{61}; ObLG. 6 ^{94}, 9 ^{47}, 10 ^{96}, 12 ^{299}; bayer. oberstGH. StS. VIII $^{26, 479}$; OLG. Mü. 4 ^{440}, 5 $^{343, 350}$, 7 ^{282}, 8 ^{282}, 12 ^{297}; RGSt. 3 ^{226} (Rspr. II ^{721}), 5 $^{85, 277}$, 13 ^{84} (Rspr. VII ^{674}), 15 ^{268} (Rspr. IX ^{127}, VIII ^{540}), 18 ^{226}, 19 ^{49}, 22 ^{115}, 23 ^{89}.

50) RG. 29. Okt. 1909; DJZ. 1911, 22. Spruchsammlg. S. 32.

51) BlfRA. 61 S. 408; 74 S. 179: OberstLG. RevReg. 452/08 Urt. v. 29. Okt. 1908; dass. E. 9, ^{47}; OberLG. Mü. 9, ^{89}; GoltdA. 60, ^{328}; Pollw. S. 25 N. 4; Goercke S. 33 A. 13; DJZ. 1911, 22. Spruchslg. S. 32.

Art. 70 PStGB. oberpol. Vorschr. der Reg. v. Oberbay. vom 21. April 1875, 8. Juni 1888 und Vollzvorschr. vom gl. Tg.[52]). Die übrigen oberpol. Vorschr. über Wegschaffen, Transport und Vergraben gefallener Tiere[53]) beziehen sich nur auf Haustiere, nicht auf Fallwild. Polizeiverordn, welche a. G. des § 366 Ziff. 10 RStGB. Beseitigung von Tierkadavern zur Erhaltung der Sicherheit, Bequemlichkeit, Reinlichkeit auf öffentlichen Wegen, Straßen usw. verlangen, gelten auch für Fallwild. Verpflichtet zur Beseitigung ist J.berechtigter, da ihm auch Aneignungs- und Verfügungsrecht zusteht[54]) — Geweihe von Fallwild sind in Staatsj. zur Verwertung für das Ärar abzuliefern[55])

Cerviden erneuern normalerweise alljährlich ihr Geweih oder Gehörn, nachdem sie alte Hauptzier „abgeworfen" haben[56]). Mit Trennung vom Tierkörper werden diese natürlichen „Abwürfe" selbständige Sachen und herrenlos, unterliegen sonach Jedermanns Aneignung, falls nicht Aneignungsrechte Dritter entgegenstehen[57]). Solche Aneignungsrechte des J.berechtigten können gemäß Art. 69 EG. BGB. landesrechtlich statuiert werden und bestehen tatsächlich auch in verschiedenen preußischen Provinzen[58]). In Bayern erstreckt sich J.recht, mangels ausdrücklicher Bestimmung, nicht auf Abwurfstangen von Hirsch, Damhirsch und Reh[59]). Wer sie findet, wird gemäß § 958 I BGB. Eigentümer. Treiber, J.gäste,

---

52) KrABl. 1875 S. 530; 1888 S. 99 u. 100. Auffindung von Rot-, Dam-, Reh- und Gemswild in den Forstamtsbezirken Benediktbeuern, Berchtesgaden, Bergen, Bischofswiesen, Egern, Fall in Vorderriß, Fischbachau, Garmisch, Hohenschwangau, Jachenau, Kreuth, Krün, Marquartstein Ost und West, Mittenwald, Oberammergau, Oberaudorf, Partenkirchen, Ramsau, Reichenhall Nord und Süd, Reit im Winkel, Rosenheim, Ruhpolding Ost und West, Schliersee, Schongau, Siegsdorf, Steingaden, Teisendorf, Weilheim und St. Zeno binnen 24 Stunden beim Forstamtsvorstand oder Forstamtmann anzuzeigen, welche für Verbrennen oder Vergraben der Kadaver Sorge zu tragen haben.

53) Vgl. Aufzählung bei Riedel-Sutner, PStGB. 7. A. S. 251 A. 1 b zu Art. 70 und Reger-Dames 3. A. S. 501 VI.

54) Einschlägig ist hieher Viehseuchengesetz v. 26. Juni 1909 (RGBl. S. 519) §§ 9, 10 Z. 1, 4, 11 Anzeigepflicht bei Milz- und Rauschbrand, Wildseuche, Maul- und Klauenseuche, Geflügelcholera (Stengel S. 25, 30, 76 d, 80); § 34 II Bekämpfung der ersteren drei Seuchen, § 49 der Maul- und Klauenseuche; §§ 74 bis 77 Strafvorschriften (RKB. v. 25. Dez. 1911 [RGBl. 1912 S. 3]) §§ 97, 113, 119, 121, 291, 299; Bayr. AG. v. 13. Aug. 1910 (GVBl. S. 615); Bayr. VB. v. 27. April 1912 (GVBl. S. 403) §§ 97, 101, 107, 109, 303 II, 311 (Fasanerien!); Anl. A §§ 15, 16, 19, 26 (Desinfektion); Anl. B §§ 19 ff., insb. 20, 23, 28 (Obduktion); gemeinfaßliche Belehrung über anzeigenpflichtige Seuchen 1 a—c, 4, 11; Stengel S. 351 ff. über Wildseuche: Ztschr. f. Tiermedizin 5. Jahrg. S. 85; 7. Jahrg. S. 293; Bd. 5 S. 234; Deutsche tierärztl. Wochenschr. 1900 Nr. 40; Berliner tierärztl. Wochenschr. 1903 S. 261; Berliner Klin. Wochenschr. 1886 Nr. 44/46. — Über Maul- und Klauenseuche beim Wild: Ztschr. f. Fleisch- u. Milchhygiene 1896 S. 204; 1900 S. 237. — „Hubertus" 1912 S. 290 ff. Dr. J. Fürstenau: Die Krankheiten des Wildes.

55) FinMinEntschl. v. 11. Dez. 1888 Nr. 19 260.

56) Über die phylogenetische Entstehung dieses Vorgangs s. Schaeff S. 28.

57) § 958 II BGB.

58) Goercke S. 191 ff.; „Hubertus" 1912 S. 364; DJZ. 1915 S. 108 f.; „Wild und Hund" 1914 S. 116, 290; 1915 S. 157.

59) RGSt. 13, 84; Oertm. I S. 374; BlfRA. 1909 S. 86, 87; Gruchot 55, 558; Vollw. S. 25 A. 4; vgl. Goercke S. 190 b.

J.aufseher usw., welche sie gelegentlich der Jagd oder der Beteiligung an solcher finden, erwerben sie nur bei Bestehen dahingehender Abmachungen für J.herrn als Besitzdiener oder -mittler, im Zweifel und insbesondere außerhalb jagdlicher Betätigung als Eigenbesitzer zu Eigentum; denn gesetzliches Aneignungsrecht des J.berechtigten besteht nicht, es kann höchstens ein vertragliches ausdrücklich stipuliert werden[60]).

Wenn Hirsche zu dem Zwecke „gesprengt" werden, damit sie ihre, zur Zeit des natürlichen Geweihwechsels bereits locker sitzenden Stangen durch Anstoßen oder Stürzen verlieren, so liegt im Aufsuchen, Aufscheuchen, Hetzen und Verfolgen eine, auf Erlangung noch ungetrennter Bestandteile eines J.tieres gerichtete, in fremdes J.recht eingreifende Handlung, welche auf gleicher Stufe mit Einfangen von Wild und Absägen seines Geweihes steht[61]). Abwürfe in Wildgärten: oben S. 44 u. Fußn. 81; Pollwein S. 19 N. 2f.; Goercke S. 191b. — Frei liegende Wildlosung herrenlos, gleich ausgespienen Raubvogelgewöllen; Aneignungsrecht des J.berechtigten steht Sammeln durch Dritte nicht entgegen. Mit Futter an Wildfutterständen oder mit Erdreich vermengte Losung gehört dem Eigentümer des Futters oder des Grundstücks[62]). In Tierparken: oben S. 44 u. Fußnote 81. Auf ausgefallene Federn jagdbarer Vögel und deren verlassene Nester und Horste bezieht sich das J.recht nicht.

Eier des Federwildes unterliegen ihm aber; solche der j.baren Raubvögel, d. h. der unter Ziff. 28 mit 32 B § 1 VO. vom 11. Juli 1900 aufgeführten Vögel, darf J.berechtigter ausnehmen[63]); ebenso die der Würger (Raubwürger Lanius excubitor; rotrückiger Würger Lan. collurio; rotköpfiger Würger Lan. senator und Schwarzstirnwürger Lan. minor), Sperlinge (Passer domesticus und montanus), der rabenartigen Vögel (Rabenkrähe Corvus corone, Nebelkrähe Corv. cornix, Saatkrähe Corv. frugilegus[64]), Elster (Pica pica), Eichelhäher (Garrulus glandarius)[65], gemäß § 8c, VG. v. 30. Mai 1908. Ausheben von Eiern des Federnutzwildes[66])) auch dem J.berechtigten untersagt[67]). Sammeln von

---

[60]) Unten § 292 B V 4; a. M. Pollw. i. BlfRA. 1909 S. 86 u. DJäger 1908 S. 442.

[61]) RGSt. 40, 7; EJZ. 1907 S. 119, 90; BGZ. 1907 S. 333; autogr. JME. v. 4. Jan. 1902 Nr. 43600; Pollw. S. 25 Note 4, S. 166 Note I d; „Wild und Hund" 1925 S. 773; Goercke S. 190/1 b; unten § 292 B V 4.

[62]) §§ 946—948 BGB. Miteigentum des J.berechtigten kommt bei Verschiedenheit der Person des Grundstückseigentümers nicht in Frage, da ersterer kein Eigentum an der Losung erworben hat.

[63]) Unten S. 252 I 4.

[64]) Nicht der Dohle (Colaeus monedula) und des Kolkraben (Corvus corax) — Welser S. 43.

[65]) Nicht des Tannen-, Nuß- oder Zirbenhähers (Nucifraga caryocatactes).

[66]) § 1 B Ziff. 1 mit 27 VO. v. 11. Juli 1900.

[67]) § 7 VO. v. 6. Juni 1909, mit den dort aufgeführten Ausnahmen; Goercke S. 78 A. 10.

Möwen- und Kiebitzeiern in Bayern verboten[68]), nicht aber Einfuhr. Vom brütenden (j.baren) Vogel aufgegebene Eier unterliegen dem ausschließlichen Aneignungsrechte des J.berechtigten.

Art. 2.[1])

Die Ausübung des Jagdrechtes durch den Grundeigentümer selbst ist nur zulässig:

1. auf allen unmittelbar an die Behausung stoßenden Hofräumen und Hausgärten, sobald sie durch irgendeine Umfriedigung begrenzt oder sonst vollständig abgeschlossen sind;
2. auf allen und jeden Grundstücken, welche mit einer Mauer, einer zusammenhängenden Hecke oder mit einer dichten Einzäunung und mit verschließbaren Türen versehen sind, — worunter die gewöhnlichen, zunächst nur die Abwehr oder den Einschluß des Weideviehes bezweckenden Feldzäune nicht begriffen;
3. auf einem zusammenhängenden Grundbesitze von mindestens 240 bayerischen Tagwerken im Flachlande und 400 Tagwerken im Hochgebirge;
4. auf Seen und Fischteichen von mindestens 50 Tagwerken.

Straßen und Wege, sowie Flüsse und Bäche unterbrechen nicht die Kontinuität des Jagdbezirkes.

I. Dieser Artikel bringt die schon (S. 34 f.) berührte Unterscheidung zwischen J.recht und J.ausübung.

1. Begriff „Grundeigentümer" ist nach bürgerl. Recht zu bestimmen; als solcher gilt, wer im Grundbuch eingetragen ist[2]). Bei Streit über Eigentum entscheidet der jurist. Besitz[3]). — Grundeigentümer kann physische wie juristische (Staat, Gemeinde, Stiftung, Handelsgesellschaft) Person oder Personenmehrheit sein[4]).

---

[68]) Gestattet in Preußen und Hannover §§ 1 b, 30, 42 JO. v. 15. Juli 1907; Goercke S. 65, 77; vgl. §§ 1 Abs. IV, 8 b VSchG. v. 30. Mai 1908, § 7 VO. v. 6. Juni 1909, § 1 B Z. 15 u. 25 VO. v. 11. Juli 1900; Welser S. 21; unten S. 256, 286.

[1]) VV. § 2.

[2]) VGH. 32, ²; Reger E. IV, ³⁶⁴; BGZ. 1911 S. 275; BlfRA. 1911 S. 25 und 1912 S. 551 VII.

[3]) §§ 872, 873, 854, 891, 892 BGB.; Planck Bd. 3 S. 90 Anm. IV ³; VGH. 7, ²⁷⁷; v. 14. Mai 1902 Nr. 105 II/00; v. 26. April 1907 Nr. 42 I/06; v. 4. Okt. 1912 Nr. 151 I/11; 34, ⁶⁴; 32, ²; Menner, BGZ. 1913 S. 8 u. Fußnote 4 ebd.

[4]) VGH. 1, ²⁵²; 4, ⁴⁵⁹. Aktiengesellschaft: DJäger 1923 S. 353.

Ehemann ist j.ausübungsberechtigt auf dem seiner Nutznießung unterstehenden Eigentumsj.bezirke seiner Ehefrau [5]). Vertrag, durch den 3 Grundeigentümer sich gegenseitig Eigentum an ihren Grundstücken zu je $^1/_{100}$ ideellen Anteil übertragen, um Miteigentum an einer zusammenhängenden Fläche von 240 Tgw. und damit Eigenj.bezirk zu verlangen, ist — da „in fraudem legis" zustande gekommen — ungültig und schafft keinen Eigenj.bezirk nach Art. 2 Z. 3 [6]). Nach Gesetz vom 28. März 1919 über Familienfideikommisse (GVBl. S. 114) und vom 30. Aug. 1920 über Lehen und Lehenablösung (GVBl. S. 134) sind mit dem 1. Okt. 1919 die Fideikommisse und die allodifizierten Lehen unter Eigentumsübergang kraft Gesetzes als Allod an die Fideikommißbesitzer gefallen, und haben sich die Lehen in volles Eigentum verwandelt [7]). Damit ist frühere Streitfrage beseitigt: Fideikommißbesitzer und Lehensmann sind Eigentümer i. S. des Art. 2 [8]). Für Rechte und Pflichten des Pfründebesitzers am Pfründevermögen sind im wesentlichen Rechtsgrundsätze über Verwaltung fremden Vermögens und über Nießbrauch anwendbar. Pfründner nur Nutznießer, nicht Eigentümer, daher nicht eigenj.berechtigt [9]). — Juristische Personen [10]) werden in bezug auf das, aus ihrem Grundvermögen fließende Eigenj.recht durch ihre gesetzlichen Organe vertreten [11]), Körperschaftswaldungen [12]) durch Vertretungsausschuß unter Staatsoberaufsicht (Art. 6 l. c. [13]). — Alpengenossenschaften vertritt Ausschuß nach näheren Bestimmungen des Statuts [14]). — „Grundeigentum" nicht nur das privatrechtliche, sondern auch das sog. „gemeine" Eigentum des Staates an Grund und Boden [15]). Durch Verkauf, Tausch, Schenkung unter

---

[5]) S. unten wegen der Jagderlaubnis VI 4 b zu Art. 23 JG.; Pollw. S. 125 bei d.

[6]) Vgl. preuß. ObVerwGericht 22. Febr. 1923 in „Wild und Hund" 1923 S. 424.

[7]) OberstLG. Z. 21 Anhang Abt. A S. 3 u. Abt. B S. 11; ZfRpfl. 1919 S. 367 ff. — Pollw. S. 27.

[8]) OberstLG. Z. 14 [202]; DJäger 1923 S. 288.

[9]) Art. 80 II EG.BGB.; Fischer-Henle S. 1154 Anm. 4 hiezu; Roth, bayr. Zivilrecht § 38 S. 304; Becher, LZR. S. 340; BlAdmPr. 18, [85]; VGH. 10, [304] und E. v. 29. März 1889; Silbernagl, Verf. u. Verw. sämtl. Religionsgensch. Bayerns S. 498 ff.; VGZ. 1912 Bd. 22 S. 110 unten; Pollw. S. 27.

[10]) Polit., Orts-, Schul-, Kirchengemeinden (VGZ. 1901 S. 643); rechtsfähige Vereine §§ 21 ff. BGB.; Aktiengesellschaften §§ 178 ff. HGB. (DJäger 1923 S. 353); Kommanditges. auf Aktien §§ 320 ff. HGB. (Staub, Komm. 1900 S. 953 Anm. 2); GmbHG. v. 20. April 1892/20. Mai 1898 § 13 (Staub, Komm. 1903 S. 93 Anm. 1 ff.); Erwerbs- und Wirtschaftsgenossenschaften G. v. 1. Mai 1889/20. Mai 1898 § 17 I (Ritter 1900 S. 58 F Abs. II, 98 A); öffentl. und private Stiftungen §§ 80 ff. BGB.

[11]) VGZ. 1911 Bd. 21 S. 108; 1901 Bd. 11 S. 643.

[12]) Art. 18 Forstgesetz v. 28. März 1852/4. Juli 1896.

[13]) Ganghofer-Weber, Forstges. S. 57; ZfRpfl. 1910 S. 52; VGZ. 1895 Bd. 5 S. 322; Wirsch. S. 98; Pollw. S. 29.

[14]) OLG. München IV. ZS. v. 24. Mai 1910 Rspr. d. OLG. 1913 S. 73; VGH. 13, [187]; Wirsch. S. 98; VGZ. 1894 Bd. 4 S. 180; Pollw. S. 28 Fußn. 1.

[15]) Preuß. OberverwGer. v. 23. Mai 1889 E. 18, [287]; Wirsch. S. 390.

Lebenden oder von Todes wegen, Vermächtnis, Vererbung des Eigenj.bezirkes im Ganzen geht Eigenj.recht auf Grundstückserwerber über; bei Zersplitterung können mehrere selbständige Eigenj.rechte entstehen, wenn jeder Teil gesetzliches Mindestflächenmaß hat; bei Teilung in mehrere kleinere, verschiedenen Eigentümern zufallende Komplexe erlischt es auf sämtlichen. —

2. Eigenj.recht ist als Ausfluß des Grundeigentums unveräußerlich und unübertragbar[16]), als persönliches Recht des Grundeigentümers nach §§ 1922 ff. BGB. vererblich und durch Rechtsgeschäft übertragbar. Zwar nicht durch Verkauf, Tausch, Schenkung — losgelöst vom Grund und Boden —, da diese Entäußerungen Übertragung von Eigentum bezielen, das nur an körperlichen Sachen[17]), nicht auch an unkörperlichen Rechten begründet werden kann, das bayer. Landesrecht keine Bestimmung kennt, wonach für Eigenj.recht[18]) Grundstücksnatur und Gleichstellung mit den Sachen i. S. des § 96 BGB. ausgesprochen wird[19]), endlich durch solche Übertragung eine nach Art. 1 II JG. nichtige reale J.gerechtigkeit auf fremdem Grund und Boden geschaffen und die, die Grundlage des Eigenj.rechtes ausmachende Personalunion des Grundeigentümers und des J.berechtigten aufgehoben würde[20]). Verjährung und Übung als Rechtstitel des Erwerbes oder Verlustes des J.ausübungsrechtes sind dem Gesetz fremd. Deshalb auch kein Verlust dieses Rechtes durch einen aus Unterlassung oder Duldung zu folgernden Verzicht des Berechtigten zugunsten eines Anderen (etwa der Gemeinde)[21]). Verpfändung[22]), Einräumung eines Nießbrauchs, Verpachtung[23]) sind zulässig. Es ist Gegenstand der Zwangsvollstreckung[24]). Beschlagnahme des Eigenj.grundstücks zum Zwecke der Zwangsversteigerung und -verwaltung umfaßt Eigenj.recht als Grundstücksbestandteil[25]). — Zwangsversteigerung beendigt Eigenj.recht selbst, da es auf Ersteher übergeht. — Zwangsverwaltung entzieht dem Schuldner jede Verwaltung und Benutzung des Grundstücks[26]), sonach auch Möglichkeit der Ausübung der Eigenj., die für Rechnung der Verwaltung durch gelernten Jäger auszuüben ist[27]). Konkursverfahren nimmt dem Gemein-

---

16) OLG. Jena v. 8. Jan. 1906 EJZ. 1907 S. 53.
17) § 90 BGB.
18) Wie beim selbständigen Fischereirecht (Art. 9 Fischereigesetz v. 15. Aug. 1908).
19) Deshalb auch keine Eintragung im Grundbuch!
20) Menner, BGZ. 1913 S. 8.
21) BGH. 3, 170, 173; 7, 48, 49; 22, 210; 24, 394; 28, 201; 34, 247; B. 22. März 1922 Nr. 44 I/21.
22) Endemann II § 143; Cosack II § 252.
23) BGH. 1, 173; 4, 84; Vollw. S. 27 Note 2.
24) Gaupp-Stein, ZPO. S. 638 A. 4 zu § 857 ZPO.
25) S. 35 oben; § 96 BGB.; §§ 20, 21 ZVG. v. 24. März 1897 / 20. März 1898.
26) § 148 II l. c.
27) Art. 10 II JG.; Wirsch. S. 396.

schuldner Verfügung über Konkursmasse, zu der auch Eigenj.recht gehört[28]). Verwaltungs- und Verfügungsrecht übt Konkursverwalter durch Anstellung eines gelernten Jägers aus. J.erträgnis fällt in Konkursmasse.

3. Verpachtung des Eigenj.rechts insbesondere. Gegenstand ist dieses, nicht das Grundstück, nicht Verpachtung von Grundstücken zum Zwecke der J.ausübung[29]). Maßgebend sind §§ 581 ff. BGB. J.berechtigung ist zwar Bestandteil des Grundeigentums, nicht aber wesentlicher Bestandteil des Grundstücks[30]). Es finden daher auch nicht Vorschriften über Grundstücke Anwendung[31]), insbesondere nicht die über Grundstückspacht. Bei Veräußerung des Grundstücks, auf welchem Eigenj.recht besteht, durch Eigentumsübertragung endigt der J.pachtvertrag: „Kauf bricht Jagdpacht". Die Rechte des J.pächters erschöpfen sich in Befugnis zum Betreten des Grundstückes und zur Vornahme der gesetzlich und vertraglich zulässigen J.ausübungshandlungen auf diesem. „Überlassung" des Grundstücks an Eigenj.pächter analog „Überlassung" des Pachtgrundes findet nicht statt. Grundsatz des § 571: „Kauf von Grundstücken bricht nicht Miete" bleibt also für Eigenj.pachtverhältnis ausgeschlossen[31]). — Versetzung des Pächters, welcher gelernten Jäger aufstellen oder einem Gaste Zertifikat erteilen kann (Art. 10 II, III, 23 I Ziff. 6 JG.), gibt keinen Kündigungs- oder Auflösungsgrund[32]). Durch Tod des Eigenj.berechtigten wird Pachtverhältnis nicht berührt, da mit Erbfall das ganze Vermögen, also auch das an seinem Grundeigentum haftende Eigenj.recht, samt den hierauf übernommenen Verpflichtungen auf Erben übergeht[33]). Teilung des Grundbesitzes bei Erbenauseinandersetzung läßt unter Umständen Eigenj.recht untergehen und damit Pachtvertrag erlöschen[34]). Tod des Eigenjagdpächters löst Pachtvertrag auf[35]). Gelöst wird Pachtvertrag auch, wenn durch Wegveräußerung von Grundstücken Eigenj.bezirk unter gesetzlichen Mindestflächeninhalt sinkt. Denn Recht des Pächters ist ein abgeleitetes, welches

---

28) §§ 1, 6 KO.

29) OLG. Mü. ZfRpfl. 1906 S. 339.

30) §§ 93, 94, 96 BGB., Art. 1 JG. S. 35 f. oben; ZfRpfl. 1906 S. 160.

31) RGZ. im „Recht" 1908 S. 394; OLG. Mü. in ZfRpfl. 1906 S. 339; KG. im „Recht" 1907 S. 471; OLG. Stettin im „Recht" 1907 S. 249 u. 441; EJZ. 1907 S. 72; KG. EJZ. 1907 S. 7 u. 22; OLGRspr. Bd. 2,[40]; OberstLG. 13,[356]; LG. Mü. II A 84/06; Oertm., BGB. II S. 625; insbesondere RGZ. 70,[70]; JW. 1909 S. 48 Nr. 12; ZfRpfl. S. 160, 339; Wirsch. S. 97; Pollw. S. 30 A. b; Dr. Pollw. S. 6 f.; — dagegen: KG. OLGRspr. 4,[44]; LG. II Berlin v. 27. April 1906; ZfRpfl. 1906 S. 243; „Recht" 1905 S. 56 BayrB. 1912 S. 38.

32) § 570 BGB. handelt von „Raummiete" und ist an und für sich auf die Pacht nicht anwendbar § 596 III l. c.

33) §§ 1922 ff.; Pollw. S. 31 A. 3.

34) S. oben S. 67/68 Ziff. 1.

35) Bestritten; Näheres s. unten D VI 5 zu Art. 7 JG.

er nur als ein, von gewissen gesetzlichen Bedingungen abhängiges und daher mit deren Aufhören untergehendes übertragen erhielt. Dagegen bleibt bei Veräußerung des Eigenj.komplexes und Verringerung desselben unter Minimalfläche Veräußerer dem Pächter wegen Nichterfüllung des Vertrags haftbar, falls nicht Pachtvertrag andere Abmachungen vorsieht[36]). Grundsätzlich hat Verpächter nur unbehinderte Jagdausübung, nicht aber besondere, wesentlich von J.tüchtigkeit des Pächters abhängige Ergiebigkeit zu gewährleisten, kann auch solche, die Bejagungsart und -möglichkeit sowie den Ertrag beeinflussende Veränderungen der Grundstücksbenutzung eintreten lassen, ohne dem Pächter haftbar zu werden. Außergewöhnlicher, namhafte und dauernde Ertragsherabsetzung nach sich ziehender, bei Vertragsschluß nicht vorauszusehender Wechsel der Grundstücksbenutzung macht Verpächter für Ausfall haftbar[37]). — Einziehung der J.karte des J.pächters löst Vertrag sofort ohne Pachtentschädigung des Pächters, es sei denn, daß etwaiger Mitpächter für diesen eintritt oder Pachtübertragung nach Art. 12 JG. stattfindet[38]). — Verpachtung des Grundstücks beeinflußt weder J.recht des Eigentümer bleibenden Eigenj.besitzers noch das, von diesem abgeleitete Vertragsrecht des Eigenj.pächters[39]). Grundstücks- und J.pacht erfordern je einen eigenen, verschiedenen Anforderungen unterliegenden Vertrag, auch wenn Grund- und J.pächter gleiche Person. — Bei Streit über J.recht des Grundeigentümers kommt dem Eigenjagdpächter keine selbständige Parteistellung, mangels gültiger Vollmacht auch keine Befugnis zur Vertretung der Gemeinde zu [40]). — Beschlagnahme des Eigenj.bezirks, welche auch J.recht ergreift[41]), hat Wirkung eines Veräußerungsverbotes (§ 23 ZVG.) und bleibt ohne Einfluß auf Bestehen des J.pachtvertrages[42]). Pachtzins ist an Vollstreckungsgericht zu zahlen, falls er nicht vor der Beschlagnahme gepfändet oder abgetreten wurde[43]). — J.recht selbst ist nicht pfändbar, wenn verpachtet[44]), es sei denn, daß vertragsmäßig überlassung an Dritte gestattet[45]). — Zwangsversteigerung des Eigenj.bezirks

---

[36]) OLG. Mü. in BlfRpfl. 1906 S. 297; BGZ. 1906 S. 473; Vollw. S. 29.

[37]) RGZ. 25, [351]; JW. 1902 S. 554; Staud. II b S. 327 A. III A 1 Abs. IV zu § 581 BGB.

[38]) Art. 22 JG.

[39]) Wirsch. S. 97; Vollw. S. 23.

[40]) BGH. 22, [83]; BGZ. 1901 S. 486; Reger-Dyroff, BGG. 4. Aufl. S. 236.

[41]) Oben S. 68 Ziff. 2.

[42]) § 21 II l. c. kann aber hiefür nicht herangezogen werden, da er nur von Pachtzinsforderungen aus dem Grundstück selbst spricht; anders Vollw. S. 32.

[43]) RGZ. 58, [8] schlägt hier nicht ein, da sie von Grundstücksmietzinsen handelt, § 573 BGB.

[44]) OLGRspr. 19, [22]; SeuffA. 64, [333]; „Recht" 1909 S. 679; Vollw. S. 31 A. 4.

[45]) Gaupp-Stein Bd. 2 S. 638 A. II, 4 Abs. II zu § 857 ZPO.; Seuffert ZPO. § 851 S. 578; Gruchot 54 S. 360, 372; Falkmann, 2. Aufl. S. 802 Nr. 21; Warneyer, E. Bd. 3, [395]; Vollw. S. 31 A. 4.

läßt J.recht des bisherigen Besitzers, welches, wegen Entfallens der dinglichen Grundlagen in der Person des Subhastaten, an den Ansteigerer übergeht, untergehen. Dadurch wird J.pachtvertrag des früheren Eigenj.besitzers mit J.pächter hinfällig; Ersteher ist nicht an diesen gebunden, da Veräußerung des Grundstücks vom Grundsatze „Veräußerung bricht J.pacht" beherrscht wird[46]. — Zwangsverwaltung beseitigt nicht Eigentum des Eigenj.berechtigten am Eigenj.bezirke, bezielt „nicht Umsetzung des Grundstücks in Geld, sondern Erhebung der Einkünfte, durch welche Befriedigung des Gläubigers vermittelt wird"[47]. Deshalb bleibt J.pachtvertrag auch dem Verwalter gegenüber wirksam; Pachtschilling gebührt diesem[48]. Zwangsverwalter eines Familienfideikommißgutes kann mit Wirkung für Fideikommißnachfolger Eigenj.pachtvertrag bis zu 9 Jahren Dauer abschließen[49]. — Konkurseröffnung nimmt dem Eigenj.berechtigten Befugnis zur Verfügung über sein, zur Konkursmasse gehöriges Vermögen; sie erfaßt auch sein J.recht[50]. Bei Verpachtung vor Konkurseröffnung bleibt Pachtvertrag gegenüber Konkursmasse in Wirkung, falls Pachtzeit bereits begonnen; Pachtschilling wird zur Masse gezogen. Andernfalls hat Konkursverwalter Wahl zwischen Erfüllung und Nichterfüllung[51]. Gerät Pächter eines Eigenj.bezirks nach Beginn der Pachtzeit in Konkurs, kann sowohl Konkursverwalter wie eigenj.-berechtigter Verpächter unter Einhaltung der gesetzlichen[52] oder der kürzeren vertraglichen Kündigungsfrist kündigen[53]. Führt Kündigung mit gesetzlicher Frist durch Konkursverwalter zu früherer Pachtauflösung wie bei Einhaltung der vertragsmäßigen (längeren) Kündigungsfrist, kann eigenj.berechtigter Verpächter Ersatz des, ihm durch verfrühte Vertragsbeendigung erwachsenen Schadens verlangen, und zwar nur als Konkursgläubiger, Absonderungsrecht steht ihm nicht zu[54]. Konkurseröffnung vor Beginn der Pachtzeit berechtigt Eigenj.verpächter zum einseitigen Rücktritt; erklärt er diesen auf Erfordern des Verwalters nicht unverzüglich, kann Letzterer zwischen Erfüllung und Nichterfüllung des Vertrags wählen[55].

---

[46]) Pollw. S. 32; § 57 ZVG. trifft allerdings nicht zu, da er auf § 571 BGB. Bezug nimmt und von Grundstückspacht spricht; aber gerade deswegen ist im Hinblicke auf die reichsgerichtl. Rechtspr. der Grundsatz „Kauf bricht Jagdpacht" anzuwenden; oben S. 69 Ziff. 3.

[47]) Jaeckel, ZVG. 1901 S. 484 Note 1.

[48]) § 155 ZVG.; — § 152 II l. c. spricht von Grundstückspacht und führt daher nicht zu der soeben gezogenen Schlußfolgerung. Pollw. S. 32.

[49]) Fideikommißedikt, VII. VerfBeil. § 48 II; Pollw. S. 33.

[50]) §§ 1, 6 KO.; oben S. 68 Ziff. 2.

[51]) §§ 21 Abs. I, 17 KO.; § 21 II l. c. scheidet, da von Grundstückspacht handelnd, aus. Abtretung des Jagdpachtschillings durch den Eigenjagdberechtigten ist in den Grenzen der §§ 29—41 KO. anfechtbar.

[52]) §§ 565, 595 BGB.

[53]) § 19 KO.

[54]) §§ 19 S. 3, 26 S. 2, 49 Abs. I Nr. 2 KO.; BGB. § 252 wegen des entgangenen Gewinnes; Jaeger, KO. S. 162 A. 14; S. 361 A. 14; S. 366 A. 31; Wolff, KO. S. 104 A. 6; RGZ. 7, [19]; 11, [357]; 18, [269].

[55]) §§ 20 Abs. I u. II, 17 I KO.

Antwortet Verwalter auf weitere Anfrage des Verpächters nicht ohne Verzug, ob er sich für Erfüllung entscheiden will, so gilt Vertrag als aufgehoben[56]. Wurde durch Kridar mit Zustimmung des Verwalters nach Konkurseröffnung mit J.ausübung begonnen, ist Pachtvertrag seinem ganzen Inhalte nach gegen Konkursmasse gültig; die dem eigenj.berechtigten Verpächter daraus erwachsenden Ansprüche sind Massenforderungen bzw. -schulden nach § 59 Ziff. 1 KO.[57]. — Unterpacht oder Aufnahme von Mitpächtern ohne Erlaubnis des eigenj.berechtigten Verpächters[58] nicht zulässig[59]. Verweigerung der Erlaubnis berechtigt Pächter nicht zur Kündigung[60]. — Zwangsenteignung des Eigenj.bezirks hebt Pachtvertrag auf, falls sie ganzen Komplex ergreift oder Flächeninhalt unter gesetzliches Mindestmaß verringert. Dem Verpächter wird derjenige Betrag entschädigt, welchen er dem nutzungsberechtigten Eigenj.pächter nach Maßgabe des Vertrages zu leisten hat[61].

Die im Interesse der öffentl. Ordnung und Sicherheit und zur Gewährleistung nachhaltiger Bewirtschaftung der J. vorgesehenen Beschränkungen gelten auch für Eigenj.verpachtungen, wiewohl diese nicht an polizeil. Genehmigung gebunden, und polizeil. Beanstandungen der Bezirkspolizeibehörden, welche zur Einsicht der Verträge ermächtigt sind, durch Verpächter und Pächter mit Beschwerde angefochten werden können[62]: Pachtbedingungen dürfen ausdrücklichen Bestimmungen des J.gesetzes nicht widerstreiten[63]. Verbot oder Beschränkung der Verpachtung an Ausländer besteht in Bayern nicht[64]. Für einen J.bezirk können nicht mehr als drei Pächter zugelassen werden[65]. Größere Zahl von Miteigentümern übt die ihr zustehende Eigenj.berechtigung nur durch Verpachtung an höchstens drei Pächter oder durch drei j.kartenfähige Personen aus ihrer Mitte aus[66]. — Juristische Personen üben, wenn nicht durch Verpachtung an höchstens drei Pächter, J. in Selbstverwaltung durch höchstens drei j.kartenfähige Vertrauensmänner (die auch Vorstand angehören

---

[56] § 17 II l. c.; Wolff S. 106 A. 4.

[57] Wolff S. 102 A. 2 Abs. II, S. 226 letzter Absatz: Die Ansprüche des Verpächters sind erst durch die Handlung (Zustimmung) des Verwalters entstanden, da die „Überlassung" erst nach KonkEröffnung erfolgte.

[58] Fischer-Henle, BGB. S. 360 A. 1.

[59] §§ 549 Abs. I S. 1, 553, 581 Abs. II BGB.

[60] §§ 549 Abs. I S. 2, 596 I BGB.

[61] Art. 109 EG., Art. 1 AG.BGB., Art. I, V Z. 3 des Ges. v. 17. Nov. 1837 die Zwangsabtretung von Grundeigentum für öffentliche Zwecke betr.; RGZ. 74, [367] für Preußen.

[62] BGH. 1, [173]; BlAdmPr. 30, [346]; BGH. 2, [340], [484]; OberstLG. ZS. 8, [569].

[63] Vgl. Art. 7 Abs. IV S. 2 JG.

[64] Sie sind nach Art. 276 des Versailler Vertrags nicht möglich (RGBl. 1919 S. 1087). — Aber Art. 19 Ziff. 6!

[65] Art. 10 I JG.; BGH. 1, [253]; Wirsch. S. 97.

[66] Art. 10 I und analog Art. 11 JG.; BGH. 13, [187]; BlAdmPr. Bd. 43, [238]; Menner, BGZ. 1913 S. 9.

dürfen, aber j.kartenfähig sein müssen) aus[67]). Entbindung von Einhaltung feld-, forst-, j.-, sicherheitspolizeil. Vorschriften ist nichtig[68]). Beanstandungen wegen *zu enger Zeitbegrenzung* der J.pachtdauer können durch Polizeibehörde *nicht* vorgenommen werden[69]). *Übermäßig lange Bindung* der Vertragsteile kann unter Umständen unzulässige Beschränkung der wirtschaftlichen Bewegungsfreiheit und daher Nichtigkeit des Vertrags herbeiführen[70]). Zulässige Vertragsbedingungen: Ausschluß von J.gästen[71]), Verpflichtung zur Aufstellung eines J.schutzangestellten, ständige Schonung bestimmter Nutzwildarten auf festgesetzte Zeitdauer, Anlegung von Wildäckern und Winterfütterungen, Unterlassung der J.ausübung in genau begrenzten Bannbezirken, Abmarkung der J.grenzen, Verzicht des Pächters auf Recht der Tötung von Hunden und Katzen[72]), Verzicht auf Entschädigung bei Minderung des J.gebietes, vorbehaltlich angemessener Pachtminderung und Pachtauflösung bei Nichterzielung einer gütlichen Einigung mit Ausschluß des Klageweges[73]); Erlöschen des Vertrags ohne Kündigung bei Ableben oder Versetzung des Pächters, Regelung des Wildschadenersatzes, Abmachungen über Anlegung von Birschsteigen, Hochständen, J.hütten und ähnliches[74]). — Eigenj.berechtigter kann Selbstnutzung der J. auf seinem, in oder an Gesamtflur einer politischen Gemeinde[75]) liegenden Besitztume mit *in Gemeindej.verpachtung geben*[76]). — Bei gleichzeitiger Verpachtung der nämlichen J. an zwei verschiedene Personen entscheidet Priorität[77]). — *Erwirbt* Grundeigentümer *Grundbesitz* von dem den gesetzlichen Bestimmungen, entsprechenden Umfange, tritt sein *Eigenj.recht sofort in Geltung* mit der Wirkung: Gemeindej.pächter wird auf neu entstandenem Eigenj.bezirk von jeder J.ausübung ausgeschlossen[78]). Zur Entscheidung, ob Recht des Grundeigentümers oder Vertragsrecht des Gemeinde-

---

67) Analog Art. 11 JG.; VGH. 1, ^{250}; 13, ^{194}; Aktiengesellschaft: DJäger 1923 S. 353.

68) Art. 13 JG.; §§ 134, 139 BGB.

69) Wirsch. S. 97, 105 Note 29; Pollw. S. 135 Fußn. 1; MinEntschl. v. 4. April 1863; VGH. 1, ^{173}; 2, ^{340}; OberstGH. ZS. 8, ^{568}.

70) RGZ. 76, ^{78}.

71) Vorbehalt schriftlicher Erlaubnis an J.gäste durch Gemeinderat: Bei durchschlagenden jagdlichen oder persönlichen Bedenken kann J.pächter sich der J.ausübung solcher Gäste widersetzen. DJäger 1919 S. 465.

72) BGZ. 1906 S. 348; 1908 S. 600; 1915 S. 62.

73) BGZ. 1906 S. 473.

74) Pollw. S. 29; Wirsch. S. 105, 106.

75) Art. 5 JG.

76) Weiteres unten bei Art. 6.

77) RGZ. 41, ^{345}, ^{349}; 52, ^{128}.

78) RGZ. 52, ^{126}; 38, ^{256}; 45, ^{303}; BGZ. 1902 S. 451; 1903 S. 585/586; 1904 S. 12/13, 93; 1905 S. 196; 1906 S. 473; 1907 S. 635; 1913 S. 22; BayrB. 1912 S. 38 ^{1} (unzutreffend!); OberstLG. Z. 1, ^{627}; Reger 21, ^{358}; BlfRA. 66, ^{316}; vgl. auch VGH. 8, ^{271}; 1, ^{161}; 3, ^{530}; 18, ^{182}; BlAdmPr. 38, ^{133}; Pollw. S. 47/48.

j.pächters vorgeht, sind *Gerichte zuständig*[79]). Auch auf den bisher zu einem Gemeindej.bezirk gehörigen Grundstücken, welche ein Eigenj.berechtigter zu seinem bereits bestehenden Eigenj.komplex hinzuerwirbt, erlischt das J.ausübungsrecht des Gemeindej.pächters sofort. *Zuwachs an Grundstücken* des Eigenj.berechtigten ist für Pächter ohne Einfluß auf J.pachtvertrag. Verpächter muß Pächter J.ausübung auch auf den neu erworbenen Grundstücken überlassen, ohne während der Pachtdauer einen höheren Pachtzins fordern zu können, wenn dies im Vertrage nicht vorgesehen. Kündigungsrecht ist ihm nicht zuzusprechen[80]). Ebensowenig ist er, falls nicht die hinzugekommenen Grundstücke einen selbständigen Grundkomplex i. S. des Art. 2 Ziff. 3 u. 4 ausmachen, auf diesen zur eigenen J.nutzung befugt. Bleibt die erst erlangte Grundfläche unter dem gesetzl. Mindestausmaße, so müßte J.recht auf dieser ruhen, wenn nicht dem Pächter J.ausübung darauf gestattet wäre. Solches Ruhen des J.rechts kennt bayer. Gesetz nicht[81]). Um dies zu vermeiden, kann auch der neu erworbene, den gesetzlichen Flächeninhalt nicht erreichende Grundbesitz nicht der Gemeinde zur Mitverpachtung (Art. 6) überlassen werden, da er mit dem übrigen Grundeigentume desselben Besitzers diesesfalls ein *einheitliches* Ganzes bildet, und eine Zersplitterung des Eigenj.bezirkes in einzelne, teilweise unselbständige, dem Art. 2 Ziff. 3 und 4 nicht genügende Teile den Absichten des Gesetzes widerspricht.

Wird *Entstehung eines Eigenj.bezirkes* in einer Gemeindej. behauptet, von Gemeinde oder deren J.pächter *bestritten*, so verbleibt, bis zur Austragung des Rechtsstreites, der Gemeinde und deren Pächter, welche bisherigen Zustand für sich haben, J.ausübung auf der streitigen Grundfläche, da zurzeit die gesetzl. Voraussetzungen für Entstehung des Eigenj.rechtes noch nicht klargestellt[82]). Während eines Rechtsstreites über J.ausübungsrecht des Eigenj.berechtigten oder des Eigenj.pächters und des Gemeindej.pächters kann Prozeßgericht zum Zwecke der Regelung eines einstweiligen Zustandes in bezug auf das streitige J.ausübungsrecht *einstweilige Verfügung* erlassen und um wesentliche, aus Ruhen der J.ausübung zu erwartende Nachteile abzuwenden, *Sequestration* der J. (Verwaltung durch eine Vertrauensperson, gelernten Jäger) anordnen. Vollstreckung erfolgt durch einen nach Art des Pfändungsbeschlusses zu erlassenden Gerichtsbeschluß, welcher verfügt, daß J.recht dem zu bestellenden Sequester zur Verwaltung zu überlassen ist[83]). — Anspruch auf Rückstände von J.-

---

[79]) BGH. 1, 161; 3, 530; BlAdmPr. 30, 347; 33, 340; 16, 369 unten VII 2 zu Art. 2.

[80]) BGZ. 1906 S. 348/349; anders Pollw. S. 30, 48.

[81]) BGH. 20, 16; 23, 25/28; 28, 200.

[82]) Vgl. unten III 1 Abs. 2 zu Art. 3 JG.

[83]) §§ 940, 936, 920, 938 Abs. I u. II, 857, 848 ZPO.; Gaupp-Stein Bd. II S. 783 A. 1; 785 A. II 2; 638 A. II 4; Wirsch. S. 396; Pollw. S. 21; SeuffA. 15, 69; 45, 123; OberstGH. Z. 8, 568; BlfRA. 34, 321; BlAdmPr. 19, 142.

pachtzinsen *verjährt* gem. § 197 BGB. in vier Jahren. „Rückständig" sind nicht nur teilweise geschuldete Pachtverträge, sondern auch noch ganz unbezahlte Pachtschillinge[84]). Verjährung beginnt nach § 201 l. c. mit Schluß des Kalenderjahres, in welchem der maßgebende Zeitpunkt (Fälligkeit des Pachtschillings, § 198 l. c.) eintritt. Erster Tag der Verjährungsfrist stets ein 1. Januar[85]).

Alle übrigen, für Pacht maßgebenden Gesichtspunkte s. unten bei Gemeindejagdpacht D zu Art. 7 JG.

4. Bei Veräußerung des Eigenj.bezirks kann Veräußerer *J.-ausübungsrecht* sich selbst oder einer bestimmten dritten Person auf bestimmte Zeit oder Lebensdauer *vorbehalten*.

II. Zu Ziff. 1:

Über Begriff „Befriedetes Besitztum" i. allg.: s. BlfRA. 1910 S. 91 ff.

1. Zusammenhang — Umfriedung — Vollständiger Abschluß.

a) Gemeinschaftlich ist den in Ziff. 1 bezeichneten Räumen die enge *Zugehörigkeit zu einer menschlichen Behausung*, zu einem, abgesehen von vorübergehendem Nichtgebrauch, dauernder menschlicher Wohnung und Aufenthalt dienenden Gebäude oder Gebäudekomplexe[86]), welche Erstreckung des diesen zukommenden Friedens auf jene sowie Interesse am Schutze des häuslichen Eigentums und der Hauswirtschaft gegen Schädigungen durch Wild und Jäger rechtfertigen. Zusammenhang muß zunächst ein *örtlicher* sein. Nur die menschliche *Wohn*stätte soll wegen des erhöhten Schutzbedürfnisses der unter ihrem Schirme weilenden Personen auch einen gesteigerten Rechtsfrieden genießen; dieser soll sich auf die „unmittelbar an diese stoßenden Hofräume und Hausgärten ausbreiten. Ausscheiden müssen daher alle jene Grundstücke, welche sich an oder um ein verlassenes, z. B. ein seit langem wegen Schadhaftigkeit oder Wassermangels nicht mehr bewohntes Gebäude[87]), eine auf freiem Felde stehende Scheune, einen von menschlichen Wohnungen abgelegenen Lagerkeller oder Magazinraum, eine isoliert stehende Heuhütte, einen von Behausungen getrennten Stadel zur Aufbewahrung von Feldgeräten, eine nur zur zeitweisen Beherbergung von Menschen bestimmte Schutz- oder Unterkunftshütte, ein nur einen geringen Teil des Jahres bewohntes Landhaus, eine lediglich 3—4 Monate bewohnte Alm[88]) schließen[89]). Anders Menner BGZ. 1913 S. 69; vgl. unten S. 82 Fußn. 126. Wohl aber erstreckt sich Friede des Wohnhauses auf Städel,

---

[84]) Staud. I S. 543 Note 9.

[85]) Staud. I S. 549 N. 2; Fischer-Henle S. 107 A. 1 zu § 201 BGB.; unten S. 165, 182.

[86]) Menner, BGZ. 1913 S. 25.

[87]) BGH. 12. März 1924 in DJäger JU. 36/26 S. XI.

[88]) BGH. 28, 201.

[89]) Anders Menner, BGZ. 1913 S. 69; vgl. unten S. 82 Fußn. 126.

Scheunen, Ställe, Backöfen, Waschküchen, Austrags- und Gartenhäuschen, Vorwerke und Pachthöfe von Schloßgütern und ähnliche wirtschaftliche Baulichkeiten, welche mit Wohnhaus einen Anwesenskomplex bilden, wenn auch nicht direkt an dieses angebaut oder mit ihm nicht unter einem Dache[90]). An sie anstoßende Hausgärten und Hofräume hängen mit Hauptgebäude ebenfalls zusammen. — Von „Behausung" selbst als Stätte des Eigenj.rechtes spricht Gesetz nicht besonders; sie ist das majus, von dem aus „das rechtlich geschützte Interesse an ungestörter Betätigung des eigenen Willens in der eigenen Wohnung, an freiem Schalten und Walten in Haus und Hof", der „im Hause herrschende und ordnende Wille einer Privatperson" hegend und schirmend wirkt auf die ihren unmittelbaren und mittelbaren Zwecken dienenden Objekte[91]). Sie genießt dieses Vorrecht an und für sich, da „Hausgärten" und „Hofräume" von ihr die bevorzugte Stellung herleiten[92]). — Zusammenhang mit „Behausung" erfordert innere Zugehörigkeit zur „Hauswirtschaft" als solcher. Grundflächen, für welche Schutz des Hausrechtes in Anspruch genommen werden will, müssen den häusl. Bedürfnissen des Anwesensbesitzers und seiner Familie gewidmet sein und[93]) von diesem auszuschließen, wenn sie dem Land-, Forst-, Fischerei- oder gewerbl. Betriebe dienen[94]).

b) Gemeinschaftlich ist „Hausgärten" und „Hofräumen" Erfordernis „irgendeiner Umfriedung" oder eines „sonstigen Abschlusses". Genügt auch nicht Anbringen einer Warnungstafel, so wird doch keine „Umschließung" verlangt, welche selbst, schon ihrer Anlage nach, Fernhaltung von Unbefugten unmittelbar bewirken soll. Vielmehr reicht hin, wenn Berechtigter das Grundstück in äußerlich erkennbarer Weise mittels einer beliebiges Betreten durch andere hindernden, zusammenhängenden Vorrichtung abgrenzt[95]). Hiezu kann er sich einer vorhandenen natürlichen Begrenzung[96]), oder einer künstlichen Anlage[97]), welche seinen Willen, das Grundstück unter den Schutz seines Hausrechtes zu stellen, ersehen läßt, bedienen [98]). Bach, dessen Durchquerung keinerlei Schwierigkeiten

---

[90]) Wirsch. S. 36.

[91]) Olsh. S. 481 A. 2 zu § 123 RStGB.

[92]) Wirsch. S. 185, 400; Pollw. S. 33; BGZ. 1904 S. 191; BayrB. 1916 S. 99; DJäger 1920 S. 64 (gegen 1918 S. 25), 130, 188; 1922 S. 62 (OberstLG. 12. Sept. 1921); unten S. 204, [4].

[93]) Vorbehaltlich der Bemerkungen bei III zu Art. 2.

[94]) Wirsch. S. 37.

[95]) BGZ. 1913 S. 41; 1909 S. 563.

[96]) Fluß, Bach, Wasser- oder trockener Graben, Steilhang, Felswand, Schlucht.

[97]) Mauer, auch wenn sie von außen her mit einer mäßig geneigten Böschung versehen ist, lose aufeinander gelegte, größere Steine, Erdumwallung, Holz- oder Eisenstaketen-, Draht-, Maschen-, Gitterzaun, Geländer, Planke, Hecke, Spalierbaumanpflanzung.

[98]) Olsh. S. 483 A. 5 Abs. III u. IV zu § 123; RGSt. 20, [150]; Rspr. 3, [143].

macht, ist vollständiger Abschluß. *Brücken* und Stege mit Drehkreuz nehmen Flüssen, Bächen, Gräben Eigenschaft einer Umschließung nicht. Aus dem Gegensatze „irgendeine Umfriedung“ in Ziff. 1, und „zusammenhängende Hecke oder dichte Umzäunung mit verschließbaren Türen“ in Ziff. 2, ferner aus den Kammerverhandlungen[99]), ergibt sich, daß auch Umfriedung genügt, welche lediglich in einem, der Abwehr oder Einschließung des Weideviehes dienenden *Feldzaun* besteht[100]). Auch lückenhafter Zaun genügt. Die Schlußworte: „oder sonst vollständig abgeschlossen sind“, — können zur Auslegung des Begriffes „Umfriedung“ nicht verwendet werden, weil sie sich auf solche „Hausgärten“ und „Hofräume“ beziehen, deren Begrenzung *nicht* oder nicht *ausschließlich* in einer „Umfriedung“ besteht; nur *in diesem* Falle soll Abschluß vollständig und ununterbrochen sein, da sonst Zweifel entstehen könnten, *was* zum Hofraum oder Hausgarten gehört[101]). — *Lücken* schließen Berechtigung zur J.ausübung durch Besitzer insolange nicht aus, als Umfriedung die Grenzen der Hofräume und Hausgärten erkennen läßt, gleichviel auf welche Weise sie entstanden sind; denn wenn sie J.recht des Grundeigentümers überhaupt nicht berühren, kann nichts darauf ankommen, ob sie etwas von diesem selbst absichtlich und so groß angebracht wurden, um dem Wild Eingang zu erleichtern[102]). Umschließung, welche den auf Ausschluß Dritter vom Betreten der Grundstücke gerichteten Willen jedermann erkennbar macht, ist dann *nicht* vorhanden, wenn Hofraum oder Hausgarten auf eine Strecke von 30 m jeder das Eintreten abweisenden Anlage entbehrt[103]). Dagegen genügt, wenn Garten nicht unmittelbar an Wohnhaus selbst anstößt, sondern durch den, nicht ganz gleichen, aber doch ebenfalls häuslichen Zwecken dienenden Hofraum vom Wohnhaus getrennt ist. Gesetz will, indem es von *unmittelbar* an Behausung anstoßenden Hofräumen und Hausgärten spricht, nicht für jedes dieser beiden das Erfordernis aufstellen, daß sie an Behausung *anstoßen* müssen, sondern daß das von beiderlei Räumen solcher Art gestaltete Besitztum, als *Ganzes* genommen, auch nur mit einem *Teile* seiner Grenzen unmittelbar an Behausung anstößt, falls seine Bestandteile — Hofraum und Hausgarten — nur zusammenhängen, neben- oder hintereinander liegen und in der Hand *eines* Eigentümers vereinigt sind[104]). — Auch *Privatwege oder -bäche*, welche im Eigentum des Anwesensbesitzers

---

[99]) 1849 Beil. Bd. 1 S. 254, 263, wonach für die selbständige Jagdausübung der Besitzer von Räumen nach Z. 1 jede, als Begrenzung erkennbare Umfriedung oder Abschließung, wenn sie auch unter den Begriff einer „dichten Einzäunung“ nicht fallen sollte, als zureichend angesehen wurde.

[100]) RGSt. 17, ^{239}.

[101]) OberstLG. St. 3, ^{201}; RGSt. 8, ^{87}.

[102]) OberstLG. St. 6, ^{481}; BlfRA. 42, ^{360}.

[103]) OberstLG. St. 6, ^{223}; BlfRA. 1906 S. 488.

[104]) RGSt. 5, ^{230}; BlfRA. 44, ^{3}.

stehen und zwischen dem Haus einerseits, Hausgarten oder Hofraum andererseits, oder zwischen den beiden letzteren hindurchführen oder -fließen, stören Einheitlichkeit und Zusammengehörigkeit des Gesamtanwesens nicht. Dagegen kein „unmittelbares Anstoßen an Behausung", falls öffentlicher, dem gemeinen Gebrauche dienender Weg oder Wasserlauf, ein in fremdem Eigentum stehender Privatweg oder -Bach die bezeichneten Grundflächen voneinander oder vom Hause trennt, da sich hier ein fremdes, scheidendes Element in den häusl. Interessenkreis einschiebt[105]. — Nur vorübergehende, ganze oder teilweise Beseitigung der Umfriedungs- oder Abschlußvorrichtung, etwa zum Zwecke einer Ausbesserung oder Neuherstellung, läßt J.recht unbeeinflußt, wenn nur Absicht und Möglichkeit der Wiederherstellung fortbestehen[106]. Öffentliche Straßen und Wege machen eine hinreichend deutliche Abgrenzung der Hausgärten oder Hofräume von der umliegenden Flur selbst dann nicht ersichtlich, wenn sich ihr Grund und Boden genügend vom Boden der abzugrenzenden Hausgrundstücke abhebt[107]. — An allen, im übrigen für zulänglich zu erachtenden Umfriedungs- und Abschlußvorrichtungen dürfen sich treppenartige Übergänge zur Ermöglichung oder Erleichterung des Übersteigens — sog. „Stiegeln" — befinden[108].

2. Hausgarten:

Ein, an oder um Behausung desselben Eigentümers sich schließendes, ihren Größenverhältnissen angemessenes kultiviertes Stück Land, welches wenigstens hauptsächlich den hauswirtschaftlichen Bedürfnissen der Behausung zu dienen bestimmt ist, wie Obst-, Nutz-, Zier-Gärten[109]. — Gegensatz: Gastwirtschafts-, Handels-, Forst-, öffentliche Spazier- und Unterhaltungsgärten. Kindertummelplätze, Bleich- und Wäschetrockenplätze, Sport- und Turnplätze, eingegatterte Flächen als Freilauf für Haustiere, Hundezwinger, drahtumhegte Räume für Haus- und Ziergeflügel, welche sich in „Hausgärten" befinden, ändern ihre Eigenschaft nicht. Dagegen Schulgarten, der nur den Schulkindern als Turn- und Spielplatz und zum Ergehen während der Unterrichtspausen dient, kein Hausgarten, mag auch die Familie des Lehrers sich gelegentlich dort aufhalten. — Ausbeutung zu gewerblichen Zwecken beseitigt Charakter eines Hausgartens. Aufstellung von Bienenkörben zur Gewinnung von Honig, der verkauft werden soll, keine Bestimmung des „Gartens" zu Erwerbszwecken, da nicht Gartenprodukte gewerblich verwertet, nicht Gartenanlage zu gewerblicher Ausnützung heran-

---

105) Menner, BGZ. 1913 S. 40/41.
106) Vgl. unten III und V 2 zu Art. 2.
107) A. A. Menner, BGZ. 1913 S. 41.
108) Wirsch. S. 36 Fußn. 13.
109) BGH. 12. März 1924 I 113/22.

gezogen werden soll. — Obst-, Gras-, Baum- und Krautgarten, welcher unmittelbar an Rückseite des das Wohnhaus und den unter einem Dache mit diesem befindlichen Stall und Stadel umgebenden Hofraumes anstößt, nach allen Richtungen, gegen Wohnhaus, Hofraum und angrenzende Felder teils durch Stangen-, teils durch Bretterzaun abgeschlossen, vom Wohnhaus her über Hofraum durch verschließbares Gattertürchen, von anliegenden Feldern an zwei Stellen, welche nach Zurückschieben beweglicher Stangen eine Zufahrt ermöglichen, zugänglich, ist Teil des zusammenhängenden, ringsumfriedeten Besitztums[110]). — Häusl. sind mit landwirtschaftl. Zwecken eines Ökonomiegutes nicht ohne weiteres identisch, vielmehr in engerem Sinne aufzufassen wie diese. Erzeugnisse der Landwirtschaft sind in letzter Linie mittelbar oder unmittelbar allerdings gleichsfalls zur Befriedigung häusl. Zwecke und Bedürfnisse des produzierenden Landwirtes bestimmt; der Erzielung landwirtsch. Produkte dient aber das ganze Anwesen, Feld, Wiese und Wald; Grundstücke, welche gleich dem gesamten Areal lediglich dem allgemeinen Zwecke des Landwirtschaftsbetriebes dienen, erfüllen daher nicht die besonderen Zwecke eines Gartens. Mögen auf dem Lande die Grenzen des Feld- und Gartenbaues in der Art der Bestellung wie im Gegenstand der Produktion mehr oder minder ineinander fließen — ein Grundstück von ziemlich erhebl. Größe, welches zum Teil Kornacker, zum Teil Weidegrund, nur allgemein landwirtschaftl. und keinerlei häusl. Zwecken dient, fällt nicht unter Begriff „Hausgarten"[111]). — Flächeninhalt, Kulturart, bestimmungsgemäße Verwendung der Früchte fällt für Ermittelung der Zwecke, denen Gartengrundstück dient, ins Gewicht. Ein Grundstück, das 26 Tagwerk umfaßt, bis in die jüngste Zeit Weideland war und erst kürzlich mit 1000 Obstbäumen bepflanzt wurde, dessen Ertrag an Heu weit über Bedürfnisse der Wirtschaft des Anwesensbesitzers hinausgeht, dessen Obsternte für Verwertung zu Handelszwecken bestimmt ist, also hauptsächlich Erwerbszwecken dient, ist kein Hausgarten[112]). — Ein den Nutz- und Ziergärten von Schloßgebäulichkeiten sich anschließender Gesamtkomplex von etwa 40 Tagwerk Parkanlagen, Wiesen und Wald, in welch letzterem Holz geschlagen, verkauft und versteigert wird, kein „Hausgarten"[113]).

3. Hofraum:

Eingefriedigter, von Gebäuden begrenzter Wirtschaftsplatz an einem Hause „Hof": auch jedes Grundstück, in dem dieser Wirtschaftsplatz bedeutenden Umfang einnimmt, dadurch zugleich auf

110) RGSt. 5, 230; Rspr. 3, 779; Reger 6, 137.
111) RGSt. 17, 240; Rspr. 10, 248; Reger 9, 152; BlfRA. 8 EBd. S. 87.
112) OberstLG. 6, 223; BlfRA. 1906 S. 487.
113) BGH. 33, 109; BlfRA. 1913 S. 546; BGZ. 1912 S. 441.

Bedeutung der Haushaltung hinweisend[114]). Für heutigen Begriff „Hof" früher Bezeichnung „Hofreit" üblich, womit „der für Wirtschaftszwecke dienende freie Raum eines Herrenhofes oder Landgutes bezeichnet wurde"[115]). Im Gegensatz zum Hausgarten wird bei den „Hofräumen" in Ziffer 1 nicht verlangt, daß sie ausschließlich oder vorwiegend den hauswirtschaftl. Zwecken des Anwesensbesitzers dienen müssen. Vielmehr ist „Hofraum", namentlich auf dem Lande, vorwiegend landwirtschaftl. Zwecken bestimmt. Von Fabrik-, Lade-, Holzhöfen mit ihren ausgesprochen gewerbl. Zwecken dienenden Anlagen unterscheiden sie sich genügend schon durch enge örtl. Zugehörigkeit zum Wohnhause.

III. Ziffer 2. Umfriedetes Besitztum.

Nicht besonderer Schutz des Hausfriedens, sondern Sicherung des Eigentums im allgemeinen, soweit Eigentümer seinen Willen, andere von Einwirkung auf bestimmte Flächen auszuschließen, durch Mittel zum Ausdruck bringt, welche ganz bestimmten Voraussetzungen entsprechen. Auf Größe des Grundstückes, auf j.liche, land- oder forstwirtschaftl. oder sonstige Nutzbarkeit kommt es nicht an. Eingefriedigte Fläche muß im ungeteilten Eigentum eines oder mehrerer Besitzer stehen[116]).

Nur Mauern, zusammenhängende Hecken u. dichte Einzäunungen sind geeignet, einen solchen Abschluß gegen fremde Einwirkung zu schaffen, auch wenn sie miteinander abwechseln. Da sie nur Eindringen von Menschen verhindern sollen, müssen sie von einer Beschaffenheit sein, die wirksame Sicherung gegen das im Wege normaler Fortbewegung geschehende Betreten der zu schützenden Fläche bieten. Vor allem dürfen sie keine Unterbrechung aufweisen, welche ungehindertes Eintreten von Menschen gestattet, müssen durchgängig Höhe zeigen, welche einfaches Überschreiten nicht erlaubt[117]), sich als Vorrichtungen darstellen, welche durch ihre Beschaffenheit selbst dem Eindringen ein nicht zu unbedeutendes Hindernis entgegensetzen, ohne deshalb absolut unüberwindl. Schwierigkeiten bereiten zu müssen. Nicht verlangt wird, daß Hineingelangen von Tieren, insbesondere von j.barem Wild ausgeschlossen werde. Umschließung soll gerade J.recht des Eigentümers des abgeschlossenen Komplexes wahren; diesem kann nicht auferlegt werden, dem Eindringen von J.-objekten entgegenzutreten. Schutz des auf den umliegenden Bezirken J.berechtigten wird durch Gesetzesbestimmung nicht bezielt. Umwehrungen, welche dem Hochwild überspringen, anderem Wilde

---

[114]) Grimm, Deutsches Wörterbuch II. Abt. 4. Bd. S. 1654/1655 Ziff. 1 mit 3.

[115]) Grimm ebd. S. 1697 Z. 1.

[116]) DJäger 32, [38].

[117]) Die „Steinmäuerln" auf Alpenweiden, die mit einem starken Schritt überstiegen werden können, sind deshalb ungenügend.

Durchschlüpfen oder Hineinkriechen ermöglichen, sind als Mittel zur Sicherung des Eigenj.rechtes nicht ausgeschlossen. Unschädlich, wenn kleine Lücken vorhanden[118]). Wegen der sog. „Einsprünge" vgl. unten S. 265, 1[119]).

„Die gewöhnlichen, zunächst nur die Abwehr oder den Einschluß des Weideviehs bezweckenden Feldzäune" — sog. „Viehhage" — sind ausdrückl. als unzureichende Einzäunungen ausgeschlossen. Schon deswegen müssen ähnl. Abschlußvorrichtungen als ungenügend erachtet werden, wenn sie auch nicht als „Viehgatter" dienen; insbesondere Paralleldrähte, die an Holzpfählen gespannt sind, Parallelstangen, die auf Pfosten aufliegen. Art. 2[a] ist als Ausnahmebestimmung streng auszulegen, um Zersplitterung der J.bezirke in kleine und kleinste Eigenj.parzellen zu verhindern[120]). Möglichkeit des Betretens eines Grundstückes durch Übersteigen oder Durchschlüpfen, Nieder- oder Auseinanderbiegen der Drähte ohne Beschädigung und ohne besondere Schwierigkeiten und Gewaltanwendung nimmt einer Umschließung Eigenschaft eines ernsthaft zu nehmenden Hindernisses[121]). Wohl aber genügt Einzäunung aus festem Drahtgeflecht[122]), oder aus enggezogenen Stacheldrähten[123]). — Endlich müssen in der Umschließung — wenn überhaupt — verschließbare Türen angebracht sein und zwar nicht nur in den „dichten Einzäunungen", sondern auch in den „Mauern" und den „zusammenhängenden Hecken" (= lebenden Zäunen)[124]). Selbstverständlich kann jeder Eingang in

---

118) OberstGH. 6,[479]; BlfRA. 42,[360]; oben S. 77. Aber absichtliches Anbringen und Aufstellen von Fallen: OberstLG. 2. Sept. 1924 I 585/24, DJäger JU. 35/26 S. XIII.

119) ZfRpfl. (LG. Frankenthal) 3,[25]; ebd. OberstLG. 3,[88]; Rotering in EJZ. 1907 S. 158; VGH. 33,[111]; BGZ. 1904 S. 776; 1907 S. 641 ff.; 1909 S. 51; 1911 S. 261; BlfRA. 44,[1]; OberstLG. 10,[96]; OLG. Mü. 1,[20]; BlfRA. 45,[548]; VGH. 6,[196]; BlfAdmPr. 36,[202]; VGH. 28,[132]; 31,[42]; BlfRA. 1913 (Bd. 78) S. 547; ZfRpfl. 1911 S. 186; 1912 S. 339; RGSt. 44,[355]; „Recht" 1907 S. 75; Pollw. S. 35; Wirsch. S. 39, 187; Schüllerm. S. 14/15 N. 2; Menner, BGZ. 1913 S. 55 f., 65 f., unten JPV. § 5 Anm. 1 und Fußn. 5; § 13 Anm. I; § 292 RStGB. B V 2 und Fußn. 77.

120) DJäger 32,[64], [490]; vgl. JG. Art. 7 D V 1 und Fußn. 166; Art. 8 IV und Fußn. 29, 30; WSchG. Art. 5 Anm. 1 und Fußn. 2.

121) VGH. 6,[196]; 28,[131]; 31,[42]; v. 20. Dez. 1907 Nr. 69 I/07; v. 27. Dez. 1907 Nr. 118 I/07; v. 24. Jan. 1908 Nr. 125 I/07; v. 16. April 1909 Nr. 42 I/09; v. 2. Dez. 1910 Nr. 119 I/10; „Recht" 1911 S. 310; OLG. Mü. v. 7. Juni 1880 Bd. 1,[20]; OberstLG. 3,[199]; 6[223]; BGZ. 1907 S. 643 und 581; 1909 S. 562; 1910 S. 239 u. 343; BlfRA. 1908 S. 933 XI[2]; 1911 S. 627 V[1]; RGSt. 44,[359]; EJZ. 1907 S. 241 ff., 257 ff.; 1908 S. 97 ff.

122) BGZ. 1912 S. 574.

123) falls sie nicht als schikanös zu erachten (§ 226 BGB.). — OLG. Mü. 1,[20]; Wirsch. S. 39 Note 27, wo Verbot ihrer Anbringung an Orten öffentlichen Verkehrs durch Vorschr. nach § 366[10] RStGB. u. Art. 2 Z. 6 PStGB. sowie zivilrechtliche Haftung des Eigentümers für Beschädigungen durch Zaun hervorgehoben unten S. 183 b. F. 29.

124) Es ist nicht einzusehen, warum sich dieses Erfordernis gerade auf die beiden Letzteren nicht beziehen sollte, zumal in den Kammerverhandlungen die Bezugnahme auf sie als „selbstverständlich" erachtet wurde. Ein anderer Eingang

der Umfriedung oder Einzäunung fehlen, wenn Eintritt durch ein, in diese eingebautes (unbewohntes) Gebäude erfolgt. — Jede Art von Vorrichtung, welche Festhalten der bewegl. Türe selbst in der Türöffnung bewerkstelligen läßt, ein „Zumachen" ermöglicht, erfüllt Erfordernis der „Verschließbarkeit", deshalb hölzerne Riegel, Sperrhaken, Einfallklammern, ebenso wie kunstgerechtes Schloß[125]). Dagegen ist an dem Begriff „Türe", „Tor", „Pforte", unter den auch selbst zuschlagende „Fallgatter" zu rechnen sind, festzuhalten, und ein durch Zurückziehen von Querstangen herstellbarer Eingang so wenig entsprechend, wie eine über Umwehrung führende Treppe. Da schon tatsächl. Verschlossensein der Türen nicht notwendig, kann auch ein mit entsprechenden Türen versehener, selbst dem allgemeinen Gebrauche bestimmter Durchgang auf einem vorgeschriebenen Wege an Eigenschaft des umfriedeten Besitztums nichts ändern; denn die gesetzentsprechende Umschließung bringt Willen des Besitzers, Betreten des Grundstückes außerhalb des, nur als „Durchgang" gewollten Weges zu hindern, genügend zum Ausdruck; es liegt nur Beschränkung des unbedingten Eintrittsverbotes vor. — Gewisse Wechselbeziehung besteht zwischen „Türen" und Höhe der Umfriedung insoferne, als letztere derart sein muß, daß sie in erkennbarer Weise auf die zum alleinigen Betreten bestimmten Eingänge hinweist[126]). Schloßgut, teilweise umgeben mit lebenden, dichten, zusammenhängenden, hohen und breiten Hecken, teilweise mit starkem Balken- und Bohlenzaun, engge-

---

gerade durch Mauern und „zusammenhängende" Hecken, welcher den Eintritt auf normale Weise ermöglichen könnte, ohne eine den Zusammenhang störende Lücke zu schaffen, ist nicht gut denkbar. Ebenso Menner, BGZ. 1913 S. 68; Wirsch. S. 40 Note 30; Pollw. S. 36; Schüllerm. S. 15 Note 3.

[125]) Wirsch. S. 40; Schüllerm. S. 15 Nr. 3; Pollw. S. 36, 37.

[126]) Pollw. S. 36, 37; Schüllerm. S. 15 Note 3 Abs. II; ZfRpfl. 7, 186. Wenn Menner (BGZ. 1913 S. 68 [vgl. oben S. 75 II 1 a]) unter die Grundstücke nach Art. 2^{2}, welche mit einer Mauer und verschließbaren Türen versehen sind, alle Gebäude rechnet und dadurch auch zur Forderung eines Eigenjagdrechtes in unbewohnten Jägerhöfen, Feldstädeln, Waldhütten, abseits vom Orte stehenden Lagerkellern ohne Wohnung, Unterkunftshäusern und nur zeitweilig besiedelten Gebirgsalmen gelangt, tut er der Absicht des Gesetzgebers, der in Ziffer 1 den Hausfrieden, in Ziffer 2 das, offenbar nicht mit diesem ausgezeichnete, also in einem Gegensatze zu den in Ziffer 1 erwähnten Örtlichkeiten stehende, umfriedete Besitztum schützen wollte, und dem allgemeinen Sprachgebrauche Zwang an. Niemand spricht von „Behausung" als „einem Grundstücke, welches mit einer Mauer und verschließbaren Türen versehen ist". Wie die gleichzeitige Anwendung dieser Begriffe mit „zusammenhängenden Hecken" und „Feldzäunen" erkennen läßt, ist ausschließl. an offene Grundstücke zu denken, welche durch Einfriedigung nur ihre rechtl. Stellung, nicht aber tatsächl. Beschaffenheit erhalten, während Behausung erst durch Aufführung von Mauern und Anbringung von verschließbaren Türen, und durch diese Teile erst teilweise, tatsächl. existent wird. Zudem will Menner nur solche Grundstücke als „Behausung" gelten lassen, welche mit einer Mauer versehen sind; wohl weil ihm weitere Folgerung, Holzwände, welche „Umfriedung" der von ihm aufgeführten „Jägerhöfe" usw. doch auch bilden können und häufig bilden, als „Mauern" oder etwa als „dichte Einzäunungen" zu erachten, denn doch als unhaltbar erscheinen mußte. Dann wäre aber Eigenjagdbefugnis von der rein äußerlichen, innerlich nicht zu rechtfertigenden Voraussetzung abhängig, ob „Behausung" Stein- oder Holzumfassungen besitzt.

spannten Drähten und Stacheldrahtabschluß sowie Maschendrahtnetz, teilweise von dichtem Holzlattenzaun mit drei verschließbaren Toren, ist zur Eigenj. berechtigendes Grundstück[127]). — Umschließung, die ein Grundstück auf einer Seite mit einer ununterbrochenen lebenden Weißdorn- und Fichtenhecke, auf den drei übrigen Seiten mit einem aus Eisendraht geflochtenen, in seinen einzelnen Feldern an, in den Boden getriebenen Pfosten befestigten Gitter umfängt und ein an zwei starken Holzsäulen angebrachtes Lattentor mit Schloß enthält, entspricht den gesetzl. Anforderungen. Dagegen **keine** „dichte Einzäunung": 3—4 parallel gezogene Drähte, mehrere horizontal auf Pfosten gelegte Holzstangen[128]); — durchschnittlich nur 90—100 cm, stellenweise bloß 55—65 cm hoher Drahtzaun, der bei Schnee nicht mehr sichtbar ist; — Drahtgeflecht, das unterbrochen und durch nur 25 cm voneinander entfernte, quer übereinander liegende, wie Leitersprossen benützbare Stangen ersetzt ist; — horizontale Stacheldrähte, in Abständen von 40—50 cm durch glatte Vertikaldrähte verbunden[129]); — Abschließung auf einer Seite durch tiefen Fluß, im übrigen durch Drahtzaun[130]); — durchschnittlich 2 m hohe, überalterte, vielfach abgestorbene und ausgelichtete Hecke, deren Lücken stellenweise mit Reisig und anderem Flickwerk notdürftig geschlossen, anderwärts den Eindruck häufig begangener Gangsteige machen[131]). Eine ungefähr 40 Tagwerk große, nur im Sommer 3—4 Monate bewohnte Alm muß, wenn Besitzer darauf eigenj.berechtigt sein soll, mit einer nach Art. 2² beschaffenen Umfriedung versehen sein, da Begriff einer Behausung gemäß Art. 2¹ nicht zutrifft[132]).

Unter Ziffer 2 fallen auch umzäunte Gehege und **Wildparke**, insbesondere die auf S. 45 besprochenen Fasanerien, insoweit sie Umschließungen zeigen, welche den soeben besprochenen Voraussetzungen zur wirksamen Verhinderung des Eindringens von **Menschen** entsprechen. Bildet Umfriedung gleichzeitig Anlage zur Verhinderung des **Wildes** am Austreten und Auswechseln in fremdes J.gebiet, so genießen sie neben Begünstigung der Eigenj.berechtigung auch noch die ihnen durch § 960 Abs. I S. 2 BGB. verliehene Sonderstellung, wonach der darin befindliche, am Entweichen verhinderte Wildstand als bereits okkupiert dem Eigentum des Gehegebesitzers unterliegt[133]). — Bloß zeitweise **Niederlegung der Umschließung** zwecks Vornahme von

[127]) VGH. 33, 109; BlfRA. 1913 S. 576.

[128]) VGH. 28, 133.

[129]) VGH. 19. Nov. 1924 in JW. 54 S. 1171 Nr. 1 und 12. März 1924 in DJäger JU. 36/26 S. XI.

[130]) Fluß keine Abschließung nach Art. 2²; VGH. 14. Okt. 1925 in DJäger JU. 36/26 S. XI; vgl. DJäger 1919 S. 146; 1925 S. 340; VGH. 46, 40.

[131]) VGH. 12. März 1924 DJäger JU. 36/26 S. XI.

[132]) VGZ. 1909 S. 51; VGH. 28, 201; oben S. 75 II 1 a.

[133]) S. oben S. 45; Rotering i. EJZ. 1907 S. 158 ff.; Wirsch. S. 42 f.; BlfRA. 44, 1 ff.

Reparaturen oder Neuerrichtung beraubt Eigentümer der Vergünstigung der Ziff. 2 nicht, wenn und solange subjektive und objektive Möglichkeit und Geneigtheit zur Wiederherstellung vorhanden sind[134]). — Für Entgang an j.lich nutzbarer Grundfläche bei Entstehen eines Eigenj.bezirkes nach Art. 2 Ziff. 2 keine Entschädigung in Gemeindekasse[135]). Eine durch Einfriedung verursachte wesentl. Ertragsherabsetzung der vom Eigenj.berechtigten verpachteten Jagd, macht diesen dem Pächter gegenüber für Ausfall haftbar[136]). —

IV. Zu Ziffer 3[137]).

1. Gesamtgrundbesitz muß im Eigentum einer und derselben Rechtspersönlichkeit stehen[138]). Auch Staat, gleichgültig durch welche Behörde vertreten, ob er Gemeindeumlagen zahlt, J.ausübungsrecht bisher beanspruchte oder nicht, kommt als Eigentümer in Betracht. Umstand, daß die einzelnen Teile teils dem Forstärar, teils dem Bauärar zukatastriert sind, ändert nichts an „Identität des Eigentümers"[139]). Begriff des „zusammenhängenden" Grundbesitzes wird nicht ausgeschlossen, wenn ein sonst den Voraussetzungen des Art. 2 Ziff. 3 entsprechender Grundkomplex zum Teil durch Umfriedung nach Ziff. 2 umschlossen ist und Hausanwesen nach Ziff. 1 enthält, da Ausnahmebestimmungen des Art. 2 gegenüber der Regel des Art. 4 nur besondere Begünstigungen des an sich j.berechtigten Grundeigentümers hinsichtl. der J.ausübung bilden, als solche einen selbständigen Titel nebeneinander gewähren und deshalb auch miteinander zusammentreffen und ineinander aufgehen können[140]). Keine Zusammenhangsstörung, wenn Besitz von Privatwegen, -flüssen, -bächen durchzogen, nur zum Teil aus festem Lande, im übrigen aus Seen oder Teichen besteht[141]). Voraussetzung für Zusammenrechnung aber stets, daß sämtl. Teile dem gleichen Besitzer gehören. Einzelne, unter eine der Ziffern des Art. 2 fallende, in fremdem Eigentum stehende, von einem Grundbesitze nach Ziff. 3 umschlossene

---

134) S. oben II 1 b S. 78 u. Fußn. 106; unten S. 102, 2 u. Fußn. 262.

135) VGZ. 1909 S. 51.

136) Vgl. RGZ. 25,[351]; JW. 1902 S. 554; Staudinger II[2] S. 327 A. III A 1 Abs. IV zu § 581 BGB.

137) Roerig S. 5.

138) Pollw. S. 40/41; oben S. 66 I 1.

139) FinMinEntschl. v. 6. Mai 1850 § 10: Ärarialische Grundstücke, welche einer anderen als der forstamtlichen Verwaltung unterstellt sind und mit den Staatswaldkomplexen zusammenhängen, sind hinsichtlich der Verpachtung als Staatsjagden ohne weitere Unterscheidung den letzteren zuzuschlagen (Wirsch. S. 341, 344); VGH. 24,[391]; Pollw. S. 41, 52; VGH. E. v. 7. Juni 1907 Nr. 190 I/06; 23. Juli 1924 I 10/24; unten S. 104/105.

140) VGZ. 1900 S. 542: mit Hanichelzaun umgebener Garten in Grundbesitz nach Z. 3; VGH. 3,[170]; unten S. 101, 2.

141) VGH. 3,[170] (BlfAdmPr. 32,[276]); 5,[164] (BlfAdmPr. 35,[138]); VGZ. 1912 S. 428 (der besprochene pfälzische Fall gilt auch für das rechtsrhein. Bayern); DJäger 1919 S. 146; unten S. 88 und Fußn. 169.

oder unmittelbar an ihn angrenzende Flächen können in letzteren zur Erreichung der gesetzlichen Mindestgröße nicht eingerechnet werden. Andere, nicht unter Art. 2 fallende Einschlüsse werden als Inklaven im Sinne des Art. 3 nicht mitgezählt[142]), ebensowenig in fremdem Eigentum stehende eigentl. Exklaven[143]); dsgl. nicht sog. „Gemeindeexklaven"[144]), welche stets entweder gesetzl. Inklaven oder Eigenj.bezirke oder Gemeindej.bezirke sind, also eine besondere Stellung überhaupt nicht einnehmen. — Unzulässig ist Zusammenrechnung des Eigentums einer natürl. Person mit dem einer juristischen oder einer Personenmehrheit, auch wenn erstere den letzteren angehört, von Einzel- und gemeinschaftl. Besitz[145]). Durch eine, in einem Eigenj.bezirk nach Ziff. 3 gelegene Wechselwiese, welche dem die Eigenj. beanspruchenden Grundbesitzer und einem anderen in Miteigentum gehört, wird Kontinuität unterbrochen, Eigenj.besitzer kann sie nicht zu seinem ihm allein gehörigen Grundbesitz schlagen[146]). — Größere Zahl von Miteigentümern oder juristische Personen können Eigenj.-berechtigung nur durch Verpachtung oder durch höchstens drei J.-kartenfähige aus ihrer Mitte selbst ausüben[147]). Alpen- und Waldgenossenschaften können das Recht durch Mehrheitsbeschluß beanspruchen[148]). Jeder einzelne Grundeigentümer einer Personenmehrheit kann bei ungeteiltem Miteigentum J.-ausübungsrecht im Verwaltungswege geltend machen. Durch Zuerkennung an ihn ist auch Anspruch der sämtl. Miteigentümer entschieden. Entscheid wirkt für und gegen alle. Beschluß, durch welchen das beanspruchte J.ausübungsrecht ohne vorgängiges Gehör der beteiligten Gemeinden abgesprochen wurde, erwächst nicht in Rechtskraft und steht neuer Entscheidung über dieses Recht nicht entgegen[149]). Grundbesitz, welcher der Ehefrau als Vorbehaltsgut allein, und solcher, der den in allgemeiner Gütergemeinschaft lebenden Ehegatten als Gesamtgut miteinander gehört[150]), darf nicht zusammengerechnet werden. Dies wäre nur dann zulässig, wenn Ehefrau Grundbesitz als voreheliches Vermögen in Gesamtgut einbringt oder während der Ehe nicht nach §§ 1440 Abs. II, 1369, 1370 BGB. erwirbt[151]), oder wenn Gütergemeinschaft aufaufgehoben[152]) und der Ehefrau der gesamte Grundbesitz über-

---

[142]) S. unten S. 113 f., 2, 3.

[143]) Ausmärkische Bezirke; s. unten S. 110 VIII ff.

[144]) Vom übrigen Gemeindebezirk vollständig abgetrennte Grundstücke.

[145]) VGH. 7, [45]; BlfAdmPr. 37, [152]; unten S. 108 und Fußn. 304.

[146]) VGZ. 1900 S. 542; VGH. 24, [496]; VGZ. 1904 S. 55. Umgehung des JG. durch Übertragung von Eigentumsbruchteilen unter mehreren Grundeigentümern zwecks Erlangung der gesetzl. Tgw.-Zahl: „Wild u. Hund" 1923 S. 424; oben S. 67.

[147]) S. oben S. 72; VGH. 1, [250].

[148]) VGH. 13, [187]; BlfAdmPr. 43, [238]; BayrV. 1913 S. 406.

[149]) VGH. 4, [459]; BlfAdmPr. 34, [145] u. [193].

[150]) §§ 1441, 1438 BGB.

[151]) § 1438 Abs. I S. 2 l. c.

[152]) § 1432 l. c.

lassen wird[153]). Unangängig, eigene Grundstücke einer Person und solche, an denen sie nur als Teilhaber einer Kommanditgesellschaft eigentumsberechtigt ist, zusammenzurechnen[154]). Unzulässig Zusammenziehung von Eigentums- und Pacht- oder Nießbrauchs-, überhaupt von zu Nutzgenuß besessenen Grundstücken[155]). Welche Behörde Fiskus als Eigentümer des Staatsguts vertritt, ist gleichgültig[156]).

2. 240 Tagwerk zu je 34,07272 Ar (= 10 Dezimalen): 81,774528 ha; 400 Tagwerk = 136,29088 ha[157]).

„Hochgebirge" nur die Alpenzüge im südl. Bayern von Berchtesgaden bis Lindau. Im einzelnen ist Begriff nach den Umständen des konkreten Falles zu bestimmen. Für die Forderung einer größeren Tagwerkzahl im „Hochgebirge" war maßgebend geringere Ausbeutungsfähigkeit der Gründe für j.liche Zwecke, welche im Hinblicke auf die in ihnen befindlichen Alpenweiden, steilen und unzugänglichen Felspartien usw. der J. tatsächlich keinen größeren Spielraum gewähren, als Flachlandsbezirke von geringerer Tagwerkszahl; mit Beschaffenheit und Klima der Hochlagen zusammenhängende geringe Ausnützungsmöglichkeit des Grundbesitzes und aus sicherheitspolizeil. Gründen gebotene Beschränkung der Eigen-j.bezirke in schwer zugänglichen, höheren Gebirgsgegenden. Diese Gründe treffen für die eigentl. Mittelgebirge[158]) und die den Alpen nördlich vorgelagerten, in die Hochebene vorgeschobenen Vorberge[159]) nicht, für die alpinen Mittelgebirge nicht überall zu. Soweit letztere gleich den den wirtschaftlichen Charakter des Hochgebirgs nicht tragenden, eigentl. Mittelgebirgen und Vorbergen unschwer zugänglich, für geregelte landwirtschaftl. Kultur geeignet oder solcher bereits zugeführt sind, dort Acker-, Garten- und Obstbau getrieben wird, Güter und Ansiedelungen vorhanden sind, welche Winter und Sommer bewohnt werden, kann trotz stellenweisen Auftretens alpiner Formationen und teilweiser geologischer Ähnlichkeit mit benachbarten, aber geognostisch selbständigen Hochgebirgsstöcken ihr Gebiet sich j.lich, insbesondere wegen Beschaffenheit des Wildstandes und Art seiner Bejagung, als „Nichthochgebirge" darstellen. Die schon von den Motiven zum JG.[160])

---

[153]) §§ 1471, 1476, 1477 l. c.; Menner, BGZ. 1913 S. 10.

[154]) Menner a. a. O.

[155]) DJZ. 1910 S. 191 u. 478.

[156]) BGZ. 1910 S. 29; BGH. E. v. 5. März 1913 Nr. I 139/12; Pollw. S. 54; oben S. 84 IV 1.

[157]) In Bayern gab es 1898 nur 1291 Eigenjagdbezirke mit einer durchschnittlichen Größe von 196 ha, während im Jahre 1908 die Zahl auf 1597, die Durchschnittsgröße aber auf 258 ha gestiegen war. Roerig S. 5 f.

[158]) Bayr. und Böhmerwald, Fichtelgebirge, Rhön, Odenwald, Spessart, Frankenwald, Steigerwald, Jura.

[159]) Auerberg bei Stetten 1047 m; Auerberg bei Hundham 874 m; Irschenberg bei Aibling 712 m; Peißenberg bei Weilheim 989 m; Stadelberg bei Miesbach 925 m; Taubenberg bei Thalham 896 m.

[160]) Verh. der K. d. A. 1849 Beil. Bd. I S. 59 ff.

betonte Notwendigkeit, den Interessen des Ackerbaues und der Bodenkultur gegenüber der J.ausübung den erforderl. Schutz zuzuwenden, rechtfertigt Annahme, daß alle kulturfähigen Mittelgebirge und Vorberge nicht als Hochgebirge[161]), sondern als Flachland gelten. Andererseits wird es vom Standpunkte der Gleichmäßigkeit der J.pflege und -Ausübung in den einzelnen J.bezirken als mit der Gesetzgebung vereinbar angesehen werden müssen, daß Gebiete, welche sich als Bestandteile eines Hochgebirgsstockes kennzeichnen, auch dann Natur des Gebirgsstockes teilen und nach dem Gesamtcharakter der Bodenerhebung und entsprechend ihrer natürlichen Verwandtschaft mit dem Hochgebirge beurteilt und j.lich behandelt werden, wenn sie teilweise kulturfähig sind[162]). In Berücksichtigung dieser Leitsätze hat der VGH. erklärt: Hohen Göll (2519 m) als Hochgebirge; Inklave „Große und Kleine Resten" der Gemeinde Au, Bezirksamt Berchtesgaden, welche im Dürrenberger Mittelgebirge in einer Höhe von durchschnittlich 1000 m liegen, als „Nichthochgebirge", also „Flachland"[163]); aus Benediktenwand (1802 m) und Zwieselgruppe (1350 m) sich zusammensetzenden Gebirgsstock als alpinen Gebirgszug; Blomberg (1247 m), obwohl er der Nordgrenze der Alpen angehört, das Gelände im Bergsockel und in den unteren Lagen des Berghanges sich zur landwirtschaftlichen Kultur eignet, während auf dem oberen Teile für einzelne Wildarten der Höhenlage wegen Existenzbedingungen überhaupt fehlen, nicht als isolierten Vorberg oder Ausläufer, sondern als Bestandteil dieses Hochgebirgszuges, sohin selbst als „Hochgebirge" erachtet[164]); Stein und Umgebung, Heimgarten, Herzogstand, Kesselbergstraße und Schlehdorf sowie die zwischen Schlehdorf und Kochel, südlich des Kochelsees gelegene Fläche als Hochgebirge bezeichnet, da letztgenanntes Gebiet als ein, nach Norden vorgeschobener Bestandteil des Herzogstandes, mit Rücksicht auf Boden- und Gesteinsverhältnisse, Bewirtschaftungsfähigkeit, Wildstand, Klima, Höhenlage, Begehungsmöglichkeit ausgesprochenen Hochgebirgscharakter trage[165]). Oberstaufen und Umgebung ist dagegen nicht Hochgebirge[166]). Die mehreren Eigentümern gehörigen, innerhalb der Staatsforsten westlich von Grassau und Marquartstein gelegenen „Grassauer Alpen sind „Hochgebirge"[167]). — Reviere, in denen Hochgebirge und Flachland abwechseln, folgen hinsichtlich der Tagwerkszahl dem vorherrschenden Teile. Bei Berechnung der Tagwerkszahl ist die des Flachland-

---

161) VGH. 33, [37]; „Recht" 1912 S. 504; BlfRA. 1913 S. 546.
162) VGH. 33, [38], [39].
163) VGH. v. 24. Juli 1911 Nr. I 27/11; „Recht" 1912 S. 70; Reger 31, [431]; BlfRA. S. 546 Fußnote 6.
164) VGH. E. v. 21. Dez. 1906 Nr. I 119/06.
165) VGH. 33, [40], [42]; „Recht" 1912 S. 504; Pollw. S. 52; Menner, BGZ. 1913 S. 311, 312.
166) Pollw. S. 40 Fußn. 4.
167) VGH. 5. Okt. 1921 I 67/20.

besitzes nach dem Verhältnisse (240:400) = (3:5) in die entsprechende des Hochgebirgsbesitzes umzurechnen[168]).

Wasserflächen sind als zugehörig mitzuzählen[169]). Im einzelnen gestaltet sich Einbeziehung von Wasserbesitz in Besitzfläche (nach Ziff. 3) zur Herstellung des gesetzl. Minimalumfanges folgendermaßen (vgl. ZfR. 1915 S. 244):

Seite 89.

Tafel I.

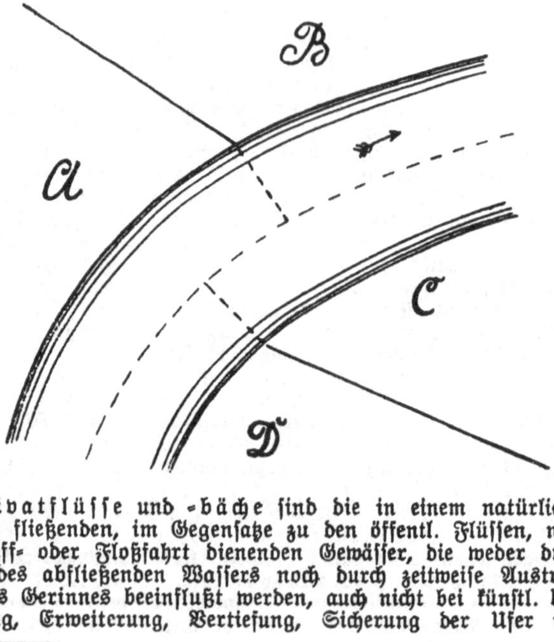

Privatflüsse und -bäche sind die in einem natürlichen Rinnsale fließenden, im Gegensatze zu den öffentl. Flüssen, nicht der Schiff- oder Floßfahrt dienenden Gewässer, die weder durch Menge des abfließenden Wassers noch durch zeitweise Austrocknung des Gerinnes beeinflußt werden, auch nicht bei künstl. Umgestaltung, Erweiterung, Vertiefung, Sicherung der Ufer ihre

---

168) Also: 30 Tgw. Flachland $= \frac{30 \times 5}{3} =$ 50 Tgw. Hochgebirge + 350 Tgw. Hochgebirge ergeben 400 Tgw. Hochgebirgskomplex mit Eigenjagdrecht. — 200 Tgw. Flachland + 24 Tgw. Hochgebirge $= \frac{(24 \times 5)}{3} =$ 40 Tgw. Flachland ergeben die gesetzliche Minimalfläche von 240 Tgw. Flachland (Menner, BGZ. 1913 S. 327/328; Pollw. S. 40).

169) S. oben S. 84 und Fußn. 141; hier findet eine Umrechnung der Tagwerkzahlen nicht statt; s. unten S. 102, 2.

Eigenschaft verlieren und zum Kanal, d. i. einem künstlich hergestellten Wasserlaufe, werden[170]). Sie sind, soweit nicht andere durch den Behauptenden zu beweisende Rechtsverhältnisse bestehen, Bestandteile der Grundstücke, zwischen denen sie hindurchfließen[171]). Das Bett nicht selbständiges Grundstück, sondern Fortsetzung des Ufergrundstückes[172]). Bei sog. Adjazentengewässern im Eigentum der verschiedenen Uferanlieger, reichen die Grundstücke bis in die Mitte des Flußbettes; J.recht auf Ufergrundstück umfaßt den dazu gehörigen Flußteil[173]). Die Grenze bildet in Ansehung der gegenüberliegenden Ufergrundstücke eine, durch die Mitte des Flusses nach Maßgabe des[174]) mittleren Wasserstandes zu ziehende Linie; in Ansehung der anliegenden, an den Ufern nebeneinander liegenden Ufergrundstücken eine vom Endpunkte der Landgrenze rechtwinkelig zur vorbezeichneten Mittellinie zu ziehende Linie[175]).

Flüsse und Flußteile, welche für Schiff- oder Floßfahrt eingerichtet sind und hiezu benützt werden, sowie Nebenarme solcher Flüsse, d. h. Gewässer, welche an einem oder an beiden Enden mit dem Flusse in dauernder, oberirdischer, offener Verbindung stehen, selbst wenn sie nicht zur Schiff- oder Floßfahrt dienen[176]), dann vom Staate errichtete Kanäle, soweit sie durch Staatsregierung der Schiff- oder Floßfahrt eröffnet sind, stehen als öffentl. Flüsse und Kanäle im Eigentum des Staates, d. h. das Bett, die vom Wasser bedeckte Bodenfläche, und die darüber befindliche Wassersäule, die fließende Welle, der Flußschlauch, an welchem Sondereigentum nicht möglich, sind zur allgemeinen Benützung nach den hierüber erlassenen Vorschriften bestimmtes Staatseigentum. Fluß kann in seinem ganzen Laufe durch Bayern öffentl. Fluß sein, diese Eigenschaft aber auch nur in einem Abschnitte oder in einer bestimmten, nach Anfangs- und Endpunkt festgelegten Strecke besitzen, während er in anderen Teilen Privatfluß ist[177]). Er behält diese Eigenschaft, auch wenn er nicht mehr zur Schiff- und Floßfahrt dient[178]). „Nebenarme" nicht zu verwechseln mit

---

170) Brenner S. 88 A. 2 zu Art. 21 WG., S. 62 A. 8 zu Art. 16 das.; Harster-Cassimir S. 146.

171) Art. 21 I WG.; Harster-Cassimir S. 147.

172) Brenner S. 88 A. 4 Abs. III; Harster-Cassimir S. 147, 148 A. 4, 75 A. 3 [2].

173) Harster-Cassimir S. 149.

174) Nach dem Durchschnitte aller Wasserstände in einer größeren Reihe von Jahren und Jahreszeiten, oder bei flachen Verlandungsflächen, Auen u. dgl. nach der Grenze des Pflanzenwuchses d. i. der im Trockenen wachsenden Pflanzen mit Ausschluß der Wasserpflanzen und Weiden, gem. § 4 der VollzVorschr. z. WG. v. 3. Dez. 1907 durch das Straßen- und Flußbauamt im Benehmen mit dem Hydrotechnischen Bureau ermittelten (Harster-Cassimir S. 41 f. A. 1).

175) Art. 21 Abs. II Z. 1 u. 2 WG.

176) Harster-Cassimir S. 27 A. 1.

177) Daher „Flußteile". Brenner S. 28 A. 2 zu Art. 1; Art. 1 u. 2 WG.; Harster-Cassimir S. 6 A. 6 u. 7; 148 f. A. 1, 2 [2].

178) Art. 3 WG.

„Nebenflüssen", d. h. Flüssen, welche einen selbständigen Lauf zum Hauptflusse haben, z. B. Isar zur Donau. Für diese letzteren gelten Bestimmungen der Art. 1—3 WG. gesondert[179]). Häfen sind am oder in der Nähe der Flußufer für Aufnahme von Schiffen entweder zu deren Schutz gegen Eisgefahr (Sicherheitshäfen) oder zum Warenumschlag vom Schiff zum Lande (Umschlags-, Handelshäfen) eingerichtete Räume und, soweit sie als künstl. Anlagen errichtet und vom Fluß aus mit Wasser versehen werden, „Nebenarme"[180]). Altwässer behalten grundsätzlich Eigenschaft des Hauptwassers, wenn bei mittlerem Wasserstande[181]) eine offene Verbindung mit dem Hauptflusse besteht, so daß Zufluß vom Hauptgewässer erfolgt („Nebenarme"). Mit öffentl. Fluß nicht mehr zusammenhängende Altwässer sind geschlossene Gewässer, welche, soweit nicht andere Rechtsverhältnisse bestehen, dem Eigentum am Grundstücke, auf dem sie sich befinden, folgen und auch öffentl., im Eigentum des Staates sein können[182]). — Ufer der öffentl. Flüsse, d. h. die am Flusse gelegenen, durch Uferlinie[183]) begrenzten Grundstücksflächen, gehören den Eigentümern der anliegenden Grundstücke. Öffentliche Flüsse: 1—19 Donau, Iller, Lech, Wertach, Naab, Vils (b. Kallmünz), Regen, Schwarzer und Weißer Regen, Isar, Loisach, Ramsach, Amper, Ammer, Ilz, Inn, Salzach, Rhein, Main; 20—40 (Floßbäche des Frankenwaldes) Steinwiesener Rodach, Fränkische Muschwitz, Oelsnitz, Langenauer-Bach, Nurner-, Tschirner-, Nordhalbener-Ködel, Rosenbaumbach, Grumbach, Wilde Rodach, Lamitzbach, Haslach, Landleitenbach, Tettau, Kronach, Kremnitz, Doberbach, Teuschnitz, Grümpel, Regnitz, Saale[184]). Öffentliche Kanäle: der Ludwigs-Donau-Mainkanal, der Frankenthalerkanal und der Kanal bei Großweil a. d. Loisach[185]).

Hat Privatfluß oder -bach[186]) sein bisheriges Bett verlassen, gelten[187]) folgende Eigentumsverhältnisse: Bei Adjazentenflüssen bleibt verlassenes Flußbett wie seither, Eigentum der Angrenzer, neues Bett wird nach Maß des Art. 21 II WG. Eigentum der neuen Anlieger. Bei Privatflüssen im Eigentum Dritter[188]) bleiben die bisherigen Eigentümer des Flusses,

---

179) Brenner S. 29 A. 6 Abs. II; Harster-Cassimir S. 9 A. 12.

180) Brenner S. 29 A. 6 Abs. I; Harster-Cassimir S. 7 A. 11.

181) Vgl. § 4 VB. v. 3. Dez. 1907 z. WG., oben S. 89 und Fußn. 174.

182) Brenner S. 29 A. 6 Abs. III; S. 31 A. 9; Art. 16, 1 Abs. II WG.; a. A. Harster-Cassimir S. 7, 11, 27; eigentliche Altwässer.

183) Art. 6 WG. und S. 51, d oben; Brenner S. 37 A. 2 zu Art. 5, S. 40 A. 2 zu Art. 6 WG.; VB. v. 3. Dez. 1907 §§ 2—12; Harster-Cassimir S. 34, 44 ff.

184) Anlage 1 zu § 1 der VB. z. WG. v. 3. Dez. 1907, wo auch Anfangs- und Endpunkt der öffentlichen Flüsse und ihre Länge in Kilometern angegeben ist; Brenner S. 470, 610 ff.; Harster-Cassimir S. 869 S. 10 A. 14. Verzeichnis ist eine, für Verwaltungsrichter nicht verbindliche Privaterklärung des Staates.

185) Brenner S. 29 A. 7; Harster-Cassimir S. 11.

186) Art. 21, 24 WG.

187) Wenn die Befugnis zur Wiederherstellung durch Fristablauf erloschen ist Art. 25 II.

188) Nichtanlieger, Art. 24 WG.

mangels entgegenstehender Abmachungen, Eigentümer des verlassenen und werden zugleich Eigentümer des neuen Flußbettes. — Wenn infolge natürl. Ereignisse ein öffentl. Fluß oder ein Staatsprivatfluß Bett auf die Dauer verläßt und sich neues Bett oder einen Nebenarm geschaffen hat, bleibt Staat Eigentümer des verlassenen, und wird, ohne weiteres und ohne Entschädigung der bisherigen Eigentümer der nun vom Wasser bedeckten Fläche, Eigentümer des neuen Bettes, auf dem alle dingl. Belastungen erlöschen[189]). Wenn öffentl. oder Staatsprivatfluß neuen Lauf durch Privatsee nimmt, wird zum mindesten Stromrinne öffentlich; bei den übrigen Teilen des Sees hängt dies davon ab, ob See insoweit Wasser des Flusses aufnimmt und zu einem Teil (einer Erweiterung) des Flusses geworden ist. Wenn Fluß im See kein eigenes Rinnsal hat, sondern das ganze Seebecken benützt, ist See in seinem ganzen Umfange öffentl. geworden[190]). — Ausbreitungen des Ufers durch allmähliches, auf natürlichem Wege geschehendes Anspülen von Bestandteilen anderer Grundstücke oder durch Zurücktreten des Wassers infolge Erhöhung der Flußsohle am Ufer, wachsen, wenn diese Verlandungen (Anschütten, Anlandungen, Alluvionen) mit dem bisherigen Ufer bei mittlerem Wasserstande zusammenhängen, und sich Pflanzenwuchs darauf gebildet hat, in öffentl. und Privatflüssen dem Ufereigentümer zu[191]), wobei das oben S. 88 f. über Adjazentengewässer Gesagte besonders zu beachten ist. J.recht des Ufereigentümers dehnt sich ohne weiteres auf sie aus[192]). — Ein durch Wassergewalt an ein fremdes Ufer versetztes, durch seine Zusammensetzung im Erdreich und seine Vegetation erkennbares Stück Land — Abriß — wird Eigentum des Ufereigentümers, wenn noch abtrennbar, und bisheriger Eigentümer, Pächter, Nutznießer[193]) innerhalb eines Jahres weder Erklärung auf Geltendmachung seines Wegnahmerechtes bei Verwaltungsbehörde abgegeben, noch Anerkennung seines Rechtes erwirkt, noch Klage hiewegen gestellt hat[194]). Vor Fristablauf mit Auflagerungsgrundstück fest und untrennbar verwachsene Abrisse sind wesentl. Bestandteile dieses Grundstückes geworden[195]) und können auf Grund des Art. 14 WG. nicht mehr weggenommen werden. Entschädigung findet nicht statt[196])). — Vegetationslose Kies- und Sandbänke und sonstige Erd(boden)erhöhungen, welche außer Zusammenhang mit dem festen Lande im Flußbett infolge Erhebung der Flußsohle über dem mittleren Wasserstande entstehen — Inseln[197]) — sind in öffentl. Flüssen, mangels entgegen-

---

189) Art. 12, 23 WG.; Harster-Cassimir S. 75 ff.
190) RGZ. 80 (365), 370.
191) Art. 8, 21, 23 u. 24 WG.
192) Harster-Cassimir S. 59.
193) Harster-Cassimir S. 82 A. 2.
194) Art. 14 WG.; Brenner S. 59 A. 2 u. 5; Harster-Cassimir S. 80 ff.
195) §§ 94, 946 BGB.
196) Harster-Cassimir S. 81 f. A. 2 Abs. 5.
197) Harster-Cassimir S. 78 A. 2.

stehenden Herkommens oder besonderer Rechtsverhältnisse, Staatseigentum[198]), ebenso in Staatsprivatflüssen[199]). Verzeichnis der letzteren besteht nicht. Ausschließlich Staatsprivatflüsse z. B. der große und kleine Regen, die kleine Laaber, die Partnach, der Hachingerbach, große und kleine Vils in Niederbayern, Wern, Sinn, Schondra, Elsava, Mud, Erf, Kahl, Eger, Traun, Königsseer Ache, Rott in Niederbayern u. a., die Alz (nicht unbestritten). Teilweise öffentliche und Staatsprivatflüsse z. B. Iller, Lech, Wertach, Loisach, Ramsach, Ammer, Amper, Naab, Weißer Regen, Ilz, Main, Regnitz, fränkische Saale u. a. Teilweise Staats- und gewöhnliche Privatflüsse z. B. Günz, Mindel, Wörnitz, Zusam,

Tafel I[210]). Seite 92/94.

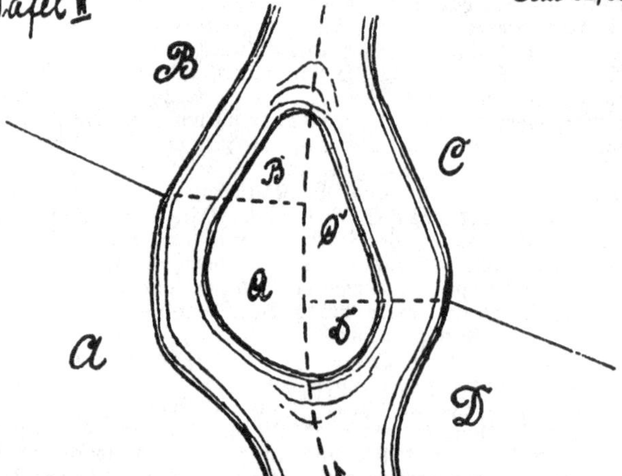

Schmutter, Genach, Singold, Paar, Ilm, Schwarze Laaber, Pfreimd, Schwarzach, Vils (Oberpfalz), Rinchnacher-, Schloßauer-, Hengersberger-, Schöllnacher-, Schönberger-, Wolfsteiner-Ohe, Mangfall, Rottach, Weißach, Tiroler Ache, Jachen, Rißbach, Saalach, Itz, Würm, Baunach, Fränkische Rezat, Aurach, Rednitz, Pegnitz[200]), Wiesent, Aich, Ebrach, Lohr, Tauber, Aschaff, Sächsische Saale, Selbitz, Altmühl u. a.[201]). Inseln in gewöhnl. Privat-

---

198) Art. 13 WG.
199) Art. 23 l. c.
200) VGH. v. 5. März 1913 und v. 4. Okt. 1912; Vollw. S. 59 Fußn. 1.
201) Brenner S. 93, A. 1 VI zu Art. 23.

flüssen[202]) gehören als Bestandteil des Flußbettes, das wiederum Bestandteil der vom Privatfluß durchflossenen Grundstücke ist, dem

Tafel III.

Seite 94.

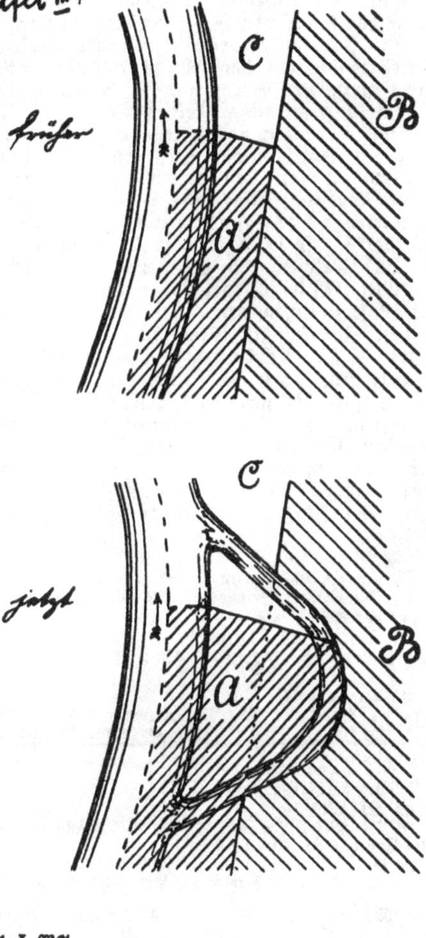

202) Art. 21 I WG.

Eigentümer der letzteren[203]). Dies gilt nur dann, wenn Eigentum an Insel noch nicht anders festgesetzt oder abgegrenzt (Titel oder Vereinbarung)[204]). Da Landesgesetzgebung keine besonderen Vorschriften über Eigentum an Inseln in Adjazentenflüssen[205]) enthält, bleibt es bei den allgemeinen Normen des bürgerl. Rechts[206]). Demnach ist Eigentümer der Insel der Eigentümer des Flußbettteiles, auf dem sich die Insel bildet, nach Maßgabe der Uferlänge[207]). Wird Insel von der Flußmittellinie und von der senkrecht auf diese gezogener Grenzlinie[208]) durchschnitten, findet entsprechende Verteilung an die zu beiden Seiten des Flusses und die an einem Ufer nebeneinander liegenden Adjazentengrundstücke statt[209]). Entsteht Insel, indem sich ein Stück Land, das durch Wassergewalt im ganzen von einem anderen Grundstücke weggerissen wurde (Avulsion), also bewegl. Sache[211]) unzertrennlich mit Flußbettsohle, aber außer Zusammenhang mit Ufer sich im Flußbett selbst festsetzt[212]), so wird sie wesentl. Bestandteil des Flußbettgrundstückes, auf welchen sich Eigentum am Flußbett selbst erstreckt[213]). Bildet Fluß (öffentl. oder Staatsprivatfluß) neuen Arm derart, daß zwischen dem alten weiterbestehenden Flußlauf und dem neuen Rinnsal ein Grundstück verbleibt, welches einem Dritten gehört — „Durchbruch"[214]) — so fällt die so (gewaltsam) entstandene Insel dem Eigentümer des alten Flußbetteiles zu[215]). Gleiches gilt bei gewöhnl. Privatflüssen[216]). Bei Privatflüssen im Eigentum dritter Personen, welche nicht Eigentümer der angrenzenden Ufergrundstücke sind, wird die infolge gewaltsamen Durchbruchs entstandene Insel, als im Eigentumsbereiche des Dritten gelegen, dessen Eigentum[217]). — Die besprochenen Bestimmungen über Flußufer[218]) finden auch Anwendung auf Ufer

[203]) Art. 22 WG.
[204]) OberstLG. Z. 12, [101].
[205]) Art. 21 Abs. II WG.; oben S. 88.
[206]) Art. 65 EG. BGB.; Brenner S. 89, A. 7b zu Art. 21.
[207]) Meisner S. 232.
[208]) Art. 21 Abs. II WG.
[209]) Harster-Cassimir S. 151 A. 1, 153; §§ 93, 94 BGB.; „Akzessionsprinzip".
[210]) Vgl. Harster-Cassimir S. 152.
[211]) Staudinger Bd. I S. 259, V; Endemann Bd. I S. 230 § 51: „Beweglich sind alle Sachen, die ohne Veränderung ihres Wesens die örtliche Lage wechseln können."
[212]) Insula in flumine nata.
[213]) 946 BGB.; Harster-Cassimir S. 154 A. 4.
[214]) Art. 13 III WG.
[215]) Art. 13 III WG.; Brenner S. 90 A. 1 Halbsatz 2 des 1. Satzes zu Art. 22; Harster-Cassimir S. 154 A. 4.
[216]) Art. 22 Abs. III.
[217]) Brenner S. 90 A. 1 Satz 2 zu Art. 22; S. 94 A. 1 Abs. IV zu Art. 24.
[218]) Art. 5 Eigentum am Ufer; Art. 6 Uferlinie; Art. 8 natürl. Verlandung; Art. 12 natürl. Veränderung des Flußlaufes (alveus derelictus); Art. 14 Abriß; Art. 13 Durchbruch.

von *Inseln* in öffentl., Staatsprivat-, gewöhnl. Privatflüssen und Privatflüssen im Eigentum Dritter[219]).

Da Art. 2 Ziff. 4 JG. nur „Seen und Fischteiche" nennt, bemißt sich *Eigenj.recht auf Flüssen* als solchen nach Art. 2 Ziff. 3. Beträgt Gesamtwasserfläche eines im Eigentum eines Dritten[220]) stehenden Staatsprivat- oder gewöhnl. Privatflusses die hienach erforderl. Tagwerkzahl, so bildet sie einen Eigenj.bezirk, auf welchem der Flußbetteigentümer, der Staat oder der dritte Private j.ausübungsberechtigt ist[221]). Flußwasserflächen von solcher Ausdehnung werden nur im Flachlande vorkommen, weshalb 240 Tagwerk hinreichen. Soweit sie tatsächlich auch im Hochgebirge sich finden sollten, können sie schwerlich als j.lich selbständig nutzbare Komplexe angesehen und deshalb auch nicht als Eigenj.bezirke in Anspruch genommen werden[222]). Erreicht ganze Wasserstrecke öffentl. Flüsse mit Nebenarmen (auch Neben*flüssen*) zwischen beiden Uferlinien vorgeschriebene Tagwerkzahl nach Ziff. 3, ist Staatsärar zur Selbstausübung der J. auf dieser Fläche berechtigt[223]). Staat hat hievon aber nur beschränkten Gebrauch gemacht. Nach § 1 Abs. IV FinMinReskripts vom 6. Mai 1850 Nr. 9676[224]) über Bestimmungen, nach welchen Staatsj. zu verwalten sind, wird „die Wasserfläche öffentl. Flüsse zu dem, bloß an *einem* Ufer angrenzenden Grundstücke des Staates behufs der Vollzähligmachung eines Staatsj.bezirkes nach Ziff. 3 nicht eingerechnet"; ärarialische Flußstrecken werden also zur Ergänzung der erforderlichen Tagwerkszahl nur dann herangezogen, wenn auf *beiden* Ufern Staatsgründe angrenzen. Nach § 6 a. a. O. wird „die dem Ärar auf öffentl. Flüssen zustehende J. von diesem auf jenen Flächen, und zwar bis in die Mitte des Flußbettes ausgeübt, auf denen ärarialische Landj. (Eigenj. nach Art. 2³) angrenzen, und ist mit diesen entweder zu verpachten oder in Regie zu verwalten, je nachdem das eine oder andere mit der Landj. geschieht. Auf den übrigen Flußteilen ist von dem Anspruche auf Ausübung des J.rechtes bis auf weiteres abzusehen." Insoweit bleibt also den Gemeinden namens des Staatsärars J.-ausübung überlassen. Fiskus hat gegen diese verwaltungsrechtl. Anspruch auf den mangels einer Übereinkunft nach Tagwerkzahl zu berechnenden J.pachtschillingsanteil[225]). Grenzt auf dem nichtärarialischen Ufer Eigenj.berechtigter an öffentl. Fluß, so wird wohl *dieser* gegen entsprechende Vergütung auf der, an seinen Grund-

---

219) Art. 15, 21, 23, 24 WG.

220) Also nicht des oder der Uferanlieger.

221) Wirsch. S. 53.

222) Vgl. VGH. 30,[45] und E. v. 4. Okt. 1912 I 151/11; v. 27. Sept. 1905 II 43/05; Bd. 18,[183]; 20,[13]; 28,[30]; Menner, BGZ. 1913 S. 309/310.

223) Anders BlfAdmPr. 68,[267], wo — abgesehen von besonderen Verhältnissen — dem Staat das Eigenjagdrecht auf öffentl. Flüssen abgesprochen und Flußfläche zum Gemeindejagdbezirk gezogen wird.

224) Abgedr. b. Wirsch. S. 341 und in Geret VerordnSlg. Bd. 26,[25].

225) Harster-Cassimir S. 24 A. 3 Abs. II u. III; unten S. 106.

besitz stoßenden Flußhälfte J. ausüben dürfen. Da er aber nicht Eigentümer des Wassergebietes, darf er dieses nicht zur Erreichung der gesetzl. Tagwerkzahl seinem Besitze hinzurechnen.

Seite 97.

Tafel IV

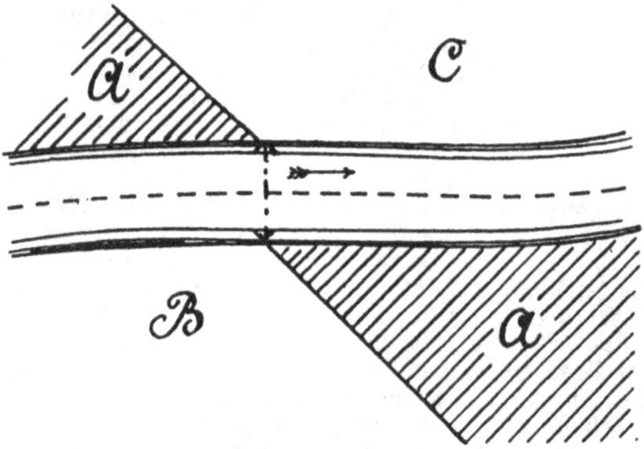

Fluß dem A nicht gehörig.
←·→ Zusammenhangslinie.

Tafel V

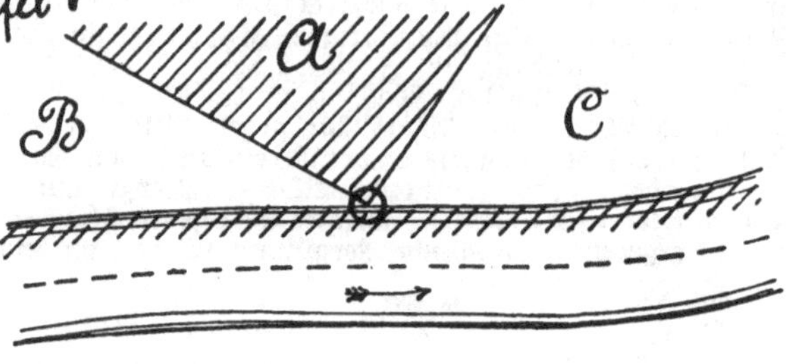

Fluß dem A gehörig.
○ Zusammenhangspunkt.

3. „*Zusammenhängender Grundbesitz*“ sind zunächst geschlossene, arrondierte Gesamtflächen der angeführten Mindestgröße. Zusammenhang schon dann, wenn zwei Grundstücke von zusammen 240 oder 400 Tagwerk auch nur in *einem* Punkte (z. B. Grenzstein) sich unmittelbar berühren, so daß man von dem einen ohne Betreten fremden Eigentums auf das andere gelangen kann[226]. Hinsichtlich des *durch einen* im Privateigentum des Staates oder eines Dritten stehenden *Fluß getrennten Grundbesitzes* ist der zur J.ausübung durch den Grundbesitzer berechtigende Zusammenhang nur dann vorhanden, wenn Grundstücke zu beiden Seiten des Flusses mindestens an einem Punkte sich derart gegenüberliegen, daß eine von dem Grundstücke im rechten Winkel durch den Fluß auf das andere Grundstück gezogene Linie noch dasjenige Grundstück trifft, mit dem Kontinuität bestehen soll, d. h. wenn die in gleichem Eigentum befindlichen beiden Ufergrundstücke auch nur auf einem Punkte sich rechtwinkelig gegenüberliegen[227]. *Land- und Wasserbesitz* muß sich mindestens derart berühren, daß man ohne Benutzung fremden Bodens oder Wassers auf das Wasser oder von diesem an Land gelangen kann[228]. Wenn Grundbesitz im Hochgebirge durch tiefe und breite, unüberschreitbare *Schluchten* durchschnitten wird, genügt zur Aufrechterhaltung des Zusammenhanges, sobald eine vom *einen* Schluchtrande nach dem gegenüberliegenden gezogene Senkrechte auf der anderen Seite noch Grund und Boden des gleichen Eigentümers berührt. Bei unpassierbaren *Abstürzen* muß ein, von der äußersten Grenze des an der Schneide der Wand gelegenen Grundbesitzes nach deren Fuß gefälltes Lot Eigentum desselben Besitzers berühren, um einen jagdrechtl. Zusammenhang zwischen der auf dem oberen Plateau gelegenen und der unten befindl. Fläche herzustellen. Gleichgültig in diesen beiden Fällen, daß man von dem einen Teil des natürl. getrennten J.gebietes nur auf dem Umwege durch fremden J.bezirk auf den anderen gelangen kann[229].

Privatwege desselben Eigentümers, welche nicht für öffentl. allgemeinen Verkehr, sondern nur für privaten Gebrauch der Eigentümer, einzelner Personen oder festumschriebener Personenkreise bestimmt sind, unterbrechen Zusammenhang nicht. Fraglich ist, ob sie schlechthin geeignet sind, zwischen auseinanderliegenden, durch fremde Grundstücke getrennten, nur durch sie verbundenen, für sich allein den gesetzlichen Mindestumfang nicht erreichenden Grundstücken desselben Besitzers Zusammenhang derart herzustellen, daß ihre Tagwerkzahl zur Vervollständigung der verlangten Mini-

---

226) VGH. 6,[44]; 8,[271]; 21,[37]; VB. § 2 Abs. III d; Wirsch. S. 45.
227) VGH. 6,[44]; BlfAdmPr. 36,[203]; VB. § 2 Abs. III d letzter Halbsatz; unten S. 104.
228) Wirsch. S. 45.
229) Vgl. Pollw. S. 38; VGH. Bd. 21,[41]; DJäger 32,[50].

malgröße zusammengezählt werden darf, oder ein weniger wie 240 oder 400 Tagwerk haltendes Grundstück einem anderen, diesen Flächeninhalt besitzenden, in der angegebenen Weise getrennten und verbundenen Grundkomplex mit der Wirkung anzugliedern, daß sich das auf letzterem bestehende Eigenj.recht auch auf das erstere erstreckt. Der Verwaltungsgerichtshof verlangt außer der Berührung der Grundstücke mindestens in einem Punkte, daß die Verbindungsfläche, der Verbindungsstreifen, auch wirtschaftl. mit den hiedurch verbundenen, an sich räuml. geschiedenen Grundstücken zusammenhänge, und auch auf der Verbindungsfläche die J. ausgeübt werden könne. Die geschlossenen Privatwege müssen daher stets j.lich nutzbar sein. „Diese Frage muß je nach Länge und Breite der fragl. Fläche, Dauer ihres Bestehens als Verbindungsweg und nach den sämtl. örtl., wirtschaftl. und sonstigen Verhältnissen im Einzelfalle ganz verschieden beantwortet werden[230]). Bestimmtes Maß für das verbindende Querstück nicht vorgeschrieben. Doch muß dieses so breit sein, daß es selbständig bewirtschaftungsfähig ist, und man nicht sagen kann, es sei bloß ein Weg, weil ein solcher den Zusammenhang der Grundstücke zur Rechten und Linken nicht unterbrechen, infolgedessen aber auch in seiner Längsrichtung nicht vermitteln kann. Denn dieser Zusammenhang wird durch die rechts und links von ihm gelegenen Grundstücke unterbrochen[231]). Nur unter diesen Einschränkungen ist es richtig, daß Kontinuität eines Eigenj.bezirkes nicht unterbrochen wird durch einen 2—3 m breiten, eine eigene Plannummer führenden, sich längs eines Weges hinziehenden, einen Teil des Weges und kein selbständig bewirtschaftetes Grundstück bildenden Gemeindegrundstreifen[232]). 300 m langer, 5 m breiter, mit etwa 5jährigem Nadelholzbestande bewachsener Bodenstreifen ist bewirtschaftungsfähige, j.bare Strecke[233]). Mit Fichten aufgeforsteter, mit Gras bewachsener, j.lich nutzbarer Grundstreifen vermittelt Zusammenhang, wenn er auch später als Holzabfuhrweg benützt werden soll[234]). Drahteinzäunung einer an sich mangels wirtschaftl. und j.licher Nutzbarkeit zur Herstellung einer Verbindung ungeeigneten Grundfläche vermag diese hiezu nicht geeignet zu machen[235]). Grundstückband von 1 m Breite und 600 m Länge, welches Eigenj.berechtigter lediglich zur Verbindung zweier seiner Grundstücke, nicht zu irgendeinem wirtschaftl. Zwecke kauft[236]),

---

230) Menner, BGZ. 1913 S. 311.

231) DJäger 1919 S. 144; BGZ. 1901 S. 154; BayrB. 1917 S. 264; teilweise abweichend und nicht zutreffend BGZ. 1904 S. 12, wo ein, zur Herstellung des Zusammenhanges erworbener Streifen von ca. 20 Dezimalen, der nur als „Fahrt" dient, als hinreichend erklärt wird.

232) BGZ. 1900 S. 542.

233) BGZ. 1910 S. 28.

234) BGH. E. v. 20. Okt. 1911 Nr. II 145/11.

235) BGZ. 1910 S. 28.

236) BGH. E. v. 4. Juni 1909 Nr. I 68/09; DJäger 31,[313]; Pollw. S. 54.

Gehweg zu einer Ziegelei[237]), Laderampe[238]) sind keine[239]) zur Zusammenhangsherstellung geeigneten Grundflächen[240]).

Gemeindeflurmarkung bildet örtl. Begrenzung nur für J.recht, welches Gemeinde gemäß Art. 4, 5, 11 Ziff. 2 u. 3 ausübt, nicht für das vom Grundeigentümer selbst ausgeübte. Grundbesitz nach Art. 2 kann also auch in mehreren Gemeindebezirken oder in solchen und in einem ausmärkischen Bezirke liegen[241]). Dagegen müssen sämtl. Teile auf bayerischem Staatsgebiete liegen; Landesgrenze trennt den, durch das einheitl. Eigentum geschaffenen territorialen Zusammenhang in j.rechtl. Hinsicht nicht nur gegenüber dem Reichsauslande, sondern auch gegenüber den deutschen Gliedstaaten[242]).

V. Zu Ziffer 4.

1. Bezieht sich ausschließl. auf stehende Gewässer. Begriff deckt sich nicht mit Begriff „geschlossene" Gewässer, welcher im FischereiG. v. 15. Aug. 1908[243]) und im WasserG. v. 23. März 1907[244]) verschiedene Bedeutung hat. „Stehendes" Gewässer bleibt See usw. auch dann, wenn er einen Wasserlauf aufnimmt, in einen solchen ausmündet oder von ihm durchzogen wird, es sei denn, daß Wasserfläche als Ganzes in stetige Bewegung eines fließenden Wassers versetzt, dadurch zu einem erweiterten Fluß wird[245]). — „See" ist nicht im streng technischen Sinne ausschließlich als eine, durch Naturvorgänge auf größeren oder kleineren Flächen entstehende, oberirdische Wasseransammlung aufzufassen, sondern begreift auch Weiher und Teiche, nämlich das in einem größeren oder kleineren Becken eingeschlossene Wasser[246]). Fluß oder Bach

---

237) DJäger 31,[206]; Pollw. S. 54.

238) BGH. 30,[43]; BlfRA. 1910 S. 633.

239) Vgl. Bestimmung in § 4 Z. 2 Abs. II der preuß. JO. v. 15. Juli 1907: „Ein Eigenjagdbezirk kann allein aus Wegen, Deichen und Flüssen sowie solchen, längs Wegen, Kanälen und Eisenbahnen führenden, Zubehörstreifen, die wegen ihrer geringen Breite eine ordnungsmäßige Ausnützung der Jagd nicht gestatten, nicht gebildet werden. Derartige Flächen stellen auch den Zusammenhang zur Bildung eines Eigenjagdbezirkes für getrennt liegende Grundflächen nicht her." Dazu Goercke S. 36 A. 12: „Alle vorstehend aufgeführten Längsflächen können samt ihren Zubehörstücken keinen selbständigen Jagdbezirk bilden, selbst wenn sie genügend groß sind."

240) Vgl. Rspr. OLG. 26,[178]; RG. v. 2. Dez. 1912 X 401/12 — Auflassung wegen Scheines nichtig, wenn Erwerb eines Grundstücks nur zur Erreichung der gesetzl. Jagdbezirksgröße erfolgt; „Recht" 1913 S. 172. Menner, BGZ. 1913 S. 295 f., 308 ff.; BGH. 28,[24]; BlfAdmPr. 73,[933]; E. v. 4. Juni 1909 im DJäger 31,[313]; v. 4. Okt. 1912 I 151/11; v. 27. Sept. 1905 II 43/05; Bd. 18,[183]; 20,[13]; teilweise anders hinsichtlich geschlossener Privatwege: Pollw. S. 39 Fußn. 1; unten S. 103 VI 1.

241) BGH. 3,[117],[170]; 22,[207]; 28,[26]; v. 6. April 1903; BGZ. 1892 S. 937; 1894 S. 40, 96; 1903 S. 379; Wirsch. S. 46; Pollw. S. 39.

242) Wirsch. S. 47; Pollw. S. 39, 53; BlfAdmPr. 16,[376]; unten S. 113, 2; 115 b; anders DJäger 1918 S. 59/60.

243) Art. 2.

244) Abschnitt II Titel 1.

245) Vgl. Pollw. S. 41 Fußn. 2; Wirsch. S. 47; Harster-Cassimir S. 2.

246) Brenner S. 31 A. 8 letzter Abs.; Harster-Cassimir S. 11 A. 7 1; 91.

wird durch künstl. Aufstauung des Wassers infolge Anlegung von Elektrizitätswerken, Überfallwehren, Talsperren nicht zum „See" i. S. der Ziff. 4. Welche Seen als öffentl. zu betrachten, bemißt sich nach den bestehenden Rechtsverhältnissen[247]); aus dem Eigentum des Staates kann nicht darauf geschlossen werden; ebensowenig aus Widmung eines Sees zur Schiff- oder Floßfahrt oder aus Ausübung staatl. Schiffahrts- oder Floßpolizei auf dem See[248]); erforderlich vielmehr Nachweis eines Gemeingebrauchs im Sinne des Art. 26 durch Schöpfen mit Handgefäßen, Baden, Waschen, Tränken, Schwemmen, Eisbahnbenützung. Im Eigentum des Staatsärars stehende Seen (und größere Weiher): Oberbayern: 1. Königs-, 2. Ober-, 3. Grün-, 4. Funten-, 5. Hinter-, 6. Schachensee, 7. Blaue Gumpe, 8. Stoibensee (unter der Alpspitze), 9. Oberer, 10. Mittlerer, 11. Unterer Soiernsee, 12. Ammersee, 13. Wagingersee (mit Ausnahme des Tachingersees), 14. Leutgeringer-, 15. Soin-, 16. Schlier-, 17. Spitzing-, 18. Grün-, 19. Tegernsee, 20. der Kleine und 21. der Große See mit Fischrecht, 22. Kleinhesselohersee mit Fischrecht (ohne Inseln), 23. Galgen-, 24. Würmsee, 25. Retter- und 26. Höllsee (durch Tieferlegung des Kochelsees trocken gelegt), 27. Kochelsee mit Rohr-, Weit- und Bleichensee (Rohrsee durch Tieferlegung des Kochelsees trocken gelegt), 28. Walchen-, 29. Chiem-, 30. Bann-, 31. Eichsee (von Schlehdorfer Fischern bestritten), 32. Hasel-, 33. Adlwart- (mit Fischereirecht), 34. Staffelsee; — Niederbayern: 35. Rachel-, 36. Arbersee; — Schwaben: 37. Schwan- und 38. Alpsee (an d. Admin. des Privatfamilienfideikomm. Sr. Maj. d. Königs Maximilian II. von Bayern verpachtet); — Oberpfalz: neun Weiher, als Betriebsweiher den Zwecken des ärarialischen Hüttenwerks Bodenwöhr dienend[249]). — Dagegen „Fischteich": Jede Wasseransammlung, die gleichzeitig Merkmale eines „Fischwassers" nach dem im FischG. üblichen Sinne und eines „Teiches" trägt[250]). Teiche, die Fischen nicht zum Aufenthalt dienen können[251]) oder bei gleichzeitiger Unmöglichkeit des Einwechselns tatsächlich nicht dienen[252]), sind keine Fischwasser und daher auch keine Fischteiche[253]).

Grundstückseigentum erstreckt sich auf das Wasser, welches in den auf dem Grundstück vorhandenen Seen und Teichen (Weihern) sich befindet[254]). Hinsichtl. eines verschiedenen Personen gehörigen Sees, bei dem Anteile am Wasser nicht bestimmt, gelten

[247]) Harster-Cassimir S. 4 A. 3 Z. 4; 11 f. A. 7.
[248]) Art. 30 WG.
[249]) Brenner S. 660 ff.; Harster-Cassimir S. 872 f.
[250]) S. oben S. 99.
[251]) Klärbecken, in denen tierisches Leben ausgeschlossen ist.
[252]) Weiher, welche von fischführenden Gewässern in einer, jedes Eindringen von Fischen oder Fischbrut durch dichte Sickerungen, unüberwindliche Wasserfälle, Mangel jeder Verbindung hindernden Weise getrennt sind.
[253]) Malsen S. 144 A. 3.
[254]) Art. 16 Abs. I Z. 1 WG.

die Eigentumsverhältnisse, wie sie am Seeboden bestehen, auch für Wassersäule[255]).

Verlandungen in einem See sind Bestandteil des Seegrundstücks, gehören dem Eigentümer des Seebodens[256]), verkleinern die Wasserfläche, können diese unter gesetzl. Mindestgröße verringern und dürfen ihr nicht hinzugerechnet werden, um Eigenj.bezirk nach Ziff. 4 zu erlangen.

Inseln, die katastermäßig keine selbständigen Besitzobjekte, sondern Zugehörungen des Wasserbesitzes bilden, unterliegen der diesem zukommenden j.rechtl. Behandlung. Als Eigentum des Wasserflächenbesitzers werden sie entweder dem umgebenden Wasserbesitze, weiterhin dem mit diesem zusammenhängenden Landbesitze zur Ergänzung eines Eigenj.bezirks nach Ziff. 3 zugerechnet, auch einem bereits vorhandenen, teils aus Wasser- teils aus Landbesitz bestehenden Eigenj.komplex angegliedert. Reichen ihre Fläche einerseits, Ausmaße des sie umgebenden Wassers und des an dieses unmittelbar angrenzenden Landbesitzes andererseits zusammengerechnet zur Bildung eines Eigenj.bezirks nach Ziff. 3 nicht aus, so sind sie samt den zugehörigen Wasser- und Landgrundstücken nach Art. 4 JG. zu behandeln, wenn nicht die Insel selbst befriedete Behausungszugehörung nach Ziff. 1 oder umfriedetes Besitztum nach Ziff. 2 bildet. Eine Insel im Eigentum eines Fremden innerhalb des sie einschließenden Wasserbesitzes kann für sich J.bezirk nach Art. 2 Ziff. 1—3 oder, beim Mangel der hiezu erforderten Eigenschaften, Inklave nach Art. 3 bilden Wenn der sie umgebende Wasserbesitz allein der Ziff. 4, oder der sie einschließende Land- und Wasserbesitz zusammen der Ziff. 3 nicht entspricht, ist sie Teil des Gemeindej.bezirkes[257]). Durch Ausbreitung der Ufer infolge allmählichen Anspülens von Bestandteilen anderer Grundstücke, insbesondere auch des Seebodens, oder infolge Zurücktretens des Wassers können Inseln die Fläche des stehenden Wassers unter dessen Mindestareal verringern.

2. 50 Tagwerk = 17,036 360 ha. Diese kleine Fläche wurde wegen der angeblich besonderen Verhältnisse der sog. Wasserj. zugestanden[258]). Landbesitz kann nicht zur Vervollständigung der für Wassereigenj. erforderlichen Fläche herangezogen werden[259]) Ein aus 50 Tagwerk Wasserbesitz und unmittelbar an diesen anstoßenden Landbesitz zusammengesetzter Gesamtkomplex von mindestens 240 oder 400 Tagwerk gewährt Eigenj.recht nach Art. 2 Ziff. 3 u. 4: Die beiden Vergünstigungen gehen ineinander über

---

[255]) Brenner S. 62 A. 4; S. 32 A. II Abs. 4; §§ 741 ff. BGB.; Harster-Cassimir S. 91 A. 4 Abs. 5.
[256]) Brenner S. 46 A. II Z. 4.
[257]) Wirsch. S. 49/50; Pollw. S. 42; Art. 5 I.
[258]) BGH. 5.[164]; Wirsch. S. 47; BlfAdmPr. 68,[269]; bedenklich: DJäger 1918 S. 145 Ziff. 5.
[259]) BGH. 19. März 1919 I 66/18; 40,[67]; 5,[164].

und auf[260]). Der tiefgehende Unterschied zwischen Land- und Wasserbesitz, welcher auch durch die getrennte Behandlung in zwei getrennten Nummern des Art. 2 zum Ausdruck kommt, schließt Umrechnung der Tagwerkzahlen, wie bei einem aus Hochgebirge und Flachland gemischten Besitze, aus[261]).

Ein wesentl. Merkmal des Weihers (Teiches) ist, daß dieser durch besondere Vorrichtungen, sog. „Mönche", abgelassen, trockengelegt und danach wieder gefüllt, „gespannt" werden kann. Ein vorübergehendes, seiner Dauer nach den Anforderungen einer geordneten Teichwirtschaft entsprechendes Entleeren des Wassers zwecks Ausschlammung des Beckens oder Ausfischens ändert nichts an seiner Eigenschaft als Eigenj.bezirk. Werden Fischteiche, um sie für ihre Benützung als Fischzuchtanlagen zu meliorieren, zeitweise abgelassen und mit Feldfrüchten bebaut, bleiben als Wasserflächen j.rechtlich weiterbestehen; die hieran in bezug auf J.ausübung geknüpften Rechtswirkungen erlöschen nicht, solange Absicht und Möglichkeit der Wiederherstellung nicht endgültig aufgegeben oder ausgeschlossen ist[262]).

Nicht der Schwankungen unterworfene Wasserspiegel ist für Flächenberechnung entscheidend, sondern der Höchstwasserstand, welcher das ganze Objekt als Wasserbesitz kennzeichnet[263]). Der Wasserj.berechtigte ist innerhalb dieses Besitztums berechtigt, jedes j.bare Tier zu erlegen, gleichgültig, ob die Erlegungsstelle augenblicklich mit Wasser bedeckt ist oder nicht[264]). Dagegen sind Teile einer zur Ausübung der Wasserj. berechtigenden, als „Weiher" katastrierten Wasserfläche, welche entweder künstl. dauernd einer anderen Kulturart zugeführt, durch Entwässerung zwecks bleibender Tieferlegung eines Seespiegels ausgetrocknet wurde, oder auf natürl. Wege durch Austrocknung infolge unabwendbaren Wasserabflusses bleibend aufgehört haben, eine Wasserfläche zu sein, nicht mehr Besitzobjekt für Wasserj.[265]).

Der Wasserbesitz nach Ziff. 4 kann sich aus mehreren, neben oder übereinander befindl. Wasserbecken zusammensetzen, wenn diese untereinander unmittelbar zusammenhängen. Verbindungsstellen, welche nicht unter Wasser gesetzt zu sein brauchen, müssen jedoch, um Zusammenhangsvermittelung zu bewirken, in wirtschaftlicher Bestimmung und steuerlicher Behandlung Bestandteile des Teichgebietes sein. Auf mehreren solchen, nur durch Dämme, Wehre, Überfälle, Fischsteige, -leitern, -pässe getrennten Fischteichen, welche nicht einzeln, sondern nur zusammen gesetzl. Minimalfläche erreichen, ist Eigenj.ausübung dann zulässig, wenn

---

260) S. oben S. 84, 1; 88.

261) S. oben S. 88 und Fußn. 169.

262) VGH. 3, 399; BlfAdmPr. 32, 277; VGH. 8, 313; BlfAdmPr. 38, 32; Wirsch. S. 48; oben S. 83 und Fußn. 134; DJäger 1921 S. 558.

263) Pollw. S. 42.

264) Zit. VGH. 3, 399.

265) Zit. VGH. 8, 313; Wirsch. S. 48; Pollw. S. 42.

die an und für sich die einzelnen Wasserbecken scheidenden Anlagen nach ihrer Zweckbestimmung und wirkl. Beschaffenheit der Bewirtschaftung, Verbesserung und Ausnützung der Fischweiher, der Wasserzufuhr in diese usw. dienen und nach ihrer steuerl. Behandlung als unselbständige Flächen ohne Plan-Nummer Zugehörungen der Teiche bilden[266]).

VI. Zu Absatz II: Kontinuität.

1. An sich trennt jede, auch die schmalste Fläche fremden Privatgrundes[267]), welche einen Grundkomplex in sich nicht mehr unmittelbar körperlich berührende Teile zerlegt, dessen j.lichen Zusammenhang derart, daß Tagwerkzahl der Trennstücke *gesondert* zu berechnen. Ausdehnung des Straßen- und Wegenetzes und Vorhandensein zahlreicher Wasserläufe würde nach diesem Grundsatze Bildung zusammenhängender Grundflächen einheitl. Eigentums von der durch Ziff. 2 geforderten Beschaffenheit und dem in Ziff. 3 und 4 verlangten Umfange unmöglich machen, wenn nicht Gesetz durch eine Fiktion j.rechtl. *Straßen und Wegen, Flüssen und Bächen* die unterbrechende Wirkung ausdrücklich versagt hätte[268]). Deshalb ist zunächst davon auszugehen, daß *Land- und Wasserwege ganz allgemein den Zusammenhang nicht unterbrechen*, gleichgültig, ob Eigentum des Grundbesitzers oder eines Fremden, ob öffentl. oder geschlossen, d. h. für den allgemeinen Verkehr oder nur für einzelne Personen oder ganz bestimmte Personenkreise offenstehend. Hinsichtlich der *Eigentumswege* ist dies an sich klar, da sie Bestandteil des Grund und Bodens sind, ihn zum Teil selbst ausmachen. Sie sind dem Grundbesitze bei Berechnung des Flächeninhalts hinzuzurechnen[269]). *Öffentl. Wege* sind nicht nur solche, welche durch behördl. Verwaltungsakt hiezu erklärt werden, sondern alle, welche dem Publikum zum Verkehr freigegeben und von diesem als allgemeine Kommunikationsmittel benützt sind[270]). Gleichgültig ist Unterhal-

---

266) Zit. VGH. 3,[399]; 40,[68]; Wirsch. S. 48/49; Pollw. S. 42.

267) Auch der Gemeinde, des Staates.

268) VGH. 4,[349]; BlfAdmPr. 34,[146]; VGH. 8,[321]; BlfAdmPr. 38,[132]; Wirsch. S. 50.

269) VGH. 28,[24] f.; BlfAdmPr. 73,[933]; 75,[633], Fußn. 1; 30,[43] ff.; 5,[633]; Menner, BGZ. 1913 S. 295; DJäger 1917 S. 246.

270) Riedel-Sutner S. 272 A. 2 zu § 366 [9] StGB.; Meisner S. 116; Wirsch. S. 204; Pollw. S. 43, 184 A 5; Menner BGZ. 1913 S. 295; teilw. anders BGZ. 1908 S. 546: Die Öffentlichkeit eines Weges wird begründet durch einen Verwaltungsakt der zuständigen gemeindlichen Organe, wodurch der Weg dem allgemeinen Gebrauch übergeben wird, sei es durch förmliche Verfügung oder stillschweigende, mittels tatsächlicher Behandlung des Weges als eines öffentlichen. Die Katasterbezeichnung „Gemeindeweg" ist ein wichtiger Anhaltspunkt hiefür, aber für sich allein noch kein voller Beweis. Die Gemeinde kann jederzeit einen Weg als öffentl. erklären, das Bezirksamt die Verpflichtung der Gemeinde zur Übernahme eines öffentl. Weges beim Vorliegen der gesetzlichen Voraussetzungen aussprechen; ein solches Vorgehen kann jedermann anregen. Bei Ortschaften i. S. des Art. 153 GemO. sind in erster Linie die Verträge zu beachten, auch rechtsbegründetes Herkommen und Ge-

tungspflicht der anliegenden Grundeigentümer (Art. 55 GemO.) und Beschränkung des Gemeingebrauches durch Zweckbestimmung als Feldweg für Bewirtschaftung der anliegenden Grundstücke[271]). Bezüglich der öffentl. Land- und Wasserwege war schon immer anerkannt, daß sie j.rechtl. so anzusehen sind, wie wenn sie nicht vorhanden, wie wenn Grundstücke, zwischen denen sie hindurchführen, unmittelbar aneinandergrenzten, sich wenigstens in einem Punkte unmittelbar körperl. berührten, in ihrem Zusammenhang nicht unterbrochen wären. Diese Annahme gründet sich auf die Erwägung, daß öffentl. Wege j.lich bedeutungslos, keine selbständigen J.gründe, da zur J.ausübung und Hege ebenso, wie zu dauerndem Aufenthalte des Wildes untauglich sind. Aus diesem Gesichtspunkte erfährt der oben aufgestellte allgemeine Grundsatz eine wesentl. Einschränkung dahin, daß auch alle nicht öffentl. Wege — auch geschlossene Privatwege — nur dann Zusammenhang nicht unterbrechen, wenn sie, gleich den öffentl., j.lich nicht in Frage kommen, wirtschaftl. in keinem Zusammenhange mit den, durch sie tatsächl. geschiedenen Grundstücken stehen[272]). Aus dem Satze: „Wege trennen nicht", folgt, daß Wege auseinanderliegende Grundstücke auch nicht verbinden. Wenn sie ihrer Breite nach als nicht vorhanden angesehen werden, sind sie auch in ihrem Längenverlaufe als nicht bestehend zu erachten[273]). Bestehen einer das Recht zur Begehung einräumenden Servitut ändert daran nichts.

Gleiches gilt von öffentl. Flüssen, Bächen, Kanälen, Privatflüssen des Staates und Dritter[274]). Durch einen Wasserlauf getrennter Grundbesitz hängt nur dann zusammen, wenn Grundstücke zu beiden Seiten des Gewässers mindestens in einem Punkte sich derart gegenüberliegen, daß eine, von dem einen ,Grundstück rechtwinkelig über das Wasser an das Ufer des weiter abwärts gelegenen jenseitigen Grundstücks gezogene Linie dieses Grundstück noch trifft[275]). — Forstärar übt am linken Donauufer in einem an dieses stoßenden, ausmärkischen Regiej.bezirke J. auf

meinsamkeit des Bedürfnisses zu prüfen. Vgl. VGH. 3,[38]; 4,[438]; 8,[225]; 11,[328]; 17,[331]; 25,[2]; JW. 1914 S. 550, III; öffentl. staatl. Wege. VGH. 25,[1]; öffentl. Abzugskanäle: VGH. 18,[327]; 4,[438], [465]; 32, [154], [160]. 28. Dezember 1921 (seit unvordenkl. Zeit dem allgemeinen Verkehr dienender, als „öffentl. Weg" katastrierter, im Grundbuch eingetragener, zwar vollständig vernachlässigter, aber seiner Wegeigenschaft durch Gemeinderatsbeschluß nicht entkleideter Grundstreifen); — 8. 7. 25 (seit unvordenkl. Zeit dem allgemeinen Verkehr dienender Holzabfuhrweg — DJäger JU. 36/26 S. XI).

[271]) VGH. 8. Juli 1925 I 50/24.

[272]) VGH. 18,[180]; 20,[15]; 24,[111], [391]; 28,[30]; E. v. 2. Dez. 1914 Nr. 6 I/14.

[273]) VGH. 28,[24] ff.; DJäger 1907 S. 43; Pollw. S. 44; Menner, BGZ. 1913 S. 295; Wirsch. S. 51; BayrB. 1917 S. 264; oben S. 98; Recht 1918 S. 167; VGH. 12. 12. 1917.

[274]) Art. 23, 24 WG.

[275]) VGH. 6,[44]; 21,[41]; Pollw. S. 45; Wirsch. S. 52; DJäger 1917 S. 246 f., 254 f.; s. oben S. 97 f., 3.

Grund Art. 2 Ziff. 3 aus und hat am rechten Donauufer Waldparzellen in einer Größe von etwa 25 ha hinzuerworben. Dadurch grenzt auch am rechten Ufer in verschiedenen Längen abwechselnd Forstärar und Privatbesitz an die Donau in mehreren kleinen Abteilungen an, die jeweils dem, auf dem gegenüber befindlichen linken Ufer vorhandenen Grundbesitz mit Eigenj.befugnis gegenüberliegen: Forstärar ist auch auf seinen rechtseitigen Besitzungen und auf Donau selbst eigenj.berechtigt, da Donau als öffentl. Fluß Zusammenhang zwischen links und rechts gelegenem Grundkomplex nicht nur nicht unterbricht, sondern mit beiden zusammengerechnet werden darf[276]). Daß Donau nicht Eigentum des Forstärars, bleibt gleichgültig[277]).

Künstl. angelegter, im Eigentum eines anderen stehender, fast das ganze Jahr hindurch trockener, meist nur bei Hochwasser auf der ganzen Strecke Wasser führender Entwässerungsgraben ist kein „Fluß" oder „Bach" und unterbricht den Zusammenhang des Grundbesitzes, den er durchzieht (VGH. 26. Jan. 1927 I 26/26).

Verlandungen, die infolge künstl., zur Regulierung öffentl. und von Staatsprivatflüssen oder zum Uferschutz unternommener Anlagen sich bilden und Eigentum der Unternehmer[278]) werden, unterbrechen als eingeschobene fremde Flächenstücke Zusammenhang gegenüberliegender, nicht dem Flußbetteigentümer gehöriger Grundstücke[279]).

Bei regulierten Flüssen befindet sich in der Regel zwischen eigentlichem Bett und Grundstück des Uferangrenzers der sog. „Schutzstreifen"[280]). Er dient für Zwecke der Flußbauverwaltung, bildet Bestandteil des Flußbaukörpers oder der Uferschutzanlage, wird nicht an Anlieger abgegeben und, als Zugehörung des Flußbettes, den Zusammenhang von Ufergrundstücken desselben Eigentümers zu beiden Flußseiten wohl nicht beeinträchtigen[281]). Sie sind in ihrem Längenverlauf als Flußbettzugehörungen bei öffentl. Flüssen ebenso zu behandeln wie diese selbst, auf welchen der Staat kein Eigenj.recht beansprucht (oben S. 95). Künstl. Verlandungen, die sich an Adjazenten- und Privatflüssen im Eigentum von Nichtangrenzern bilden, sind Eigentum des Flußeigentümers, daher ohne Einfluß auf den, durch Gewässer nicht unterbrochenen Zusammenhang. Künstl. Verlandungen, welche

---

276) Art. 1, 2 WG.; § 1 VV. hiezu v. 3. Dez. 1907 und Anl. 1 Z. I 1 zu diesen; Art. 2 Z. 3 JG. oben S. 90; 95, 2; Brenner S. 31, 470, 610; Pollw. S. 45; VGZ. 1910 S. 269.

277) S. oben S. 84 IV 1 und Fußn. 139.

278) Also des Staates, der Kreisgemeinde oder des betr. Privaten, welchem auf Grund einer Konzession zur Wasserkraftausnützung die Regulierung des Flußlaufes auferlegt wurde.

279) Art. 10, 23 WG.; Brenner S. 50/51 A. 1 u. 6; S. 91, 93 A. 2; Wirsch. S. 53; Pollw. S. 45. DJäger 1917 S. 247.

280) Brenner S. 40 A. 2 Art. 6; S. 474 § 20, S. 476 § 27 VV. v. 3. 12. 1907.

281) Wirsch. S. 53; Pollw. S. 45 und Fußn. 3 das. BlfaP. 67,[247] (anders: 69,[197]); DJäger 1917 S. 247.

nicht ins Eigentum des Uferanliegers fallen, können nicht zur Vervollständigung der vorgeschriebenen Tagwerkzahl seines, auf beiden Flußufern gelegenen Landbesitzes herangezogen werden[282].

Öffentlichen Wegen und Straßen ist die Eigenschaft nach Art. 2 II beigelegt[283], weil zur Jagdausübung ungeeignete Flächen[284], auf denen J.hege und der Regel nach Aufenthalt des Wildes nicht in Betracht kommen kann, den ohne sie bestehenden Zusammenhang j.lich nicht trennen sollen. Sie werden als nicht vorhanden gedacht, so daß links und rechts gelegene Anteile j.lich zusammenrücken[285]. Das gilt auch von ihren Zubehörungen, welche nach dem GrundsteuerG. als Straße behandelt und damit der Bonitierung entrückt werden[286]. Die gleichen Gründe treffen zu bei öffentl. Eisenbahnlinien und Schienenwegen mit Zugehörungen, welche den J.bezirk durchziehen. Eisenbahnlinien unterliegen zwar nicht den Grundsätzen des öffentl. Wegerechts[287], auch nicht in gleichem Maße wie öffentl. Wege dem allgemeinen Gebrauch[288]. Dies hindert nicht, sie vom Standpunkte des J.rechts und der J.ausübung ebenso wie jene als zur J.ausübung und J.hege ungeeignete Gründe, als Verkehrswege zu behandeln[289]. Die durch Eisenbahnzubehörflächen, Schutzstreifen für Funkenwurf, Ausschachtungen, Anschüttungsflächen, Sackgeleise, Bahnhöfe mit den öffentl. Benützung dienenden Zugangsplätzen und -straßen, Maschinenhallen, Kohlenlager herbeigeführte Trennung ist als Zusammenhangsunterbrechung nicht anzusehen. Dagegen rechnen nicht hierher Flächen, die mit dem Bahnkörper, dem Verkehrswege, nicht in Verbindung stehen, wie Steinbrüche, Kiesplätze, Holzlager im Eigentum des Bahnärars. Vergleich mit Privatwegen ist verfehlt, da Eisenbahnlinien der Regel nach nicht lediglich den Zwecken des Eigentümers und bestimmter Personen dienen, sondern für öf-

---

282) BGH. 8, 321; Wirsch. S. 53 und Fußn. 71 das.

283) BGH. 24, 113.

284) BGH. 8, 325; 28, 28; 30, 45.

285) BGH. E. v. 28. Okt. 1906.

286) BGH. 4, 349.

287) Kahr GemO. I S. 350.

288) Das bringt die Art des durch sie zu vermittelnden Verkehrs und ihre Anlage mit sich, welche eine Freihaltung für die ihnen eigenen Beförderungsmittel fordert.

289) Die geringe Entwicklung des Eisenbahnnetzes zur Zeit der Entstehung des JG. macht es verständlich, daß dieses die Eisenbahnen nicht aufführt. Die preuß. Jagdordnung v. 15. Juli 1907 § 4 Abs. 1 Z. 2 erwähnt sie ausdrücklich (Goercke S. 35/36). Betrug doch am 1. Okt. 1849 die ganze Länge der einzigen damals vorhandenen Strecke München—Augsburg—Nürnberg—Bamberg—Hof—Grenze nur 399,3 km, während die Gesamtlänge der Staatsbahnen und Lokalbahnen im Staatsbetrieb am 1. Oktober 1894 schon auf 5388,83 km angewachsen war und Ende 1912 Bayern über 8326,76 km öffentlicher Schienenwege verfügte. — „Die bayer. Staatseisenbahnen in geschichtlicher und statistischer Beziehung“, Gedenkschrift von Marggraf 1894 S. 175—178; Jahresbericht der K. B. Staatseisenbahnverwaltung für das Betriebsjahr 1912 S. 5 und Beilage 1 S. 36, 37.

fentl. Verkehr des Publikums nach Maßgabe der zur Aufrechterhaltung der Ordnung, Sicherheit, Bequemlichkeit des Betriebes erlassenen Vorschriften bestimmt sind, und für deren Fortbestand doch gewisse, zum Teil gesetzl. Garantien bestehen[290]). An diesem Rechtszustande ist dadurch nichts geändert, daß nunmehr das Deutsche Reich Eigentümerin der ehemals Bayer. Staatsbahnen ist, und die Deutsche Reichsbahngesellschaft den gesamten Betrieb auf eigene Rechnung führt[291]).

2. J.recht als Ausfluß von Grundeigentum erleidet keine räuml. Unterbrechung, besteht auch auf j.lich nicht nutzbaren Flächen, wie den nicht trennenden Land- und Wasserwegen, auf denen es u. U. nur nicht ausgeübt werden kann. Sie werden in J.bezirk eingerechnet, bilden mit ihrem Flächenausmaß Summanden für gesetzl. Mindesttagwerkzahl. Privatflüsse in Staatseigentum bilden meist Eigenj.bezirk; Bei Privatflüssen Dritter kommt wegen ihrer geringen Flächenausdehnung zwischen den in anderem Eigentum stehenden Ufern eine zur Eigenj.ausübung berechtigende Fläche kaum vor[292]). Wegen der, dem Ärar zustehenden Eigenj. auf öffentl. Flüssen: s. § 6 FinMinReskr. vom 6. Mai 1850 Nr. 9676[293]) oben S. 95. — Auf Staatsstraßenkörpern hat bis jetzt Staat, auf Bezirksstraßen, Gemeindeverbindungswegen, Ortsstraßen und öffentl. Fußwegen Bezirks- und politische Gemeinde Eigenj.recht nicht beansprucht und wegen ihrer praktisch nicht auszuübenden J.befugnis auch wohl kaum beanspruchen können. Staatsbahnstrecken, die an sich — im Hinblick auf ihre Zugehörungen — Bildung von Eigenj.bezirken denkbar erscheinen lassen, werden von der Reichsbahngesellschaft vorerst ebenfalls zur J.ausübung nicht in Anspruch genommen[294]). Diese verzichtet meistens sogar —

---

290) OberstGH. 5, 174; VGH. 28, 30 Abs. III; 33, 272; 5. März 1913, ZfRpfl. 1913 S. 115; Reger 33, 342; BlfRA. 1913 S. 547; BGZ. 1907 S. 561; 1913 S. 154; Menner ebd. 1913 S. 294, insbes. Fußn. 1; BayrB. 1917 S. 264; Pollw. S. 43; Wirsch. S. 52, 209; Goercke S. 36/37 A. 12; — anders: Fürnrohr BGZ. 1912 S. 65 ff., welcher grundsätzlich den bayer. Staatseisenbahnen die nichttrennende Eigenschaft abspricht, es sei denn, daß sie zugleich als öffentl. Wege dienen. Vgl. aber die Fußnote des Herausgebers BGH. 1912 S. 65.

291) VO. v. 12. Dez. 1924 über Schaffung eines Unternehmens „Deutsche Reichsbahn" — RGBl. I S. 57; — Ges. über die Deutsche Reichsbahngesellschaft v. 30. Juli 1924 mit Gesellsch.-Satzg. — RGBl. II S. 272, 281; — das Recht zum Betrieb der R.bahnen ist am 11. Okt. 1924 auf D.R.B.G. übergegangen: Bek. v. 14. Okt. 1924 — RGBl. II S. 386).

292) S. oben S. 95, 2.

293) Wirsch. S. 341.

294) Reichsbahndirektion Breslau (A.A. 333/27) hat Ablieferung des auf der Bahnstrecke und sonstigen Bahnanlagen von Bediensteten gefundenen Fallwildes an J.berechtigten angeordnet und damit bisherigen Zustand anerkannt („Wild und Hund" Nr. 14/27, „Vom Tage" S. 375). — Vgl. DJäger 1917 S. 256: J.recht auf Straßen, Flüssen, Wegen, Eisenbahnen.

wenigstens Gemeinden gegenüber auf Beteiligung am J.pachtschilling[295]).

3. J.ausübung auf öffentl. Land- und Wasserwegen unterliegt den feld-, forst-, jagd- und sicherheitspolizeil. Vorschriften (Art. 13 JG.)[296]). —

4. Eigenj.recht entsteht sofort mit Eintritt der dingl. Voraussetzungen des Art. 2 Ziff. 1 mit 4 und endet sofort mit deren Wegfall. In diesen Zeitpunkten endet und entsteht J.ausübungs- und -nutzungsrecht des Gemeindej.pächters: unten S. 126 f. 6c.

VII. Zuständigkeit bei Streitigkeiten.

1. Streitigkeiten über J.recht als Ausfluß des Grundeigentums entscheiden Zivilgerichte. VGH. prüft sie nur als Inzidentfragen. Der Eigenj.berechtigte oder dessen Pächter macht Anspruch auf J.recht als solches gegen anderen Grundeigentümer, der Eigenj.recht für sich in Anspruch nimmt, oder gegen dessen Pächter vor den ordentl. Gerichten ebenso geltend, wie Grundeigentümer gegenüber Gemeindepächter[297]). Inhalt und Umfang des J.rechts[298]) beurteilen ebenfalls Zivilgerichte[299]); auch Frage, ob bisheriger J.pächter bei Entstehen eines Eigenj.bezirks sein J.ausübungsrecht schon vor Pachtablauf zugunsten des Grundeigentümers aufgeben muß oder nicht[300]).

2. Steht Rechtsanspruch des Grundeigentümers bezüglich des J.ausübungsrechts einem solchen der die J. namens der Grundeigentümer beanspruchenden Gemeinde gegenüber, so ist Verwaltungsrechtsstreit gegeben[301]). Entscheidung wird dadurch nicht gehindert, daß J., deren Selbstausübung vom Grundeigentümer beansprucht wird, sich im Pachtverbande mit Gemeindej. befindet[302]). Rechtskraft der Entscheidung erstreckt sich nicht auf Besitznachfolger der Person, welche bei Erlassung im Besitz des betreffenden Grundbesitzes war[303]). Beschluß, durch welchen einem Grundbesitzer das von ihm in Anspruch genommene J.ausübungsrecht ohne vorgängiges Gehör der beteiligten Gemeinde abgesprochen wurde, erwächst nicht in Rechtskraft, steht neuer Entscheidung über dieses Recht nicht entgegen[304]). Sind die gesetzl. Vor-

---

295) S. unten zu Art. 8.

296) Insbesondere auch den, durch §§ 366[10], 367[8], 368[7] geschaffenen oder vorbehaltenen, in § 15 II Z. 1 JPO., Art. 89[1], 90, 97 PStGB.; Art. 92[1], 94[2], [3] Forstgesetzes; §§ 78, 79 der Eisenbahnbau- und Betriebsordnung v. 13. April 1905 / 25. Febr. 1913 niedergelegten Bestimmungen.

297) S. unten Abschnitt E II bei Fußn. 19.

298) Z. B. hinsichtlich der ihm unterworfenen Tiergattungen.

299) VGH. 8,[275]; 21,[157].

300) VGH. 28,[25]; E. v. 15. März 1907 und v. 20. Okt. 1911 Nr. I 145/11; BayrB. 1912 S. 38[1] (unzutreffend!); oben S. 73 und unten S. 121, 2; 126, 6.

301) VGH. 1,[131], [173], [250].

302) VGH. 3,[107], [170]; 28,[25] und E. v. 20. Okt. 1911 Nr. I 145/11.

303) VGH. 4,[84].

304) VGH. 4,[459].

aussetzungen des in Anspruch genommenen J.ausübungsrechtes zur Zeit des Streites nicht anerkannt, weil Eigenschaft eines als Zusammenhangsvermittler behaupteten Weges infolge seiner bestrittenen Rechtsverhältnisse nicht feststeht, ist Vorhandensein eines Zusammenhanges zu verneinen, da für Beurteilung des Rechtsstreites die gegenwärtige Sach- und Rechtslage maßgebend. Die bestrittene Frage, ob dem Wege Eigenschaft eines öffentl. zukommt oder nicht, wem Eigentum an Wegfläche zusteht (Zivilgerichte!) und ob eine Wegdienstbarkeit besteht (Zivilgerichte!), kann in dem Rechtsstreite über das J.ausübungsrecht nicht gewürdigt werden[305]). Im Streite über J.ausübungsrecht sind Grundbesitzer, welche nicht selbst nach Maßgabe des Art. 2 J.-ausübungsbefugnis für sich in Anspruch nehmen, nicht streitbeteiligt[306]). Gemeinde wird durch Stadt- oder Gemeinderat, dieser durch Bürgermeister vertreten. Dem Gemeinde-j.pächter kommt im Streite zwischen Grundeigentümer und Gemeinde weder selbständige Parteirolle noch Befugnis zur Vertretung der Gemeinde zu[307]). Da er aber rechtl. Interesse daran hat, daß im anhängigen Streite Gemeinde obsiege, kann ihm nicht verwehrt werden, der Gemeinde zum Zwecke ihrer Unterstützung in jeder Lage des Rechtsstreites, auch noch in Verbindung mit Einlegung der Beschwerde zum VGH. als Nebenintervenient beizutreten[308]). Diese akzessorische Streitteilnahme berechtigt den Pächter aber nicht zur Wahrnehmung und zum Schutz seiner persönl. Rechte aus der Pacht in diesem Verfahren[309]). Das Ärar vertritt das Landesfinanzamt[310]). Erstinstanzielle Zuständigkeit liegt bei Bezirksverwaltungsbehörden; die der Bezirksämter unbestritten; die des unmittelbaren Stadtrats begegnet selbst dann keinem Bedenken, wenn Stadtgemeinde an Sache beteiligt ist[311]). Beschwerde unmittelbar an VGH.[312]), bei der ersten Instanz innerhalb einer am Tage nach Zustellung des schriftlichen Bescheides[313]) beginnenden, mit Ablauf des 14. Tages, falls dieser ein Sonn- oder allgemeiner Feiertag, mit Ablauf des nächsten Werktages endigenden, unerstreckbaren Frist schriftlich einzureichen oder zu Protokoll zu geben und kann sich auf Antrag, nach Lage der Sache zu entscheiden, beschränken[314]). Die den Be-

---

[305]) VGH. 32,[160]; E. v. 2. Dez. 1914 Nr. 6 I/14; vgl. unten S. 120 III 1.
[306]) VGH. 2,[136], 3,[530]; 20,[18]; BlfAdmPr. 47,[357], 23,[26]; 24,[389].
[307]) VGH. 22,[83].
[308]) § 66 RZPO.
[309]) Reger-Dyroff, VGG. S. 374 A 11 V zu Art. 21.
[310]) VGH. 2,[307] 13,[287]; 25,[133], [354]; Dyroff-Reger VGG. S. 376 IX Abs. III; FormVO. v. 17. Dez. 1825 II §§ 87 ff.
[311]) VGH. 7,[235].
[312]) Art. 9 I VGG.; Wirsch. S. 141 Note 119.
[313]) Art. 21 VGG.
[314]) Art. 22 VGG.; § 222 RZPO.; §§ 187, 188 BGB.; VGH. E. v. 1. Mai 1906 Nr. 83/06.

zirksverwaltungsbehörden obliegende Zwangsvollstreckung bedient sich der gleichen Zwangsmittel, wie gerichtl. Vollzug rechtskräftiger Zivilurteile[315]).

VIII. Ausmärkischer Grundbesitz.

Nach Art. 3 GemO. muß jedes Grundstück einem Gemeindebezirk angehören. Ausgenommen sind größere Waldungen, Freigebirge, Seen, welche bisher keiner Gemeinde zugeteilt waren. Diese bilden auch künftig eigene, vom Gemeindeverbande ausgeschlossene („exemte", abgesonderte) Markungen, denen juristische Persönlichkeit nicht zukommt, sondern die im Eigentum einer physischen oder juristischen Person oder mehrerer solcher Personen stehen. Ist Grundbesitz einmal ausmärkisch, behält er diese Eigenschaft, bis sie ihm durch Akt der Staatsgewalt auf Grund des Gesetzes genommen wird[316]). Innerhalb dieser Gebiete wird von Bezirksverwaltungsbehörde lediglich Ortspolizei ausgeübt, nicht aber auch Vermögensverwaltung geführt[317]). Im übrigen müssen die im öffentl. Interesse begründeten Verpflichtungen der politischen Gemeinde innerhalb der abgesonderten Markungen von den Eigentümern der dazugehörigen Grundstücke erfüllt werden. Art. 4 JG. enthält für die Gemeinden gegenüber den Grundeigentümern nicht nur ein Recht, sondern auch eine Pflicht zur Ausübung des J.rechts. Dieses Recht und diese Pflicht kommt in den exemten Markungen, mangels eines anderen Trägers, den Grundeigentümern zu[318]). Auf einem, nur 21,87 Tagwerk haltenden, nicht besiedelten oder eingezäunten, deshalb nicht unter Art. 2 JG. zu rechnenden, von Eigentum verschiedener, nicht eigenj.berechtigter Personen umklammerten, keiner Gemeinde zugeteilten, ausmärkischen Gebiete steht weder einem Grundeigentümer nach Art. 2 JG. noch der Gemeinde, zu deren Gesamtflur er nicht gehört, J.ausübungsrecht nach Art. 4 JG. zu. Da nach den Bestimmungen über Eigenj.recht auch Grundeigentümer nicht j.nutzungsbefugt ist, dürfte bei Beschränkung der Betrachtung auf Art. 2 JG. J. überhaupt nicht ausgeübt werden. Gesetz will aber Ruhen des J.rechtes nicht[319]), seine Absicht ist vielmehr darauf gerichtet, daß das, im Grundeigentum wurzelnde J.recht auch ausgeübt und dem Grundeigentümer, soweit er von Ausübung auf eigenem Grund und Boden ausgeschlossen, wenigstens Entschädigung und Vergütung zuteil[320]), und nach den gesetzlichen Bestimmungen über Wildschaden sein Anspruch auf Ersatz gegenüber irgendeinem J.ausübungsberechtigten gewahrt werde.

---

315) Art. 46 BGG.; Art. 6 und 7 AG. ZPO. und KO. v. 23. Febr. 1879.
316) Lindner-Hauck GemO. S. 31 ff.
317) Art. 3 Abs. II GemO.
318) Menner BGZ. 1913 S. 6/7.
319) BGH. 20,[16]; 23,[25], [28]; unten S. 118, 6 und Fußn. 28.
320) Art. 3 Abs. II, 6, 8, 9 JG.

Es erübrigt also nur, auch das J.ausübungsrecht dem Grundeigentümer selbst, als Träger des J.rechtes zuzusprechen[321]). Demnach ist Eigentümer des gesamten ausmärkischen Komplexes zur Selbstausübung, eine Mehrheit von Grundbesitzern zur Verpachtung oder Selbstverwaltung durch Vergebung an höchstens drei j.kartenfähige Grundstückseigentümer berechtigt, auch wenn abgesonderter Bezirk insgesamt Größe von 240, 400 oder 50 Tagwerk nicht aufweist[322]). Diese Ausnahmestellung des Ausmärkers führt aber nicht zu der Folgerung, daß ein den Voraussetzungen des Art. 2 JG. nach keiner Richtung entsprechender Grundkomplex J.-befugnis auf einem von ihm vollständig umschlossenen, nicht unter Art. 2 JG. fallenden Grundbesitze an sich zieht. Denn Art. 3 JG.

Tafel VI.

Seite 111.

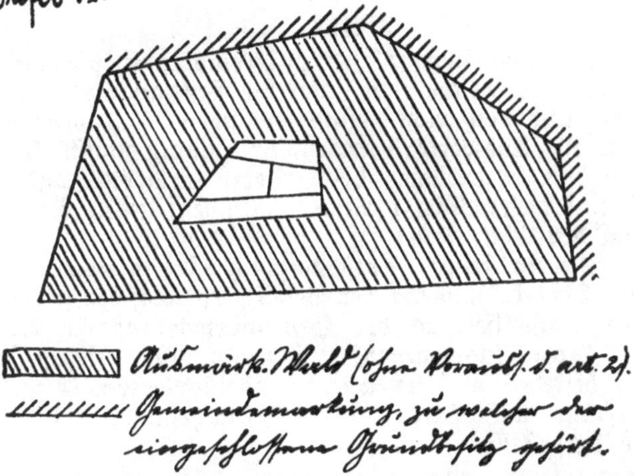

fordert ausdrücklich einen Grundkomplex nach Art. 2[323]). — Andererseits wird ein den Voraussetzungen des Art. 2 nicht entsprechender ausmärkischer Grundbesitz zur Inklave, wenn er von einem Grundkomplex nach Art. 2 vollständig umschlossen wird[324]).

---

[321]) VGH. 28,^{200}; E. v. 11. Okt. 1907 Nr. I 30/06; 4. Juni 1919 I 13/19; 22. März 1922 I 44/21; 34,^{246}; 22,^{210}; 24,^{394}; 28,^{200}; 7,^{48}; ZfRpfl. 1908 S. 111; 1914 S. 52/53; BlfRA. 1908 (Bd. 73) S. 933 XI^{3}; Wirsch. S. 57 f.; 391—393; BlfAdmPr. 30,^{81}; 46,^{314}; 57,^{359} insbes. ^{366}, ^{367}; Pollw. S. 59; Seidl, Bayr. Staatsrecht 5,^{626}; Recht 1919 Spruchbeil. 551.

[322]) Menner BGZ. 1913 S. 7; a. A. Schüllerm. S. 23, 28 ff.

[323]) VGH. 20,^{84}; 34,^{246}; BGZ. 1914 S. 250; ZfRpfl. 1914 S. 52/53; (Tafel VI)..

[324]) VGH. 4. Juni 1919 I 13/19.

Diese Inklaveneigenschaft bleibt bestehen, auch wenn der ausmärkische Bezirk einer polit. Gemeinde zugeteilt wird[325]). Mitverpachtung ausmärk. Bezirke mit der Gemeindej. während noch so langer Zeit begründet keinen Anspruch der Gemeinde auf J.-ausübung namens der Ausmärker[326]).

Wenn innerhalb ausmärk. Bezirke bleibende Niederlassungen bestehen oder neu begründet werden, sind diese nebst den zugehörigen Grundstücken nach bloßer Vernehmung und auch gegen verweigerte Zustimmung der beteiligten Grundbesitzer und der Gemeinde, welcher sie angeschlossen werden sollen, durch das Staatsmin. d. Inn. einer der nächstgelegenen Gemeinden zuzuteilen[327]). Einrechnung ihrer Grundfläche in abgesonderten Komplex zwecks Erreichung der erforderl. Mindesttagwerkszahl unzulässig.

Art. 3.[1])

Sind von einem solchen Gutskomplexe ein oder mehrere Grundstücke, welche nicht unter die Bestimmung des Art. 2 fallen, und auch nicht zusammenhängend 240, beziehungsweise 400 Tagwerke betragen, vollständig umschlossen, so steht dem Eigentümer des ersteren auch die Jagdbefugnis auf diesen Grundstücken (Inklaven) gegen Entschädigung der Eigentümer zu.

Die Größe der Entschädigung wird in Ermangelung eines Übereinkommens der Beteiligten nach den jeweiligen Jagdpachtpreisen in der Gemeindemarkung, in welcher diese Grundstücke liegen, und wenn und so lange solche nicht bestehen, nach jenen in der nächstgelegenen Gemeindemarkung nach Verhältnis des Flächeninhalts berechnet und festgestellt.

I. Zu Abs. I:

1. Art. 3 begründet kein J.recht an fremdem Grund und Boden, sondern verleiht nur unter gewissen Voraussetzungen ipso jure J.ausübungsbefugnis auf fremdem Besitz[2]). J.recht verbleibt dem oder den Grundeigentümern und kommt sofort und von selbst zur vollen, das J.ausübungsrecht umfassenden Geltung, sobald auf Inklave Voraussetzungen des Art. 2 ent-

---

[325]) VGH. 16. Mai 1923 I 66/21.
[326]) VGH. 22. März 1922 I 44/21.
[327]) Art. 3 Abs. IV GemO. Lindner-Hauck S. 35 Anm. 35. Pollw. S. 59.
[1]) VV. § 2.
[2]) Wirsch. S. 54 Note 74; Pollw. S. 55 A. 4.

stehen: Das an dem umschließenden Komplexe haftende Recht zur J.ausübung auf dem eingeschlossenen Bezirke weicht dem stärkeren Rechte des Eigentümers. Umgekehrt erwirbt Eigentümer der Umschließung **sofort** mit Vollendung der Einschließung J.ausübungsbefugnis auf Inklave, nicht erst wenn die für die übrigen, derselben Gemeindemarkung angehörigen Grundstücke geltende Pachtzeit abläuft[3]). Recht der Gemeinde auf Ausübung der J. namens der Grundeigentümer weicht dem Rechte nach Art. 3 ebenso augenblicklich, wie dem nach Art. 2, da es nur ein subsidiäres ist. Sobald Grundeigentümer selbst oder der nach Art. 3 **vor** der Gemeinde Berufene dazu gesetzl. imstande ist, erlischt das nur aushilfsweise herangezogene Recht der Gemeinde[4]).

2. **Begriff „Inklave"** ist rein geographisch, bei dem lediglich örtl. Lage entscheidet. Daher gleichgültig, ob eingeschlossener und umschließender Besitz in einer oder in mehreren Gemeindefluren liegt, überhaupt einer Gemeindemarkung angehört oder ausmärkisch ist, wenn sie nur beide bayer. Staatsgebiet sind. Auch darauf kommt nichts an, ob Inklave aus dem Grundbesitz einer einzigen Rechtspersönlichkeit, aus mehreren Grundstücken verschiedener Eigentümer besteht, aus geschlossen beieinanderliegenden oder aus zerstreuten Grundstücken gebildet, ob sie nur Land- oder nur Wasserbesitz oder beides enthält, ob die einzelnen Grundstücke Einzelbestandteile einer oder mehrerer politischer Gemeinden sind oder mit einer ganzen **Orts**markung zusammenfallen, ob Inklave schon seit Bestehen der Umschließung als solche behandelt wurde oder bisher — gleichviel, wie lange — von Gemeinde zu Unrecht nach Art. 4, 5 JG. verpachtet worden war[5]).

3. **Umschlossener Grundbesitz darf nicht sein:**

a) **einer** Rechtspersönlichkeit gehöriger Grundbesitz nach Art. 2 JG.;

b) **verschiedenen** Eigentümern gehöriger, aus nebeneinanderliegenden, sich körperlich berührenden Parzellen zusammengesetzter Komplex von **zusammenhängend** 240, 400 oder 50 Tagwerk oder mehr; mehrere **zerstreut**, voneinander j.lich **getrennt** im J.bezirk liegende Inklaven dürfen **zusammengerechnet** diese Tagwerkszahlen erreichen oder übersteigen;

c) ein Gemeindej.bezirk; denn hier ist polit. Gemeinde gem. Art. 4, 5 Abs. I, ohne Rücksicht auf Tagwerkzahl der Gesamtflur, **stets** j.ausübungsberechtigt[6]).

---

[3]) S. unten S. 120, 1.

[4]) VGH. E. v. 20. Okt. 1911 Nr. I 145/11; Bd. 3, [399]; Wirsch. S. 54/55; Menner, BGZ. 1913 S. 329; unten S. 126, 6 a mit c.

[5]) Wirsch. S. 55 und Fußn. 76 das.; Pollw. S. 53; Schüllerm. S. 20, Note 1; BlfAdmPr. 16, [376]; Entsch. d. pr. OVG. DJZ. 5, [234]; VGH. 3, [170], [172]; 7, [48] [49]; 22, [207], [210] [211]; 24, [394]; 28, [201]; 34, [247]. E. v. 27. Sept. 1905; oben S. 73; 108 VI 4; BGZ. 1902 S. 15.

[6]) Anders: VGH. 12. Juni 1901 II 124; 3, [27]. Wohl aber eine ganze **Orts**flur: auch unten S. 122, 2 F. 9; 129 F. 3.

d) **ausmärkischer** Bezirk, von 240, 400 oder 50 Tagwerk Umfang oder mehr, da auf diesem dem oder den Grundeigentümern J.ausübungsrecht zusteht[7]);

e) an irgendeiner Stelle, auch nur auf die kleinste Strecke mit einem anderen, als dem umschließenden Grundstücke zusammenstoßend[8]).

Tafel VII. Seite 116.

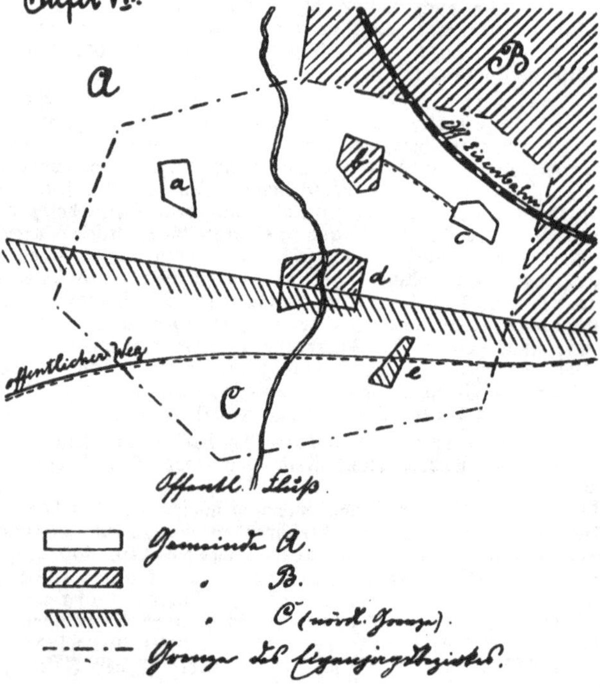

4. Hinsichtlich des **umschließenden Gutskomplexes** müssen folgende Voraussetzungen vorliegen:

a) Er muß **Eigenj.bezirk** nach Art. 2 sein, und zwar für sich **allein**, nicht erst unter Hinzurechnung eines Pachtj.grund-

7) oben S. 110 VIII, insbesondere S. 111; Pollw. S. 58/59.
8) Wirsch. S. 55; Pollw. S. 53 A. b; Menner BGZ. 1913 S. 329. BGZ. 1907 S. 111/112.

stückes oder der Inklaven erforderl. Tagwerkzahl besitzen, mag er nur aus Land- oder Wasserbesitz oder aus beiden gemischt bestehen[9]). Vgl. Bemerkungen zu Art. 2 Abs. I S. 80 ff. Ziff. III mit V und S. 110 f. Ziff. VIII. Gleichgültig, wenn auf dem umschließenden Komplex J.ausübungsmöglichkeit wegen Unzulässigkeit des Gebrauchs von Schußwaffen (§ 367[8] PStGB.) beschränkt[10]). — Innerhalb eines „Gemeindej.bezirks" nach Art. 5 JG. gibt es keine J.inklaven.

Seite 115.

Tafel VIII.

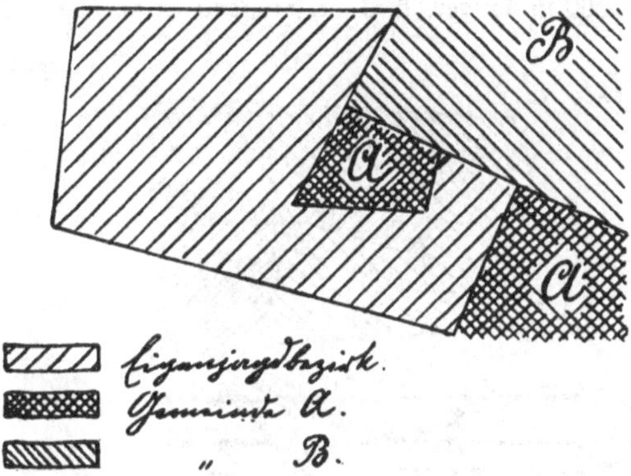

b) Er muß einen im strengsten Sinne vollständig geschlossenen Kreis bilden. Umschließung „zum größten Teil"[11]) genügt nicht. Wiesenfläche von 20 Tagwerk, auf drei Seiten von Eigenj., auf der vierten, nur wenige Schritte breiten Seite von Gemeindeflur, d. h. von einem zu dieser, nicht zu Eigenj.bezirk gehörigen fremden Grundstück begrenzt, keine Inklave, sondern j.lich Bestandteil des J.bezirkes der Gemeinde, zu deren Gesamtmarkung sie gehört[12]). Keine „vollständige" Umschließung, wenn auf 3 Seiten Eigenj., auf der 4. Seite fremde Gemeinde angrenzt[13]), oder wenn auf 3 Seiten bayerischer, auf der 4. Seite nichtbayerischer Grundbesitz desselben Eigenj.besitzers anstößt[14]).

9) VGH. 3, [399]; BlfAdmPr. 32, [277].
10) VGH. 16. Mai 1923 in DJäger Ill. 36/26 S. XI.
11) VGH. 28, [26]; E. v. 2. Dez. 1914 Nr. 6/I 1914.
12) Art. 5 JG.; VGH. 4, [259]; 28, [24]; 30, [45]; E. v. 4. Okt. 1912 Nr. 151/I
13) RGSt. 18, [265]; BlfRA. E. 8, [89]; Reger, 9, [474]. Tafel VIII.
14) Oben S. 99 und Fußn. 242.

Inklave kann auf einem im Eigentum eines anderen stehenden Privat- oder öffentl. Wege zugänglich oder von einem solchen oder einer öffentl. Eisenbahn durchschnitten sein[15]. Öffentl. Land- und Wasserwege sowie sonstige Land- oder Wasserstreifen, welche wegen Mangels j.licher Nutzbarkeit oder wirtschaftl. Zusammenhanges mit den, durch sie örtl. verbundenen Grundteilen ungeeignet sind, in ihrer Längsrichtung die j.liche Verbindung der sonst getrennten Grundstücke zu vermitteln, können auch nicht zur Vervollständigung der, ohne sie nicht vorhandenen Umschließung verwertet werden. Zu deren Vollendung genügt aber ein als j.bare Fläche zu erachtender, in wirtschaftl. und j.lichem Zusammenhang mit den übrigen umschließenden Grundstücken stehender Bach[16]) oder ein 300 m langer, 5 m breiter, mit etwa 5 jährigem Nadel-

Seite 117.

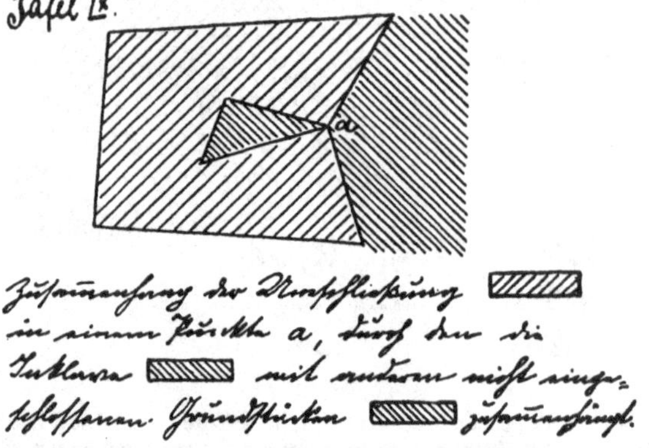

holzbestand bewachsener Grundstreifen[17]) oder ein zum Teil als Holzabfuhr aus dem Umschließungskomplex benützter Streifen[18]). Dagegen vermag auch die sonst nach Art. 2 Ziff. 2 genügende Drahteinzäunung beim Mangel wirtschaftl. und j.lichen Zusammenhanges einen hienach ungeeigneten Grundstreifen zur Herstellung der Umschließung nicht geeignet zu machen[19]). Einer hufeisenförmigen Umschließung wird durch einen, nur 1 m breiten, entlang

---

15) VGH. 6, 141 (BlfAdmPr. 36 203); 20, 13; BGZ. 1899 S. 144; „Hubertus" 1912 S. 238. Tafel VII.

16) VGH. 18, 180; 23, 30; 28, 30; 30, 43; 4. Okt. 1912 I 115/11; 5. März 1913 I 139/12; 23. Juli 24 I 10/24 (auch öff. Fluß) DJäger Jll. 13/27 S. VIII; BGZ. 1909 S. 325, 443, 509.

17) BGZ. 1910 S. 28.

18) VGH. 26. Mai 1926 DJäger Jll. 36/26 S. XI.

19) BGZ. 1910 S. 28.

dem Betriebsgebäude einer Ziegelei sich hinziehenden, die Laderampe dieses Gebäudes bildenden, mit dem umschließenden, nur landwirtschaftl. Zwecken dienenden Ökonomiegute in keinerlei wirtschaftl. und j.lichem Zusammenhange stehenden, neuerworbenen Grundstreifen kein vollständiger Abschluß verschafft[20]). — Zusammenhang des die Inklave umschließenden Grundkomplexes wird dadurch nicht unterbrochen, daß Fluß oder Bach den umschließenden Ring durchschneidet, auch wenn dieses Gewässer nicht Eigentum des Besitzers des einschließenden Bezirkes[21]). — Berührung der umgebenden Grundstücke nur in einem Punkte genügt bei sonst gegebenen Voraussetzungen zur vollständigen Umschließung[22]). Dieser Punkt (z. B. ein Grenzstein) vermittelt Zusammenhang des Umschließungskomplexes selbst dann, wenn im gleichen Punkte auch das eingeschlossene Grundstück mit einem anderen, nicht zur Umschließung gehörigen Grundbesitze zusammenhängt, mag dieser auch Eigentum des Besitzers des umschlossenen Grundes sein[23]). Im übrigen gilt für Kontinuität der Umschließung das gleiche, wie für Zusammenhang nach Art. 2 Ziff. 3[24]). Auf einem Flurabschnitt, der von einer Staatsstraße und einer bogenförmig verlaufenden Eisenbahn, welche die Straße zweimal schneidet, umgeben ist, hat Staat kein J.ausübungsrecht, da diese „Umschließung" kein richtiger J.grund[25]).

5. Verpachtung der Eigenj. auf umschließendem Grundbesitze steht dem Anspruche auf J.ausübung in den Inklaven nicht entgegen; denn die Jagd ist ein Nutzungsrecht des Grundeigentümers, welches vom Eigenj.besitzer unmittelbar selbst gezogen oder durch Verpachtung auf einen anderen übertragen werden kann[26]).

Nach der Absicht des Gesetzgebers, J.ausübung auf zu kleinen Besitzungen zu verhindern, soll durch Art. 3 ein einheitl. J.bezirk in einer Hand geschaffen werden. Getrennte Verpachtung des umschließenden Eigenj.bezirks und der Inklaven, Verpachtung des einen und Selbstnutzung des anderen Teiles, Überlassung der J. auf der Inklave allein an deren Eigentümer oder an Gemeinde zur Verpachtung deshalb unzulässig. Dagegen Verpachtung des ganzen Komplexes an drei Pächter, seine Überlassung an Inklavenbesitzer oder seine Abgabe an Gemeinde zur Mitverpachtung gem. Art. 6 JG. gestattet[27]).

---

20) VGH. 30, ^{43}.

21) VGH. 24, ^{388}; BGZ. 1904 S. 16.

22) VGH. 21, ^{37}.

23) VGH. 21, ^{37}, ^{40}; 13. Juni 1919 I 15/19; 18. Juni 1919 I 13/19; Recht 1920, ^{551}; Pollw. S. 53 und Fußn. 4. Tafel IX.

24) S. S. 97 ff. unter 3; „Hubertus" 1912 S. 364, 396. Schon der Begriff „Gutskomplex" bedeutet ein zusammenhängendes Ganzes wirtschaftl. Charakters: VGH. 28, ^{28}.

25) VGH. 28, ^{30}.

26) Wirsch. S. 73, 98; VGH. 28, ^{25}; 1, ^{173}; 13, ^{193}.

27) VGH. 1, ^{176}; Wirsch. S. 67; Pollw. S. 55 A. 4.

6. Ruhen des J.rechts gibt es nicht; ebensowenig Ruhen der J.ausübungsbefugnis unter Abstreifung der mit dieser verbundenen Verpflichtungen[28]). Art. 3 spricht nicht von einer bloßen „Berechtigung", bezeichnet vielmehr einen Rechtszustand mit aktiven[29]) und passiven[30]) Wirkungen. Erst wenn für das Recht selbständiger J.ausübung[31]) Voraussetzungen fehlen, tritt auf Grund des Art. 4 J.ausübungsrecht der Gemeinde ein[32]). Will Eigenj.berechtigter Inklavenj.recht nicht ausüben, ist ihm dies[33]) unbenommen, kann aber rechtl. Wirkung auf Pflicht zur Entschädigung der beteiligten Inklaveneigentümer nicht äußern. Dieser Verbindlichkeit könnte er sich nur durch Abgabe des ganzen Grundkomplexes[34]) zur Verpachtung an Gemeinde[35]) entledigen[36]). Auch Wildschadensersatzanspruch, der auf Inklave den Grundeigentümern gegen ihn zusteht, kann durch einseitige Entschließung des Eigenj.berechtigten nicht beseitigt werden. — Entschädigungsberechtigt nach Art. 3 JG. nur Inklaveneigentümer, nicht Gemeinde, aus deren J.bezirk, oder der Gemeindej.pächter, aus dessen Pachtrevier neu entstehende Inklave ausscheidet[37]). Zahlung der Entschädigung erfolgt an Inklaveneigentümer, nicht an Gemeindekasse, es sei denn, daß Gemeinde Eigentümerin der Inklavengrundstücke ist[38]). Entschädigungspflichtig immer nur Eigentümer des umschließenden Eigenj.bezirks, mag er J. selbst ausüben, an einen Dritten verpachten oder der Gemeinde zur Verpachtung überlassen. In den letzteren Fällen wird er durch Pachtschilling seines Pächters oder Pachtschillingsanteil, den er gemäß Art. 9 von der Gemeinde verlangen kann, schadlos gehalten. —

II. Zu Abs. II:

1. Höhe der Entschädigung dem Übereinkommen der Beteiligten überlassen. Kommt Einigung nicht zustande, sind die jeweiligen J.preise der Gemeinde zugrunde zu legen, zu deren Gemarkung Inklave gehört. Übt diese Gemeinde J. in Selbstverwaltung aus, so ist Berechnungsmaßstab der J.pachtpreis der nächstgelegenen Gemeinde. Nach der Fassung des Abs. II ist für jedes einzelne, verschiedenen Besitzern oder dem gleichen Eigentümer gehörige Inklavengrundstück J.pachtpreis derjenigen

---

28) VGH. 20,[16] und v. 1. Dez. 1897; oben S. 110 und Fußn. 319.
29) Jagdbefugnis.
30) Entschädigungspflicht.
31) Auf eigenem (Art. 2) wie auf fremdem (Art. 3) Boden.
32) „In allen übrigen Fällen" — VGH. 21,[37]; 24,[389].
33) Vorbehaltlich der bestehenden j.polizeilichen Vorschriften, insbes. § 5 JPB. v. 6. Juni 1909.
34) S. oben S. 117, 5.
35) Art. 6.
36) VGH. 23,[27].
37) VGZ. 1908 S. 198/199.
38) BayrB. 1915 S. 342.

Gemeinde zugrunde zu legen, welcher dieses angehört. Bei verschiedener Gemeindezugehörigkeit der mehreren umschlossenen Grundstücke also mehrere Entschädigungsmaßstäbe, welche für die einzelnen Grundstücke auch dann in Betracht kämen[39]), wenn sie in dem betreffenden Gemeindej.bezirke verblieben[40]).

2. Unter den „jeweiligen J.pachtpreisen in der Gemeindemarkung" sind die J.preise zu verstehen, welche Gemeinde bei den von ihr vorgenommenen Verpachtungen erzielt hat[41]).

Für die an Grundbesitzer einer von einem ausmärkischen Komplex umschlossenen Inklave zu zahlende Entschädigung hat deshalb J.pachtpreis der Gemeindemarkung, zu welcher die eingeschlossenen Grundstücke gehören, nicht der des ausmärkischen Bezirkes bei ausmärkischen Inklaven J.pachtzins der geographisch nächstgelegenen Gemeinde maßzugeben[42]).

3. Berechnung und Feststellung der Entschädigung: Gesamtsumme des Pachtschillings für Gemeindej.bezirk wird mit Tagwerks- (oder Hektar-)zahl des letzteren geteilt und der dadurch für das Tagwerk (Hektar) ermittelte Einheitspreis mit Tagwerkzahl der Inklave vermehrt: Pachtschillingsgesamtsumme = 120 Mk.; Tagwerkzahl des Gemeindej.bezirks = 200; Tagwerkzahl der Inklave = 100, also: $\frac{120}{200} \times 100 = 60$ Mk. Entschädigungsbetrag[43]).

4. Wurde eine Grundfläche irrtümlich als Inklave behandelt[44]), so liegt „ungerechtfertigte Bereicherung" des Eigenj.berechtigten, welcher Inklavenj. selbst oder durch Verpachtung ausübte, nicht vor, da er Entschädigung an die Inklaveneigentümer bezahlen mußte, und diese damit gesetzl. befriedigt sind[45]).

---

39) Art. 8!

40) Ebenso Menner, BGZ. 1913 S. 341; anders Pollw. S. 56.

41) Ist die Gemeindejagd in mehreren Jagdbezirken (Art. 5 II JG.) zu verschiedenen Pachtpreisen vergeben, so ist der Durchschnittspreis zugrunde zu legen. Z. B.

Jagdbezirk	A:	300 Tgw.	=	50 Mk.
„	B:	800 Tgw.	=	170 Mk.
	Summa:	1100 Tgw.	=	220 Mk.
		1 Tgw.	=	0,20 Mk.
	Inklave:	200 Tgw.	=	40 Mk.

Ist ein Unterbezirk verpachtet, der andere in Regie betrieben, bleibt der Pachtpreis des Ersteren entscheidend; es braucht nicht auf die J.pachtpreise der nächstgelegenen Gemeinde gegriffen zu werden (vgl. unten S. 137, 5, 6).

42) BlfAdmPr. 39,[413]; anders BGZ. 1909 S. 71; Pollw. S. 56; BGH. 4. Jan. 1922 I 28/21; DJäger 1918 S. 60 (dagegen). — Recht 1922,[1095].

43) BGZ. 1908 S. 199; BlfAdmPr. 39,[413].

44) Sei es, daß der umschließende Komplex kein Eigenjagdbezirk, sei es, daß umschlossene Grundfläche ein Eigenjagdrevier oder nicht vollständig umschlossen oder über 240 (400) Tgw. groß, oder Gemeindejagdbezirk bildet — vgl. S. 113 I 2; 129 I.

45) Anders I. Auflage, S. 121.

Ist für Inklave vom Eigentümer oder J.pächter[46]) des umschließenden Eigenj.bezirkes **keine** Entschädigung an Eigentümer der Inklavengrundstücke entrichtet worden, so besteht Anspruch auf **Nachzahlung**. Dieser ist zwar nicht Anspruch auf Rückvergütung eines zu Unrecht vereinnahmten Pachtschillings oder J.erträgnisses aber eine aus einem bürgerl. Rechtsverhältnis entstandene, regelmäßig wiederkehrende, den Pachtzinsen ähnl. Leistung und unterliegt deshalb der 4-jähr. Verjährung des § 197 BGB.[47]).

III. Zuständigkeit bei Streitigkeiten.

1. Den Streit, ob eine Grundfläche Inklave, ob **Gemeinde** namens der Grundeigentümer der Inklave oder der auf dem umschließenden Gutskomplex **Eigenj.berechtigte** zur **J.ausübung** auf dem umschlossenen Grundbesitze berechtigt ist, wird im Verwaltungs**rechts**verfahren entschieden. Parteien sind nur Gemeinde und Eigenj.berechtigter; Gemeindej.pächter und nicht eigenj.berechtigte Inklavengrundbesitzer nicht streitbeteiligt[48]). Über Vertretung der Gemeinde und des Staates sowie Nebenintervention des Gemeindej.pächters: oben Art. 2 VII 2.

Inklavenj.recht entsteht zwar sofort mit Vollendung der Umschließung[49]); allein zunächst ist der zu schützen, welcher bisherigen Zustand für sich hat[50]). Können die gesetzl. Voraussetzungen des vom Eigenj.berechtigten in Anspruch genommenen, von Gemeinde bestrittenen Inklavej.rechtes zurzeit nicht klargestellt werden, weil Beschaffenheit des umschließenden, die behauptete Inklaveneigenschaft einer Grundfläche angeblich bewirkenden Grundkomplexes nicht feststeht, ist Vorhandensein einer, dem Gesetze entsprechenden Umschließung zur Zeit zu verneinen und dem Pächter der Gemeindej. bis zur rechtskräftigen Entscheidung über Inklaveneigenschaft des eingeschlossenen Grundbesitzes die J.ausübungsbefugnis auf diesem zu belassen[51]). Wird später Inklaveneigenschaft festgestellt, hat Eigenj.besitzer gegen Gemeinde oder Pächter Anspruch auf Entschädigung vom Zeitpunkte der tatsächl. Entstehung der Inklave.

Ablehnung der J.**ausübung** sowohl durch Gemeinde namens der Grundeigentümer wie durch Eigenj.berechtigten ist Streit um das **Recht**, da mit diesem Verpflichtungen korrespondieren einerseits zur Entschädigung der beteiligten Grundbesitzer nach Art. 3 Abs. II eventuell 8 JG., andererseits zum Ersatz des Wildschadens, da ferner allseitige Ablehnung der J.ausübung dahin führen

---

[46]) Vgl. S. 117, 5!
[47]) VGH. 4. Jan. 1922 I 28/21.
[48]) VGH. 6, [141]; 20, [13]; 22, [208] ff.; 23, [26]; 24, [389]; 22, [83]; 18, [180].
[49]) S. oben S. 113, 1; unten S. 126, 6 c.
[50]) Vgl. ZfRpfl. 1906 S. 297.
[51]) Vgl. VGH. v. 2. Dez. 1914 Nr. 6 I/14 oben S. 109 VII 2 und Fußn. 305; BayrV. 1916 S. 50.

würde, daß auf Inklaven J.ausübung gar nicht betätigt werden könnte und hiemit nicht nur die Eigentümer des Anspruchs auf Entschädigung für J.ausübung verlustig gingen, sondern auch Durchführung der j.polizeil. Vorschriften unmöglich gemacht würde[52]). — Ein mit dem beanspruchten Inklavenj.ausübungsrecht zusammentreffender Gemeindej.pachtvertrag steht der Geltendmachung dieses Rechtes und der Entscheidung darüber, vorgängiges Gehör der Gemeinde vorausgesetzt, nicht entgegen. Entscheid gilt nur für und gegen Streitsteil, nicht für Besitznachfolger[53]). — Streit über Recht auf Entschädigung, ihre Höhe, Berechnung und den ihr zugrundezulegenden Maßstab ist im Verwaltungsstreitverfahren auszutragen[54]). — Beschwerde oben Art. 2 VII 2.

2. Die bürgerl. Gerichte urteilen über die Frage, ob das Recht des Gemeindej.pächters sofort mit Entstehen einer Inklave erlischt oder bis zum Ablaufe seiner Pachtzeit ihm verbleibt[55]).

Art. 4.[1])

In allen übrigen Fällen übt die politische Gemeinde Namens der Grundeigentümer innerhalb ihres Bezirkes das Jagdrecht durch Verpachtung aus.

1. Art. 4 bezieht sich nicht

a) auf jene Besitzungen der Gemeinde, wo sie selbst als Grundeigentümerin gemäß Art. 2 j.ausübungsberechtigt[2]). Auf verpachteten Gemeindegütern von Beschaffenheit des Art. 2 JG. steht dem Pächter nicht ohne weiteres auch J.ausübungsbefugnis zu.[3])

b) auf jene, anderen gehörigen Grundstücke, auf denen der Gemeinde als solcher J.befugnis nach Art. 3 JG. zukommt („Inklaven").

Ausgeschlossen ist er ferner auf allem Grundbesitz, der

a) einen anderen zur selbständigen J.ausübung berechtigt[4]);

b) Eigenj.inklave eines anderen gemäß Art. 3 JG. ist;

c) ausmärkisch ist, also einem Gemeindebezirk überhaupt nicht angehört[5]).

---

[52]) Vgl. §§ 4, 5 JPV. v. 6. Juni 1909.

[53]) S. oben S. 108 und die dortigen Zitate.

[54]) S. oben S. 118, 1 ff.; VGH. 20, [13]; 26, [6]; 4. Jan. 1922 I 28/21; 23, [26]; Pollw. S. 57; VGZ. 1899 S. 144; unzutreffend f. gerichtl. Zuständigkeit BlfAdmPr. 15, [238].

[55]) S. oben S. 107 unter VII 1; unten S. 126, 6 a mit c.

[1]) VV. § 3; BlfAdmPr. 67, [251].

[2]) Art. 26 ff. insbes. 31 GemO.; auch die Verwaltung der gemeindl. Eigenjagd bildet eine eigentl. Gemeindeangelegenheit im Gegensatze zu dem sog. übertragenen Wirkungskreis, der dem an sich staatsbehördl. oder staatl. Aufgabenbereiche entnommen ist; Art. 130 ff., 112 Z. 2, 157 Z. 3 GemO.

[3]) S. oben S. 70.

[4]) Art. 2 JG.

[5]) Art. 3 GemO.; oben S. 110 ff. VIII.

2. In „allen übrigen Fällen“ übt sie J.recht aus. Insbes. auf allen, zu bleibenden Niederlassungen, die in einem ausmärkischen Bezirke bestehen oder neu begründet und ihr zugeteilt werden, gehörigen Grundstücken[6]); auf allen Grundstücken, die, abgesprengt von der zusammenhängenden Gemeindemarkung, vielleicht ohne Zugang von dieser, inmitte anderer, nicht nach Art. 2 JG. zu behandelnder Gemeindefluren liegen[7]). Zur Gemeinde A gehöriger Einzelhof mit 168 Tagwerk, auf drei Seiten von Wäldern der Gemeinde B umgeben, auf der

Seite 122.

Tafel X.

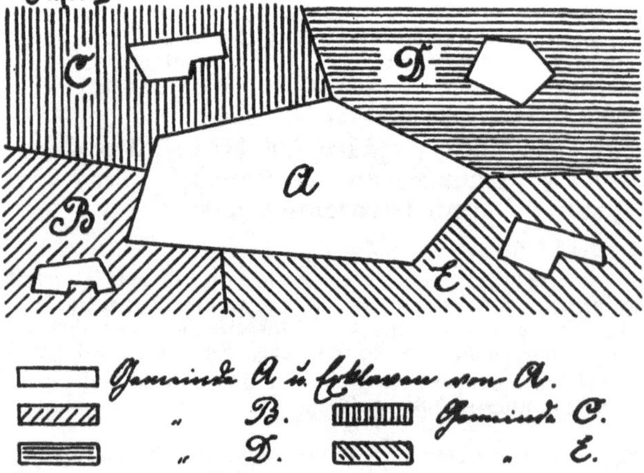

vierten Seite durch einen, zur Gemeindeflur A gehörigen, aber Eigenj.bezirk bildenden, Staatswald von 1000 Tagw. begrenzt, ist Bestandteil des J.bezirkes der Gemeinde A[8]); auf ihrer zusammenhängenden Markung, auch wenn sie von einem Eigenj.bezirk vollständig umschlossen ist und weniger wie 240 oder 400 Tagw. umfaßt[9]). Wenn der ganze Gemeindebann durch Grundbesitz eines Eigenj.berechtigten in mehrere, unter sich nicht zusammenhängende, teilweise weniger wie 240 oder 400 Tagwerk haltende Teile zerschnitten wird, welche an einer Grenze mit J.gebiet anderer Ge-

[6]) Art. 3 Abs. IV GemO.; s. oben S. 112.
[7]) Unten S. 129 1, Tafel X.
[8]) BayrV. 1916 S. 39; BlfAdmPr. 15 S. 73; Schüllerm. S. 21 A. 2.
[9]) Art. 5; Wirsch. S. 60/61; anders VGH. 3, [27]; 12. Juni 1901 II 124; oben S. 113, 3c.

meinden oder Eigenj.besitzer zusammenstoßen, bleibt Gemeinde j.ausübungsberechtigt[10]). Zum Gemeindej.bezirke gehören auch Grundstücke unter 240 oder 400 oder 50 Tagwerk, welche zwar auf allen Seiten von Eigenj.komplex, jedoch nur auf drei Seiten von bayerischem J.gebiet, auf der vierten Seite aber von außerbayerischem Grundbesitze des Eigenj.berechtigten umschlossen[11]). Außerdem ist Gemeinde j.ausübungsberechtigt in nicht eingefriedigten öffentl. Anlagen, auf Straßen, Flüssen, Eisenbahnflächen, Truppenübungsplätzen, soweit nicht Eigenj.berechtigter vorhanden oder Staat die J. beansprucht[12]). J.recht selbst bleibt beim Grundeigentum mit Anspruch auf die J.erträgnisse[13]).

Tafel XI. Seite 123, 129.

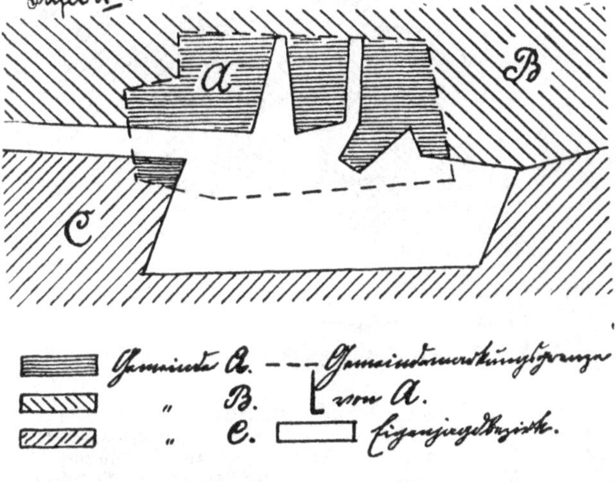

3. Polit. Gemeinde als öffentl. Körperschaft[14]), vertreten durch Stadt-(Gemeinde-)rat, nicht Gemeindeverwaltung[15]), übt J.recht aus. Der nach Art. 206 Abs. II Ziff. 1 GemO. als gesetzl., durch Gemeindeordnung nicht ersetztes oder geändertes Hilfsrecht in fortdauernder Geltung erhaltene Art. 4 JG. macht J.ausübung namens der Grundeigentümer zur eigentlichen Gemeindeangelegenheit, deren Verwaltung den genannten Gemeinde-

10) BlfAdmPr. 15 S. 76; Wirsch. S. 61; Schüllerm. S. 21 A. 1; Tafel XI.
11) BlfAPr. 16 S. 379; Wirsch. S. 60; Tafel XII.
12) S. oben S. 95, 107, 2; Pollw. S. 58 A. I 1.
13) Art. 8 JG.
14) Art. 1 GemO.
15) Art. 70, 123 GemO.

behörden obliegt[16]). Diese werden persönl. vertreten durch den Bürgermeister[17]). Staatsaufsicht erstreckt sich darauf, daß die den Gemeinden gesetzl. obliegenden Verpflichtungen erfüllt werden[18]). Gemeindebehörde ist daher, wenn sie J.ausübung unterläßt, durch BezirksverwBh. aufzufordern, binnen angemessener Frist die erforderl. Beschlüsse zu fassen. Bestreitet sie Verpflichtung, so hat Staatsaufsichtsbehörde darüber zu beschließen und, im Falle der Nichterfüllung der endgültig festgestellten Verpflichtung innerhalb angemessener Frist, an Stelle der Gemeindebehörde die zum Vollzug nötigen Verfügungen selbst zu treffen[19]). — Ort-

Seite 123.

Tafel XII.

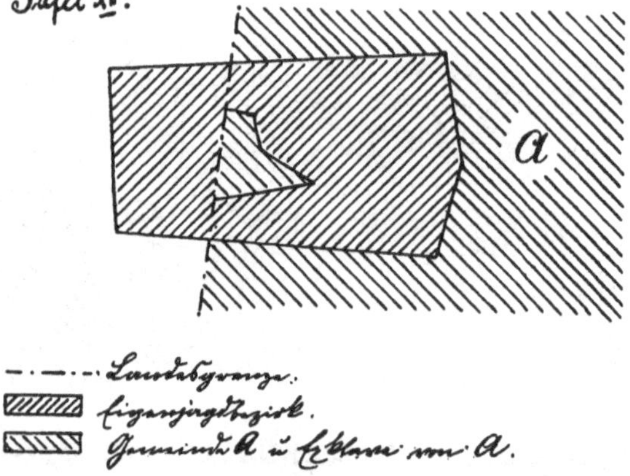

schaft ist zwar Verband des öffentl. Rechts hinsichtl. der ihr zur ausschließl. Besorgung überwiesenen Angelegenheiten, aber keine „Gemeinde“ i. S. des öffentl. Rechts und zur Ausübung des J.rechts namens der Grundeigentümer der besonderen Ortsflur nicht berechtigt[20]).

4. Polit. Gemeinde handelt „namens“ der Grundeigentümer, welche unter sich eine tatsächl. „Rechtsgemeinschaft“ bilden. Zusatz ‚namens der Grundeigentümer‘ bedeutet keine Beschränkung der den Gemeinden mit der ihnen auferlegten öffentl. Verpflichtung gewährten Befugnis, er will nur Privatrecht (J.-

---

16) Art. 84, 130 GemO.; oben S. 121 Fußn. 2.
17) Art. 71, 131 GemO.
18) Art. 157 Abs. I Z. 3 GemO.
19) Art. 157 Abs. V—VII, 154 GemO.
20) BGH. 1, 195; BlfAdmPr. 30, 348; Pollw. S. 59 A. 3; Wirsch. S. 99; Schüllerm. S. 26 Note 3; BGZ. 1900 S. 45; 1904 S. 93.

recht) und öffentl. Recht (J.befugnis) in Einklang bringen. Sinn und Wortlaut des Art. 8 wie des ganzen JG. deuten auf ein ledigl. öffentlichrechtl. Verhältnis zwischen Grundeigentümer und Gemeinde hin, was sich vor allem aus Verwendung des J.pachtschillings zu den die Eigentümer treffenden Gemeindeausgaben ergibt." Wille der Grundeigentümer ist durch Art. 4 beseitigt, Befugnis der J.ausübung ausschließl. und vollständig auf Gemeinde übergegangen, welche an deren Stelle handelt. Privates Verpflichtungsverhältnis zwischen ihnen nicht anzunehmen; insbesondere keine „gesetzl. Stellvertretung", keine „Analogie der Vormundschaft", kein „gesetzl. fingiertes Mandat", keine Haftung nach § 1833 BGB.[21]). Streitigkeiten über Verteilung des J.pachtanteiles keine zu den Zivilgerichten kompetierenden Privatrechtsstreite, sondern den Verwaltungsbehörden vorbehalten[22]). Auch Kammerverhandlungen betonen, daß die Gemeinde bei J.ausübung für die Grundeigentümer „als Korporation, als Rechtssubjekt" auftreten, nicht blos die Gemeindeverwaltung als Polizeibehörde namens der Grundeigentümer handeln solle[23]). Die Gemeinde verpachtet an Stelle der Grundeigentümer, unabhängig von diesen, im eigenen Namen, nur für deren Rechnung und in deren Interesse[24]). Dafür spricht auch, daß nicht Pächter, sondern Gemeinde dem Grundeigentümer für Ersatz des Wildschadens haftet[25]), Verrechnung der aus der Gemeindekasse geleisteten Wildschadenzahlung nur zwischen Gemeinde und beteiligten Grundeigentümern stattfindet[26]), nur die Gemeinde Abmachungen wegen Rückersatzes des Wildschadens mit Pächter treffen kann[27]). Demnach hat Grundeigentümer mit J.pachtvertag nichts zu tun.

Als Körperschaft des öffentl. Rechts[28]) ist Gemeinde[29]) für Schaden verantwortlich, den der Gemeinderat oder Bürgermeister durch eine in Ausführung der ihm zustehenden Verrichtungen begangene, zum Schadenersatz verpflichtende, wenn auch nicht widerrechtl. oder schuldhafte Handlung den Grundstückseigentümern zufügt[30]). Auch Unterlassung hat gleiche Wirkung, also etwa Nicht-

---

[21]) OberstLG. Z. Bd. 22 B S. 13; DJäger JU. 35/26 S. XII f.; ZfRpfl. 1923 S. 215; BlfRA. 34, [221]; Entsch. des vorm. Appellationsgerichts v. 3. Febr. 1869; BlfAdmPr. 19, [142]; 47, [349]; Schüllerm. S. 67 Note 7; Oertm. I S. 379 a. A. Pollw. S. 59 A. 4 und Dr. Pollw. S. 52.

[22]) Oertm. a. a. O.; E. d. OberappellG. v. 19. Juli 1858 u. 23. März 1872 — RBl. 1858 S. 1022; 1872 S. 1155.

[23]) Schüllerm. S. 68 A. 8.

[24]) Oertm. I S. 378; OberstGHZ. 7, [987]; OberstLG. 1, [627]; BlfRA. 1901 S. 316 ff.; Reger 21, [358].

[25]) Art. 3 Abs. I, II Wildschadensges. v. 15. Juni 1850/9. Juni 1899, unten Abschn. B II.

[26]) Art. 3 Abs. III a. a. O.

[27]) Art. 3 Abs. IV ebd.

[28]) § 89 BGB.

[29]) Art. 1 GemO.

[30]) § 31 BGB.

ausübung des J.rechtes. Den Bestimmungen des JG. widerstreitende oder materiell die Interessen der Beteiligten verletzende Verpachtung ist — falls die subjektive Voraussetzung gegeben — unerlaubte Handlung, Verletzung des, nach §§ 823 Abs. I, 839 BGB. Art. 60 AG. BGB. geschützten J.rechtes der Eigentümer, die, soweit nicht Verpachtung von vornherein nichtig[31]), die Gemeinde, nicht Pächter zum Schadensersatz verpflichtet[32]). Grundeigentümer hat Recht der Anfechtung diesbezügl. gemeindl. Verfügungen im Verwaltungs- oder Rechtswege[33]).

5. Nur innerhalb ihres J.bezirkes übt Gemeinde J.-recht der Grundeigentümer aus. Gemeindebezirk, Markung, Gemarkung, Bann, Burgfrieden ist der Teil des Staatsgebietes, innerhalb und bezügl. dessen eine Gemeinde ihre öffentl. Rechtsfunktionen auszuüben hat; unerheblich[34]), wem Privateigentum an den Grundstücken zusteht, welche Gemeindebezirk bilden, ob der Gemeinde selbst oder Dritten, jurist. oder physischen Personen. Umfang und Grenzen der Gemeindemarkung bestimmen sich nur nach dem öffentl. Recht. Seitdem die Gemeinden öffentl. Korporationen sind[35]), können Änderungen nur mehr auf organisatorische Gewalt der Staatshoheit zurückgeführt werden[36]). Ministeriell nicht genehmigte Vereinbarungen und Vergleiche sind rechtsunwirksam[37]).

Gemeindeflur umfaßt auch Grundstücke der Personen, welche in der Gemeinde begütert sind, hier aber nicht wohnen: „Forensen"[38]).

Über dieses räuml. Gebiet greift J.befugnis der Gemeinde[39]) nur hinaus, soweit Besitzer eines, sich in eine andere Gemeindemarkung ausdehnenden Eigenj.komplexes letzteren mit in die Gemeindej. gibt[40]).

6. Gemeindl. Dispositionsbefugnis erlischt:

a) auf allen Grundstücken, welche Eigenschaft eines Eigenj.-bezirkes nach Art. 2 Ziff. 1 und 2 erlangen;

b) auf Grundstücken, welche zu Eigenj.bezirk nach Art. 2 Ziff. 3 und 4 hinzuerworben, mit ihm räuml. verbunden werden;

c) auf Grundstücken, die durch Bildung einer Umschließung gem. Art. 3 JG. zur Inklave werden (oben S. 80 f: „Zaunj.").

---

[31]) § 134 BGB.

[32]) §§ 249, 852 Abs. II, 812 ff. BGB.; Art. 77 EG. BGB.; Art. 60, 61 AG. BGB.; § 11 Abs. 2 Z. 1 EG. GVG.; Art. 165 Abs. I AG. BGB.; Oertm. S. 379; Wirsch. S. 99, 394; Pollw. S. 59 Anm. 4; keine Vorentscheidung des VGH. mehr (Art. 131 Reichsverfassg.) ObersttLG. 9. Mai 1923 ZfRpfl. 1923 S. 215.

[33]) VGH. 3,[117]; Wirsch. S. 100; BlfAdmPr. 19,[142]; 47,[347]; 64,[161].

[34]) Vorbehaltlich der unter 1 S. 121 f. in j.rechtlicher Beziehung gemachten Einschränkungen.

[35]) Art. 1 GemO.

[36]) VGH. 14,[1].

[37]) VGH. 6,[70]; Lindner-Hauck S. 29 A. 4 zu Art. 2, S. 36 A. 1 zu Art. 4 GemO.

[38]) Art. 25 GemO. unten S. 129 I bei Fußn. 6; oben S. 113, 3 c.

[39]) VGH. 28,[200].

[40]) Wirsch. S. 69, 99; Art. 6 JG.; § 5 BB.; vgl. DJäger 32,[64]; unten S. 138, 2.

Der Gemeinde obliegt Verpflichtung der J. nur auf den Grundstücken, deren Eigentümer jeweils zur eigenen J.ausübung nicht berechtigt sind. Eigenj.recht des Grundeigentümers hängt von einer Beschaffenheit des Grundbesitzes ab, welche im Laufe der Pachtzeit eintreten und aufhören kann. Daß solche Änderungen bis zur nächsten Pachtzeit unberücksichtigt bleiben, ist bedenklich, weil Pachtdauer nicht gesetzl. bestimmt, und Gemeinde nicht gehindert, Pachtverträge von langer Dauer zu schließen. Es geht nicht an, daß J.pächter, wenn neues Haus gebaut, unmittelbar an die Behausung anstoßender Hofraum oder Hausgarten angelegt und vollständig abgeschlossen, Baumschule, während Pachtzeit angelegt, mit einer dichten Einzäunung und verschließbaren Türen versehen wird, noch jahrelang an diesen Orten jagt. Andererseits wäre Zweck des Art. 4 verfehlt, wenn Ausübung des J.rechts bis zum Beginn einer neuen Pachtzeit ruhen müßte auf einem Grundstücke, das aufgehört hat, als Hofraum oder Hausgarten zu dienen, weil Behausung abgebrannt und nicht wieder aufgebaut worden, oder auf einem Grundstücke, dessen dichte Einzäunung niedergelegt oder — im Falle einer Teilung eines Grundbesitzes nach Art. 2 Ziff. 3 —, weil die einzelnen Teile nicht mehr den gesetzl. Umfang haben und nach Art. 5 Abs. II auch nicht als besondere gemeindl. J.-bezirke verpachtet werden können. Gesetz will den Grundeigentümern, denen es aus besonderen Rücksichten Ausübung ihres J.rechts nicht gestattet, nicht auch wirtschaftl. Vorteil der J. entziehen, sondern dadurch gewähren, daß Ausübung der J. durch Gemeinde verpachtet, und ihnen der auf ihren Grundbesitz treffende J.pachtanteil gesichert wird. Eigenj.recht des Grundeigentümers ist von keiner weiteren Voraussetzung als den gesetzl. bezeichneten Umständen abhängig gemacht, es entsteht sofort und ohne weiteres mit deren Eintritt und endet mit ihrem Wegfall[41]). Das aus dem Rechte der Gemeindebehörde abgeleitete Recht des Pächters ist gegenüber dem prinzipalen des Eigentümers unwirksam[42]);

d) wenn Gemeinde ihren J.bezirk mit dem einer anderen Gemeinde zusammenlegt[43]) und dieser J.ausübung überläßt;

e) mit gänzlicher Auflösung der Gemeinde[44]).

7. Nach Art. 4 JG. übt Gemeinde J. „durch Verpachtung" aus. Diese Fassung ist zu eng. Verpachtung bildet nur die Regel, Selbstverwaltung ist nach Art. 11 Ziff. 2, 3 ebenso zulässig, Wahl zwischen beiden ist tat-

---

[41]) BGH. 41,[101]; Entscheidung über Eigenj.ausübungsrecht hat nur feststellende, nicht rechtsbildende Bedeutung. — Mangelnde J.kartenfähigkeit berührt Eigenj.recht als solches nicht.

[42]) OberstLGZ. 1, [627]; BlfRA. 1901 S. 316 ff.; Reger 21, [358]; OVG. 24, [291]; 28, [316]; 31, [239]; DJäger 32, [94]; oben S. 108, 1; 121, 2; 112, 1.

[43]) Art. 5 Abs. II.

[44]) Art. 4 Abs. I Z. 4 GemO.; Art. 27 SVG.

sächl. in Hand der Gemeinde gegeben[45]), die die Pachtbedingungen derart stellen kann, daß sie kein Resultat ergeben, worauf Selbstverwaltung eintreten muß. Dadurch kann sie eine kuratelamtliche Beanstandung des Regiej.betriebs ausschalten[46]).

8. Zuständigkeit bei Streitigkeiten:

a) Bei unbestrittenem J.ausübungsrechte der Gemeinde entscheiden über Frage, ob und wie lange der Grundeigentümer an den von dieser geschlossenen Pachtvertrag gebunden ist, ferner über Haftung der Gemeinde für Verschulden gegenüber dem Grundeigentümer (oben S. 125) die **Zivilgerichte**.

b) **Verwaltungsrechtssachen** sind Streitigkeiten, welche Anspruch eines Grundeigentümers, des Besitzers eines ausmärk. Bezirkes, der polit. Gemeinde oder des Gemeindej.pächters auf Ausübung des J.rechtes betreffen[47]). In dem Streite, welchen Gemeinde über das von ihr namens der Grundeigentümer beanspruchte, von einem Grundeigentümer für sich geforderte J.ausübungsrecht gegen diesen führt, sind die übrigen Grundbesitzer nicht prozeßbeteiligt[48]).

c) Gegen Verfügung der Bezirksverwaltungsbehörde, welche bisherige Verpachtung der Gemeindej. beanstandet und Neuregulierung dieser Verpachtung anordnet, kann Gemeinde Verwaltungsbeschwerde zur Kreisregierung erheben. Beschwerde an VGH. nur auf Grund des Art. 10 Ziff. 2 VGG. wegen Verletzung des gemeindl. Selbstverwaltungsrechts und erst nach erfolgloser Beschwerde zur Kreisreg. zulässig[49]). Die Kreisreg. befindet über Beschwerde einzelner Gemeindebürger gegen J.verpachtung durch Gemeinde betr. Beschlüsse[50]); über Beschwerden Dritter, welche an Gemeindej.bezirk angrenzen[51]), gegen Modalitäten der J.verpachtung, durch welche sie sich benachteiligt fühlen[52]), und über Frage, welche von zwei Gemeinden j.ausübungsberechtigt auf einem bestimmten Grundstücke gem. Art. 4 ist[53]).

Art. 5.[1])

Die Gesamtflur jeder politischen Gemeinde bildet einen selbständigen Jagdbezirk.

Jeder Gemeinde bleibt unbenommen, sich mit anderen politischen Gemeinden zu einem gemeinschaftlichen

---

45) Vollw. S. 60, 97; Schüllerm. S. 25 A. 1.
46) VGH. 2, 340. — Unten Art. 11 Anm. II 1.
47) VGH. 1, 161, 173, 250; 28, 200.
48) VGH. 18, 180.
49) VGH. 3, 251, 530; BlfAdmPr. 32, 316; 33, 340.
50) VGH. 2, 136; BlfAdmPr. 31, 310.
51) Art. 10 Z. 2 VGG.
52) VGH. 2, 138; 3, 530; BlfAdmPr. 33, 340.
53) VGH. 4, 267.
1) VB. § 4.

Jagdbezirke zu vereinen. Gemeinden, deren Flur 480 bayerische Tagwerke oder mehr umfaßt, können mehrere, die Zahl von 6 nicht überschreitende, wenigstens 240 Tagwerke haltende Jagdbezirke bilden.

I. Zu Absatz I:

Gesamtflur der polit. (nicht auch der Orts-) Gemeinde ist selbständiger J.bezirk[2]). Es entscheidet ausschließl. die räuml., geographische Begrenzung der Gemeindemarkung für Umfang des letzteren, mag dieser auch weniger wie 240 oder 400 Tagwerk umfassen[3]). Innerhalb der Markung liegende Grundstücke können deshalb nicht zum J.bezirke gehören, weil sie Teile einer fremden Gemeindeflur sind, während andere, vom zusammenhängenden Gemeindebezirke abgesprengte, zerstreut in anderen Markungen liegende Grundstücke auch dann zum J.bezirke gehören, wenn von diesem aus nicht zugängl.[4]). Einheitlichkeit des Eigentums ohne Einfluß; zusammenhängender Grundbesitz desselben Eigentümers, welcher von der Gemeindegrenze durchschnitten wird, fällt verschiedenen J.bezirken zu. Hauptunterschied zwischen Eigen- und Gemeindej.bezirk: dort entscheiden ohne Rücksicht auf Gemeindezugehörigkeit der Grundstücke die Eigentumsverhältnisse, hier ohne Rücksicht auf Eigentumsverhältnisse die Gemeindeflurgrenzen[5]). Persönl. Gemeindezugehörigkeit ohne Belang. Im Gemeindebann befindl. Liegenschaften auswärtiger, nicht in der Gemeinde wohnhafter Gemeindebürger, sog. Forensen[6]) gehören zum Gemeindej.bezirk[7]). Ausmärkischer Grundbesitz fällt in diesen nur, wenn er diese Eigenschaft verliert, indem bleibende Niederlassungen nebst den zugehörigen Grundstücken der Gemeinde zugeteilt werden[8]).

Änderungen im Bestande der polit. Gemeinde:

a) Bei Vereinigung mehrerer Gemeinden erfolgt Vereinigung der aus den bisher getrennten Gemeindemarkungen bestehenden J.bezirke zu einem neuen, selbständigen Gemeindej.revier.

b) Durch Wiederauflösung solcher Verbände entstehen so viel neue selbständige Gemeindej.bezirke, als neue Gemeinden geschaffen werden.

---

2) VGH. 1,[195]; 3,[117]; 3,[170]; BlfAdmPr. 32,[276]; VGH. 18,[181]; 28,[202].
3) VGH. 22,[207]; RGSt. 32,[195]; vgl. oben S. 113, 3c und Fußn. 6. BlfAdmPr. 15,[74]; Schüllerm. S. 27 Note 2.
4) VGH. 3,[532] oben S. 122, 2 und Tafel XI; DJäger 1918 S. 59; wegen des Notweges s. unten Abschnitt E I.
5) Wirsch. S. 64 Fußn. 108.
6) Art. 25 GemO.; oben S. 126 bei Fußn. 38.
7) Oben S. 125, 5; RGSt. 18,[269]; Wirsch. S. 64.
8) Art. 3 Abs. IV GemO.; oben S. 110 VIII, 112.

c) Errichtung neuer Gemeinden aus *Teilen* bestehender Gemeindemarkungen (Ziff. 3) verringert die Gemeindej.bezirke der Gemeinden, von welchen Gebietsteile weggenommen werden, zugunsten des neu entstandenen der neu errichteten Gemeinde um die ausgeschiedenen Teile.

d) Durch gänzl. Auflösung einer Gemeinde entstehen entweder so viele neue selbständige Gemeindej.bezirke, als Gemeindemarkungen aus der zertrümmerten Gemeinde gebildet werden; oder der bisherige Gemeindej.bezirk wächst den J.gründen jener Gemeinden zu, welche die Trümmer der aufgelösten Gemeinde aufnehmen. — Zuteilung ausmärkischer bleibender Niederlassungen vergrößert als Zuwachs den räuml. Umfang eines Gemeindej.bezirkes, ebenso wie Um- und Eingemeindungen von Ortschaften, häusl. Anwesen oder einzelnen Grundstücken [9]). Ausgemeindungen bewirken Verringerung der Markung mit räuml. Verkleinerung des Gemeindej.-bezirks, Bestand der Gemeinde als solcher wird nicht berührt [10]). Stets entscheidet die territoriale Lage des Grundstückes „innerhalb" der Grenzen der „Gesamt"flur einer Gemeinde für seine Zugehörigkeit zum gemeindl. J.bezirke. Mit Ausscheiden aus diesem erlischt J.ausübungsbefugnis der Gemeinde und damit gemeindl. J.pachtvertrag im Zeitpunkte der Lostrennung [11]).

II. Zu Absatz II:

1. Gemeinde kann nach freiem Ermessen ihren J.bezirk mit dem anderer Gemeinden zu einem gemeinschaftl. J.bezirke *zusammenlegen*, ohne daß auf Tagwerkszahl der beteiligten J.bezirke etwas ankäme. — *Dingl. Voraussetzung* ist lediglich, daß die zu vereinigenden Markungen zusammenhängen. Nicht strenger Zusammenhang gem. Art. 2 Ziff. 3 und 4; 3. JG. erforderlich, es genügt tatsächl. Aneinandergrenzen, Verbindung durch Grundflächen, welche zu den zusammenzulegenden J.bezirken gehören [12]). Ohne Bedeutung, wenn Fluren einzelner zu einer Gemeinde vereinigter *Ortschaften* mit Markung der anderen Gemeinde nicht zusammengrenzen [13]). Anschluß von Eigenj.bezirken [14]), welche keinem der vereinigten Gemeindebezirke angehören, gemäß Art. 6 zulässig, wenn ersterer auch nur mit einem der zusammengelegten J.bezirke zusammengrenzt. Dem Anschlusse steht nichts entgegen, wenn Eigenj.bezirk ganz oder teilweise in einer nicht beteiligten Gemeinde liegt [15]). — Änderungen im Be-

---

9) Art. 3 Abs. IV; 4 Abs. II GemO.

10) Wirsch. S. 65; Vollw. S. 61 A. I, 1; BGH. 3, [117], [170]; BlfAdmPr. 32, [276].

11) RGSt. 37, [48]; BlfAdmPr. 17, [215]; Wirsch. S. 65 letzter Abs.; Vollw. S. 62; Schüllerm. S. 36 Note 9. Vgl. im übrigen oben S. 122 f. A. 2 zu Art. 4.

12) Vgl. Goercke S. 41 Note 36; S. 35 Note 11.

13) Vollw. S. 62 A. II 1 a.

14) Samt etwaigen Inklaven, Art. 3.

15) Vollw. S. 62; Wirsch. S. 69.

stande auch nur einer der vereinigten Gemeinden als solcher nach Art. 4 GemO. bewirken Auflösung des gemeinschaftl. J.bezirkes,

Tafel XIII Seite 132.

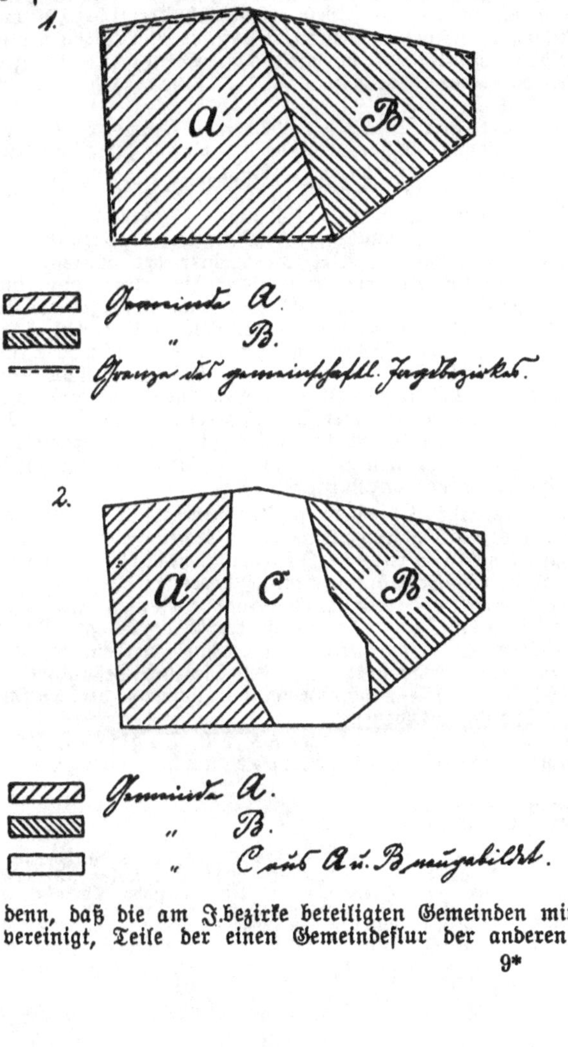

es sei denn, daß die am J.bezirke beteiligten Gemeinden miteinander vereinigt, Teile der einen Gemeindeflur der anderen zugeschlagen werden oder aus Teilen der einen oder beider, im übrigen bestehen bleibenden Gemeinden neue Gemeinde gebildet wird, welche mit ihrem Gemeindebanne im gemeinschaftl. J.bezirke verbleiben oder aus ihm ausscheiden kann. Findet aber Neubildung einer Gemeinde aus Teilen der j.lich vereinigten Gemeinden statt, scheidet diese aus dem gemeinschaftl. J.bezirke aus und schiebt sich ihre Flur trennend zwischen die Markungen der übrigen beteiligten Gemeinden, so wird der gemeinschaftl. J.bezirk aufgelöst, da dingl. Voraussetzung des Zusammenhanges wegfällt (Tafel XIII S. 131).

Nur Gesamtflur einer Gemeinde kann mit der ganzen Markung einer Nachbargemeinde zu einem gemeinschaftl. J.bezirke zusammengelegt werden. Nicht zulässig, einzelne an den Grenzen der Nachbargemeinde gelegene, etwa weit in diese einspringende, oder durch zickzackförmigen Grenzverlauf umständlich zu begehende, oder vom eigenen J.bezirke abgetrennte Teilstücke des einen Gemeindej.gebietes an Pächter der angrenzenden Gemeindej. „abzutreten", auch wenn die „Abtretung" im Wege der freihändigen Verpachtung[16]) oder nach Analogie der Bildung von Unterbezirken[17]) erfolgt. Denn auch Art. 7 Abs. III spricht von Vergebung der „Jagd", nämlich der Gemeindej., also des Gemeindej.bezirkes und damit der Gesamtflur der polit. Gemeinde[18]). Art. 5 Abs. II S. 2 aber macht ausdrückl. zur Voraussetzung, daß die einzelnen Unterbezirke mindestens 240 Tagwerk halten müssen. Da es sich bei den fragl. „Abtretungen" stets um kleinere Flächen handeln wird, sind sie, soweit sie nur solche zum Gegenstande haben, unzulässig[19]).

2. Gesamtj.bezirk einer polit. Gemeinde oder der gemeinschaftl., aus den Markungen mehrerer Gemeinden zusammengesetzte J.-bezirk kann in mehrere J.bezirke geteilt werden (Unter-, Teil-, J.bezirke, irreführend auch „J.bögen").

a) Gesamtflur der polit. Gemeinde wenigstens 480 Tagwerk: Eigenj.bezirke, welche der Gemeinde zur Mitverpachtung überlassen sind, dürfen eingerechnet werden, wenn sie in oder an Gemeindemarkung liegen[20]). Sie sind Bestandteil des J.-bezirkes, auf welchem die Gemeinde „namens der Grundeigentümer" J.recht ausübt[21]).

b) Unterbezirk mindestens 240 Tagwerk, und zwar zusammenhängend. Hochgebirge und Flachland stehen

---

16) Art. 7 Abs. III.
17) Art. 5 Abs. II S. 1 u. 2.
18) Art. 5 Abs. I.
19) BlfAdmPr. 67, 239; DJäger 1919 S. 145; anders BlfAdmPr. 69, 196, BGZ. 1914 S. 84/85, wo allerdings die Zulässigkeit solcher „Arrondierungen im engeren Sinne" für die Gemeindej. bei dem zwingenden Charakter der Vorschrift des Art. 5 Abs. I als „recht zweifelhaft" bezeichnet wird.
20) Art. 6, oben S. 130 II 1 und Fußn. 12.
21) Wirsch. S. 71; Pollw. S. 62 F. 5.

sich hinsichtl. des Flächenausmaßes der Unterbezirke gleich, da Absatz II auch hinsichtl. der Mindestfläche der Gesamtmarkung keinen Unterschied macht[22]). Der Umfang der einzelnen Unterabteilungen braucht kein gleichheitl. zu sein[23]). In einer, aus mehreren Ortsgemeinden bestehenden Gemeinde bleibt Bestimmung der Unterbezirke dem freien Ermessen der polit. Gemeinde überlassen; Unterbezirke brauchen sich mit Ortsfluren nicht decken, mag deren Flächeninhalt Mindestgröße eines J.bezirkes erreichen oder übersteigen[24]). Ein der Gemeinde zur Mitverpachtung überlassener Eigenj.bezirk kann in seinem ganzen Umfange als Unterbezirk belassen werden, außer im Falle des Art. 2 Ziff. 4, wenn er nur die dort geforderte Mindestgröße von 50 Tagwerk besitzt. Er kann auch parzelliert und verschiedenen Unterbezirken zugeteilt werden. Bei gemeinschaftl. J.bezirke können Unterabteilungen aus Grundstücken sämtl. beteiligter Gemeinden zusammengesetzt sein.

c) Nicht mehr als sechs Unterbezirke: auch dann nicht, wenn Gesamtflur größer als (6×240) = 1440 Tagwerk, und daher auch bei Teilung in mehr als sechs Bögen jeder einzelne Bezirk noch Mindestgröße von 240 Tagwerk besitzen würde[25]).

Veränderungen im Bestande der polit. Gemeinde[26]) beeinflussen auch die Unterj.bezirke:

α) Vereinigung mehrerer Gemeinden zu einer neuen Gemeinde[27]). Übersteigt Zahl der Unterbezirke in den zusammengeschlossenen Markungen Zahl 6, muß Neueinteilung stattfinden. Ebenso, wenn Flur einer der vereinigten Gemeinden weniger wie 240 Tagwerk hält, da diese nicht als Unterbezirk belassen werden kann[28]). — Bei Wiederauflösung eines solchen Verbandes entsprechend umgekehrt zu verfahren[29]).

β) Aus Teilen bestehender Gemeindemarkungen wird neue Gemeinde errichtet[30]). Bleibt neue Gemeinde in dem gemeinschaftl. J.bezirke, brauchen Änderungen an den Unterabteilungen nicht vorgenommen zu werden. Abtrennung von Flurteilen kann Verringerung eines oder mehrerer Unterbezirke unter das gesetzl. Mindestmaß bewirken und deshalb Neueinteilung, unter

---

22) Wirsch. S. 70 und F. 124; Schüllerm. S. 35 N. 5; Pollw. S. 62.

23) 1440 Tgw. Gesamtflur sollen in 6 Unterbezirke geteilt werden, dann muß jeder 240 Tgw. halten; Wirsch. S. 70; Pollw. S. 62.

24) BGH. 1, 195; BlfAdmPr. 16, 368; Wirsch. S. 71; Schüllerm. S. 36 Note 6; Pollw. S. 62; oben S. 124, 3; 130 II 1.

25) Wirsch. S. 70; bei Gesamtmarkung von z. B. 1680 Tgw. nicht 7 Unterbezirke mit je 240 Tgw.

26) S. oben S. 129 I a—d.

27) Art. 4 Z. 1 GemO.

28) Eine Gemeinde umfaßt 179 Tgw., die andere 300 Tgw., Gesamtflur der vereinigten Gemeinden also nur 479 Tgw., aus denen nicht einmal 2 Unterbezirke gebildet werden können; würde die eine Gemeinde 200 Tgw. halten, die andere aus 3 J.bögen mit 240, 250 und 270 Tgw. bestehen, so müßte eine Neueinteilung etwa in 4 J.bezirke mit je 240 Tgw. usw. erfolgen.

29) Art. 4 Z. 2 GemO.

30) Art. 4 Z. 3 GemO.

Umständen Reduktion der Zahl der Unterbezirke oder Abstehen von ihrer Bildung notwendig machen[31]). — J.bezirk der neuen Gemeinde kann Beibehaltung der früheren J.bögen gestatten, oder Neugestaltung der Unterbezirke wie bei α erfordern, wenn ihre Zahl durch Vereinigung mehrerer Gemeindemarkungen zu groß würde, oder die von einem früheren J.unterbezirke abgetrennte und ihr zugewiesene Fläche nicht mehr 240 Tagwerk hält[32]).

γ) Gemeinde wird gänzlich aufgelöst[33]): Aufhören einer polit. Gemeinde kann bedingt sein durch Ankauf aller ihre Markung ausmachenden Besitzungen unter Beseitigung der Wohnhäuser durch einen Käufer oder dadurch, daß durch Zusammenkauf einzelner Anwesen nicht mehr soviel Bürger vorhanden sind, um Verwaltung der Gemeinde führen zu können[34]); im letzteren Falle kann Auflösung nur durch Zuteilung an andere Gemeinde erfolgen; im ersteren hat bis zur förmlichen Auflösung der Gemeinde als solcher, als öffentl. Körperschaft, Grunderwerber in alle Lasten der Gemeinde einzutreten, und dann Anschließung an andere Gemeinde zu erfolgen, da jedes Grundstück einem Gemeindebezirke angehören muß, und neue ausmärk. Bezirke nicht geschaffen werden dürfen[35]). J.rechtl. kann bei Vorliegen oder Entstehen der Voraussetzungen des Art. 2 Ziff. 3 und 4 JG. ein Eigenj.bezirk entstehen, andernfalls trifft Art. 4 JG. und das bei α Ausgeführte zu.

δ) Sonstige Veränderungen bestehender Gemeindemarkungen, namentl. Vereinigung einer Ortschaft, eines Hofes, einer bisher abgesonderten Markung[36]), mit, oder deren Ausscheiden aus einer Gemeinde[37]) vergrößern oder verkleinern Gemeindej.bezirk mit den bei α und β besprochenen Wirkungen[38]).

---

[31]) Z. B. der gemeinschaftl. J.bezirk bestand aus 3 Bögen: A = 250, B = 270, C = 290 Tgw.; von B werden 30, von C werden 60 Tgw. der neuen, sich nicht anschließenden Gemeinde zugeteilt; es müßten dann etwa entweder 3 Unterbezirke mit je 240 oder 2 Abteilungen mit je 360 Tgw. gebildet werden. — Der gemeinschaftl. J.bezirk bestand aus zwei Bögen mit 270 und 259 Tgw.; von demselben werden 50 Tgw. zur Bildung der neuen Gemeinde abgetrennt, so daß er nur mehr 479 Tgw. umfaßt, welche keine Unterabteilung in J.bezirke zulassen.

[32]) Neue Gemeinde A wird aus 3 J.bezirken der Gemeinde B und 4 J.bögen der Gemeinde C gebildet, der neue Gemeindej.bezirk A darf aber nur 6 Unterbezirke haben. — Neue Gemeinde A erhält aus Gemeinde B 2 J.bezirke zu je 240 Tgw., aus der Gemeinde C 230 Tgw. In diesem Falle muß Gesamtj.bezirk der neuen Gemeinde A mit 710 Tgw. in zwei J.bögen geteilt oder im ganzen verpachtet werden.

[33]) Art. 4 Z. 4 GemO.

[34]) Vgl. Art. 124 GemO.

[35]) Lindner-Hauck S. 37 A. 4 Abs. II zu Art. 4 GemO.; Art. 3 Abs. I S. 1 GemO. und Lindner-Hauck S. 30 A. 2 dazu.

[36]) Art. 3 GemO. oben S. 110 VIII.

[37]) Art. 4 Abs. II GemO.; Lindner-Hauck S. 38 A. 5; „Ein-, Aus-, Umgemeindung"; oben S. 129 I d.

[38]) Wirsch. S. 72 und Fußn. 133 das.; Schüllerm. S. 36 Note 9; Vollw. S. 61; BlfRA. Bd. 17, 215.

3. Zusammenlegung von Gemeindej.bezirken erfolgt durch Stadt-(Gemeinde-)räte der beteiligten Gemeinden, Bildung von Unterbezirken durch die gleichen Organe der betr. polit. Gemeinde, bei gemeinschaftl. J.bezirken entweder durch Gemeindebehörden der die J. gemeinschaftl. durch Verpachtung ausübenden beteiligten Gemeinden oder durch die Organe der Gemeinde, welcher die Verpachtung von den anderen beteiligten Gemeinden übertragen wird, nicht durch Privatabkommen[39]) — Stadtrat beschließt in einer Sitzung mittels Plenarbeschlusses, dessen Gültigkeit erfordert:

a) daß alle im Gemeindebezirke anwesenden Stadtratsmitglieder besonders eingeladen wurden, soferne Sitzungstage nicht im voraus bestimmt;

b) daß mehr als die Hälfte der in Art. 71 Ziff. 1—3 GemO. bezeichneten Mitglieder[40]) an Beratung und Abstimmung teilgenommen haben. Stadtratsmitglieder können an Beratung und Abstimmung über Angelegenheiten, wodurch ihre Privatinteressen unmittelbar berührt werden, nicht teilnehmen[41]). Da es sich hier um eine eigentl. Gemeindeangelegenheit handelt, in welcher grundbesitzenden Mitgliedern infolge ihrer Gemeindeangehörigkeit, ebenso wie anderen Grundbesitzern der Gemeinde und mit nur mittelbarer Wirkung auf ihre Privatinteressen, ein Anteil am J.pachtschilling zukommt, sind sie nur ausgeschlossen, wenn sie selbst Gemeindej.pächter sind oder als solche auftreten wollen. Stadtratsmitglieder als J.gäste des Pächters von Beratung und Abstimmung nicht ausgeschlossen[42]). Eigenj.berechtigte, welche ihren Grundbesitz der Gemeinde zur J.ausübung überlassen[43]), stehen anderen, nicht eigenj.berechtigten Grundeigentümern hinsichtl. ihres Interesses an der Bildung von Unterbezirken gleich; nicht aber hinsichtl. Überlassung des Eigenj.bezirkes, da diese eine private Parteiverfügung bedeutet, welche Teilnahme an Tätigkeit des Stadtrats ausschließt. Beteiligung trotz unmittelbaren Interesses hat Nichtigkeit des Verfahrens nur zur Folge, wenn nach Abzug der als nicht abgegeben zu erachtenden Stimmen der Befangenen die, zur Abstimmung und Beschlußfassung erforderliche Mindestmitgliederzahl nicht erreicht wird[44]).

c) Daß absolute Mehrheit der Abstimmenden sich für dieselbe Meinung ausgesprochen, bei Stimmengleichheit

---

39) Unten S. 136 f. A. 4; über private J.bezirksteilung unter Mitpächtern: unten S. 189, 2.

40) Rechtskundige und die nach der Gemeindeseelenzahl wechselnde Zahl der bürgerlichen Stadträte, Bürgermeister oder dessen Stellvertreter.

41) Art. 103 GemO.; BGZ. 1917 S. 145.

42) BayrB. 1916 S. 122.

43) Art. 6 JG.

44) BGH. 5, 272; 24, 1; BGZ. 1910 S. 44/45.

die Stimme des Vorsitzenden entschieden, kein Mitglied sich der Abstimmung enthalten hat[45]). —

Beschlüsse, die den Anforderungen a—c nicht entsprechen, sind rechtsungültig und im Staatsaufsichtswege zu beseitigen.

Gemeinderat kann nur dann gültig beschließen, wenn

aa) alle im Gemeindebezirke anwesenden Mitglieder, falls es sich nicht um ordentl., im voraus festgesetzte und bekanntgemachte Sitzungen handelt, gehörig und frühzeitig genug geladen sind,[46]) ohne daß es vorgängiger Bekanntgabe der Tagesordnung bedarf[47]).

bb) mehr als die Hälfte der gesetzl. Mitgliederzahl[48]) an der Beratung und der mündl. oder schriftl. Abstimmung teilgenommen haben. Beschlüsse werden durch einfache Stimmenmehrheit gefaßt; bei Stimmengleichheit gilt der Teil, bei welchem Stimme des Vorsitzenden[49]) sich befindet, als absolute Mehrheit[50]). Bezüglich persönlichen Interesses eines Gemeinderates wie bei Stadtratsmitgliedern[51]). Beschlüsse, die im Widerspruch mit den Voraussetzungen zu a und b stehen, ermangeln der materiellen Rechtswirksamkeit, vermögen die von ihnen beabsichtigten Rechtsfolgen nicht zu erzeugen[52]). —

4. Verpachtung erfolgt zufolge Vereinbarung und Vollmachterteilung durch eine der an dem zusammengelegten J.bezirke beteiligten Gemeinden. Diese handelt für Grundeigentümer ihres eigenen J.bezirkes auf Grund gesetzl. Ermächtigung im eigenen Namen[53]), für Grundeigentümer der anderen Gemeinde nach Maßgabe der ihr von letzterer übertragenen Stellvertretung im Namen dieser Gemeinde[54]). Bevollmächtigte Gemeinde handelt mit unmittelbarer Wirkung für und gegen die beauftragende Gemeinde, nicht mit Wirkung für und gegen deren Grundbesitzer, die mit der verpachtenden Gemeinde nichts zu tun haben und sich an ihre Gemeinde halten müssen[55]). Ebenso machen Grundeigentümer der beauftragten Gemeinden etwaige Anfechtungsrechte gegen diese geltend[56]). Pächter des gemeinschaftl. J.bezirks tritt in keiner Rechtsbeziehungen zu Grund-

---

45) Art. 102 GemO.
46) BGH. 4,[47]; 13,[128].
47) Lindner-Hauck S. 325 A. 2.
48) Bürgermeister, Beigeordneter, nach der Gemeindeseelenzahl 4 bis 24 Gemeinderäte: Art. 124 GemO.
49) Bei dessen Verhinderung die eines in dessen Stellvertretung folgenden Ausschußmitgliedes.
50) Lindner-Hauck S. 325 A. 2 Abs. III.
51) Art. 145 GemO.; oben S. 135, 3 b.
52) Lindner-Hauck S. 325 A. 2 Abs. IV.
53) S. oben S. 124 f. bei 4.
54) § 164 BGB.
55) Vgl. Fischer-Henle S. 308 A. 2 zu § 664 BGB.; Staud. II b S. 529 A. 3.
56) Vgl. BGH. 3,[117]; oben S. 124 f. bei 4.

eigentümern[57]). kontrahiert nur mit der Gemeinde. Die mehreren am gemeinschaftl. J.bezirke beteiligten Gemeinden haften ihm für seine Ansprüche aus dem Pachtvertrage ebenso als Gesamtschuldner, wie im gleichgelagerten Falle für Wildschadenshaftung durch Art. 3 Abs. II WSchG. ausdrücklich bestimmt[58]). Gemeinden können auch als gemeinschaftl. Verpächter auftreten. Die rechtl. Beziehungen zwischen Gemeinden und Grundeigentümern, Gemeinden und Pächtern, Pächtern und Grundeigentümern bleiben die gleichen.

5. Auf Verpachtung der einzelnen Unterbezirke ist Art. 10 Abs. I JG. anzuwenden, wonach für jeden „J.bezirk"[59]) höchstens drei Pächter zuzulassen sind[60]). Pachtung mehrerer Unterbezirke durch einen und denselben Pächter nicht unzulässig[61]).

6. Selbstverwaltung nach Art. 11 Z. 2, 3 zulässig, da Art. 5 II S. 2 nur von der „Bildung" von Unterbezirken spricht und nicht verlangt, daß sie „verpachtet" werden müssen[62]).

III. Zuständigkeit bei Streitigkeiten.

1. Bildung von gemeinschaftl. und von Unter-J.bezirken als eigentl. Gemeindeangelegenheit[63]), dem Offizialeinschreiten der Staatsaufsichtsbehörden unterworfen[64]). Reines Verwaltungsverfahren, in welchem gesetzwidrige Gemeindebeschlüsse, deren Zurücknahme binnen angemessener Frist nicht erfolgt, durch Verwaltungsbehörde[65]) — vorbehaltl. gemeindl. Beschwerderechts — außer Wirksamkeit zu setzen sind[66]), und in welchem auch über Streitigkeiten zwischen Gemeinde und Grundeigentümern wegen Bildung der J.bezirke sowie wegen Beanstandungen der an einem gemeinschaftl. J.bezirke beteiligten Gemeinde gegen Modalitäten der von der beauftragten Gemeinde vorgenommenen Verpachtung, zu entscheiden ist.

2. Wird im Falle einer staatsaufsichtl. Verfügung Verletzung des gemeindl. Selbstverwaltungsrechts behauptet, so ist VGH. letzte Instanz, wenn vorher eine Verfügung oder ein Beschluß einer Kreisreg. ergangen und mit Beschwerde angefochten ist[67]). Aufhebung und Abänderung von Beschlüssen der Gemeindebehörde, welche Verletzung des öffentl. Interesses enthalten,

---

[57]) Oertmann I S. 378; oben S. 125, 4.
[58]) §§ 421 ff. BGB.; Pollw. S. 63 A. 3.
[59]) I. S. des Art. 5 Abs. II, wo ebenfalls von „J.bezirk" gesprochen wird, ebenso wie i. S. des Abs. I.
[60]) VV. § 8 Abs. II; Pollw. S. 62 A. II 1 a; S. 94 A. 1.
[61]) Andere Ansicht in I. Aufl. S. 140 A. 5 und DJäger 1920 S. 132 wird nicht aufrecht erhalten.
[62]) Unten Art. 11 JG. Anm. 2 c.
[63]) VGH. 2, 340; 3, 24, 252; 4, 134; 11, 201; 13, 43.
[64]) Art. 157 Z. 1, 2 GemO.; Lindner-Hauck S. 352 A. 2 u. 3.
[65]) Art. 154, 155, 160 GemO.
[66]) Art. 157 Abs. II l. c.
[67]) Art. 10 Z. 2 VGG.; VGH. 3, 251, 530.

ist an rechtzeitig erhobene Beschwerde nicht gebunden. Gegen Verletzung von Privatrechten kann nur der Richter angerufen werden. Enthält Beschluß der Gemeindeverwaltung Benachteiligung einzelner (z. B. einzelner Grundbesitzer), so kann er innerhalb einer unerstreckbaren Frist von 14 Tagen mit Beschwerde angefochten werden[68]).

Art. 6.[1])

Die im Art. 2 benannten Jagdberechtigten können die ihnen zustehende Selbstbenützung der Jagd auf ihrem in oder an dem betreffenden Jagdbezirke liegenden Besitztum mit in die Verpachtung geben.

1. Gemeinde ist nicht befugt, den ihr angetragenen Anschluß einer Eigenj. an ihren J.bezirk ohne weiteres abzulehnen. Art. 6 statuiert nicht nur eine selbstverständl. Befugnis des Eigenj.berechtigten, sondern ein positives Recht gegenüber der Gemeinde, freilich kein klagbares, vor den Gerichten zu verfechtendes, wohl aber ein solches öffentl.-rechtl. Natur, welches bei den Verwaltungsinstanzen als Staatsaufsichtsbehörden durchzusetzen ist[2]).

Art. 6 spricht nur von Überlassung zur Mit-Verpachtung. Aber auch Selbstverwaltung nach Art. 11 ist zulässig, muß nicht nur den gemeindl. Pachtbedingungen, sondern mangels entgegenstehender ausdrückl. Vereinbarungen, auch der J.ausübung durch gemeindl. Regiebetrieb sich unterwerfen[3]).

2. Eigenj.recht ist nur an Eigentums-, nicht an Gemeindemarkungsgrenzen gebunden. Deshalb erstreckt sich J.ausübungsrecht der Gemeinde auch auf die Teile des nur als ungeteiltes Ganzes übertragbaren Eigenj.bezirkes, welche über Flur der übernehmenden Gemeinde hinausgreifen[4]). Diesesfalls steht es dem Eigenj.-berechtigten frei, welcher Gemeinde er sich anschließen will[5]). Da die von einem eigenj.berechtigenden Grundkomplex umschlossenen Inklaven[6]) mit diesem einen einheitl. J.bezirk bilden[7]), werden sie mit dem Eigenj.bezirke dem Gesamtj.gebiete einverleibt, auch wenn sie einer anderen Gemeindemarkung angehören[8]). Ausmärkischer Eigenj.bezirk kann einem Gemeinde-

---

[68]) Art. 157 Abs. IV, 163 GemO.; oben S. 109.

[1]) VV. § 5.

[2]) Art. 4 JG.; VGH. 1, [195]; BlfAdmPr. 30, [348]; BGZ. 1900 S. 45; 1904 S. 93; Oertm. I S. 380; VGH. 1, [176].

[3]) Pollw. S. 64, 65; Wirsch. S. 60 und Fußn. 113 das.; Schüllerm. S. 38 Note 1. — Oben S. 127, 7; unten Art. 11 Anm. II 1.

[4]) Wirsch. S. 66 und Fußn. 114 das.; Pollw. S. 65 A. 3; Schüllerm. S. 38; VV. § 5; oben S. 126 f., 5 am Ende.

[5]) Pollw. S. 65 A. 3.

[6]) Art. 3.

[7]) Oben S. 117 bei 5.

[8]) Pollw. S. 64, S. 73 A. 6 a. E.; Wirsch. S. 67.

j.bezirke angeschlossen werden[9]); Überlassung des ausmärk. Eigenj.bezirkes ergreift auch dessen Inklaven[10]). — Hochgebirge und Flachland, Wasser- und Landbesitz können gleichartigen oder andersgearteten Gemeindej.bezirken angeschlossen werden.

3. Dingl. Voraussetzung: Räuml. Zusammenhang zwischen Eigenj.- und Gemeindej.bezirk[11]). Es genügt, daß ersterer von letzterem nur teilweise umschlossen ist, damit er als „in" dem betr. Gemeindej.bezirk liegend angesehen werden kann. „An" demselben liegt er schon dann, wenn er sich mit ihm nur in einem Punkte körperlich berührt. Zureichend, wenn Zusammenhang mit einem anderen, dem Gemeindej.bezirk angeschlossenen Eigenj.komplex oder nur mit einer von mehreren, zu einem gemeinschaftl. J.bezirke vereinigten Gemeindebannen[12]) oder bloß mit einem von verschiedenen Unterj.bezirken[13]) vorhanden ist, da alle diese Teile zu einem einheitl. Ganzen zusammengeschmolzen und unter sich gleichwertig sind[14]).

4. Zulässige Formen der durch Gemeinde zu betätigenden J.-ausübung auf dem ihr überlassenen Eigenj.bezirke:

a) Verpachtung im Wege der öffentl. Versteigerung an den Meistbietenden[15]);

b) Verpachtung durch privaten Kontraktschluß[16]).

c) Übernahme des Eigenj.bezirkes zum Anschluß an die von der Gemeinde als Grundeigentümerin ausgeübte Eigenj., wenn ausdrücklich vereinbart. In diesem Falle ist Gemeinde aber nicht etwa Selbstpächterin des ihr überlassenen Eigenj.bezirkes, sondern Beauftragte seines Eigentümers auf Grund besonderen Vertrages[17]). Hiezu wird Gemeinde nicht auf Grund des Art. 6 verpflichtet sein, da dieser nur von dem Anschlusse an den Gemeindej.bezirk[18]) spricht. J.ausübung auf dem übernommenen Eigenj.komplex wird durch Anschluß nicht zur eigentl. Gemeindeangelegenheit, als welche sich Verwaltung der gemeindl. Eigenj. darstellt[19]). Es wird nur ein Privatrechtsverhältnis zwischen Gemeinde und Eigenj.besitzer begründet, welches streng zu scheiden ist von dem, erst durch die gemeindl. J.ausübung zu schaffenden. Der Überlassungsvertrag zwischen Gemeinde und Eigenj.besitzer ist nach den zivilrechtl. Bestimmungen über Auftrag zu beurteilen. Auftrag kann vom Auftraggeber jederzeit wiederrufen, vom Beauf-

---

9) Lindner-Hauck S. 31 B A. 3 a. E.; S. 33 A. 7; oben S. 110 ff. VIII.
10) Wirsch. S. 67.
11) Vgl. oben S. 130 II 1.
12) Art. 5 Abs. II S. 1.
13) Art. 5 Abs. II S. 2.
14) Wirsch. S. 66/67.
15) Art. 7 Abs. I; s. unten Ziff. II hiezu.
16) Art. 7 Abs. III; s. unten C hiezu.
17) Pollw. S. 65 A. 4.
18) S. 121 f. Ziff. 1, 2.
19) Oben S. 121 f. Ziff. 1, 2, insbes. Fußn. 2.

tragten jederzeit gekündigt werden[20]. Der Eigenj.berechtigte ist auf Grund seines Widerrufsrechtes nicht befugt, den von der Gemeinde abgeschlossenen Pachtvertrag für gelöst zu erklären; er bleibt an ihn gebunden bis zum Ablaufe der Pachtzeit. — Soll gemäß ausdrückl. Abmachung Verpachtung im Namen der Gemeinde selbst erfolgen, so liegt gleichzeitig Vollmachtsverhältnis vor. Der Eigenj.berechtigte hat dem Pächter gegenüber Verschulden der Gemeinde in gleichem Umfange zu vertreten, wie eigenes Verschulden[21].

Unentgeltl. Überlassung der Eigenj. an Gemeinde zulässig, da Grundeigentümer auf Gewinn aus J.ausübung verzichten kann. Entsprechende Anwendung der Vorschriften über Leihe (a. A. Pollwein S. 65).

Durch Überlassung des Eigenj.bezirkes an Gemeinde erlischt in keinem Falle Recht zur Selbstausübung der J., es bleibt nur für die Dauer des von der Gemeinde mit einem Dritten geschlossenen Vertrages durch diesen suspendiert[22].

5. Hinsichtl. des durch die Gemeinde verpachteten Eigenj.bezirkes gilt das gleiche, wie bei Verpachtung durch Grundeigentümer selbst[23]. Auch bei Betrieb der überlassenen Eigenj. in gemeindl. Regie findet das darüber gesagte entsprechende Anwendung.

6. Zuwachs an Grundbesitz des Eigenj.berechtigten, der von selbst in den angeschlossenen J.komplex fällt, bleibt — vorbehaltl. etwa vereinbarter Erhöhung des Pachtschillings — ohne Einfluß auf bestehenden Pachtvertrag oder gemeindl. Selbstverwaltung. Im letzteren Falle hat Grundbesitzer Anteil am Mehrerträgnis.

Bestandsveränderungen der Gemeinde oder ihrer Markungsgrenzen: Hört Zusammenhang mit Gemeindej.- oder Eigenj.bezirk auf, so daß Eigenj.komplex nicht mehr „in" oder „an" diesen liegt, kann Gemeinde J.recht nicht mehr ausüben; etwa bestehender Pachtvertrag wird gelöst, Selbstverwaltung beendigt. Bleibt Zusammenhang aber bestehen, während gleichzeitig ein andere Gemeindej.bezirk an das Eigenj.gebiet heranrückt, darf vor Ablauf der für letzteres bestehenden Pachtzeit der Grundeigentümer sein Wahlrecht, welcher Gemeinde er sich anschließen will[24], nicht ausüben[25].

7. Zuständigkeit bei Streitigkeiten:

a) Streitigkeiten nach Art. 6 sind Verwaltungssachen. Gegenüber Weigerung der Gemeinde, einen Eigenj.bezirk zu über-

---

20) § 671 BGB.

21) § 278; aber einschränkend bei unerlaubter Handlung: § 831 BGB., der verkehrsübliche diligentia in eligendo als Entlastungsmoment für den Vollmachtgeber aufstellt.

22) VGH. 3, 170; 7, 48; 22, 211; 24, 394; 28, 201; Pollw. S. 47, 65; oben S. 108 VII 1, 113; vgl. BGZ. 1914 S. 428/429.

23) S. oben S. 69, 3.

24) S. oben S. 138, 2 und Fußn. 5.

25) Wirsch. S. 67, 68; Pollw. S. 65.

nehmen, kann Grundeigentümer staatsaufsichtl. Einschreiten verlangen[26]). Modalität des gemeindl. *J.betriebes* — ob Verpachtung durch öffentl. Versteigerung oder Kontraktschluß, Selbstverwaltung oder Anschluß an den gemeindl. Eigenj.bezirk — ist der freien Entscheidung der Gemeinden überlassen, welche keine kuratelamtl. Einmischung der Verwaltungsbehörden des Staates gestattet[27]). *Polizeil. Prüfung* des Übernahmevertrages nicht erforderlich[28]). Auch der von Gemeinde abgeschlossene Pachtvertrag bedarf keiner polizeil. Prüfung. Findet Beanstandung statt, so ist Gemeinde und Pächter beschwerdeberechtigt[29]). Bei Beeinträchtigung des gemeindlichen Selbstverwaltungsrechts Beschwerde nach erfolgloser Anrufung der Kreisreg. an VGH.[30]).

b) Eine im Eigentum eines Verbandes von anteilsberechtigten Miteigentümern stehende, eigenj.berechtigende Alpe wurde bisher unter Zustimmung des Verbandes von der polit. Gemeinde mit deren J.bezirk verpachtet. Verpachtung wurde letztmals ohne Zustimmung des Verbandes wiederholt, welcher nunmehr Eigenj.recht für sich beanspruchte und an eines der miteigentums- und anteilsberechtigten Verbandsmitglieder zur Ausübung verpachtete. Verbandspächter verlangte von dem durch Gemeinde aufgestellten Pächter Unterlassung der J.ausübung mit Antrag, festzustellen, daß Pachtvertrag der Gemeinde dem Verbandspächter gegenüber rechtsunwirksam, und Gemeindepächter nicht befugt sei, diesen in J.ausübung zu stören. Selbstbenützungsrecht der Alpenj. durch die Anteilsberechtigten von Gemeinde und deren Pächter anerkannt. Hierüber herrscht kein Streit, der als Streit über *J.ausübungsrecht* zum VGH. kompetieren würde[31]). Zur Entscheidung des vom Verbandspächter gestellten Antrages auf *Schutz in seinem anerkannten J.ausübungsrechte*[32]) einschließlich der Frage, ob der gemeindl. J.pachtvertrag gültig ist[33]), sind Gerichte zuständig[34]). Vgl. auch Ziff. VII zu Art. 2.

Art. 7.[1])

Die Verpachtung geschieht durch den Stadt- oder Gemeinderat, und zwar in der Regel auf dem Wege der öffentlichen Versteigerung an den Meistbietenden.

---

26) S. oben S. 138, 1 und die dort. Zitate.

27) VGH. 2, 340; 4, 134; BlfAdmPr. 31, 398; 33, 394; Vollw. S. 97 A. 2 Abs. II; S. 78 A. 6; Wirsch. S. 156 Fußn. 165. § 9 Z. 4 Abs. II u. III VB. ist als Beschränkung des gemeindlichen Selbstverwaltungsrechtes ungültig.

28) VB. § 5.

29) VGH. 1, 173.

30) Art. 10 Z. 2 VGG.; VGH. 3, 251, 530; Schüllerm. S. 63 N. 21.

31) VGH. 13, 187.

32) §§ 854, 858, 862, 1004 BGB.; Art. 1, 2 JG.; s. unten Abschn. E I.

33) OberstLG. Z. 1, 627; VGH. 1, 161; DJäger JU. 46/27 S. IX (gilt auch f. Bayern).

34) Entsch. d. GH. f. Komp.-Konfl. GVBl. 1907 Beil. I S. 1—7.

1) Vollzugsvorschr. v. 3. Febr. 1857 § 6 (zu Ziff. 14: s. Proegel S. 399—402).

Das Ergebnis unterliegt in Städten und Märkten mit magistratischer Verfassung der Genehmigung des Magistrats und der Gemeindebevollmächtigten, in den übrigen Gemeinden der Genehmigung der Gesamtgemeinde.

Gleiche Beschlußfassungen sind erforderlich, wenn **ausnahmsweise die Jagd ohne Versteigerung durch Kontraktsabschluß verpachtet werden will.**

Als Pächter können aber solche die gemeindliche Genehmigung nicht erhalten, welchen nach Art. 18 oder Art. 19 die Ausstellung der Jagdkarte verweigert wird; auch dürfen die Pachtbedingungen den ausdrücklichen Bestimmungen des gegenwärtigen Gesetzes nicht widerstreiten.

A. Zu Absatz I: Die Verpachtung ist eigentl. Gemeindeangelegenheit und Gegenstand der gemeindl. Selbstverwaltung [2]).

I. Die Gemeinde ist beim Verpachtungsakt nicht Geschäftsführerin der Besitzer der in der Gemeindeflur gelegenen J.grundstücke, sondern die vom Staate bestimmte Behörde für Besorgung gemeindl. Angelegenheiten [3]).

Der Stadt- (Gemeinde-) rat hat alle auf J.verpachtung bezügl. Verhandlungen zu pflegen, die Pachtbedingungen festzusetzen, den Aufwurfspreis für den ganzen J.bezirk oder, bei Bildung von Unterabteilungen, für diese im einzelnen zu bestimmen, die Versteigerung abzuhalten, den für Vertragsabschluß maßgebenden Zuschlag zu erteilen und den Pachtvertrag abzuschließen [4]).

1. Zunächst ist die Pachtdauer festzulegen. Da das JG. und die JPV. vom 6. Juni 1909 in § 1 ausdrückl. von dem Grundsatze ausgehen, daß die J. „pfleglich zu behandeln sind und in ihrer nachhaltigen Benützung durch den J.betrieb nicht gefährdet werden sollen", so ist zu beachten, daß durch zu kurze Pachtdauer die Möglichkeit einer die Erhaltung der J. sichernden Ausübung ausgeschlossen wird [5]). — Bei unbestimmter Pachtdauer [6]) sind, wenn auch gänzl. Verzicht auf Kündigung zulässig ist [7]), Kündigungsfristen festzusetzen und zur Vermei-

---

[2]) VGH. 3, [251], [530]; 13, [45]; 9. März und 25. Mai 1906 I 17 u. 31/06; 24. Mai 1922 I 36/22; durch SVG. daran nichts geändert; — oberst. LGR. 9. Mai 1923 ZfRpfl. 1923 S. 215.

[3]) Entsch. d. Kompetenzkonflikthofes RegBl. 1872 S. 1165; Beil. Bd. 1878 z. d. BlfAdmPr. S. 135; BlfAdmPr. 23, [367]; Weber, Ges.- u. Vd.-Slg. Anhangband 1894 S. 319; § 6 Abs. I, II VV.; Wirsch. S. 100; oben S. 124 f. bei 4.

[4]) Wirsch. S. 100, 104; Vollw. S. 67.

[5]) VV. § 6 Z. 6. Die z. Zt. übl. Pachtdauer von 6 Jahren ist zu kurz, namentl. für Wald- und Hochwildjagden (E. d. Min. d. J. v. 15. Mai 1923 StAnz. Nr. 114/23).

[6]) Etwa auf Lebenszeit des Pächters.

[7]) BlfAdmPr. 42, [286].

dung späterer Differenzen Bestimmung zu treffen, wie es bei Ausscheiden einzelner Bestandteile des Gemeindej.bezirkes als Eigenj. oder Inklaven nach Art. 2, 3 JG. zu halten ist. Vereinbarungen über entsprechende Minderung des Pachtpreises, Verzicht des Pächters auf jeden weiteren Entschädigungsanspruch und Erlöschen des Vertrags bei Nichtzustandekommen einer annehmbaren Abfindung sind zweckmäßig.

2. Zur Klarstellung der gegenseitigen Rechte und Pflichten und zur Hintanhaltung von Streitigkeiten tragen wesentlich bei Abmachungen über folgende Punkte: Fortbestehen oder Auflösung des Vertrages im Falle von Versetzung, Wegzug, Krankheit oder Tod des Pächters; Fortsetzung desselben mit Erben (aber Art. 10 Abs. I!) oder etwaigen Mitpächtern[8]); Beschränkung der gesetzl. Dreizahl der Pächter[9]); Zulässigkeit der Mitnahme von J.gästen; Vorbehalt der Genehmigung der Gemeinde zur Erteilung von Erlaubnisscheinen[10]); Mitteilung an die Gemeinde von Name, Stand, Wohnort der Gäste sowie der Dauer der ihnen erteilten Erlaubnis und etwaiger örtl. Beschränkung oder der Erstreckung auf bestimmte Wildarten[11]); Gestattung oder Ausschluß der Unterpacht[12]); Verpflichtung des Pächters zum Abschluß einer Haftpflichtversicherung[13]); Aufstellung von J.aufsehern[14]) und Erlöschen des Vertrags bei Versagung der Anstellungsgenehmigung[15]); Verzicht auf das Töten von Hunden und Katzen[16]); Unterlassung der J.ausübung in genau bezeichneten Revierteilen („Wildreservate"); absolute Schonung gewisser seltener, sich erst einbürgernder Wildarten während einer bestimmten Zeitdauer oder zu bestimmten Zeiten des Jahres außer der Hegezeit[17]); Vorkehrungen zur Verhütung von Wildschaden durch Teeren der Bäume, Verzäunung usw.[18]); Rückvergütung des Wildschadens durch den J.pächter[19]); Unterlassung der Tötung von der Land- und Forstwirtschaft vorwiegend nützlichen Tieren[20]); Raubzeugvertilgung[21]); Anlegung von Hochständen[22]),

---

8) Unten S. 174 f., 5.

9) Unten S. 189 I 1.

10) „Wild und Hund" 1902 S. 429.

11) Vgl. Z. 15 der FinMinBek. v. 18. Juni 1909 Nr. 19516. Verpflichtung zur Anzeige bei bloßer Mitnahme wäre schikanös; Pollw. S. 72.

12) Vgl. RGZ. 63, 293.

13) „Hubertus" 1912 S. 217.

14) BlfAdmPr. 37, 152.

15) Vgl. VGH. 11, 201; BlfAdmPr. 41, 190; 55, 227.

16) OLG. Mü. 2, 498; BGZ. 1906 S. 348; 1908 S. 600; 1915 S. 62. Bedenklich!

17) Verzicht der Gemeinde auf Einhaltung der Schonvorschriften ungültig Art. 13 JG. § 2 JPV. v. 6. Juni 1909; JW. 1907 S. 704; Pollw. S. 71.

18) Vgl. FinMinE. v. 18. Juni 1909 Nr. 19516 Z. 16.

19) Unten Art. 3 WSchG. Anm. 4; BGZ. 1915 S. 62; BayrV. 1917 S. 102.

20) Bei Igeln in Fasanen-, Enten-, Hühnerrevieren für Pächter unannehmbar! Bei Überhandnehmen von Krähen bedenklich; über Vertilgung von Raben, Krähen, Sperlingen: StMin. d. J. v. 7. März 1919; 13. Juli 1921; 19. Juni und 31. Juli 1918; 13. Jan. und 9. Sept. 1922 StAnz. Nr. 66/19; 141 u. 178/18; 162/21; 11 u. 212/22.

Birschwegen, Salzlecken, Enten- und Balzschirmen, J.kanzeln und -hütten sowie deren Schonung durch die Grundeigentümer gegen billige Entschädigung derselben; Bestellung von Wildäckern durch den Pächter[23]); Ausschluß oder Zulassung der Parzellierung zwecks örtl. Abgrenzung der J.befugnis von Mitpächtern untereinander[24]); Verbot vorübergehender Überlassung der J.ausübung an Dritte als „J.gäste" gegen Entgelt in Geld oder Wildbret oder Vorbehalt eines Teils des J.ertrages[25]); Ausschluß der Feldhühnerj. auf Wiesen bis zur Beendigung der Grummeternte[26]); Ungültigkeit mündl. Nebenabreden usw.[27]). Die feld-, forst-, j.- und sicherheitspol. Vorschriften (Art. 13) dürfen nicht ausgeschaltet werden[28]). —

3. Der *Aufwurfspreis* wird von der Gemeindebehörde bestimmt und ist staatsaufsichtl. Beeinflussung entrückt[29]). Daß ein solcher festgesetzt werden muß, ergibt Art. 11 Ziff. 3 JG.[30]). *Bemessung* nicht ausschließl. nach der Tagwerkzahl, sondern auch nach dem Wildstande, dem Ertrag des bisherigen Pachtverhältnisses, dem wahren Nutzungs*wert*, der Lage des Reviers[31]). *Unentgeltliche* „Verpachtung" ist unzulässig, da der Pachtpreis die Entschädigung der beteiligten Grundeigentümer für die ihnen vorenthaltene eigene J.ausübung und Nutzung bildet und diese in ihren geldlichen Verpflichtungen gegenüber der Gemeinde entlasten soll[32]).

An Stelle der Barzahlung sind auch andere Leistungen als Äquivalent möglich, wenn sie der Gesamtheit der Grund-

---

21) Vorbehalt ausschließliche Aneignung nicht j.barer Tiere an J.pächter unzulässig, da diese damit zu „j.baren" erklärt würden, deren Kreis durch § 1 KAV. v. 11. Juli 1900 erschöpfend festgestellt, Ergänzung des Verzeichnisses den Staatsmin. der Just., des Inn. und der Fin. vorbehalten — § 2 (Opp. S. 787 A. 18). — Was für J.bezirk unter „allen übrigen Sumpfvögeln" (§ 1 B Z. 20 KAV. v. 11. Juli 1900) und unter dem „auf den Mösern brütenden Federwild" (§ 2 B KAV. v. 6. Juni 1909) zu verstehen ist (vgl. oben S. 60), kann, natürl. ohne Einfluß auf strafrechtl. Verantwortlichkeit bei Nichtanführung einer Art, in den Pachtvertrag aufgenommen werden.

22) Vgl. DJäger 1921 S. 282 (365); 1923 S. 249; „Wild und Hund" 1923 S. 565 (OLG. Kiel 27. Febr. 1921).

23) RGZ. 70, [72].

24) Gestattung der Annahme von mehr als 2 Mitpächtern gesetzlich unzulässig: Art. 10 Abs. I.

25) Das Kammergericht hat mit Urt. v. 21. Nov. 1887 die entgeltliche Erteilung von J.erlaubnisscheinen als rechtl. einer unzulässigen Afterverpachtung gleich zu achtend erklärt; Wirsch. S. 108 Fußn. 42; „Hubertus" 1912 S. 364, 494, 797; Dr. Pollw. S. 27 ff., 2.

26) Erweiterung der Hegezeit zulässig! BGZ. 1909 S. 495. — Unstatthaft wäre die Vorbehaltung des Abschusses bestimmter Wildarten an die Gemeinde, da deren Selbstausübungsrecht nach Art. 11 Z. 2 u. 3 JG. nur auf den *ganzen* Wildstand des Gemeindej.bezirkes oder eines Unterbezirkes sich erstrecken kann; Pollw. S. 71.

27) Vgl. oben S. 73 bei Fußn. 74.

28) S. Proegel S. 374—376.

29) VGH. 2, [340]; BlfAdmPr. 31, [398]; BGZ. 1896 S. 477; DJäger 1921 S. 282.

30) Von der Gemeinde *bestimmter* Aufwurfspreis; BGZ. 1914 S. 89; auch § 581 BGB.

31) BGZ. 1902 S. 450/451; BayrB. 1917 S. 102.

32) Art. 8, 9 JG.; BlfAdmPr. 15, [93]; Wirsch. S. 106; Schüllerm. S. 51 Note 4.

besitzer und jedem einzelnen von ihnen zugute kommen[33]). Die Leistung darf nur beteiligten Grundeigentümern zukommen, nicht auch anderen Gemeindeangehörigen, da diesen auch kein Anteil am Pachtschilling zukommt. Unangängig wäre deshalb die Übernahme der Instandhaltung der Feldwege, der Haltung des Gemeindehirten, der Besoldung eines gemeindl. mit J.schutz betrauten Flur- und Waldwächters, von Hand- und Spanndiensten, der Zuchttierhaltung, der Unterhaltung von Gemeindeanstalten usw. durch den Pächter an Stelle der Leistung eines Pachtschillings, falls diese Leistungen auch Nichtgrundbesitzern zugute kommen[34]). Tragung des gesamten Wildschadens durch den Pächter als Abfindung für Überlassung der J.ausübung ist ein bedenkenfreier Werterſatz des J.pachtpreises; denn dieser kommt nur den beteiligten Grundeigentümern zugute, welche den aus der Gemeindekasse geleisteten Wildschadenersatz vergüten müssen, falls die Gemeinde auf Regreß gegen den Pächter verzichtet[35]).

4. Der Zahlungstermin für den Pachtpreis ist nicht notwendig in die Pachtbedingungen aufzunehmen, wenn an der gesetzl. Regel festgehalten werden will, daß er nach Ablauf der einzelnen Zeitabschnitte, für welche er bemessen ist, wohl gewöhnl. am ersten Werktage des auf das abgelaufene Pachtjahr folgenden Jahres zu entrichten ist[36]). Bei unbestimmter Pachtzeit ist nach § 551 Abs. I S. 1 BGB. der Pachtzins am Ende der Mietzeit zu entrichten. Es empfiehlt sich ausdrückl. Festsetzung der Zahlziele.

Zahlungsverzug des Pächters an zwei aufeinanderfolgenden Terminen ist Grund zur Kündigung ohne Einhaltung einer Kündigungsfrist. Es kann bedungen werden, daß die Gemeinde bei nicht rechtzeitiger Erlegung schon eines J.pachtschillings zur Kündigung berechtigt ist, und der Pachtvertrag sich innerhalb bestimmter Zeit nach erfolgter Kündigung löst[37]). Die Kündigung erfolgt durch den Stadt-(Gemeinde-)rat und braucht bei nachträgl. Zinszahlung nicht rückgängig gemacht zu werden[38]). Der Pachtpreis ist stets in Gemeindekasse einzuzahlen[39]). Vertragsabrede auf unmittelbare Entrichtung an die beteiligten Grundeigentümer oder an Ortsgemeindekasse ungesetzlich[40]). Die im Zweifel gesamtschuldnerische Haftung

---

[33]) BGH. E. v. 24. Febr. 1911 Nr. 190 I/1910; RGZ. 63,[295] unten; 70,[74]; Vollw. S. 75.

[34]) BGH. 28,[121]; BlfRA. 1908 S. 934 IX[4]; BGZ. 1896 S. 95; Wirsch. S. 106 und Fußn. 32 das.

[35]) Vollw. S. 75; Art. 3 Abs. I, III, IV WSchG.; Wirsch. S. 106/107; BGZ. 1895 S. 549/550.

[36]) §§ 581 Abs. II, 551 Abs. I S. 2; Wirsch. S. 107 Fußn. 35 zitiert fälschlich den § 584 BGB., der keine Anwendung findet, da er von der Pacht eines landwirtschaftlichen Grundstückes spricht, und nicht ein solches, sondern die J.befugnis verpachtet ist; s. oben S. 69 unter 3.

[37]) §§ 554, 581 II BGB. sind dispositiv.

[38]) BGZ. 1907 S. 17; 1912 S. 316/317; Wirsch. S. 107.

[39]) Art. 8 JG.

[40]) Wirsch. S. 107; BGZ. 1900 S. 171, 181.

mehrerer Pächter für die Pachtzahlung kann im Vertrage besonders hervorgehoben, die Haftung aber auch anderweit geregelt werden[41]). Stellung eines Bürgen oder Erlegung einer Kaution nur bei Ausländern zu empfehlen[42]). Von nicht bekannten Pachtlustigen kann Nachweis der Zahlungsfähigkeit verlangt werden[43]).

II. Die Verpachtung geschieht „in der Regel auf dem Wege der öffentlichen Versteigerung an den Meistbietenden".

1. Die Versteiger. muß eine öffentl. sein. Das setzt zunächst voraus, daß der Versteigerungsakt, Ort und Zeit seiner Abhaltung, in einer die Kenntnisnahme durch einen weiteren Interessentenkreis ermöglichenden Form kundgegeben wird. Ungenügend, wenn nur die vielleicht bekannten Pachtlustigen verständigt werden, da Teilnahme am Versteigerungstermine allen, unbestimmt welchen und wie vielen Steigerern ermöglicht sein muß[44]). Ausschluß „aller Nicht-Gemeindeangehörigen" oder „aller bisherigen Pächter" ist unzulässige Beschränkung der „Öffentlichkeit". Unzureichend Anschlag an der Gemeindetafel oder in den Gasthäusern, Ausrufen oder Ausschellen durch den Gemeindediener, „Einsagen" in der eigenen und den nächsten Gemeinden, da auch auf diese Weise nur ein beschränkter, bestimmter Beteiligtenkreis benachrichtigt wird. Deshalb Bekanntgabe mittels Inserates im gemeindl. oder bezirksamtl. Amtsblatte, in J.zeitschriften, Lokalblättern oder in der Umgebung verbreiteten Zeitungen zu empfehlen. Die Wahl der zur Einrückung am geeignetsten erscheinenden Preßerzeugnisse, Form und Zahl der Anzeigen, Zeitpunkt der Ausschreibung im freien Ermessen des Stadt-(Gemeinde-)rats. Die Kundmachung hat so rechtzeitig zu erfolgen, daß Interessenten Gelegenheit haben, sich über alle maßgebenden Verhältnisse entsprechende Zeit vor der Versteigerung zu unterrichten[45]). Angaben über Lage, Umfang, Einteilung, Nachbarschaft, Vorhandensein von Eigenj.-bezirken und Inklaven, vorkommende Wildarten, Pachtbedingungen sind in der Bekanntmachung so wenig zu entbehren, wie die über Zeit und Ort des Versteigerungsaktes, falls nicht Übersendung von Prospekten mit Versteigerungsbedingungen gegen Einsendung der Schreibauslagen an Anfragende vorgezogen wird. Bindende Bestimmung hierüber ist nicht vorhanden[46]).

Der Versteigerungstermin hat angemessene Zeit vor Ablauf der J.Pacht stattzufinden, damit die Verhältnisse bei Be-

---

41) §§ 421, 427 BGB.
42) Z. 2 der FinMinEntschl. v. 18. Juni 1909 Nr. 19516.
43) Wirsch. S. 107.
44) Wirsch. S. 108/109 und Fußn. 44 das.
45) Vgl. pr. JO. § 23: öffentliche Auslegung des Pachtvertrages während zwei Wochen: § 21 Abs. V: Bekanntmachung mindestens zwei Wochen vor Verpachtung.
46) Proegel S. 369—373; vgl. pr. JO. § 21 Abs. III.

ginn der neuen Pachtperiode geregelt sein können[47]). Zeitl. und örtl. **Verlegung des Versteigerungstermins** hat so rechtzeitig zu erfolgen und veröffentlicht zu werden, daß nach allgemeiner Berechnung den Steigerungslustigen die Möglichkeit gegeben ist, sich nach diesen Änderungen zu richten[48]). Weitergehende Bestimmungen des § 6^{4} BV. sind mangels gesetzl. Grundlagen unverbindlich, aber als zweckmäßige Ratschläge verwertbar[49]). Zeitl. Begrenzung des Verstrichsaktes kaum zu beanstanden, aber bei Beginn bekanntzugeben. — Ein Übereinkommen, welches darauf abzielt, den einen oder anderen Pachtfreudigen durch das Versprechen einer Entschädigung in Geld, der Lieferung billigen Wildbrets, der Erteilung eines Erlaubnisscheins, der Abtretung eines J.teiles, der Annahme als Mitpächter usw. **vom Mitbieten abzuhalten** und damit die freie Konkurrenz auszuschalten, beeinträchtigt die Öffentlichkeit der Versteigerung, in welcher durch tunlichst umfangreiche Beteiligung von Interessenten möglichst sicher der nach Zeit und Verhältnissen tatsächl. bestehende Pachtwert erreicht werden soll, gefährdet die Ansprüche der Grundeigentümer auf Erlangung einer möglichst entsprechenden Vergütung, setzt eine Handlung des zurücktretenden Pachtlustigen, die nicht von Geld u. dgl. abhängen soll, in ursächl. Beziehung zu einer wirtschaftl. Leistung und verschafft einem einzelnen auf Kosten anderer einen Vorteil, welcher den Absichten des Gesetzes und der übrigen Beteiligten nicht entspricht; es ist zwar strafrechtl. nicht belangbar, verstößt aber als Rechtsgeschäft gegen die guten Sitten. Ein unter solchen Umständen zustandegekommener Zuschlag ist nach §§ 138, 142 BGB. nichtig und anfechtbar[50]). Aufstellen von Scheinbietern, um Pachtpreis in die Höhe zu treiben: RGSt. 53, 138 hier nicht anwendbar; aber Verstoß wider die guten Sitten (§ 138 I BGB. — Zuschlag nichtig!) und wider § 263 RStGB. (Betrug!).

Abhaltung von öffentl. **Versteigerungen an Sonn- und gesetzlichen Feiertagen** verboten[51]), aber ohne Einfluß auf Rechtsbestand des erteilten Zuschlages und des im Versteigerungstermine zustandegekommenen Pachtvertrages[52]).

2. Der Zuschlag muß „**an den Meistbietenden**" erfolgen, also an denjenigen, welcher das den Aufwurfpreis erreichende oder übersteigende höchste Gebot gelegt hat. Wird der Aufwurfpreis nicht erreicht, so muß unter eventueller Neuregelung des geringsten

---

[47]) S. unten S. 150 Fußn. 72.

[48]) Schadensersatz wegen unterlassener Bekanntmachung der Vorverlegung oder Absetzung des bekannt gegebenen Versteig.termines und -ortes: DJäger 1923 S. 97. — Ungültigkeit der Versteigerung wegen Beschränkung der Öffentlichkeit in diesem Falle: Wirsch. S. 110.

[49]) Wirsch. S. 109; BGZ. 1896 S. 12; 1894 S. 131.

[50]) Pollw. S. 69; Wirsch. S. 111/112; Staub, Komm. z. HGB. S. 1151 Exkurs zu § 346 Z. 3 A. 12; OberstGH. E. v. 12. Febr. 1876 und 25. Mai 1877; BlfRA. 41, ^{159}; 42, ^{253}.

[51]) § 3 KAB. v. 21. Mai 1897; § 366^{1} RStGB.; unten S. 303; 306, 4.

[52]) BGZ. 1909 S. 29; Pollw. S. 69; BayrB. 1913 S. 418.

Gebotes, die Versteigerung wiederholt versucht oder nach Abs. III und schließl. nach Art. 11 verfahren werden[53]). Ohne Rücksicht der Person muß der Zuschlag an den *Meistbietenden* erfolgen, wenn dieser j.kartenfähig (Abs. IV), nicht seine Zahlungsunfähigkeit nachgewiesen oder diese nach den vorgebrachten schwerwiegenden Bedenken nicht mit zieml. Sicherheit anzunehmen ist. Muß der Meistbietende aus einem dieser Gründe abgelehnt werden, so ist nicht zu einer neuen Versteigerung zu schreiten oder der Versuch der Verpachtung als gescheitert zu bezeichnen, sondern der nach der Höhe des Gebotes nächstfolgende Bieter zur Pacht zuzulassen; sein Gebot ist dann tatsächlich das „höchste“[54]). Die Worte „*in der Regel*“ beziehen sich auf den einheitlichen Begriff „öffentliche Versteigerung an den Meistbietenden“, nicht bloß auf die Worte „an den Meistbietenden“ mit dem Sinne, daß Gemeinde hievon eine Ausnahme machen dürfte. Beschränkungen der Zulassung oder Vorbehalt des Zuschlags nach Wahl der Gemeinde, z. B. an „*einen der drei* Meistbietenden“, widerspricht dem Gesetz. Ein solcher gesetzwidriger *Versteigerungs*modus kann nicht als auf dem Wege des *Kontraktschlusses* geschehen, aufrechterhalten werden[55]). Der Gemeinderat hat auf staatsaufsichtl. Beanstandung sowohl den dieses Verfahren vorbereitenden Beschluß wie die Verpachtung für unwirksam zu erklären und dem Höchstbietenden die J. zu überlassen[56]). — Nachträgl. J.pachtermäßigung ist, da Meistgebot nicht für ganze Vertragsdauer bindend und unter Erneuerung des Pachtvertrages gem. Art. 7 Abs. III abänderbar, zulässig; als Verstoß wider die guten Sitten (§ 138 I BGB.) nichtig, wenn vom Gemeinderat mit Höchstbietendem schon vorher vereinbart, um andere Bieter auszuschließen[57]). Personen, welchen die J.karte verweigert werden kann oder muß, sind nur vom *Zuschlag auszuschließen*, ihr Mitbieten bei der Versteigerung ist kein Grund zur Beanstandung; denn sie sind nicht „meistbietend“ *geblieben*[58]). Ein Gebot erlischt, sobald ein Übergebot erfolgt[59]). Bleibt ein Gebot ziffermäßig unüberboten, so *muß* diesem als „Meistgebot“, bei Vorliegen der persönl. Voraussetzungen, der Zuschlag erteilt werden. Die Aufforderung zur Legung von Geboten ist nicht unverbindl., Abgabe des Gebotes nicht erst Vertrags*antrag*; vielmehr die Aufforderung zum Bieten Vertragsantrag, Gebotsabgabe bereits *Annahme* des Vertrags[60]). An diese ist der Gemeinderat gebunden; der Zuschlag bedeutet ledigl. formelle Anerkennung des letzten Gebotes.

---

53) Pollw. S. 68 F. 2.
54) § 6 Z. 5 VB.; VGZ. 1905 S. 327/328; VGH. 13, 47
55) VGH. 25, 5; VGZ. 1904 S. 155, 518.
56) VGH. 3. Mai 1922 I 35/22 will (m. E. zu weitgehend) Neuverpachtung zulassen; vgl. DJäger 1922 S. 148, 426; Pollw. S. 68.
57) Anders für Anhalt: AnhOVG. in DJäger JU. 53/26 S. X.
58) VGH. 3, 23; BlfAdmPr. 32, 317.
59) Vgl. § 156 BGB.; § 72 ZVG.
60) § 156 S. 1 BGB. ist daher durch Art. I JG. ersetzt; unten S. 152.

Haben zwei Personen gleichzeitig das Höchstgebot gelegt, oder läßt sich nicht mit genügender Sicherheit feststellen, welcher von beiden Höchstbietenden zeitl. zuerst geboten hat, und wird in der zweckmäßig zu gewährenden Bedenkzeit ein höheres Gebot oder eine Einigung der beiden Höchstbietenden, etwa durch Rücktritt des einen, nicht erzielt, so muß die Versteigerung wiederholt werden; der Gemeinderat hat nicht die Wahl zwischen den beiden Höchstbietenden; dagegen wäre eine Bestimmung in Versteigerungsbedingungen, daß hier das Los entscheiden soll, kaum zu beanstanden[61]. Der Bestbietender Gebliebene ist an sein Gebot gebunden. Der Zuschlag an ihn ist auch wirksam, wenn er erfolgt, nachdem er sich entfernt hat[62].

Erklärt der Meistbietende im Versteigerungstermin, daß er zugleich für einen oder zwei andere[63] geboten habe, so ist, falls die Pachtbedingungen nicht bloß einen Pächter zulassen, der Zuschlag auch diesen Personen zu erteilen, wenn die persönl. Voraussetzungen vorliegen und entweder die anwesenden Mitpächter ihr Einverständnis erklären oder ihre Vollmacht vorgelegt wird oder die Vertretungsmacht des Bieters beim Gemeinderat offenkundig ist. Öffentl. Beglaubigung der Vollmacht nirgends verlangt[64].

Die Abtretung des Rechts aus dem Meistgebote ist Übertragung der J.pacht nach Art. 12 JG. —

Ist der Zuschlag erteilt, so ist die Tätigkeit des Gemeinderates zur Herbeiführung der Versteigerung abgeschlossen. Er darf weder einem höheren Nachgebot den Zuschlag erteilen, noch einem Dritten die J. durch Kontraktabschluß überlassen[65].

3. Die Leitung der Versteigerung erfolgt durch den 1. Bürgermeister oder seinen Vertreter, in Stadtgemeinden auch von einem durch ihn beauftragten Stadtratsmitglied oder Gemeindebeamten[66]. Vor Eintritt in die Verstrichshandlung ist eine kurze Beschreibung des Pachtreviers nach Lage, Beschaffenheit[67], Flächeninhalt, allgemeiner Beschaffenheit der Nachbarj.[68], Vorhandensein von Eigenj.bezirken oder Inklaven, Exklaven, ausmärkischen Bezirken, Unterbezirken zu geben. Dann sind die Pachtbedingungen im einzelnen zu verlesen, den Pachtliebhabern zu eröffnen, daß der Zuschlag an den Meistbietenden, unter

---

61) Pollw. S. 68 Fußn. 1.
62) Staud. I S. 441 A. 3; Fischer-Henle S. 81 A. 2 zu § 156 BGB.
63) Art. 10 I JG.
64) §§ 167, 172 BGB. schreibt keine Form vor; § 81 Abs. III ZVG. kann nicht dagegen angeführt werden, da er sich nur auf die gerichtl. Zwangsversteigerung bezieht. Gleiches gilt, wenn Meistbietender nicht für sich, sondern für einen anderen geboten hat. Anders Pollw. S. 69; Wirsch. S. 395; DJäger 32 S. 430 (der Bieter muß J. überlassen und Vertragsurkunde dem Auftraggeber übergeben).
65) Pollw. S. 68/69.
66) Wirsch. S. 110; Pollw. S. 69.
67) Feld, Wald, Wasser, Hochgebirge, Flachland.
68) Größe, Staats-, Eigen-, Gemeindepachtj.

Vorbehalt der mehrerwähnten persönl. Voraussetzungen, erfolgt, ob Vertretung beim Legen von Geboten zulässig ist, und welche Vollmachten verlangt werden.

Über die Versteigerung ist ein Protokoll aufzunehmen. Darin sind die ordnungsgem. Bekanntmachung des Versteigerungstermines, Einhaltung von Ort und Zeit des Verstrichaktes, die Eröffnung der eben erwähnten Bekanntmachungen und der Pachtbedingungen, die Angebote der Steigerungslustigen und das Meistgebot, J.kartenfähigkeit, Zahlungsfähigkeit des Meistbietenden, Erteilung des Zuschlages festzustellen[69]. Aufnahme auf losen Blättern ist unstatthaft; es soll in ein Protokollbuch eingetragen werden; besondere Form ist nicht vorgeschrieben; Verfahren auch gültig, wenn die Beurkundung mangelhaft oder gar nicht erfolgt[70].

B. Absatz II

ist durch Art. 1, 6 Abs. I, 21, 29 SVG. v. 22. Mai 1919 (GVBl. S. 239) gegenstandslos, da Gemeindebevollmächtigte und Gemeindeversammlung nicht mehr bestehen. Für J.verpachtung mittels Versteigerung oder ohne solche mittels Kontraktschlusses genügt Stadt-(Gemeinde-) ratsbeschluß (StMindJ. 4. Nov. 1919, StAnz. Nr. 269/19).

Geschlossene J.verpachtungsverhandlungen sind alsbald in Landgemeinden dem Bezirksamt, in unmittelbaren Städten der Kreisregierung vorzulegen. Diese haben sie zu prüfen und Gesetzwidrigkeiten zu beanstanden, die Gemeindebehörden zur Beobachtung der Gesetze aufzufordern und nötigenfalls durch Disziplinarmaßregeln anzuhalten[71]. — Die Staatsbehörde erteilt weder Genehmigung noch Bestätigung oder gar kuratelamtl. Vollzugserlaubnis, nur Anerkennung oder Nichtanerkennung mit polizeil. Wirkung für und gegen die Gemeinde. Keines von beiden macht einen gültigen Vertrag unwirksam, einen ungesetzl. rechtsgültig. Gegen den Bescheid Beschwerderecht der Gemeinde und des Pächters. Letzterer darf ohne Entschädigungsanspruch bis zur Entscheidung der Beschwerde die J. nicht ausüben[72].

C. Zu Absatz III.

Vergebung der Jagd im Vertragswege

ist zulässig und erfolgt ausschließl. durch Stadt- (Gemeinde-) rat. (Gem Bevollmächtigte und Gem Versammlung bestehen nicht mehr, oben B.)

1. Hier hat der Stadt- (Gemeinde-) rat vollkommen freie Wahl. Eine staatsaufsichtl. Verfügung, welche den

---

69) Art. 145 III GemO.; § 6 Z. 8 II VB.; Wirsch. S. 112; Vollw. S. 70.

70) BGH. 7, 295 ff.; 10, 91; Lindner-Hauck S. 326 A. 3 II; Wirsch. S. 101 und F. 19 das.; s. Proegel S. 377—387.

71) Art. 157 GemO.; § 6 Z. 13—16 VB.; BGZ. 1905 S. 123, wo auch hervorgehoben ist, daß das Rentamt die Vorlegung der Pachtverhandlungen zu fordern nicht berechtigt ist.

72) Zur Vermeidung dessen empfiehlt sich so rechtzeitige J.versteigerung, daß bis Beginn der neuen Pachtzeit Rechtsverhältnisse geklärt sein können; BlfAdmPr. 16, 103; Wirsch. S. 113 und F. 61; oben S. 147 bei F. 47.

Vollzug verweigert, weil besondere Verhältnisse nicht vorliegen und nicht eingehend motiviert sind (VV. § 6 Ziff. 3), und Versteigerung anordnet, greift in das gemeindl. Selbstverwaltungsrecht ein [73]). Art. 7 enthält nur einen Rat, wie J.verpachtungen am zweckmäßigsten vorzunehmen sind. Auch wenn die Vergebung gleich von Anfang an und wiederholt im Vertragswege erfolgt, hat dies keinen Einfluß auf die Rechtswirksamkeit [74]). Hat die Redewendung „in der Regel" keinen imperativen Charakter [75]), die Gemeinde das Recht freier Wahl, so braucht sie die Wahl des Kontraktabschlusses nicht besonders zu begründen; auch dies ist staatsaufsichtl. von ihr nicht erzwingbar [76]).

2. Falls nach Vergebung der J. dem rechtsgültig gefaßten Beschlusse des Gemeinderats vom Bürgermeister durch den Zusatz: „Wenn es dem Bezirksamt recht ist", kuratelamtl. Genehmigung vorbehalten wird, so erwächst dadurch dem Bezirksamt, das einen solchen Vorbehalt nicht verlangen könnte, nicht Recht staatsaufsichtl. Würdigung [77]). Wollte jedoch der Gemeinderat *seine* Genehmigung von einer zustimmenden oder ablehnenden Äußerung des Bezirksamtes abhängig machen, so liegt ein zulässiger *bedingter* Vertragsabschluß vor. Äußert die Staatsbehörde, sie halte freihändige Verpachtung nicht für angebracht, so ist der Vertragsschluß hinfällig, der Pächter kann keine Rechte daraus ableiten [78]).

3. Eine dritte Art der gemeindl. J.vergebung wird *nicht* zutreffend als „*Verpachtung im Submissionswege*" bezeichnet [79]). Unter „Submission" versteht man „die öffentl. Ausbietung einer Materiallieferung oder Arbeitsleistung, die auf Grund konkurrierender, schriftl. einzureichender Angebote dem Mindestfordernden zugeschlagen werden" [80]). Der Submission ist also wesentlich Angebot einer *Arbeit* oder *Lieferung* und Zuschlag an *Mindest*bietenden; bei der sog. „*Verpachtung* im Submissionswege" wird dagegen *Zahlung* angeboten, und der Zuschlag dem *Höchst*bietenden oder dem *persönl.* am besten Zusagenden erteilt. Zutreffender daher: „*Aufgebot der Pachtbewerber*"; denn es sollen bekannte und unbekannte Personen zur Anmeldung ihrer Angebote mit der Folge bedingten oder unbedingten Aus-

---

73) VGH. 4, 134; 24, 1; 25, 5; BlfAdmPr. 33, 394; BGZ. 1896 S. 472/473; 1905 S. 383; Wirsch. S. 114 und Fußn. 62 das.; BayrV. 1917 S. 177 f.; unten S. 178 II und Fußn. 323 das.; BayrV. 1917 S. 343.

74) VGH. 2, 340; BlfAdmPr. 22, 283; 31, 398; 33, 91; BGZ. 1909 S. 479; Pollw S. 67 A. 2 Abs. II; Schülerm. S. 55 N. 11, 12.

75) VGH. 25, 5.

76) Wirsch. S. 114.

77) Vgl. Art. 157 GemO.

78) BGZ. 1912, S. 541; 1914 S. 69/70.

79) Wirsch. S. 394; BGZ. 1893 S. 120; 1909 S. 325/326; ZfRpfl. 1905 S. 212.

80) „Abgebotsverfahren": Handwörterbuch der Staatswissenschaften von Conrad, Elster, Lexis, Loening 1911 Bd. VII S. 1032; F. C. Huber, Submissionswesen (Tübingen 1885).

schlusses öffentl. aufgefordert werden. Aus den auf ein Zeitungsinserat eingehenden Angeboten für die Gemeindej. soll das nach der Höhe des offerierten Betrages oder der Persönlichkeit des Reflektanten passendste in einem bekanntgegebenen Termine für den Pachtvertrag ausgewählt, falls aber die Angebote nach Höhe, Zahl, Persönlichkeit der Bieter nicht befriedigen, die J. in übl. Weise öffentl. versteigert werden [81]). Diese Verpachtungsform gleicht der Versteigerung, welche aber, wenn sie gewählt wird, öffentl. sein muß. Dazu wird sie nicht schon durch die Öffentlichkeit der Aufforderung zum Bieten; es muß dazukommen Öffentlichkeit des Angebotes [82]). Gerade letztere ist ausschlaggebend, da hiedurch jedem Pachtlustigen sofortige Kenntnis der anderen Gebote und die Möglichkeit des Überbietens nach Vermögen und Neigung gewährt werden soll; beim Aufgebot der Pachtbewerber ist diese Öffentlichkeit ausgeschaltet, im Augenblicke der Öffnung der schriftl. Gebote die Möglichkeit weiteren Bietens ausgeschlossen, der Kreis der sich um Meistgebot Bewerbenden beschränkt — das Verfahren also nicht öffentl. [83]). Wenn die „Submissionsverpachtung" als „eine Form für sich, einen Vertragsgegner zu finden" bezeichnet und, mangels gesetzl. Regelung, für die Gemeinde volle Vertragsfreiheit gefordert wird [84]), so ist dem entgegenzuhalten, daß das JG. nur zwei Arten der Gemeindej.verpachtung kennt: Unbeschränkte Zulassung von Pachtliebhabern bei öffentl. Versteigerung an den Meistbietenden oder Beschränkung der Bewerber durch Verpachtung mittels Vertragsabschlusses ohne Versteigerung, eine dritte Verpachtungsform ist ihm fremd, ist unzulässig, da vom Gesetz nicht gestattet [85]).

Wie die Gemeinde ihr Eigenj.recht ausüben will, durch Verpachtung oder Selbstverwaltung, ist ihrem freien Ermessen, ohne staatsaufsichtl. Einmischung überlassen [86]). Daher an Stelle der öffentl. Versteigerung oder des Kontraktschlusses auch „Aufgebot der Pachtbewerber" zulässig.

D. Der Pachtvertrag

ist im JG. nicht erschöpfend geregelt; Ergänzung aus den Bestimmungen des BGB. [87]).

I. Begriff: Wie jeder Vertrag erfordert er ein Rechtsgeschäft mit empfangsbedürftigen, zusammenstimmenden, gegenseitig zum Bewußtsein gebrachten, auf Erzeugung einer rechtl.

---

81) BGZ. 1912 S. 325/326.

82) S. oben S. 147/148 bei II 2.

83) Wirsch S. 394/395.

84) ZfRpfl. 1905 S. 212.

85) Ebenso Pollw. S. 68 A. 2 II; Wirsch. S. 395; DJäger 1921 S. 10; anders BGH. 26. Sept. 1923 I 40/23; 49 [93]; DJäger, Jll. 36/26 S. XI; dagegen: DJäger 1924, S. 26; 1925 S. 82; — ZfRpfl. 1905 S. 212. BGZ. 1893 S. 120; DJäger 1898 S. 145.

86) BGH. 2, [340]; BlfAdmPr. 31, [398].

87) Art. 4, 55 EG.BGB.; RGZ. 70, [70]; Gruchot 54 [356]; Laska: „Der J.pachtvertrag als Wirtschaftsgrundlage." DJäger 1923 S. 609.

Wirkung unter den Handelnden selbst gerichteten Willenserklärungen mehrerer Rechtssubjekte. Jeder Kontrahent eignet sich den Vertragswillen des anderen Vertragsteiles an; so entsteht ein einheitl. Vertragswille [88]) hinsichtl. Gegenstand, Zeit und Leistung [89]). Wer bei Abgabe einer Willenserklärung im Irrtum war [90]), muß, um Anspruch auf Ersatz des durch das Vertrauen in die Richtigkeit der Erklärungen des Vertragsgegners erlittenen Schadens zu haben, diese ohne schuldhaftes Zögern (unverzüglich) anfechten [91]). Verschulden des Erklärenden nicht gefordert. Bei arglistiger Täuschung [92]) ist Anfechtung binnen Jahresfrist erforderl., mit der Wirkung, daß das Rechtsgeschäft als von Anfang an nichtig anzusehen und Schadensersatz durch den Täuschenden zu leisten ist [93]). Nichtig ist auch ein Rechtsgeschäft, das gegen die guten Sitten oder ein gesetzl. Verbot verstößt [94]).

Das Original und vom Bürgermeister beglaubigte Abschrift des JPV. öffentl. Urkunde [95]), nicht dagegen eine einfache, unbeglaubigte Abschrift, da sie jeglicher Form entbehrt und ihr, mangels einer gesetzl. beigelegten Beweiskraft, Urkundeneigenschaft mangelt [96]).

II. Rechtliche Natur: Nicht Pacht eines Grundstücks, sondern des J.rechts. Der Pächter erwirbt nicht bloß den obligatorischen Anspruch auf Gestattung der J.ausübung und des Fruchtgenusses [97]), sondern ein quasidingliches Recht, bestehend in der Befugnis zur Verfolgung und Gewinnung sowie zur Erhaltung des Wildes im erpachteten Bezirke [98]). Bei der J. wird ein besonderes Nutzungsrecht verpachtet, nicht, wie etwa bei einem Rohrnutzungsrecht, das Grundstück [99]). Nebenleistungen (Benutzung eines J.hauses, von Zimmern einer Inspektorenwohnung, von Wildäckern, die Pächter selbst zu bestellen hat) berühren die rechtl. Natur des JPV. als eines solchen über ein Recht nicht [100]). Das BGB. kennt nur Pacht zum vollen Gebrauch, nicht Teilung des Gebrauchs eines Pachtgegenstandes zwischen Pächter und

88) Endem. I S. 69, 284; Staud. I S. 418,¹; Wirsch. S. 119 a.

89) §§ 116 ff., 145, 305 ff. BGB.; BlfRA. 63,³²⁸.

90) Also der Pächter über Größe des J.bezirks, Vorhandensein umfangreicher eingefriedigter Bezirke, teilweise Unzugänglichkeit des J.grundstücks, Vorhandensein einer bestimmten Wildart; der Verpächter über Zahlungs- oder J.-kartenfähigkeit des Pächters.

91) §§ 119, 121, 122 BGB.

92) Erregung, Erhaltung oder Benutzung eines Irrtums mittels einer auf Verheimlichung des Mangels gerichteten Zusicherung oder Verschweigung.

93) §§ 123, 124, 142—144, 122 BGB.; s. unten S. 162.

94) §§ 138, 134, 309, 307, 308 BGB.

95) RGSt. 46,⁵; RGSt. i. Annalen des RG. 7,³²²; Pollw. S. 71.

96) RGSt. 24,²⁸¹.

97) Vgl. Dr. Pollw. S. 7/8.

98) RGZ. 41,³⁴⁹; 52,¹²⁸; ZfRpfl. 1922 S. 78; 1923 S. 215; „Wild und Hund" 1918 S. 391; anders Rspr. OLG. 4,⁴⁴; „Wild und Hund" 1906 S. 33 ff.

99) RGZ. 56,⁸³.

100) RGZ. 70,⁷²; Rspr. OLG. 13,³⁸²; EJZ. 1907 S. 7 ff., 22 ff., 72 ff.

Verpächter. Deshalb ist ein Vorbehalt des J.ausübungsrechts bezügl. bestimmter Wildarten durch den Verpächter unzulässig, da das J.recht sich auf alle j.baren Tiere erstreckt[101]). Davon zu unterscheiden die Schonung einzelner Wildarten während bestimmter Zeit und in bestimmten Gebieten, welche keine Teilung des J.rechts, sondern freiwillige Beschränkung der Ausübung bedeutet. (Analogon: gesetzl. Hegezeiten und mancherorts ergangene, zeitweise verordnungsmäßige Erlegungsverbote[102]). — Auslegung zweifelhafter Vertragsbestimmungen nach Treu und Glauben mit Rücksicht auf Verkehrssitte und unter Erforschung des wahren Willens, ohne Haften am buchstäbl. Sinne des Ausdrucks[103]).

III. Person des Pächters: Jede geschäftsfähige, nicht unter Polizeiaufsicht stehende, keine Armenunterstützung genießende, im Besitze der bürgerl. Ehrenrechte befindl. Person[104]) ohne Unterschied des Geschlechtes, der Staatsangehörigkeit[105], der gesellschaftl. Stellung, der gegenüber nicht vom Rechte der J.kartenverweigerung Gebrauch gemacht wird[106]), kann, ihre Zahlungsfähig- fähigkeit vorausgesetzt[107]), als J.pächter zugelassen werden. Juristische Personen können aber nicht j.kartenfähig sein, da dieses Individualrecht seiner Natur nach eine natürliche Person als Träger voraussetzt[108]). Minderjährige sind nicht absolut j.kartenunfähig, aber in der Geschäftsfähigkeit beschränkt, können nur mit Einwilligung ihres gesetzl. Vertreters J.pachtverträge abschließen[109]).

Beschränkung der J.pachtung durch Beamte: Die Dienstanweisungen f. d. Forstbeamten[110]) verweisen wegen Teilnahme an J.versteigerungen und Erpachtung von J. im Vertragswege auf die besonderen Bestimmungen. Nach FinME. v. 31. Mai 1924 (FMBl. S. 104) bedürfen sämtl. Forstbeamte zur Pachtung einer J. oder zum Eintritt in ein gesellschaftl. J.pachtverhältnis oder zum Abschluß einer Vereinbarung, die einem J.pacht- oder J.pachtbeteiligungsverhältnis gleichkommt, der Genehmigung, die in der Regel zu erteilen ist, wenn die dienstl. Interessen nicht beeinträchtigt werden, aber versagt werden kann wenn z. B. dem Beamten

---

[101]) S. oben S. 144 Fußn. 26.

[102]) Im übrigen vgl. wegen Pachtbedingungen oben S. 143, 2 — und der Rechtsansprüche unten Abschn. E.

[103]) §§ 133, 157 BGB.; Pollw. S. 72 A. b.

[104]) Art. 18 JG.

[105]) Geschäftsfähigkeit eines Ausländers nach BGB. zu beurteilen. Kein J.ausübungsverbot gegen feindl. Ausländer § 276 Versailler Vertrag vom 28. Juni / 16. Juli 1919, Pollw. S. 72 F. 1; unten S. 207 V.

[106]) Art. 19 JG.

[107]) S. oben S. 148, 2.

[108]) DJäger 1923 S. 353 (Aktien-Ges.); Pollw. S. 72 A. c.

[109]) §§ 106, 107, 108 BGB.

[110]) Vom 16. April 1925; § 6: Forstamtsassistenten, Forstsekretäre und -obersekretäre; — v. 13. Okt. 1925: Forstverwalter und -oberverwalter; — Forstassistenten. Förster, Revierförster; — Forstaufseher, Forstwarte, Oberforstwarte — § 8 II — FinMBl. 1925 S. 41, 139, 169, 195.

anderweitige ausreichende J.gelegenheit geboten ist. — Staats-j.verpachtung an Forstbeamte: §§ 39 II, 48 FME. v. 28. März 1924 über Anweisung zur Nutzbarmachung der staatl. J. und VV. hiezu (FMBl. S. 58, 60, 96). — Das Volksschullehrergesetz vom 14. Aug. 1919 (GVBl. S. 437) enthält keine Verbote oder Beschränkungen der J.pachtung mehr. — Den Gendarmeriemannschaften ist J.ausübung widerraten, Ausübung im Dienste, Dienstwaffenverwendung hiezu untersagt [111]. — Den Grenzwachbediensteten ist J.pachtung nur ausnahmsweise und mit besonderer Erlaubnis des Oberzollamtmannes gestattet [112]. — Katholische Geistliche haben sich zur Wahrung des decorum clericale von weltl. Vergnügungen, insbes. auch der J., zu enthalten [113]. Dispensation zulässig. — Evangelische Geistliche haben sich von J.pächtereien zu enthalten [114]. — Offiziere, Militärbeamte und -ärzte bedürfen keiner dienstl. Bewilligung. — Für andere Berufsklassen [115] keine Verbote oder Beschränkungen mehr. — Art. 18 Abs. I BeamtenG.: Einem einzelnen Beamten kann J.pachtung und -ausübung untersagt werden, wenn er J. nicht nur zum Vergnügen, sondern im Dienste eines J.berechtigten treibt, oder wenn er einen Erwerbsgewinn aus der gepachteten J. macht, und der J.betrieb als Nebenbeschäftigung mit gewissenhafter Erfüllung der Berufspflichten nicht vereinbar ist [116]. Diese lediglich. disziplinären Verbote und Beschränkungen haben auf privatrechtl. Wirkung des PV. bei Außerachtlassung keinen Einfluß [117].

IV. Form. Verträge über Verpachtung der J. auf in Bayern gelegenen Grundstücken bedürfen der Schriftform [118]. Maßgebend also § 126 BGB.: Unterschrift der beiden Parteien auf derselben Urkunde; sind mehrere gleichlautende Urkunden aufgenommen, genügt Unterzeichnung jeder Partei auf der für andere Partei bestimmten Urkunde. Unterzeichnung des J.verpachtungsprotokolles und unterschriftl. Vollziehung des in demselben Formular enthaltenen Zuschlagsvermerkes durch den Bürgermeister reicht bei Aufnahme nur einer Urkunde nicht aus. Der gesetzl. Schriftform entbehrender J.pachtvertrag nichtig: § 125 BGB. Zurückerstattung des J.pachtzinses, Herausgabe des J.erträgnisses

---

[111] Dienstinstruktion v. 18. Juli 1922 § 9 III MBl. d. J. S. 223.

[112] § 101 XII Best. über Organ. u. Dienst der kgl. Grenzwache v. 20. Okt. 1895.

[113] Friedberg, Kirchenrecht, 6. Aufl. S. 172, 242, 300 f.

[114] Oberkonsist. E. v. 24. Okt. 1835; E. d. StM. d. J. v. 27. Jan. 1835; Silbernagl, Religionsgenossensch. Bayerns S. 213 und Fußn. 2 das.

[115] Amts-, Landgerichts-, Bezirksamts-, Finanzbeamte — vgl. 1. Aufl. S. 165/166.

[116] Reindl BG. S. 107 ², 111, 117 ¹; VollzB. v. 4. April 1912 (GVBl. S. 343, 350).

[117] Dr. Pollw. S. 36.

[118] Art. III Gesetzes v. 16. Febr. 1921 (GVBl. 35, 59). Damit frühere Streitfrage beseitigt.

(§ 812 BGB.). Klage des J.pächters gegen Gemeinde, wenn Pachtschilling auch schon an Grundbesitzer ausbezahlt oder verrechnet[119]). Auf Grund Höchstgebots und Zuschlags Klage auf Leistung der Vertragsunterzeichnung. Rechtskräftiges Urteil ersetzt Unterschrift (§ 894 ZPO.). Kein Zwang zur Unterschriftsabgabe durch Haft- oder Geldstrafe nach § 888 a. a. O.[120]).

Für J.pachtverträge Stempelgebühr zu entrichten, wenn verabredeter, nach Jahresbetrag zu berechnender Pachtzins beträgt:

nicht mehr als 500 RM 1%,
mehr als 500, nicht mehr als 2000 RM 2%,
" " 2000, " " " 5000 RM 3%,
" " 5000 RM . . . . 4%.

Nicht in Geld bestehende Nebenleistungen dem Jahreszins hinzuzurechnen[121]). — Der vom J.pächter vertragl. an Gemeindekasse zu erstattende Wildschaden ist zwar Gegenleistung des Pächters, nicht aber solche Nebenleistung, nicht Teil des „Pachtzinses", deshalb nicht mitzuversteuern[122]). — Unterpachten und Pachtübertragungen stempelpflichtig. Mehrere zwischen denselben Vertragsteilen innerhalb eines Jahres geschlossene Pachtverträge hinsichtl. Stempelpflicht einheitl. Pachtvertrag, wenn wirtschaftl. zusammengehörig, als einheitl. Vertrag abschließbar und anzunehmen, daß zur Umgehung des Stempelgesetzes abgeschlossen. Verpächter muß Stempel spätestens bei der letzten Zinszahlung im Kalenderjahr vom Pächter erheben, bei nicht rechtzeitiger Entrichtung unverzügl. Steuerstelle zweck zwangsweiser Einziehung benachrichtigen. Keine J.pachtkündigung bei Nichtentrichtung oder verspäteter Stempelzahlung des Pächters. Verpächter haftet bei unterlassener Stempelerhebung oder Nichtentrichtungsmitteilung für Stempel kann vom Pächter nicht zwangsweise beitreiben. Nach Art. 2 Ziff. 3 u. 4 JG. Eigenj.berechtigter, der J. weder selbst, noch durch Verpachtung ausübt (z. B. durch gelernte Jäger, J.-gäste), hat Ersatzabgabe in Höhe des ordentl. Stempels zu entrichten. „Erzielbarer J.pachtertrag" ist bei inmärkischen J.grundstücken J.pachtpreis jener Gemeindemarkung, in der Grundstück liegt; wo solcher nicht besteht, jeweiliger J.pachtpreis der nächstgelegenen Gemeindemarkung; bei ausmärkischen: J.pachtschilling der nächstgelegenen polit. Gemeinde. Berechnung nach Flächeninhalt. — Stempelfrei: J.ausübung nach Art. 2 Ziff. 1 u. 2 JG. durch Grundeigentümer selbst. — Bei Verpachtung jeder Art von Eigenj. Stempel nach wirkl. Pachtpreis zu berechnen. — Für Pachtverträge über J. außerhalb Bayerns einmalige Stempelgebühr von 2 RM. —

---

[119]) Art. 8; DJäger 1919 S. 467.

[120]) Vgl. „Wild und Hund" 1925 S. 405.

[121]) 100 %iger Zuschlag aufgehoben: MBek. v. 4. Jan. 1924 — GVBl. S. 7 —.

[122]) RG. v. 15. Dez. 1914 und 1. Nov. 1916 — Recht 1921[49]; „Wild und Hund" 1923 S. 234 — treffen für Bayern nicht zu.

V. Rechtlicher Inhalt.

1. Der Verpächter hat dem Pächter ungehinderte J.ausübung zu gewährleisten[123]), also den, nach Vertragsinhalt, Verkehrssitte, besonderen Orts- und Wildstandsverhältnissen zum Eigentumserwerbe am Wilde durch Okkupation erforderl. und zulässigen Gebrauch der J.grundstücke zu verschaffen und zu sichern, selbst jede Gebrauchsentziehungs- oder -störungshandlung zu unterlassen und solche Handlungen Dritter abzuwehren[124]). Dazu gehört vor allem ungeschmälerte Überlassung des J.gebietes. Keine Verpflichtung zur Abmarkung der J.grenzen[125]), aber Einweisung des Pächters in J.bezirk zur Orientierung über räuml. Umfang des Aneignungsrechtes[126]). Falsches Vorzeigen der Grenzen durch den Bürgermeister macht diesen und die Gemeinde für eine unbewußte Grenzverletzung des J.pächters haftbar bei fahrlässiger Verletzung der Amtspflicht[127]). — Der Pächter kann von der Gemeinde Verschaffung des Notweges, welcher ihm das eine wesentl. Voraussetzung der J.ausübung bildende Betreten des J.grundstückes erst ermöglicht, Beseitigung einer Grenzverwirrung und Klarstellung der Rechte an einer Grenzeinrichtung durch die Gemeinde fordern[128]). Störungen durch Dritte im J.betriebe und in der pflegl. Behandlung der J. hat der Verpächter abzuwenden[129]), bei Anbringung der zur J.ausübung erforderl. und übl. Einrichtungen gegenüber Einspruch der Grundeigentümer die Rechte des Pächters zu wahren[130]). Zerstörung von J.vorrichtungen ist Sachbeschädigung[131]). Grundbesitzer braucht aber Beschädigung von Bäumen durch Annageln von Hochsitzen und Abschneiden größerer Äste, Verwendung letzterer, von Rohr, Stroh usw. zu Schirmen, Graben von Ansitzlöchern, Verzäunungen zur Verhinderung des Auswechselns von Wild, Betreten von Einfriedungen[132]), Aufstellung tragbarer Kanzeln in Schonungen, bestellten Äckern und Wiesen ohne Erlaubniseinholung nicht zu dulden, verwachsene Wege und Schneusen nicht auszuputzen; er kann Grund zur Abwehr von Vieh und Wild einzäunen[133]) und hat für Verletzungen, die sich Wild hiedurch zuzieht, nicht Ersatz zu leisten[134]);

---

[123]) S. oben S. 70.

[124]) Vgl. „Wild und Hund“ 1906 S. 34 f.

[125]) Vgl. oben S. 70 und Fußn. 37.

[126]) RGZ. 70, [72] ff.

[127]) §§ 839, 841 BGB.; Art. 77 EG., Art. 60, 61, 165 I AG. BGB.; Art. 7 II, V BGG.; unten S. 177 II und Fußn. 319 das.; BGZ. 1912 S. 398.

[128]) §§ 917, 920, 921 BGB.; unten Abschn. E bei Fußn. 31 und 32; „Wild und Hund“ 1916 S. 650.

[129]) Unten Abschnitt E I; BlfAdmPr. 63, [332]; Pollw. S. 77 A. c.

[130]) Oben S. 143 f., 2.

[131]) § 303 RStGB.; „Wild und Hund“ 1906 S. 33/35. DJäger 1921 S. 282; 1923 S. 249 (Hochsitze).

[132]) DJäger 32, [76]; unten § 6 JPV. und die dort angeführten Bestimmungen.

[133]) „Hubertus“ 1912 S. 342, 300; vgl. pr. JO. § 65; Goercke S. 94; aber unten S. 183 IV und Fußn. 29, 30 und „Wild und Hund“ 1915 S. 449.

[134]) „Hubertus“ 1912 S. 396; Roerig S. 229.

er ist nicht verpflichtet, im Interesse des Wildstandes Feldhecken, einzeln stehende Schirmbäume und Feldhölzer nicht zu beseitigen, Sumpfwiesen zu entwässern, umgekehrt Moor- und Heideland zu meliorieren, statt der Hack- und Mähmaschine die Handarbeit mit Harke, Sichel und Sense zu wählen, den Weidetrieb auf Klee- und Grünfutterschläge einzustellen, die Waldstreunutzung oder Schafweide[135]) zu unterlassen[136]). Im allgemeinen kann für eine, übrigens selten erweisbare Wildvergiftung durch Kunstdünger Entschädigung nicht verlangt werden[137]). Hingegen nach § 823 I BGB. Schadensersatzpflicht, wenn Chilisalpeter, der zur Ermöglichung raschester Auflösung als Kopfdünger auf Grünsaaten fein gemahlen gestreut werden soll, in großen Brocken frei liegen gelassen wird, so daß er in bedeutenderen Mengen von Rehen, Hasen, Fasanen, Feldhühnern aufgenommen werden und tödlich wirken kann[138]). Für Schädigung des Wildstandes infolge Verbreitung der Maul- und Klauenseuche durch verbotswidriges Düngen mit verseuchtem Stallmist ist aufzukommen[139]). Werden entgegen den auf Grund Art. 120 I 2 PStGB. ergangenen oberpol. Vorschr. v. 21. Mai 1908[140]) Mausgifte[141]) verwendet, insbesondere frei ausgelegt oder ausgestreut, haftet der Zuwiderhandelnde gemäß § 823 II BGB. für den an Wild[142]) eintretenden Schaden[143]). — Art. 37—40 WasserG. enthält keine ausdrückl. Vorschrift zum Schutze des J.rechtes, das unter der Verunreinigung der Gewässer weitaus nicht so leidet, wie Fischerei. Die dort und in §§ 94—104 VV. v. 3. Dez. 1907 vorgesehenen Bestimmungen betr. Reinhaltung der Gewässer dienen mittelbar diesem Schutze insoweit, als eine Wildbeschädigungen verursachende Nichtbeachtung als Verstoß gegen ein Schutzgesetz i. S. des § 823 II BGB. zu Schadensersatz verpflichtet[144]). Kein Grundsatz, daß industrielle Unternehmungen besondere Vorkehrungen gegen Wildstandsgefährdungen treffen, also Ableitung von Abwässern in Teiche, Seen, Flüsse überhaupt unterlassen, Kamine erhöhen, um das Lagern von Rauchschwaden über

135) DJäger 1919 S. 467; 1923 S. 427; JU. 36/26 S. XI.

136) Vgl. Roerig S. 219 ff.; 231 ff.; 288.

137) § 903 BGB. Kalisalze (Kainit, Thomasschlacke) und Chilesalpeter, die als Kopfdünger verwendet werden, ihres Salzgehaltes wegen auf das Wild besondere Anziehungskraft ausüben und bei ihrer giftigen Beschaffenheit gelegentlich Wildvergiftungen verursachen können; andere Kunstdüngemittel scheiden aus, da sie untergepflügt werden; Roerig S. 223 ff. Dagegen „Wild und Hund“ 1905 S. 398; 1917 S. 317, 364.

138) Roerig S. 224 f.; „Wild und Hund“ 1902 S. 399, 447.

139) § 823 II BGB.; vgl. Jahrb. des Instituts f. Jkunde 1912 S. 222 f.; „Wild und Hund“ 1913 S. 167; Roerig S. 240.

140) GVBl. S. 298.

141) Baryumkarbonatbrot, Phosphorlatwerge, Loefflerscher Mäusetyphusbazillus, Ratin, Danasz virus, Strychnin-, Arsen-, Phosphorpillen und -getreide; vgl. § 18 III KAB. v. 16. Juni 1895, Verkehr mit Giften betr.; GVBl. S. 272.

142) Vor allem Fasanen und Feldhühner.

143) Vgl. Roerig S. 225 ff.

144) Vgl. Harster-Cassimir S. 221 ff.

J.grundstücken zu verhindern usw. Ist jedoch einem Hüttenwerksunternehmer in den Konzessionsbedingungen[145]) zur besonderen Pflicht gemacht, das Entweichen giftiger Verbrennungsstoffe zu verhindern, unterläßt er das und geht durch die, infolgedessen auf Äsungspflanzen gebildeten Niederschläge Wild zugrunde, so ist er schadensersatzpflichtig gemäß § 823 II BGB., gleichgültig, ob die Vergiftung auf seinem eigenen oder auf fremdem Boden erfolgte, und ob er die schädigende Wirkung seiner Unterlassung voraussehen konnte oder nicht. Enthalten die Konzessionsbedingungen keine Anordnung, so kann im Hinblicke auf § 903 BGB. weder nach § 226[146]), noch aus § 826[147]) Schadensersatz beansprucht werden[148]). Absichtl. erhöhtes, unter Ausschaltung der übl. Vorkehrungen herbeigeführtes Ausströmenlassen giftiger Fabrikdämpfe im Falle der Beschädigung von Wild ist schikanöse Schädigung des J.berechtigten, eine die ordentlichen Betriebsgrenzen[149]) überschreitende widerrechtl. Handlung, die i. S. des § 826 gegen die guten Sitten verstößt, zu Schadensersatz verpflichtet und dem J.pächter als quasidingl. Berechtigtem zur Verteidigung seiner J.befugnis gegen widerrechtl. Störung die Unterlassungsklage gewährt[150]). — Gegen Beeinträchtigung und Schädigung der J. durch unverwahrte Kanalanlagen (Ertrinken von Wild) Anspruch des J.berechtigten auf Beseitigung der Störung und Unterlassung weiterer Beeinträchtigung sowie angemessene Entschädigung; bei mit behördl. Genehmigung errichteten Anlagen eines gewerbl. oder gemeinnützigen Unternehmens, kein Beseitigungs-, sondern nur Entschädigungs- und Sicherungsanspruch[151]). Der besonderen, dem Flugwild durch Tötung mittels elektr. Stromes drohenden Gefahr der Hochspannungsleitungen der Überlandzentralen können die Gemeinden durch Vertragsbedingungen vorbeugen, welche namentl. die Nichtverwendung gewisser, das Herabfallen der Drähte verhindernder Sicherheitsbügel und die Anbringung bekannter anderer, vollkommen ausreichender, keine Gefährdung des Federwildes verursachender Vorrichtungen verlangen[152]). — Gänzliche Beseitigung der Gefahr, welche dem Flugwild durch Anfliegen an Telegraphendrähte erwächst, ist nicht zu erreichen, wohl aber eine Minderung, da die staatl. Verwaltung bei Anlegung neuer Linien an Orten, wo solche Gefährdungen besonders zu besorgen sind, berechtigten Wünschen weitestgehendes Entgegenkommen zeigen, selbst zur Verlegung bestehender Leitungen auf kleinere

[145]) §§ 16, 26 RGO.
[146]) Schikane.
[147]) Verstoß wider gute Sitten.
[148]) Vgl. ZfRpfl. 1916 S. 91 f.; RGZ. 50, 227; 57, 241.
[149]) § 906 BGB.
[150]) §§ 862, 868 BGB.; §§ 887, 890 ZPO.; vgl. JW. 1908 S. 653 ff.
[151]) DJäger 1925 S. 302, 318.
[152]) Vgl. Roerig S. 229; Elektrotechnische Zeitschrift 1915 S. 244, 512, 642. DJäger 1923 S. 172.

Strecken gegen Kostenersatz bereit sein wird. Allgemeine Anweisungen bestehen nicht, § 12 I Telegraphenwegeges. vom 18. Dez. 1899[153]) beschränkt die Befugnis der Telegr.verw. zur Führung von Telegraphenlinien durch den Luftraum über Privatgrundstücke nur insoweit, als dadurch deren Benutzung wesentl. beeinträchtigt wird; eine Ersatzpflicht anerkennt § 12 II nur hinsichtl. der infolge Führung von Luftleitungen eingetretenen Beschädigungen des Grundstückes selbst und seines Zubehörs, nicht auch des dort weilenden Wildes. — Bei Beschädigungen des Weideviehs durch Aufnehmen abgezwickter Stückchen von Leitungsdraht mit dem Futter lehnt der Staat mit Recht eine Ersatzpflicht ab, da eingehende Instruktionen, erprobte Ausrüstung und sorgfältige Auswahl der Arbeiter seine Verantwortlichkeit ausschließen[154]). Bei Privatgesellschaften ist zu prüfen, ob diese Haftentlastung zutrifft. Schadensersatzklage gegen den Arbeiter gemäß § 823 BGB. bleibt unberührt. Analoge Rechtslage bei Wild ebenso zu beurteilen. — Wegen Überfahrens von Wild durch Eisenbahnen kein Schadensersatzanspruch, da Betreten der Bahnanlagen durch Wild bei aller Umsicht unmöglich zu verhindern ist[155]). Für Überfahren von Wild durch Kraftfahrzeuge Schadensersatz nur bei vorsätzlichem Handeln. In diesem Falle und bei Aneignung auch ohne Verschulden überfahrenen Wildes Bestrafung wegen J.vergehens[156]).

Ein Verbot nach § 368 [9] RStGB. hindert den J.berechtigten nicht an ordnungsgemäßer J.ausübung[157]). Einsetzen von Wild können Gemeinde und Grundbesitzer nicht verbieten; Ersatz kann der Pächter für Wildstandsmehrung und -verbesserung nicht verlangen[158]). Gegen Schaffung eines „übermäßigen“ Wildstandes § 5 JPO.

Keine allgemeinen Verbote der Abhaltung von Treibj.den, der Verwendung von Hunden überhaupt, der J.ausübung an Sonn- und Feiertagen; Vereinbarung von Konventionalstrafen für Zuwiderhandlungsfall u. U. sittenwidrig[159]). Ausschließung der J. während des festtägl. Vormittagsgottesdienstes in der Nähe der Ortschaften[160]), der Verwendung gewisser, namentl. der hochbeinigen, weitjagenden Windhundrassen und Bracken zulässig. Vollständige Schonung des Raubzeugs[161]), Zulassung des Legens von Giftbrocken und der Aufstellung von Pfahleisen „mit Genehmi-

---

153) RGBl. S. 709.

154) Allg. Bestimmungen f. d. Arbeiterpersonal der K. B. Tel.-Verw. I. Teil § 29 [3] v. 29. Juli 1910 und Ergänzung Nr. 9, Anm. * S. 9 und 10; § 831 BGB.; RGZ. 70, [381]; JW. 1907 S. 333.

155) Art. 105 EG., Art. 58 AG. BGB.; Boehm-Klein S. 99 A. 4, 5; Henle-Schneider S. 98 A. 5 zu Art. 58 l. c.; §§ 78, 79 Eisenbahnbau- und -betriebsordnung v. 13. April 1905; S. 305 f. GVBl.

156) DJäger 1925 S. 702, 793; 1926 S. 213, 378.

157) Unten Abschnitt E I Fußn. 10.

158) Unten S. 166 und Fußn. 205.

159) A. A. „Wild und Hund“ 1902 S. 365.

160) Vgl. DJäger 32, [76].

161) Etwa des Fuchses wegen seines landwirtschaftl. Nutzens als Mäusefänger.

gung des Bürgermeisters" als Pachtbedingungen unzulässig, da gegen §§ 1, 13 JPV.[162]). Schlageisen, die unter Befolgung der sicherheitspolizeil. Vorschr. gelegt sind[163]), darf der Grundbesitzer nicht wegnehmen, muß sich aber die Entfernung der von ihm oder Dritten aufgestellten j.störenden Vorrichtungen gefallen lassen[164]), Graben von Fuchs- und Dachsbauen, die zur Wiederherstellung des früheren Zustandes zugeschüttet werden, Anlegung von Salzlecken und Suhlen, soweit letztere unter Benützung vorhandener Tümpel und Wasserlöcher hergestellt werden, dulden; kann aber Wegnahme der vom Pächter während der Pachtzeit angebrachten Vorrichtungen (Hochstände usw.) nach deren Ablauf fordern. Zum Bau von J.hütten, zur Anlegung von Wildäckern und Remisen Genehmigung des Grundbesitzers erforderlich, von dem er allenfalls das nötige Areal kaufen oder pachten muß. „Kessel" (Erdvertiefungen, in welchen die Bache frischt und die Frischlinge birgt), Erdbaue und Raubvogelhorste darf der Grundbesitzer nicht zerstören[165]). Bei *außergewöhnl.*, z. Z. des Vertragsschlusses vom Pächter nicht vorauszusehenden *Veränderungen des J.bezirks* nach Umfang und Benützungsart und -möglichkeit, die zugleich nicht unerhebl. Beeinträchtigung des J.betriebs und -erträgnisses bedingen[166]), zunächst Anspruch auf *Beseitigung der Störung*, wenn diese überhaupt möglich[167]). Erfolgt sie nicht, dann *Schadensersatz* wegen Nichterfüllung des Pachtvertrages, falls der Gemeinde die ihr obliegende Leistung zufolge eines von ihr zu vertretenden Umstandes unmöglich ist[168]). Hat die teilweise Vertragserfüllung wegen der Erheblichkeit der Beeinträchtigung der ganzen J.ausübung für ihn kein Interesse, dann Schadensersatz wegen Nichterfüllung der ganzen Verbindlichkeit oder Rücktritt vom *ganzen Vertrage*[169]); sonst *angemessene*

---

162) Pollw. S. 134/135 Fußn. 3.

163) Z. B. in wegloser, beträchtlich weit vom Orte entfernter Dickung: „Hubertus" 1912 S. 251.

164) Pollw. S. 74 Fußn. 1.

165) „Wild und Hund" 1906 S. 35; teilweise anders Pollw. S. 74 F. 1.

166) Bildung größerer Eigenj.bezirke: Einrichtung von Renn-, Turn-, Flug-, Volksbelustigungs-, Truppenübungsplätzen (RGZ. 25, 351; „Hubertus" 1912 S. 343); Bau eines Aussichtsturmes („Wild und Hund" 1903 S. 205); Truppenschießplätzen (DJäger 1919 S. 245; Leipz. Zschr. 1918 S. 460; „Wild und Hund" 1918 S. 275); von Bergwerken, ausgedehnten Kies-, Sand-Tongruben mit Drahtseilbahnbetrieb, Ziegeleien mit Industriegeleisen, Elektrizitätswerken mit Stauwerken, Weihern und Kanälen; Entstehen von Villenkolonien mit Straßenanlagen und Gärten; überlassen von Schaf- und Schweineweiden im Walde an Dritte (DJäger, Ill. 48/26 S. XI; 1923 S. 147); u. U. dauernde überflutung größerer Flächen, umfangreiche Einzäunung („Hubertus" 19, S. 104; Abzäunung zur Abhaltung von Rotwildschaden in einer Jagd, für welche gerade wegen des Hochwildes eine hohe Pachtsumme aufgewendet wird, wo dieses aber wegen Abzäunung der besten Äsungsplätze auswechselt, RG. v. 13. Dez. 1893; „Hubertus" 1912 S. 104, 342, 284).

167) Analog §§ 12, 858, 862, 1004 BGB.

168) Sie etwa die Veränderung selbst veranlaßt hat.

169) Vgl. DJZ. 1915 S. 206: Bei Rücktritt nach fallengelassener Schadensersatzforderung kann Pachtschilling zurückverlangt werden.

Pachtminderung, entsprechend der j.lichen Güte und dem Umfang der entzogenen Fläche. Die Gemeinde hat kein außerordentl. Kündigungsrecht[170]). Wenn auch der Verpächter für den *Ertrag und die Ergiebigkeit der J.* nicht haftet, darf er doch nicht *unbedingt* Veränderungen jeder Art vornehmen. Erheblichkeit der eingetretenen Veränderung nach Grundsätzen der Billigkeit und Treue und Glauben zu beurteilen. Verpächter ist die Gesamtheit der Grundbesitzer, als Rechtsgemeinschaft vertreten durch die Gemeinde. Sie ist gegenüber dem Pächter berechtigt, aber auch aus Schmälerungen durch den Einzelnen verpflichtet. *Vertragsfeindl. Handlungen des Einzelnen muß die Gesamtheit vertreten*[171]). Ist nicht anzunehmen, daß der J.pächter sich einer empfindl. Beschränkung seines Rechtes unterwerfen will, so ist die Gemeinde verpflichtet, Gewähr zu leisten auch für die durch *administrative Maßregeln* ihrer oder staatl. Behörden eintretenden Beeinträchtigungen des Rechtes auf ruhigen Genuß des Pachtgegenstandes. Gemeinde oder Staat sind aus Gründen des *öffentl.* Rechtes befugt, Verfügungen zu treffen, welche die vom J.pächter aus einem Rechtsakte der Gemeinde abzuleitenden Rechte berühren; die *privatrechtl.* Verpflichtungen und Ansprüche des Pächters aus diesem Rechtsakte werden aber dadurch nicht berührt[172]). War der Gemeinde bei Vertragsschluß der Eintritt solcher wesentl. Veränderungen bekannt, so wäre Verzicht oder vertragsmäßiger Ausschluß jeden Entschädigungsanspruchs des Pächters aus dem Gesichtspunkt der *arglistigen Täuschung* ungültig, der Vertrag nichtig[173]). *Bewußt unwahre Zusicherung*, daß der Pachtvorgänger jährlich 10 Rehböcke geschossen habe, während schon seit Jahren keiner mehr erlegt wurde, absichtliches Verschweigen einer bei Vertragsabschluß herrschenden verheerenden Wildseuche ist arglistige Täuschung[174]); dgl. Zusicherung einer j.lich nutzbaren Fläche von 2000 Tagwerk, während diese Zahl nicht nur nicht erreicht wird, sondern auch noch 400 Tagwerk für das Dorf an Straßen, Gärten,

---

[170]) §§ 325, 280 II, 323, 472, 473, 541, 537, 581 II BGB.; oben S. 72 und Fußn. 60. BGZ. 1903 S. 585/586; 1905 S. 32; 1907 S. 450, 635; Pollw. S. 81 β; 77 c und Fußn. 1; vgl. RGZ. 52,[126]; 70,[72]; OberstLG. 1,[627]; DJäger 32,[76]; BayrB. 1915 S. 57; 1916 S. 169; 1918. S. 178.

[171]) RGZ. 25,[353]; unten S. 180 und Fußn. 340.

[172]) RGZ. 25,[356]; Armierungsarbeiten bei Festungen, Holzfällungen, Bayr. B. 1915 S. 57, 58 (Regreß der Gemeinde gegen den Staat).

[173]) §§ 540, 539, 138, 123 BGB.; RGZ. 25,[351]; Pollw. S. 78 c. Verpächter ist auch ohne Frage des Pächters verpflichtet, diesen auf die Mängel aufmerksam zu machen. Verschweigen muß den Grundsätzen von Treu und Glauben widersprechen, der Pächter nach der Verkehrsanschauung die Mitteilung unter den gegebenen Umständen erwarten dürfen. Maßgebend Erheblichkeit der durch den Mangel verursachten Übelstände, vertragsmäßiger Gebrauchszweck, welcher durch den Mangel vereitelt oder erheblich beeinträchtigt wird (RGZ. 62,[126];; 69,[15]; 70,[429]; 77,[314]; JW. 1912 S. 248, 340; 1913 S. 88; 1914 S. 138, 590; ZfRpfl. 1914 S. 230).

[174]) „Hubertus" 1912 S. 451. Recht 1918 Spruchbeil. Nr. 1485.

bebauten Flächen und 200 Tagwerk, welche Gemeinde zu Bebauungszwecken verkauft hatte, wegfallen[175]). Bei Verpachtung desselben J.gebietes an verschiedene Personen für gleiche Zeit entscheidet Priorität[176]). Gegenüber dem Pächter, der zurücktreten muß, ist Gemeinde wegen verschuldeter Leistungsunmöglichkeit schadensersatzpflichtig[177]). Benützung eines J.bezirks bei Truppenübungen verursacht direkten Verlust an Wild[178]), Auswanderung desselben[179]), unmittelbaren Entgang der J.ausübungsmöglichkeit[180]), Aufwand für Nachhege[181]). Das J.recht ist zwar kein selbständiges Recht, deshalb kein Bestandteil des Grundstücks i. S. § 96 BGB., sondern fällt unter die Nutzungen, die aus dem Grundstück zu ziehen sind, kraft deren dem Berechtigten das gesetzl. geschützte, nur j.polizeil. beschränkte, ausschließl. Aneignungsrecht an den auf dem Grundstücke angetroffenen j.baren Tieren gewährt ist[182]). Es ist als Ausfluß, als Bestandteil des Eigentums am Grundstück an letzteres gebunden, ein Akzessorium desselben, ohne welches es nicht denkbar ist. § 14 RG. über Naturalleistungen für bewaffnete Macht im Frieden v. 24. Mai 1898/9. Juni 1906 i. d. F. der Bek. v. 6. April 1925[183]) bestimmt: „Alle durch die Benützung von Grundstücken zu Truppenübungen entstandenen Schäden werden aus Militärfonds vergütet." Der bayr. ObersteGH.[184]) versteht unter solchen Schäden nur die dinglichen Beschädigungen des Grundstücks und der mit ihm zusammenhängenden Sachen, nicht auch Beeinträchtigungen an Rechten, die auf dem Grundstück ausgeübt werden; Schäden, die dem J.berechtigten durch Benützung des J.reviers zugehen, erleide er nur aus Anlaß, nicht durch diese Benutzung[185]). Unrichtig ist, daß nur eigentliche Flurschäden als entschädigungspflichtig bezeichnet werden. Das Gesetz spricht ausdrücklich von allen Schäden, die durch die Benutzung des Grundstücks entstehen. Dazu werden auch sonst alle Schäden ge-

---

[175]) „Hubertus" 1912 S. 451; DJäger 32,[490]; 1922 S. 148.

[176]) RGZ. 41,[345], [349]; 52,[128]; 62,[149]; JW. 1914 S. 190; oben S. 73 und Fußn. 77.

[177]) §§ 280, 823 BGB.

[178]) Durch Tötung, Verletzung.

[179]) Beunruhigung, Zerstörung der Äsung, der Setz-, Nist-, Brutgelegenheiten.

[180]) Damnum emergens und lucrum cessans durch Notwendigkeit der Einstellung des J.betriebs und des Abschusses während der Übungen.

[181]) Einsetzen von Wild und Einschränkung der Bejagung zwecks Erholung des Wildstandes nach den Übungen.

[182]) RGZ. 70,[72].

[183]) RGBl. 98 S. 361, 367, 922; 1906 S. 735; 1925 S. 44; AusfVO. v. 28. Sept. 1925 (RGBl. I S. 365).

[184]) SeuffA. VI, 808 (der 1. Ausg. Bd. 53,[423] Nr. 233).

[185]) Ebenso KriegsminEntschl. v. 31. Aug. 1898 — KrMABl. S. 243 —, die preuß. Intendantur — DJäger Bd. 14,[130]; LG. Mü. 10. Dez. 1896 (Gruchot 43,[80]); BlfAdmPr. 43,[49]; BlfRA. 63,[421]; SeuffA. 53,[423]; DJZ. 1898 S. 390; DJäger 20,[237]; Simon S. 21 und die dort. Zitate; dagegen ObGH. 16. April 1872 pfälz. KrABl. Nr. 1240.

rechnet, die aus Anlaß der Benutzung von Grund und Boden erwachsen[186]). Benutzung zu Truppenübungen ist also ausschlaggebend; daß sie an Grundstücken stattfindet, liegt in der Natur der Sache. Diese trifft neben dem Grund und Boden und seinen Bestandteilen selbst in erster Linie gerade den Gegenstand der Rechte, welche im Grundeigentum begründet sind, aus diesem ihren Inhalt schöpfen, ohne dieses gegenstandslos wären. Wer zur Verwirklichung seines Rechtes auf Früchte eines Grundstücks, Sach- oder Rechtsfrüchte, angewiesen ist, muß gegen Schädigungen des Grund und Bodens, in dem sein Recht wurzelt, geschützt sein, weil sie unmittelbar[187]) und mittelbar eine Schmälerung seines Rechts in sich schließen. Deshalb darf der J.berechtigte sich aller Störungen seines Rechts erwehren, genießt Besitzschutz und Schadensersatzansprüche in weitem Umfange[188]), auch hinsichtlich des mit seiner Hegepflicht korrespondierenden Rechts zur Wildhege[189]). Die Störungen der J.ausübung durch Truppenübungen kann er gegenüber der staatl. Militärhoheit und den öffentlichrechtl. Ausnahmebestimmungen des Naturalleistungsgesetzes nicht verbieten oder abwehren[190]). Um so mehr muß ihm ein Anspruch auf Ersatz des dadurch entstandenen Schadens zuerkannt werden[191]). Der Entschädigungsanspruch des Eigenj.berechtigten kann daher nicht zweifelhaft sein[192]). Auch dem Pächter ist er zuzuerkennen, da sein quasidingl. Recht analogen Besitzschutz genießt[193]). Dagegen kein gesetzl. Schadensersatzanspruch auf Pachtpreisminderung wegen Manöverschäden gegen Verpächter[194]). — Wird durch feindl. Kriegsinvasion oder durch Operationen der eigenen kriegführenden Armee oder durch allgemeines Verbot der J.ausübung im Operationsgebiete[195]) dem Verpächter die Gewährung der J.ausübung unmöglich, so verliert er den Anspruch auf J.pachtschilling und Aufrechthaltung des Vertrags, der Pächter den Anspruch auf Gegenleistung und Schadensersatz[196]).

---

186) ObGH. 8,[568]; BlfRA. 46,[27]; vgl. BGH. 1,[161]; 3,[170]; 13,[187]; 21,[37]; RGSt. 32,[193]; Pr.OVG. 10,[156].

187) Verhinderung der Jagdausübung. Verlust von Okkupationsobjekten.

188) S. unten Abschnitt E.

189) § 1 JPV.; DJäger 14,[129]; Gruchot Beitr. 43,[90]; oberfränk. Reg.-Ausschr. v. 18. Nov. 1850 (oberfr. Intell.-Bl. S. 1593).

190) Vgl. RGZ. 24,[38].

191) Vgl. RGZ. 24,[38]; 25,[353]; 25,[354]; ObGH. v. 16. April 1872, oben S. 163 Fußn. 183.

192) Vgl. OLG. Colmar bei Puchelt-Heinsheimer, Ztschr. f. franz. ZR. 26,[158]; Wirsch. S. 245 ff.; BGZ. 1893 S. 495: DJäger 14,[129, 193, 250]; 17,[126, 301]; 18,[6]; 20,[125, 237, 268, 299, 38]; 44, 54, 66, 75; Pollw. S. 106 d (9. Aufl.); Schüllerm. S. 60 Note 2 und A. 7; vgl. auch RG. v. 3. Juli 1916 „Wild und Hund“ 1918 S. 19, 102.

193) Unten Abschnitt E.

194) Art. 52, 53 EG. BGB. spricht nur von Rechten Dritter an der beschädigten Sache, also von dinglichen Rechten, zu denen die J.befugnis als Recht auf dem Grundstück nicht gehört.

195) „Wild und Hund“ 1915 S. 332; Köln. Ztg. Nr. 1179 v. 27. Okt. 1914; § 323 BGB.

196) Vgl. DJZ. 1915 S. 193 ff.; §§ 536, 581, 537, 542, 538, 323, 275 BGB.; RGZ. 87,[277]; 88,[96]; 89,[203]; ZfRpfl. 1918 S. 18; Pollw. S. 78 F. 1.

2. Der Pächter hat den vereinbarten Pachtschilling zu zahlen. Keine Befreiung durch einen in seiner Person liegenden, die Ausübung der J.nutzung hindernden Grund[197]). Pachtpreis bestimmt ausschließlich der Stadt=(Gemeinde=)rat. Hat Pächter bei Einsteigerung irrtümlich Erträgnis der J. zu hoch, in der Zeit der erst beginnenden Währungsfestigung Goldmarkwert zu niedrig geschätzt, kein Pachtpreisminderungsanspruch, kein Rücktrittsrecht, da Irrtum im Beweggrund (§§ 119 ff. BGB.; DJäger JU. 49/26 S. XI). — Pachtpreis kann auch in einer Quote der Pachterträgnisse oder in anderen Äquivalenten bestehen[198]). **Verjährung** der Pachtzinsen: S. 74/75. — §§ 559, 580, 581 II BGB. anerkennen nur **Pfandrecht des Verpächters** eines Grundstücks an den eingebrachten Sachen des Pächters für die Pachtforderung, nicht auch des Verpächters eines **Rechts**. Deshalb ist es bei J.pacht ausgeschlossen, auch an den, vom J.pächter im J.bezirk angebrachten Vorrichtungen (Hochständen usw.), am erlegten Wild, am J.ertrage. — Pfändung und Verpfändung des J.**pacht**rechtes nur mit Einwilligung des Gemeinderats und etwaiger Mitpächter[199]). Leistung und Gegenleistung erfolgen bei der Pacht nicht Zug um Zug, dem **Verpächter obliegt die Vorleistung** im Zweifel selbst dann, wenn Vorausbezahlung des Pachtzinses abweichend vom Gesetze[200]) vereinbart ist. Der Pächter kann[201]) wegen Nichterfüllung vertragsmäßiger Verpflichtungen des Verpächters[202]) gem. §§ 273, 330 BGB Zahlung des Pachtzinses bis zur Erfüllung durch den Verpächter verweigern[203]). Hat er von diesem Zurückbehaltungsrecht an zwei aufeinanderfolgenden Pachtzinsterminen Gebrauch gemacht, aber nach Bewirkung der Leistung des Verpächters und auf erlangte Kenntnis hievon nicht sofort (ohne schuldhaftes Zögern) bezahlt, so gerät er mit Wegfall des Leistungsverweige-

---

[197]) Krankheit, Verbüßung einer Freiheitsstrafe, Einziehung zum Militär, Kriegsdienst, Änderung des Wohnortes; Staud. II b S. 251 A. I 1; BayrB. 1914 S. 294, 345; 1915 S. 91, 195; 1916 S. 62 (insbes. Kriegsverschollenheit) S. 63; §§ 551 [1]; 581 II BGB.; BGZ. 1915 S. 109 f., 358; DJZ. 1915 S. 193 ff. J.pächter kann von dem, durch dessen Verschulden er körperl. verletzt und an J.ausübung gehindert ist, Entschädigung nach § 847 BGB. für den ihm durch Verlust der J.ausübungsmöglichkeit entstandenen **nicht** vermögensrechtlichen (ideellen) Schaden (entgehender Jagd- und Naturgenuß) verlangen (RG. 5. Jan. 1920; Recht 1924 Nr. 3383; „Wild und Hund" 1921 S. 745): unten S. 343 b F. 51.

[198]) Staud. II b S. 329 III B 2 c; oben S. 145 [3]; Pollw. S. 75.

[199]) §§ 851, 857 CPO.; Art. 12 JG. §§ 549, 581 II, 1274 III BGB.; Gruchot 54, [360], [372]; Falkmann 2. Aufl., S. 802 [21]; Warneyer EB. 3, [395]; and. Pollw. S. 31 A. 4.

[200]) §§ 551 mit 584 BGB.; oben S. 145 Z. 4.

[201]) Neben und unabhängig vom Rücktrittsrechte nach § 542 BGB.

[202]) Z. B. Verschaffung des Notweges, Herstellung eines Zuganges zum Revier, Beseitigung von die Jagd behindernden Vorrichtungen auf den J.grundstücken.

[203]) Staud. Bd. II b S. 212 A. B I 2; S. 228 A. I 1; RGZ. 52, [287]; JW. 1906 S. 333.

rungsrechtes hinsichtl. der beiden einbehaltenen Zinsraten auf einmal in Verzug: der Verpächter kann gem. §§ 554, 581 II BGB. außerordentl. kündigen. Der Pächter muß also die Mittel zur Tilgung der einzelnen Raten am Fälligkeitstermine jeweils für den Fall des Erlöschens seines Zurückbehaltungsrechtes bereithalten, um sofort zahlen zu können[204]). — Pachtnachlässe für eingesetztes Wild kann Pächter nicht verlangen[205]); ebensowenig, ohne entsprechende Vertragsabmachung für Vorkehrungen zur Wildschadenabwendung[206]). Aber Anrechnung des von ihm ohne Vertragspflicht geleisteten Wildschadensersatzes auf den Pachtpreis[207]). Da keine gesetzl. Bestimmung besteht, das Höchstgebot während Pachtdauer festzuhalten, kann Gemeinderat auch nach öffentl. Versteigerung an Meistbietenden dem Pächter nachträgl. freiwill. Pachtnachlaß gewähren. Dagegen verstößt vorherige Vereinbarung zwischen Gemeinderat und Höchstbietendem, daß nachträgl. Pachtminderung zu gewähren sei, gegenüber den Minderbietenden wider die guten Sitten (§ 138 I BGB.: Nichtig!)[208]). — Außergewöhnl. Veränderung des J.bezirks: S. 161 und Fußn. 166), außergewöhnl. Schädigung des Wildstandes durch Naturereignisse: §§ 157, 242 BGB.[209]). Bei Ausscheiden von Inklaven (Art. 3) aus Gem.j.bezirk während Pachtdauer Anspruch auf Pachtpreisminderung nach Verhältnis der weggefallenen Inklavenfläche: Ungerechtfert. Bereicherung (§ 812 BGB.) der am verkleinerten Gem.j.bezirk beteiligten Grundeigentümer, da ausgeschiedene Inkl.grundbesitzer nicht mehr Pachtschillingsanteil aus Gem.kasse, sondern Entschädig. vom inkl.-j.berechtigt. Eigenj.besitzer erhalten. — Gänzl. Verzicht auf Pachtnachlaß und -rückvergütung im J.pachtvertrag („Generalverzichtsklausel") nicht sittenwidrig, sondern rechtswirksam.

Da das J.recht dem Grundeigentümer verbleibt, ist es für den J.pächter ein fremdes Recht, das er vorsätzl. und widerrechtl. verletzen kann. Schießt er die J. unweidmännisch aus, weil er weiß, daß er sie nicht mehr erhält, und um die Erzielung eines günstigen Pachtpreises bei Neuverpachtung zu vereiteln, ist er schadensersatzpflichtig[210]), auch wenn er die J. „ausgeschossen" übernommen, während seiner Pachtzeit gehoben hat und nun nur früheren Zustand wieder herstellt. Auch ohne vorerwähnte Absicht verstößt er gegen ein Schutzgesetz[211]), gegen die guten Sitten, die Anschauungen der maßgebenden Jägerkreise, die weidgerechte Behandlung der J. hochhalten, handelt mit dem Be-

[204]) RGZ. 85, 296.
[205]) BGZ. 1912 S. 317; oben S. 160 und Fußn. 158.
[206]) Z. 16 FME. v. 18. Juni 1909 Nr. 19516 Grundsätze f. Staats-j.verpachtungen.
[207]) Oben S. 145 und F. 35.
[208]) Unten S. 187; E. d. anhalt. OVG. in DJäger Jll. 53/26 S. X in Bayern nicht ohne weiteres anwendbar.
[209]) DJäger 1924 S. 258.
[210]) § 1 JPB.; § 276 BGB.
[211]) Art. 23 Abs. I Z. 5 JG.; § 1 JPB.; § 823 II BGB.

wußtsein, daß hiedurch die Inhaber des J.rechtes geschädigt werden, wobei es genügt, daß er unter Anwendung der im Verkehr von einem Jäger zu verlangenden Sorgfalt die Schadenswirkung seiner Handlungsweise hätte vorhersehen müssen, ohne daß er den Umfang des eingetretenen Schadens ermessen zu haben braucht[212]). Auch für sonstige schuldhafte Beschädigungen des J.bezirks ist er[213]) verantwortlich. Verletzung von Bäumen durch fehlgehende Kugeln oder Graben von Erdbauen zählt, da im J.betriebe unvermeidl., nicht hierher[214]). — Die Verpflichtung des Pächters, für Erhaltung des Wildstandes durch positive Maßnahmen und Unterlassungen zu sorgen, ist an und für sich Sachleistung, auf welche in der Regel Irrtum über sittl. Eigenschaften des Verpflichteten nur dann von erhebl. Einfluß ist, wenn durch dessen Bescholtenheit die Sicherheit der Erfüllung fragl. wird. Schwere Bestrafung des Pächters, welche seine Zuverlässigkeit in Zweifel stellt, Mangel von Eigenschaften, die demgegenüber Vertrauenswürdigkeit und achtungswürdiges Verhalten garantieren würden, rechtfertigen den Verdacht, daß der Pächter keine Gewähr bietet für Erfüllung seiner, im einzelnen schwer kontrollierbaren Vertragspflichten zu pflegl. Behandlung der J. während einer mehr oder minder langen Pachtdauer. Der Verpächter ist in solchen Fällen zur Vertragsanfechtung gem. § 119 Abs. II BGB. berechtigt[215]).

3. Mehrere Pächter haften im Zweifel als Gesamtschuldner gegenüber der Gemeinde[216]). Zulässig höchstens drei Pächter[217]).

a)) Mehrere Pächter in einem Gesellschaftsverhältnis[218]) verpflichten sich durch den Gesellschaftsvertrag, Erreichung eines gemeinsamen Zweckes in vertragl. bestimmter Weise durch Regelung der J.ausübung, Verwertung der J.befugnis und des -Erträgnisses, Wildstandpflege zu fördern, insbes. vereinbarte Beiträge zu leisten[219]). Insoweit die einzelnen Gesellschafter nicht nur durch Natural- oder Geldbeiträge die Zwecke des J.betriebs fördern, sondern auch J. ausüben wollen, ist ihre Zahl auf drei beschränkt. Bestimmt ein Vertrag, daß die darin aufgeführten acht Mitglieder, darunter die zwei Pächter, zwecks gemeinsamer J.aus-

---

212) §§ 138, 826 BGB.; Staud. II b S. 878 A. 3 b, c α; Vollw. S. 75; JW. 1902 S. 554.

213) Abgesehen von Art. 13 JG.

214) Vollw. S. 75 Fußn. 2.

215) RGZ. JW. 1912 S. 25 Nr. 5.

216) Oben S. 149 bei Fußn. 63; BayrV. 1916 S. 100; „Hubertus" 1912 S. 12, 539.

217) Art. 10 I JG.

218) Rechtl. Charakter des J.gesellschaftsvertrags — Bedeutung des Vertrauensmoments — Rechtsbehelfe des vertragstreuen Gesellschafters: DJäger 1923 S. 302; — Recht der J.gesellschaften: DJäger 1924 S. 6, 23, 40; — Streit unter Mitpächtern: „Wild und Hund" 1925 S. 649.

219) § 705 BGB.

übung ein J.konsortium bilden, und daß das J.revier dementsprechend unabhängig davon, ob das einzelne Mitglied als Pächter „eingetragen“ ist oder nicht, als ein von jedem Mitgliede zu gleichen Anteilen Rechten und Pflichten gemeinschaftl. erpachtetes anzusehen, der Pachtzins auch von den sechs Nichtpächtern zu je $^1/_8$ mitzutragen sei, so ist das Pachtrecht auch an sie gegen Entgelt bruchteilweise übertragen, unterverpachtet, der Vertrag nach Art. 10 I JG. nichtig[220]). Die Aufnahme dieser Mitpächter verstößt gegen das Gesetz[221]), allein sie können sich im Verhältnis zu den zwei wirkl. Pächtern den übernommenen Verpflichtungen nicht entziehen; rückständige J.pachtanteile, anteilige Beiträge zum Förstergehalte und zur gemeinschaftl. J.wohnung, zu Treibj.auslagen usw., Verrechnung des von ihnen mitgenommenen Wildes können verlangt werden[222]). Für jedes Geschäft Zustimmung aller Gesellschafter erforderl., also auch für Erteilung von Zertifikaten[223]). Kündigung bei unbestimmter Vertragsdauer jederzeit durch jeden Gesellschafter[224]). Die Gesellschaft endigt mit Erreichung oder Unmöglichwerden des vereinbarten Zweckes[225]), durch Tod eines Gesellschafters mangels anderer Vereinbarung[226]), durch Konkurs eines Konsorten[227]). Gegen zahlungsflüchtigen Konsorten kein Recht des Verbotes weiterer J.ausübung[228]). Vielmehr Kündigungsrecht der §§ 723 oder 725 nach Pfändung des Gesellsch.anteils des seine Vertragspflichten Verletzenden auf Grund vollstreckb. Titels gem. § 859 ZPO.[229]). Das Pachtverhältnis bleibt unter den übrigen Vertragsteilen bestehen. Ausschluß v. Gesellsch. hat nicht auch Ausschluß aus Pachtverhältnis zur Folge. — Einziehung der J.karte eines Gesellschafters löst Pachtverhältnis nur auf, wenn Übernahme der Verbindlichkeiten des Ausgeschiedenen durch die übrigen nicht erfolgt[230]).

b) Verpachtung desselben J.bezirks an bis zu drei J.pächter in demselben Umfange und zu gleicher Zeit, so daß jeder für sich J. voll ausüben darf und dem Verpächter gegenüber nur für seine Person und seine Pacht verpflichtet ist, zu den anderen Pächtern aber in keiner Rechtsbeziehung steht, also Mehrheit von einzelnen, gesonderten Pachtverträgen, die sich alle auf denselben Gegenstand beziehen, ist ausgeschlossen, da Art. 10 I JG.

---

220) RGZ. 63, 293; DJäger 1920 S. 318; RG. 11. Mai 1906 VII 422/05; OberstLG. Z. 8, 296; BlfRA. 62, 386 (OLG. München 10. April 1913).
221) § 134 BGB.
222) „Hubertus“ 1912 S. 459.
223) § 709 l. c.; BayrB. 1914 S. 282 Z. 1; unten Art. 23 B VI 4 a und Fußn. 80.
224) § 723 l. c.; „Wild und Hund“ 1923 S. 8.
225) § 726 l. c. (Ablauf der Pachtzeit).
226) § 727 l. c.
227) § 728 l. c.
228) §§ 323, 326 BGB.
229) EJZ. 1908 S. 360, 3.
230) Art. 22 JG.

nur gemeinschaftl. Verpachtung des J.bezirks an mehrere Mitpächter im Auge hat, und konkurrierende gleiche Rechte mehrerer Personen an dem nämlichen Gegenstande nicht mögl. sind. Ebenso Verpachtung nach einzelnen Wildgattungen an verschiedene Personen im gleichen J.bezirk unzulässig[231]).

c) Wird bei nur einem Pächter mit gemeindl. Genehmigung die J.ausübung einem Dritten gegen Entgelt überlassen, fehlt aber die auf gemeinschaftl. J.betrieb gerichtete Absicht, so handelt es sich nicht um konkurrierende gleiche Rechte verschiedener Personen am nämlichen Gegenstand, sondern um ein vom Rechte des Pächters abgeleitetes Recht. Hier könnte man von einem „Hauptpächter" sprechen dem aber mangels besonderer Vereinbarung keine Sonderrechte zustehen; mit dem „Unterpächter" hat die Gemeinde nichts zu tun[232]).

d) Fehlen die bei a) besprochenen Merkmale der Gesellsch., liegt auch keine „Unterpacht" wie bei c) vor, so handelt es sich um ein unbenanntes Rechtsgeschäft, das nach den Bestimmungen über „Gemeinschaft nach Bruchteilen" zu beurteilen ist[233]). „Geteilt" ist das J.ausübungsrecht derart, daß die rechtl. Herrschaft jedes Mitpächters sich zwar auf den ganzen Gegenstand der Gemeinschaft erstreckt, jedoch nur zum ideellen, ziffermäßig bestimmten und im Verhältnis zum Ganzen gedachten Anteil[234]). Im Zweifel hat jeder Pächter gleichen Anteil am Recht, das ohne seine Zustimmung nicht beeinträchtigt werden darf[235]). Keiner darf den anderen in der J.ausübung stören, ihm insbes. nicht das Mitnehmen von J.gästen untersagen, soweit es im Rahmen gleichheitl. J.nutzung geschieht, dagegen der Ausstellung von Erlaubnisscheinen ohne oder gegen seinen Willen widersprechen[236]). Nichtbezahlung des J.pachtanteils gibt den anderen nicht das Recht zum Verbot der J.ausübung, sondern nur Anspruch auf Ersatz der von ihnen zu leistenden Zahlung[237]). Damit ist auch das Rücktrittsrecht der zum Einspringen für Zahlungsflüchtigen verpflichteten Teilhaber ausgeschlossen[238]). Teilung der J.ausübung nach J.bezirken zulässig, ebenso hier solche in zeitlichem Wechsel oder nach Wildarten, da es sich nur um eine interne Verteilung unter den an sich gleich berechtigten Teilhabern handelt[239]). Verzicht eines

---

231) Oben S. 144 F. 26, 154; unten Art. 12 II 3; anders EJZ. 1908 S. 360,[1].

232) Vollw. S. 76 F. 3; BlfRA. 78,[386]; Rspr. OLG. 27,[148]; SeuffA. 68,[365].

233) Eben S. 67 I 1.

234) Staud. II b S. 660 A. I z. § 741 BGB.

235) §§ 742, 743, 745 Abs. III S. 2 BGB.; Staud. II b S. 664 A. II 2 b.

236) BayrV. 1914 S. 282 Z. 1.

237) Staud. II b S. 669 A. 2 z. § 748 BGB.

238) §§ 326, 723; RGZ. 81,[303]; 78,[303]; JW. 1911 S. 808[11].

239) RGZ. in EJZ. 1908 S. 21; ebenda S. 359; OLG. Mü. St. 3,[463]; Vollw. S. 77 A. b.

Teilhabers auf seinen Anteil am J.ausübungsrechte oder an dem ihm zugeteilten Bezirke zugunsten eines anderen Teilhabers ist keine Übertragung der J.pacht nach Art. 12 JG., da Verteilung der Anteile nur die Rechtsbeziehungen der Teilhaber untereinander berührt[240]). Deshalb auch keine Auflösung des J.pachtvertrages bei Verlust der J.kartenfähigkeit eines Teilhabers, da Anteil des Ausscheidenden den anderen zuwächst, falls nicht einer unter diesen von dem bei Vorliegen eines wichtigen Grundes nicht ausschließbaren Rechte, Aufhebung der Gemeinschaft zu verlangen, Gebrauch macht[241]). Teilungsanspruch des Teilhabers gehört zur Konkursmasse[242]). Verwalter über das Vermögen eines in Konkurs geratenen Teilhabers kann daher die Aufhebung der Gemeinschaft mit Zustimmung der Gemeinde jederzeit verlangen und nötigenfalls durch Klage erzwingen[243]); Gemeinschaft wird aufgelöst; der Pachtvertrag kann durch Kündigung des Verwalters oder der Gemeinde gelöst werden[244]).

VI. Der Pachtvertrag erlischt:

1. Mit Ablauf der festgesetzten Pachtzeit[245]). Stillschweigende Fortsetzung unzulässig; dies wäre Änderung der Pachtbedingungen, welche eines Gemeinderatsbeschlusses bedarf[246]).

2. Mit Eintritt der vertragsmäßig auflösenden Bedingung[247]), z. B. Tod, Versetzung, Wegzug, J.ausübung unmögl. machende Erkrankung des Pächters, Verringerung des J.bezirks auf eine bestimmte Größe usw. — Entläßt die Gemeinde trotz mangelnder Vertragsbestimmung den Pächter wegen Erkrankung und verpachtet neu, so kann sie den von seinen Vertragspflichten entbundenen früheren Pächter für den durch Mindererlös an Pachtschilling eingetretenen Ausfall ohne besondere vorgängige Vereinbarung nicht in Anspruch nehmen[248]).

3. Durch außerordentl. Kündigung oder Rücktritt:

a) Der Gemeinde, welche durch Stadt-(Gemeinde-)rat beschlußmäßig erfolgt und allen Pächtern erklärt werden muß[249]):

---

240) Unten S. 189 I 2; EJZ. 1908 S. 21, 359; Pollw. S. 77; „Wild und Hund" 1923 S. 90.

241) §§ 719, 747, 749 BGB.; Art. 22 JG.

242) §§ 747, 749 BGB.; § 857 ZPO.; § 1 KO.; Jaeger, KO. S. 135 II 2 Abs. II.

243) § 749 II BGB.

244) § 19 KO.; s. oben S. 71; EJZ. 1908 S. 361 bei 6.

245) §§ 564 I, 581 II BGB.

246) Art. 7 Abs. II JG.; Pollw. S. 82 c.

247) § 158 II BGB. Vertragsbestimmung, daß bei Neubesetzung der Försterstelle vor Pachtablauf Gemeindej. ab Schluß des betr. Pachtjahres nur noch im Versteigerungswege vergeben werde, löst Vertrag mit Förster als bisherigem J.pächter bei Versetzung auf, im Falle seines Todes sofort (BayrB. 1917 S. 270); unten S. 174, 5.

248) „Hubertus" 1912 S. 556; BayrB. 1916 S. 100, 326.

249) BlfAdmPr. 42, [236]; BGZ. 1912 S. 316 u. 317 Z. 3.

α) Wegen Verzugs des Pächters mit Entrichtung des ganzen oder eines Teiles des Pachtzinses an zwei aufeinanderfolgenden Terminen[250]). Mahnung nicht erforderl. (dies interpellat pro homine!). Kündigung ausgeschlossen, wenn der Pächter den Verpächter vorher befriedigt[251]), oder nur mit geringfügigem Betrage der 1. und mit der ganzen 2. Rate in Rückstand bleibt[252]); wenn der Verpächter vorbehaltslos Teilzahlungen[253]) oder Vorauszahlungen annimmt; wenn der Verpächter eine der fälligen Raten oder beide vor ihrer Fälligkeit einem Dritten abgetreten hat, und dieser nunmehr seinerseits dem Pächter als Schuldner Stundung gewährt[254]); wenn der Verpächter durch Nichtannahme eines ernstl., sofort erfüllbaren Zahlungsangebotes vor der Kündigung in Verzug geraten war[255]). Annahme von Zahlungen nach erfolgter Kündigung hebt diese nicht auf[256]). Kündigung unwirksam, wenn sich der Pächter von seiner Schuld durch Aufrechnung mit einer mindestens ebenso hohen, gleichartigen und fälligen Gegenforderung befreien konnte[257]) und die Aufrechnung unverzüglich[258]) nach der Kündigung erklärt[259]). Geltendmachung einer Aufrechnung gewährt kein außerordentl. Kündigungsrecht wiewohl damit eine Zahlungsverzögerung verbunden ist[260]). Nachträgl. Entbindung von Einhaltung der Zahltermine überhaupt beseitigt, da ungültig, das Recht der a. o. Kündigung nicht[261]). Kündigung des Vertrages braucht bei nachträgl. verspäteter Zinszahlung nicht zurückgenommen zu werden[262]). Kündigung wegen Nichtzahlung des Wildschadens unstatthaft[263]). Bedingte Kündigung[264]), schikanöse Kündigung unter plötzl. Abgehen von bisherigen Übungen hinsichtl. Zahlungszeit, -ort und -gelegenheit zwecks Beseitigung des Pächters wegen zu geringer Pacht unwirksam[265]).

β) In Schädigungsabsicht geschehende, sonst gesetzwidrige oder die Rechte des Verpächters schuldhaft erhebl. verletzende oder infolge Vernachlässigung der dem Pächter obliegenden Sorgfalt be-

---

250) §§ 554 Abs. I S. 1, 581 II BGB.
251) § 554 Abs. I S. 2 l. c.; „Wild und Hund" 1922 S. 658.
252) RGZ. 76,[150]; 82,[84]; JW. 1913 S. 591; 1915 S. 508[7].
253) RGZ. 82,[54]; DJZ. 1914 S. 385; SeuffA. 57 Nr. 30; Fischer-Henle S. 264 A. 4; Staud. II b S. 256 A. I 1; dagegen „Recht" 1903 S. 144.
254) SeuffA. 43 Nr. 13.
255) §§ 554, 157, 242, 293, 294 BGB.; JW. 1915 S. 88.
256) Fischer-Henle S. 264 A. 4.
257) Z. B. Anspruch auf Pachtpreisminderung.
258) D. h. ohne schuldhaftes Zögern § 121 BGB.
259) § 554 II l. c.
260) Vollw. S. 79 F. 1.
261) Recht 1910 S. 92.
262) BGZ. 1907 S. 171; 1912 S. 316/317.
263) BayrB. 1914 S. 186.
264) ZfRpfl. 1915 S. 164; Planck, Vorbem. 1 zu § 158 BGB.
265) DJäger 1922 S. 133; „Wild und Hund" 1921 S. 537; 1922 S. 170 und 656; Vollw. S. 80 F. 5.

deutend *gefährdende, trotz Abmachung fortgesetzte J.ausübung* berechtigt auch dann zu a. o. Kündigung[266]), wenn der Verpächter den vertragswidrigen Zustand bisher geduldet hat; darin liegt zwar Verzicht auf Geltendmachung *vergangener* Vertragsverletzungen, nicht aber Billigung künftig bevorstehender Zuwiderhandlungen[267]). *Übertragung der J.pacht* ohne Genehmigung der Gemeinde (Art. 12 JG.) ist Grund zur a. o. Kündigung[268]), aber auch verbotene Eigenmacht[269]), der gegenüber die Gemeinde Beseitigung der Störung, Unterlassung, Schadensersatz vom Pächter und dem Dritten verlangen kann[270]). „Wenn der Pächter sich in Ausübung des Rechts ungebührl. verhält"[271]), z. B. unvorsichtigerweise erlegte Rehgeisen heimlich verkauft[272]), darf a. o. gekündigt werden[273]); dagegen nicht bei *Überhege*, da § 5 JPO. Abhilfe vorsieht[274]), oder vertragswidrigem Abschießen streunender Hunde[275]).

γ) Der Verpächter behält alle, im Zeitpunkte der a. o. Kündigung, z. B. aus vertragswidrigem Gebrauche des Pachtrechtes oder aus unerlaubter Handlung des J.pächters bereits erworbenen oder durch Verletzung der dem Pächter obliegenden Sorgfalt schon entstandenen *Schadensersatzansprüche*, auch wenn sie vorher noch nicht geltend gemacht waren. Dagegen kann er solche, infolge vorzeitiger Beendigung des Pachtverhältnisses selbst, z. B. durch Unmöglichkeit demnächstiger Neuverpachtung oder durch Erzielung eines geringeren Pachtschillings bei späterer Wiederverpachtung oder durch Ertragsausfälle bei notwendig gewordener Selbstverwaltung der Gemeindej. erwachsende Schäden nicht vom J.pächter ersetzt verlangen[276]), muß vielmehr[277]) den für eine Zeit nach der a. o. Kündigung im voraus an ihn *entrichteten Pachtschilling zurückerstatten*, wenn dieser sich auch nicht mehr in der Gemeindekasse befindet, sondern gem. Art. 8

---

266) § 553 BGB.

267) Vgl. Arnold: Wohnungsmiete nach BGB. 1900 S. 145 und F. 2 das.; SeuffA. 52 Nr. 153; RGZ. 38,[115]; v. 19. April 1912 „Recht" 1912 S. 385; v. 18. Sept. 1917 ZfRpfl. 1918 S. 82 V; Staud. II b S. 255 A. 2 b.

268) § 553 BGB.; BGZ. 1894 S. 111.

269) §§ 858, 862.

270) JW. 23,[491] Z. 4; RGZ. 76,[367]; Pollw. S. 79 Fußn. 4.

271) Vgl. Bayr. LRecht p. IV c 6 § 17 Nr. 3.

272) BGZ. 1890 S. 398.

273) § 553 BGB.: „vertragswidriger Gebrauch"!

274) BGZ. 1894 S. 181; Wirsch. S. 117 Fußn. 72.

275) Vgl. Wirsch. S. 125. Unten S. 180 und Fußn. 345.

276) Staud. Bd. II b S. 256 Anm. II 4 zu § 553 BGB.; Fischer-Henle Anm. 7 u. 1 zu §§ 550 u. 555 BGB.; Rspr. OLG. 7,[471]; BayrB. 1916 S. 205 f.; unten Art. 12 III 4 b.

277) Wenn vertraglich nicht anders bestimmt, und er danach zur Einbehaltung des vorausbezahlten Pachtzinses als einer, allerdings dem richterlichen Ermäßigungsrechte unterliegenden Vertragsstrafe berechtigt ist (Staud. Bd. II b S. 258 Anm. 2 zu § 555 BGB.; Oertmann: Recht der Schuldverhältnisse Anm. 3 zu § 555 l. c.).

JG. verrechnet oder verwendet ist[278]). Da durch diese Bestimmung eine ungerechtfertigte Bereicherung des Verpächters auf Kosten des Pächters verhütet werden soll[279]), bereits vorausentrichteter und gem. Art. 8 JG. verwendeter J.pachtzins aber nur den „beteiligten" Grundbesitzern[280]) zugute gekommen ist, darf die Rückzahlung nicht aus allgemeinen Gemeindemitteln erfolgen, sondern muß durch Belastung der „beteiligten" Grundbesitzer nach dem Verhältnis des Flächeninhaltes ihres Grundbesitzes eingebracht werden[281]).

b) Seitens des Pächters durch schriftl. oder mündl. Erklärung bei der Gemeindebehörde:

Wenn nach Verstreichen einer vom Pächter gesetzten Frist der Verpächter den vertragsmäßigen Gebrauch ganz oder zum Teil nicht rechtzeitig gewährt oder wieder entzieht[282]); wenn also der Gebrauch durch Mängel aufgehoben oder gemindert[283]), durch Rechte eines Dritten ganz oder teilweise unmöglich gemacht[284]), durch Veränderung des J.bezirks geschmälert wird[285]). Unerhebl. Hinderung oder Vorenthaltung des Gebrauchs rechtfertigt a. o. Kündigung bloß bei Vorliegen eines besonderen Interesses des Pächters[286]). Unmöglichkeit der J.ausübung durch den Pächter wegen Verlustes der J.kartenfähigkeit: kein Rücktrittsrecht[287]); ebensowenig bei Versetzung, Wegzug, Krankheit[288]). Persönl. Behinderung des J.pächters an Ausübung oder Verwertung der J.: auch bei weitester Berücksichtigung der Grundsätze der §§ 133, 157 BGB. kein gesetzlicher Rücktrittsgrund, da nach BGB. „veränderte Umstände" einen solchen nicht bilden[289]).

4. Durch Ablauf der vereinbarten oder, bei unbestimmter Pachtzeit, der gesetzl. Kündigungsfrist[290]).

---

278) BayrV. 1916 S. 410.
279) Staud. a. a. O. vor Anm. 1.
280) Art. 8 JG.
281) Unten S. 184 V; 187 b.
282) §§ 542 I, 581 II BGB.; bei Unmöglichkeit der Abhilfe keine Fristbestimmung nötig!
283) Unzugänglichkeit des Reviers oder einzelner Teile — Notweg! —, Nichtvorhandensein des, für die Höhe der Pachtbemessung maßgebend gewesenen Rotwildes als Standwild.
284) Fortdauer des Vertrags des Vorpächters auf dem ganzen Revier oder einem früheren Unterbezirk.
285) BGZ. 1906 S. 348; 1907 S. 450, 581; oben S. 161 insbes. F. 166.
286) § 542 II BGB.: Verhinderung des Pächters an Ausübung der den Hauptinhalt der J.befugnis bildenden Hühnerj., an Abhaltung der, für ein ordnungsmäßiges Wirtschaftserträgnis notwendigen Treibj.
287) Wirsch. S. 120 Fußn. 79.
288) §§ 596 III, 570 BGB.; BGZ. 1898 S. 325; 1904 S. 559/560; 1915 S. 109/110; s. aber oben S. 170 VI 2.
289) Vgl. oben S. 164, 2; BayrV. 1916 S. 62.
290) § 595 BGB.: Kündig. für Schluß des Pachtj. spätestens am ersten Werktage des 2. Halbjahres, mit dessen Schluß die Pacht endigen soll.

5. Beim Tode des Allein-Pächters[291]). Das J.ausübungsrecht ist höchst persönl. Recht, nach Absicht und Wortlaut des Gesetzes untrennbar an die Person des Berechtigten gebunden[292]): Art. 14, 18, 19 JG., wonach die J.kartenfähigkeit als Voraussetzung der J.ausübungsbefugnis von *persönl.* Erfordernissen ausschließl. abhängt. Erlischt sie durch Verlust der persönl. Bedingungen, so wird dem Pachtvertrag ein Vertragssubjekt entzogen, er erlischt sofort kraft Gesetzes[293]). Sie geht auch unter durch den Tod des J.karteninhabers, des vertragsgemäß allein berechtigten Trägers des konkreten J.ausübungsrechtes, mit dessen J.kartenfähigkeit der Vertrag steht und fällt. Das Landesrecht derogiert hier dem Reichsrecht: Mit dem Tode des Pächters *erlischt* der J.pachtvertrag[294]).

Bei Tod eines *Mitpächters* ist Art. 22 als Spezialbestimmung nicht anwendbar. Maßgebend näherer Vertragsinhalt, der Erlöschen des Pachtverhältnisses bestimmen kann. Fehlt Vertragsbestimmung, ist davon auszugehen, daß jeder J.pächter volles Recht der J.ausübung und -nutzung auf ganzem Gemeindej.gebiet besitzt und durch Mitpächter in seiner J.ausübung nur tatsächl. beschränkt ist. Auch bei interner Bezirksteilung (oben S. 169 d) ist jeder Mitpächter der Gemeinde gegenüber voll berechtigt und verpflichtet. Durch Tod des Mitpächters entfällt nur diese tatsächl. oder interne Beschränkung. Rechte und Pflichten des Überlebenden gegenüber der Gemeinde bleiben unberührt, J.pachtvertrag erlischt *nicht* durch Ableben eines Mitpächters[295]). — Anders, wenn im Einzelfalle durch besondere Umstände in der Person des oder der verbleibenden Pächter die Vertragsgarantien nicht mehr, wie bisher, voll gewährleistet sind, wenn z. B. im Pachtvertrage jeder Pächter sich zur Tragung eines bestimmten Kopfteils des Pachtpreises verpflichtet hat, weil jeder einzelne nach seinen Vermögensverhältnissen und dem J.erträgnisse nur zur Tragung *dieses* Bruchteils imstande ist, oder wenn aus gleichem Grunde der Verstorbene den überwiegend größten Teil des Pachtzinses durch Vereinbarung mit seinen Mitpächtern übernommen hat.

In Fällen des Erlöschens des Pachtvertrages durch Tod eines Pächters können die Erben den bereits geleisteten verhältnismäßigen Teil des Pachtschillings zurückfordern[296]).

---

291) Bestritten; oben S. 69 [3].

292) ObGH. Z. 8,[568]; BGH. 4,[84]; Pollw. S. 27 A. 2; DJäger 14,[128]; vgl. oben S. 68, 2; 154 III; Wirsch. S. 32; RGZ. 41,[344] bei 3.

293) Art. 22 JG.

294) ObersitLG. 6. Okt. 1923 in ZfRpfl. 1923 S. 232; Art. 69 EG. BGB.; Pollw. S. 82 und F. 1; Wirsch. S. 118 und F. 74; BGZ. 1904 S. 268; 1910 S. 366; BayrB. 1913 S. 232; 1915 S. 208 [2]; S. 319; 1917 S. 270; Rspr. OLG. 24,[361]; oben S. 69 [3]; 143, 2; § 29 Abs. II a FinMinReskr. v. 6. Mai 1850 Nr. 9676; Wirsch. S. 348; oben S. 170 F. 247.

295) ObersitLG. Z. 6. Okt. 1923 I 94/23; ZfRpfl. 1923 S. 252; DJäger 1918 S. 436; 1924 S. 154; 1926 S. 318.

296) OLG. Mü. in Rspr. d. OLG. 24,[361]; DJäger 1926 S. 378. Erbe ist

6. Durch Einziehung der J.karte eines Mitpächters, wenn die J.pacht durch den Ausgeschiedenen nicht übertragen oder von den verbleibenden Mitpächtern nicht übernommen wird[297]).

7. Durch Verwandlung des Gemeindej.bezirkes in eine oder mehrere Eigenj.[298]).

8. Möglicherweise durch Gemeindeverbandsänderung[299]), da diese mangels gütl. Regelung der J.pachtverhältnisse mit Hilfe des Bezirksamts dem Pächter das Recht der a.o. Kündigung gibt[300]). — Wird während der Pachtzeit eine zum J.bezirk gehörende Ortschaft ausgemeindet, so wird der Pachtvertrag nicht gelöst; nur Minderungsanspruch und Recht der a.o. Kündigung[301]).

9. Konkurs des Pächters S. 71, 168, 170; Konkurs des Eigenj.besitzers, Zwangsversteigerung, -verwaltung, -enteignung im Falle des Art. 6 JG. S. 70 ff.; soweit nur nicht eigenj.berechtigte Grundbesitzer betroffen werden, bleibt der Gemeindej.pachtvertrag unberührt. — Erlischt der Pachtvertrag während der vertragl. oder gesetzl. Pachtdauer und nach Zahlung des treffenden Pachtschillings, so kann für die Zeit zwischen Zahlungstermin und Vertragsauflösung nicht deshalb Rückerstattung des Pachtzinses verlangt werden, weil in diesem Zeitraume wegen der bestehenden Schonzeit keine J.nutzung stattfand; denn bis zur Auflösung blieb der Pachtvertrag und damit die Pflicht zur Pachtzahlung uneingeschränkt bestehen[302]).

E. Staatsaufsicht. Streitigkeiten.

I. Staatsaufsicht erstreckt sich darauf,

1. daß die gesetzl. Vorschr. beobachtet werden, durch welche das Ermessen der Gemeindebehörden innerhalb des Kreises ihrer Befugnisse beschränkt ist[303]); also ob die Verpachtung durch den allein zuständigen Gemeinde-(Stadt-)rat vorgenommen wurde[304]). Neuverpachtung anzuordnen, wenn die Forstpol.beh. dem Forstschutzpersonale, dessen Aufstellung der Pächter vertraglich übernommen hat, die Bestätigung verweigert[305]).

---

aber nicht berechtigt, den Teil des Pachtpreises in Abzug zu bringen, der auf Zeit fällt, in welcher der verstorbene Pächter noch j.ausübungsberechtigt war, sein Recht jedoch infolge Krankheit oder gesetzlicher Hegezeit nicht oder nur beschränkt ausüben konnte; DJäger 1918 S. 43; 1919 S. 278, 466.

297) Art. 22 JG.; BlfAdmPr. 17,[47].

298) Ohne Auflösung der Gemeinde denkbar, wenn vorher schon neben Gemeindej.bezirk Eigenj.bezirke bestanden; Vollw. S. 83 f.; Wirsch. S. 121[6]; ObLG. 1,[627]; oben S. 126, 6 a.

299) Oben S. 127, 6 e; 129 a—d; 133 ca—d; VGH. 25,[5]; RGSt. 37,[48]; BlfAdmPr. 17,[215].

300) Vollw. S. 83 g.

301) VGH. 3,[117], [170]; BlfAdmPr. 17,[217]; 32,[276].

302) BayrV. 1915 S. 208,[5]; oben S. 174 Fußn. 296.

303) Art. 157 I Z. 2 GemO.

304) Art. 7 I JG.

305) VGH. 11,[201]; BlfAdmPr. 38,[152] u. 33,[88], [340]; 41,[190]; 55,[227]; Wirsch. S. 138 Fußn. 107.

2. Ob die materiellen Vorschriften der Art. 4, 7 und 11 JG. erfüllt sind. Verstöße gegen die Öffentlichkeit der Versteigerung und die Vorschrift des Zuschlags an den Meistbietenden zu beanstanden, aber Zwang zur Wahl öffentl. Versteigerung statt der von Gemeinde beschlossenen Vertragsvergebung unzulässig. Trotzdem eine dieser Formen regelmäßige Art der Gemeindej.vergebung bilden soll, kein kuratelamtl. Einschreiten, falls die Gemeinde unter Einhaltung der gesetzl. Bestimmungen so schwere Pachtbedingungen aufstellt, daß der Versuch der Verpachtung scheitern muß, der Aufwurfspreis nicht erreicht werden kann und deshalb nur Selbstverwaltung übrig bleibt[306]).

3. Daß die formalen Bestimmungen der GemeindeO. über die Beschlußfassung erfüllt sind[307]).

4. Daß der Gesamtinhalt der Pachtbedingungen einerseits keiner gesetzl. Bestimmung zuwiderläuft, andererseits alles enthält, was das Gesetz verlangt, insbes. zulässige Zahl und persönl. Eigenschaften der Pächter beachtet sind[308]).

5. Daß die Gemeinde ihrer gesetzl. Verpflichtung zur J.ausübung namens der Grundeigentümer nachkommt, wozu disziplinärer Zwang anwendbar und deshalb keine Beschwerde zum VGH. nach Art. 10 ² VGG. möglich[309]).

Bei Verstößen der aufgezählten Art Vollzugsverweigerung, Aufforderung zur Beschlußzurücknahme binnen angemessener Frist und zur Neuregelung der Verpachtung durch die Aufsichtsbehörde. Gesetzwidrige Beschlüsse sind nach fruchtlosem Fristablauf außer Wirksamkeit zu setzen[310]). U. U. Anordnung geeigneter Erhebungen und Ergänzungen, Erteilung der nötigen Aufschlüsse und nachträgl. Verhandlung zur Behebung der Mängel hinreichend[311]). Gegen staatsaufsichtl. Beschlüsse Beschwerderecht (Art. 161 GemO.); bei Behauptung der Verletzung der Autonomie weitere Beschwerde zum VGH. In allen Fällen Oberaufsichtsbeschwerde zum Staatsmin. d. Inn.[312]). — Wird ein tatsächl. rechtsgültiger J.pachtvertrag rechtskräftig im Staatsaufsichtswege außer Wirksamkeit gesetzt, so wird ihm die öffentl.rechtl. Anerkennung versagt, privatrechtl. Vollzug gehindert[313]), das private J.ausübungsrecht muß dem durch polizeil. Verfügung geschaffenen öffentl.-rechtl. Verbot weichen, der Pächter kann und darf die J. nicht ausüben, hat keinen Anspruch auf Entschädigung oder Erfüllung an seine Gegen-

[306]) VGH. 4, 134; unten S. 196 II 1; Vollw. S. 97 A. 2.
[307]) Oben S. 135, 3; 136 aa, bb.
[308]) VGH. 7, 285; 9, 312; 20, 162; 21, 19; Art. 7 IV, 10, 13 JG.
[309]) VGH. 2, 419; BlfRA. 34, 321; BGB. 1897 S. 38; Art. 157 Abs. I Z. 3, Abs. V GemO.
[310]) Art. 157 Abs. III GemO.
[311]) BlfAdmPr. 16, 100.
[312]) Wirsch. S. 139.
[313]) BlfAdmPr. 16, 103, 105; 33, 91; 64, 261.

kontrahentin wegen unverschuldeter Leistungsunmöglichkeit, da keine ausdrückl. Gesetzesbestimmung solchen vorsieht, braucht aber auch keinen Pachtschilling zu bezahlen. Bereits bezahlte Pacht kann er, einen von ihm vielleicht schon gewonnenen J.ertrag Gemeinde aus dem Gesichtspunkt der ungerechtfert. Bereicherung zurückverlangen[314]. Zwar keine Aufhebung des Pachtvertrags durch die Verwaltungsbehörde[315], Versagung der Anerkennung nimmt ihm aber die Wirksamkeit, zumal die Pol.beh. gem. Art. 20—22 PStGB. gegen die Vertragsausübung vorläufig einschreiten kann. Das muß unterbleiben, wenn die Verfügung mit Beschwerde angefochten und dieser nicht ausdrückl. die aufschiebende Wirkung versagt ist, da der Vertrag vorerst wirksam bleibt[316]. Andererseits bleibt ein rechtsungültiger Vertrag nichtig, auch wenn er polizeil. nicht beanstandet wird; durch polizeil. Anerkennung sind die Parteien an der Geltendmachung der Unwirksamkeit vor den bürgerl. Gerichten nicht gehindert, wenn Pächter vom öffentl.rechtl. Standpunkte aus auch als j.ausübungsberechtigt gilt. Letzteres kann strafrechtl. Verantwortung ausschließen, während Kenntnis staatsaufsichtl. Beanstandung J.ausübung zur unbefugten macht, es sei denn, daß Strafrichter die zivilrechtl. Gültigkeit des Vertrags feststellt[317]. — Entschädigungsanspruch des Pächters bei staatsaufsichtl. Verhinderung des Vollzugs nur bei Pflichtverletzung[318] der Gemeindebehörde oder der Verwaltungsbeamten[319].

II. Reine Verwaltungssachen sind die Ansprüche auf Feststellung der Rechtmäßigkeit oder Unrechtmäßigkeit einer Beanstandung oder auf Anerkennung der Gemeindej.verpachtung durch Aufsichtsbehörde; Streitigkeiten zwischen der vertragschließenden Gemeinde und den Grundbesitzern über die aus der J.verpachtung sich ergebenden Rechte und Pflichten und sonstige J.verpachtungsmodalitäten[320] Von den Verwaltungsbehörden im Instanzengange nach Art. 157 GemO. zu behandeln. Soweit Überschreitung des Staatsaufsichtsrechtes, also Verletzung der gemeindl. Selbstverwaltung behauptet wird, ist der VGH. nach erfolgloser Be-

---

314) ObGH. v. 22. Okt. 1870 RegBl. S. 1625; Wirsch. S. 142 f.; Pollw. S. 85.

315) Oben S. 150 B; RGZ. 41, [348].

316) Vgl. § 6 Z. 10 VB.; Pollw. S. 86; anders Wirsch. S. 150, der sofortige „Hemmung" des Vollzugs des privatrechtlichen Vertrags annimmt.

317) Wirsch. S. 143; Pollw. S. 86; GoltdArch. 56, [108]; EJZ. 1907 S. 279; unten § 292 RStGB. C I bei Fußn. 120; anders, unzutreffend ZfRpfl. 1905, S. 214.

318) § 839 BGB.

319) Nach Vorentscheidung des VGH., ob Beamter sich einer Überschreitung seiner Amtsbefugnisse oder der Unterlassung einer ihm obliegenden Amtshandlung schuldig gemacht hat (Art. 7 VGG.), wäre zivilrechtlich schwieriger Nachweis ursächl. Zusammenhanges zwischen behaupteter Pflichtverletzung und Schadenseintritt zu führen (§§ 309, 307, 308, 134 BGB.; Pollw. S. 85, F. 2); oben S. 157 Fußn. 127.

320) Art. 8, [17] VGG., 9 I l. c.; 157 GemO.

schwerde zur Kreisreg. letzte Instanz[321]). Dieser nicht zuständig zur letztinstanziellen Entscheidung von Beschwerden Dritter, z. B. einzelner Gemeindebürger gegen Gemeindebeschlüsse über Gemeindej.-verpachtungen[322]); wohl aber gegen kuratelamtl. Beschluß, durch welchen der von der Gemeinde im Wege des Privatvertrages erfolgten J.verpachtung der Vollzug verweigert und Neuverpachtung durch öffentl. Versteigerung angeordnet wird[323]). Beanstandung der Höhe des Aufwurfspreises, der Ausübung der Gemeindej. in Regie statt durch Verpachtung ist Übergriff in die gemeindl. Autonomie[324]). Aufhebung des das gemeindl. J.pachtergebnis anerkennenden bezirksamtl. Beschlusses durch die Kreisreg. kann ebenfalls einen solchen bedeuten und verleiht dann die unmittelbare Beschw. zum VGH. oder kann auch ohne solche von Oberaufsichts wegen außer Wirksamkeit gesetzt werden[325]). — Beschw. eines angebl. durch fehlerhaftes Verpachtungsverfahren der Gemeinde Verletzten oder eines sonstigen Dritten als Vorstellungen zu behandeln, im reinen Verwaltungsverfahren zu verbescheiden, im Beschw.wege zur Kreisreg. oder zum Staatsmin. d. Inn., nicht zum VGH., auch nicht im ordentl. Rechtswege zu verfolgen[326]).

III. Verwaltungsrechtssachen sind alle bestrittenen Rechtsansprüche und -verbindlichkeiten in Ausübung der J., soweit das J.recht der Grundeigentümer in Frage[327]): Anspruch eines Grundeigentümers, Ausmärkers, Eigenj.besitzers, der polit. Gemeinde oder des Gemeindej.pächters auf Ausübung des J.rechtes. Im Streit der Gemeinde mit einem Grundbesitzer nur dieser beteiligt, nicht auch irgend ein anderer, das J.recht für sich nicht in Anspruch nehmender Grundeigentümer. Streit, ob zur J.ausübung auf einer Staatswaldparzelle Ärar oder polit. Gemeinde befugt ist, bewegt sich auf öffentl.rechtl. Gebiet; Beteiligte nur Ärar und Gemeinde. Wie dem Pächter eines Grundstücks zur Erhebung der Eigentumsklage, mangelt dem J.pächter die Legitimation zur Erhebung des Anspruches auf Anerkennung der J.befugnis der Gemeinde. Das Gegenteil könnte zu dem unlogischen Ergebnis führen, daß ohne und selbst gegen den ausdrückl. Willen der Gemeinde für letztere durch den J.pächter ein Recht erstritten werden könnte. Nur rechtsgültige Vertretungsvollmacht des Gemeinderates könnte den J.pächter zur Vertretung der Gemeinde, nicht aber zu selbständiger Geltendmachung ermächtigen[328]).

---

[321]) VGH. 2, 136, 340; 3, 251 u. 530; 4, 127, 134, 267; 11, 201; 13, 43; 24, 3; 11. Dez. 1925 I 39/25.
[322]) VGH. 2, 136; 3, 530; 24, 3; E. v. 26. April 1912 Nr. I 69/12.
[323]) VGH. 4, 134; 24, 1; 25, 5; oben S. 150 f. C 1.
[324]) VGH. 2, 340; BlfAdmPr. 31, 398.
[325]) VGH. v. 18. Mai 1906 Nr. 31/06; Bd. 24 1; Vollw. S. 87.
[326]) U. d. KKGH. v. 30. März 1909 GVBl. 1909 Beil. II; Rspr. OLG. 24, 349; Recht 1912 S. 171.
[327]) Art. 8, 17, 9 I VGG.
[328]) VGH. 22, 83.

IV. Zivilrechtlicher Austragung sind überlassen Streitigkeiten zwischen Gemeinde und Gemeindej.pächter auf Grund des Pachtvertrags, da das durch diesen geschaffene Rechtsverhältnis, unbeschadet der auf die Handhabung der J.polizei gerichteten Spezialbestimmungen des JG., dem Gebiete des Privatrechts angehört[329]); die Frage, ob das Recht des Gemeindej.pächters sofort, vor Ablauf der Pachtzeit dem Recht des die Eigenj.ausübung beanspruchenden Grundbesitzers zu weichen habe[330]); Streitigkeiten über die Rechtsfolgen des Todes des Pächters oder eines Mitpächters[331]), Gewährleistungsansprüche, Pachtminderung und Schadensersatz[332]), Nichtigkeit des Vertrags[333]). Bei Streit über die Fortdauer des J.pachtvertrags kann dem Beklagten durch einstweilige Verfügung verboten werden, den Kläger in der J.ausübung zu stören, falls dieser z. B. in der rechtzeitigen Betätigung der Hühnerj. behindert und dadurch auch ökonomisch gestört wird[334]). Der Einwand der Unzulässigkeit des Rechtswegs ausgeschlossen gegenüber einer Klage, womit der Kläger sein Recht auf Ausübung des ihm verpachteten J.rechts gegen widerrechtl. Störung durch den Beklagten verteidigt[335]). — § 14 Naturalleistungsgesetzes[336]) sagt: „Die Feststellung der (Manöver-)Schäden erfolgt, soferne über den Betrag eine Einigung nicht stattfindet, endgültig unter Ausschluß des Rechtsweges auf Grund sachverständiger Schätzung." Damit ist nur für die Höhe der zu leistenden Entschädigung die Schätzungskommission als zuständig erklärt; alle übrigen Fragen tatsächl. und rechtl. Art, über Umfang und Zeitpunkt, Ermittelung und Entstehung des Schadens, konkurrierende Umstände[337]), Person des Berechtigten und Verpflichteten, Bestehen einer Ersatzpflicht für den angemeldeten Schaden überhaupt im ordentl. Rechtswege zu verfolgen[338]). — Klage auf Unterlassung einer vermeintlich

---

329) BGH. 8,[374]; 22,[83]. Unten S. 182 bei Fußn. 13.

330) BGH. 1,[161]; 3,[530]; 22,[83]; RGZ. 52,[126]; 45,[303]; OberstLG. 1,[627]; BlfAdmPr. 19,[43]; BlfRA. 34,[221]; ObGH. v. 3. Febr. 1869; 8,[568]; ZfRpfl. 1906 S. 160; Rspr. OLG. 13,[382, 385]; Recht 1907 S. 249, 441, 471; EJZ. 1907 S. 72, 73; OLG. Mü. i. ZfRpfl. 1906 S. 339; RG. i. Recht 1908 S. 394; ZS. 70,[70]; JW. 1909 S. 48[2]; EJZ. 1907 S. 7 ff.; 22 ff., 72 ff.; oben S. 126, 6 a—c; BayrB. 1916 S. 169.

331) Oben S. 174, 5.

332) Oben S. 157 V 1.

333) RGZ. in EJZ. 1908 S. 362; OLG. Breslau ebd. S. 363; LG. Glogau ebd. S. 366; Kunze ebd. S. 289 ff.; Recht 1911 S. 305, 452; DJZ. 1912 S. 1190; RGZ. 45,[345]; Recht 1907 S. 1342; bei Doppelverpachtung entscheidet Priorität: RGZ. 41,[349]; KKGH. 7. Jan. 1922 i. ZfRpfl. 1922 S. 78 f.

334) OLG. Kiel Rspr. OLG. 1901 S. 40 Fußn. 1; oben S. 173 b, insbes. Fußn. 283, 285.

335) OLG. Frankfurt a. M. Recht 1907 S. 1148 Nr. 2812.

336) Oben S. 163 f.

337) Starker Schnee, Hagel, Kälte, Nässe, vorzeitige Entfernung von Deckung für das Wild, vorheriger starker Abschuß, Überhege.

338) LG. Mü. v. 10. Dez. 1896, OLG. Mü. v. 24. Nov. 1897, ObGH. v. 24. März 1898, Gruchot 43,[80]; 17,[74]; BlfAdmPr. 43,[49]; DJZ. 1898

die Rechte des Grundbesitzers (oder J.pächters) beeinträchtigenden Handlung des Truppenkommandos, welche durch letzteres zum Zwecke der auf Grund des Militärhoheitsrechtes geschehenden Truppenausbildung angeordnet ist, ausgeschlossen[339]). — Da der Pächter mit den einzelnen Grundbesitzern in keinem Rechtsverhältnis steht, Verpächter vielmehr die Gemeinde ist, richtet sich die Klage wegen Schmälerung der J.befugnis durch einen einzelnen Grundeigentümer gegen die Gemeinde[340]). — Der Pächter eines Grundstücks, dem auf diesem auch die J. verpachtet ist, kann gegen den Bevollmächtigten des Verpächters, der nur mit dem Forstschutz beauftragt ist, auf Unterlassung klagen[341]), wenn dessen Forstschutzbedienstete in seinem Auftrag Handlungen vornehmen, die zu dem offensichtl. Zwecke, Wild zu verscheuchen, geschehen, und demnach rechtswidrig handeln. Dieser haftet für Handlungen seiner Beauftragten, wie für eigene unerlaubte Handlungen[342]). Einstweilige Verfügung auf Unterlassung der wesentl. Nachteile durch Verscheuchen von Wild und Verhinderung der Okkupation besorgen lassenden Störung zulässig[343]). — Der Gemeinde als J.verpächterin kann durch das Gericht aufgelegt werden, sich während der Pachtzeit der behördl. Genehmigung j.störender Handlungen an Dritte zu enthalten. Es handelt sich nicht um ein unmittelbares Verbot einer administrativen Maßregel der Gemeindeverwaltungsbehörde und gegenüber dieser Behörde, sondern es will nur bezügl. der Wirkung für das Pachtverhältnis zwischen Pächter und Gemeinde ausgesprochen werden, es sei die verpachtende Gemeinde auch künftig nicht berechtigt, ihre Verpflichtung gegenüber dem Pächter durch Genehmigung von Handlungen, welche das privatrechtl. Vertragsverhältnis stören, zu verletzen. Derartige Feststellung der Grundlage für eine sonst eintretende Entschädigungspflicht der Gemeinde ist dem bürgerl. Richter nicht entzogen[344]). — Zulässigkeit der Entlassung eines Gemeindej.pächters wegen vertragswidrigen Schießens von Hunden ist von den Gerichten zu prüfen[345]). Vertragsbestimmung, daß Streitigkeiten zwischen Gemeinde und J.pächter wegen Erfüllung der Vertragsbedingungen unter Ausschluß des Rechtsweges von der „J.aufsichtsbehörde" endgültig entschieden werden sollen, ist unwirksam; kein Schiedsvertrag[346]).

S. 390; auch RGZ. 15,[37]; 24,[36]; 25,[351] u. 25,[354]; ObGH. v. 16. April 1872 (pfälz. KrABl. Nr. 1240); Wirsch. S. 252.

[339]) RGZ. 24,[38].

[340]) RGZ. 25,[383]; oben S. 162 und Fußn. 171.

[341]) § 862 BGB.

[342]) §§ 823, 831 BGB.

[343]) OLG. Stettin Rspr. OLG. 1901 S. 40 Nr. 24.

[344]) RGZ. 25,[357] f. II.

[345]) Schüllerm. S. 59 Note 15; BlfAdmPr. 19,[12]; oben S. 143, 2; 172, 3 a β. Vgl. zu Art. 7: B. Demange, Die rechtliche Stellung des J.pächters.

[346]) RGZ. 111,[276]; anders OLG. Köln 2. Nov. 1926; DJäger 1926 S. 871.

Art. 8.[1])

Die Pachtschillinge werden in die Gemeindekassen einbezahlt und den beteiligten Grundbesitzern verrechnet, beziehungsweise zu den sie treffenden Gemeindeausgaben verwendet.

I. „Pachtschilling": Nicht nur die wiederkehrende Barzahlung des Pächters, sondern jeder Ertrag aus der Pacht, daher alle an Stelle des Pachtschillings geleisteten Äquivalente; auch die Abstandssumme, welche ein auf seinen Wunsch entlassener Pächter zur Ausgleichung eines bei der Neuverpachtung sich ergebenden Mindererlöses für den Rest seiner Pachtzeit, der Schadensersatz, den ein durch Verlust der J.karte ausgeschiedener Pächter[2]), eine Abfindungssumme, welche ein Mitpächter zur Erreichung seiner Entlassung überweist als Äquivalent für einen Minderertrag des J.betriebes durch die übrigen Pächter während der Pachtrestdauer[3]). Doch kann letzterenfalls der ausscheidende Pächter die Abfindungssumme ausdrückl. für Gemeindezwecke geben.

II. „Einzahlung" u. allen U. in die Kasse der polit. Gemeinde, welche die J. verpachtet hat. Besteht diese aus mehreren Ortschaften, so können diese den nach der Tagwerkszahl auf sie treffenden Teil nicht einziehen und zu Wegbauten u. ä. verwenden oder an Ortsbürger ausbezahlen[4]). Gemeindebeschluß, welcher beim Zusammenfallen der Unterbezirke[5]) mit den Ortsfluren ortschaftl. Verwendung und Verrechnung bestimmt, staatsaufsichtl. zu beanstanden, auch wenn dieses Verfahren auf langjähriger Übung beruht. Dadurch kein Eingriff in gemeindl. Selbstverwaltungsrecht[6]). Verzicht der polit. Gemeinde auf den ziffermäßig der Ortsgemeinde zufallenden Pachterlös bedarf einstimmiger Einwilligung sämtl. beteiligten Grundbesitzer[7]), auch dann, wenn die Ortsgemeinde ihre Eigenj. gem. Art. 6 JG. der polit. Gemeinde überlassen hat[8]). Bei Vereinigung mehrerer Gemeindej.bezirke nach Art. 5 II S. 1 JG. erfolgt Einzahlung in die Kasse der verpachtenden Gemeinde[9]), treten die zu einem J.bezirk vereinigten Gemeinden als gemeinschaftl. Verpächter auf[10]), so ist Bestimmung zu treffen, welche Gemeindekasse

---

[1]) VB. § 7.

[2]) S. unten Art. 22 II; Pollw. S. 119 A. 3.

[3]) VGH. v. 24. Febr. 1911 Nr. I 190/10; Pollw. S. 88.

[4]) BGZ. 1894 S. 113; 1900 S. 177, 181; VGH. 1,[195]; BlfAdmPr. 30,[348]; Wirsch. S. 158 Fußn. 2; Pollw. S. 89 A. 2; Schüllerm. S. 66 Note 5; oben S. 123/124, 3.

[5]) Art. 5 II S. 2 JG.

[6]) VGH. 26,[349]; BGZ. 1906 S. 192; Pollw. S. 89.

[7]) BlfAdmPr. 16,[368], [374]; BGZ. 1895 S. 343; Wirsch. S. 158 Fußn. 2.

[8]) Unten S. 188 Art. 9 A. 1.

[9]) Oben S. 136 A. 4.

[10]) Oben S. 137, 4.

zuständig zur Empfangnahme, oder zu welchem Betrage der Pachtschilling an die einzelnen beteiligten Gemeindekassen zu entrichten ist.

Der Gemeindej.pachtschilling keine Gemeindeeinnahme i. S. des Art. 39 GemO.[11]), sondern nur ein event. für Gemeindezwecke zu vereinnahmender Posten, der als durchlaufender in der Gemeinderechnung erscheint und als Ausgabe zu verbuchen ist, sobald die Ausweisung an die Grundbesitzer durch Ausbezahlung an sie oder durch Verrechnung auf die sie treffenden Gemeindeausgaben erfolgt[12]).

Einzahlung erfolgt auf Grund des zwischen Gemeinde und Pächter geschlossenen Vertrages, welcher dem Gebiete des Privatrechts angehört[13]). Beitreibung erfolgt nicht nach den für öffentlichrechtl. Gemeindegefälle geltenden Grundsätzen[14]), sondern wird von der Gemeinde, nicht von den Grundbesitzern, vor den bürgerl. Gerichten geltend gemacht[15]). Deshalb nicht dreijährige Verjährung, welche nur für die aus Rechtsverhältnissen des öffentl. Rechts entstehenden Ansprüche der Gemeinden gilt[16]), sondern § 197 BGB., wonach Ansprüche auf Rückstände von Pachtzinsen in vier Jahren verjähren, beginnend mit Schluß des Kalenderjahres, in welchem sie fällig werden[17]). Trotz Verjährung geleisteter Pachtschilling kann nicht zurückgefordert werden[18]). Dadurch, daß der Vollzug des Art. 8 durch Art. 8[17] VGG. als Verwaltungsrechtssache, sohin als öffentlichrechtl. Angelegenheit erklärt ist, wird an der privatrechtlichen Natur der Zinszahlung nichts geändert. Der Vollzug des Art. 8 JG. bezieht sich nur auf die Pflicht des J.pächters zur Einzahlung an die Gemeindekasse; damit ist gesagt, daß einerseits der Pachtschilling Bringschuld, andererseits die Entrichtung an die Grundbesitzer unzulässig ist.

III. Art. 8 spricht von den „Grundbesitzern"; im Hinblick auf Art. 1 JG., wonach J.recht, für dessen Überlassung an andere Art. 8 eine Entschädigung bieten soll, dem Grundeigentümer zusteht, und auf Art. 4, nach welchem die Gemeinde das J.recht namens der Grundeigentümer ausübt, aber nicht zweifelhaft, daß auch Art. 8 nur die Grundeigentümer meinen kann. Deshalb kein Pachtteilsanspruch des Pächters oder des Nießbrauchers. Letzterem steht allerdings die Ausübung des mit dem, seinem Rechte unterworfenen Grundstücke verbundenen Eigenj.rechtes zu[19]), nicht aber die Nutzung des verpachteten J.rechtes, welches

---

11) VGH. 14, 97.

12) VGH. v. 24. Febr. 1911 Nr. I 190/10; BlfAdmPr. 19, 9; Wirsch. S. 159; BGZ. 1903 S. 159; Pollw. S. 89 A. 2; BayrV. 1915 S. 262; 1917 S. 270.

13) Oben S. 179 IV.

14) BayrV. 1914 S. 362.

15) Oertmann I S. 379 αα.

16) Art. 124 AG. BGB., anders Pollw. S. 89.

17) §§ 198, 201 BGB.; oben S. 74.

18) BGB. § 222 II.

19) § 1030 BGB. Oertm. I S. 377 ββ; oben S. 34 Fußn. 19.

der Eigentümer des Grundstücks selbst nicht ausüben darf[20]) und deshalb auch nicht mit einem Nießbrauch, gesondert vom Grundstücksnießbrauch, belasten kann[21]).

IV. „**Beteiligt**" sind nur die Grundeigentümer, deren Grundbesitz zum **verpachteten Gemeindej.bezirk** gehört; deshalb auch **Forensen**[22]), die mit ihr gehörigen, nicht eigenj.-berechtigenden Grundstücken beteiligte Gemeinde selbst und der Staat[23]); nicht dagegen in der Gemeinde wohnende Besitzer ausmärk. Bezirke, Besitzer von Inklavengrundstücken, die durch den Eigenj.berechtigten entschädigt werden[24]) und Eigenj.berechtigte, darunter auch Gemeinde selbst als Besitzerin einer Eigenj.[25]), soweit nicht deren Mitverpachtung nach Art. 6 JG. stattfindet[26]). Grundbesitzer, welche die **Eigenj.** selbst ausüben oder selbst verpachtet haben, sind zu Abgaben an die Gemeindekasse nicht verpflichtet, selbst wenn zur Bestreitung der Gemeindeausgaben keine Umlagen erhoben, sondern die in die Gemeindekasse fließenden Gemeindej.pachtgelder hiezu verwendet werden[27]). Bei **Entstehen einer Eigenj.** nach Art. 2 JG. während der Pachtdauer kann für den Entgang an j.lich nutzbarer Fläche des Gemeindej.bezirks keine Entschädigung an die Gemeindekasse verlangt werden[28]). Bei **boshafter Entziehung** einer Fläche durch Stacheldrahteinzäunung[29]) kann dem Eigentümer Pachtanteil verweigert werden[30]). **Gemeinderechtler** (Besitzer von Nutzungsanteilen an unverteiltem Gemeindegrund) haben keinen Anspruch auf Pachtanteil, der der Gemeinde als Grundeigentümerin zukommt[31]). — **Lehrer** hat keinen Pachtanteil an dem auf Schuldienstgrundstücke entfallenden J.zins, da nur Nutznießer, und der Anteil, mangels anderer Vereinbarung, nicht zum fassionsmäßigen Einkommensertrag des Grundstücks, sondern der Gemeinde als Grundbesitzerin gehört[32]). Vorschriften über Zuweisung der Pachtgelder aus verpachteten Schuldienstgrundstücken nicht anwendbar[33]). Anteile am J.pachtschilling von verpachteten **Pfarrwidumsgründen**, welche Eigentum der Pfarrei sind, fallen der Pfründestiftung, nicht dem Pfarrer zu[34]). J.pachtentschädigung für die an die Reichsbahn-

---

[20]) Art. 4 JG.
[21]) § 1068 BGB.
[22]) Art. 25 GemO.; BGZ. 1915 S. 61; 1916 S. 29; BayrB. 1915 S. 262; oben S. 126, 5.
[23]) BayrB. 1916 S. 195.
[24]) Art. 3 JG.; BGZ. 1904 S. 92/93.
[25]) BGZ. 1911 S. 30.
[26]) BGZ. 1905 S. 550; 1906 S. 661; 1911 S. 30.
[27]) BGZ. 1900 S. 543; 1905 S. 550; BayrB. 1916 S. 158.
[28]) Art. 39 GemO.; BGZ. 1909 S. 51, aber 171.
[29]) Vgl. oben S. 81 und F. 123.
[30]) DJäger 32, 490.
[31]) BGZ. 1911 S. 119 u. 213 II.
[32]) BGZ. 1911 S. 108.
[33]) BGZ. 1911 S. 389, 499.
[34]) S. oben S. 67; BGZ. 1912 S. 110.

gesellschaft gefallenen Eisenbahnflächen der vormals bayer. Staatsbahnen wird vorerst nicht gefordert[35]). Die Beteiligung der Reichsbahngesellschaft an J.erträgnissen erstreckt sich nur auf die außerhalb des eigentlichen Bahnkörpers und der überbauten oder eingezäunten Grundflächen liegenden Grundstücke, die nach Art. 4 JG. den gemeindl. J.bezirken[36]) zufallen. Ein Verzicht der Eisenbahnverwaltung auf Anteil an J.erträgnissen ist aus grundsätzl. Erwägungen nicht möglich; nur Gemeinden gegenüber, die gemäß Art. 4 das J.recht ausüben, wird bei bestimmten, von Fall zu zu Fall zu prüfenden Voraussetzungen von einer Pachterträgnisbeteiligung abgesehen. — In dem entschädigungsberechtigten Grundbesitz sind auch Gemeindeverbindungswege einbegriffen[37]). Für Staatsstraßenkörper bisher kein Anteil verlangt[38]). — Ein durch organisatorische Änderung des Gemeindeverbandes herbeigeführter Ausfall an J.pachtschilling gehört nicht unter den Begriff „Gemeindevermögen"[39]).

Für die Frage der Beteiligung unerheblich, ob die Flächen j.lich ertraglos oder ertragarm sind, entscheidend nur Zugehörigkeit zum Gemeindej.bezirk[40]).

V. Der Maßstab der Verteilung durch Art. 8 nicht bestimmt. Da Art. 3 II und 9 JG. Berechnung der Entschädigung nach „dem Verhältnis des Flächeninhaltes" oder nach „der Tagwerkszahl" festsetzen, wird auch die nach Art. 8 zu gewährende Entschädigung nach der Tagwerkzahl berechnet[41]). Verteilung nach Grundsteuer oder Zahl der Grundbesitzer ohne ausdrückl. einstimmige Vereinbarung aller Beteiligten nicht zulässig[42]).

VI. Sowenig Verrechnung nach Ortschaften statthaft[43]), steht den Grundbesitzern Anspruch auf gesonderte Verrechnung des auf jeden einzelnen der nach Art. 5 II S. 2 JG. gebildeten Unterbezirke treffenden J.pachtschillings zu, da der Gemeindej.bezirk als einheitl. Ganzes gilt und sämtl. Grundbesitzern der ganze Pachtschilling ohne Bevorzugung oder Benachteiligung Einzelner nach der Lage ihres Grundbesitzes zugute

---

[35]) Oben S. 107; DJäger 1926 S. 498.

[36]) Oder nach Art. 3 ausnahmsweise aus Inklaven den nach Art. 2 Ziff. 3 berechtigten Grundkomplexen.

[37]) BGZ. 1911 S. 197.

[38]) Pollw. S. 90 F. 1.

[39]) VGH. 14,[96]; Wirsch. S. 160 Fußn. 3; Pollw. S. 89.

[40]) S. unten S. 186 bei Fußn. 59; vgl. „Wild und Hund" 1916 S. 651.

[41]) VGH. 1,[198], 9,[325]; 23,[163]; BlfAdmPr. 15,[161]; 22,[263]; 23,[368]; MinE. v. 9. März 1863; schwäb. RegE. v. 19. Febr. 1865 Nr. 12599; Pollw. S. 90; Wirsch. S. 160; Schüllerm. S. 64 Note 3; BayrV. 1915 S. 262; BGZ. 1916 S. 29; oben S. 173 a γ.

[42]) VGH. 23,[163]; Wirsch. S. 160 und Fußn. 6 das.; Pollw. S. 90 Fußn. 1; BG.Z 1893 S. 550; 1895 S. 343; 1902 S. 25, 482, 587, 588; 1909 S. 276; 1911 S. 47, 212, 502.

[43]) Oben S. 181 A. II.

kommen soll[44]). Art der Verrechnung und Verwendung ist dem freien Ermessen des Gemeinde-(Stadt-)rats anheimgegeben. Verteilung an die in Art. 32 GemO. genannten Personen in stets widerrufl. Weise zulässig, wenn alle Gemeindebedürfnisse ohne Erhebung von Umlagen oder örtl. Verbrauchsabgaben gedeckt sind, und größere Ausgaben für außerordentl. Bedürfnisse nicht in Aussicht[45]). Sache der Gemeinde ist es, auf gesetzmäßigem Wege das Gleichgewicht ihres Haushaltes herzustellen[46]). Der Abzug kann nach Belieben des Gemeinde-(Stadt-)rats an jeder, den beteiligten Grundeigentümer treffenden Gemeindeausgabe erfolgen, zweckmäßig zunächst an besonderen Ausgaben in der Gemeinderechnung z. B. für Wildschadensabwehr[47]), weiter an Umlagen[48]). Soweit solche nicht oder in geringerer Höhe, wie der Pachtanteil zu entrichten, Barauszahlung des ganzen oder des Restbetrags[49]). Allgemeine Verwendung des J.pachtertrages zur Bestreitung der in Art. 55 GemO. angeführten Ausgaben[50]) nicht zulässig, da nur zu den die beteiligten Grundbesitzer treffenden Gemeindeausgaben verwendet werden darf, unter diesen aber z. B. auch solche ohne Viehstand sein können[51]). Jeder einzelne Grundbesitzer kann, ohne Rücksicht auf Fälligkeit der Gemeindeumlagen und Zeitpunkt der Voranschlagsaufstellung, jederzeit Auszahlung seines Anteils verlangen, wenn und soweit er keine Schuldigkeit zur Gemeindekasse hat; besonderer Beschlußfassung bedarf es dazu nicht[52]). Jeder einzelne und auch die Gesamtheit der anteilsberechtigten Grundbesitzer kann, letztere nur einhellig, auf den Anteil verzichten[53]). Jeder Grundbesitzer, der bei der Verteilung übersehen, kann Nachzahlung auf 3 Jahre zurückfordern[54]). Die Gemeinde kann von Eigenj.- und Inklavenbe-

---

44) Oben S. 132, 2; VGH. 31, 40; 23, 162; BlfRA. 1911 S. 628 V²; BGZ. 1909 S. 83; 1910 S. 343; Wirsch. S. 159; Schüllerm. S. 65 Note 4; Pollw. S. 90.

45) BGZ. 1903 S. 159.

46) BGZ. 1905 S. 367; 1910 S. 324; Wirsch. S. 159.

47) Art. 55 I GemO.

48) BayrV. 1916 S. 195.

49) § 9 FinME. v. 6. Mai 1850 über Staatsj.verwaltung; BGZ. 1892 S. 242, 872, 873; 1895 S. 343; 1896 S. 23; BlfAdmPr. 19, 18; 23, 367; VGH. 7, 235; Wirsch. S. 159 Fußn. 3.

50) Feldwege, Gemeindehirte, Zuchttierhaltung, Maulwurffang usw.

51) BGZ. 1902 S. 222, 405; 1911 S. 597; 1912 S. 347; BayrV. 1913 S. 234; 1915 S. 61; 1916 S. 29.

52) VGH. 7, 235; BGZ. 1902 S. 170, 587; 1904 S. 213; 1905 S. 215, 74, 367, 550; 1906 S. 87; 1907 S. 431; 1908 S. 182, 198; 1909 S. 276; 1911 S. 47, 62, 212 I; BayrV. 1913 S. 295; 1915 S. 262; 1916 S. 195; 1917 S. 270.

53) BGZ. 1905 S. 550; Wirsch. S. 161.

54) Art. 125 AG. BGB.; Pollw. S. 92; VGH. v. 24. Febr. 1911 Nr. I 190/10; BayrV. 1915 S. 262; 1917 S. 270; unzutreffend anders hinsichtlich Verjährungsfrist: BGZ. 1906 S. 423, 661; 1910 S. 563; 1911 S. 367; BlfAdmPr. 63, 277; denn Anspruch des Grundbesitzers gegen Gem. auf Auszahlung entsteht aus dem öffentlichrechtl. Verhältnis zwischen beiden (oben S. 124, 4); Haftung des Bürgermeisters s. oben S. 177 II bei Fußn. 319.

sitzern sowie Ausmärkern die zu Unrecht ausbezahlten J.pachtanteile unter dem Gesichtspunkt der ungerechtfertigten Bereicherung auf 3 Jahre zurückverlangen[55]). Kann die Gemeinde wegen der verlangten J.pachtverteilung an die Grundbesitzer die Kosten für Feldwegunterhaltung ohne Umlageneinführung oder -erhöhung nicht mehr aufbringen, so darf sie nicht die Anteilsauskehrung verweigern, sondern muß die Herstellung oder Erhaltung der Feldwege den Beteiligten überlassen[56]). — Forensem haben den auf ihren Grundbesitz treffenden J.pachtanteil nach Gesamtj.fläche und Gesamterlös einzeln zu beanspruchen; Abführung in einer Gesamtsumme an die auswärtige GemKasse, die mit der J.pacht nichts zu tun hat, unzulässig[57]). Kein verwaltungsrechtl. Anspruch gegen Gemeinde, die Forderung an den J.pächter auf Einzahlung des Pachtschillings überhaupt oder in bestimmter Höhe geltend zu machen. Aber Haftung der Gemeinde nach §§ 31, 89, 823 I BGB.[58]).

Das Recht auf den Pachtanteil darf keinen anderen Beschränkungen unterworfen werden, als den im Gesetz selbst oder nach allgemeinen Rechtsregeln z. B. hinsichtl. Verjährung[59]). Die aus der GemKasse für Wildschaden vorgeschossene Summe und die für Verpachtung[60]) und für Verwaltung des Pachtschillings[61]) erwachsenen Auslagen sind vorweg abzuziehen. Werden zur Wildschadenverhütung durch Grundeigentümer Frondienste geleistet, so haben die an den Naturalleistungen nicht beteiligten Grundbesitzer sich die sie treffenden diesbezügl. Lasten an den auf sie entfallenden J.pachtanteilen anrechnen zu lassen[62]). Mit dem Pachtschilling darf ohne Zustimmung sämtl. Anteilsberechtigten die Besoldung eines auch mit J.schutz betrauten Flur- und Waldaufsehers nicht bestritten werden[63]). Nichtgeladene Forensen haben Verwaltungsrechtsbeschwerde. — Unzulässig ist Herabsetzung der bisher erhobenen Gemeindeumlagen um den Pachtbetrag, so daß die Umlagen-Verringerung allen Gem.angehörigen auf Kosten der beteiligten Grundbesitzer zugute kommt. Forensen darf ihr Anteil nicht gekürzt werden, um davon Weidegelder oder den durch ihre Umwandlung in Bodenzins

---

[55]) §§ 812 ff., 222 II BGB.; Art. 125, AG. BGB.; Staud. II b S. 824 A. 7 I; BayrB. 1916 S. 195; vgl. auch S. 825 A. 11; BGZ. 1906 S. 661.

[56]) Art. 55 GemO.; BGZ. 1912 S. 45.

[57]) BGZ. 1901 S. 485; 1902 S. 587; 1904 S. 49; 1905 S. 666, 215; 1906 S. 87; 1908 S. 182; Wirsch. S. 162; BGZ. 1895 S. 267; 1896 S. 95.

[58]) BGH. 22. Nov. 1922 Bd. 44, 19.

[59]) BayrB. 1915 S. 262; BGH. 9, 319; Pollw. S. 91; oben S. 184 bei Fußn. 40.

[60]) Inserierungs- und Versteigerungskosten.

[61]) Berechnung, Listenfertigung.

[62]) BGH. 9, 319; BGZ. 1895 S. 115; Pollw. S. 91.

[63]) Art. 141 Abs. I und VII GemO. mit Art. 10 Forstges., wonach die Besoldung dieser Bediensteten Sache der Gemeinde ist, die sie nicht gerade auf die Grundbesitzer abwälzen kann; BGH. 11, 99; 16, 305; 23, 162; 28, 121; BlfRA. 1908 S. 934 XI 4; BayrB. 1913 S. 207, 295; Pollw. S. 91.

benötigten Betrag für eine den grundbesitzenden Ortsbürgern überlassene Schafweide zu bestreiten[64]. — Langjährige Übung, den Pachtanteil zu Gemeindezwecken zu überlassen, begründet keinen ausdrückl. Verlautbarung bedürfenden, den Anspruch auf Verrechnung und Herauszahlung ausschließenden Verzicht[65]. — Auszahlungspflicht der Gemeinde begründet eine Holschuld, weshalb Berechtigte, auch das Finanzamt, als Vertreter des grundbesitzenden Fiskus, keinen Anspruch auf portofreie Zusendung haben[66]. — Einen im ordentl. Rechtsweg verfolgbaren Anspruch auf Verrechnung oder Auszahlung haben Anteilsberechtigte gegenüber der Gemeinde nicht, da öffentlichrechtl. Verhältnis, das privatrechtl. Anspruch ausschließt[67]. — Dauernde oder vorübergehende Pachtnachlässe nur durch Gemeinde-(Stadt-)ratsbeschluß[68].

VII. Streitigkeiten:

1. Verrechnung und Verwendung der J.pachtschillinge als Ermessensfragen der Gemeindebehörde reine Verwaltungssachen[69].

2. Verwaltungsstreitsachen sind alle den Volzug des Art. 8 betr. Fragen[70]:

a) Berechtigungs- und Verpflichtungsverhältnis zwischen Gemeinde und J.pächter: Berechtigung der Gemeinde, den Pachtpreis, zur GemKasse einzuheben und zu vollstrecken[71]; des Pächters, seine Leistung bei Gem.-Kasse und nicht bei den Ortskassen oder an die einzelnen Grundbesitzer abzuführen[72].

b) Berechtigungs- und Verpflichtungsverhältnis zwischen Gemeinde und Grundeigentümer: Recht und Pflicht der Gemeinde zur Verrechnung und Verwendung des eingezahlten Pachtschillings für die Grundbesitzer, zur Hinauszahlung von Überschüssen an sie; Verpflichtung letzterer, die von der Gemeindebehörde beschlossene Verrechnung und Verwendung anzuerkennen, ihr Recht auf Auskehrung der Überschüsse[73], Rückerstattung von Anteilen[74].

---

64) VGH. 19. Juli 1907 I 61/06; Vollw. S. 91.
65) VGH. 19. Juli 1907 I 61/06; BGZ. 1906 S. 661.
66) Art. 11 AG. BGB.; Henle-Schneider A. 2, 4, hiezu S. 30, 31; s. Proegel S. 403.
67) Oben S. 124, 4; 185 und Fußn. 54; Oertm. I 379 αα; Schüllerm. S. 67 Nr. 7.
68) Oben S. 166 bei Fußn. 208.
69) BlfAdmPr. 23, [367]; Wirsch. S. 163 und Fußn. 16; oben S. 184 VI.
70) Art. 8,[17]; 9 I BGG.
71) Art. 57 m. 48 GemO.; Art. 4 AG. ZPO.; Art. 46 ff. BGG.; Wirsch. S. 163 und Fußn. 18; oben S. 110 VII und Fußn. 315; 182 II.
72) BlfAdmPr. 23, [367]; VGH. 22. Nov. 1922 I 94/22, Recht 1922 Nr. 268; oben S. 181 II.
73) BGZ. 1892 S. 242.
74) Oben S. 172 a γ.

3. Art und Weise der Verrechnung und Verwendung des J.pachtschillings unterliegt staatsaufsichtl. Überwachung [75]). Beanstandung der Verrechnung durch Ortskassen, der Ausscheidung nach J.bögen, der Zahlung an die Grundbesitzer, der Überweisung an die Gem.kassen der Forensen keine Eingriffe in gemeindl. Autonomie [76]).

4. Differenzen zwischen Gemeinde und Pächter wegen Verpflichtung zur Zahlung oder wegen Höhe des Pachtschillings bei Behauptung eines Pachtnachlasses, einer Stundung durch den Pächter entscheiden die bürgerl. Gerichte [77]). Als Inzidenzpunkte zivilrechtl. Natur, welche die verwaltungsrechtl. Entscheidung beeinflussen, vom Verwaltungsrichter bei Rechtsfindung in der VerwStreitsache zu würdigen [78]).

Klagerecht des Grundbesitzers nach §§ 31, 89 BGB. gegen Gemeinderat, wenn dieser unterläßt, den vom J.pächter geschuldeten Pachtzins zwecks Verrechnung oder Verwendung nach Art. 8 zur Gem.Kasse einzuheben.

Art. 9.[1])

In dem Falle des Art. 6 geschieht die Verteilung des erzielten Pachtschillings nach den Bestimmungen der hierüber getroffenen Übereinkunft, in Ermangelung einer solchen nach der Tagwerkzahl der Grundstücke.

1. Es kommt nicht nur die Überlassung der Selbstnutzung von Eigenj.en Privater, sondern auch des Staates, der verpachtenden Gemeinde selbst, einer anderen Gemeinde, von Ortsgemeinden in Betracht, durch welche die gen. natürlichen und Rechtspersonen hinsichtl. des Pachtschillings in die Reihe der übrigen, nicht eigenj.berechtigten gemeindeangehörigen Grundbesitzer und Forensen treten und Anspruch auf verhältnismäß. Anteil am Gesamtj.pachtschilling nach Maßgabe der Übereinkunft oder, in deren Ermangelung, nach Tagwerkzahl der Grundstücke erlangen. Stets Einzahlung an Kasse der verpachtenden polit. Gemeinde und unausgeschiedene Verrechnung und Verwendung durch diese [2]).

2. Bestrittene, den Vollzug des Art. 9 betreffende Ansprüche und Verbindlichkeiten sind Verwaltungsrechtssachen [3]). Z. B. Verteilung des erzielten J.pachtschillings unter die einwerfenden Grundbesitzer. Anwendung der nämlichen Grundsätze wie zu Art. 8 erörtert [4]).

---

[75]) BlfAdmPr. 23, 367.
[76]) VGH. 26, 349; Vollw. S. 93 A. 4.
[77]) VGH. 22. Nov. 1922 I 94/22; Recht 1922 Nr. 268.
[78]) Wirsch. S. 164 Fußn. 21.
[1]) VV. § 8.
[2]) Wirsch. S. 158/159 Fußn. 2; oben S. 181 II, 184 VI.
[3]) Art. 8, 17, 9 I VGG.
[4]) Oben S. 187 VII; Vollw. S. 92 f.; Wirsch. S. 164; Schüllerm. S. 69.

Art. 10.[1])

I Für einen Jagdbezirk können nicht mehr als drei Pächter zugelassen werden.

II Den zur Ausübung der Jagd berechtigten Grundeigentümern sowohl als den Jagdpächtern ist erlaubt, für die Jagdausübung eigene gelernte Jäger aufzustellen.

III Den genannten Grundeigentümern, Pächtern und Jägern ist weiter gestattet, Personen, welche eine Jagdkarte (Jagdschein) besitzen, mit auf die Jagd zu nehmen.

I. Absatz I:

1. Trotz der Stellung des Art. 10 unter den von der J.ausübung durch die politische Gemeinde handelnden Bestimmungen gilt Abs. I wegen seiner unbeschränkten Fassung für alle J.verpachtungen, auch von Eigenj.bezirken Privater, ausmärkischen, Gemeinde-, Ortschafts-, Staats-, Genossenschaftseigenj.n[2]) und umschließenden Eigenj.bezirken und Inklaven[3]), von zusammengelegten Gemeindej.bezirken und gem. Art. 6 mit Gemeindej.bezirken vereinigten Eigenj.den, da diese zusammen einheitl. J.komplexe bilden[4]). Für die einzelnen nach Art. 5 Abs. II S. 2 JG. gebildeten Unterbezirke, welche dem Gemeindej.bezirke gleichstehen, sind 3 Pächter zuzulassen[5]). Vertraglich kann diese Maximalzahl beschränkt werden[6]). — Über mehrere Pächter, ihr Verhältnis untereinander und zur Gemeinde Art. 7, V 3 a—d.

2. Die von der Gemeinde genehmigten mehreren Pächter können, zwecks örtl. Begrenzung ihrer J.befugnis, untereinander den Gem.j.bezirk in Unterbezirke teilen, auf denen jeder ausschließl. oder zwei gemeinschaftl., unter Ausschluß des auf einem getrennten Revier berechtigten dritten, berechtigt sein sollen. Der einzelne Mitpächter verzichtet gegenüber den anderen auf sein aus dem privatrechtl. Pachtvertrage fließendes Recht der J.nutzung auf der Gesamtflur für einen Teil des Reviers gegen Einräumung der ausschließl. J.befugnis auf einem anderen Teile und bindet sich dadurch privatrechtl. in zulässiger Weise. Teilung in mehr

---

1) BB. § 8.

2) Oben S. 72, 111; BGH. 1, 253; 13, 187; § 23 MinE. v. 17. Mai 1850 (FinABl. S. 280) betr. Staatswaldjagden; § 31 Abs. II, 17 II, 28 II FinMinReskr. v. 6. Mai 1850 Nr. 9676 betr. Staatsjagden lassen nur einen Pächter zu; ersetzt durch Ziff. 5 FinMinE. v. 18. Juni 1919 Nr. 19 516, wonach höchstens drei Pächter zugelassen sind; Pollw. S. 94 A. 1; Schüllerm. S. 72 Nr. 2; Wirsch. S. 97.

3) Art. 3 JG.

4) Oben S. 117, 5; 130, 138, 2; Wirsch. S. 67, 69, 66.

5) Oben S. 137, 5; Pollw. S. 63, 1 b γ; Schüllerm. S. 72 N. 1; Wirsch. S. 73.

6) Oben S. 143, 2 bei Fußn. 9.

als 6 J.bögen, Verteilung von weniger wie 240 Tagwerk haltenden Bögen zulässig, da die Verteilung nur mit privatrechtl. Wirkung unter den Mitpächtern erfolgt[7]). Pächter verschiedener, nach Art 5 II S. 2 gebildeter Unterabteilungen des Gemeindej.bezirks können sich durch Bildung eines Konsortiums J.ausübung auf den ihnen überlassenen Teilbezirken gegenseitig gestatten, wenn dadurch nicht eine gesetzwidrige Umgehung des Art. 10 I JG. durch Erhöhung der gesetzl. Pächterhöchstzahl oder der vertragl. Beschränkung der Pächterzahl herbeigeführt wird[8]). Bewußt unberechtigte Überschreitung des durch Privat-Übereinkunft oder durch gemeindl. Unterbezirksbildung zugewiesenen Teiles ist J.vergehen nach § 292 RStGB.

3. Ein mehr als 3 Pächter zulassender J.pachtvertrag ist da gegen das Gesetz verstoßend, nichtig[9]); ebenso ein Rechtsgeschäft, durch welches dies nachträgl. geschieht[10]), oder die Erteilung schriftlicher Erlaubnis[11]) an mehr als die hienach zulässige Personenzahl gegen Entgelt[12]). Der weitere Pächter hat keinen Entschädigungsanspruch[13]). Doch kann ein J.pachtvertrag mit mehr als 3 Pächtern, sowie ein unter letzteren abgeschlossener Gesellsch.vertrag gegenüber einem auf bloßes verbotswidriges Vorgehen außerhalb dieser Verträge gestützten Parteiangriff vom Richter nicht als nichtig erklärt werden[14]). Nichtig ist Verpachtung, wenn J. als Ganzes oder in 4 Einzelbögen aufgelegt, im Ganzen an 4 Pächter vergeben und von diesen dann in die ursprüngl. von Gemeinde aufgelegten 4 Bögen abgeteilt wird[15]).

II. Absatz II:

1. Zur Ausübung der J. ist ein Grundeigentümer nur dann befugt, wenn einerseits sein Grundbesitz den dingl. Anforderungen des Art. 2 JG. entspricht, andererseits aber auch in seiner Person die gesetzl. Voraussetzungen vorliegen. Der gem. Art. 18, 19 JG. der J.karte verlustig gehende Eigenj.besitzer darf persönlich die J. nicht ausüben. Die in seinem dingl. Rechte enthaltene Befugnis zur vermögensrechtl. Verwertung des J.rechts verbleibt ihm. Er kann sie gem. Art. 2 JG. wahrnehmen durch

---

[7]) Art. 5 II S. 2 JG.; in dieser Beziehung anders Schüllerm. S. 72 N. 3 II u. A. 9; im übrigen RGSt. 24, [122]; Reger 13, [408]; OLG. Mü. St. 3, [465]; BlfRA. E.-Bd. V, 186; Vollw. S. 94; Recht 1914 S. 250; DJäger 1919 S. 145.

[8]) Vollw. S. 94; unten § 292 RStGB. C I b.

[9]) § 134 BGB.; oben S. 144 F. 24; 167, 3; 176, 4; Vollw. S. 94; Schüllerm. S. 72 N. 3; Wirsch. S. 106, 107, 115.

[10]) Vgl. RG. v. 12. März 1903 I 40/03; BlfRA. 1903 S. 484.

[11]) Art. 23 [6] JG.

[12]) Oben S. 144, 2 Fußn. 25; Vollw. S. 94 Fußn. 1; BayrV. 1914 S. 186/187 Z. 4; RGZ. 27, [233]; „Wild und Hund" 1902 S. 14.

[13]) „Hubertus" 1912 S. 104, 459.

[14]) OberstLG. Z. 8, [296].

[15]) DJäger, JU. 48/26 S. XII.

Verpachtung des J.rechtes. Mit der Versagung der persönl. J.nutzung ist ihm das Recht genommen, für eigene Rechnung die J. durch von seinen persönl. Weisungen abhängige Personen zu betreiben, zu denen „gelernte Jäger" und J.aufseher zählen[16]). Da Art. 3 dem Eigentümer eines umschließenden Eigenj.komplexes kein J.recht auf den für ihn fremden Grundstücken der Inklave einräumt, sondern nur die J.ausübung gewährt, diese aber mit der J.kartenfähigkeit verloren geht, außerdem umschließender und eingeschlossener Bezirk einen einheitl. J.komplex bilden[17]), so kann der nicht j.kartenfähige Eigenj.berechtigte auf der Inklave sein J.recht weder persönlich noch durch „gelernte Jäger" ausüben, sondern muß es zwecks vermögensrechtl. Nutzung mit dem Eigenj.komplex verpachten[18]). —

2. „Gelernter Jäger" ist nur, wer J. berufsmäßig, wenn auch nicht im ausschließlichen oder Hauptberufe betreibt, und, abgesehen von J.kartenfähigkeit, eine kompetente Bestätigung seiner berufl. Fähigkeiten besitzt. Ein J.liebhaber, welcher bei vertragsmäßiger Ausschließung der Unterpacht oder der Annahme von Mitpächtern oder bei Vorhandensein der gesetzl. oder vertragl. Pächterhöchstzahl, ohne diese Voraussetzungen als „Jäger" aufgestellt wird, erfüllt nicht die gesetzl. Voraussetzungen und darf nicht ohne Begleitung des J.ausübungsberechtigten oder ohne dessen schriftl. Erlaubnis jagen[19]). — Bedingung für die Qualifikation als „gelernter Jäger":

a) Ausweis über genügende praktische und theoretische Kenntnisse zur selbständigen J.ausübung mittels Zeugnisses eines staatl. Forst- oder J.beamten[20]) oder eines wirklichen, im Privatdienst stehenden Revierjägers, oder mittels Bestätigung der Anlernung durch Kommunal-, Stiftungs- und Privatforst- und -j.beamte, welche nach der bayer. Diensteinteilung[21]) als „Beamte" anzusprechen sind[22]). Die Regfin.kammern können jungen Leuten, namentl. aus Waldaufseher- und -arbeiterfamilien, welche sich dem Privatdienste widmen wollen, mit entsprechenden Schul-, Sitten- und Gesundheitszeugnissen versehen sind und niemals Anspruch auf Verwendung im Staatsforst- oder -j.dienste erheben, die J.lehre bei staatl. Forstmeistern gestatten[23]).

b) Anzeige bei Bezirksverwbeh. und Anerkennung durch diese, bei Zweifel an den notwendigen Eigenschaften nach

---

[16]) Oben S. 36, 1; Wirsch. S. 32 u. Fußn. 24, S. 148; anders Pollw. S. 94.

[17]) Oben S. 112 I 1; 117, 5.

[18]) S. unten Art. 22 IV; Wirsch. S. 32 und Fußn. 24.

[19]) Wirsch. S. 149; DJäger 1926 S. 829.

[20]) S. 154 III oben.

[21]) Nicht gemäß § 359 StGB.

[22]) E. d. Min. d. J. v. 15. Juni 1850; Pollw. S. 95; Wirsch. S. 149 und Fußn. 143; Schüllerm. S. 73 N. 4; BlfAdmPr. 15, [173].

[23]) FinMinE. v. 17. Febr. 1862 Nr. 1973; Schüllerm. S. 73 N. 4.

Benehmen mit dem Forstamt. Beschlußmäßig auszusprechende Anerkennungsverweigerung durch den Jäger und den Anstellenden mit Beschw. z. Kreisreg., K. d. J., im Verw.wege anfechtbar[24]).

c) Verpflichtung durch das Bezirksamt[25]), bei gleichzeitiger Übertragung des Forstschutzes für beide Funktionen durch das Amtsgericht des Wohnortes[26]). Bei Vorliegen der Voraussetzungen für Erteilung eines Schutzgewehrscheines[27] darf die Verpflichtung nicht abgelehnt werden, durch welche die Jäger öffentl. Forst- und Jagdschutz- und damit Hilfsbeamte der Staatsanwaltschaft werden[28]).

Sie bedürfen zur J.ausübung der J.karte[29]). Der einfache J.aufseher oder -hüter bedarf zur Ausübung der J.schutztätigkeit des Schutzgewehrscheins und hat auf diesen, nicht aber auf amtl. Verpflichtung einen Anspruch, durch diese allein (ohne JK.) aber kein Recht zur Erlegung j.baren Raubzeugs[30]). „Gelernte Jäger" und J.aufseher können Gehilfen nur mit Ermächtigung des J.herrn aufnehmen, welche Rechte und Pflichten eines J.aufsehers erwerben und einen Schutzgewehrschein führen müssen[31]).

3. Aufstellung von J.schutzbediensteten steht im Belieben des J.ausübungsberechtigten, doch sollen Gemeindejagdpachtverträge bei lokalem und persönlichem Bedürfnisse die Verpflichtung des Pächters zur Sorge für ausreichenden J.schutz, ev. in Verbindung mit dem den Gemeinden obliegenden Flurschutz festlegen[32]). Mehrere J.berechtigte haben über die Anstellung eines gelernten Jägers gemeinschaftl. zu beschließen[33]), wenn nicht eigene Geschäftsführung bestellt ist[34]).

4. Bestallung des Jägers endet:

a) mit Untergang der dingl. oder persönl.[35]) Voraussetzungen für die Ausübung des Eigenj.rechts;

b) mit Ablauf oder Erlöschen des J.pachtvertrags; bei Fortsetzung des Dienstverhältnisses nach Ablauf und Erneue-

---

[24]) Vollw. S. 95; Wirsch. S. 149, 150 Fußn. 146; VV. § 8 Abs. VII.

[25]) FinME. v. 30. Jan. 1868 ABl. S. 25 ff; BlfAdmPr. 15,[204]; 17,[46]; 18,[144].

[26]) Art. 121 Forstges. GVBl. 1896 S. 325; BlfAdmPr. 15,[203]; BlfRA. 65,[36]; Vollw. S. 95 Fußn. 1, 108 II; Schüllerm. S. 74 Nr. 5.

[27]) Art. 15, II, 18, 19 JG.

[28]) BlfRA. 65,[36]; § 161 StPO.; § 152 GVG.; Art. 56 AG.GVG.; § 1 Z. 4. KAB. v. 31. Aug. 1879 JMBl. S. 536.

[29]) Art. 10 II, 14 JG., nicht eines Schutzgewehrscheines (Art. 15 II).

[30]) VV. v. 2. April 1850 Nr. XIV Abs. 2; Vollw. S. 95; Wirsch. S. 150/151 u. Fußn. 148 a; vgl. § 11 FinMinReskr. v. 6. Mai 1850 Nr. 9676, anders DJäger 32,[114].

[31]) Vollw. S. 95; JW. 30,[433] Nr. 7.

[32]) VV. § 8 Abs. IX—XI; vgl. Art. 38 I, 141 GemO.

[33]) §§ 709, 744 BGB.

[34]) § 710 BGB.; Vollw. S. 95; Wirsch. S. 150.

[35]) Oben S. 190 II 1.

rung der J.pacht neuerliche Anzeige an Bezirksamt, nicht aber wiederholte Qualifikationsprüfung und Verpflichtung[36]);

c) mit Ablauf der Zeit, für welche das Dienstverhältnis eingegangen[37]);

d) durch Kündigung. Bei Bemessung des Lohnes

α) nach Wochen, spätestens am ersten Werktag für den Schluß der Kalenderwoche;

β) nach Monaten, spätestens am 15. ds. Mts. für den Schluß des Kalendermonates;

γ) nach Vierteljahren oder längeren Zeitabschnitten unter Einhaltung sechswöchiger Kündigungsfrist für Schluß des Kalendervierteljahres;

δ) auf Lebenszeit des Dienstherrn oder Jägers, oder auf mehr wie 5 Jahre durch den Jäger nach 5 Jahren mit 6 monatiger Kündig.frist[38]). Bei Fortsetzung nach Ablauf gilt das Dienstverhältnis, wenn J.herr nicht sofort widerspricht, als für unbestimmte Zeit verlängert[39]). Bei Vorliegen eines wichtigen Grundes[40]) kann von jedem Teil ohne Kündig.frist gekündigt werden[41]), der Jäger aber einen, seinen bisherigen Leistungen entsprechenden Teil der Vergütung verlangen, falls nicht er durch vertragswidriges Verhalten die Kündig. des J.herrn herbeigeführt, oder nicht er gekündigt hat, ohne durch ein solches Verhalten des J.herrn dazu veranlaßt worden zu sein; dann kein Vergütungsanspruch, soweit seine bisherigen Leistungen infolge Kündig. für Dienstherrn kein Interesse haben. Bei Lohnvorauszahlung Rückerstattungs-, Ausgleichs-, Schadensersatzpflicht; bei Herbeiführung der Kündig. durch den J.herrn Entschädigungspflicht[42]);

e) durch Verlust der J.kartenfähigkeit des Jägers.

Nach Beendigung des Dienstverhältnisses ist der Jäger nur im Falle ausdrücklicher Vereinbarung zur Rückgabe der noch gültigen, auf Kosten des J.herrn gelösten Jagdkarte verpflichtet. Der Schutzgewehrschein verliert mit Aufhören der Funktion seine Gültigkeit und ist bei Annahme einer neuen Stelle neu zu erteilen[43]).

Wird der Lohn des Jägers nicht tägl. oder wöchentl. oder sonst kurz gegriffen bezahlt, und dieser in die Familienwohnung aufgenommen, dort beköstigt und der häusl.

---

36) Wirsch. S. 150; Vollw. S. 96.
37) § 620 BGB.
38) §§ 621, 624 BGB.
39) §§ 625, 121 BGB.
40) Erkrankung, mangelhafte Befähigung, Trunkenheit, Vertrauensbruch, unsittliches Betragen, unterbliebene Lohnzahlung.
41) § 626 l. c.
42) §§ 628, 347, 812 ff., 251 ff. BGB.
43) Vollw. S. 96.

Zucht des J.herrn unterstellt, so hat letzterer ihm im Erkrankungsfalle erforderl. Pflege und ärztl. Behandlung bis zu 6 Wochen, jedoch nicht über Dienstdauer hinaus zu gewähren, sofern nicht vorsätzl. oder grobfahrlässig selbstverschuldete Krankheit vorliegt: Krankenhausaufnahme ersetzt häusl. Pflege und ärztl. Behandlung. Kosten können in beiden Fällen auf die für Krankheitszeit geschuldete Vergütung angerechnet werden. Wird der Dienst vom J.herrn wegen der von ihm als „wichtiger Grund"[44]) erachteten Erkrankung gekündigt, so hat er 6 Wochen lang für Pflege und Arzt zu sorgen. Hiezu keine Verpflichtung bei Vorsorge durch Versicherung oder eine Einrichtung der öffent. Krankenpflege[45]). Hinsichtl. der dem Jäger für seine Dienstverrichtung überlassenen Räume, Vorrichtungen oder Gerätschaften muß Schutz gegen Lebens- und Gesundheitsgefahr vorgesehen sein[46]). Da der J.herr zur Stellung der J.ausrüstung (Gewehr usw.) nicht verpflichtet, findet diese Bestimmung zwar keine Anwendung, falls der Jäger mit dem vom J.herrn erhaltenen Gewehr sich oder einen anderen verletzt, allein es kann Haftung gemäß 823, 831 BGB. eintreten, unter Berücksichtigung konkurrierenden Verschuldens des Jägers[47]).

Wegen Versicherung des Jägers und Haftung für ihn siehe C II 4 und D.

III. Absatz III.

1. Da von „Mitnehmen" der J.gäste gesprochen ist, dürfen diese nicht allein jagen, es sei denn mit schriftl. Erlaubnis[48]) oder in Begleitung des „gelernten Jägers", nicht eines Aufsehers oder Gehilfen. Ersterer wird mit Genehmigung des J.herrn zur Ausstellung eines Erlaubnisscheins befugt sein, da seine Begleitung genügt und diese dem Besitze des Erlaubnisscheines gleichgestellt ist[49]). Nicht erforderl., daß J.gast stets in Ruf- oder Sehweite des J.pächters oder Jägers; es genügt, wenn sie J.gast ins Jagdgebiet „mitnehmen" und Gast mit ihrem Wissen jagt, während sie in anderem Revierteil oder auf der J.hütte weilen[50]) Zum „Mitnehmen" keine Zustimmung der Mitpächter erforderlich.

2. J.erlaubnis gewährt kein J.nutzungs-, daher auch kein pfändbares Vermögensrecht[51]), ist untrennbarer Bestandteil des J.ausübungsrechts und kein für sich bestehendes Vermögens-

---

[44]) § 626 BGB.
[45]) § 617, 616 BGB.
[46]) §§ 618, 842 l. c.
[47]) § 254 l. c.
[48]) Art. 23 [6] JG.
[49]) Polliw. S. 124.
[50]) D.Jäger 1925 S. 12; „Wild und Hund" 1925 S. 651; unten S. 228.
[51]) § 857 RZPO.

recht[52]), gibt daher keine Befugnis, andere mit schriftl. Erlaubnis nicht versehene Gäste allein zur Jagd mitzunehmen und ihnen ein Zertifikat zu erteilen[53]). Vertragl. Beschränkung des J.-pächters in der Mitnahme von Gästen und der Erteilung von Erlaubnisscheinen zulässig[54]). Wegen des J.gastes vgl. Art. 23 VI 3.

IV. Staatsaufsicht, Streitigkeiten.

1. Aufstellung von mehr als 3 Pächtern und Umgehung der zulässigen Höchstzahl durch gegenseitige J.erlaubnis in verschiedenen Unterbezirken staatsaufsichtl. zu beanstanden, unberechtigte J.ausübung einzustellen, Fortsetzung zu gerichtl. Untersuchung zu bringen[55]).

2. Notwendigkeit oder Entbehrlichkeit der Bestellung gelernter Jäger und J.schutzbediensteter hat Bezirksverwbeh. nicht zu prüfen, wohl aber deren J.karten- und Schutzgewehrscheinfähigkeit, bei Mangel derselben Aufstellung zu beanstanden, Verpflichtung abzulehnen, anvertraute J.ausübung zu untersagen[56]). Hat der J.pächter mehrere J.n, der Eigenj.berechtigte zur Eigenj. noch eine J. hinzugepachtet, so kann er für sämtl. J.en einen oder mehrere gelernte Jäger aufstellen, welche gemeinschaftl. J. und J.schutz ausüben; örtl. und persönl. Begrenzung der Schutz- und J.ausübungsbezirke der einzelnen Jäger kann nicht verlangt werden[57]).

3. Streitigkeiten sind, soweit nicht Strafeinschreitung in Frage reine Verwaltungssachen.

4. Die Rechtsverhältnisse der Pächter unter sich und zwischen sich und den gelernten Jägern kompetieren zu den Zivilgerichten. Jagdgast hat keinen Klaganspruch auf Fortgewährung der erteilten oder zugesagten Erlaubnis oder Ausstellung des versprochenen Zertifikates[58]).

Art. 11.[1])

Die Gemeinden sind ausnahmsweise befugt, die Jagd in Selbstverwaltung durch höchstens drei jagdkartenfähige Gemeindemitglieder auszuüben;

1. **wenn die Gemeinde als solche Eigentümerin eines zusammenhängenden Grundbesitzes von mindestens 240 beziehungsweise 400 Tagwerken ist;**

---

52) Fromhold in EJZ. 1908 S. 361,4.
53) OberstLG. Z. 4,436.
54) Oben S. 143, 2.
55) VV. § 8 Abs. II u. III.
56) Wirsch. S. 151; VV. § 8 Abs. VI—VIII; oben S. 191 f. II 2 b u. c.
57) BayrV. 1914 S. 186/187.
58) Über Verhältnis zum J.herrn oben S. 37, 2 und unten Art. 23 VI 3.
1) VV. § 9.

2. wenn die von ihr versuchte Verpachtung entweder gar kein Resultat gewährt, oder
3. wenn kein Pachtgebot erfolgt, welches den von der Gemeindeverwaltung bestimmten Aufwurfspreis erreicht.

I. Ziffer 1 betrifft die, gleichen dingl. Voraussetzungen, wie die private[2]), unterworfene gemeindl. Eigenj.befugnis und bezieht sich dem Wortlaut nach auf die polit. Gemeinden, als, keine Besonderheit bietender Spezialfall des Art. 2[3] aber auch auf eigenj.-berechtigte Ortsgemeinden. — Erträgnisse des J.rechts aus eigenem gemeindl. Grundbesitze sind als Privatwirtschaftseinkünfte der Gemeinde primäre Deckungsmittel für Gemeindebedarf[2]).

II. Ziffer 2 und 3 beziehen sich nur auf gemeindl. J.ausübung namens der Grundeigentümer[4]).

1. Selbstverwaltung soll die „Ausnahme" bilden. Deshalb muß zunächst Verpachtung entweder im Wege der öffentl. Versteigerung an den Meistbietenden oder durch Kontraktabschluß versucht werden. Voraussetzung ist, daß bei der Versteigerung kein Pachtliebhaber erscheint, oder kein Gebot gelegt wird oder keines den vom Gemeinde-(Stadt-)rat bestimmten Aufwurfspreis erreicht, — oder daß beim Versuch der vertragl. Vergebung keine den Forderungen der Gemeinde entsprechende Einigung über Pachtbedingungen erzielt werden kann. Die Wahl zwischen Versteigerung und Vertragsverpachtung hat die Gem.behörde[5]), beide Formen brauchen nicht versucht zu werden. Die Gemeindebehörde braucht nicht von den beschlossenen Bedingungen abzugehen, sondern kann ohne weiteres zum Regiebetrieb schreiten, hat es also in der Hand, durch hochgespannte, soweit im Rahmen des Gesetzes bleibend, staatsaufsichtl. nicht abänderbare Pachtbedingungen jeden Verpachtungsversuch von vornherein aussichtslos zu machen. — Zur Durchführung des Regiebetriebs kein besonderer Beschluß und keine verw.behördl. Anerkennung; sie tritt ohne weiteres ein.

2. Die Ausnahmebestimmung des Art. 11 ist strengstens auszulegen; deshalb Selbstverwaltung nur „durch drei j.kartenfähige Gemeindemitglieder", nicht durch J.gäste mit Zertifikat[6]); nicht durch „gelernte Jäger" (Art. 10 II JG.), die nur neben Vertrauensmännern durch Gem.beh. aufgestellt werden können[7]); nicht durch mehr als drei Vertrauensmänner für den ganzen J.bezirk, selbst wenn Verpachtung in J.bögen beabsichtigt war. Sind mehrere J.bezirke verpachtet und verbleibt für

[2]) Nach Art. 2 Z. 3.
[3]) Art. 31, 39 GemO.; BGZ. 1910 S. 324.
[4]) Art. 4, 5, 6 JG.; Pollw. S. 97 A. 1; Schüllerm. S. 77 N. 1.
[5]) Oben S. 150 C 1; S. 176 E I 2.
[6]) Art. 23,[6] JG.; Wirsch. S. 398.
[7]) Pollw. S. 97 A. 3; Wirsch. S. 157; Schüllerm. S. 76 N. 3.

die Regie nur ein Teil des Gemeindej.bezirks, so sind für diesen Rest drei Vertrauensmänner zugelassen[8]), aber nicht mehr, auch wenn er in J.bögen geteilt ist.

3. Wahl, die nur J.kartenfähigkeit und Gemeindebürgerrecht voraussetzt, sowie Aufstellung durch Gemeinde-(Stadt-)rat. Die Staatsaufsicht prüft Voraussetzungen des Regiebetriebs und Vorliegen der beiden persönl. Erfordernisse bei den Vertrauensmännern, welche dem Bezirksamt anzuzeigen sind[9]).

4. Das Rechtsverhältnis zwischen Gemeinde und Vertrauensmännern beruht auf Vertrag. Vertragsantrag kann abgelehnt werden (§ 146 BGB.). Durch Annahme[10]) entsteht ein Auftragsverhältnis, durch das die Gemeindebürger zu unentgeltl. Besorgung der J.ausübung sich verpflichten[11]). Remunerationen für Aufwendungen zum J.betrieb zulässig[12]). Zertifikate können sie erteilen, J.gäste persönl. mitnehmen, da sie Gemeinde in den dieser zustehenden Befugnissen vertreten[13]). Übertragung der J.befugnis an Dritte und Aufstellung gelernter Jäger, die nur „Grundeigentümern und Pächtern" zusteht, nicht gestattet. Im Zweifel darf er j.kartenfähigen, mit Erlaubnisschein versehenen Gehilfen annehmen, für den er verantwortlich ist[14]). Die Gemeindebehörde kann ihn mit Weisungen versehen, von denen er zur Vermeidung von Schädigungen oder bei Gefahr im Verzug abweichen darf[15]). Das Rechtsverhältnis erlischt bei Verlust der J.kartenfähigkeit oder des Bürgerrechts sowie, mit Rücksicht auf diese persönl. Erfordernisse und Vertrauensstellung, stets mit dem Tod des Beauftragten[16]). Widerruf durch die Gemeinde, Kündigung durch den Beauftragten jederzeit; Zeit zur Sorge für Ersatz muß, abgesehen von wichtigen Gründen (Erkrankung usw.), gewährt werden[17]). Nicht zur J.ausübung gewählte Gemeindemitglieder dürfen nicht jagen, auch wenn Grundbesitzer und Inhaber einer J.karte. Allzu ausgedehnte Erteilung von Zertifikaten an sie durch ausdrückl. Weisung an die Vertrauensmänner hintanzuhalten[18]).

5. Was die Vertrauensmänner aus Geschäftsbesorgung erlangen, insbes. den Erlös aus ordnungsgemäß verkauftem Wild ist herauszugeben[19]), das Erträgnis des J.betriebs, das an die

---

8) Wirsch. S. 156.
9) BV. § 9 [2]; BGB. 1898 S. 326; Wirsch. S. 156/157.
10) §§ 147—149 BGB.
11) § 662 l. c.
12) §§ 669, 670 l. c.
13) Art. 10 III, 23 [6] JG.
14) §§ 664, 278 BGB.
15) § 665 l. c.
16) Art. 14 JG.; § 673 BGB.; vgl. oben S. 174, 5 bei Fußn. 292.
17) § 671 l. c.
18) Vollw. S. 98 A. 4; Wirsch. S. 157; Schüllerm. S. 78 N. 2 und 3.
19) §§ 666, 667 BGB.

Gemeindekasse abzuführen ist, tritt, nach Abzug der Verwaltungskosten, an Stelle des J.pachtschillings [20]).

III. Streitigkeiten über Selbstverwaltung sind Verwaltungssachen [21]), Differenzen aus Vollzug des Art. 8 und über Berechtigungs- und Verpflichtungsverhältnisse zwischen Gemeinde und Grundeigentümern, Verwaltungs streit sachen [22]).

Art. 12. [1])

Übertragung des Jagdpachtes kann nur mit Einwilligung der Gemeinde und unter Zustimmung der etwaigen Mitpächter stattfinden.

I. Art. 12 ergänzt, als Sonderbestimmung nach Art. 69 EG. BGB., Art. 7 durch eine den Schutz öffentl. Interessen und die Hintanhaltung einer Schädigung der Grundbesitzer und des Wildstandes infolge gefährdender J.ausbeutung bezielende, zwingende, öffentl.-rechtl. Vorschrift, läßt Weiterverpachtung zu, macht ihre Gültigkeit von gemeindl. Genehmigung abhängig, während die gültigen Vereinbarungen — vorbehaltl. der Bestimmungen des JG. — nach BGB. zu beurteilen sind. Bei Prüfung und Erteilung der Einwilligung handelt die Gemeinde in Erfüllung einer öffentl.rechtl. Pflicht, nicht als zivilrechtl. Vertragsgegnerin des bisherigen Pächters [2]).

II. „Übertragung der J.pacht" ist entgeltl. oder unentgeltl. ganze oder teilweise Überlassung des von Gemeinde gem. Art. 4, 7 erpachteten J.ausübungs- und -nutzungsrechtes durch den Pächter, Mitpächter oder Pachtteilhaber an einen nicht pachtbeteiligten Dritten [3]):

1. Unter Mitpächtern:

a) „Vertragsein- oder beitritt": Bei der Versteigerung oder dem Kontraktabschlusse tritt nur ein „Hauptpächter" auf, der nachher einen oder zwei Mitpächter aufnimmt und mit ihnen eine Gesellschaft oder Gemeinschaft eingeht [4]).

b) „Pachtteilhaberschaft": Ein Teil der durch Pacht-

---

[20]) VV. § 9 Nr. 5; VGZ. 1910 S. 324; was auf eigenen, nicht eigenjagdberechtigenden Grundbesitz der Gemeinde trifft, ebenso zu behandeln; oben S. 183 IV.

[21]) Art. 157 GemO.; Vollw. S. 98 A. 5; Schüllerm. S. 78 N. 4; Wirsch. S. 157.

[22]) Oben S. 187 VII 2 b; VGH. v. 24. Febr. 1911 I 190/10.

[1]) VV. § 10.

[2]) OLG. Mü. 3. ZS. v. 10. April 1913 L 91/13; BlfRA. 78, 386 ff.; OberstGH. 7, [180]; OberstLG. Z. 9, [206]; anders Dr. Vollw. S. 42 ff. § 10.

[3]) Dr. Vollw. S. 69; Vollw. S. 99, 2; Gruchot 54, [354].

[4]) RGZ. 63, [293]; 107, [291]; v. 19. April 1912 i. Recht 1912 S. 885.

vertrag erworbenen J.befugnis wird einem anderen verpachtet, der außerhalb des gemeindl. Pachtverhältnisses bleibt[5]).

2. „Pächterwechsel": Ausscheiden des bisherigen Pächters während der Pachtdauer und neuer Vertrag mit dem Übernehmer[6]).

3. „After- oder Unterpacht": Pächter räumt durch Weiterverpachtung einem anderen sein Recht ein, wobei er die J.-befugnis zu dessen Gunsten ganz oder teilweise aufgibt, ohne seine Stellung zur Gemeinde zu ändern, zu der „sein" Pächter in kein Vertragsverhältnis tritt[7]). „Abtretung der J.ausübung" kann durch entgeltl. Überlassung eines Erlaubnisscheines erfolgen, es sei denn, daß sie nur für kurze Zeit, für eine bestimmte Wildart geschieht (Auerhahn-, Brunsthirschabschuß)[8]). Insbes. auch Pachtübertragung, wenn Pächter eines Unterbezirkes[9]) einen Teil seines Pachtgebietes gegen entgeltl. Erlaubnisschein dem Pächter eines anderen Unterbezirkes überläßt[10]).

III. Rechtswirksamkeit der Übertragung erfordert, daß

1. der Eintretende j.kartenfähig ist;

2. nicht mehr wie drei Pächter[11]) für den ganzen Gemeinde-j.bezirk oder einen Unterbezirk aufgestellt, die Vorschr. über Bildung der Unterbezirke eingehalten sind[12]). Auch bei Übertragung von Teilbezirken nach Versteigerung oder Kontraktabschluß sind für den Gesamtbezirk nur drei Pächter zulässig[13]). — Verstöße gegen Voraussetzungen zu 1 und 2 machen den Vertrag im Verhältnis zur Gemeinde nichtig; Aufsichtsbehörde muß die Anerkennung verweigern[14]);

3. etwaige Mitpächter (Pachtbeteiligte)[15]) zustimmen. Bei Mangel der Zustimmung oder dessen Aktenkundigkeit Unwirksamkeit zwischen diesen und Anerkennungsverweigerung durch die Aufsichtsbehörde[16]). Keine Klage auf Zustimmungserteilung, wenn nicht die Verpflichtung zur Zustimmung vertragl. festgelegt und gegen den Unterpächter keine Bedenken vorliegen.

---

[5]) „Anteilsweiterverpachtung" bei Gesellschaft unzulässig, oben S. 169 c, d.

[6]) Vgl. oben S. 174, 181 I.

[7]) Oben S. 149; RGZ. 63,[293]; Recht 1907 S. 75; RGSt. v. 12. März 1903 I 40/03; BlfRA. 68,[484]; BayrB. 1916 S. 205.

[8]) Oben S. 144; Pollw. S. 99 F. 4; RGSt. 57,[59]; „Wild und Hund" 1923 S. 8; 1925 S. 171; BayrB. 1916 S. 205; „Hubertus" 1912 S. 364, 494, 797; Dr.. Pollw. S. 27 ff. 2.

[9]) Art. 5 Abs. II S. 2 JG.

[10]) „Wild und Hund" 1902 S. 365; 1903 S. 287; RGZ. 27,[238].

[11]) J. S. obiger Ziffer 1 a—c, 2, 3. — Dr. Pollw. S. 37[1].

[12]) Dr. Pollw. S. 38[2].

[13]) Pollw. S. 133 Fußn. 2 d. 9. Aufl.

[14]) Oben S. 190, 3; 195 IV 1; Pollw. S. 100 b; „Hubertus" 1912 S. 459.

[15]) Dr. Pollw. S. 70.

[16]) BlfAdmPr. 19,[14]; „Wild und Hund" 1903 S. 269.

4. Die Gemeinde einwilligt[17]). Versagung bewirkt Nichtigkeit im Verhältnis zur Gemeinde und zwischen den Übertragungskontrahenten[18]); kein Kündigungs- oder Rücktrittsrecht, kein Pachtnachlaßanspruch des Pächters[19]). Einwilligung nicht erzwingbar; §§ 157, 226 BGB. versagen gegenüber der unbeschränkten Verweigerungsbefugnis der Gemeinde[20]).

a) Jagdgesellschaftl. Vereinigungen, die nicht ganze oder teilweise Übertragung der Pacht, sondern nur Beteiligung an Gewinn und Verlust bezwecken[21]), rechtswirksam, auch wenn dem Gesellschafter J.ausübung in Einzelfällen oder überhaupt, jedoch widerrufl., ohne Umgehung des Art. 12 JG. gestattet wird. Für diesen besteht aber nach dem Tod des Pächters kein Recht zur J.fortsetzung[22]).

b) War Übertragung der J.pacht beabsichtigt und steht Nichtgenehmigung durch die Gemeinde oder mangelnde Absicht der Zustimmungseinholung fest, so ist Gesellschafts- oder Übertragungsvertrag vom Zeitpunkte der Einwilligungsverweigerung oder von vorneherein ungültig[23]), die Gemeinde kann gegen Pächter und Unterpächter auf Unterlassung der J.ausübung klagen[24]). Der Überlassungsvertrag verstößt auch gegen §§ 549, 581 Abs. II BGB., wonach der Pächter ohne Erlaubnis des Verpächters zur Weiterverpachtung nicht befugt. Verpächter kann die Erlaubnis zur Überlassung an einen Dritten verweigern, Pächter kann hiewegen nicht kündigen[25]). Verpächter kann nach erfolgloser Abmahnung außerordentl. kündigen. Schadensersatzansprüche wegen Pachtbeendigung, infolge Unmöglichkeit demnächstiger Neuverpachtung oder Notwendigkeit billigerer Abgabe der J., hat der Verpächter nicht; keine Forderung auf Herausgabe eines vom Pächter durch seinen Unterpächter erhaltenen Mehrerlöses[26]). Für die Zeit nach der a. o. Kündigung vom Pächter vorausbezahlten Pachtzins muß die Gemeinde zurückerstatten, auch wenn er nicht mehr in der Gemeindekasse vorhanden[27]). Diese Verpflichtung vertraglich ausschließbar[28]) — Übertragung höchstens widerrufl. J.erlaubnis[29]).

---

17) § 182 BGB.; BayrB. 1916 S. 62.

18) Pollw. S. 100; Wirsch. S. 144, 145; RGZ. 63, [293]; RGSt. 42, [58]; Recht 1914 S. 253; BlfRA. 60, [398]; 78, [386]; 62, [28]; OberstLGZ. 7, [100]; 14, [250]; St. 3 [97], [332]; OLG. Mü. 3, [463]; 9, [99]; SeuffA. 68, [365]; Rspr. OLG. 27, [148]; anders: ObstLG. St. 9, [204]; ZfRpfl. 1909 S. 235; Dr. Pollw. S. 42.

19) §§ 549 I, 596 I BGB.

20) Vgl. „Wild und Hund" 1915 S. 378 und § 22 [3] pr. JO.

21) Oben S. 167, 3 a.

22) BayrB. 1915 S. 208, [1].

23) §§ 134, 309 BGB.

24) § 550 BGB.; Dr. Pollw. S. 50.

25) §§ 549 Abs. I S. 2, 596 Abs. I BGB.

26) § 553 BGB.; Staud. Bd. II b S. 256 A. II 4 Abs. IV; Rspr. OLG. 7, [471]; Dr. Pollw. S. 50.

27) § 255 BGB.

28) Staud. Bd. II b S. 258 Anm. 2 zu § 555 BGB.; BayrB. 1916 S. 205 f.; oben S. 172 a γ.

29) Art. 10 III, 23 [6] JG.; OberstLG. St. 3, [99]; unten S. 229, 4; 232, 5.

c) Bei nachgesuchter oder beabsichtigter Herbeiführung der gemeindl. Einwilligung ist Übertragungsvertrag als Vorvertrag auch dann gültig, wenn Übertragender sich auf Rechnung des Vertrags bereits Zahlung leisten läßt[30]). Bis zur Entscheidung Schwebezustand. Bis dahin kein einseitiger Rücktritt. Jeder Teil hat zu Erwirkung der Genehmigung mitzuwirken, haftet dafür nach §§ 286, 326, 812, 826 BGB.[31]) Kein Klagsanspruch auf J.ausübungsgestattung und einstweil. Regelung nach § 940 RZPO.[32]).

d) Bei Übertragung ohne Genehmigung Unterlassungs- und Schadensersatzklage[33]). Nach erfolgter Einwilligung hat der eintretende Pächter klagbaren Anspruch auf Gewährung der J.ausübung und Unterlassung von Störungen[34]).

IV. Übertragung der J.pacht stets Änderung des Pachtvertrages[35]). Sie ist der Bezirksverwaltungsbehörde unter Aktenvorlegung anzuzeigen[36]).

V. Staatsaufsicht, Streitigkeiten. Vgl. Art. 7 JG. — Streitigkeiten über Zulässigkeit der Übertragung, Erfordernis der Einwilligung der Gemeinde, Zustimmung der Mitpächter, polizeil. Anerkennung: Verwaltungssachen; wegen Gültigkeit des Vertrages bürgerl. Gerichte, bei welchen Behauptung der gemeindl. Genehmigung zur Klagebegründung gehört[37]).

Art. 13.[1])

Bei Ausübung der Jagd sind die feld-, forst-, jagd- und sicherheitspolizeilichen Vorschriften einzuhalten.

Der Jagdausübende hat neben der polizeilichen Strafe (Art. 23) jeden, durch das Betreten noch nicht abgeräumter Felder und unabgelesener Weinberge, sowie jeden an kulti-

---

[30]) KG. 19. Febr. 1923 „Wild und Hund" 1924 S. 26.

[31]) Schadensersatz; Rücktritt — gegebenenfalls nach Fristsetzung — und Schadensersatz- (besonders bei arglistiger Genehmigungsvereitelung) sowie Ausgleichsanspruch bei Vorleistung usw.; RGZ. 40, [235] ff.

[32]) Vgl. RG. im Recht 1910 Nr. 3485; DJäger 32, [50].

[33]) Oben S. 171 β, γ.

[34]) OLG. Mü. III. ZS. v. 10. April 1913 L 91/13; BlfRA. 78, [388]; SeuffA. 68, [365]; Rspr. OLG. 27, [148]; DJäger 1913 S. 345; dass. v. 16. Nov. 1911 L 881/11; Rspr. OLG. 24, [361]; v. 6. April 1895; BlfRA. 60, [398] und v. 16. Mai 1908 ebd. 62, [28] (Slg. 9, [99]); Obers tLG. Z. 7, [100]; 14, [250]; 8, [296] (alt); Z. [97]; [332]; 9, [206] (neu); ZfRpfl. 1909 S. 235; RGSt. 42, [58]; KammerG. v. 10. März 1909 U 939/10 i. Recht 14, [253]; RGZ. 63, [293]; EJZ. 1907 S. 129; Pollw. S. 100; Rspr. d. OLG. 1, [405]; Staud. II b S. 346 A. 1 c; BayrB. 1914 S. 186/187; 1915 S. 195; BGZ. 1900 S. 300.

[35]) DJäger 1905 S. 123.

[36]) Oben S. 150 B; VV. § 10, [4].

[37]) Pollw. S. 102 A. 4; Schüllerm. S. 80 N. 5.

vierten Waldgründen oder anderweitig angerichteten Schaden zu ersetzen.

I. Abs. I (vgl. § 2 Abs. III b u. c VV.; OberstGH. 5, 173).

1. Feldpolizeil. Vorschr.: §§ 368^{9}, $370^{1,2}$ StGB.; Art. 112 bis 115, 120, 121 PStGB.

2. Forstpol. Vorschr.: Art. 45, 79, 80, 82, 84—86, 92—95 JG.; Art. 125 Abs. IV PStGB.

3. Jagdpolizeil. Vorschr.: §§ 361^{9}, $368^{10,11}$ StGB.; Art. 23 JG. (Art. 14 EinfVollzGes. z. RStGB. v. 26. Dez. 1871); KAB. v. 11. Juli 1900 (oben S. 56 ff.); v. 6. Juni 1909; Art. 125 III PStGB.; MinB. v. 16. Dez. 1910 m. VB. vom gl. Tg.; §§ 3, 4, 8 B. v. 21. Mai 1897.

4. Sicherheitspolizeil. Vorschr.: §§ 367^{8}, 368^{7}, 360^{11}, 366^{9} RStGB.; Art. 70, 84 PStGB.; §§ 1, 9, 36 ff., 74 ff. ViehseuchenG. v. 26. Juni 1909 m. AG. v. 25. Dez. 1911 (oben S. 64, Bek. v. 7. Dez. 1911); bayr. AB. v. 13. Aug. 1910, bayr. B. v. 21. April 1912; Viehseuchenübereinkommen zw. Deutschl. und Österreich MinB. v. 2. Okt. 1911; Bekämpfung der Tollwut in Grenzbezirken MinB. v. 9. Jan. 1911; Art. 86, 87^{1}, 88 PStGB.; §§ 77 bis 79, 81 Eisenbahnbau und Betriebsordnung v. 25. Febr. 1913; §§ 27, 29, 30, 65 Eisenbahnverkehrsordnung v. 23. Dez. 1908; Art. 146 PStGB.; §§ 59, 66, 149^{6} GewO.; §§ 10, 11, 16 NahrungsmittelG.; §§ $366^{5,9,10}$ RStGB.; Art. 90 PStGB.; Art. 87, 206 II WasserG.; § 7 VV. v. 1. Dez. 1907 hiezu.

II. Abs. II:

1. „J.ausübender": Jeder, den die polizeil. Strafe treffen kann: also Grundeigentümer, Pächter, gelernte Jäger, Aufseher, deren Gehilfen, Vertrauensmänner, J.gäste[2]); nicht Treiber. Bei gemeinschaftl. J.ausübung Solidarhaft[3]). Art. 13 setzt berechtigte J.ausübung voraus[4]); bei unberechtigtem Jagen[5]) Ersatzpflicht wegen unerlaubter Handlung[6]). Daneben haftet der J.herr auch für Schaden, den ein von ihm zu irgendeiner j.lichen Verrichtung Bestellter widerrechtl. zufügt[7]) und als Hundehalter[8]). Zu ersetzen „jeder" Schaden, ohne Rücksicht auf subjektives Verschulden[9]). Schadensersatzanspruch vor den Gerichten geltend zu machen. Wildschaden gesondert geregelt[10]).

---

1) VV. § 11.
2) Pollw. S. 103 A. 2; Schüllerm. S. 84 R. 3.
3) §§ 830, 840, 421, 427 BGB.
4) „Jagdschaden" (vgl. auch § 6 JPB.).
5) §§ 292 ff. RStGB.
6) §§ 823 ff., BGB.; Pollw. S. 103 A. 2; Schüllerm. S. 84 R. 7.
7) §§ 831, 832 BGB.; z. B. Treiber mit Wildtransport beschäftigt.
8) § 833 mit Nov. v. 30. Mai 1908 event. auch Art. 85 PStGB.
9) Oertmann S. 387.
10) Unten Abschnitt B.

2. Beschädigung „noch nicht abgeräumter Felder“ usw. nur beispielsweise aufgeführt, wie Zusatz „und anderweitig angerichteter Schaden“ ergibt. „Unabgeräumt“ sind noch nicht abgeerntete, nicht auch erst frisch bestellte Felder, für deren Beschädigung zwar auch zivilrechtl. verantwortl. gemacht, aber nicht polizeil. gestraft werden kann[11]).

Art. 14.[1]).

[I] Niemand darf ohne eine Jagdkarte oder einen Jagdschein jagen. Jagdkarte und Jagdschein müssen von der zuständigen Behörde ausgestellt sein. Sie gelten nur für die Person, für die sie ausgestellt sind.

[II] Jagdscheine dürfen nur Personen ausgestellt werden, die im Deutschen Reiche keinen Wohnsitz haben.

Bek. StMin. d. J. v. 21. Sept. 1925 (StAnz. 218/25):

I. Vom 1. Januar 1925 ab müssen Jagdkarten, Jagdscheine, Schutzgewehrscheine und Interimsbescheinigungen mit dem Lichtbilde des Inhabers versehen sein, das die Gleichheit der Person des Inhabers mit dem Vorzeiger zweifelsfrei erkennen läßt. Der Antragsteller hat zu diesem Zwecke bei Stellung des Antrages ein Lichtbild aus neuerer Zeit in der Größe von ungefähr 4×3,5 cm zu übergeben. Die ausstellende Behörde hat das Lichtbild auf die Karte aufzukleben und den Stempel so auf die Karte zu setzen, daß er etwa zur Hälfte über das Lichtbild läuft.

II. Die Vorschrift des Abs. I gilt nicht für die Jagdkarten zum Betrieb der staatlichen Verwaltungsjagden und die Schutzgewehrscheine der staatlichen Forstbeamten, sowie der sonstigen für den Forst- und Jagdschutz in staatlichen Waldungen und Jagden verpflichteten Personen.

A. Absatz I:

I. „Niemand“ darf ohne J.karte jagen, also nicht der Eigen-j.berechtigte, Pächter, Jäger, Aufseher, deren Gehilfe, Vertrauensmann, J.gast.

II. „Jagen“ gleichbedeutend mit „J. ausüben“ i. S. des § 292 RStGB.[2]): J.ausübung jede auf Erlangung lebender oder toter, herrenloser J.tiere oder von Teilen derselben gerichtete, um ihrer selbst willen vorgenommene Handlung, gleichgültig ob weidgerecht oder unweidmännisch, ob mit Schießgewehr oder nicht, an welchem Orte und zu welcher Zeit, ob mit Aneignungsabsicht oder ohne diese, ob mit oder ohne Erfolg. Deshalb J.ausübung:

1. Jagen mit verbotenen Mitteln (§§ 13, 14 JPV.).

2. Parforcej.[3]), Hirschsprengen, J. mit Auf, Frettchen, Beiz-

---

[11]) Vgl. § 368 [9] RStGB.; § 6 JPV.; BayrV. 1912 S. 259; Bayr. KassH. 3, [123]; OLG. Mü. StS. 8, [302]; Vollw. S. 103 A. 3; Schüllerm. S. 84 N. 6.
[1]) Neufassung; Ges. v. 22. Jan. 1924 (GVBl. S. 9). — VV. § 12 A 1.
[2]) OLG. Mü. 6, [196].
[3]) Wenn gehetztes Tier herrenlos. Recht 1907 S. 88; Vollw. S. 104.

vögeln, mit Saufeder oder Hirschfänger, Graben oder Ausräuchern von Bauen, Erschlagen von Wild mit Knütteln, gelegentl. absichtl. Tottreten, Erfassenlassen durch den Hund, Abnehmen von Wild, das ein fremder Hund gefangen hat[4]).

3. Okkupation von Fallwild, Aufsuchen eines vom J.berechtigten angeschossenen Wildes in dessen Auftrag[5]).

4. J. auf *herrenloses* Wild in Tiergärten[6]), in Hofräumen und Hausgärten[7]), Fangen, Sichaneignen, Töten von Wild, das *zufällig* in Wohnhaus, Stall, Scheune gerät[8]) oder durch Futterstreuen, Ankirren durch Locktiere von außen in Behausung gelockt wird[9]).

5. Verfolgung usw. von Rehgeißen, Reh- und Gemskitzen, Auer- und Birkhennen[10]); sie sind „j.bar", da schlechthin Reh-, Gems-, Auer- und Birk*wild*, also Wild*art*, ohne Unterschied des Geschlechts und Alters dafür erklärt ist[11]).

6. Auch der jagt, welcher von ihm erlegtes Wild liegen läßt, oder wer es sich für einen anderen aneignet[12]).

III. *Keine* J.ausübung:

1. Erlegung oder Beschädigung von Wild im *Notstand* (§ 228 BGB.: Tötung von Marder, Fuchs, Iltis, Wiesel, die in Haus, Hof, Garten eindringen; von Wanderfalke, Habicht, Sperber, die über Geflügelhof kreisen, um dort zu rauben; Erlegen dieser Raubtiere, welche mit der bereits erlangten Beute sich davon machen[13]); eines Hasen, der in dem zu j.licher Nutzung nicht

---

[4]) Reger 1,[129]; 15,[215]; RGSt. 26,[126], 3,[226]; 11,[249]; 13,[84]; 20,[4]; 22,[115]; 40,[7]; „Wild und Hund" 1914 S. 116; KammerG. v. 22. April 1867 (Schüllerm. S. 86 Nr. 1); OLG. Mü. 6,[97], [196]; BlfRA. 15,[317]; dasf. v. 6. Dez. 1879 i. BlfRA. 45,[390] und 61,[177]; RGSt. 5,[277]; 6,[375]; 14,[419]; 20,[5]; JW. 1891 S. 51 Nr. 32; GoltdArch. 38,[362]; Recht 1911 Nr. 3280; BlfRA. 45,[390]; 55,[317]; ObersfLG. 6,[414]; 11,[313]; ZfRpfl. 1912 S. 99; Recht 1907 S. 88; *anders*: ObersfLG. 1,[75], [177]; 9,[76]; 3,[325]; 8,[212], [313]; Pollw. S. 104 A. 1, 2; Wirsch. S. 26 f. Fußn. 1.

[5]) OLG. Mü. 6,[97]; BlfRA. 55,[317]; BGZ. 1891 S. 26.

[6]) Oben S. 42, 83.

[7]) Art. 2[1]; oberbayr. Reg.-E. v. 10. Mai 1850 Nr. 1 Kr.-Intell.-Bl. S. 906; obfränk. Reg.-E. v. 5. Dez. 1851 Nr. 154 Kr.-Intell.-Bl. S. 1524; Wirsch. S. 76 und Fußn. 143; Pollw. S. 104; Menner, BGZ. 1913 S. 42; BlfRA. 74,[412], [413]; WB. § 12 III.

[8]) Wirsch. S. 76 Fußn. 143; BlfRA. 61,[186]; oben S. 75 a; Menner BGZ. 1913 S. 69; BayrB. 1916 S. 99; DJäger 1920 S. 64 (gegen 1918 S. 25); 130, 188; 1922 S. 62 (ObersfLG. 12. Sept. 1921 — Haussohn fängt Iltisse wegen wertvollen Balges), 119; 1923 S. 84 (keine „Notstandserlegung" außerhalb dieser Räume, namentlich auf freiem Feld nächst Anwesen); *anders* Pollw. S. 33, 104 A. 2 a; DJäger 32,[94]; BGZ. 1907 S. 642.

[9]) Vgl. Pollw. S. 164 A. 5.

[10]) § 3 JPB.; Reger 17,[73]; RGSt. 29,[8].

[11]) § 1 A 3, 4; B 1, 2 BO. v. 11. Juli 1900; unten § 3 JPB. Anm. 1.

[12]) RGSt. 4,[261]; 14,[419]; 22,[115]; OLG. Mü. 4,[459]; 5,[135]; Wirsch. S. 173.

[13]) Schaden durch Raubzeug an Haustieren gewährt keinen Wildschadensersatzanspruch; unten Art. 2 WSchG. 2 a; BayrB. 1916 S. 99, 168, 181; unten § 292 RStGB. A III 4.

vergebenen Hausgarten des Eigenj.berechtigten (Art. 2 Z. 1 JG.) Schaden anrichtet und sich nicht vertreiben läßt[14]). Diese Handlungen dürfen auch Dritte im Interesse des Gefährdeten vornehmen, insbesondere Haus- und Familienangehörige[15]). Ebenso Tötung oder Verletzung eines J.tieres, das Menschen angreift[16]).

Der nicht im Besitz einer J.karte befindl. Eigenj.berechtigte (Art. 2 JG.) und der sonst J.berechtigte, dessen J.karte abgelaufen und noch nicht durch eine neue ersetzt ist, übt J. aus, wenn er krankes, nicht mehr lebensfähiges Wild tötet oder Fallwild an sich nimmt, um es vor Verludern oder Verschleppen durch Raubzeug oder Unberechtigte zu bewahren. Dazu auch berechtigt, wenn er das Tier selbst erlegt hat, als er noch im Besitz einer gültigen J.karte war, und es erst findet, nachdem diese abgelaufen. Hier nicht Notstand i. S. § 228 BGB., da das Tier, welches getötet oder mitgenommen wird, bereits dem J.*recht* oder der J.*nutzung* des in die Möglichkeit tatsächl. physischer Einwirkung und Verfügung versetzten[17]) objektiv J.ausübungsberechtigten unterworfen, nicht mehr herrenlos, für ihn keine „fremde" Sache ist[18]). J.ausübung ohne gültige J.karte nach Art. 23 Z. 1, 2 JG. strafbar, muß deshalb *objektiv rechtswidrig* sein[19]), ist es aber nicht, wenn zum Schutz des J.rechts erfolgt, dem die Pflicht zur pflegl. Behandlung der J. entspricht (§ 1 JPV.). Auch der Nichtj.berechtigte darf solches Wild mitnehmen und dem J.berechtigten abliefern[20]); letzterer kann nicht schlechter gestellt sein, wie jener. Zum mindesten fehlt ihm, wenn er sich und sein Revier vor einem, sonst nicht abwendbaren Schaden schützt, das *Bewußtsein* der Rechtswidrigkeit[21]). — Nichtj.berechtigte müssen in allen Fällen der Ziffer 1 das Wild an den J.berechtigten abliefern; Zueignung wäre J.vergehen[22]).

2. *Dienst*leistungen der Treiber und Träger, soweit sie nur Gehilfen bei J.ausübung, ihre Handlungen nicht auf *Erlangung des Wildes für sich* gerichtet sind[23]). — Nichtj.berechtigte oder J.berechtigte ohne J.karte[24]), welche anderen Wild zutreiben, damit

---

14) Kein Wildschadenersatzanspruch; dagegen Töten von Wild zur Abwendung von Wildschaden, der ersetzt werden muß, J.ausübung, da Abwehr, nicht aber Zerstören oder Beschädigen zulässig; RGSt. 14,^{419}; 22,^{115}; 34,^{296}; Reger 7,^{262}; BlfRA. 74,^{561}; DJZ. 1910, 18. SprS. S. 29; Recht 1912 Nr. 343; GoltdArch. 59,^{401}; SeuffA. 42,^{190}; Pollw. S. 105 γ.

15) Vgl. OberstGH. 9,$^{471, 474}$; BlfRA. 1909 S. 442.

16) Oben S. 47.

17) Oben S. 38, 39.

18) Pollw. S. 105 ε, der „Selbsthilferecht" annimmt.

19) Olsh. S. 204 Teil I Abschn. 4 Note 1; S. 1308 Teil II Abschn. 23 Note 2 Abs. II; RGSt. 5,^{151}; 16,$^{15, 150, 165}$.

20) Oben S. 37 bei 3.

21) § 59 RStGB.

22) RG. v. 7. Nov. 1901; DJZ. 7,^{152}; JW. 31,^{306}.

23) Wirsch. S. 193; BlfAdmPr. 5,^{343}; vgl. EJZ. 1908 S. 101 u. Fußn. 1; OberstLG. v. 24. Juni 1927 I 311/27 JW. 1927 S. 2529.

24) Art. 23 Z. 1, 2 oder 18, 19 JG.

diese es erlegen und ihnen geben[25]); der J.berechtigte, welcher sich um die Schützenkette geschlossen zu halten, mit geladenem Gewehr vor dieser aufstellt[26]); wer bei einer Kesselj. ohne Gewehr als Flügelmann der Schützenkette sich von seinem Hund Wild bringen läßt, um es sich zuzueignen[27]), Jäger, welche bei Klopf- und Riegelj. sich gegenseitig als Treiber dienen[28]), üben J. aus; ebenso der J.pächter, der ohne J.ausrüstung bei Kesseltreiben Schützen abläßt oder beim Vorstehtreiben ihnen ihre Stände anweist, da die orts- und weidmännische Sachkenntnis erfordernde, richtige Verteilung der Schützen untrennbar mit diesen besonderen J.ausübungsformen verknüpft, Voraussetzung des mit ihnen beabsichtigten Erfolges ist[29]). Der J.gast leistet dem J.herrn keine Dienste, übt daher J. aus, auch wenn er erlegtes Wild an den J.herrn abliefern muß.

3. Verfolgung von Wilderern[30]).

4. Verfolgung und Erlegung wildernder Hunde und Katzen, da Ausübung des J.schutzes, nicht der J., und da diese Tiere nicht j.bar[31]).

5. Erlegung fischereischädl. Tiere durch den F.berechtigten[32]).

6. Erlegung nicht herrenloser (weil gefangener) J.tiere in Tierparken[33])

IV. Nur während des „Jagens" ist Besitz der J.karte erforderl., also auch beim Begehen des Reviers in J.ausrüstung während der Hegezeit für sämtl. Nutzwild, zum Zweck der Raubzeugerlegung, der Nachschau bei Wildfütterungen; für denjenigen, der, nicht zur J. ausgerüstet, mit dem Gewehr seines Begleiters schießt[34]). Wer nur ein Gewehr trägt, ohne zu jagen[35]); wer erlegtes Wild im Revier abholt, um es für den J.herrn heim- oder zum Wildbrethändler zu schaffen; wer sich erst auf dem Weg ins oder auf der Heimkehr vom J.gebiet befindet; wer lediglich. auf Fische schießt[36]), braucht hiezu keine J.karte.

---

25) Rspr. d. OLG. 10,[391]; JW. 17,[230] Nr. 28; RG. 22. Sept. 1892; scheinbar anders Schüllerm. S. 86 N. 2.
26) KammerG. v. 18. Okt. 1888; Reger 13,[140].
27) KammerG. 7. Juli 1890.
28) BlfRA. 61,[187]; OberstGH. 1,[75]; Wirsch. S. 76.
29) „Wild und Hund" 1906 S. 590.
30) EJZ. 1908 S. 101, 166.
31) § 16 VO. v. 6. Juni 1909; unten S. 273 I, 363 V.
32) Art. 85 FischG.; BlfRA. 1909 S. 447; oben S. 48 ff.
33) Oben S. 42 f.; DJäger 1919 S. 220; 1921 S. 239; anders Vollw. S. 104.
34) BGZ. 1910 S. 204.
35) Büchsenspanner, Angehöriger des J.herren, Diener; Vollw. S. 104; Schüllerm. S. 86 N. 2 II; BlfAdmPr. 5,[243].
36) LFO. v. 23. März 1909 § 9 Abs. VIII Ziff. 4; BlfAdmPr. 2,[241]; Schüllerm. S. 86 N. 3; Wirsch. S. 224 Fußn. 183; Vollw. S. 104; „Wild und Hund" 1902 S. 780.

V. Den im Besitze der sorgfältig zu prüfenden[37]) gesetzl. erforderten persönl. Eigenschaften befindl. Personen[38]) steht ein rechtl. Anspruch auf Erteilung der J.karte zu[39]). Geschlecht ohne Einfluß; Angehörige eines anderen deutschen Staates stehen bayr. Staatsangehörigen gleich[40]). Reichsausländer können die gleichen Privatrechte ausüben, wie diese, also auch das J.recht[41]); Voraussetzungen der J.kartenfähigkeit nach deutschem Gesetz zu beurteilen[42]). Bedingung Gegenseitigkeit[43]).

VI. „Bezirkspolizeibehörde": ist die des Wohn- oder Aufenthaltsortes. Von anderen Bezirkspolizeibehörden in irriger Annahme ihrer Zuständigkeit ausgestellte J.karten sind nur ungültig, wenn sie durch unrichtige Angaben erschlichen[44]). — Auf den J.karten der Vertrauensmänner zu bemerken: „Zur J.-ausübung für die selbstverwaltende Gemeinde N. berechtigt"[45]); auf der des Pächters nach dessen begründetem Verlangen: „J.pächter auf der Gemeindemarkung N." Gleiches wird für den Eigenj.-pächter gelten[46]). J.karten sind öffentl. Urkunden[47]), vom Empfänger zu unterzeichnen[48]) und unübertragbar[49]).

VII. Für J.waffen und von Jägern (= J.ausübungsberechtigten, nicht blos „gelernten" oder Berufsjägern) zum persönl. Schutze mitgeführte Faust-(schuß-)waffen ersetzt J.karte (J.schein, Schutzgewehrschein) den Waffenschein[50]). — Einziehung des J.gewehrs eines J.berechtigten, der weder J.karte (J.schein), noch Waffenschein besitzt[51]).

B. Absatz II:

J.scheine: Nur für Personen (In- und Ausländer, Bayern und nichtbayerische Deutsche), die im Deutschen Reich keinen

---

37) ME. d. J. v. 10. Juli 1909 Nr. 2028.
38) Art. 18, 19, oben S. 154 III.
39) Wer dem Bürgermeister ein Geschenk anbietet, um ihn zur Ausstellung eines wahrheitswidrigen, zur Erlangung einer J.karte dienlichen Zeugnisses zu bestimmen, wegen Bestechung strafbar (§ 333 StGB.; OLG. Mü. 4, 131).
40) ME. d. J. v. 12. Febr. 1854 Z. 3 obbayr. Intell.-Bl. S. 261.
41) Oben S. 72, 145; unten S. 213 II 1.
42) „Wild und Hund" 1903 S. 559.
43) Ullmann, Völkerrecht S. 248, 254; zit. ME. v. 12. Febr. 1854 Z. 1; Wirsch. S. 79 u. F. 149 a; Pollw. S. 107 A. 1; kein J.ausübungsverbot gegen feindl. Ausländer: § 276 Versailler Vertrags v. 28. Juni / 16. Juli 1919; Pollw. S. 72 F. 1; oben S. 154 III; aber Art. 19 Z. 6!
44) VGH. 21, 193, 195; 14. März 1923 I 6/23; Wirsch. S. 88.
45) VV. § 9 Z. 2 Abs. II.
46) VV. § 12 B 3 Abs. IV.
47) RGSt. 42, 14, 16; Pollw. S. 107.
48) § 12 B 3 VV.; davon kann abgesehen werden: ME. d. J. v. 15. Mai 1876; „Wild und Hund" 1917 S. 122.
49) Vgl. Art. 23 Z. 3 JG.
50) § 3 II MinVO. v. 7. Dez. 1921 — StAnz. Nr. 287/21 —; DJäger 1921 S. 726.
51) OberstLG. v. 28. Sept. 1926; DJäger JU. 53/26 S. IX.

„Wohnsitz" (= ständige Niederlassung: § 7 BGB.) haben. Kein Rechtsanspruch auf Erteilung; freies Ermessen der ausstellenden Behörde[52]). J.kartenausstellung an solche Personen: Art. 19 Ziff. 6. —

Art. 15. [1]).

I Die Jagdkarten und Jagdscheine werden von der Bezirkspolizeibehörde ausgestellt und sind nach Maßgabe des Stempelgesetzes stempelpflichtig.

II Den für den Jagd- und Forstschutz Angestellten oder Verpflichteten sind lediglich zum Zwecke dieses Schutzes — soweit die Bestimmungen der Art. 18 und 19 dieses zulassen — auf ihren Aufsichtsbezirk beschränkte, zur Jagdausübung jedoch nicht berechtigende eigene Karten unentgeltlich auszustellen.

I. Abs. 1:

1. Nach Tarif Nr. 24 Stempelges. v. 16. Febr. 1921 (GVBl. S. 215) i. d. F. des Ges. v. 22. Jan. 1924 (GVBl. S. 9) ist für J.karte ein Stempel von 50 RM, für J.schein ein Stempel von 50—100 RM zu entrichten, auch wenn im späteren Verlaufe des Kalenderjahres gelöst. Erhöhung des J.kartenstempels bis aufs 10fache, wenn Antragsteller in Bayern keinen Wohnsitz hat. ½ Stempel f. J.karten, die i. dienstl. Interesse öffentl. oder priv. Forst- oder J.beamten oder in Ausbildg. zum Staatsforstdienst befindl. Personen ausgestellt werden. Sie gelten für das ganze Land, nicht bloß für Dienstbezirk. Über das „dienstl. Interesse" entscheidet unmittelbar vorgesetzte Forstbehörde, nicht BezVerw.-Beh. (FME. 11345 v. 23. März 1927). — Stempel fließt in Staatskasse[2]). Keine Rückerstattung bei Einziehung. Einzahlung bei der Bezirksverw.beh., die sie ausstellt, Zwangsbeitreibung durch die Steuerstellen; dreijähr. Verjährung nach Art. 124 AG. BGB. Bei Zuwiderhandlung nicht in Freiheitsstrafe umwandelbare Geldstrafe bis zum vierfachen Betrage der hinterzogenen Abgabe; die den Steuerstellen obliegende Strafverfolgung verjährt in 3, die Strafvollstreckung in 5 Jahren.

2. Auf Verlangen der Inhaber zu Verlust gegangener J.karten (J.scheine) sind unter Vermerkung des behaupteten und glaubhaft gemachten Verlustes von Bez.pol.beh. Duplikate auszustellen[3]). Gebühr 1 Mk.[4]). Aushändigung gegen vorherige Gebührenzahlung oder gegen Nachnahmezusendung.

---

[52]) Art. 19 Abs. II JG.
[1]) VB. § 12 B 7.
[2]) Art. 1 Abs. II Stempelges.
[3]) § 12 B 6 VB.
[4]) Art. 161 Kostengesetz.

3. Für J.karten, die an öffentl. oder private Forst- oder J.-schutzbeamte oder an Personen, die sich in der für Staatsforstdienste vorgeschriebenen Ausbildung befinden, im dienstl. Interesse ausgestellt werden, nur 1/2 Stempel[5]). — Gebührenfrei J.-karten in ärarial. J.den: FinMBek. v. 7. Dez. 1882 und Bek. v. 2. April 1921 II 5 a[6]). — Schutzgewehrscheine unentgeltlich[7]).

II. Abs. 2:

1. „Eigene Karten", sog. „Schutzgewehrscheine", können — Fehlen von Verweigerungsgründen[8]) vorausgesetzt — nur die zum J.- und Forstschutz Angestellten oder Verpflichteten des Staates, der Gemeinden, Stiftungen und Privaten, auch des Waldbesitzers, welcher den Forstschutz persönlich ausüben will, beanspruchen[9]). Unentgeltl. Ausstellung durch Bez.Pol.Beh., in deren Bezirk der Aufsichtssprengel ganz oder größtenteils liegt; ebenso die Duplikate[10]).

2. Gültigkeit beschränkt:

a) zeitlich — trotz Ausstellung für das Kalenderjahr — auf die Dauer der für einen bestimmten Bezirk übertragenen Schutztätigkeit; mit deren Beendigung, ohne Zulässigkeit der Umschreibung, der ausstellenden Bez.pol.beh. einzuliefern[10]).

b) örtlich — auf den Aufsichtsbezirk des Inhabers;

c) gegenständlich — auf ausschließl. Durchführung des J.- und Forstschutzes. Auch J.schutzangestellter hat kein Recht zur J.ausübung, insbesondere nicht auf j.bares Raubwild[11]), § 1 KAB. v. 11. Juli 1900 gilt auch für Art. 15 II JG., wonach „eigene Karten" zur J.ausübung nicht berechtigen; Unterscheidung zwischen J.- und Forstschutzangestellten unangängig[12]). Sie berechtigen zur Beaufsichtigung des Bezirks und Vornahme der im Interesse der J. erforderl. Verrichtungen, die nicht J.ausübung

---

[5]) Ges. v. 22. Jan. 1924 GVBl. S. 9; Bek. v. 2. April 1921 II 5 b, c, a. a. O. S. 244.

[6]) FinMBl. 1882 S. 326; GVBl. 1921 S. 244.

[7]) Bek. v. 2. April 1921 II 5 a.

[8]) Art. 18, 19 JG.

[9]) Pollw. S. 108; Schüllerm. S. 99 N. 5, insbes. Abs. II; Wirsch. S. 77; StenBer. 2, [182].

[10]) VB. § 12 B 11; Pollw. S. 109 A. 2 zu Art. 16.

[11]) So § 12 A 6 VB. zu verstehen, der mit „Erlegung von Raubzeug" nur nicht j.bares meinen kann (Eichhörnchen, Igel, Ratten, Hamster, wildernde Hunde, streunende Hauskatzen, Krähen, Elstern, Eichelhäher).

[12]) § 12 A 5 Abs. II VB.; VG. Mü. I i. DJäger 17, [44]; 32, [114] (mit unzutreffender Unterscheidung zwischen verpflichteten und nichtverpflichteten J.aufsehern); 32, [108]; 1921 S. 239; 1926 S. 347; Pollw. S. 108 A. 2; „Hubertus" 1912 S. 445, 509; Wirsch. S. 77 und Fußn. 145; Schüllerm. S. 100 N. 6.

sind[13]). Zur J.ausübung J.karte und Erlaubnisschein, Begleitung des J.herrn oder gelernten Jägers[14]) erforderlich.

III. Streitigkeiten über Ausstellung, Verweigerung, Einziehung von Schutzgewehrscheinen nach Art. 21 JG. Verwaltungssachen[15]).

Art. 16. [1])

I Die Jagdkarten werden auf die Dauer je eines Kalenderjahres ausgestellt und gelten für das ganze Land.

II Die Jagdscheine werden für die darin angegebene Zeit, jedoch höchstens auf 4 Wochen ausgestellt und gelten für das ganze Land.

1. Schutzgewehrscheine Art. 15 II[2]).

2. J.karten (J.scheine) gelten auch in der Pfalz, die dortigen J.waffenscheine auch im diesrhein. Bayern. Dies ergibt sich aus der durch Art. 23 Abs. III JG. geschehenen Gleichstellung der in Abs. I Z. 1 mit 4 behandelten J.karten mit den J.waffenscheinen und ihrer gleichen Behandlung in Ziff. 24 des Tarifs Stempelgesetz[3]).

3. Verlängerung der J.scheindauer unzulässig. Nach Ablauf neuer J.schein und neuer Stempel.

Art. 17.

Die Verhandlungen über die Ausstellung von Jagdkarten unterliegen weder der Taxe noch der Stempelpflicht.

1. Erteilung der bei erstmaliger Ausstellung einer J.karte verlangten ortspolizeil. Zeugnisse über das Nichtvorliegen von Verweigerungsgründen gebührenfrei[1]).

2. Erteilung der Schutzgewehrscheine unentgeltlich[2]), deshalb und im Hinblicke auf Art. 18, 19 JG., welche gleichheitlich für „eigene Karten" und J.karten gelten, auch die Verhandlungen über Ausstellung und Verweigerung der ersteren gebührenfrei[3]).

3. Verhandlungen und Beschlüsse in Streitigkeiten über J.karten-, J.schein- und Schutzgewehrscheinausstellung und

---

13) Unterhaltung der Birschsteige, Hochstände, Schirme, Salzlecken, Futterstände, Fütterung, Wegschaffen von Fallwild usw.

14) Vollw. S. 108 A. 2; oben S. 192 c; DJäger 1926 S. 829.

15) Vgl. S. 193, 3; 195, 2, 3.

1) VB. § 12 A 7 und B 7.

2) Oben S. 209 II 1; Vollw. S. 109 A. 1; Schüllerm. S. 100 N. 2; Wirsch. S. 78.

3) Oben S. 208, 1, 2; Vollw. S. 109 A. 2; Schüllerm. S. 100 N. 1; OberstLG. St. 11, 313; ZfRpfl. 1912 S. 99.

1) BGZ. 1912 S. 304; Art. 161 [3] Kostengeſ.

2) Art. 15 II JG.; oben S. 209 A. II 1.

3) Vgl. Vollw. S. 109 A. 1 zu Art. 17; Schüllerm. S. 101 N. 1; Wirsch. S. 93.

-verweigerung gebührenfrei in allen Instanzen, über Einziehung gebührenpflichtig[4]).

Art. 18.

Jagdkarten und Jagdscheine müssen verweigert werden:

1. **den wegen Geisteskrankheit oder Geistesschwäche Entmündigten und den notorisch Geisteskranken;**
2. **den unter polizeiliche Aufsicht Gestellten;**
3. **denjenigen, welche ihren Lebensunterhalt Armuts halber aus öffentlichen Gemeinde- oder Stiftungskassen und Anstalten erhalten;**
4. **denjenigen, welche nicht im Besitze der bürgerlichen Ehrenrechte sind.**

I. Art. 18 gilt auch für Schutzgewehrscheine, Art. 15 II JG. Geschlecht für J.kartenfähigkeit belanglos.

II. Ziff. 1. Fassung nach Art. 143 AG. BGB. (§ 6[1] BGB.). Geistige Defekte sind dauernde, angeborene oder erworbene krankhafte Störungen der Geistestätigkeit, welche Vernunftgebrauch nicht aufheben müssen, aber Unfähigkeit zur Besorgung der eigenen Angelegenheiten bewirken. Je nach ihrer Bedeutung, dem Grade der psychischen Mangelhaftigkeit und dem Umfang ihres Einflusses auf die natürl. Handlungsfähigkeit: Geisteskrankheit oder -schwäche[2]). — Verfahren in Entmündigungssachen §§ 645 ff. RZPO. — Notorisch Geisteskranken sind nach dem Zweck der Bestimmung solche Geistesschwache gleichzustellen, auch sog. „ungefährliche Irre". Körperliche Gebrechen (Taubstummheit, Blindheit!) zählen nicht hierher[3]).

III. Ziff. 2 §§ 38, 39 StGB. Polizeiaufsicht zulässig: §§ 49a (Aufforderung und Erbieten zu Verbrechen); 115 II, 116 II (Aufruhr), 122 III (gewalttätige Meuterei), 125 (Zusammenrottung), 146, 147 (Münzverbrechen), 180, 181, 181a (Kuppelei und Zuhälterei), 184 (Vertrieb unzüchtiger Schriften und Gegenstände), 248 (mit Zuchthaus bestrafter Diebstahl), 256 (räuberische Erpressung), 262 (Hehlerei), 294 (gewerbsmäßiges J.vergehen), 325 (Brandstiftung usw.) RStGB.; § 105 II Seemannsordnung; § 13 II Nahrungsmittelges.; § 11 Sprengstoffges.; § 14 Spionageges. v. 3. Juni 1914. — Von der Entscheidung hat die Staatsanwaltschaft

---

[4]) BGH. 21, [196]; 23, [193]; 25. Okt. 1922 I 87/22; Pollw. S. 109 A. 2; Schüllerm. S. 101 N. 2.

[1]) BB. A 8 a—c; B 1.

[2]) Staud. I S. 48 A. 5; Fischer-Henle S. 4 N. 3 u. 4. — Epilepsie ist „Geisteskrankheit" i. S. der Ziff. 1.

[3]) Pollw. S. 110 A. 2; Wirsch. S. 79; vgl. Fischer-Henle S. 4 A. 2 zu § 6 BGB.; § 1910 BGB.

unmittelbar nach Rechtskraft[4]), die Strafanstaltsverwaltung rechtzeitig vor Entlassung der Bez.Pol.Beh. der Heimat oder des ständigen Aufenthaltsortes[5]) des Gefangenen Mitteilung zu machen[6]). Verweigerung auch gegenüber den gemäß §§ 23—26 RStGB. vorläufig Entlassenen; denn diese stehen unter bez.pol. Schutzaufsicht und Obhut eines Fürsorgers[7]), bis zum Zeitpunkte, in welchem ihre Strafe enden würde, und bis zu einem gewissen Grade den unter Pol.auff. Gestellten gleich[8]).

IV. Ziff. 3. Nur Gewährung des Lebensunterhalts aus öffentl. Mitteln der gemeindl. Armenkassen, örtl. Wohltätigkeitsstiftungen, gemeindl., Bezirks- und Kreisarmenanstalten und Wohltätigkeitsfonds, also öffentl. Armenunterstützung[9]). Wird eine Ehefrau, oder werden noch nicht 16 Jahre alte Kinder unterstützt, so gilt der unterhaltspflichtige Ehemann oder Elternteil als unterstützt, auch wenn die Unterstützung ohne oder gegen deren Willen gewährt ist[10]). Der absolute Versagungsgrund gilt nur für die Dauer der Unterstützung; Zurückgreifen auf früher gewährte unzulässig. Kein Verweigerungsgrund: Zuwendungen aus kirchl. Armenpflege, Mitteln privater Wohltätigkeit, Familien- oder Standesstiftungen, auch wenn von öffentl. Behörden verwaltet, Bezüge aus Vereins- und Genossenschaftskassen, Krankengeld, Unfall-, Invaliden- u. Altersrenten, Sustentationsbeiträge, Reichsbeihilfe[11]), Unterstützungen zum Zwecke der Jugendfürsorge, der Erziehung oder Berufsausbildung[12]), von Kriegerfamilien[13]); Erwerbslosenfürsorge hat nicht Rechtscharakter der Armenpflege[14]).

V. Ziff. 4. Fassung gem. Art. 10 II AG. StPO. Bei jeder Zuchthausstrafe und in den gesetzl. bestimmten Fällen bei mindestens dreimonat. Gefängnisstrafe kann, bei Verurteilung wegen Meineides (§§ 157, 158, 161 RStGB.), schwerer Kuppelei (§ 181 l. c.), gewerbs- und gewohnheitsmäß. Wucher (§ 302 d—e l. c.) muß Ehrenrechtsverlust erkannt werden, bei Zuchthausstrafe von 2 bis zu 10, bei Gefängnis von 1 bis zu 5 Jahren; deren Dauer wird vom Zeitpunkte der Verbüßung, Verjährung oder Erlassung der Frei-

---

4) Bek. v. 29. Nov. 1913 C. II. 1 JMBl. S. 694, 707.

5) Bei Angehörigen anderer Bundesstaaten oder Ausländern der BezPolBeh. des Aufenthaltsortes, mangels eines solchen, der des Straferstehungsortes, bei Verbüßung durch die Untersuchungshaft der des Ortes der Verurteilung.

6) VO. v. 20. Sept. 1907 § 106 — GVBl. S. 643, 673 —; VO. v. 4. Jan. 1872 § 1 — RegBl. S. 25, 26 —; Bek. v. 9. Aug. 1872 — RegBl. S. 1967. über Vollzug der St. unter PA. Bek. v. 13. Aug. 1908 GVBl. S. 561.

7) §§ 12, 15², 17, 21 I Bek. v. 14. Sept. 1908 JMBl. S. 183.

8) Pollw. S. 110; Wirsch. S. 79 Z. 2.

9) Armengesetz v. 21. Aug. 1914 — GVBl. S. 551 ff.

10) Art. 2 III l. c.

11) RG. v. 19. Mai 1913 RGBl. S. 297.

12) Vgl. RG. v. 15. März 1909 RGBl. S. 319; Pollw. S. 110; Schüllermann S. 103 N. 4; Wirsch. S. 80 Z. 3.

13) BayrB. 1918 S. 146; RGBl. 1907 S. 989; 1921 S. 998.

14) VO. v. 16. Febr. 1924 — RGBl. S. 127 — § 1.

heitsstrafe berechnet (§§ 32—36 l. c). Keine Nachprüfung der Richtigkeit des Strafurteils. Dauernde Unfähigkeit zum Dienst in Heer und Marine und zur Bekleidung öffentl. Ämter als gesetzl. Rechtsfolge der Zuchthausstrafe (§ 31) und als selbständige Nebenstrafe[15]) kein Versagungsgrund[16]).

VI. Wurde trotz Vorliegens eines Verweigerungsgrundes die J.karte erteilt, so kann ein dadurch in seinen Interessen gefährdeter Nachbar oberaufsichtl. Einschreiten der vorgesetzten Verwaltungsstellen, nicht aber — mangels Rechtsanspruches — Entscheidung des VGH. anrufen[17]).

VII. Streitigkeiten wegen Verweigerung Art. 21. — J.verpachtung an Nichtj.kartenfähige nichtig[18]).

Art. 19.[1])

[I] Jagdkarten können verweigert werden:

1. den Minderjährigen, den wegen Verschwendung oder wegen Trunksucht Entmündigten und den nach § 1906 des Bürgerlichen Gesetzbuchs unter vorläufige Vormundschaft gestellten Personen.
2. jedem, welcher wegen eines Verbrechens oder wegen Vergehens des Diebstahls, des Betrugs, der Unterschlagung, der Hehlerei oder der Fälschung, wegen Jagdvergehens, wegen Bettels oder wegen rachsüchtiger oder mutwilliger Beschädigung von Bäumen, Früchten auf dem Halme oder Pflanzungen bestraft worden ist.
3. jedem, welcher wegen einer fahrlässigen, durch eine Schußwaffe begangenen Tötung oder Verwundung oder wegen des auf gleiche Weise begangenen Vergehens vorsätzlicher Körperverletzung, sowie
4. jedem, welcher nach Verletzung der persönlichen Sicherheit durch Selbsthilfe oder Störung des häuslichen Friedens verurteilt worden ist;
5. allen Handwerksgesellen, Dienstboten und in solcher Kategorie stehenden Personen.

---

15) Z. B. §§ 81, 128, 129, 358 RStGB.
16) Wirsch. S. 81.
17) Art. 157 GemO.; VGH. 4, 69; Schüllerm. S. 104 N. 8.
18) Art. 7 IV JG.
1) VB. § 12 A 8 d.

6. **Allen Personen, die im Deutschen Reich keinen Wohnsitz haben.**

II **Die Ausstellung der Jagdscheine (Art. 14 Absatz II) steht, vorbehaltlich des Art. 18 im freien Ermessen der Behörde.**

Abs. I. Gilt auch für Schutzgewehrscheine (Art. 15 II JG.).

I. Versagung Ermessenssache der Bez.pol.beh., vorbehaltlich wohlerwogener Prüfung, im Einzelfalle die Regel (BB.). Aufzählung der Gründe erschöpfend; keine Ausdehnung auf disziplinäre und dienstl. Erwägungen, welche zu administrativer Verweigerung der J.pachtung und -ausübung[2]), also des J.karten gebrauchs, nicht aber der Erteilung der J.karte führen können[3]).

II. Ziff. 1. Fassung gem. Art. 143 AG. BGB.

1. Volljährigkeit mit vollendetem 21. Lebensjahre (§ 2 BGB.). Minderjähriger mit 18 Jahren kann durch JustMin.-Entschl. für volljährig erklärt werden, erlangt dadurch Rechtsstellung eines Volljährigen auch hinsichtl. der J.kartenfähigkeit[4]). Ausländer, welche bei Erwerbung der Reichsangehörigkeit nach dem einschlägigen ausländischen Gesetze volljährig sind, behalten die Rechtsstellung eines Volljährigen, auch wenn noch nicht 21 Jahre alt[5]); Ausländer, die nach dem Recht ihrer Heimat noch nicht volljährig, gelten in Deutschland mit 21 Jahren als volljährig[6]). Volljährigkeit macht ehemündig, nicht aber Eheschließung volljährig[7]). — Bei ausnahmsweiser J.kartenerteilung an Minderjährige Strafbarkeitseinsicht, Zuverlässigkeit im Gebrauche von Schußwaffen, Vereinbarkeit der J.ausübung mit der Schulpflicht und den Disziplinarsatzungen höherer Lehr- und Bildungsanstalten zu prüfen, Kind unter 14 Jahren als strafunmündig zurückzuweisen[8]).

2. Notorischen Verschwendern und Trunkenbolden, die nicht entmündigt sind[9]), darf die J.karte nicht versagt werden.

3. Ein Volljähriger, dessen Entmündigung beantragt ist, wird, wenn das Vormundsch.ger. es zur Abwendung einer erheblichen Gefährdung der Person oder des Vermögens erforderl. erachtet[10]),

---

[2]) Oben S. 154.

[3]) BGH. v. 21. Febr. 1900; DJäger 23,[117]; Wirsch. S. 86, 87 F. 162 a.

[4]) § 3 BGB.; Art. 147 I EG. BGB.; Art. 2 AG. BGB.; Bek. v. 24. Dez. 1899 JMBl. 1900 S. 108; Böhm-Klein S. 238 A. 1; Henle-Schneider S. 228 A. 8; Pollw. S. 112; Wirsch. S. 82.

[5]) Art. 7 II EG. BGB.

[6]) Art. 7 III EG. BGB.

[7]) §§ 1303, 1304, 106, 1305 BGB. nur für Frauen; Fischer-Henle S. 713 A. 2.

[8]) Wirsch. S. 82; Pollw. S. 112; §§ 1, 2, 3 JGG. v. 16. Febr. 1923.

[9]) § 6 Z. 2, 3 BGB.; §§ 680 ff. RZPO.

[10]) § 1906 BGB.; § 607 RZPO.

unter vorläufige Vormundschaft gestellt. Pflegschaft wegen körperl. oder geistiger Gebrechlichkeit[11]) kein Verweigerungsgrund.

III. Ziff. 2. Nicht nur Täterschaft, Anstiftung, Teilnahme (§§ 47, 48, 49 StGB.), sondern auch Versuch, der bei allen Verbrechen und bei Diebstahl Betrug und Unterschlagung strafbar ist[12]), nicht aber Begünstigung[13]). Tatsache der rechtskräftigen Verurteilung genügt; allgemeine Amnestie oder Sondergnadenerlaß einflußlos; Einziehung und Verweigerung keine „Straffolge" i. S. Ziff. 3 Abs. I VO. v. 22. Nov. 1918 (GVBl. S. 1237). — Einflußlos auch, wenn Strafregistervermerk der beschränkten Auskunft unterliegt. Tilgung im Strafregister hebt Befugnis nach Art. 19², 20 auf[14]).

1. Alle Verbrechen, auch solche, die erst durch besondere Qualifikationsmomente eines Vergehens zu solchen werden[15]), oder wenn wegen Annahme mildernder Umstände nicht auf Zuchthaus erkannt wird[16]).

2. Diebstahl auch, wenn die Tat nach früherem Recht als Übertretung bestraft wurde, aber die Tatbestandsmerkmale des § 242 RStGB. aufweist[17]). Auch privileg. Diebstahl und Unterschlagung[18]).

3. Auch Notbetrug[19]), -entwendung und -unterschlagung[20]).

4. Auch gewinnsüchtige Begünstigung, welche als Hehlerei bestraft wird[21]).

5. Fälschung: nicht nur von Urkunden[22]), sondern auch von Geld, Stempeln, Siegeln, Stichen usw.[23]), Telegrammen[24]), Wahlergebnissen[25]), Fabrik- und Warenzeichen[26]), Nahrungsmit-

---

11) § 1910 BGB.; §§ 53, 473 RZPO.; FG. § 38.
12) §§ 43 I, 242 II, 263 III, 246 III RStGB.
13) § 257 l. c. — del. sui generis.
14) Ges. v. 9. April 1920 RGBl. S. 507; — BGH. 43, 65; 13. Febr. 1924 I 106/23; 17. Mai 1922 I 37/22).
15) Z. B. § 181 schwere Kuppelei — oben S. 212 V; § 221 III Aussetzung; §§ 224, 226 schwere und tödliche Körperverletzung; § 206 Zweikampf mit Todesfolge; §§ 254, 255 qualif. Erpressung.
16) § 146 II Münzverbr.; §§ 157, 158 privileg. Meineid; § 171 II Doppelehe; §§ 174 II, 176 II, 177 II, 179 II, 181 III Sittlichkeitsverbr.; § 213 privileg. Totschlag; § 228 schwere und tödliche Körperverletzung; §§ 249 II, 250 II Raub usw.
17) BGH. 24, 571.
18) § 247 l. c.
19) § 264 a l. c.
20) § 248 a l. c.
21) § 258 ¹ l. c.
22) §§ 267 ff. l. c.
23) §§ 150, 151 l. c.
24) § 355 l. c.
25) § 108 l. c.
26) § 14 Markenschutzges. v. 30. Nov. 1874, §§ 14 ff. Warenzeichenges. v. 12. Mai 1894.

teln[27]), Wein[28]); nicht dagegen von Legitimationspapieren, Stempelpapier, Post- und Telegraphenwertzeichen[29]).

6. Verurteilung wegen einer Straftat, die sich nach dem Ges. v. 25. Juli 1850, Bestrafung der J.frevel betr., nur als Übertretung (§ 1 III RStGB.) darstellt, gilt als solche wegen J.vergehens, wenn die Voraussetzungen der §§ 292—294 RStGB. erfüllt sind[30]) dagegen bei Verurteilungen aus §§ 368[10] u. [11] RStGB. und gem. Art. 23 JG., § 18 JPV. keine Versagung[31]).

7. Auch Nichtabhalten Gewaltunterworfener vom Bettel oder Ausschicken hiezu[32]).

8. Beschädigung von Bäumen usw. aus Rachsucht oder Mutwillen ist Sachbeschädigung[33]); auch Beschädigungen in Forsten[34]).

Keine Nachprüfung der Richtigkeit des Strafurteils[35]).

Kein Unterschied, ob „Verurteilung" durch Urteil oder Strafbefehl[36]).

IV. Ziff. 3.

„Schußwaffen": nicht nur „Feuerwaffen[37]), sondern alle Schießwerkzeuge[38]). Nicht hierher Verurteilung wegen Zuschlagens mit einer ungeladenen Schußwaffe, da Ziff. 3 Verwendung zum Schießen voraussetzt. — Vgl. III S. 215.

V. Ziff. 4.

§§ 123, 240, 241 RStGB. (vgl. §§ 226 ff. BGB.). Der, der Verurteilung zugrundeliegende Tatbestand muß zugleich die Merkmale der Art. 420—423 I. Teil StGB. von 1813 in sich schließen[39]).

---

27) §§ 10 ff. Ges. v. 14. Mai 1879.

28) RG. v. 7. April 1909.

29) §§ 363, 364 RStGB. — Übertretung!

30) VGH. 2, [481].

31) Wirsch. S. 83 Fußn. 155.

32) § 361 [4] RStGB.

33) Art. 114 PStGB.; §§ 303, 304 RStGB.

34) Art. 95 V Forstges. v. 4. Juli 1896; § 36 VB. hiezu v. 10. Okt. 1879; Wirsch. S. 84; Pollw. S. 112.

35) VGH. 28, [4]; 21, [196]; 16. Juli 1919 I 38/19; 25. Okt. 1922 I 87/22; 10. Jan. 1923 I 140/22; 11. Juli 1923 I 44/23; 2. Jan. 1924 I 98/23; „Wild und Hund" 1923 S. 720.

36) VGH. 28. Febr. 1923 I 13/23; 7. März 1923 I 8/23; 2. Jan. 1924 I 98/23 „Wild und Hund" 1923 S. 720; § 410 RStPO.

37) Gewehre, Flinten, Büchsen, Teschin, Flobert, Zimmerstutzen, Revolver, Pistolen, Terzerole.

38) Mechanisch durch Federspannung betriebene Windbüchsen, Luftpistolen, Blasrohre für Kugel- und Schrotschuß, Pfeil und Bogen, Schleudern OberstLG. 4, [382]; 12, [416]; DJäger 33, [380]; 35, [71], [169]; vgl. §§ 367 [8] und 367 [10] mit 368 [7] RStGB.; Art. 4 Z. 1 b Jagdfrevelges.; Art. 39 PStGB. und § 1 Z. 3; § 3 VO. v. 19. Nov. 1887 — GVBl. S. 655; OLG. Mü. 5, [393]; Wirsch. S. 85; Pollw. S. 113. „Scheintodpistolen": RGSt. 53, [213]; DJäger Jll. 36/26 S. XIII.

39) VGH. 7, [255]; 26, [186]; BGZ. 1912 S. 312; BayrV. 1913 S. 63; Pollw. S. 113; Schüllerm. S. 106 N. 9; Wirsch. S. 85. — § 420: „Wer mit Umgehung richterlicher Hilfe, außer den in den Gesetzen ausgenommenen Fällen, eigenmächtig seine wirklichen oder vermeinten Rechtsansprüche gegen andere gel-

— Widerstand (§ 113 RStGB.) fällt nicht unter Ziff. 4[40]). — Vgl. III S. 215.

VI. Ziff. 5.

Bestimmend neben sicherheitspolizeil. Erwägungen, Rücksicht auf die im Verhältnis zu anderen Klassen der Bevölkerung größere soziale Abhängigkeit der Dienstboten und Handwerksgesellen von Dienstherrschaft und Arbeitgeber, sowie die minder günstigen pekuniären Verhältnisse dieser Personen. Maßgebend sowohl ihr eigenes materielles Interesse, wie das der Arbeitgeber. Gewisse Gleichstellung von Taglöhnern mit Dienstboten, da soziale Abhängigkeit vom Arbeitgeber bei ersteren ähnlich, wenn auch in milderer Form gegeben und die Bestimmung des Art. 106 II und V PStGB. auf sie angewendet werden kann[41]). — Ein ohne Haus- und Grundbesitz als Inwohner zur Miete lebender, bezügl. seines und seiner Familie Unterhalt hauptsächl. auf Taglohnverdienst angewiesener, nur über unbedeutende, gegenüber dem Jahresbedarf seiner Familie kaum in Betracht kommende Zinsen aus geringem Kapitalvermögen verfügender, nebenbei im Winter sich mit Korbflechten beschäftigender und daraus minimalen Gewinn erzielender Gesuchsteller ist eine in einer den Dienstboten und Handwerksgesellen ähnl. Kategorie stehende Person[42]). Weiter Personen, welche berufsmäßig die Arbeit von Handwerksgesellen[43]) und Dienstboten verrichten und durch sie ihre Lebsucht verdienen, ohne Rücksicht auf sonstige persönliche Verhältnisse und etwaige Familienbeziehungen zum Arbeit- oder Dienstgeber. Unter den gedachten Voraussetzungen auch Haussöhne, falls sie im Handwerksbetriebe oder in der Landwirtsch. des Familienoberhauptes gleich einem Gesellen oder Dienstboten und an Stelle von solchen beschäftigt sind[44]), mögen sie auch nebenher gegen Entlohnung für den Vater den J.schutz besorgen[45]). Dagegen nicht ohne weiteres alle gewerbl. Arbeiter (Titel VII GewO.), bei denen vielfach

---

tend macht, ist der unerlaubten Selbsthilfe schuldig ....“ (Einfache Selbsthilfe ohne gewalttätigen Überfall einer Person und ohne Störung des Hausfriedens). — § 421: „Wer, um für vermeinte oder wirkliche Beleidigung sich selbst Recht zu schaffen, oder um einen behaupteten Rechtsanspruch eigenmächtig in Vollzug zu setzen, die Person des Anderen gewalttätig überfällt“ (Selbsthilfe mit gewalttätigem Überfall einer Person, jedoch ohne Störung des häuslichen Friedens). — § 422: „Diejenigen, welche, um Rache zu nehmen, um behauptete Rechte eigenmächtig durchzusetzen, um den ruhigen Besitz unbeweglicher Sachen oder die Ausübung eines Rechtes zu stören oder zu entziehen, in fremde Häuser, Wohnungen und andere liegende Gründe, wiewohl unbewaffnet, gewalttätig einfallen oder sonst eigenmächtig eindringen . . .“ (Überfall mit Hausfriedensbruch). Vgl. §§ 858 ff. BGB.

40) BGH. 33, 25; Recht 1912 S. 327 Fußn. 1.

41) Vgl. auch § 1 III VO. v. 19. Nov. 1887, welche hinsichtlich des Waffenverbots Dienstboten und Tagelöhner nebeneinander nennt.

42) BGH. 26, 187; v. 4. Jan. 1907 I 176/06; Vollw. S. 114.

43) = Gehilfen OberstLG. St. 3, 73.

44) BGH. 9, 312; 21, 19.

45) Vollw. S. 114.

eine gewisse Selbständigkeit gegenüber dem Arbeitgeber zufolge größeren Verdienstes, selbständiger Haushaltsführung, gewisser Freiheiten in Einteilung und Ausnutzung der Arbeitszeit (wie bei Glasmachern in Glashütten), überhaupt die jeweilige soziale Stellung zu beachten ist[46]). Ebensowenig schlechthin Personen, deren Tätigkeit je nach Belieben und Erwerbsgelegenheit zwischen unselbständiger Taglohnarbeit und sonstiger Beschäftigung, z. B. zwischen Ausübung des Gewerbes eines selbständigen, sozial unabhängigen Hausmaurers, Erntearbeit und entgeltl. Betriebe der J. wechselt[47]).

VII. Ziff. 6:

„Wohnsitz" = ständige Niederlassung (§ 7 BGB.). — Gilt nicht nur für Reichsausländer, sondern auch für jeden Deutschen, der im Inlande keinen Wohnsitz hat; Staatsangehörigkeit gleichgültig. Deshalb steht § 276 Versailler Vertrag der Verweigerung an feindl. Ausländer nicht entgegen, da sie auch bayer. Staatsangehörige treffen kann. Einziehung, wenn nach Ausstellung der J.karte Wohnsitz im Deutschen Reich aufgegeben wird, zulässig.

VIII. Absatz II.

J.scheinerteilung an Personen, die im Deutschen Reiche Wohnsitz haben, unzulässig. Personen, die im D. R. keinen Wohnsitz haben, können Ausstellung entweder einer J.karte (Art. 19 6) oder eines J.scheines beantragen. In beiden Fällen Ausstellung und Verweigerung nach freiem Ermessen (VB. § 12 Ziff. 8 d). Nach Einziehung der J.karte wegen Aufgabe des Wohnsitzes im D. R. kann auf Antrag J.schein erteilt werden.

IX. Streitigkeiten: Art. 21 JG.

J.verpachtung an beschränkt J.kartenfähige nichtig (Art. 7 IV JG.). — Der Umstand, daß Bestrafung zeitlich weit zurückliegt, oder daß Verwaltungsbehörde von ihrer Befugnis der J.kartenverweigerung nach Art. 19 in einem Jahre keinen Gebrauch gemacht hat, nimmt ihr nicht das Recht der Versagung für ein späteres Jahr, auch wenn die Sachlage, auf Grund deren die J.karte im Vorjahre bewilligt wurde, inzwischen sich zuungunsten des Gesuchstellers nicht geändert hat[48]). Umgekehrt kann nach Verweigerung gemäß Art. 19 J.karte später doch erteilt werden, wenn nach Überzeugung der Behörde ein früher wegen Vorliegens einer der Voraussetzungen dieses Artikels befürchteter Mißbrauch

---

46) VGH. 20, 162; 21, 19.

47) VGH. 9, 372; 20, 562; 22, 125.

48) VGH. 16. Juli 1919 I 38/19; 28. Jan. 1920 I 125/19; 5, 163; 21, 23; 24, 574; Pollw. S. 114 A. B; Schüllerm. S. 106 R. 11; Wirsch. S. 92; dagegen preuß. OVG., welches Versagung im folgenden Jahre bei Fehlen neuer Verweigerungsgründe, wegen der dadurch entstehenden, nicht zu billigenden Rechtsunsicherheit für unzulässig erklärt — §§ 35, 36 pr. JO. — „Hubertus" 1912 S. 509.

fernerhin ausgeschlossen bleibt. Entscheidung nach freiem Ermessen, im Falle der Ablehnung nur im Verwaltungswege anfechtbar[49]. — Bei Versagung wegen Minderjährigkeit allein muß die J.karte nach Eintritt der Volljährigkeit im Laufe des Jahres erteilt werden[50]. Keine nachträgl. Einziehung wegen Minderjährigkeit, wenn diese bei Ausstellung bekannt war[51].

Art. 20.

Die Bezirks-Polizeibehörde ist berechtigt und beziehungsweise verpflichtet, die ausgestellte Jagdkarte, den Jagdschein und Jagd- und Forstschutzkarte, — Schutzgewehrscheine, — einzuziehen, wenn nach der Ausstellung in der Person des Inhabers einer der in den Artikeln 18 und 19 angeführten Gründe eintritt oder erst bekannt wird.

1. Bez.pol.beh. zur Einziehung verpflichtet, wenn Art. 18, berechtigt, wenn Art. 19 anzuwenden, sobald die dort bezeichneten Gründe erst nach Ausstellung eingetreten oder wegen Täuschung durch den Gesuchsteller bei Erteilung[1] bekannt geworden sind. Wird ein etwa in den Akten vermerkter Grund des Art. 19 bei Erteilung übersehen, so kann bei nachträglicher Entdeckung des Versehens nicht eingezogen, sondern nur im folgenden Jahre verweigert werden[2]. In Ermessensfällen kann nach Einziehung die J.karte später wieder erteilt werden, wenn die für die Abnahme maßgebend gewesenen Bedenken nachträglich beseitigt[3].

2. Streitigkeiten wegen Einziehung: Art. 21 JG. — Ein zu Beginn des Kalenderjahres vor Rechtskraft des Einziehungsbeschlusses gestelltes neues J.kartengesuch unter Hinweis auf das schwebende Verfahren als verfrüht zurückzuweisen[4].

Art. 21.[1]

Gegen die von der Bezirkspolizeibehörde verweigerte Ausstellung oder verfügte Einziehung einer solchen Karte oder eines Jagdscheins ist eine Berufung an die einschlägige Regierung, Kammer des Innern, innerhalb

---

[49] VGH. 1898 S. 245; Wirsch. S. 92; Pollw. S. 115.

[50] Voller Stempel! Oben S. 208, 1.

[51] VGH. 14. März 1923 I 6/23; Reger 42,[392]; Recht 1923 S. 278 Nr. 989.

[1] VGH. 21,[192].

[2] Oben S. 218 IX; pr. VOG. im „Hubertus" 1912 S. 509; Verschulden der Behörde, welche Versagungsbefugnis genau zu prüfen hat und unter einem Versehen den J.karteninhaber nicht leiden lassen kann.

[3] Vgl. oben S. 218 IX.

[4] Pollw. S. 117; Wirsch. S. 92.

[1] VB. § 13.

vierzehn Tagen vom Tage der Eröffnung des bezirkspolizeilichen Beschlusses an, zulässig.

1. Nach Art. 8 [18] VGG. sind bestrittene Rechtsansprüche wegen Verweigerung oder Einziehung der J.karten und J.scheine Verwaltungs r e c h t s sachen. Gemäß Art. 9 l. c. gegen bez.polizeil. Beschluß binnen 14 Tagen aufschiebende Beschw. zur Reg., K. d. J., gegen deren Senatsbescheid binnen 14 Tagen weitere, bei Bez.-pol.beh. anzubringende Beschw. zum VGH. dann zulässig, wenn Unzulässigkeit der Verweigerung oder Einziehung wegen Nichtvorliegens der r e c h t l i c h e n Voraussetzungen der Art. 18 oder 19 behauptet [2]). Dagegen entscheidet Regier., vorbehaltl. der unbefristeten, n i c h t aufschiebenden Oberaufsichtsbeschw. endgültig, wenn lediglich genügender Grund, von der B e f u g n i s des Art. 19 JG. Gebrauch zu machen, bestritten. Ob die im Vorjahre trotz Kenntnis einer Verurteilung gemäß Art. 19 JG. erteilte J.karte nun zu erteilen oder zu verweigern sei, ist Ermessensfrage und der Beurteilung des VGH. entzogen [3]); ebenso die Frage der Angemessenheit der Einziehung und der Richtigkeit des S t r a f urteils in tatsächl. oder rechtl. Hinsicht [4]). Gelangen solche Beschw. trotzdem an den VGH., so entscheidet auf staatsanwaltschaftlichen Antrag dessen Kompetenzsenat kostenfrei über die Zuständigkeitsfrage [5]). Beschw. überhaupt stehen nur dem durch Versagung oder Einziehung persönl. beeinträchtigten Inhaber oder Gesuchsteller zu, diesem aber auch noch in dem auf Verweigerung oder Einziehung folgenden Jahre, da die Frage mit der Notwendigkeit neuer J.kartenlösung für sie neues Interesse g ewinnt [6]). Ein durch Erteilung der J.karte an einen anderen in seinen Interessen angeblich verletzter Dritter kann im Wege der Vorstellung die Verwaltungsinstanzen bis zum Min. d. J. anrufen [7]). Bei gleichzeitiger Anrufung des Min. und des VGH. hat, mangels besonderen Antrages, letzterer die Beschwerde zuerst zu würdigen [8]). — Wegen Beschwerdeformalien: oben S. 109, 110.

Die J.karte verliert ihre Gültigkeit erst mit Rechtskraft des Einziehungsentscheides. Bis zum letztinstanziellen Beschluß kann sie verwendet werden. Ein zu Beginn des Kalenderjahres, im Laufe

---

[2]) Vollw. S. 116; Schüllerm. S. 108 N. 1; Wirsch. S. 88/89; Recht 1919 S. 128; VGH. 12. Juni 1918.

[3]) VGH. 5, [163].

[4]) VGH. 2, [482]; 21, [196]; v. 23. Nov. 1911 I 89/11, Recht 1911 S. 847; 1919 S. 128; BlfAdmPr. 34, [410]; oben S. 216 bei F. 35.

[5]) Art. 29 Z. 2, 3, 5 des Kompetenzkonfliktsges. v. 18. Aug. 1879 — GVBl. S. 991, 999.

[6]) VGH. 12, [59]; 24. Jan. 1908 I 128/07; 30. April 1913 I 9/13; Recht 1913 S. 643; 13. Febr. 1924 I 106/24; 14. März 1923 I 6/23; Vollw. S. 116 Fußn. 1.

[7]) VGH. 4, [69]; oben S. 213 VI.

[8]) Art. 49 II VGG.; VGH. 24. Jan. 1908 I 128/07; Vollw. S. 116.

des Einziehungsverfahrens gestelltes neues J.kartengesuch unter Hinweis auf dieses als verfrüht zurückzuweisen[9]).

2. Streitigkeiten über Ausstell., Versag., Einzieh. von Schutzgewehrscheinen: reine Verwaltungssachen. Im Instanzenzug entscheiden Bez.pol.beh. und Kreisregier., von Oberaufsichts wegen Min. d. J.[10]).

3. Verfahren und Streitigkeiten über Einziehung der J.karten in allen Instanzen gebührenfrei[11]).

Art. 22.[1])

Im Falle der Einziehung der für einen Jagdpächter ausgestellten Jagdkarte ist — insoferne nicht die allenfallsigen Mitpächter dessen Verbindlichkeit übernehmen, oder eine Übertragung des Pachtes an einen Andern nach Art. 12 erfolgt — der Jagdpachtvertrag ohne Pachtentschädigung des Pächters sofort gelöst.

Die in einem solchen Falle für die Verpächter und Mitpächter entspringenden Beschädigungen bleiben — insoferne der Pachtvertrag nichts anderes bestimmt, — der Austragung vor dem Zivilrichter vorbehalten.

I. J.pachtvertrag kraft Gesetzes nur gelöst:

1. Wenn nur ein Pächter vorhanden, dieser die J.kartenfähigkeit verliert, und keine Übertragung an einen anderen gemäß Art. 12 JG. erfolgt. Letztere erfordert neuen Vertrag mit dem Übernehmer[2]). Übertragung an einen anderen bei Vorhandensein eines oder zweier Mitpächter ausgeschlossen, da das Gesetz den „Anderen", an den die Übertragung stattfinden kann, in Gegensatz zu den „allenfallsigen Mitpächtern" stellt.

2. Wenn mehrere Mitpächter vorhanden, die die Verbindlichkeiten des Ausscheidenden nicht übernehmen. Sind noch zwei Mitpächter übriggeblieben, so haben, wenn überhaupt Übernahme stattfindet, beide die Verbindlichkeiten zu übernehmen und haften als Gesamtschuldner weiter. Denn Art. 22 sagt ausdrücklich: „die allenfallsigen Mitpächter", nicht etwa: „einer derselben"[3]).

---

[9]) Oben S. 219, 2.

[10]) Pollw. S. 117 A. 2; Wirsch. S. 93.

[11]) Bisher ebenso Wirsch. S. 93; BlfAdmPr. 37, [239]; 44, [328]; anders: BGH. 2, [481]; 21, [19], [23], [193] ff., [196]; Pollw. S. 117; Schüllerm. S. 101 N. 2; vgl. oben S. 210, 3 zu Art. 17.

[1]) BB. bei Art. 21 JG.

[2]) Oben S. 175, 6; 199 II 2.

[3]) §§ 421, 427 BGB.; oben S. 149 II 2; 167, 3; BlfAdmPr. 17, [47]; teilweise anders: Pollw. S. 118, 119.

II. Mit der Auflösung hört die Verpflichtung des Ausgeschlossenen, der keinen Entschädigungsanspruch erwirbt, zur Pachtentrichtung über diesen Zeitpunkt hinaus auf, der Verpächter hat die J.pacht nicht weiterzugewähren. Er und die Mitpächter können, wenn die Haftung des Ausscheidenden nicht vertragl. ausgeschlossen, vor Zivilgerichten den Schaden geltend machen, der ihnen durch vorzeitige Vertragslösung erwächst[4]). Hat aber der ausgeschlossene Pächter den ganzen Pachtschilling schon bezahlt, so hat ihm die Gemeinde den auf den Zeitraum nach rechtskräft. Einzieh. entfallenden Teil zurückzuerstatten, kann jedoch ihren Schadensersatzanspruch aufrechnungsweise geltend machen[5]). Bei mehreren Mitpächtern, welche die Verbindlichkeitsübernahme ablehnen, bleibt Rückerstattungsanspruch des Ausgeschiedenen gegenüber der Gemeinde ausgeschlossen, da er dieser als Gesamtschuldner zur ganzen Leistung verpflichtet[6]). Er hat sich, unabhängig von der J.pachtauflösung, mit den Mitpächtern auseinanderzusetzen[7]).

III. Übertragung der J.pacht durch den einen vorhandenen Pächter an einen anderen erfordert nach Art. 12 JG. Einwilligung des Stadt-(Gemeinde-)rates und Anzeige an die Bez.pol.beh. unter Aktenvorlegung[8]). Der oder die Mitpächter haben die Wahl zwischen (solidarischer) Übernahme der Verbindlichkeiten des Ausgeschlossenen oder Eintretenlassen der Auflösung des ganzen Pachtvertrages. Zwei Mitpächter müssen stets gemeinschaftlich handeln; es kann nicht einer übernehmen, der andere ausscheiden. Einwilligung der Gem. zur Verbindlichkeitsübernahme und Pachtfortsetzung vom Gesetz, das diese Zustimmung für die Übertragung an einen anderen durch Verweisung auf Art. 12 verlangt, nicht gefordert. Die Fortsetzung der J.pacht kann daher bei Verbindlichkeitsübernahme von der Gemeinde nicht abgelehnt und, wenn polizeil. Beanstandungen nicht zu machen sind, als Privatrechtsverhältnis, das der Kompetenz der Verwaltungsbehörde entrückt ist, von dieser nicht gehindert werden[9]). Gegen Beschluß der Bez.pol.beh. Beschwerde der Gemeinde und der Mitpächter zur Kreisregierung, gegen deren Bescheid Oberaufsichtsbeschwerde zum Min. d. J.

IV. Art. 22 spricht nur vom J.pächter[10]). Eigenj.berechtigter behält auch nach Verlust der J.karte das Recht vermögensrechtl. Verfügung über die J.ausübungsbefugnis auf einer Inklave nach Art. 3 JG., die er mit seinem umschließenden Eigenj.komplex selbst verpachten oder in den Gemeindej.bezirk einwerfen, nicht

---

4) BGB. 1905 S. 418; Pollw. S. 119.
5) §§ 387, 389 BGB.
6) §§ 421, 427 BGB.
7) §§ 723, 730, 733 ff., 749, 755 BGB.; oben S. 167 a.
8) Oben S. 201 IV.
9) Schüllerm. S. 109 R. 3; BlfAdmPr. 17, 47.
10) Gemeinde- und Eigenj.pächter: Pollw. S. 117 F. 1.

aber durch gelernte Jäger oder J.gäste ausüben lassen darf. Verpflichtung zur Entschädigung der Inklavenbesitzer nach Art. 3 und für Wildschaden bleibt bestehen[11]).

Art. 23.[1])

I An Geld bis zu 150 *RM* ist zu bestrafen:

1. wer von der ihm zustehenden Befugnis zur Jagdausübung Gebrauch macht, bevor er eine Jagdkarte (Jagdschein) gelöst hat, oder nachdem die Zeit ihrer Gültigkeit abgelaufen ist;
2. wer zwar eine gültige, auf seinen Namen lautende Jagdkarte (Jagdschein) besitzt, dieselbe aber bei Ausübung der Jagd nicht bei sich führt;
3. wer seine eigene Jagdkarte (Jagdschein) einem anderen zum Gebrauch überläßt;
4. wer den polizeilichen Vollzugsbeamten oder Dienern die Vorzeigung der Jagdkarte (Jagdschein) oder bei sich ergebenden Anständen deren Angabe verweigert;
5. wer bei Ausübung der Jagd sich gegen im Verordnungswege erlassene jagdpolizeiliche Vorschriften verfehlt;
6. wer in einem fremden Jagdbezirke mit Genehmigung des Jagdberechtigten, jedoch ohne dessen Begleitung oder ohne eine schriftliche Erlaubnis desselben bei sich zu führen, jagt.

II Jeder, der auf Grund vorstehender Bestimmungen unter Ziff. 1 und 3 bestraft wird, soll außer der gesetzlichen Strafe zur Zahlung einer dem Preise der Jagdkarte (Jagdschein) gleichkommenden Summe verurteilt werden.

III Die Bestimmungen in Abs. 1 und 2 sind auch in der Pfalz anwendbar.

A. Fassung nach Art. 11 AG. RStPO. v. 18. Aug. 1879. Durch § 2 II EG. RStGB. v. 31. Mai 1871 sind die besonderen Vorschr. des Landesstrafrechts über strafb. Verletzungen der J.-polizeigesetze aufrecht erhalten; Materie der Verletzung fremden J.rechts in §§ 292—295 RStGB. geregelt[2]).

Strafe: Art. XIV Abs. II Geldstrafenges. v. 6. Febr. 1924 (RGBl. S. 44), § 27 Abs. I Ziff. 2 RStGB. — 1—150 *RM*.

---

[11]) Vollw. S. 117 A. 1; Schüllerm. S. 109 N. 2; oben S. 190 II 1.
[1]) VB. Art. 21.
[2]) RGSt. 7, 311; 19, 49; Henle-Schierlinger A. 10 S. 4.

Umwandlung der nicht beitreibbaren Geldstrafe in Haft: §§ 28a, 29 RStGB.[3]). Mindestbetrag 1 Tag, Höchstbetrag 6 Wochen[4]). Verjährung der Strafverfolgung, welche mit dem Tage der begangenen Handlung beginnt, in 3 Monaten[5]), der Vollstreckung in 2 Jahren, beginnend mit dem Tag der Urteilsrechtskraft[6]). Mitteilung v. Anzeigen wegen J.pol.übertretungen und über Ausgang des Verfahrens an Forstamt und Bezpolbeh.[7]) Art. 23 setzt berechtigte J.ausübung voraus[8]).

B. Zu Absatz 1.

J.karte und J.schein öffentliche Urkunde, welche Beweis dafür liefert, daß die zuständige Behörde die darin bezeichnete Person als fähig, die J. auszuüben, befunden und ihr die Befugnis hiezu erteilt habe; nicht nur Beweisanzeige, daß der Inhaber und die Person, auf welche sie lautet, dieselben sind[9]). Erlaubnisschein (Ziffer 6) rechtserhebl. beweiskräftige Privaturkunde[10]).

I. Ziff. 1.

Trifft jeden J.ausübungsberechtigten[11]), auch Forstbeamte[12]), bei Vornahme einer, als J.ausübung anzusprechenden Handlung, insbesondere auch der vereinbarten J.folge[13]) sowie den, gem. § 5 JPV. im behördl. Auftrage eine Wildabminderung vornehmenden Dritten (unten § 5 JPV. Z. 2, 3). Wegen Gültigkeitsdauer und -umfang: Art. 16[14]). Beisichtragen fremder J.karte ist Jagen ohne J.karte[15]).

II. Zu Ziff. 2.

„Nachsuchen" um Erteilung genügt nicht, auch wenn diese voraussichtl. anstandslos erfolgen wird[16]). Auch Vergessen[17]) und unbemerktes Verlieren macht strafbar[18]).

1. „Bei Ausübung" der J.[19]) gleichbedeutend mit „während" des Jagens[20]). Handlungen, die keine J.ausübung bil-

---

[3]) § 29 I l. c.
[4]) § 29 II l. c.; Art. 5 AG. RStPO.
[5]) § 67 III u. IV RStGB.
[6]) § 70 [6] und Abs. II l. c.
[7]) Bek. v. 29. Nov. 1913 Z. 6 JMBl. S. 698; §§ 48 I, 78 II, 106 IV DB. f. d. StA. v. 13. Jan. 1926 JMBl. S. 58, 71, 80.
[8]) Oben S. 202 II 1 zu Art. 13.
[9]) §§ 267, 271 RStGB.; anders RGSt. 42, [16].
[10]) § 267 RStGB.
[11]) Oben S. 202 II 1 zu Art. 13.
[12]) Pollw. S. 121; Goercke S. 99 A. 4; MB. v. 7. Dez. 1882 ABl. S. 880.
[13]) Oben S. 203 II zu Art. 14; 37 II; unten S. 228 Fußn. 57.
[14]) Oben S. 210; 219, 2; 220.
[15]) Wirsch. S. 226.
[16]) Wirsch. S. 224 Fußn. 184.
[17]) Fahrlässiges Nichtbeisichführen; JW. 1892 S. 203; OberstLG. St. 1, [378]; 3, [329]; Goercke S. 99 A. 4; Pollw. S. 120.
[18]) DJäger 32, [38].
[19]) Vgl. Art. 13 S. 202 II 1.
[20]) Oben S. 206 IV; vgl. Goercke S. 99 A. 4.

den Art. 14, III, 1—4; IV. Mit dem Jagen muß begonnen sein: mit Gehen oder Fahren ins Revier, Hinschaffen der J.-geräte, Einlappen, Aufstellen von Hochständen, Schirmen, Eindrücken des Wildes in einen abgeschlossenen Bezirk (Absicht demnächstiger J.ausübung), Versammlung zur Gesellschaftsj., Verteilung der Platznummern und Abmarsch zu den anzuweisenden Ständen bei Vorstehtreiben, zum Auslaufplatz bei Kesselj.en ist dies noch nicht geschehen — die J.karte kann noch geholt werden. Mit Auslaufen der Schützen und Treiber zur Bildung des Kreises beim Kesseltreiben; mit Einnehmen der Stände beim Vorstehtreiben und „Böhmischen Treiben"[21]) hat die J. begonnen[22]). Beendet: nicht schon mit „Abblasen" des Treibens, da nach diesem nur nicht mehr in dieses geschossen, seitlich oder rückwärts durch die Schützenkette noch ausbrechendes Wild aber beschossen werden darf. Auch beim Weggehen nach Beendigung eines Kesselbogens wird hochwerdendes Wild häufig noch beschossen. — Auf dem Heimwege braucht die J.karte nicht mehr bei sich geführt zu werden, wenn nicht Erlegung gelegentl. aufstehenden Wildes beabsichtigt[23]).

2. Zum „Beisichführen" genügt Möglichkeit alsbaldigen Vorzeigens auf Verlangen; Vorweisen durch Begleiter genügt[24]). Beischaffung nach ½ Stunde keine alsbaldige[25]).

3. Auf Schutzgewehrscheine (Art. 15 II) ist Art. 23² nicht anwendbar.

III. Ziff. 3.

Gebrauchsüberlassung an einen anderen liegt nicht vor, wenn der die J.karte bei sich führende J.ausübungsberechtigte einen J.gast ohne J.karte mit auf J. nimmt oder mit Erlaubnisschein versieht[26]).

IV. Zu Ziffer 4.

1. Vorzeigung muß so geschehen, daß die J.karte eingesehen werden kann[27]), und alsbald erfolgen, nicht erst zu einer dem Inhaber genehmen Zeit, wenn auch keine endgültige Ablehnung beabsichtigt ist[28]). Sie darf nicht an die Bedingung „anständigerer Behandlung", Unterlassung der Störung in der J., wohl aber an Legitimierung durch einen an äußeren Abzeichen nicht erkennbaren, persönl. unbekannten Anfordernden geknüpft

---

21) Dietzel, Niederjagd S. 274.
22) Goercke S. 99 A. 4.
23) Recht Bd. 12 S. 47; EJZ. 1908 S. 101, 166; „Wild und Hund" 1902 S. 781 f.
24) EJZ. 1908 S. 195; Pollw. S. 121; Wirsch. S. 224.
25) KammerG. 15. Okt. 1914: „Wild und Hund" 1914 S. 854.
26) Pollw. S. 121; Wirsch. S. 226.
27) Goercke S. 99 A. 4.
28) RGSt. 45, 126; „Hubertus" 1912 S. 467.

werden[29]). *Später* geführter Beweis tatsächl. Beisichtragens der J.karte macht nicht straflos[30]). Das Verlangen wiederholter Vorweisung an einen *anderen* Beamten kann nicht abgelehnt werden, selbst wenn bei diesem Schikane angenommen werden darf[31]), aber Beschwerde gegen den Beamten. — Eigenj.berechtigter und J.pächter müssen sich im eigenen Revier Verlangen der Vorzeigung und Forderung, zu diesem Zwecke Rucksack zu öffnen, gefallen lassen[32]). — J.karte braucht zwar nur *bei J.ausübung bei sich geführt*, Vorzeigung der mit sich geführten J.karte *außerhalb* derselben darf aber nicht verweigert werden[33]). Das Nichtmitsichführen außerhalb der J.ausübung nicht strafbar, Verweigerung des Vorzeigens aber wohl. Verlangen der Vorweisung der J.karte ist bei Betreffen in *J.ausrüstung* stets berechtigt, zwecks alsbaldiger Feststellung, ob *vorher* ohne J.karte *gejagt* wurde. Wer die J.karte bei sich trägt, hat selbst ein Interesse, durch Vorweisung jeden Verdacht zu zerstreuen; wer sie nicht hat, kann den *Nachweis* verlangen, daß er vorher gejagt und J.karte nicht dabei geführt habe, und fordern, daß seine etwaige Behauptung, er habe sie inzwischen einem anderen zur Aufbewahrung gegeben, *widerlegt* werde. Das Verlangen der Vorzeigung soll gerade die Gewinnung eines mögl., oder die Bestätigung eines vorhandenen Verdachtes bezwecken und darf deshalb im Interesse wirksamer Verfolgung von Übertretungen der Ziff. 1—3 nicht zurückgewiesen werden[34]).

2. *Polizeil. Vollzugsbeamte und Diener:* Die Hilfsbeamten der Staatsanwaltschaft[35], die Beamten des Polizei- und Sicherheitsdienstes, deren nähere Bezeichnung durch die Landesregierung erfolgt:[36])

a) *Bürgermeister* und deren Stellvertreter, die zur Handhabung der Ortspolizei und des Feldschutzes[37]) aufgestellten *Beamten* und Bediensteten der *Gemeinden* und der *Polizeidirektionen*, die *Gendarmeriemannschaft*[38]), obere Beamte und Zugswachtmeister der Landespolizei[39]), Bahnpoli-

---

[29]) Vgl. RGSt. v. 4. Juli 1911 i. Recht 1912 S. 65; EJZ. 1908 S. 166; DJZ. 7,[510]; „Wild und Hund“ 1902 S. 225 f.

[30]) RGSt. 25,[429]; GoltdArch. 18,[577]; EJZ. 1908 S. 194.

[31]) RGSt. 25,[430]; KammerG. i. D. Jägerz. 35,[781]; Goercke S. 99 A. 4 Abs. II; Pollw. S. 121.

[32]) BGZ. 1908 S. 581.

[33]) OLG. Mü. 10,[274]; DJäger 22 S. 125; Wirsch. S. 225 Fußn. 1; *anders*: OberstLG. v. 26. Febr. 1900; DJäger 22 S. 78; „Wild und Hund“ 1902 S. 780 f.; Pollw. S. 122/123.

[34]) Unten § 6 JPB. III 7; anders Pollw. S. 122/123.

[35]) § 152 GVG.

[36]) Art. 56 AG. GVG.; KAB. und MB. v. 31. Aug. 1879 — GVBl. S. 1057, JMBl. S. 537 —, MB. v. 19. Febr. 1906 — JMBl. S. 36.

[37]) Reger 17,[76].

[38]) Dienstinstr. v. 18. Juli 1922 MBl. d. J. S. 223.

[39]) GVBl. 1921 S. 336.

zei[40]), als Hilfsgendarmen abkommandierte Soldaten[41]), im Forstdienst überhaupt und zum Forstschutze insbesondere aufgestellte Staatsdiener und Diener der Gemeinden, Stiftungen, Körperschaften und Privaten, die zugleich für den J.schutz verpflichtet sind[42]).

b) Die äußeren Forstbeamten: Forstmeister, -amtmänner, Oberforstverwalter, Forstverwalter, Revierförster, Förster, Forstassistenten, Oberforstaufseher, Forstaufseher, Oberforstwarte, Forstwarte, Forstreferendare, letztere, wenn von Forstbehörde eidl. verpflichtet[43]). Nicht nur innerhalb ihrer Aufsichtsbezirke und nicht nur, wenn Verwendung außerhalb ihres Dienstbezirkes angeordnet oder dessen Grenze behufs Verfolgung eines auf frischer Tat betroffenen J.frevlers zu überschreiten ist[44]); sie haben J.schutz und -polizei auch außerhalb der Staatswaldungen im ganzen Forstamtsbezirke auszuüben[45]) und können in diesem örtl. Bereiche Vorzeigung der J.karte verlangen. Das RG. dehnt ihr Recht, soweit sie Hilfsbeamte der Staatsanwaltschaft, sogar auf den ganzen Staatsanwaltschaftsbezirk aus[46]). Alles übrige Forst- und J.schutzpersonal, insbesondere das i. S. des Art. 15 II JG., dagegen auf seinen Aufsichtsbezirk beschränkt.

c) Die Grenzschutzbediensteten sind als Hilfsorgane der J.- und Forstpolizei zur Anzeige der ihnen bei Dienstausübung bekannt gewordenen J.frevel verpflichtet[47]), bei ihren Dienstgängen berechtigt, Vorzeigung der J.karte zu verlangen.

Dem J.berechtigten selbst und seinen für J.schutz nicht verpflichteten Aufsehern steht das Recht nach Ziff. 4 nicht zu[48]).

3. Wer bei J.ausübung eine fremde J.karte bei sich führt und zum Zwecke der Täuschung über seine Person einem Pol.organ vorzeigt, jagt ohne gültige J.karte und ist wegen Übertret. nach

---

40) GVBl. 1920 S. 442, 492.
41) ZfRpfl. 1921 S. 216.
42) Art. 115 Forstges.; FinME. v. 29. Jan. 1862, JME. v. 5. Febr. 1862, ME. d. J. 30. Jan. 1868; BlfAdmPr. 15, 203; Ganghofer S. 368; BlfRA. 65, 36; oben S. 191, 2 f.; DJäger 1926 S. 829.
43) OLG. Mü. 9, 289; oben S. 154.
44) RGSt. 15. Mai 1880 DJäger 3, 14; GeschAnw. f. d. bayer. Forstämter v. 13. Okt. 1925 §§ 80 ff. — FinMABl. S. 627 ff. —; §§ 38, 47 der Dienstanw. f. d. Forstverwalter, Amtsförster und Forstaufseher v. 13. Okt. 1925 — FinMABl. S. 158, 164; 185, 191; 212, 218. —; OberstGH. Z. 4, 519; Wirsch. S. 225.
45) RGSt. 2, 167, 306; 10, 106; 19, 101; 20, 344; 25, 249; 37, 32; 38, 373; 41, 431; 43, 215.
46) RG. v. 28. Nov. 1905 VI 1536/05; JW. 1906 S. 241 Nr. 3; DJäger 1908 S. 381; OLG. Mü. 4, 147, 150; JME. v. 25. Jan. 1900 Nr. 1409 und v. 28. Febr. 1900 Nr. 8416; VB. § 12 A 9 Abs. II, § 13; Vollw. S. 122 F. 2.
47) Best. über Organisation und Dienst der K. B. Grenzwache v. 20. Okt. 1895 § 97.
48) Vollw. S. 123.

Art. 23 Ziff. 1 in *sachl.* Zusammentreffen mit falscher Namensangabe nach § 360[8] RStGB. zu strafen[49]).

V. *Ziffer* 5.

Hierher gehören die KAB. v. 11. Juli 1900 die j.baren Tiere betr.[50]) und v. 6. Juni 1909 die Ausübung und Behandlung der J.en und den Verkehr mit Wildbret betr.[51]). Zur Strafverfolgung, auch bei Übertretung durch einen Angehörigen des J.berechtigten, Antrag nicht erforderlich[52]). — Der J.berechtigte ist für Anstiftung des J.gasts zur Übertretung j.polizeil., z. B. der Hegevorschriften, verantwortl.[53]), auch wenn der Täter nicht ermittelt wird[54]). — Mitnehmen von J.gästen ohne J.karte als solches nicht strafbar[55]).

VI. *Ziffer* 6.

1. „*Jagen*" gleich „*J.ausübung*" in § 292 RStGB.[56]), muß aber „berechtigt" sein[57]).

2. „*J.berechtigte*" hier nur die *j.ausübungsberechtigten* Eigenj.besitzer, Gemeinde- und Eigenj.pächter[58]), gemeindlichen Vertrauensmänner[59]), gelernten Jäger[60]), *nicht* Grundbesitzer, die J.recht nicht ausüben dürfen[61]), J.aufseher[62]), mit Zertifikat versehene J.gäste[63]).

3. „*Begleitung*" erfordert nicht Weilen des J.berechtigten in unmittelbarer Nähe, in Hör- oder Sehweite des J.gastes; es genügt Anwesenheit im gleichen J.bezirke, so daß die Bestätigung der von ihm erteilten J.ausübungsgenehmigung alsbald beigebracht werden kann. Weitergehende Forderung, die im Gesetz keine Stütze findet, ergäbe unerträgliche Konsequenzen, wenn der J.gast den Anstand oder Ansitz ausübt, bei der Suchj. den Anschluß verliert oder der Schweißfährte folgt[64]). Abreise oder Nichterschei-

---

49) Pollw. S. 126 A. 3; Wirsch. S. 226, der *rechtliche* Konkurrenz annimmt; GoltdArch. 43,[320].
50) Oben S. 56 ff. und eine event. ergehende MinE. nach § 2 l. c.
51) GVBl. S. 409; unten S. 233 ff.
52) Vgl. aber § 292 II RStGB.
53) § 48 RStGB.
54) BlfRA. 61,[65]; Pollw. S. 125 F. 2.
55) Pollw. a. a. O.
56) OberstLG. St. 3,[97]; 9,[398]; OLG. Mü. 6,[196]; oben S. 203 f. II, 1—6.
57) Wegen vereinbarter J.folge s. S. 37 II, 224 B 1; 370 f.
58) Oben S. 190 II 1.
59) Art. 11 JG. oben S. 197, 4.
60) Art. 10 II; Pollw. S. 125, oben S. 194 III 1.
61) Art. 4, 6, 3 JG.
62) Art. 15 II l. c. oben S. 209 II 2, c.
63) OberstLG. 8,[296]; OLG. Mü. St. 4,[435]; 6,[97]; KammerG. 7. Mai 1906, EJZ. 1908 S. 154; BlfAdmPr. E.-Bd. 7,[228]; Pollw. S. 125; DJäger 32,[94]; oben S. 194 III 2.
64) EJZ. 1907 S. 3; DJäger 1925 S. 12; „Wild und Hund" 1925 S. 651; oben S. 194 III 1.

nen des J.herrn hindern den J.gast an der J.ausübung[65]). J.-berechtigter braucht nicht selbst mitzujagen, kann sich auf Begleitung und Überlassung der J.ausübung an die Gäste beschränken[66]). Mangels anderer Vertragsabmachungen darf jeder von mehreren J.berechtigten selbständig Gäste ohne schriftl. Erlaubnis der nicht begleitenden anderen mitnehmen[67]). Die nur eine Störung der Anderen verbietende Gleichberechtigung aller Mitpächter, in deren Ausübung jeder vom Recht der Mitnahme von Gästen Gebrauch machen, sich deshalb keiner durch den anderen beeinträchtigt fühlen kann, fordert im Zweifel diese Selbständigkeit, unbeschadet einer etwaigen Vereinbarung über gegenseitige Mitteilung der Mitnahme[68]). Anwesenheit eines Mitpächters bei einer Treibj. genügt, ohne daß die anderen den J.teilnehmern Erlaubnisscheine ausstellen müßten. Gegen mißbräuchl. J.ausübung durch den J.-gast bietet die Begleitung eines Mitpächters bessere Gewähr, wie die zum Alleinjagen ermächtigende Erteilung eines Erlaubnisscheins durch alle Pächter. Ein trotzdem stattfindender Mißbrauch gibt klagb. Anspruch gegen den begleitenden Mitpächter auf Unterlassung der Störung und Verbot der Mitnahme des betr. J.-gastes[69]). Jagen in Begleitung eines Mitpächters, aber gegen den bekannten Willen der anderen Mitpächter nicht J.vergehen, sondern Übertretung der polizeil. Bestimmung der Ziff. 6, da bei Begleitung (und daher Genehmigung) auch nur eines Berechtigten kriminell indifferent, kein unbefugtes i. S. des § 292 RStGB.; nur zivilrechtl. Abwehr gegenüber dem Mitpächter. Immerhin empfiehlt sich ausdrückl. Regelung, da Frage bestritten[70]).

4. Schriftliche Erlaubnis.

a) Die Erteilung soll die Begleitung des Berechtigten ersetzen und den Nachweis der von ihm genehmigten Überlassung der J.ausübung ermöglichen. Daher ungültig, J.ausübung durch Kontrollorgane abzustellen, wenn von einem nicht oder nur vermeintl.

---

65) RGZ. v. 3. Okt. 1895; GoltdArch. 43, 296; KammerG. v. 28. April 1904 i. Schultz, Jahrb. 2, 81; Goercke S. 100 A. 11; Wirsch. S. 151; anders Pollw. S. 124.

66) Wirsch. S. 152 und Fußn. 153.

67) Pollw. S. 125; oben S. 194 III 1; unentschieden ObersteLG. 7. Jan. 1927 ZfRpfl. 1927 S. 111.

68) EJZ. 1907 S. 4.

69) In rechtsähnl. Anwendung der §§ 12, 858, 862 BGB.; s. unten Abschnitt E I; denn es handelt sich nicht nur „um die Grenzen des dem einzelnen Mitpächter zustehenden Gebrauchs" (§ 866 BGB.) der J.befugnis, sondern darum, daß den Mitpächtern der von ihnen bereits geübte „Mitbesitz" des J.ausübungsrechtes überhaupt gestört wird; unter allen Umständen verbliebe ihnen der petitorische Rechtsweg auf Gewährung ihres Mitnutzungsrechtes nach §§ 705, 743 II BGB.; vgl. Staud. III S. 31 A. 2 b; II b S. 605; VI b S. 663, II a.

70) Pollw. S. 125; DJäger 17, 4; oben S. 169 bei Fußn. 236; anders: Wirsch. S. 153/154; RG. v. 19. Febr. 1892; JW. 1892 S. 203 Nr. 11; Goercke S. 100 A. 11.

Berechtigten erteilt[71]). Die Überlassung von durch den J.berechtigten unterzeichneten Blankoformularen an einen J.gast, der sie nach Belieben an andere verteilen und mit deren Namen ausfüllen darf, unzulässig. Das Zertifikat braucht nicht durch J.ausübungsberechtigten *persönl.* ausgestellt zu sein[72]). *General*bevollmächtigter eines Großgrundbesitzers, der alle Rechtshandlungen, insbes. J.verpachtung vorzunehmen und die J. zu verwalten hat, und gesetzl. Vertreter[73]) im Zweifelsfalle zur Erteilung von Erlaubnisscheinen befugt. *Vertragl.* Überlassung des Rechts nach Ziff. 6, wie sie auch für gelernte Jäger anerkannt ist[74]), begegnet keinen j.polizeil. Bedenken[75]). Die Stellung eines Guts- oder Forstverwalters, Domänendirektors, Gutspächters, auch wenn sie selbst ein Zertifikat des eigenj.berechtigten Gutsbesitzers haben, verleiht diese Befugnis nicht, da sie rechtl. wie jeder andere J.gast zu beurteilen sind, dem sie zweifellos nicht zusteht[76]). — Für Geschäftsunfähige[77]), Geschäftsbeschränkte[78]), jurist. Personen handelt gesetzl. Vertreter[79]). — Schriftl. Erlaubnis gewährt in der Überlassung des *Alleinjagens* eine derart weitgehende Berechtigung, daß sie den *übereinstimmenden Willen* sämtl. *Mitpächter* voraussetzt und deshalb, selbst bei Teilung des J.bezirks unter ihnen (S. 189 I 2), nur *gemeinsam* ausgestellt werden kann[80]). Ist aber zwischen Mitpächtern vereinbart, daß jeder in dem ihm zugewiesenen Revierteil die gesamte Verwaltung selbständig und auf eigene Rechnung zu führen, Bestimmung über J.ausübung, J.betrieb, Hege, Revierschutz, Ertragsverwendung, Aufbringung des Pachtanteils ausschließlich, ohne Einmischung der anderen zu treffen hat, so kann auch er *allein* für seinen Revierteil J.erlaubnisscheine ausstellen.

b) „*Beisichführen*": Generalbevollmächtigte, Guts- und Forstverwalter, Domänendirektoren, Aufseher, nichtgelernte Jäger; Ehefrau und Angehörige des J.berechtigten; Ehemann bei J.ausübung auf dem nicht zum Gesamt- oder eingebrachten Gute gehöri-

---

71) OberstLG. St. 8, 156; Vollw. S. 124 A. c.

72) So KammerG. v. 9. Febr. und 7. Mai 1906 i. EJZ. 1907 S. 4 und Fußn. 1; Goercke S. 101 A. 12 Abs. II.

74) Art. 10 II, III JG.; oben S. 194 III 1.

75) EJZ. 1907 S. 4.

76) Recht 1907 S. 470; 1912 S. 564; Vollw. S. 125; oben S. 228 VI 2.

77) § 104 BGB.

78) §§ 106, 107 BGB.

79) Vollw. S. 124 F. 2.

80) Vollw. S. 125; Wirsch. S. 154 und F. 161; Schüllerm. S. 113 N. 5; Goercke S. 101 N. 12 Abs. II; JW. 1892 S. 203 Nr. 11; KammerG. v. 26. April 1888 und 23. April 1908, Recht 1908 S. 647 (J.gast handelt fahrlässig, wenn er sich nicht über Vorhandensein mehrerer Mitpächter vergewissert); KammerG. v. 4. Febr. 1909, Recht 1909 S. 783; 27. April 1911, DJäger 1911 S. 408; OberstLG. 7. Jan. 1927 i. ZfRpfl. 1927 S. 111, DJäger JU. 13/27 S. VII (rasche Kontrolle); BGZ. 1894 S. 484; 1907 S. 54; oben S. 168 und F. 223.

gen Grundbesitze der Ehefrau[81]), der geschäftsunfähige und geschäftsbeschränkte (minderjährige) J.berechtigte[82]); nicht aber gelernte Jäger, J.beamte[83]). — Der Erlaubnisschein muß auf den Namen lauten, um eine sichere Kontrolle zu ermöglichen, kann daher jurist. Personen, J.konsortien als solchen nicht erteilt werden[84]). Übertragene J.befugnis ist höchstpersönlich, nicht weiterübertragbar. Zahl der Zertifikate, bei Einverständnis der Mitpächter usw. unbeschränkt[85]). — Ein einem J.teilnehmer (oder dem J.leiter) übergebener Schein, in welchem allen namentl. aufgeführten, zur J. geladenen Gästen J.erlaubnis für den J.tag durch Unterschrift des oder der abwesenden J.berechtigten erteilt ist, genügt, wenn sämtl. Teilnehmer bei J. vereinigt, und Möglichkeit alsbaldiger Ausweisung an ein Kontrollorgan gewahrt. Denn es ist nirgends verlangt, daß der Jagende den Schein unmittelbar am Körper tragen, oder bei einer Mehrheit von Gästen für jeden der Erlaubnisschein auf einer besonderen Urkunde ausgestellt werde[86]). — Jagen mit Zertifikat eines, aber gegen den bekannten Willen des anderen Mitpächters: Übertretung nach Ziff. 6[87]).

c) Erlöschen der Erlaubnis bei Widerruf, der jederzeit erfolgen kann[88]), bei Tod und Konkurs des Ausstellers[89]), überhaupt in allen Fällen, in welchen dieser aus dem Pachtverhältnis ausscheidet[90]).

Der J.gast ist Vertreter des J.berechtigten, der Erlaubnisschein die ihm von diesem erteilte Vertretungsvollmacht, nach deren Erlöschen dem Vollmachtgeber, dessen Erben, dem Konkursverwalter zurückzugeben; bei Weigerung Kraftloserklärung durch öffentl. Bekanntmachung[91]).

---

81) Nicht auf den, seiner Verwaltung und Nutznießung unterworfenen Grundstücken der allgemeinen Gütergemeinschaft und des Güterstandes der Verwaltung und Nutznießung; oben S. 67.

82) Vormund oder gesetzlicher Vertreter bedürfen keiner schriftlichen Erlaubnis.

83) Pollw. S. 125 A. d; Wirsch. S. 152; Goercke S. 101 A. 12; Goltd.-Arch. 38,[383]; vgl. Menner, BGZ. 1913 S. 10.

84) Pollw. S. 125 A. c; oben S. 154 III.

85) Aber oben S. 197, 4 am Ende.

86) EJZ. 1908 S. 193, 195 Spalte 2, 196 Sp. 2; 1907 S. 288; KammerG. v. 18. Okt. 1909, Recht 1910 S. 91; DJZ. 1910 S. 85; vgl. oben S. 225 II 2; anders: Pollw. S. 125; EJZ. 1908 S. 194 Sp. 1 u. 2; 195 Sp. 1.

87) Oben S. 229, 3 a. E.; anders: Wirsch. S. 154 F. 161.

88) Vgl. oben S. 194 III 2; Erlaubnis, die vom Gemeindej.pächter im Pachtvertrag erteilt ist, kann einseitig durch Aufhebung der betr. Vertragsbestimmung nicht rückgängig gemacht werden, BGZ. 1907 S. 54. Klage auf Erlaubniserteilung; rechtskräft. Urteil ersetzt Erlaubnisschein (§ 894 ZPO.); kein Zwang zur Erteilung nach § 888 a. a. O.: „Wild und Hund" 1925 S. 405, 852; JW. 1925 S. 1147[24].

89) Oben S. 71; 175, 9.

90) Oben S. 170 VI; 221 I; Pollw. S. 125.

91) Oben S. 37, 2; §§ 168, 175, 176 BGB.; Staud. S. 496 f. A. 2—4 zu § 176; KO. § 23 I; Konkurs des J.gastes einflußlos; Jaeger S. 192 A. 14; vgl. unten Abschnitt E.

Keine Anwendung der Ziff. 6 auf den, welcher im Auftrage der Bez.pol.beh. gem. § 5 JPV. an Stelle des säumigen J.berechtigten Wildabminderung vorzunehmen hat.

5. Zu Bestrafung genügt Fahrlässigkeit[92]), welche nicht anzunehmen ist, wenn Zuwiderhandelnder der Ansicht sein konnte, auch er sei aus dem Pachtvertrage berechtigt; nach Art. 12 JG. ungültige J.übertragung kann bei Fortbestehen der Überlassungsabsicht als schriftl. Erlaubnis angesehen werden[93]).

C. Zu Absatz II.

Verurteilung zur Zahlung des J.kartenstempelpreises muß erfolgen, auch wenn die Lösung vor Erlassung des Urteils erfolgt[94]). — Da die Zahlung des Preises keine Zusatzstrafe, sondern administrative Ersatzverbindlichkeit ist, keine Umwandlung in Freiheitsstrafe[95]). Zahlung nicht auf die Stempelgebühr der nachträgl. gelösten J.karte anrechenbar[96]).

D. Absatz III: oben S. 210 zu Art. 16.

Transitorische Bestimmung.

Art. 24.

Jagdpachtverträge, welche von den Gemeinden nicht nach den Bestimmungen des gegenwärtigen Gesetzes abgeschlossen sind, lösen sich sechs Monate nach Publikation dieses letztern ohne gegenseitige Entschädigung der Jagdbesitzer und Jagdpächter auf, wenn drei Monate vor diesem Termine von dem einen oder anderen Teile gekündigt worden ist.

Gegenwärtiges Gesetz ist nur für die Regierungsbezirke diesseits des Rheins gültig[1]) und ist durch das Gesetzblatt bekannt zu machen.

Unsere Staatsminister der Justiz, der Finanzen und des Innern sind mit dem Vollzuge desselben beauftragt.

---

92) Recht 1908 S. 647; oben S. 230 Fußn. 80.
93) Vgl. oben S. 200 b und Fußn. 29; Vollw. S. 125.
94) ObstLG. 11, 338; BlfRA. 1912 S. 52; ZfRpfl. 1912 S. 78.
95) OLG. Mü. 5, 245.
96) Wirsch. S. 227 F. 191; Vollw. S. 126.
1) Aber Art. 23 Abs. III.

IV. Kgl. Verordnung vom 6. Juni 1909, die Ausübung und Behandlung der Jagd und den Verkehr mit Wildbret betr.

in der Fassung der Kgl. VO. vom 5. Mai 1913 zum Schutze der Vögel (GVBl. S. 409 und 189).

JPV.[1])

§ 1.

[I] Die Jagden sollen pfleglich behandelt und in ihrer nachhaltigen Benützung durch den Jagdbetrieb nicht gefährdet werden.

[II] Der Wildstand darf jedoch in keinem Jagdbezirke eine der Land- oder Forstwirtschaft schädliche Ausdehnung gewinnen.

Der Paragraph enthält allgemeine Normen, vor allem bei Auslegungsfragen[2]). Grundsatz, daß ein angemessenes Verhältnis der Geschlechter herzustellen, junges und weibliches Wild gewisser Arten im allgemeinen vollständig, junges männl. Wild, soweit normal und aussichtsvoll, nach Möglichkeit zu schonen, dem Raubzeug in vernünftigen Grenzen Abbruch zu tun, für Ersatz an besonderen Abgängen durch weitgehende Hege und event. Einsetzen Sorge zu tragen, Winterfütterung einerseits, Abschuß von Schwächlingen und kranken Tieren andererseits durchzuführen ist. Für die Größe des einem Revier angemessenen Wildstandes bestimmte Regeln nicht möglich, sondern Boden-, Bestands- und Äsungsverhältnisse zu berücksichtigen[3]).

---

[1]) BGZ. 1909 S. 401, 417, 566; BlfAdmPr. 60,[385]; DJäger 34 Nr. 16 u. 17; 32 S. 149. Auch für Staatsregie gültig FinMinE. v. 28. März 1924 (ABl. S. 43); §§ 39, 67 GeschAnw. f. d. bayr. Forstämter v. 13. Okt. 1925: FinMBl. S. 101, 120.

[2]) Z. B. Unzulässigkeit des Verzichts auf Schonzeiteinhaltung, auf Raubzeugerlegung, des Verbots der Abhaltung von Treibj. überhaupt usw.

[3]) Über Schutz und Pflege des Wildstandes vgl. Roerig S. 285 ff.; „Wild und Hund"-Kalender 1904, 1909, 1910, 1915 S. 70, 94; ForstwZBl. 31,[379]; DJäger 14,[210]; 18,[214],[234],[256]; „Wild und Hund" 1902,[513]; 1903,[593]; 1917,[330]; Dietzel, „Niederjagd"; Nordenflycht, „Hohe Jagd"; Grashey, „Prakt. Handbuch für Jäger"; Raësfeld, „Das Rehwild" und „Das Rotwild", in den Artikeln über „Hege"; St. Hubertus (Köthen); Jägerzeitung (Neudamm); Forstw.-ZBl. (Nürnberg); EJZ. 1907 u. 1908; Vollw. S. 202 A. 1 u. 2 Fußn. 1.

Der Begriff der gesetzl. Schonzeit erstreckt sich nicht bloß auf Bestimmungen über Anfang und Schluß der Hegezeit, sondern auch auf die Anordnung über Ausschluß der Schußzeit[4]).

Wird durch Anlagen zu Schutz und Pflege des Wildes (Remisen, Fütterungen, Salzlecken) solches in größerer Menge auf ein bestimmtes Grundstück gezogen, so kann der Grundbesitzer gegen diese durch § 1 gerechtfertigte Maßnahme nicht mit Besitzstörungsklage vorgehen.

§ 2.[1])

I Wer die Jagd ausübt, hat die festgesetzte Hege und Hegezeit zu beachten.

II Diese wird für die einzelnen Wildarten in nachstehender Weise bestimmt:

A. Haarwild.

Für Hirsche vom 16. Oktober mit 31. Juli,
für Alt- und Schmaltiere vom 1. Dezember mit mit 15. September,
für Wildkälber vom 1. Dezember mit 31. Oktober,
für Damhirsche vom 1. November mit 30. Juni,
für Damtiere vom 1. Januar mit 30. September,
für Gemswild vom 1. Dezember mit 31. Juli,
für Rehböcke vom 1. Oktober mit 31. Mai,
für Hasen vom 1. Januar mit 30. September,
für Dachse vom 1. Dezember mit 31. Mai,
für Murmeltiere vom 1. November mit 15. August.

B. Federwild.

Für Fasanen vom 16. Februar mit 15. September,
für Auer- und Birkhähne vom 26. Mai mit 9. April,
für Hasel-, Schnee- und Steinhühner vom 1. Januar mit 31. Juli,
für Feldhühner und Wachteln vom 1. Dezember mit 19. August,
für Wildenten vom 16. Februar mit 15. Juli,
für Waldschnepfen und Bekassinen vom 16. April, — im Hochgebirge vom 1. Mai — mit 30. Juni,

---

[4]) ObersttLG. 9, 219.
[1]) VO. v. 7. Juli 1926 (GVBl. S. 322). Jagdkalender: Tafeln.

für das auf den Mösern brütende Federwild und für Wildtauben vom 1. April mit 31. Mai,[2]) für Wacholderdrosseln (Krammetsvögel) vom 1. März mit 30. September.

I. Die Vorschriften über Hege und Hegezeit bezwecken im öffentl. Interesse den Schutz des Wildes, richten sich nicht nur gegen den J.berechtigten, sondern gegen Jedermann, der die J. überhaupt ausübt, Berechtigte und Unberechtigte[3]). Für Nichtberechtigte ihre Verletzung straferhöhender Umstand gem. § 293 RStGB., mit dem sie, da durch die Handlung mehrere, in ihren Begriffsmerkmalen sich nicht deckende Strafgesetze verletzt werden, rechtlich zusammentrifft[4]). „J.ausübung" ist auch hier in dem Art. 14 II, III erörterten Sinne zu verstehen. Keine Unterscheidung zwischen erfolgreicher und erfolgloser J.ausübung auf Schonwild[5]). Bestrafung auch bei Nichterweisbarkeit des Erlegens; Beweis des Nichterlegens unbehelflich. Deshalb alle die J. auf Schonwild ausübenden Jäger nach § 18 strafbar, wenn auch nicht festzustellen, wer das von einem derselben erlegte Schonwild geschossen hat[6]).

II. Hegevorschriften nur anwendbar, wenn feststeht, auf welche Wildart gejagt wurde[7]). Unanwendbar

1. bei Fallwild, da die Schonbestimmungen nur Hege lebenden Wildes betreffen[8]);

2. bei Wild, welches inf. körperl. Hinfälligkeit für den J.betrieb wertlos, bezügl. dessen vom Standpunkte nachhalt. J.nutzung gleichgültig, ob es länger leben bleibt oder nicht, dessen Tötung u. U. ein Gebot der Menschlichkeit sein kann, da es sonst den Raubtieren preisgegeben, dem Verludern überantwortet und dem Okkupationsrechte des J.besitzers gänzlich entzogen würde[9]). Ein Rehbock mit einem inf. alter, verheilter Verletzung verkrüppelten Laufe, der an der Äsungsaufnahme und der Sicherung vor Raub-

---

[2]) Dieses ist oben S. 59 f. Ziff. 20 unter den „Sumpfvögeln" durch Beifügung des Wortes „Brutvogel" oder „brütend" bezeichnet. In Betracht kommen nur die in Bayern, wenn auch bloß stellenweise und nach bisherigen Beobachtungen in vereinzelten Fällen auf den Mösern brütenden j.baren Vögel (Pollw. S. 203 Fußn. 1, der „regelmäßiges" Brüten als entscheidend fordert).

[3]) OLG. Mü. 8, 59.

[4]) Olsh. S. 1234 A. 4 a; S. 338 A. 15; anders Pollw. S. 203 A. I 1; OberstGH. 8, 212; 9, 219.

[5]) Vgl. dagegen pr. JO. § 76 und § 77 1.

[6]) Vgl. Schultz 11, 229; „Wild und Hund" 1915 S. 368.

[7]) Olsh. S. 1234 A. 4.

[8]) RGSt. 8, 540; 15, 268.

[9]) OberstLG. St. 1, 53; OLG. Mü. 2, 97; 4, 62; Reger 3, 304 I; „Wild und Hund" 1902 S. 606 berücksichtigt das nicht; unten § 4 III; Pollw. S. 204 A. 2 a.

zeug nicht gehindert ist und sich jedenfalls bis zum Ablaufe der Hegezeit gut durchzubringen vermag, kann nicht hierher gerechnet werden. Geringes Gewicht und Behaftung mit „Engerlingen", Tragen eines gefegten Gehörns am 30. März ändert nichts; nur unmittelbar zu befürchtendes Eingehen rechtfertigt Erlegung in der Schonzeit, durch die das Leiden des Verendens abgekürzt werden soll[10]. Kitz mit abgemähtem Lauf, Fasanhenne mit abgemähten Ständern für den J.betrieb wertlos[11].

3. Tötung von J.tieren im Notstande, da diese nicht J.ausübung[12].

III. Die in § 2 nicht aufgeführten j.baren Tiere des § 1 VO. v. 11. Juli 1900[13]) genießen — vorbehaltlich § 3 — keine Hege und Schonzeit; nämlich:

A. Schwarzwild, wildes Kaninchen, Biber, Fuchs, Wildkatze und verwilderte Hauskatze, Fisch- und Sumpfotter, Marder, Iltis, Wiesel.

B. Rackelwild, wildes Truthuhn, Steppenhuhn, Trappen, Wildschwäne und -gänse, Säger, Kormoran, Taucher, die nach Ziff. 28, 29 j.baren Adler und Falken, Habicht, Sperber, Weihen, Geier; das nicht auf bayer. Mösern brütende Federwild[14]; Wachtelkönig[15]) nicht j.bar; ebensowenig der Triel, der, obwohl kein Sumpfvogel, in Ziff. 20 zu diesen gerechnet und ausdrücklich als nicht j.bar erklärt ist[16]. „Wanderrebhühner" sind „Feldhühner" und genießen deren Schonzeit (§ 2 JPO.).

IV. Eine Erweiterung der Schonvorschriften durch Gesetz v. 6. Juli 1908 betr. Änderung der GemO. und des PStGB.[17]) Art. 2 ermöglicht[18]. Art. 13 JG. hindert nicht die Ausdehnung der im öffentl. Interesse erlassenen Wildschutz-Bestimmungen; Pol.VO., welche auf Grund des Art. 22b PStGB. ergehen, stehen mit dem J.gesetz nicht nur nicht in Widerspruch, sondern dienen dem in § 1 JPO. ausgesprochenen, auf das J.gesetz gestütz-

---

10) OLG. Mü. 2, 178; Reger 3, 304 II; „Hubertus" 1912 S. 333.
11) EJZ. 1908 S. 229.
12) Oben S. 47, 204 III 1.
13) Oben S. 56 ff.
14) Die Brutvögel sind oben S. 59 Ziff. 20 ausdrücklich bezeichnet.
15) Oben S. 60.
16) Oben S. 59 Z. 20; unten Anlage I Ziff. 42 zu VSchV. v. 5. Mai 1913.
17) „Heimatschutz", GVBl. S. 353.
18) Danach erging Art. 22b PStGB.: An Geld bis zu 150 RMk. oder mit Haft wird bestraft, wer den durch Verordnung oder oberpolizeiliche Vorschriften erlassenen Bestimmungen über Ausgrabungen und Funde von prähistorischen oder historisch merkwürdigen Gegenständen zuwiderhandelt. Gleicher Strafe unterliegt, wer den ober-, distrikts- oder ortspolizeilichen Vorschriften zuwiderhandelt, die zum Schutze einheimischer Tier- und Pflanzenarten gegen Ausrottung oder zum Schutze von Orts- und Landschaftsbildern gegen verunstaltende Reklame erlassen sind. In den Fällen des Abs. 2 finden die Vorschriften der Art. 105, 18 Abs. 2 entsprechende Anwendung.

ten Grundsatze pflegl. Behandlung und Erhaltung der J.en in ihrer nachhaltigen Benützung (Art. 10 PStGB.), da sie, wenn vielleicht auch aus anderer Veranlassung, durch Forderung weitergehender Hege tatsächlich diesen Grundsatz fördern[19]). Bisher ist nur ob.pol. V. über Schutz des Steinadlers und Uhus v. 29 April 1925 (GVBl. S. 143) ergangen.

V. Ergänzungen der Schonvorschr. enthält § 7, Ausnahmen §§ 4, 5, 11 I). Vertragl. Verzicht auf Hege und Hegezeit unzulässig[20]).

VI. Abkürzung der Schonzeit nur in Abänderung des § 2 durch Verordnung.

VII. Strafbestimmung § 18. Als Verschulden reicht Fahrlässigkeit hin[21]). Freisprechung wegen qualifizierten J.vergehens (§ 293 RStGB.) überhebt Gericht nicht der Prüfung, ob nicht Übertretung der Hegevorschr. vorliegt[22]). Irrtum über Bestehen und Dauer der Schonzeiten macht als strafrechtl. nicht straffrei[23]), wohl aber Irrtum über J.barkeit (unten § 293 RStGB. IV).

VIII. Eigentumserwerb an dem mit Verletzung der Schonvorschrift erlegten Wild Art. 1 JG. A. 2.

§ 3.[1])

I Die Jagd auf Rehgeißen, Gems- und Rehkitze, dann auf Auer- und Birkhennen ist, vorbehaltlich der Bestimmungen in den §§ 4 und 5, zu jederzeit verboten.

II Gems- und Rehkitze gelten als solche bis zum Ablauf der Hegezeit für das betreffende männliche Wild in dem auf die Geburt folgenden Jahre.

§ 3 richtet sich auch gegen Nicht j.berechtigte[2]).

1. Weibl. Reh-, Auer- und Birkwild und Rehkitze sind, trotz Schonung während des ganzen Jahres j.bar. „Die J. ist verboten" — besagt, daß „J." auf dieses Wild an sich mögl., dasselbe also „j.bar" ist[3]). § 1 A 3, B 1, 2. VO. v. 11. Juli 1900

---

19) Vollw. S. 205 A. 3.

20) Oben S. 143 Fußn. 17. — Erlegen junger Hasen für Küchenbedarf während Schonzeit nicht mehr zulässig.

21) OberstLG. St. 1, 378 und v. 20. Mai 1901 i. BlfRA. 66, 254; Goltd.-Arch. 44, 429; 51, 204; Vollw. S. 206 A. 4.

22) RGSt. 5, 233.

23) Recht 1908, 87.

1) Tafel: Fortpflanzung des J.wildes.

2) OLG. Mü. 8, 58.

3) RGSt. 29, 8; OberstGH. 9, 219.

spricht von Reh-, Auer-, Birkwild als j.baren Tieren, ohne Unterscheidung des Geschlechts[4]).

2. Rehkitze (Setzzeit Mai) gelten als solche bis 31. Mai, Gemskitze (Setzzeit Mai) bis zum 31. Juli des auf das Geburtsjahr folgenden Kalenderjahres. Eine Unterscheidung zwischen männl. und weibl. Kitzen nicht gemacht.

3. „J. auf Rehgeißen" usw. bedeutet jede J.handlung, nicht nur das Erlegen. Erlegung von Rehgeißen, Auer- und Birkhennen, Reh- und Gemskitzen, die infolge Hinfälligkeit für den J.betrieb wertlos, ist gestattet[5]). Wer Reh- oder Gemskitze in elendem Zustande antrifft, nachdem er sie bereits längere Zeit klagen hörte, und in der Überzeugung, daß sie mutterlos sind und zugrunde gehen würden, heimträgt, um sie zu pflegen und womögl. zu retten, handelt nicht gegen die Hegevorschriften[6]). Ein erst ein paar Tage altes, mutterloses Kitz, das ohne fremde Hilfe zugrunde gehen muß, hat in seinem hilflosen Zustande keine j.liche Bedeutung[7]). Seine Rettung durch menschl. Hilfe ist „pflegliche J.behandlung" (§ 1 JPB.). Eine gesetzl. Vorschrift, dem gesundeten und aufgezogenen Tiere die Freiheit zu geben, besteht zwar nicht[8]). Die Aneignung bleibt jedoch stets ein Eingriff in das ausschließl. Okkupationsrecht des J.berechtigten, wenn sie von einem nicht J.ausübungsberechtigten geschah, und hindert Eigentumserwerb[9]). Er bleibt zwar straflos, ist aber nach Beseitigung der Gefahr zur Herausgabe an den Berechtigten verpflichtet[10]). — Einfangen gesunder Reh-(Gams-)kitze zum „Aufziehen" in Gefangenschaft oder zum Aussetzen in anderem Revier auch dem J.berechtigten verboten[11]).

4. Ausnahmen §§ 4, 5, 11.

5. Strafbestimmung § 18. Zur Bestrafung genügt Fahrlässigkeit[12]). Der Zuruf: „Obacht, ein Bock!" und Vertrauen auf die Richtigkeit der Beobachtung des Zurufenden überhebt den Schützen nicht der Pflicht eigener Prüfung, deren Unterlassung Fahrlässigkeit begründet[12]). Wer ein Reh wegen seiner Stärke und seines (geringen) Gehörnansatzes für j.bar hält, handelt bei Erlegung nicht vorsätzl., wenn der Bock auch ein „Kitzbock" ist. Fahrlässigkeit liegt aber vor, falls die Unkenntnis des Alters eine schuldhafte. Denn aus Stärke und Gehörnansatz kann noch nicht auf einen j.baren Bock geschlossen werden.

---

4) Oben S. 204 II 5.
5) Oben S. 235 f. II 2; „Wild und Hund" 1914 S. 349; 1908 S. 17.
6) OLG. Mü. 1, 228.
7) OberstLG. 1, 53; 3, 331; JW. 1889, 89; Pollw. S. 204 b.
8) OberstLG. 3, 332; Pollw. S. 204 d.
9) § 958 II BGB.
10) Wirsch. S. 401; ObersttGH. 9, 222; BGH. 29, 45.
11) DJäger 1923 S. 392.
12) ObersttLG. 1, 378.

Bei Treibj.en insbes. muß der mit Stand und Wechsel der einzelnen Böcke nicht ganz sicher vertraute Jäger mit der Möglichkeit rechnen, daß auch ein starker, bereits Gehörnansatz zeigender Kitzbock vor den Schützen kommt. Fehlen untrügl. Kennzeichen für einen j.baren Bock bei pflichtgemäßer Anstellung dieser Erwägungen, so handelt derjenige, welcher trotzdem schießt, fahrlässig, da er Vorkommen starker, das Erstlingsgehörn tragender Kitzböcke als nicht ausgeschlossen betrachten muß, sich, bei der Schwierigkeit der Unterscheidung, Zweifeln über die J.barkeit des flüchtig anlaufenden Bockes nicht verschließen darf, auch mit Absprengen eines bekannten älteren Bockes vom gewohnten Wechsel durch das Treiben rechnen muß und sich daher in einem vermeidbaren Irrtum befindet[13]). Außergewöhnliche Stärke, namentlich eines ungehörnten Bockes kann Irrtum über die J.barkeit entschuldigen[14]). Da auch gehörnte Geißen vorkommen, ist, falls deren Vorhandensein im Revier bekannt, besondere Vorsicht geboten. Das Maß der anzuwendenden Sorgfalt ist im Einzelfalle nach den tatsächl. Verhältnissen zu prüfen[15]). Unbefugtes Schießen auf eigenem Gebiete stehenden Schonwildes von fremdem J.gebiete aus bildet eine, u. U. mit § 368 [10] RStGB. sachlich zusammentreffende Übertretung des § 3[16]).

6. Ausschluß des Eigentumserwerbs an absolut geschontem Wild siehe Art. 1 JG. A. 2, a.

§ 4.[1])

[I] Auf Antrag des Jagdausübungsberechtigten kann die Bezirkspolizeibehörde aus Rücksichten der Landeskultur oder der Jagdpflege den Abschuß von Rehgeißen, Rehkitzen, dann von Auer- und Birkhennen, sowie von Rot- und Damwild während der Hegezeit gestatten.

[II] Vor der Bescheidung solcher Gesuche ist das Gutachten des Forstamtes einzuholen und bei verpachteten Jagden der Verpächter zu hören.

[III] Auf Verlangen der Beteiligten hat die Bezirkspolizeibehörde auch andere, von ihr zu bestimmende Sachverständige einzuvernehmen.

---

[13]) ObersttLG. 13, [278]; BlfRA. 66, [254]; v. 6. Juli 1912 ZfRpfl. 12, [254]; 8, [384]; 9, [204]; RGSt. v. 4. Febr. 1891 BlfRA. 10, [110]; RGSt. 20, [212]; OLG. Mü. 10, [4]; „Hubertus" 1912 S. 555.

[14]) ObersttLG. 21. Juni 1912; Vollw. S. 207 A. 6.

[15]) RGSt. 12, [317]; 30, [25]; vgl. auch 22, [357].

[16]) ObersttGH. 3, [208]; Vollw. S. 208 A. 6; unten § 6 JPB. III 5.

[1]) Über Regulierung des Wildstandes durch Abschuß vgl. Roerig S. 394 ff.; „Wild- und Hund"-Kalender 1915 S. 19 ff. Staatsj.: BlfAdmPr. 71, [81].

IV Im Falle der Genehmigung des Gesuchs ist die Schußzeit, welche für Rehgeißen, Rehkitze, Auer- und Birkhennen, in der Regel nicht in der Hegezeit für das betreffende männliche Wild zu verlegen ist, ferner die Stückzahl und die Erlegungsart — z. B. Ausschluß der Erlegung auf Treibjagden — festzusetzen.

V Die Erlaubnisscheine sind nach Anlage A auszufertigen (vgl. § 9).

VO. v. 7. Juli 1926 Ziffer II (GVBl. S. 322):

Im Rahmen des § 4 kann die Bezirkspolizeibehörde auch den Abschuß von Auerhennen während der Hegezeit gestatten.

I. § 4 sieht die Möglichkeit einer Entbindung des J.ausübungsberechtigten von der Einhaltung der nach §§ 2, 3 festgesetzten Schonzeiten vor. Befreiung erstreckt sich beim Reh nur auf erwachsenes weibl. und jugendl. Wild. Hinsichtl. des letzteren ist eine Unterscheidung zwischen männl. und weibl. Tieren weder aus dem Gesetz noch aus j.lichen Gründen zu rechtfertigen. Aus dem Wortlaute des § 4 ergibt sich mit hinreichender Deutlichkeit, daß nur zwischen erwachsenen weibl. Tieren einerseits und jugendl. andererseits unterschieden werden will[2]). — Erlaubnis für Abschuß von Rehgeißen schließt nicht weibl. Rehkitze ein. „Geiß" und „Kitz" werden vom Gesetz ausdrücklich unterschieden. Dagegen sind „Geißen" sowohl Gelt- und Kitzgeißen, wie Schmalrehe. Für Gemskitze kein Abschuß gestattet; aber für Rot- und Damkälber, und für Edel- und Damhirsche, da schlechthin „Rot- und Damwild" erwähnt.

II. Gestattung des Abschusses nur auf Antrag des J.ausübungsberechtigten, also des die J. selbst betreibenden Eigenj.berechtigten oder des Eigenj.- und des Gemeindej.pächters, nicht der Gemeinde oder des verpachtenden Eigenj.-, oder des nicht eigenj.berechtigten Grundbesitzers; der Gemeinde, nicht der Vertrauensmänner bei gemeindl. Regie der Gemeindej.; des J.herrn, niemals des gelernten Jägers; wohl aber des Generalbevollmächtigten eines Großgrundbesitzers[3]).

III. Die Abschußerlaubnis örtlich auf J.gebiet desjenigen beschränkt, dem sie erteilt. Wechselt dort angeschweißte Rehgeiß in das Revier des Nachbarn, der keine Abschußgenehmigung besitzt, darf dieser sie dort nicht erlegen, auch dem, für seinen J.bezirk mit Erlaubnisschein ausgestatteten J.ausübungsberechtigten dort die Erlegung nicht gestatten, selbst dann nicht, wenn vertragl.

---

[2]) § 3 Abs. II; Vollw. S. 209 F. 1; anders DJäger 1910 S. 410.
[3]) Vgl. S. 230, 4 a.

J. folge besteht[4]). Ausnahme, falls das Stück so schwer krank ist, daß sein Verenden zu erwarten, Tötung zur Abkürzung seiner Leiden ein Gebot der Menschlichkeit ist[5]).

IV. Genehmigung kann nur durch Bez.pol.beh., in deren Bezirk die J. ganz oder größtenteils liegt, erteilt werden. Sie muß:

1. ein Gutachten des zuständ. Forstamts erholen;

2. den Verpächter hören; dessen Einwilligung nicht Voraussetzung für die Gestattung;

3. Sachverständige auf Verlangen des J.ausübungsberechtigten oder des Verpächters vernehmen. Das Forstamt ist nicht beteiligt[6]). Auch bei Forstärarialj. erteilt nicht das Forstamt die Genehmigung[7]). Entscheidung nach freiem Ermessen, da kein Rechtsanspruch auf Gewährung. Gegen Ablehnung Verwaltungsbeschw. bis zum St.min. d. J. (§ 17). Da der Abschuß nur „gestattet", ist dessen Erfüllung nicht geboten oder erzwingbar.

V. Gesuchsbegründung: Rücksicht auf die Landeskultur[8]) oder auf die J.pflege[9]).

VI. Der Genehmigungsbeschluß muß festsetzen:

1. Schußzeit. In der Regel für Rehgeißen und -kitze zwischen 1. Juni und 30. September, bei Auer- und Birkhennen zwischen 10. April und 25. Mai[10]). Ausnahmen nur unter besonderen Umständen. Bei weibl. Tieren Säuge- und Aufzuchtperiode zu berücksichtigen. Abschuß im letzten Pachtjahr nur ausnahmsweise zu gestatten, um ein „Ausschinden" der J. zu vermeiden[11]).

2. Stückzahl: nach Rehgeißen und -kitzen, Hirschen, Tieren, Wildkälbern auszuscheiden.

3. Erlegungsart: z. B. Abschuß auf der Einzelj.; Ausschluß von Treibj. oder Waldtreiben; nur auf der Birsch oder nur beim Ansitz; ledigl. durch den J.ausübungsberechtigten selbst oder auch durch dessen gelernte Jäger, nicht auch durch J.aufseher oder Gäste; bei Rehgeißen und -kitzen nur mit der Kugel und nur bei Tag. Immer nur Abschuß, nicht auch eine andere Erlegungsart, insbes. nicht Anwendung von Fang- oder Fallgruben und Schlingen[12]).

---

4) Vgl. „Wild und Hund" 1902 S. 606.
5) Oben S. 235 II 2; Pollw. S. 210.
6) ME. v. 22. Febr. 1910 Nr. 2201.
7) ME. v. 18. Dez. 1911; Pollw. S. 208.
8) Wildschadenverringerung, Unmöglichkeit der Winterfütterung!
9) Überhandnehmen weibl. Wildes, Vorhandensein schwacher Stücke, Mißverhältnis der Geschlechter, schädigender Einfluß alter rauflustiger, für die Nachzucht ungeeigneter, die Fortpflanzung durch jüngere Vatertiere hindernder Rehböcke, Rot- oder Damhirsche; § 1 I; oben S. 235 I.
10) Aber VO. v. 7. Juli 1926, oben S. 240.
11) Pollw. S. 210.
12) § 13 kann nicht ausgeschaltet werden; OberstLG. 7, [76]; DJäger 22, [54], [75]; 34, [1010]; „Hubertus" 1912 S. 721; Pollw. S. 209.

Da der Abschuß überhaupt nicht genehmigt zu werden braucht, kann die Erlaubnis auch weiter eingeschränkt werden; so auf Rehgeißen, die sicher seit mehreren Jahren nicht mehr gesetzt haben[13]); auf Schmalrehe und -tiere[14]); auf bestimmte Revierteile und individuell bezeichnete Stücke[15]). Ausdrückl. Verbot des Abschusses von Kitze führenden Geißen („Kitzgeißen"). Beschwerde § 17.

VII. J.ausübungsberechtigter erhält zur Ermöglichung der Kontrolle kostenlos[16]) soviele mit fortlaufender Nummer versehene Erlaubnisscheine, als er Wildstücke abschießen darf[17]).

Nr...... **Anlage A.**

Erlaubnisschein.

Dem ....(Name und Stand)..........

in (Wohnort) wird die Genehmigung / der Auftrag erteilt, im Jagdbezirke ....

in der Zeit vom .... bis ....(Tiergattung und Geschlecht)..........

abzuschießen oder abschießen zu lassen.

Diese Karte gilt für das .... te Stück von den abzuschießenden

.....(Zahl)..... Stücken.

Diese Einrichtung ist unzureichend, da sie Umgehungen des Gesetzes nicht hindert[18]). Sorgfältige Kontrolle des erlegten Wildes bei Händlern, Wirten, Jägern[19]).

VIII. Strafbestimmung § 18: Auch fahrlässige Übertretungen jeder im Erlaubnisbeschlusse vorgesehenen Abschußbedingung, z. B. „Übersehen" der Bestimmung der Erlegung auf der Einzelj., mit der Kugel, der Beschränkung auf den Monat Dezember, und statt dessen Abschuß bei der Riegelj., mit Schrot, im November[20]). Der J.berechtigte oder J.leiter, welcher die Abschußbedingungen bei Treibj. nicht bekannt gibt, deren Nichteinhaltung duldet, zu ihrer Verletzung auffordert oder eine nicht vorhandene Abschußerlaubnis

---

[13]) „Geltgeißen"; BlfRA. 75, [28]; Pollw. S. 209.

[14]) Wirsch. S. 214.

[15]) Bösartige gehörnte Geiß, Bock mit drei Läufen, Perückenbock, alter Schadhirsch.

[16]) ME. v. 10. Jan. 1911.

[17]) Auch §§ 5 III, 9 III.

[18]) DJäger 1910, [149]; Pollw. S. 210; S. 247, 1. Aufl. dieses Komm.

[19]) ME. d. J. v. 1. Juni 1910; BB. v. 6. Dez. 1910 Z. 7 II; MABl. S. 938 ff.; Goercke S. 132; Vorschläge DJäger 1910, [149]; 1912, Nr. 17; 1913 Nr. 43, 44, 48, 49, 52; 1914 S. 230.

[20]) BGZ. 1910 S. 398.

behauptet, haftet als Selbsttäter oder Anstifter [21]); der Schütze kann nebenher wegen fahrlässiger Übertretung strafbar sein, wenn er schuldhafterweise Erkundigung beim J.berechtigten über Vorhandensein der Abschußerlaubnis unterläßt. Nachgewiesener Irrtum über Inhalt und Tragweite der Genehmigung macht als tatsächl. nur straffrei, wenn nicht selbst verschuldet [22]).

§ 5.[1])

I **Abgesehen von vorstehenden Bestimmungen ist, wenn sich in einem Jagdbezirke ein der Land- und Forstwirtschaft nachteiliger übermäßiger Wildstand ergibt, der Jagdausübungsberechtigte auf Anordnung der Bezirkspolizeibehörde verpflichtet, den Wildstand in der Zeit und in dem Umfange, wie es von dieser Behörde vorgeschrieben wird, abzumindern**

II **Das Gleiche gilt auch beim Auftreten von Wildseuchen, sowie bei Überhandnahme von Raubtieren und Eichhörnchen.**

III **Die Bestimmungen des § 4 Abs. 2 mit 5 finden sinngemäße Anwendung.**

1. Kommt J.ausübungsberechtigter nicht um Abschuß (§ 4) ein, oder vermag durch dessen Erfüllung genügende Abminderung nicht erreicht zu werden, so muß die Bez.pol.beh. nach gutachtl. Äußerung des Forstamts, Anhörung (nicht Zustimmung) des Verpächters, Einvernahme etwaiger von diesem oder vom J.ausübungsberechtigten verlangter, von ihr bestimmter Sachverständiger unter Festsetzung der Schußzeit, Stückzahl und Erlegungsart, nötigenfalls auch weiterer Abminderungsbestimmungen (oben § 4 VI) die mit Beschw. anfechtb. Anordnungen treffen, welche notwendig sind zur Abminderung eines nachgewiesenen, der Land- oder Forstwirtsch. nachteil., übermäßigen Wildstandes, zur Bekämpfung von Wildseuchen und zur Verhinderung des Überhandnehmens von Raubzeug und Eichhörnchen [2]). Die hienach anzuordnende Abminderung bleibt n i c h t auf das in § 4 bezeichnete Wild beschränkt.

---

[21]) OberstLG. St. 7, [78]; Olsh. S. 171 A. 17 zu § 47 RStGB.; Frank, Komm. z. RStGB. S. 74 A. 4; Lucas, Anleit. z. strafrechtl. Praxis S. 103; § 49 RStGB.; oben S. 228 V.

[22]) § 59 RStGB.; Vollw. S. 210 A. 4.

[1]) Über Regulierung des Wildstandes durch Abschuß vgl. Roerig S. 394 ff.; „Wild- und Hund"-Kalender 1915 S. 19 ff.

[2]) Vgl. ForstwZBl. 30, [355]; „Wild und Hund" 1903 S. 545: Interessengemeinsch. zwischen Jagd und Landwirtsch.; ebd. S. 301, 734 und 1915 S. 326; BayrV. 1916 S. 181: Nützlichkeit des Fasans.

Unter „Raubtieren" sind nur die j.baren zu verstehen, da es sonst der ausdrückl. Erwähnung des gemeinhin auch zum Raubzeug gerechneten, nicht j.baren Eichhörnchens nicht bedurft hätte. — Bei überhandnehmen nicht j.barer Raubtiere (Hamster, Igel, Ratten, Mäuse, Krähen, Elstern, Eichelhäher) sind ober-, bezirks-, ortspolizeil. Vorschr. zur Abwehr und Vertilgung zulässig, deren Befolgung durch die in Art. 120 ² PStGB. festgesetzte Geldstrafe gesichert ist[3]). Diese Anordnungen sind aber nicht j.-, sondern feldpolizeil. und können sich daher nicht gegen J.ausübungsberechtigte als solche richten. Art. 13 JG. schlägt nicht ein, da diese Maßnahmen mit der „Ausübung der J." nichts zu tun haben. — „Abminderung" von Nutz- und Raubwild auch durch Einfangen und Verkauf an Tierhandlungen oder andere J.besitzer zwecks Blutauffrischung oder Einführung einer Wildart in deren Revier (vgl. § 91 Ziff. 2) erfüllt, da nur Entfernung der Überzahl aus dem gefährdeten Gebiete erreicht werden soll. Bei Wildseuchen ausgeschlossen. Anordnung der Anwendung von Fang- oder Fallgruben, Schlingen, vergifteten Ködern und Pfahleisen oder des Abschusses auf Treibj. in der Verbotszeit des § 12 unzulässig, da J.ausübung vorliegt[4]). Zum Einfangen lebenden Wildes übliche Garnnetze sind keine „Schlingen"[5]).

2. Befolgung der Abminderungsanordnung, selbst bei Mangel der objekt. Voraussetzungen, nicht strafbar[6]). Bei Nichtbefolgung Strafe des § 18. Bez.pol.beh. ist ohne weitere Aufforderung befugt, Abminderung auf Kosten des Säumigen vornehmen zu lassen; erlegtes Wild verbleibt dem J.berechtigten. Der Erlös kann zur Kostendeckung herangezogen werden, wenn Verurteilung nach § 18 JPV. erfolgt[7]).

3. Zum Nachweis der Abminderungsanordnung bei Veräußerung von Wild werden Bestätigungen analog den Erlaubnisscheinen nach § 4 V, § 9 III erteilt. Der im Auftrage der Bez.pol.beh. die Abminderung statt des säumigen J.berechtigten besorgende Dritte übt J. aus, bedarf daher einer J.karte, nicht aber eines Erlaubnisscheins (Art. 23 ⁶ JG.), den der behördl. Auftrag ersetzt, oder Begleitung (Art. 23 JG. B VI 4, c).

4. Auf Staatsregie- und Leibgehegsj. findet § 5 Anwendung, da auch ihnen gegenüber Schutz gegen Schädigungen der Land- und Forstwirtsch. notwendig werden kann[8]). Nicht aber auf Wildparke[9]).

---

[3]) Vertilgung v. Raben, Krähen, Sperlingen: MinBek. v. 19. Juni 1918 (StAnz. Nr. 141); 31. Juli 1918 (Nr. 178); 7. März 1919 (Nr. 66); 13. Juli 1921 (Nr. 162); 13. Jan. 1922 (Nr. 11); 9. Sept. 1922 (Nr. 212).

[4]) § 13 und unten § 292 StGB. B I 4 u. S. 264, 4.

[5]) Pollw. S. 211 A. 1; unten § 13 II; § 293 RStGB. II.

[6]) KammerG. i. Recht 1912 S. 707; Pollw. S. 212 A. 5.

[7]) Art. 20 V PStGB.; Riedel-Sutner S. 75 A. 5; BlfAdmPr. 33, [99], [104], [115].

[8]) Obbayr. RegE. v. 11. Juli 1902 Nr. 30013; BlfAdmPr. 44, [49] a. M.

[9]) § 11; Pollw. S. 212.

§ 6.

I Bei Ausübung der Jagd dürfen die noch ungeräumten Felder und unabgelesenen Weinberge nicht betreten werden.

II Das Verbot erstreckt sich, vorbehaltlich des Ersatzes des allenfalls angerichteten Schadens, nicht auf das Betreten der Gras- und Kleeflächen, sowie der Wintersaat-, Kartoffel-, Kraut- und Rübenfelder.

§ 368 RStGB. Mit Geldstrafe bis zu 150 RMark oder mit Haft bis zu vierzehn Tagen wird bestraft:

9. wer unbefugt über Gärten oder Weinberge, oder vor beendeter Ernte über Wiesen oder bestellte Äcker, oder über solche Äcker, Wiesen, Weiden oder Schonungen, welche mit einer Einfriedigung versehen sind, oder deren Betreten durch Warnungszeichen untersagt ist, oder auf einem durch Warnungszeichen geschlossenen Privatwege geht, fährt, reitet oder Vieh treibt;

10. wer ohne Genehmigung des Jagdberechtigten oder ohne sonstige Befugnis auf einem fremden Jagdgebiete außerhalb des öffentlichen, zum gemeinen Gebrauche bestimmten Weges, wenn auch nicht jagend, doch zur Jagd ausgerüstet, betroffen wird;

Art. 115 PStGB.: „Wer unbefugt .... über die Einfriedigungen fremder Gärten steigt, wird an Geld bis zu 150 RMk. bestraft."

Art. 121 PStGB.: „Zuwiderhandlungen .... gegen sonstige von der Ortspolizeibehörde zum Schutze des landwirtschaftlichen Eigentums, der Feldwege und der auf der Flurmarkung befindlichen Abzugsgräben erlassenen feldpolizeilichen Vorschriften wird an Geld bis zu 150 RMk. bestraft."

Art. 92 ForstG.: „Mit einer Geldstrafe von 90 Pfg. bis 9 Mk. wird, neben dem Ersatz etwa verursachten Schadens oder neben der auf Kosten des Täters zu bewirkenden Wiederherstellung des früheren Zustandes, bestraft: 1. das Fahren außer den erlaubten Waldwegen oder den in den Schlägen angewiesenen Holzabfuhrwegen, das unbefugte Betreten künstlicher Ansaaten oder Pflanzungen unter 6 Jahren und besonders das Betreten derselben mit Pferden oder anderem Vieh."

I. § 368⁹ RStGB. verbietet:

1. unbedingt unbefugtes Betreten von Gärten und Weinbergen. Gärten darf auch der J.berechtigte nicht betreten, deren Einfriedigungen nicht übersteigen[1]). Weinberge erst zugängl., wenn abgelesen[2]). Friedhöfe weder „Äcker", noch „Gärten" i. S. des § 368⁹ [3]). Ihre Zweckbestimmung schließt eigentl. J.ausübung aus; u. U. Eigenj.bezirke nach Art. 2 Ziff. 2[4]).

2. Betreten von Wiesen und bestellten (nicht etwa bloß umgepflügten) Äckern vor beendeter Ernte. „Wiesen": kultivierte Grasflächen oder unkultivierte Flächen mit natürl. Graswuchs[5]); diese, begraste Abhänge, Weiden darf J.berechtigter jederzeit bei

---

1) Art. 115 PStGB.; oben S. 157 bei Fußn. 132.
2) § 6 JPO.
3) GoltdArch. 55, 130; Pollw. S. 196.
4) Wirsch. S. 209; GoltdArch. 38, 363; Pollw. S. 37 F. 1.
5) ObersLG. 3, 165.

J.ausübung begehen; dsgl. Kleebreiten, Wintersaat-, Kartoffel-, Kraut- und Rübenfelder, auch wenn „ungeräumt", also die Ernte noch nicht beendet ist, obgleich sie als „bestellte Äcker" anzusehen sind[6]). Getreidefelder erst, wenn „abgeräumt"; dies ist der Fall, wenn auch noch die in Schober oder Bündel zusammengesetzten, geschnittenen Garben darauf stehen. Allgem. Verbot des Herumlaufenlassens von Hunden in Fluren hindert den J.berechtigten nicht, seinen J.hund frei und uneingeschränkt in seinem Bezirk suchen zu lassen; dagegen darf auch er ihn nicht in unabgeernteten Getreidefeldern revieren lassen[7]). Geschossenes Wild darf er aus Getreidefeld holen[8]).

3. Gehen über Äcker, Wiesen, Weiden, Schonungen, die mit einer Einfriedigung versehen, oder deren Betreten durch Warnungszeichen untersagt ist. Gilt für den J.berechtigten nicht[9]). Schonungen im Forst, d. s. künstl. Ansaaten oder Pflanzungen unter 6 Jahren, darf er allein, mit J.begleiter und Hund, nicht aber mit Pferden usw. betreten[10]).

4. Gehen auf einem durch Warnungszeichen geschlossenen Privatweg. Hierher gehört auch ein infolge durchgeführter Flurbereinigung überackerter Feldweg[11]). Schließung ist für den J.berechtigten wirkungslos[12]). Außerhalb der erlaubten Waldwege oder der in den Schlägen angewiesenen Holzwege darf der Wildwagen bei Treibj.en nicht fahren[13]).

II. Die Befugnisse des § 6 gelten nur bei Ausübung der J., wozu auch Hegegänge zählen[14]). Überschreitet man dabei diese Befugnisse oder jagt gerade überhaupt nicht: § 368 ⁹ RStGB.[15]).

III. Auf fremdem J.gebiete, wo einem die J.befugnis fehlt, versagen die Privilegien des § 6; man riskiert Strafe wegen Übertretung des § 368 ¹⁰ RStGB., die ohne Antrag zu verfolgen ist und in drei Monaten verjährt[16]). Von der Annahme eines J.vergehens ausgehende richterl. Handlungen unterbrechen auch die Verjährung der Strafverfolgung aus § 368 ¹⁰ [17]). Dieser wird anwendbar, wenn nach den Umständen die Annahme einer J.aus-

---

6) § 6; OLG. Mü. 4, 147, 329, 519; 8, 302; Reger 8, 402; 16, 199.
7) Vgl. OLG. Mü. 4, 218; oben S. 202 II zu Art. 13 JG.
8) §§ 229, 230 I, 904 BGB.; Art. 13 II JG.; Pollw. S. 213 u. F. 1.
9) Vgl. Feldschadengesetz v. 6. März 1902; v. d. Pfordten S. 23 A. 2 ².
10) Art. 92 ¹ Forstges.
11) OLG. Mü. 10, 41; verbotener Waldweg GoltdArch. 56, 44.
12) Aber § 7 d. MB. v. 4. Jan. 1872 — RBl. S. 73 — polizeil. Absperrung von Straßen; OLG. Mü. 1, 467; 3, 313.
13) Art. 92 ¹ Forstges.
14) Vgl. oben S. 202 II, insbes. auch S. 206 IV.
15) § 18 JPB.; Reger 29, 598; ObLG. v. 19. Nov. 1911 Nr. 647/11; Pollw. S. 212 und F. 1.
16) § 67 III RStGB.; Wirsch. S. 207.
17) § 68 l. c.; RGSt. 13, 57; 24, 77; Rspr. 7, 595; 10, 31; OLG. Mü. 4, 319; 8, 197.

übung nicht haltbar ist[18]). Er beruht auf der gesetzgeber. Erwägung, daß der Zuwiderhandlung eine an sich nicht strafbare Vorbereitung unberechtigten Jagens zugrundeliegt, oder daraus leicht die Verübung eines J.vergehens folgeweise sich ergeben kann[19]). Bestrafung unbedingt, auch wenn Betroffener erwiesenermaßen gar nicht jagen oder nur dem freien Tierfange unterliegenden Tieren nachstellen wollte. Denn die Handlung ist kein Eingriff in fremdes J.recht[20]) oder Grundeigentum, sondern reines J.polizeidelikt. Deshalb genügt Fahrlässigkeit[21]), wie sie namentl. bei vermeidbarem Irrtum über die J.befugnis, versehentl. Überschreiten der eigenen J.grenzen[22]), nicht aber bei Einhaltung der vom Bürgermeister eingewiesenen, als richtig angesehenen Grenzen anzunehmen ist[23]). Erforderlich nur Bewußtsein sämtl. Tatbestandsmerkmale des Paragraphen, deren Unkenntnis nur bei entschuldbarem, nicht selbst fahrläss. verschuldetem Irrtum straffrei macht[24]). Keine Einziehung der J.geräte; aber Wegnahme zur Überführung; Hinausgabe nach Abschluß des Strafverfahrens oder schon nach Verlassen des fremden J.gebietes[25]).

1. Genehmigung nur von J.berechtigtem selbst oder dessen Generalbevollmächtigtem, nicht von sonstigen Angestellten, nicht vom gelernten Jäger, vom J.gast möglich. Vertrauensmänner vertreten die Gemeinde nur in der J.ausübung (Art. 11 JG.), dürfen daher die Genehmigung nicht erteilen. Sie ist mündl., schriftl., stillschweigend wegen des rein polizeil. Charakters der Vorschrift nicht nachträgl. (§ 184 BGB.), sondern vorher zu erteilen[26]). Bedingte Genehmigung zulässig; Nichteinhalt der Bedingung macht sie hinfällig[27])). Guter Glaube an nachträgl. Zustimmung kein Strafausschließungsgrund[28]), bei Zweifel über die Genehmigung bedingter Vorsatz[29]), begründete Voraussetzung selbstverständl. Einwilligung entschuldigt[30]). Jagen mit Genehmigung, aber ohne Begleitung oder Erlaubnisschein des J.berechtigten: Art. 23[6] JG.

2. Sonstige Befugnis: J.- und Forstbeamte dürfen zwecks Ausübung des J.- und Forstschutzes fremdes J.gebiet auch

---

18) Pollw. S. 183.
19) RGSt. 11,[421]; Olsh. S. 1379/80 A. a zu § 368[10]; Schüllerm. S. 142 N. 1; EJZ. 1907 S. 351.
20) RGRspr. 3,[352]; Olsh. a. a. O.
21) OberstLG. 2,[431]; 8,[157].
22) GoltdArch. 44,[174]; EJZ. 1907,[54],[351]; Olsh. S. 1380 A. a; Pollw. S. 183 A. 2.
23) Oben S. 157 V 1; Recht 1913 S. 473; Pollw. S. 185 A. 6.
24) § 59 RStGB.; RGSt. 38,[104]; Rspr. 9,[558]; OLG. Mü. 3,[63]; Goltd.-Arch. 39,[356]; Schüllerm. S. 142 N. 4.
25) Pollw. S. 186 A. 8 und F. 1.
26) § 183 l. c.; OberstLG. 8,[407]; 9,[398]; BlfRA. 75,[182].
27) Pollw. S. 182 A. 1.
28) BlfRA. 73,[55]; RGSt. 9,[31]; Pollw. S. 182/183.
29) OberstLG. 8,[407].
30) OLG. Mü. 7,[421].

ohne Genehmigung des dort Berechtigten in J.ausrüstung betreten[31]), auch ohne konkreten Verdacht, zwecks Nachschau an besonders geeigneten oder gefährdeten Stellen[32]). Das Forstpersonal soll in jedem Falle, also auch bei Verpachtung der ärarial. staatl. J., seinen ganzen Forstbezirk mit dem Gewehr begehen können, möge es mit der Aufsicht und Ausübung der J. beauftragt sein oder nicht. Nach dem Befinden der Umstände gilt derselbe Vorbehalt für das Forstpersonal anderer Waldbesitzer, wenn der Weg zu den ordentl. Dienstverrichtungen durch den verpachteten ärarial. Bezirk führt[33]). Diese Befugnis berechtigt nicht zur Mitnahme Anderer in J.ausrüstung[34]). Zum Zwecke der Nacheile, der Verfolgung, des Abfangens, der Streife nach Frevlern dürfen nicht nur diese Be- Beamten, sondern auch verpflichtete und nicht verpflichtete Privatj.-aufseher fremdes J.gebiet in J.ausrüstung betreten[35]); dsgl. Pol.- und Zollbeamte, der J.nachbar, wenn von ihm auf eigenem Gebiete erlegtes und bereits okkupiertes Wild auf das angrenzende Revier gelangt und zum Abholen J.ausrüstung notwendig ist[36]); der Fischereiberechtigte in den Grenzen des Art. 85 FG.[37]); der Grundeigentümer, dessen J.recht verpachtet ist, und der zwecks Verwirklichung seines Selbsthilferechts einer J.ausrüstung bedarf, z. B. zur Verfolgung von Forstfrevlern[38]). Zum Verscheuchen von Feldtauben durch Schreckschüsse ist Betreten fremden J.gebietes nicht notwendig[39]). J.nachbarschaft berechtigt nicht zum Betreten angrenzenden fremden Gebiets in J.ausrüstung zwecks Anstellung der Treibj.schützen[40]), ebensowenig Vermeidung eines Umwegs zum eigenen Revier[41]). Amtl. Bekanntmachung, daß Krähen oder andere Vögel nach § 5 VSchG. ohne J.karte geschossen werden dürfen, begründet keine „sonstige Befugnis" i. S. des § 368[10] RStGB.[42]).

3. Fremdes J.gebiet: auch Gewässer[43]); der eigene Grund und Boden für den nicht j.ausübungsberechtigten Eigentümer[44]).

---

31) RGSt. 16,[197]; Reger 5,[82]; 8,[405]; Pollw. S. 183 und F. 1; Wirsch. S. 203 und Fußn. 114; vgl. oben S. 227, 2 b.

32) ObersttLG. St. 21. April 1925; „Wild und Hund" 1925 S. 930; LeipzZ. 1925 S. 881; DJäger Ill. 35/26 S. XIII; 1927 S. 762.

33) § 34 FinMinReskr. v. 6. Mai 1850 Nr. 9676 über Staatsj.verwaltung.

34) OLG. Mü. 3,[68]; Riedel-Sutner S. 434 A. 3; Pollw. S. 183; Wirsch. S. 204; Schüllerm. S. 144 N. 10.

35) RGSt. 16,[197],[202]; 35,[403]; v. 22. Okt. 1907 i. EJZ. 1908 S. 4/5; ObersttLG. St. 16,[56]; OLG. Mü. 3,[68]; Pollw. S. 183, 188; Wirsch. S. 204 und Fußn. 114; Schüllerm. S. 142 N. 2.

36) § 867 BGB.; Olsh. S. 1381 A. f; Pollw. S. 183; oben S. 39.

37) Oben S. 47, insbes. S. 50 d.

38) Oben S. 206, 3; Pollw. S. 183 und F. 2; Frank, Komm. S. 519.

39) ObersttLG. 2,[429]; 11. Nov. 1915 Nr. 293/15; Riedel-Sutner S. 435 A. 6; Pollw. S. 184 A. 3.

40) RGSt. 9,[412]; 20,[4]; Reger 4,[344]; Pollw. S. 184 und F. 2; Schüllerm. S. 143 N. 7; Riedel-Sutner 434 A. 3.

41) Pollw. S. 184 A. 4.

42) „Wild und Hund" 1917 S. 238, 409.

43) Oben S. 84, 88 ff., 100 ff.; GoltdArch. 39,[183]; Pollw. S. 184 A. 4.

44) Olsh. S. 1380 A. c; Rspr. OLG. 1,[51]; Pollw. S. 184 A. 4; Wirsch. S. 204.

4. Die Worte „zum gemeinen Gebrauch bestimmter" Weg erläutern den vorangehenden Ausdruck „öffentlich"[45]). Der Weg muß nach seiner von den rechtl. Beteiligten, dem Eigentümer, der Wegepol.beh., dem Wegbaupflichtigen ausdrückl. oder stillschweigend gegebenen Zweckbestimmung dem allgemeinen Gebrauch gewidmet sein, wenn dieser auch, etwa wegen Ausbesserung, vorübergehend aufgehoben[46]). Nicht erforderl., daß er ihm wirklich dient[47]); Planierung, Vorhandensein von Abzugsgräben, Einmündung in katastrierte Wege nicht ausschlaggebend[48]). Früher allgemein benützter, nun verwachsener und verlassener, tatsächl. seiner Zweckbestimmung für den allg. Gebrauch entfremdeter Weg, nicht mehr „öffentl."[49]). Seitengräben, Böschungen, Ödflächen eines „öffentl." Weges sind, wiewohl Zubehör, zum gemeinen Gebrauch nicht bestimmt[50]). Ob ein zu forstwirtschaftl. Zwecken angelegter, von Angrenzern zu landwirtschaftl. Zwecken benützter Weg „öffentlich" ist, bleibt Tatfrage[51]). Nicht der Fall, wenn er nach Gutdünken des Besitzers verlegt, bepflanzt, abgegraben, verboten werden kann[52]). Übergraste „Linien", „Wirtschaftsstreifen" zwischen Forstgeräumten sind als forstwirtschaftl. Betriebsflächen keine „Wege". Geschlossene Privatwege, welche von einem bestimmten Personenkreis, den Bewohnern eines Waldhäuschens, einer Ortschaft, einer Einöde, gewissen Forstnutzungsberechtigten auf Grund persönl. oder dingl. Rechts als Schul-, Kirchen-, Begräbnis-, Leseholz-, Streunutzungswege oder von Arbeitern einer Fabrik auf Grund widerrufl. Erlaubnis des Eigentümers benützt werden, sind nicht dem „gemeinen" Gebrauche freigegeben[53]). Feld-, Holz-, Waldwege sind dann „öffentlich", wenn gem. Art. 55 I, II GemO. zur Bewirtschaftung der Grundstücke im öffentl. Interesse begründete, gemeindl. Anlagen; in den übrigen Fällen sind sie nur den Sonderinteressen Einzelner oder beschränkter Interessengemeinschaften dienende Einrichtungen, auf die der allg. Verkehr keinen Anspruch hat[54]). „Notwege" i. S. der §§ 917 ff. BGB. sind, wenn überhaupt „Wege", stets solche „Privatwege", die nur dem individuell Berechtigten eine Benutzungsbefugnis geben[55]).

---

45) Riedel-Sutner S. 434 A. 4; Schüllerm. S. 143 N. 8.

46) „Wild und Hund" 1916 S. 650.

47) Olsh. S. 1175 A. 2 f, 1381 A. e β; vgl. VGH. 25, 1 u. OberstLG. St. 8, 208; 9, 32; anders: OLG. Mü. 5, 96, 404; 6, 119, 167; 7, 290; GoltdArch. 49, 368; Reger 21, 198; Pollw. S. 184 A. 5.

48) Schüllerm. S. 143 N. 8.

49) DJäger 1910, 168; Pollw. S. 184 A. 5.

50) Vgl. Art. 89 PStGB.; RGSt. 16, 203; Reger 8, 404; 12, 58; 14, 66; E. 1, 168; „Wild und Hund" 1908 S. 52; vgl. VGH. 4, 349.

51) OberstLG. St. 12, 279; ZfRpfl. 1912 S. 443.

52) OLG. Mü. 5, 409; Schüllerm. S. 143 N. 8.

53) OberstLG. 2, 296, 431; 3, 28; 10, 296; BlfRA. 68, 63; EJZ. 1907 S. 215; OLG. Mü. 5, 409; 7, 290; 8, 76; Pollw. S. 185.

54) BGZ. 1911 S. 266, 289.

55) Oben S. 157 V 1.

— Markierte Touristenwege, die nicht gleichzeitig dem ständigen Verkehr der Eingesessenen zwischen den Ortschaften gewidmet sind, sind keine öffentl. Wege[56]), sondern Privatwege, Zugehörungen des fremden J.gebiets, gleichgültig, ob an den Grenzen hinziehend oder diese durchschneidend[57]). Teile von öffentl., Staatsprivat-, Adjazentenprivat- und Privatflüssen im Eigentum Dritter können zum „gemeinen Gebrauch bestimmte" Wege sein[58]). — Schifftreidelwege nicht „öffentlich". Eisenbahnen scheiden aus, da das Betreten von Bahnanlagen der freien Strecke, soweit nicht zugleich zur Benutzung als Wege bestimmt, nur bestimmten, mit Erlaubniskarte versehenen Personen, gewissen Beamtenkategorien und Offizieren im Dienste, im übrigen bloß überschreiten an den zu Übergängen bestimmten Stellen gestattet ist, Privatübergänge aber nur von den Berechtigten benützt werden dürfen[59]). — Wenn Öffentlichkeit nach den Umständen nicht erkennbar, Straflosigkeit[60]). — „Gemeingebrauch" bezieht sich auf allgemeine Berechtigung zum Verkehr, nicht auf Benützungsart; daher eine Benutzungsart (Reit-, Fahr-, Viehtrieb-, Fußweg) genügend; Bestimmung zu allen mögl. Benutzungsarten nicht erfordert[61]). Über öffentl. Wege Art. 2 JG. VI. 1.

5. Mit den Worten: „wenn auch nicht jagend" sollen die Tatbestände erfaßt werden, welche äußerlich als J.ausübung erscheinen, aber den inneren Tatbestand des § 292 RStGB. nicht erfüllen. Bei Mangel des hienach erforderlichen Bewußtseins der Rechtswidrigkeit fahrlässige Übertretung des § 368[10] l. c.[62]). Idealkonkurrenz mit § 292 ausgeschlossen[63]). Wer von fremdem J.gebiet aus auf seiner J. befindl. Wild schießt oder diesem auf fremdem J.gebiet folgt, bis es ins eigene Revier übertritt, und es da erlegt, verwirklicht in fremdem Bezirke eine J.ausübungshandlung. Da aber für das ausschließl. Recht zur Okkupation nicht der Standort des Jagenden, sondern der des Wildes im Zeitpunkt der Okkupation maßgibt, und sämtl. Einzelhandlungen als einheitl. Tat zu betrachten sind[64]), verfehlt er sich nicht gegen § 292, sondern nach § 368[10] [65]). Keine Okkupationshandlung auf fremdem J.gebiete durch einen auf eigenem Revier über fremdes Gebiet hinweg abgegebenen Schuß nach Wild, welches im eigenen J.bezirke steht; daher keine der beiden Strafbestimmungen anwend-

[56]) Pollw. S. 185.

[57]) BGH. 6,[141]; 8,[321]; 18,[180]; 20,[13]; DJäger 17,[168].

[58]) Wirsch. S. 204 Fußn. 116; Goltd. 39,[183]; Pollw. S. 185.

[59]) §§ 78, 79 Eisenbahnbau- und Betriebsordnung v. 13. April 1905 GVBl. 1905 S. 251 ff., 1913 S. 85, Art. 88 PStGB.

[60]) OLG. Mü. 7,[290]; Schüllerm. S. 144 N. 12.

[61]) OLG. Stuttgart 6. Mai 1925 DJäger JU. 53/26 S. IX.

[62]) ObersttLG. 8,[407]; oben S. 246 f. III.

[63]) RGSt. 13,[270]; Rspr. 8,[378]; Reger 2,[52]; 6,[81]; 7,[67]; 28,[557]; E. 1,[135]; Pollw. S. 186.

[64]) Olsh. S. 1132 A. 8; Frank S. 661 A. III.

[65]) ObersttLG. 3,[208]; RGSt. 6,[375]; Olsh. u. Frank a. a. O.; Pollw. S. 164. DJäger 1927 S. 762 I.

bar[66]). Auch bei Nichtbestehen einer J.ausübungsabsicht (Wegabkürzung!) Strafe aus § 368[10]).

6. Zur J. ausgerüstet ist nicht nur, wer durch äußere Ausrüstung zu erkennen gibt, daß er jagen will, sondern jeder, der ein zur Ausübung der J. geeignetes Werkzeug in einem Zustande bei sich führt, daß davon bei sich bietender Gelegenheit alsbald zu diesem Zwecke Gebrauch gemacht werden kann. Wer zwar Gewehr, aber keine dazu gehörige Munition hat, ist nicht in JA. Dagegen genügt Ruhestellung der Hähne, Sicherung des Gewehrs, Umwickeln des Schlosses mit einem Tuch, Zerlegen, Verteilen der einzelnen Stücke (Schaft, Vorderschaft, Läufe) oder der Waffe und der Munition unter zwei miteinander gehende Personen nicht; es kommt nicht auf sofortige Schußbereitschaft, sondern auf die Möglichkeit alsbaldiger Herstellung derselben an: Zweck des Betretens gleichgiltig[67]) JA. sind Werkzeuge, die zur Verwundung, Erlegung, Okkupation von Wild geeignet sind, also alle Feuer- und Schußwaffen[68]), Schlingen, Fallen, Eisen, Werkzeuge zum Fuchs-, Dachs-, Karnickelgraben, zum Ausräuchern der Baue; nicht bloßes Mitführen eines J.hundes, sofern er nicht Eigenschaften besitzt, welche mit ihm allein und ohne Benutzung anderer J.geräte die J.ausübung ermöglichen[69]). „Dauernde Bestimmung" oder „dauernde Bestimmung vermöge objektiver Eignung" zur J. gerade auf j.bare Tiere, ohne Rücksicht auf subjektive Zweckbestimmung durch Besitzer ist nicht zu fordern[70]). Durchqueren fremder J. auf Skiern oder Fahrrad ohne Aufenthaltsabsicht unter Mittragen eines zerlegten Gewehrs und verpackter Munition im Rucksack nicht strafbar[71]).

7. Zum Begriff des Betroffenwerdens genügt Nachweis des „Sichbefindens", des Betretens. Dieser kann, wenn der Handelnde von niemand angetroffen oder gesehen wurde, nicht durch Augenzeugen allein, sondern auch auf andere Weise, etwa durch Feststellung eines von ihm selbst geführten Gespräches über seine tatsächl. Anwesenheit im fremden Revier, seiner Spuren, eines von ihm verlorenen Gegenstandes, geführt werden[72]). „Betroffenwerden"

---

66) Vollw. S. 164.

67) RGRspr. 1,[671]; 8,[379]; 9,[556]; OberstLG. 2,[431] und v. 17. Juni 1911; RGSt. 9,[412]; OLG. Mü. 10,[185]; Reger 4,[344]; 8,[403]; 21,[198]; GoltdArch. 47,[469]; 49,[368]; BlfRA. 55,[115]; DJZ. 5,[76]; 16,[655]; Vollw. S. 183 A. 3; Schüllerm. S. 142 N. 5, 6; Wirsch. S. 205 f. Fußn. 120, 121; Mecklenb. ZtschrfRpfl. und RWissensch. 29,[132].

68) Oben S. 216 IV.

69) RGRspr. 8,[379]; GoltdArch. 39,[183]; 48,[147]; Wirsch. S. 206. — Hunde, die sitzendes Wild greifen und beibringen.

70) Anders, aber zu weitgehend und Zweck der Bestimmungen verkennend: ObersttLG. St. 7. August 1925 und 20. April 1926, DJäger, JU. 35/26 S. XIII, JW. 1926 S. 1460[8] und Fußn. und S. 2632[1].

71) Vollw. S. 184 Fußn. 1; vgl. DJäger 33,[321].

72) RGSt. 5,[72], [74]; 13,[58]; Rspr. 3,[352]; 7,[594]; GoltdArch. 49,[368]; Reger 21,[198]; Vollw. S. 185; Schüllerm. S. 143 N. 9; Wirsch. S. 206.

in JA. rechtfertigt das Verlangen der J.kartenvorzeigung, da J.schutz auch Verhütung etwa drohender Verletzung des anvertrauten Rechtes und Vornahme der hiezu erforderl. Nachfragen und Ermittelungen umfaßt[73]). — Wer nur zu kurzer Rast oder ähnl. Zwecke und unter Umständen, bei denen er die Genehmigung des J.berechtigten als selbstverständl. voraussetzen kann[74]), oder um den dort weilenden J.berechtigten von Auffinden verendeten Wildes oder der Entdeckung eines für diesen sonst wichtigen Fundgegenstandes möglichst rasch zu verständigen[75]), fremde J. betritt, ist nicht strafbar.

IV. Zivilrechtl. Haftung Art. 13 JG. — Klage des J.berechtigten, durch dessen Eigen- oder Pachtj. der vom Bekl. in J.ausrüstung benützte Weg führt, auf Feststellung der Nichtberechtigung des Bekl.[76]). Im Strafverfahren nach § 368 [9] kann auch Verpflichtung zum Ersatz des durch die Zuwiderhandlung verursachten Schadens festgestellt werden[77]).

§ 7.[1])

I Das Ausheben der Eier und der Nestbrut des Federnutzwildes ist auch dem Jagdberechtigten untersagt. Eine Ausnahme kann dem Jagdausübungsberechtigten oder mit dessen Zustimmung einem Dritten von der Bezirkspolizeibehörde zu wissenschaftlichen oder Lehrzwecken oder zum Zwecke der Fortpflanzung einzelner Federnutzwildarten bewilligt werden.

II Das Ausheben von Fasanen- und Hühnergelegen zur künstlichen Ausbrütung und Aufzucht ist dem Jagdausübungsberechtigten gestattet.

§ 368 RStGB. Mit Geldstrafe bis zu 150 Reichsmark oder mit Haft bis zu vierzehn Tagen wird bestraft:
11. wer unbefugt Eier oder Junge von jagdbarem Federwild oder von Singvögeln ausnimmt.

I. Absatz 1.

1. § 7 ergänzt die Hegevorschr. der §§ 2, 3, schützt nur Eier und Nestbrut des Federnutzwildes, nicht der j.baren Raubvögel.

---

73) RGSt. 7, 273; oben S. 226 IV 1 und Fußn. 34.
74) OLG. Mü. 7, 423 und Beschl. v. 26. Okt. 1899; Riedel-Sutner S. 434 A. 2; Reger 14, 190; Schüllerm. S. 144 N. 13.
75) Pollw. S. 186.
76) RG. 2. Nov. 1917; LeipzZ. 1918 S. 570, 12; DJäger 1920 S. 231; Recht 1918, Beil. Nr. 137.
77) Art. 13, 14 Feldschadengeſ. v. 6. März 1902, GVBl. S. 99; v. d. Pfordten, S. 80 ff.; 83 ff.
1) Tafel „Fortpflanzung".

Unbefugtes Ausnehmen der letzteren verbietet § 368 11 RStGB. „Unbefugt“ ist es nicht für den J.berechtigten, da sich das J.recht auf Nestjunge, als Früchte der j.baren Muttertiere[2]) ohne weiteres, auf Eier allen Federwildes aber nach Art. 1a Abs. II JG. erstreckt[3]). Die landesgesetzl. Vorschr. über J. sind durch Art. 69 EG.BGB. keineswegs auf die Bestimmung der j.baren Tiere allein beschränkt, ein Verbot hinsichtlich der Raubvogeleier findet sich in keinem bayer. Gesetze, das Reichsrecht kann dem durch Art. 69 EG. BGB. gestützten § 7, der nur Eier des Federnutzwildes schützt, nicht derogieren. § 1 RVogelschG. vom 30. Mai 1908, welcher das Zerstören und Ausheben von Nestern und Brutstätten der Vögel, das Zerstören und Ausnehmen von Eiern, das Ausnehmen und Töten von Jungen verbietet, findet gem. § 8b auf die nach Maßgabe der Landesgesetze j.baren Vögel keine Anwendung, die bayer. VO. zum Schutz der Vögel vom 5. Mai 1913 enthält keine durch § 9 VSchG. gestützte Ausdehnung des § 1 Abs. I auf Raubvogeleier[4]). Ausgenommen von der Okkupationsbefugnis des J.berechtigten sind Eier und Nestjunge des Abend-, Rötel- und Turmfalken, des Schell-, Schlangen-, Schrei-, Stein- und Seeadlers, der Milane und Bussarde, des Uhu[5],) der Möwen und Kiebitze[6]); auch Eier von Wildtauben, Wasser- (Rohr- und Bläß-, Hühnern und Tauchern dürfen, wiewohl sie in § 8c VSchG. neben den unter lit b des gleichen Paragr. genannten j.baren Vögel als solche aufgeführt sind, auf die sich das VSchG. nicht bezieht, nicht ausgehoben werden, denn diese Vogelarten sind j.bar und Federnutzwild[7]). Die in § 8c VSchG. weiter aufgezählten Reiher (eigentl., Nachtreiher und Rohrdommel), Säger, Kormorane sind i. S. des § 5 Abs. I VSchG. als „Raubvögel“ anzusprechen und nach § 2B Nr. 28, 19, 26 VO. vom 11. Juli 1900 j.bar. Ausheben ihrer Eier und Jungen daher nach dem Gesagten dem J.berechtigten gestattet; dsgl. bei Würger[8]), Sperling[9]) und rabenartigen Vögeln[10]), da diese nicht j.bar und vom Schutz des VSchG. aus-

---

2) § 99 I BGB.

3) Ebenso Olsh. bzgl. der Jungen, anders hinsichtl. der Eier S. 1382 A. b; Frank S. 809 A. XI; Riedel-Sutner S. 436 A. 7.

4) Der Ansicht des RGSt. 40,[239], daß es sich bei Eiern und Nestjungen nicht um Gegenstände des J.rechts handle, da sie sich erst in einem gewissen Abschnitte der Entwicklung zum jagdbaren Tiere befinden, kann nicht beigetreten werden; dem rechtlichen Begriffe der „Jagdbarkeit“ wird hier unzutreffend die jagdtechnische Unterscheidung zwischen dem, wegen seiner Jugend zu weidmännischer Erlegung noch nicht geeigneten, und dem, in seiner Entwickelung zu voller jagdlicher Nutzbarkeit vorgeschrittenen, „jagdbaren“ Tiere unterlegt; vgl. Welser S. 20/21 A. 15; Pollw. S. 186 A. 2; unten S. 366, 5; 367 b.

5) § 6 c, d, e VO. v. 5. Mai 1913; § 2 B Nr. 29, 30 V. v. 11. Juli 1900; VO. v. 29. April / 9. Mai 1925 (GVBl. S. 143, 144).

6) § 1 IV VSG. findet im Hinblick auf § 8b l. c., § 7 gegw. VO. keine Anwendung.

7) § 2 B Nr. 12, 20, 27 VO. v. 11. Juli 1900.

8) Neuntöter.

9) Haus- und Feldsperling.

10) Raben-, Nebel-, Saatkrähe — nicht Kolkrabe —, Elster, Eichelhäher — nicht Tannen-, Nuß- oder Zirben-, sowie Unglückshäher.

drückl. ausgenommen[11]). Auf leere Nester und verlassene Eier bezieht sich § 7 und § 368 [11] RStGB. nicht[12]).

2. Bezügl. der Singvögel und der diesen nach Anl. I und II zum VSchG. gleichgestellten Vögel, die sämtl. nicht j.bar sind, haben §§ 1, 6 VSchG. maßzugeben, wonach das Zerstören und Ausheben von Nestern oder Brutstätten der Vögel, das Zerstören und Ausnehmen von Eiern, das Ausnehmen und Töten von Jungen verboten und mit Geldstrafe bis zu 150 RMk. oder mit Haft bedroht ist. Wegnehmen der leeren Nester und verlassenen Eier auch hier nicht untersagt. Das VSchG. beschränkt sich einerseits nicht auf den Schutz von Singvögeln, erstreckt sich aber nicht auf j.bare Nutz- und Raubvögel[13]). § 368 [11] RStGB. schützt an sich Eier und Junge dieser letzteren gegen den J.berechtigten[14]), ist aber in Bayern vollständig ersetzt durch den nach Art. 69 EG.BGB. vorgehenden § 7 JPV. und auch hinsichtl. der darin angedrohten Strafe nicht mehr von selbständiger Bedeutung, da seine Strafdrohung in § 18 aufgenommen[15]). Ausnehmen von Eiern ist ebenso J.vergehen, wie Ausheben von Jungen im und Fangen außerhalb des Nestes[16]), wenn es durch Nichtj.berechtigte geschieht[17]); selbstverständlich auch Fangen brütenden j.baren Federwildes vom Nest[18]).

3. Ausheben der Eier und Nestjungen kann ausnahmsweise erlaubt werden nur zu den ausdrückl. und erschöpfend bezeichneten Zwecken, also nicht zum Sammeln von Kiebitzeiern für den Handel oder den eigenen Haushaltsbedarf des J.berechtigten, — und nur bezügl. des j.baren Federnutzwildes[19]). Ähnliche Ausnahmebewilligung hinsichtl. der eben genannten und der Singvögel sieht § 4 III VSchG., § 3 VSchV. vor.

II. Abs. 2. „Hühnergelege", nämlich nur Gelege von Feld-, nicht auch von Waldhühnern (Auer-, Birk-, Haselwild) oder Wasser-, Rohr-, Steppen-, Stein-, Schneehühnern, da nur das Rebhuhn schlechthin als „Huhn" bezeichnet wird. Erlaubnis ist für den J.-berechtigten nicht erforderl., für den Nichtj.berechtigten bedarf es der bez.polizeil. Erlaubnis und der Zustimmung des J.berechtigten

---

11) § 8 c VSG.; Welser S. 72; oben S. 65.
12) Reger-Dames PStGB. S. 168 A. 29.
13) Reger-Dames S. 168 A. 29; Olsh. S. 1382 a; Riedel-Sutner S. 436 A. 7:
14) Olsh. a. a. O.; Pollw. S. 186.
15) § 2 II EG. StGB.
16) Pollw. S. 186.
17) Art. 1 a Abs. II JG.; Pollw. S. 166 A. 8 e; Reger-Dames S. 168 A. 29; anders: Olsh. S. 1131 A. 7 a; RGSt. 40, [239] unter der oben S. 253 F. 4 abgelehnten Begründung.
18) Pollw. S. 186.
19) Demnach nicht für Störche, Triels, Lachmöven, Schell-, Schlangen-, Stein-, Schrei- und Seeadler, Abend-, Rötel-, Turmfalken, Milane, Bussarde, Eulen § 2 B Nr. 20, 25, 29, 30 VO. v. 11. Juli 1900; § 6 a—e VSV. v. 5. Mai 1913 und Anl. I hiezu.

(Abs. I); Handeln ohne diese beiden Erfordernisse ist J.vergehen, ohne erstere Übertretung nach §§ 7, 18. Ausheben von Fasanen- und Hühnergelegen fällt stets in die gesetzl. Schonzeit dieser J.-tiere. Gleichzeitiges Mitnehmen der brütenden Hennen daher nicht gestattet.

§ 8.

I Vom Beginne des 15. Tages der für eine Wildart festgesetzten Hegezeit bis zu deren Ablauf ist es verboten, derartiges Wild lebend oder tot, in ganzen Stücken oder zerlegt, aber nicht zum Genusse fertig zubereitet zu versenden, zum Verkaufe umherzutragen oder auszustellen oder feilzubieten, zu veräußern, zu erwerben oder die Veräußerung von solchem Wilde zu vermitteln.

II Dieses Verbot gilt für Rehgeißen, Gems- und Rehkitzen, vorbehaltlich der Bestimmung in § 9 Ziff. 3, für das ganze Jahr.

III Die Frist nach Absatz 1 kann von der Bezirkspolizeibehörde auf weitere 14 Tage verlängert werden, wenn am Schlusse der Schußzeit beim Gesuchsteller noch ein größerer Vorrat von Wildbret vorhanden ist.

§ 9.

I Die Vorschrift des § 8 Abs. 1 findet keine Anwendung:

1. auf Wildbret aus Kühlhäusern, welche nach den von dem Staatsministerium des Innern zu erlassenden Bestimmungen betrieben werden;
2. auf lebendes Wild, welches zum Zwecke der Blutauffrischung oder der Einführung einer Wildart mit Erlaubnis der für den Empfangsort zuständigen Bezirkspolizeibehörde angekauft und versendet wird;
3. auf Wild, welches mit Erlaubnis oder auf Anordnung der Bezirkspolizeibehörde (§§ 4 und 5) erlegt, oder im Strafverfahren in Beschlag genommen oder eingezogen worden ist.

II Das mit Erlaubnis oder auf Anordnung der Bezirkspolizeibehörde erlegte Rot-, Dam- und Rehwild muß mit dem als Begleitschein dienenden Erlaubnisscheine dieser Behörde versehen sein, wenn es in ganzen Stücken oder zerlegt versendet oder sonstwie in den Verkehr gebracht wird.

III Zu diesem Zwecke werden die Erlaubnisscheine (§ 4 Abs 5 und § 5 Abs. 3) dem Jagdausübungsberechtigten in so viel Ausfertigungen, mit fortlaufenden Nummern versehen, zugestellt, als Wildstücke zum Abschuß genehmigt werden.

§ 10.

Es ist verboten, Rehwild vor der Zerlegung (Zerwirkung) so zuzurichten, daß das Geschlecht nicht mehr ohne weiteres zu erkennen ist, oder so zugerichtetes Rehwild zu versenden, zum Verkaufe umherzutragen oder auszustellen oder feilzubieten, zu veräußern, zu erwerben, oder die Veräußerung von so zugerichtetem Rehwilde zu vermitteln.

A. Gemeinschaftliches.

1. §§ 8—10 betreffen den „Verkehr mit Wildbret"[1]). Sie sind j.polizeil. Charakters, beziehen sich auf die Behandlung j.baren Wildes vom j.polizeil. Standpunkte und bezwecken Sicherung und Ausbau der Bestimmungen über die Hegezeit[2]). Der allein als gesetzl. Stütze in Betracht kommende Art. 23 Ziff. 5 JG. bedroht nur den mit Strafe, welcher „bei Ausübung" der J. sich gegen verordnungsmäßige j.polizeil. Vorschr. verfehlt. „Verkehr mit Wildbret" und „Ausübung der J." sind getrennt nebeneinander stehende Tatbestände. „Bei" Ausübung ist nicht gleich „gelegentlich", „zusammenhängend mit" J.ausübung. Letztere ist hier das gleiche wie in § 292 RStGB.[3]). Mit Aneignung des Wildes ist die auf „Ausübung" des J.rechts an diesem Wilde gerichtete Tätigkeit abgeschlossen. Die sich daran schließenden Verfügungen über das Wild sind Ausfluß des an diesem erlangten Eigentums. Die Vorschriften über den Verkehr mit Wildbret[4]) sohin durch Art. 23⁵ JG. nicht gestützt, da Pol.vorschr. nebst Strafandrohung nur zulässig sind, wenn sie sich auf gesetzl. Verweisung gründen[5]). Auch als Ergänzungsvorschr. zu den Bestimmungen über die Hegezeit sind §§ 8—10 nicht rechtsverbindl., da un-

---

1) Vgl. §§ 43—45 Abs. I pr. JO.
2) § 2 II EG. StGB.; Recht 1904 S. 541.
3) OLG. Mü. 6, 196; oben S. 202 Art. 14 JG. II.
4) §§ 8—10.
5) Art. 9 PStGB.

mittelbar nur den Verkehr mit Wildbret betreffend und nur mittelbar auf die J.ausübung von Einfluß[6]).

2. Die Strafbestimmung des § 18 entbehrt demnach insoweit zur Zeit der rechtl. Wirksamkeit.

B. Spezielles zu den einzelnen Paragraphen.

I. § 8 bezieht sich auf alles, auch auf während der Hegezeit gefundenes Fallwild der geschonten Arten[7]).

1. „Vom Beginn des 15. Tages der Hegezeit bis zu deren Ablauf;" Rehböcke dürfen z. B. vom 15. Okt. bis 31. Mai, Waldschnepfen und Bekassinen aus dem Flachland vom 30. April, solche aus dem Hochgebirge vom 15. Mai bis 30. Juni, beide Tage eingerechnet, Rehgeißen, Gems- und Rehkitze (Abs. II) währemd des ganzen Jahres (aber §§ 4, 5) nicht in Verkehr gebracht werden.

2. Verlängerung der Frist auf weitere 14 Tage (z. B. bei Rehböcken bis 29. Okt. einschließlich), wenn am Schlusse der Schußzeit ein größerer Vorrat von Wildbret derselben Art vorhanden. Ist dies nicht feststellbar oder wurde der Vorrat nach Schluß der Schußzeit erst angesammelt, vergrößert oder ergänzt, keine weitere Verlängerung[8]). — Für Hasel-, Schnee- und Steinhühner, welche namentl. aus Rußland, Finnland und Norwegen im Januar und Februar nach Deutschland kommen, läuft unerstreckliche Frist bis 28. oder 29. Febr. einschließlich. Unberührt bleibt ihre Hegezeit vom 1. Januar mit 31. Juli. Vom 1. März an kann nur vor diesem Zeitpunkt eingelagertes und gekennzeichnetes Kühlhauswild in Verkehr gebracht werden[9]). — Bei entschuldbarem Irrtum über Fristverlängerung straffrei[10]).

3. „Zum Genuß fertig bereitet": Wildkonserven in Büchsen, Gläsern, mittels Sterilisier-Apparates eingekocht, als Gasthofspeise, nicht aber ein „bratfertiger" d. h. gestreifter und gespickter Hase[11]). Wild, welches in der Schußzeit erlegt oder gekauft und über den 14. Tag nach Schonzeitbeginn zu Hause aufbe-

---

[6]) Pollw. S. 225/226. — BGZ. 1910 S. 325; OberstLG. v. 28. April 1914 Nr. 178/14 ZfRpfl. 1914 S. 329; DStrafrZtg. 1914 S. 368; anders ObersttLG. 3. Nov. 1916 Nr. 373/16 (Slg. 16,[150]; ZfRpfl. 1917 S. 125), wonach § 18 nur gegen J.berechtigten, nicht aber gegen Nichtj.berechtigten wirksam sei (so auch 7. März 1911 Nr. 25/11; DStrafrZtg. 1914 S. 368). — DJäger 1914 S. 76; 1919 S. 40.

[7]) ZfRpfl. 1914 S. 329; nicht auf Wild ohne Hegezeit (oben S. 236 III). Geweihe, Gehörne, Wildhäute, Pelze, ausgestopfte Tiere (Goercke S. 78 A. 21); nicht auf das in §§ 9 und 11 aufgeführte Wild.

[8]) ME. d. J. v. 1. Juli 1880 ABl. S. 275.

[9]) § 9[1]; MB. v. 14. Febr. 1911 MBl. S. 90; BGZ. 1911 S. 262; BMBl. v. 25. Febr. 1911 S. 48.

[10]) RG. 4. März 1909, DJZ. 1909 S. 494; Pollw. S. 216 A. 5.

[11]) Goercke S. 79 A. 26.

wahrt wurde, während der Schonzeit zulässigerweise getötetes oder eingegangen gefundenes Wild[12]), vom J.berechtigten in der Hegezeit wegen Gefahr des Verendens in Pflege genommenes, wiederhergestelltes und aufgezogenes oder sonst nachweisbar gezähmtes[13]), endl. dem J.berechtigten übergebenes, im Notstande erlegtes Wild[14]) kann während der Verbotszeit im eigenen Haushalt des J.berechtigten verwendet, nicht aber verschenkt werden, da Verschenken „Veräußerung". Vorzeigung beim Bürgermeister macht sie nicht erlaubt. Wenn solches Wild vor der Veräußerung „zum Genuß fertig bereitet" wird, steht ihr nichts entgegen. In diesem Falle dürfen bei Verwendung im eigenen Haushalte des J.berechtigten auch Gäste zu Tisch geladen werden[15]).

4. „Versenden" ist nicht gleich „Absenden", schließt letzteres vielmehr ein; erforderl., daß der Besitzer der Sache sich wenigstens vorübergehend entäußere, sie von sich wegsende[16]). Wer Wild aus einem Nichtschongebiete während der bayer. Hegezeit nach oder im Transitverkehr durch Bayern sendet[17]), hat mit der Absendung seine Versendungstätigkeit begonnen, setzt letztere im Schongebiete fort, begeht Dauerdelikt und verletzt damit § 8[18]), da überhaupt kein Wildtransport im Hegegebiet stattfinden darf[19]).

Wild, das nicht mehr „blutet", darf unverpackt versendet werden. Wenn mehrere Stücke Wild (Rehe, Hasen, Fasanen usw.) als ein Paket angesehen werden sollen, müssen sie entweder in Netze, Säcke, Körbe, Lattenkisten usw. verpackt oder an den Enden und in der Mitte, und zwar hier mittelst eines starken, fest umgelegten Leinwandstreifens zusammengebunden sein. Werden die gedachten Gegenstände nicht auf solche Weise zu einem Paket vereinigt, so dürfen sie überhaupt nicht zusammen befestigt, sondern müssen, jeder für sich, mit einer Aufschrift versehen und auf der Postpaketadresse als einzelne Pakete bezeichnet sein[20]).

---

12) Oben S. 235 II, 1, 2.
13) Oben S. 238, 3.
14) Oben S. 236 II, 3.
15) BGZ. 1912 S. 527.
16) DJZ. 1913 S. 1325².
17) Z. B. sind Rehböcke in Preußen und Österreich vom 1. Mai an schußbar.
18) KG. v. 15. Mai 1915 in Schultz Jb. 2,[184]; dagegen KG. 19. Jan. 1923 „Wild und Hund", 1923 S. 329.
19) Ebenda 3,[229]; Goercke S. 79 A. 22, 23; die Entschl. d. bayer. VerkMin. v. 8. August 1909 — MBl. S. 561 — ist daher in Satz 2 unzutreffend, da sie bestimmt: „Es ist zu beachten, daß die Annahme und Beförderung von Wildsendungen auf die Dauer jener Zeit, während der die betr. Wildgattung in Bayern nicht versendet werden darf, zu verweigern ist. Die Annahmeverweigerung erstreckt sich nicht auf Sendungen, die nach Bayern auf der Eisenbahn einkommen, da in dem verordnungsmäßigen Verbot des Versendens in Bayern das Verbot der Einfuhr von Wildbret nach Bayern an und für sich nicht enthalten ist." Dsgl. an die Post ergangene Weisung — PostverordBl. 1909 Nr. 190 S. 418. Zollbehörden nicht in diesem Sinne instruiert (Vorstellung des Stadtmagistr. Passau a. d. niederbayr. KrReg. v. 10. Okt. 1912).
20) Dienstanw. III ¹ § 4a B zu V und VI. Vgl. „Wild und Hund"-Kalender 1915 S. 81 ff.

Nach § 13 des ZollTG. vom 25. Dez. 1902[21]) dürfen für Rechnung der Kommunen oder Korporationen seit 1. April 1910 Abgaben auf Fleisch und Fleischwaren nicht mehr erhoben werden[22]). Darunter ist auch Wild und Wildbret zu verstehen, für welches demnach kein Lokalaufschlag zulässig[23]). — Wer Wild aus einem außerbayer. Nichtschongebiet selbst[24]) oder durch einen Beauftragten während der Hegezeit nach Bayern bringt, „versendet" es nicht[25]). Verboten, Wild, das während der Hegezeit in Bayern erlegt wurde, in außerbayer. Nichtschongebiet zu verbringen und von dort wieder nach Bayern zu senden oder bringen[26]).

5. „Zum Verkauf umhertragen": Unter den Voraussetzungen des § 55 GewO. Gewerbebetrieb im Umherziehen. Hiezu bedarf eines Wandergewerbescheines nur der nicht, der „selbstgewonnenes", d. h. in Ausübung der eigenen J.befugnis, wenn auch durch J.gast oder Jäger erlegtes Wild feilbietet (§ 59[1] l. c.). Da das Verbot des § 8 eine j.polizeil. Anordnung[27]), ist es auch gegenüber § 59a GewO. gültig, der die Versagung des Hausierhandels mit Wild nur unter den Voraussetzungen des § 57 Ziff. 1 bis 4 l. c. zuläßt.

6. „Ausstellen": Nicht nur das Auslegen in Verkaufsläden, sondern auch das Zurschaustellen in J.- oder sonstigen Ausstellungen, wohin während der Hegezeit lebendes oder totes Wild nur unter den Voraussetzungen des § 9 Ziff. 1 und 2, 11 Abs. II gebracht werden darf.

7. „Feilbieten": Im Gegensatz zum Feilhalten, ein Anbieten zum Kauf; neben dem Bereitstellen und Zugänglichmachen der Ware positive, zum Kauf anregende Handlungen[28]). Bloßes Angebot, Wild zu liefern, und Erfüllung der übernommenen Lieferungspflicht durch Zusendung des Wildes kein Feilbieten[29]).

8. Veräußerung durch Verschenken: oben Anm. B I 3. Abschluß eines Kaufes während der Verbotszeit zulässig, nicht aber Lieferung[30]).

---

21) RGBl. S. 303.

22) Vgl. Art. 40 II GemO.; Lindner S. 166 B Abs. I; Wocber-Sutner S. 74 A. 4.

23) Seydel-Graßmann Bd. II S. 173 A. 9 und 12; BlfAdmPr. 54,[49]; BGZ. 1909 S. 530, 550; 1912 S. 181; DJäger 33,[114]; DJZ. 1911 S. 1562; RGZ. 77,[229]; anders: BGZ. 1910 S. 321, 371, 382; 1911 S. 48, 77; ME. v. 10. Juni 1909.

24) Auf dem Rücken, in einem von ihm benutzten Fuhrwerk, als Handgepäck oder Passagiergut in Eisenbahnen, Pferde- oder Motorposten, Schiffen, Fähren.

25) DJZ. 1913 S. 1325[2]; Recht 1913 S. 754; Pollw. S. 215 Fußn. 3; DJZ. 1913 S. 1325; Recht 1913 S. 574.

26) Pollw. S. 215 d.

27) Oben S. 256 A.

28) KG. 17. März 1902; Goercke S. 79 A. 24.

29) Goercke S. 79 A. 24.

30) Schultz JB. 1,[87]; 2,[181]; Goercke S. 79 A. 25.

9. Erwerb: Schlechthin verboten, ob zur Weiterveräußerung oder zum Verbrauch; auch die in Bayern während der Schonzeit erfolgende Annahme von außerhalb Bayerns zugesandten Wildes[31]).

10. Das Verbot der Veräußerungsvermittelung soll hauptsächl. den Zwischenhandel treffen[32]).

II. § 9 bezeichnet das Wild, auf das sich § 8 nicht bezieht.

Ziffer 1. Bestimmungen über Kühlhauswild: MinV. v. 6. Dez. 1910[33]) Vollzugsbestimmungen hiezu vom gl. Tag[34]).

Für den Betrieb eines Kühlhauses, aus dem Wildbret außerhalb der durch § 8 zugelassenen Zeit in Verkehr gebracht werden soll, jederzeit widerrufl. bez. polizeil. Genehmigung erforderlich. Konzessionspflichtig der Unternehmer, bei Vermietung mietender Gewerbetreibender, wenn nicht der Unternehmer die Verantwortung für Betrieb und Kontrolle übernimmt[35]). Die Kosten für Kennzeichnung des Wildes und die jederzeit zu gestattende Überwachung hat der verantwortliche Inhaber zu tragen, der auf ortspolizeil. Verlangen angemessene Kostenersatzsicherheit leisten muß. Federwild darf nur unzerlegt, sonstiges Wild auch zerlegt vertrieben werden. Wild im ganzen sowie die einzelnen zur Veräußerung gelangenden Teile[36]) sind durch plombierte Nummernplättchen, die mit Silberdrahtschlingen an bestimmten Körperteilen zu befestigen sind, auf rechtzeitigen Antrag des Kühlhausinhabers durch einen Polizeibeamten oder in dessen Gegenwart zu kennzeichnen. Kennzeichnung muß, wenn nicht besondere technische Schwierigkeiten entgegenstehen und der Verwahrungsort unter polizeil. Verschluß gelegt ist, mit Ende des 14. Tages nach Ablauf der für die einzelnen Wildarten festgesetzten Hegezeit durchgeführt sein. Spätere Kennzeichnung nur zulässig bei dem mit Erlaubnis oder auf Anordnung der BezPolBeh. erlegten, im Strafverfahren beschlagnahmten oder eingezogenen, bei dem in eingefriedigten Wildgärten gestreckten Wild und Teilen von solchem, wenn Erlaubnisschein, amtl. Beschlagnahme- oder Einziehungsbestätigung oder Ursprungszeugnis vorgelegt wird (§§ 4, 5, 9³, 11 JPV.); bei Teilen bereits im ganzen oder in den Hauptstücken gekennzeichneten Wildes, wenn entweder die Kennzeichnung der einzelnen Teile oder Hauptstücke vor der Zerlegung erfolgt, oder wenn nach der Zerlegung des Wildes oder der Hauptstücke sämtl. zugehörige Hauptstücke oder deren Teile (ohne Geräusch) einschließl. der Decke gleichzeitig vorgelegt werden. Unzerlegt eingebrachtes Rot-, Dam-, Reh- und Gemswild kann zwecks Weitervertriebs in zerlegtem Zustande sofort an den einzelnen Teilen mit der gewünschten Plombenanzahl versehen werden. Über die durch Namensunterschrift des Pol.-Beamten zu bestätigenden Eingänge an Wild nur mit ortspolizeil. Erlaubnis zu vernichtendes und stets zur polizeil. Einsicht bereit zu haltendes Kontrollbuch zu führen, auch wenn Wild oder Wildteile bereits mit einer bayer. oder in Bayern zugelassenen Plombe eingebracht werden. Vorschriftsmäßig gekennzeichnetes Kühlhauswild darf in Bayern beliebig, auch zum Zwecke gewerbsmäßigen Weitervertriebs versendet, umhergetragen, ausgestellt, feilgeboten, veräußert und erworben werden. Weiterzerlegung im Weitervertrieb ausgeschlossen, außer bei Geräusch und Hasen, deren rechter Schlegel gekennzeichnet ist[37]).

---

31) Vollw. S. 215 A. b.
32) ZfRpfl. 1915 S. 20 f.
33) MABl. S. 931.
34) MABl. S. 938.
35) ME. v. 13. und 17. Jan. 1911; Vollw. S. 232 Fußn. 1.
36) Mit Ausnahme von Klein, Ragout (Kochfleisch), Geräusch, Hasenrücken und linkem Hasenschlegel.
37) Vgl. VMBl. 1910 S. 370 und 371; — die VME. v. 8. Aug. 1909 — oben S. 258 (VMBl. E S. 561 u. P. S. 418) kann, da unzutreffend, auch hier nicht Anwendung finden, aber MinBek. v. 12. Nov. 1925 und 3. Jan. 1927, StAnz. Nr. 264/25 und 7/27.

Ziffer 2[38]). Lebendes Wild, das zum Einsetzen in andere Reviere bestimmt ist, darf nur während der Schußzeit eingefangen werden[39]). Absendung wird nicht kontrolliert; Versendung und Ankauf muß der Bez.pol.beh. des Ortes, wo das Wild vom Erwerber übernommen wird, angezeigt und von dieser erlaubt werden.

Ziffer 3. Bei dem auf Erlaubnis oder Anordnung erlegten Rot-, Dam- und Rehwild, gleichgültig, ob männl. oder weibl., erwachsen oder Kitz[40]), wird für jedes ganze Stück nur ein Schein erteilt, welcher bei Versendung als Begleitadresse zu dienen hat und deshalb in Gestalt einer durchlochten, von dem ausdrückl. darum Nachsuchenden zu bezahlenden Anhängekarte abgegeben wird[41]). Für Teile, welche einzeln versendet werden sollen, müssen nachträgl. die erforderl. Erlaubnisbegleitscheine zu jedem einzelnen Teilstück nachgesucht werden[42]).

III. § 10. Beim Behandeln von Rehwild nach der Erlegung ist zu unterscheiden: Lüften d. i. Öffnen der Bauchdecke unter Erhaltung des Gescheidenetzes, um das Entweichen sich bildender Gase zu ermöglichen, wenn nicht sofort geschritten werden kann zum Aufbrechen, dem Herausnehmen von Gescheide und Geräusch unter Ausschweißenlassen des Stückes; Zerwirken, d. i. Ausschlagen aus der Decke, Zerlegen dagegen Zerteilen in die einzelnen, für den Gebrauch in der Küche geeigneten Teile[43]). Zerwirken und Zerlegen also nicht gleichbedeutend, wie aus der Einklammerung des Wortes „Zerwirkung" hinter „Zerlegung" geschlossen werden könnte. Mit dem Zerwirken müssen notwendig die äußeren Geschlechtsmerkmale von dem erst dann zu zerlegenden Wildkörper entfernt werden[44]). Beseitigung des inneren Geschlechtsapparates weibl. Stücke erfolgt beim Aufbrechen mit dem Gescheide und fällt nicht unter § 10. Nur verlangt, daß an dem noch in der Decke befindl. Wilde die, zur Geschlechtsunterscheidung dienenden Körperteile verbleiben und nicht in Täuschung bezielender Weise verändert werden. Entfernung von Pinsel und Kurzwildbret beim Bock[45]), von Gesäuge und Feuchtblatt bei der Geiß unzulässig[46]); nicht dagegen „Abschlagen" des Gehörns[47]).

---

[38]) Über Blutauffrischung und Einbürgerung neuer Wildarten vgl. Roerig S. 349 ff., „Wild und Hund"-Kalender 1915 S. 61 ff.

[39]) Ausnahme § 11.

[40]) Kalb; §§ 4, 5.

[41]) ME. v. 13. Sept. 1909 und 10. Jan. 1911; Pollw. S. 217 A. 2.

[42]) Pollw. S. 217.

[43]) Dietzel, Niederjagd S. 159; Nordenflycht, Hohe Jagd S. 15; „Wild- und Hund"-Kalender 1915 S. 85 ff.

[44]) Zerlegen von Rehwild vor dem Zerwirken, also in der Decke, wird wohl kaum vorkommen! (nur bei Gefrierwildbret).

[45]) Wegzunehmen sind nur Brunftrute und Brunftkugeln.

[46]) DJäger 32, 206.

[47]) Übrigens ist auch nach Beseitigung der genannten Teile das Geschlecht an der bei Bock und Geiß verschiedenen Gestalt des Beckens und dem das „Schloß" bildenden Schambeine mit großer Sicherheit festzustellen. Dietzel, Niederjagd S. 156; Schaeff, Jagdtierkunde S. 80 f.

IV. Allgemeine Wildbretbeschau, entsprechend der für das Fleisch von Haustieren vorgeschriebenen, findet nicht statt[48]). Nur die §§ 12, 13 Fleischbeschaugeſ. v. 3. Juni 1900[49]) über Einfuhr von Fleisch ins Zollinland finden auf Rentiere und Wildschweine Anwendung[50]).

§ 11.[1])

I Die Vorschriften der §§ 1—10 finden auf Wild, welches in eingefriedigten Wildgärten (Wildparken, Fasanerien) erlegt oder gefangen ist, keine Anwendung.

II Das in solchen Wildgärten während der allgemeinen Hegezeit (§§ 3 und 4) erlegte oder gefangene Wild muß mit einem vom Jagdausübungsberechtigten oder dessen Vertreter ausgestellten Ursprungszeugnisse versehen sein, wenn es in ganzen Stücken oder zerlegt versendet oder sonstwie in den Verkehr gebracht wird.

1. Parkwild[2]) hat keine gesetzl. Hegezeit (§ 2); zum Abschuß von Rehgeißen und -kitzen, Auer- und Birkhennen, Rot- und Damwild keine Erlaubnis erforderlich (§§ 3, 4); Abschußanordnung selbst dann nicht zulässig, wenn Fasanen, die immer wieder ins Gehege zurückkehren, in großer Zahl auf angrenzende Felder zur Äsung kommen (§ 5). Eier und Nestbrut des Federnutzwildes dürfen im Wildgarten durch Besitzer zu jedem Zwecke ausgehoben werden[3]). Flugwild, das dort nicht zu ständigem Aufenthalt heimisch ist, sondern hin- und herwechselt, weiter durch-

---

48) Wegen Vorkommens von Schweinefinnen bei Hasen, Reh- und Damwild, von Maul- und Klauenseuche bei Zerviden und Wildschweinen, von Tuberkulose bei Haarnutzwild, von Milzbrand und krupöser Luftwegeentzündung beim Reh aber erwünscht. Vgl. Zeitschrift für Fleisch- und Milchhygiene 1898 S. 118; 1901 S. 366; 1896 S. 204; Berliner klinische Wochenschrift 1886 Nr. 44/46; Virchows Archiv Bd. 44; Ostertag, Bibliographie der Fleischbeschau, Münchener Jahresbericht 1882/1883 S. 126; Heusinger 1850, Milzbrand bei Tier und Mensch S. 559; Deutsche Zeitschrift f. Tiermedizin Bd. 5 S. 85, 234; Bd. 7 S. 293; Bd. 19 S. 177; Jahrbuch des Instituts f. J.kunde 1912 S. 166, 216, 224, 225; Borchmann, Berlin 1907; DJäger 1908 S. 116, 134; EJZ. 1908 S. 234, 382, 472; Pollw. S. 278.

49) RGBl. S. 547 ff.

50) Erstere werden dem Rindvieh, letztere mit der Maßgabe den Schweinen gleichgestellt, daß bei Einfuhr frischen „Fleisches", welches bei Eingang einer amtl. Untersuchung unter Mitwirkung der Zollbehörden unterliegt, Lungen, Herz und Nieren in den Tierkörpern fehlen dürfen. Bundesratsbek. v. 14. Juni 1906 RGBl. S. 737.

1) Vgl. „Wild- und Hund"-Kalender 1915 S. 61 ff.; Roerig S. 349 ff.

2) Oben S. 42 ff.; Fasanerien insbes. S. 45 (nur wenn eingefriedet, nach § 11 zu behandeln).

3) § 7; die Beschränkungen der Vogelschutzbestimmungen gelten aber auch für ihn. Abs. I bezieht sich also nicht bloß auf Parkwild, das bereits „erlegt oder gefangen ist", sondern auch auf lebendes, im Park freies Wild.

ziehendes, auch in Nachbarbezirken sich nicht dauernd aufhaltendes Federwild, wie Zugschnepfen, Krammetsvögel, Steppenhühner, dürfen vom Wildgartenbesitzer gemäß Art. 2² JG. erlegt werden. Allein, soweit sie nicht durch Entziehung der Bewegungsfreiheit zu „gefangenen" Tieren und damit zu seinem Eigentum geworden sind, bleiben sie, als wilde Tiere in der Freiheit, herrenlos, unterliegen dem J.recht (Art. 1a JG.), und den Schonvorschr. (§ 2 I JPV.). § 11 findet auf sie keine Anwendung[4]).

2. Verkehr mit Parkwild für das ganze Jahr freigegeben. Soll aber solches während der Hegezeiten der §§ 2 und 3 (nicht 3 und 4) erlegtes oder gefangenes Wild, lebend oder tot, im ganzen oder zerlegt, versendet oder sonstwie in Verkehr gebracht werden[5]), muß es mit Ursprungszeugnis des Parkbesitzers, seines Stellvertreters oder desjenigen versehen sein, welcher von ihm ein Recht auf Aneignung des Parkwildes ableitet. Das Zeugnis soll Aufschluß geben, wann und wo das betr., zweckmäßig auch dem Gewichte und besonderen Merkmalen nach zu bezeichnende einzelne Wildstück erlegt und gefangen wurde, und wer Eigentümer oder Nutzungsberechtigter des Parkes ist.

§ 12.

I Das Abhalten von Treibjagden bei Mondschein, dann in den Waldungen während der Monate April, Mai und Juni, ferner an Orten, die von der Bezirkspolizeibehörde aus Gründen der öffentlichen Sicherheit als ungeeignet bezeichnet worden sind, ist verboten.

II Behufs Abminderung von Schwarzwild (§ 5) können Treibjagden auch während der Monate April, Mai und Juni durch die Bezirkspolizeibehörde gestattet oder angeordnet werden.

1. Da nur „Abhalten" von Treibj.en verboten, bloß der Veranstalter, auch wenn er sich nicht an der J. beteiligt, nicht aber die Gäste strafbar[1]).

2. Verboten: Treibj.en bei Mondschein während des ganzen Jahres; in Wäldern während der Monate April, Mai, Juni; an Orten, wo sie die öffentl. Sicherheit gefährden, zu der von der Bez.pol.beh. bestimmten Zeit.

3. Gesetzgeberischer Grund des Verbots: Fernhaltung von Störungen des Wildes während der Nacht, die ihm meist zur Nah-

---

[4]) Vgl. EJZ. 1907 S. 359; §§ 39 IV, 4 II pr. JO.; Goercke S. 74 A. 3; AusfAnw. v. 29. Juli 1907 Z. 6; Goercke S. 112 f.

[5]) Oben S. 257 ff. B I 1—9; vgl. § 9 Abs. I Z. 2.

[1]) Wirsch. S. 220.

rungssuche dient; Vermeidung von Beunruhigung und gesteigertem Abschuß in einer Zeit, zu welcher brütendes Federwild, hochbeschlagene Muttertiere, schwache Jungtiere besonderer Schonung bedürfen und in Wäldern ihre besten Zufluchtstätten finden; Hintanhaltung von Beschädigungen des Publikums. Entsprechend diesen verschiedenen gesetzgeber. Zwecken muß der Begriff „Treibj." verschieden sein. Entgegen der im Urteil des Oberst. LG. vom 24. Febr. 1912 Nr. 54/12 vertretenen Auffassung ist zu unterscheiden: Das Aufscheuchen von Wild, das dadurch zum Verlassen seiner für eigenen Schutz und für Sicherung seiner Jungen gewählten Verstecke gezwungen wird, bildet die Tätigkeit der „Treiber". Wenn dieses Aufscheuchen und Vertreiben des Wildes von Orten, wo es Ruhe finden, sich und seine Nachkommenschaft verbergen kann, als solches, wegen seiner den Wildstand gefährdenden und beunruhigenden Wirkung — wie bei Mondschein- und Waldtreibj.en in geschlossener Zeit — verboten ist, muß es gleichgültig sein, wie viele Personen an der J. beteiligt sind. Hier genügt Beteiligung mindestens einer Person, welche Wild erlegen soll, und wenigstens einer Person, deren Tätigkeit ausschließl. darin besteht und bestehen soll, dem Schützen Wild zuzutreiben[2]). Wo Beschädigung von Menschen und Sachen, Störung der Verkehrs- und Eigentumssicherheit verhütet werden soll, ist Ausdehnung des J.-betriebs, Zahl der Schützen und Treiber, Häufigkeit und Art des Schießens ausschlaggebend, um eine größere Schützenzahl zu fordern, zu der dann auch die Menge der Treiber in einem gewissen Verhältnis steht. Dieser Begriff der Treibj. nähert sich dem nach § 3 VO. vom 21. Mai 1897 die Feier der Sonn- und Festtage betr.[3]).

4. Nach § 5 angeordnete Abminderung darf während des April, Mai und Juni in Wäldern stets nur auf der Einzelj., bei Mondschein überhaupt nicht stattfinden[4]). Nur für Abminderung von Schwarzwild Genehmigung von Treibj.en in den genannten drei Monaten möglich, wegen der unvermeidl. Beunruhigung des anderen Wildes aber durchaus verwerflich.

§ 13.[1])

Zum Jagdbetriebe dürfen Fang- und Fallgruben, Schlingen, vergiftete Köder und Pfahleisen nicht verwendet werden.

VO. vom 7. Juli 1926 Ziff. IV (GVBl. S. 332):

Der Gebrauch von Lappen bei der Jagd auf Schalenwild ist verboten.

§ 367 RStGB. Mit Geldstrafe bis zu einhundertfünfzig Reichs-Mark oder mit Haft wird bestraft:

---

[2]) AG. Pegnitz i. DJäger 1910, [156].
[3]) Unten VI „Sonntagsfeier"; anders Pollw. S. 218 f. A. 1.
[4]) In nicht mondhellen Nächten verbietet sich die J. von selbst!
[1]) Fassung: § 5 VSchV. vom 5. Mai 1913.

8. wer ohne polizeiliche Erlaubnis an bewohnten oder von Menschen besuchten Orten Selbstgeschosse, Schlageisen oder Fußangeln legt, oder an solchen Orten mit Feuergewehr oder anderem Schießwerkzeuge schießt, oder Feuerwerkskörper abbrennt;

§ 368 RStGB. Mit Geldstrafe bis zu einhundertfünfzig Reichs-Mark oder mit Haft bis zu vierzehn Tagen wird bestraft:

7. wer in gefährlicher Nähe von Gebäuden oder feuerfangenden Sachen mit Feuergewehr schießt oder Feuerwerke abbrennt;

I. Fang- und Fallgruben: Erdvertiefungen von einer der Größe des zu fangenden Wildes entsprechenden Länge, Breite und Tiefe, aus denen sich das seiner Bewegungsmöglichkeit beraubte Tier nicht mehr befreien kann. Anlegung auf öffentl. Straßen, Wegen, Plätzen, überhaupt an Orten, an denen Menschen verkehren, verstößt gleichzeitig gegen § 367 12 RStGB. „Einsprünge" in eingefriedigten Komplexen (Art. 2 Ziff. 2 JG.) fallen nicht unter den Begriff. Sie sind derart angelegt, daß das Wild von außen in den eingegatterten Raum gelangen, sich in diesem frei bewegen, aber nicht mehr hinausflüchten kann, da es an der Stelle des „Einsprunges" durch eine steile Böschung, an den anderen Stellen durch die Einzäunung am Ausspringen verhindert ist; sie sind nicht anders zu beurteilen, wie Lücken in einer Umfriedung, welche nach Einwechseln des Wildes durch ein Falltürchen geschlossen werden. Absichtliche Anbringung unzulässig[2]).

II. Schlingen: Fangnetze sprachgebräuchl. und j.rechtl. keine Schlingen. Dementsprechend unter den Fangmitteln des § 293 RStGB. Netze neben den Schlingen aufgezählt. Es fehlt jeder Anhalt, daß JPV. beide Begriffe anders auffassen und als sich deckend ansehen will. „Dohnen": hochhängende „Schlingen"[3]). Vorsätzl. Fangen mit Schlingen schon nach §§ 8, 6 VSchG. auch hinsichtl. der landesgesetzl. j.baren Vögel verboten[4]). Verbot ist reichsgesetzl., öffentl. zwingendes J.strafrecht[5]).

1. Nichtj.berechtigter begeht ein mit § 6 VSchG. rechtl. zusammentreffendes erschwertes J.vergehen (§§ 292, 293 RStGB.). Nach § 295 muß auf Einziehung der Schlingen, dagegen kann nicht gem. § 7 VSchG. auf Einziehung der verbotswidrig erlegten Vögel erkannt werden, die auch nach RStGB. nicht eingezogen werden dürfen[6]). Einziehung ist hinsichtl. der Vögel eine Nebenstrafe, welche den J.berechtigten unverschuldet treffen würde[7]). Dessen alleiniges Aneignungsrecht bleibt bestehen, falls nicht ein gutgläubiger Dritter Eigentum erwirbt[8]).

---

²) OberstLG. 2. Sept. 1924 DJäger JU. 35/26 S. XIII; unten § 292 RStGB. B V 1 S. 364.

³) RGSt. 43, 167; Welser, VSchG. 24, 39, 45; Naumann Bd. I S. 216 Fußn. 1; „Wild und Hund" 1916 S. 690 f.

⁴) Fahrlässigkeit ist nach § 18 JPV. strafbar.

⁵) Pollw. S. 251 A. 2, 220 A. 5.

⁶) Pollw. S. 252 A. a; and. Olshausen § 295 A. 6; Frank § 40 A. I; § 73 A. VI 2.

⁷) RGSt. 7, 311; Rspr. 8, 330; Olsh. S. 127 A. 1, 2; Pollw. S. 252 A. 2 a; anders EJB. 1908 S. 321 f.

⁸) Oben S. 32.

2. J.berechtigter verfehlt sich gegen § 6, 8 VSchG. und §§ 13, 18 JPV.[9]). Einziehung von Schlingen und Vögeln nach § 7 und Art. 125 III PStGB. (Erlegung der Vögel unter Übertretung der „Hege"bestimmung des § 13!), da J.berechtigter seine eigene Zuwiderhandlung verschuldet hat. Mit Rechtskraft des Urteils geht das Eigentum an den Einziehungsgegenständen auf den Staat über[10]). Keine Einziehung des Erlöses[11]), wohl aber des durch rechtsgültige Veräußerung seitens des J.berechtigten an einen Dritten gelangten Vogels[12]). Der J.berechtigte erwirbt Eigentum, da nur Verstoß gegen relatives Aneignungsverbot, außer bei den ständig geschonten Auer- und Birkhennen[13]). Kaufvertrag bezügl. des Vogels gültig. Keine Hehlerei des Erwerbers[14]).

3. Fangen j.barer Vögel mittels Fallkäfigen und -kästen, Reusen, großen Schlag- und Zugnetzen, sowie mittels bewegl. und tragbarer, auf dem Boden oder quer über das Feld, das Niederholz, das Rohr oder den Weg gespannter Netze[15]) nicht untersagt.

III. Das Verbot der Anwendung vergifteter Köder bezieht sich nicht auf das Ausschwefeln von Fuchs-, Dachs-, Karnickelbauen. — Erlegung j.baren Raubzeugs schlechthin J.ausübung[16]). § 12 VO. v. 16. Juni 1895/26. Juni 1901[17]), Verkehr mit Giften betr., bestimmt, daß Gift nur an bekannt zuverlässige Personen, welche es zu einem erlaubten Zwecke benutzen wollen, abgegeben werden darf. Abgabe und Anwendung zur Vertilgung j.barer Raubtiere daher im Hinblick auf das Verbot des § 13 JPV. unzulässig[18]). Arsen- und strychninhaltige Mittel gegen nicht j.bare schädl. Tiere dürfen nur in bestimmten Zusammensetzungen, erstere nur gegen ortspolizeil. Erlaubnisschein abgegeben werden. Auslegen von Phosphor und anderen Giften[19]) ohne polizeil. Genehmigung zur Vertilgung nicht j.baren Raubzeugs (wildernde Hunde und Katzen[20]), Eichhörnchen, Hamster, Ratten, Igel, Krähen, Elstern, Eichelhäher) nicht verboten[21]).

---

[9]) Bei Verletzung der Hegezeitbestimmungen auch gegen §§ 2, 3, 18 JPV.

[10]) Olsh. S. 128 f A. 4; RGSt. 15,[164]; 21,[54]; Rspr. 9,[12]; Pollw. S. 179 A. 4.

[11]) Olsh. S. 129 A. 8; Pollw. S. 252 A. b.

[12]) Pollw. S. 252.

[13]) Oben S. 34 b; § 3 JPV.

[14]) Pollw. S. 252.

[15]) §§ 2 I e, 8 VSchG.

[16]) Schutzgewehrschein (Art. 15 II JG.) gibt dieses Recht nicht, da er auch keine J.ausübungsbefugnis gewährt; oben S. 209 II 2 c.

[17]) GVBl. S. 267/95; 469/01.

[18]) Vgl. OberstLG. i. DJäger 1910,[324]; ME. d. J. v. 24. Sept. 1913 — ABl. S. 737.

[19]) (D. h. anderen wie Arsen und Strychnin.) §§ 12, 18 Abs. III—V Giftverordn.; VO. v. 29. Jan. 1919 und 10. Juli 1920 (RGBl. S. 165/19; S. 1441/20). Bek. v. 17. Juli 1922 (StAnz. 184/22): Verbot der Blausäure.

[20]) Unten S. 276.

[21]) Kein Jagdbetrieb (J.schutz!). Auf die genannten Vögel findet das in § 2 d VSchG. enthaltene Verbot der Verwendung von Körnern oder anderen

IV. Pfahleisen: auf Pfählen angebrachte Fangeisen, welche beim Aufblocken eines Vogels mit den Bügeln zusammenschlagen und diesen an den Ständern festhalten, wobei meist letztere zerschmettert werden. Diese grausame Fangart, welche hauptsächl. nützl. Vögel trifft und im Habichtskorb verlässigeren und nicht tierquäler. Ersatz findet, ist durch § 2 VSchG. für sämtl. nicht j.baren Vögel, durch § 5 für den J.betrieb verboten. Merkwürdigerweise gestattet ihn Art. 85 FischG. (oben S. **48**—53 e). Erlaubt nur Tellereisen und Schwanenhals als j.liche Fangmittel.

V. Gebrauch von Lappen: Ziehen von Leinen oder Einstecken von Stäben, an denen Stoff-(Papier-)lappen befestigt, welche das „eingestellte" Wild am Verlassen des „eingelappten" Bezirkes (Lappstall) hindern. Auch gelegentl. Verwendung bei Schützenmangel auf Treibj. und zum Absperren eines Waldrandes (v. Raesfeld, „Das deutsche Waidwerk" S. 609) verboten. — „Schalenwild": Rot-, Dam-, Gams-, Reh- und Schwarzwild. — Lappj. nicht verboten auf alles andere Wild.

VI. An bewohnten oder von Menschen besuchten Orten darf auch der J.berechtigte nur mit polizeil. Erlaubnis, welche durch die J.karte nicht ersetzt und unter Bedingungen erteilt werden kann[22]), Schlageisen legen. Diesen sind Selbstgeschosse, die sich bei Betreten oder Berühren selbst entladen[23]), und Fußangeln durch § 367 [8] RStGB. gleichgestellt, der an solchen Orten auch Schießen mit Feuergewehr oder anderem Schießwerkzeug verbietet[24]). Blinde Ladung genügt, da auch sie den Lauf zersprengen und Verletzungen verursachen kann[25]). — „Bewohnte Orte": zur Wohnung von Menschen dienende Ortschaften[26]), „von Menschen besuchte Orte": jene öffentl. oder sonst frei zugängl. oder umschlossenen Örtlichkeiten, wo Leute regelmäßig und wiederholt ihren Weg zu nehmen pflegen, wenn auch Betreten nicht erlaubt, stillschweigend geduldet und tatsächl., wenn auch ordnungswidrig, geschehend[27]); auch deren Umgebung, soweit, ohne Rücksicht auf konkrete Gefährdung[28]), die Möglichkeit einer solchen durch Selbstgeschosse usw., auch infolge

---

Futterstoffen, denen betäubende oder giftige Bestandteile beigemischt sind, gem. § 8 c l. c. keine Anwendung; and. Pollw. S. 220 [3].

[22]) § 367 [8] RStGB. Zuständig BezPolBeh.; § 8 VO. 4. Jan. 1872, RBl. S. 25; in München Polizeiämter, § 2 B 2 MB. 25. Juni 1898, GVBl. S. 348; Überwachung des Legens von Schlageisen durch Gemeindediener keine geeignete Bedingung, Recht 1908 S. 647; absolutes Verbot unzulässig, GoltdArch. 30, [423].

[23]) BlfRA. 1905 S. 612; OberstLG. St. 5, [302]; insbes. auch die auf Pfählen angebrachten Selbstschüsse „Krähentod" und ähnliche Legebüchsen.

[24]) Vgl. oben S. 216 IV; anders: „Wild und Hund" 1903 S. 109.

[25]) OberstLG. St. 5, [302]; GoltdArch. 54, [317]; OLG. Mü. 7, [217]; Olsh. S. 1478 A. b zu Z. 8.

[26]) OLG. Mü. 10, [27]; Reger 20, [98].

[27]) GoltdArch. 37, [202]; 47, [440]; RGSt. 9, [124]; Rspr. 5, [596]; Reger 4, [192]; 9, [100], [214]; 10, [466]; 20, [98]; 21, [197]; OLG. Mü. 6, [262]; 10, [27].

[28]) GoltdArch. 47, [440].

Entladung durch elementare Ursachen oder Tiere[29]) erfahrungsgemäß der Regel nach reicht[30]). Auf oder über dem Gemeingebrauch bestimmte Wege darf nicht geschossen werden[31]). — Schießen straflos, wenn es zu gesetzl. erlaubten Zwecken und unter Umständen geschieht, die nach menschl. Berechnung jede Verletzung und Gefährdung von Menschen ausschließen; so bei Festnahme eines auf frischer Tat Betroffenen nach § 127 RStPO.[32]) oder bei Waffengebrauch einer hiezu berechtigten Person[33]). Hingegen hat das Recht des einzelnen auf Schutz seines Eigentums gegen den Angriff eines Tieres dem Gemeinwohl und dem Recht aller Unbeteiligten auf Schutz vor Gefährdungen zu weichen, so daß trotz des durch § 228 BGB. gewährten Selbsthilferechtes Bestrafung aus § 367[8] RStGB. erfolgen kann[34]). — Schutz von Menschen gegen Gefährdungen bezweckt auch Art. 78 PStGB., welcher die Errichtung von Schießstätten oder -ständen ohne polizeil. Genehmigung[35]) mit Geldstrafe bis 150 RM bedroht. „Schießstand" ist auch ein nur vorübergehend zum Scheiben- oder Tontaubenschießen hergerichteter Ort. Wer auf einer ohne polizeil. Erlaubnis errichteten oder polizeil. verbotenen Schießstätte an bewohnten oder von Menschen besuchten Orten schießt, ist nach § 367[8] RStGB. strafbar[36]). — § 367 II läßt nur die Einziehung verbotener Waffen zu. Dem sich nach Ziff. 8 Verfehlenden muß daher die Schußwaffe belassen werden, falls nicht Einziehung nach §§ 40, 295 RStGB., Art. 39 PStGB. und VO. vom 19. Nov. 1887/7. Dez. 1921 möglich[37]). Vorübergehende Wegnahme zwecks Verhinderung weiterer Strafhandl. polizeil. zulässig[38]).

VII. In gefährl. Nähe von Gebäuden und feuerfangenden Sachen[39]) darf mit Feuergewehr nicht geschossen werden nach § 368[7] RStGB., der die Gefährdung von Eigentum durch Feuer verhüten will. Diese Bestimmung kann deshalb mit Brandstiftung wegen der Gleichheit der geschützten Rechtsgüter nicht, aber mit Körperverletzungsdelikten wegen deren Verschiedenheit rechtl. konkurrieren[40]).

---

29) Olsh. S. 1478 A. c zu Z. 8.

30) OberstLG. St. 4, 382; 5, 302; BlfRA. 1905 S. 611; EJZ. 1907 S. 137 (Gefährdung von Fuhrwerken durch Scheuen des Gespannes); GoltdArch. 53, 439 (Beängstigen von Personen); DJäger 1908 S. 225.

31) OberstLG. St. 2, 385; RGSt. 16, 203; BGH. 8, 321.

32) OberstLG. St. 2, 384.

33) Olsh. S. 1370 A. d.

34) OberstLG. St. 4, 381; Riedel-Sutner S. 308 A. 7; Reger 14, 65; and. Reger-Dames S. 149 A. 34; Pollw. S. 105 F. 1 und BlfRA. 1909 S. 444, der Bestrafung ausschließen will, wenn Rechtsgut eines Unbeteiligten nicht verletzt oder nach Lage des Falles objektiv nicht gefährdet wird.

35) BezPolBeh., Polizeiämter.

36) Riedel-Sutner S. 296 A. 4; Reger-Dames S. 263 A. 2.

37) Vgl. unten S. 284 II 2; Olsh. S. 1374 A.

38) Art. 20 I PStGB.; Art. 102 AG. StPO.; ZfRpfl. 1913 S. 107.

39) Reger 14, 94; 18, 94; RGSt. 30, 108.

40) Olsh. S. 1378 A. c.

§ 14.

Zur Jagd auf Edel-, Dam- und Gemswild ist nur der Gebrauch mit Kugel geladener Gewehre gestattet.

1. Zulässig nicht nur die aus gezogenen Läufen zu schießenden Büchsenkugeln, sondern auch Einzelgeschosse für den glatten Flintenlauf[1].

2. Bestimmung gilt nicht für den sog. „Gnadenschuß", richtiger „Fangschuß". Dieser setzt eine Situation voraus, in welcher auch der Genickfang mit dem Waidmesser angebracht und objektiv möglich, also wenn dem an der Anschußstelle oder im Wundbett auf einen vorangegangenen Schuß liegen gebliebenen Wild die Qualen des Verendens abgekürzt werden sollen und deshalb ein weiterer Schuß — waidgerecht auf den Hals — gegeben wird, der diese Absicht erfüllt[2], m. a. W., wenn das Wild als bereits okkupiert anzusehen[3]. Dagegen kein die Anwendung von Schrot rechtfertigender Fangschuß, wenn das beschossene Stück, von dem der Jäger „schon glaubte, es sei zusammengebrochen", flüchtig auf kaum zehn Schritt Entfernung an ihm vorüberkommt und der nahen Grenze zutrachtet[4]. Denn hier erfolgt der zweite Schuß knapp vor der Grenze, um das flüchtige Wild überhaupt in die Verfügungsmacht des Jägers zu bringen, sein Entrinnen in fremdes Gebiet zu verhindern[5]. Den Fangschuß mit Schrot darf auch der aus Mitleid handelnde Nichtj.berechtigte geben[6].

3. Strafbestimmung § 18. — Eigentumserwerb oben S. 34b.

§ 15.

Beim Tragen und bei Benützung der Jagdgewehre ist zur Verhütung von Unglücksfällen die jeweils gebotene Vorsicht anzuwenden.

Insbesondere wird angeordnet:

1. **Werden bei der Jagdausübung öffentliche Plätze, Straßen und Wege begangen, so sind die Gewehre zu entladen oder zu versichern, oder mit aufwärts gerichteter Mündung zu tragen.**

---

[1] Außer den älteren Rundkugeln, Rotations-, Pfeil-, Zylinder-, Holzbolzen- und Treibspiegelgeschossen das Witzlebensche Bolzen-, das Brennecke- und „Ideal"-Flintenlaufgeschoß, die Degnersche Reformhalbgranate usw., vgl. Koch, Jagdwaffenkunde.

[2] DJäger 28, 45; Vollw. S. 220 A. 1.

[3] OberstLG. St. 7, 94; BlfRA. 1907 S. 353; EJZ. 1907 S. 165; Goltd.-Arch. 16, 24.

[4] DJäger 28, 6, 45 u. Fußn. *, 101, 264.

[5] DJäger 29, 169; 32, 6; „Wild und Hund" 1914 S. 681.

[6] EJZ. 1907 S. 165, 195; oben S. 205, 1.

2. Bei Treibjagden ist es untersagt, mit angeschlagenem Gewehr die Schützen- oder Treiberlinie zu durchfahren und bei Annäherung der Treiber, bei Kesseltreiben nach gegebenem Zeichen in den Bogen zu schießen. Nach Beendigung eines jeden Triebs sind die Gewehre zu entladen oder zu versichern.

1. § 15 schärft die bereits aus §§ 267, 823 II BGB. sich ergebende Verpflichtung zur Anwendung der im Verkehr erforderl. Sorgfalt ein, ermöglicht die Bestrafung schon ihrer Vernachlässigung, ohne Rücksicht auf den Eintritt einer Verletzung fremder Rechtsgüter, ist aber irreführend, da er zweifellos nicht alle grundlegenden Vorsichtsmaßregeln für das Tragen und die Führung von J.gewehren enthält.

2. Unzureichend die alternative Forderung des Entladens oder Versicherns oder Tragens mit aufwärts gerichteter Mündung; auch gesicherte Gewehre[1]) müssen so getragen werden, daß die Läufe nicht in die Richtung nahestehender Personen kommen, da stets mit zufälligem Entladen zu rechnen ist[2]). Entladen soll unbedingt erfolgen bei überwinden von Hindernissen (Gräben, schmalen Stegen, Zäunen), bei Glatteis, Steigen in bergigem, felsigem und sonst hindernisreichem Gelände, am Sammelplatze, bei Weglegen des Gewehres[4]). Zustoßen mit geladenem Gewehr auf noch nicht verendetes Wild oder Hunde durchaus verwerfl.

3. Nicht nur das Anschlagen gegen Schützen und Treiberlinie (Durchziehen) verboten, sondern vor allem auch Schießen in dieser Richtung[5]). Weitere unerläßliche Vorsichtsmaßregeln: Schütze hat beiden Nachbarn Stand sofort durch Rufen, Pfeifen, Winken zu bezeichnen, darf ihn ohne vorherige Genehmigung oder gleiche Verständigung mit den Nachbarn nicht verlassen und nur unter ausdrückl. Ermächtigung des Anstellenden mit der Kugel in den Trieb schießen, muß Unmöglichkeit des Entladens nach dem Treiben (Ladehemmung!) dem J.leiter unverzügl. melden, darf nach beendetem Treiben bei versammelten Schützen und Treibern auf Wild nicht mehr schießen, muß vor Betreten geschlossener Räume und Aufsteigen auf Wägen sich von der Entladung des Gewehres überzeugen[6]).

---

[1]) Ruhestellung der Hähne bei Hahngewehren, Einstellung der Rasten bei hahnlosen Waffen.

[2]) Fahrlässige Tötung, RGSt. i. DJäger 32, 215.

[3]) Herausnehmen der Patronen.

[4]) Wild und Hund 1895 S. 95; 1907 S. 738, 753, 792 (Sichern oder Entladen?); 1916 S. 154; RG. v. 5. Juli 1915 (auch Haftung des Gastwirtes); Wirsch. S. 221 Fußn. 167.

[5]) OLG. Mü. v. 9. Juni 1909 Nr. 748; Pollw. S. 221.

[6]) Vgl. „Hubertus“ 1912 S. 443; „Wild- und Hund“-Kalender 1915 S. 65 f.; 1901, 1909.

4. Mitnahme von Handmunition in Eisenbahnpersonenwagen, in Pferde- und Motorposten gestattet[7]). Beförderung von Patronen für Handfeuerwaffen: Anlage C zur EisenbVerkO., GVBl. 1909 S. 110.

5. Besondere Vorschr. über Aufbewahrung der für J.waffen bestimmten Patronen sind nicht getroffen. J.pulver fallen insbes. nicht unter Sprengstoffe[8]). Leichtsinnige Verwahrung kann aber zu Beschädigungen führen, die zivil- und strafrechtl. verantwortl. machen.

6. Handfeuerwaffen jeder Art[9]) dürfen nur in Verkehr gebracht und feilgehalten werden, wenn Läufe und Verschlüsse nach den gesetzl. Vorschr. in einer durch die Landesregierung zu errichtenden amtl. Prüfungsanstalt geprüft und mit Prüfungszeichen versehen[10]).

7. Anzünden von Feuer nach § 368 [6] RStGB. an gefährl. Stellen in Wäldern und Heiden (z. B. auf ausgedürrten Grasflächen) oder in gefährl. Nähe von Gebäuden oder feuerfangenden Sachen verboten; Feuermachen in Waldungen überhaupt oder in einer Nähe derselben von 300 bayerischen Schuh (87,6 m) nur unter Beobachtung der zur Verhütung von Waldbränden nötigen Vorsichtsmaßregeln erlaubt, kann bei besonders trockener Witterung von der Forstpol.beh. ganz verboten werden; wer Feuer anzündet, muß es, ehe er sich entfernt, vollständig auslöschen (Art. 45, 77, 96 ForstG.).

8. Auf öffentl. Wegen darf auch der J.ausübungsberechtigte J.ausübungshandlungen nur vornehmen, soweit sie sich im Rahmen des „gemeinen Gebrauches" halten, Sicherheit und Bequemlichkeit

---

7) § 29 IV EisenbahnverkO. v. 23. Dez. 1908 GVBl. 1909 S. 29; DA. III, 1 § 8, 1, I u. V § 12 [2].

8) § 1, II b VO. v. 27. Juli 1905 GVBl. S. 531.

9) Jede gebrauchsfähige Schußwaffe, die von einem Einzelnen gehandhabt werden kann; OberstLG. St. 7, [198].

10) Bei allen J.gewehren, mit Ausnahme derjenigen ohne Würgebohrung, findet zweimalige Beschußprobe mit verstärkter Gebrauchsladung, bei Kaliber- oder Verschlußänderungen erneute Prüfung statt. Als gleichwertig mit den deutschen Zeichen sind von vorneherein anerkannt worden die Stempel der beiden englischen Prüfungsanstalten zu Birmingham und London, deren strengen Vorschriften sich die Deutschen fast vollkommen angeschlossen haben. Die belgischen Prüfungsbedingungen sind leichter als die deutschen; daher wurden die Zeichen der belg. Probierbank in Lüttich erst zugelassen, nachdem Belgien sich verpflichtet hatte, die zum Export nach Deutschland bestimmten Waffen mit stärkerer Ladung zu beschießen und durch besondere Stempelung zu kennzeichnen (Bek. v. 26. April 1899 RGBl. S. 275). Belg. Gewehre, die diese Stempelung nicht tragen, müssen, ehe sie in Deutschland in Verkehr gebracht werden, in einer deutschen Prüfungsanstalt nachgeprüft und gestempelt werden. Die österreich. Prüfungszeichen sind bis jetzt im Deutschen Reiche nicht anerkannt (Koch, Jagdwaffenkunde S. 17). Die französ. der Probierbanken in St. Etienne und Paris sind anerkannt (Bek. v. 15. Juli 1904 RGBl. S. 309). — Die Strafbestimm. treffen auch das Inverkehrbringen durch Private, nicht nur das durch Händler. — §§ 1, 2, 4, 8 RG. v. 19. Mai 1891 — RGBl. S. 109. Prüfungsbestimmungen und -zeichen in Bek. v. 22. Juni 1892 — RGBl. S. 674; Tafel „Prüfungszeichen".

des Verkehrs nicht stören oder gefährden[11]). § 366 [9] RStGB. verbietet Aufhängen von Lappen, Aufstellen von Hochsitzen, Legen der J.strecke, Stehenlassen des Wildwagens auf öffentl. Wegen, Straßen, Plätzen, wenn es Verkehrsstörungen erwarten läßt[12]). § 367 [8] RStGB. verbietet auch ihm das Schießen mit jegl. Schießwerkzeug, im Zusammenhalt mit § 15 I JPV. aber auch Anstellen, Verfolgen und Erlegen von Wild mit schußbereiter Waffe oder durch Schießen, gleichviel ob sich das Wild auf der Straße selbst oder im angrenzenden J.gebiete befindet; polizeil. Erlaubnis mit Rücksicht auf Verkehrssicherheit nicht zu erteilen, befreit aber keinesfalls von zivil- und strafrechtl. Haftung bei Verletzungen fremder Rechtsgüter[13]).

Aneignung von erlegtem oder von Fallwild dem J.berechtigten auf den sein Revier durchziehenden öffentl. Wegen gestattet, falls ohne Verletzung der erwähnten Vorschriften möglich[14]).

9. Die für das Publikum im allgemeinen erlassenen Vorschr. über Schutz der Eisenbahnen und des Bahnbetriebes gelten auch für den J.berechtigten[15]). Unter allen Umständen untersagt das Betreten des Planums der Bahn und der dazugehörigen Böschungen, Dämme, Gräben, Brücken und sonstigen Anlagen ohne Erlaubniskarte, das Überschreiten außerhalb der hiezu bestimmten Übergänge[16]), folgl. auch das Anstellen auf Wild, das sich dort aufhält oder im angrenzenden Revierteil befindet, Verfolgen flüchtenden Wildes auf oder neben der Bahn oder ihren Zugehörungen mit schußbereitem Gewehr, Aneignung dorthin gefallenen oder da verendenden, verendeten oder eingegangenen Wildes, zu dessen Erlangung er das Bahnaufsichtspersonal angehen muß[17]). Vorsätzl. oder fahrläss. Verhinderung oder Gefährdung des Betriebes einer zu öffentl. Zwecken dienenden Telegraphen-, Fernsprech- oder Rohrpostanlage durch Beschädigung von Teilen oder Zubehörungen oder Vornahme von Veränderungen an ihnen[18]) wird gem. §§ 317—318 a RStGB. als gemeingefährliches Vergehen[19]) mit Gefängnis von einem Monat bis 3 Jahren bzw. Gefängnis bis zu 1 Jahr oder Geld bestraft. Die „Verhinderung" oder „Gefährdung" selbst, nicht bloß die „Beschädigung" oder „Änderung", muß vorsätzl., wenn auch nur mit dol. event. vorgenommen sein[20]).

---

[11]) ObersLG. St. 2, 385; VGH. 8, 321; RGSt. 16, 203; DJäger 14, 270.
[12]) „Wild und Hund" 1916 S. 650.
[13]) Wirsch. S. 208 und Fußn. 130; oben S. 267 VI.
[14]) Kein Fangschuß! Oben S. 269, 2.
[15]) ObersLG. 5, 173; 9, 70; Riedel-Sutner S. 315 A. d; Reger-Dames S. 271.
[16]) Vgl. Art. 13 JG.; oben S. 249, 4; RG. i. DJäger 8, 137, 276; 1926 S. 498; GoltdArch. 42, 52.
[17]) Wirsch. S. 209; teilweise anders Pollw. S. 276 A. 2, der diese Handl. für erlaubt ansieht, wenn keine Gefährdung von Bediensteten oder des Eisenbahntransportes, keine Betriebsstörung und keine Sachbeschädigung verursacht werden kann.
[18]) Schießen nach Vögeln, welche auf Leitungsdrähten oder -Stangen sitzen, Übungsschießen auf Leitungsmasten.
[19]) Nicht als Sachbeschädigung nach §§ 303—305 RStGB.
[20]) RGSt. 22, 393.

§ 16.[1])

In den Jagdrevieren aufsichtslos umherstreifende Hunde, dann Hauskatzen, welche in einer Entfernung von mindestens 200 m von dem nächsten Anwesen oder in öffentlichen Parken oder Anlagen umherstreifend betroffen werden, dürfen von dem Jagdausübungberechtigten oder dem von ihm aufgestellten Jagdaufseher getötet werden.

I. Kein zivilrechtl. Notstands- oder Selbsthilferecht analog § 228 BGB., sondern im öffentl. Interesse pflegl. Behandlung der J. (§ 1 I JPV.) eine j.polizeil. Tötungsbefugnis singulärer Art, die dem J.berechtigten als solchem eingeräumt ist. Verwirklichung dieses Rechtes, da Hunde und Hauskatzen n i c h t zu den j.baren Tieren gehören, keine J.ausübung, sondern Hegetätigkeit, J.schutz.

II. J.polizeil. Vorschr. sind auch solche, die Schutz der J. im allgem. bezwecken und dabei in die öffentl. oder privaten Rechte dritter mit der J.ausübung selbst nicht in Berührung stehender Personen eingreifen[2]). Gem. § 2 II EG. RStGB. kommen in bezug auf die J.polizei die reichsrechtl. Bestimmungen nur in Anwendung, soweit das Landesrecht keine „besonderen" Vorschriften trifft. Eine solche enthält aber § 16[3]). Art. 13 II JG. kommt nicht in Frage, da er nur den Schutz der Bodenkultur bezielt; keine polizeil. Strafe, da die Tötung ausdrücklich erlaubt; erlaubte Handlungen können nicht schadensersatzpflichtig machen, wenn das Gesetz diese Haftung, trotz des Handelns im Recht, nicht ausdrückl. festsetzt; dies ist nirgends geschehen[4]).

III. B e r e c h t i g t: J.ausübungsberechtigter und dessen Vertreter: Eigenj.berechtigter, Eigenj.- und Gemeindej.pächter, Vertrauensmänner, gelernte Jäger, mit Schutzgewehrschein versehene, verpflichtete und nicht verpflichtete J.aufseher, J.gast[5]).

---

1) In den preußischen Amtsbezirken Orb, Weyhers und Hilders der Provinz Hessen, welche am 22. Aug. 1866 von Bayern an Preußen abgetreten wurden, gilt gemäß § 86 Z. 20 pr. JO. v. 15. Juli 1907 noch jetzt § 17 der alten bayr. VO. v. 5. Okt. 1863, nicht der in Bayern an dessen Stelle getretene § 16 der neuen VO. v. 6. Juni 1909. Es dürfen dort also nur „in den J.revieren aufsichtslos herumstreifende Hunde vom J.ausübungsberechtigten oder dem von ihm aufgestellten J.aufseher getötet werden" (Goercke S. 110 A. 11; S. 195 XI 2; v. Brauchitsch, Verwaltungsges., ErgBd. f. Hessen-Nassau 2. Aufl. S. 649 f.).

3) OberstLG. St. 8,[7]; SeuffA. 67,[64]; BlfRA. 1911 S. 490; EJZ. 1908 S. 216; DJäger 30,[431]; 31,[58].

3) OberstGH. 4,[436]; OberstLG. St. 8,[9] und v. 10. Dez. 1903 Nr. 372; OLG. Mü. 4,[218]; Pollw. S. 222 F. 1; Oertm. I, 376; Wirsch. S. 221.

4) BlfRA. 76,[492]; Rspr. OLG. 38,[245]; „Wild und Hund" 1914 S. 509; DJäger 1920 S. 346, 358; 1921 S. 9. — Vgl. Bek. Min. d. J. v. 6. Febr. 1917, 19. Juni 1918, 23. Nov. 1920 (StAnz. 34/17, 141/18, 279/20). —

5) Oben S. 37, 69, 231; OberstGH. Z. 4,[436]; Pollw. S. 222; Schüllerm. S. 162 Note 5 und A. 18; Wirsch. S. 222.

IV. *Voraussetzung:* Betreffen der Hunde und Katzen im *eigenen* J.gebiete des sich auf § 16 Berufenden trifft nicht zu, wenn das Tier im Augenblick des Tötens in einem Hausgarten (Art. 2[1] JG.) oder auf einem eingefriedigten Grundstücke (Art. 2[2]) innerhalb des J.reviers, auch wenn diese Eigenj.bezirke Lücken aufweisen und nicht vollkommen abgeschlossen sind[6]). — *Keine* Rücksicht auf *Wert* des Hundes gefordert; *keine* Analogie mit § 228 BGB., der Verhältnismäßigkeit des durch Gefahrabwendung entstehenden Schadens und der abzuwendenden Gefahr verlangt.

1. Hunde: a) *Aufsichtslosigkeit* liegt vor, wenn sich der Hund der Beobachtung und Einwirkung seines Herrn dauernd oder zeitweise *gänzl.* entzogen hat[7]). Möglichkeit des Hereinrufens durch Ruf oder Pfiff läßt die Einwirkungsmöglichkeit fortdauern[8]). Keine bestimmte Entfernung erfordert. — Auch wenn der Hund 500 bis 600 m von Wohnanwesen entfernt, in einem Walde vorübergehend den Blicken des Herrn entschwunden, nur durch Nachgehen in fremdes J.gebiet, nach Ablegen der J.ausrüstung, erreicht werden kann, noch nicht aufsichtslos[9]); dagegen schon bei kürzerer Entfernung etwa von 100 m, falls sich niemand um ihn kümmert[10]). Ein Hund, der in der Nähe seines im Walde arbeitenden Herrn sich aufhält und dem J.berechtigten bellend entgegenspringt, nicht aufsichtslos[11]). — *Überjagende* Hunde, die Wild in benachbartes Revier verfolgen und auf Rufen oder Pfeifen des in der Nähe befindl. Besitzers im J.eifer nicht sofort zurückkehren, dürfen nicht geschossen werden, da die Möglichkeit der Einwirkung bei nicht allzu großer Entfernung von der Grenze und wiederholtem Pfeifen oder Abgabe eines Schusses nicht ohne weiteres auszuschließen[12]). Bei den weitjagenden *Bracken*, die nicht von der Spur oder Fährte abzubringen sind und oft erst nach Stunden das Wild zum Ausgangspunkte der J. zurückhetzen, in den meisten Fällen „Aufsichtslosigkeit“ anzunehmen; ihr lautes, anhaltendes Jagen ist im höchsten Grade beunruhigend und gefährdend[13]). — Es wird nicht verlangt, daß der Hund an der *Leine* zu führen sei[14]). Anordnung des Anlegens von Hunden innerhalb des freien J.gebietes durch ortspol. Vorschr. nach Art. 121 PStGB. zulässig[15]).

---

6) OberstLG. St. 3,[199].

7) RGSt. 24,[225]; Rspr. 3,[810]; ObersttLG. St. 1,[385]; 6,[314]; 8,[5]; 10,[55]; 11,[181]; Wirsch. S. 222.

8) ObersttLG. v. 24. Mai 1901, BlfRA. 66,[526]; ObersttGH. St. 4,[576]; OLG. Mü. 5,[172]; vgl. Recht 1918 S. 123 (KG. 18. Jan. 1918).

9) ObersttLG. St. 10,[55]; DJäger 32,[453].

10) Recht 1912 S. 65; OLG. Mü. 4,[218]; DJäger 1904,[141].

11) Rspr. OLG. 28,[252]; ObersttLG. St. 1,[385]; 6,[314]; 8,[5]; 10,[55]; 11,[181]; RGSt. 24,[225]; Pollw. S. 223.

12) RGSt. 24,[225]; Reger 14,[180]; BlfRA. 40,[373]; Schüllerm. S. 162 N. 4; Wirsch. S. 222.

13) DJäger 1911,[4]; Pollw. S. 223 F. 2.

14) Reger 10,[285].

15) OLG. Mü. 4,[218]; DJäger 1921 S. 9; 1926 S. 513.

In öffentl. Parken und Anlagen nach Art. 90 PStGB. zum Schutze der Anlagen; der J.berechtigte als solcher zur Tötung unangeleinter Hunde nicht befugt[16]), da die Vorschrift nicht zum Schutze der J. erlassen. Knütteln nicht verlangt, schützt aber aufsichtslose Hunde beim Vorliegen der sonstigen Voraussetzungen nicht vor Ausübung der Tötungsbefugnis[17]). Ein vor Haustüre stehender unangeleinter Hund, bei dem sich gerade niemand befindet, nicht aufsichtslos[18]). —

b) Umherstreifen: Der Zweck, die J. vor Beunruhigung und Gefährdung zu sichern, in jedem Einzelfalle besonders zu prüfen. Nur Hunde kommen in Betracht, welche planlos, zu dem aus ihrem Verhalten erkennbaren und zu besorgenden Zwecke der Aufsuchung und Verfolgung von Wild sich umhertreiben; tatsächl. Nachspüren und Hetzen nicht erfordert[19]). Kein „Herumstreifen", wenn ein Hund von jemand, dem er nachgelaufen war, heimgejagt, beim Nachhauselaufen vom Wege etwas abweichend, ins J.gebiet gelangt, ohne ein die Annahme des Aufspürens oder Verfolgens von Wild rechtfertigendes Benehmen zu zeigen[20]); wenn er sich allein im J.gebiet befindet, aber ruhig verhält[21]); wenn er seinen verlorenen Herrn sucht oder auf ausgetretenen Nebenwegen gegen Häuser zutrottet, ohne zu erkennen zu geben, daß er von der eingeschlagenen Richtung abweichen werde, oder wenn er auf einer Straße dahinläuft und sich bei Unrathaufen und Bäumen am Wege zu schaffen macht, oder als Hund des Nachbars erkannt wurde und anzunehmen war, daß er alsbald zurückkehre[22]) oder, zwar frei und ohne Aufsicht, nur mit einem anderen Hunde spielt, oder eine läufige Hündin verfolgt[23]). Fehlt „Herumstreifen", ist „Aufsichtslosigkeit" ohne Bedeutung. —

c) Zeitl. und räuml. Zusammenfallen des aufsichtslosen Umherstreifens und des Tötens[24]). Hat der Hund das Revier verlassen oder das Herumstreifen aufgehört und ist auf dem Rückwege nach einer öffentl. Straße oder nach Hause, befindet sich ein als J.streuner bekannter Hund auf öffentl. Wege in nächster Umgebung des Gehöftes oder Besitztums seines Herrn oder gar innerhalb desselben, so endet die Tötungsbefugnis[25]). Ein kurz

---

16) Scheinbar anders Wirsch. S. 223.

17) Wirsch. S. 223.

18) OLG. Mü. 8, 23.

19) OberstGH. St. 4, 576; OLG. Mü. 2, 499; 5, 72; 6, 3; OberstLG. St. 6, 314; v. 25. Mai 1911 und v. 30. Jan. 1906; BlfRA. 66, 526 und 71, 420. Im Walde herumstreifende Hunde bedrohen und beunruhigen stets den Wildstand: „Wild und Hund" 1913 S. 609; 1922 S. 264.

20) OLG. Mü. 5, 72; Wirsch. S. 222.

21) OLG. Mü. 2, 498; Wirsch. S. 222; Pollw. S. 224.

22) DJäger 32, 453.

23) OberstLG. St. 6, 314; 11, 181; 1, 385; v. 6. Mai 1911; ZfRpfl. 1911 S. 319; v. 24. Sept. 1912 Nr. 423/12; Recht 15, 632; Pollw. S. 223.

24) „Wild und Hund" 1917 S. 269; unten S. 276.

25) OberstLG. St. 1, 385; 6, 314; 8, 5; 10, 55; OLG. Mü. 5, 72; 6, 3; BlfRA.

vorher in einem anderen J.gebiet revierend beobachteter oder einmal in der eigenen J. streunend gesehener Hund darf nur getötet werden bei Vorliegen der Voraussetzungen zu a und b im Augenblick des *neuerlichen* Betreffens. Kurz zuvor im eigenen Bezirke jagend betroffener, aber auf fremdes Gebiet entkommener und dort schußmäßig vorbeistreifender Hund darf nicht getötet werden[26]); ebensowenig ein Hund, von dem besorgt wird, daß er vielleicht später jagen werde, da er vor dem Jäger mit eingezogener Rute sich in eine Ackerfurche drückt. Daß jeder herrenlos querfeldein laufende Hund Beunruhigung von Wild und, nach erfolgtem Anschließen und Überwindung des ersten Schreckens, Fortsetzung des Streunens befürchten lasse[27]), in dieser Allgemeinheit unzutreffend[28]). — Bestimmte *Art des Tötens* nicht vorgeschrieben. Weil das Tötungsrecht durch das aufsichtslose Herumstreifen bedingt ist und nur solange ausgeübt werden darf, als dieses andauert, ist Tötung durch bereits *vor* dem Herumstreifen ins Werk gesetzte *allemeine Maßnahmen* unzulässig; denn sie können nicht so eingerichtet werden, daß sie regelmäßig nur wirken, wenn der zu tötende Hund gerade aufsichtslos herumstreift. Deshalb Auslegen von vergifteten Wurstbrocken in der *Nähe von Gehöften*, wo sich bekannte J.streuner befinden, nicht zu billigen, da persönl. Kontrolle über das Vorliegen der Tötungsvoraussetzungen durch den J.berechtigten oder dessen Vertreter nicht möglich[29]). Kein allgemeines Recht der Tötung vom Standpunkte der Notwehr oder Selbsthilfe[30]); § 53 RStGB. und § 227 BGB. unanwendbar[31]). — Aufstellen von Fallen, Schlingen, Schlageisen, Auslegen von Giftbrocken zum Zwecke des Fangens streunender Hunde durch § 13 JPO., der sich nur auf j.bare Tiere bezieht, an sich nicht gehindert[32]) und dann zulässig, wenn die Auslegung oder Aufstellung etwa in einer entlegenen Dickung, weitab von bewohnten Anwesen und öffentl. Wegen erfolgt. Werden diese Erlegungsmittel *dort* angenommen, so kann kein Zweifel bestehen, daß der Hund aufsichtslos herumstreifte oder — vielleicht selbst in Begleitung seines Herrn — sogar jagte[33]). Durch erfolgreiches Legen von *Eisen* usw. wird das Tier auch *betroffen*; gleichzeitige Anwesenheit des J.berechtigten nicht erforderlich[34]). — Wird ein

---

66, [325]; Recht 1910 S. 360; GoltdArch. 46, [21]; DJäger 24, [62]; Pollw. S. 224 β; Wirsch. S. 223; oben S. 274 IV.

26) ObersttLG. St. 3, [199]; 6, [314]; 11, [181]; RGSt. 36, [230]; OLG. Mü. 2, [498]; DJäger 24, [413]; Pollw. S. 224.

27) DJäger 1911, [358].

28) Pollw. S. 224 Fußn. 1.

29) Vgl. „Wild und Hund" 1903 S. 97 ff.

30) GoltdArch. 25, [565].

31) RGSt. 34, [295]; 36, [232], [235] f.

32) Oben S. 266 III.

33) Vgl. „Wild und Hund" 1917 S. 269; dort auch über mitwirkendes Verschulden des Besitzers.

34) S. 40 oben; DJäger 1910, [108]; anders „Wild und Hund" 1917 S. 269.

revierender Hund von Dienstboten, Taglöhnern des J.berechtigten oder von diesem selbst, da er gerade kein geeignetes Tötungswerkzeug bei sich führt, eingefangen und nach Hause verbracht, ist dort erst erfolgende Tötung rechtswidrig[35]) — Ein allein von zu Hause fortgelaufener, zufällig in Eisen geratener Hund kann zwar als aufsichtslos, allein nur unter den bei b und c erwähnten Voraussetzungen der Gefährdung des Wildstandes als streunend betroffen angesehen und getötet werden[36]). —

d) Wird der Hund tatsächl. an Wild jagend betroffen und steht zu befürchten, daß er das verfolgte Stück einholen, beschädigen oder reißen werde, beschleicht er gerade Wild, hat er ein j.-bares Tier bereits erbeutet und will es fortschleppen, verscharren, verzehren, so gibt das Selbsthilferecht des § 228 BGB. weitergehende Tötungsbefugnis, die nicht vom Betreffen bei aufsichtslosem Herumstreifen abhängt, aber beschränkt ist, da gerade „Tötung" erforderl. sein muß, und der durch Tötung verursachte Schaden nicht außer Verhältnis zur drohenden Gefahr stehen darf.[37]). Gegeben, wenn der Hund an hochbeschlagenen Stücken jagt, die dadurch wegen ihres Körperzustandes erhebl. gefährdet werden, weil die Anstrengung der Flucht Fehlgeburt verursachen kann. — In Fällen dringender und augenblickl. Gefahr ist jedermann, also auch der J.berechtigte befugt, bösartige Hunde, von denen eine Gefährdung von Menschen zu besorgen, zu töten, soferne anderes verlässiges Mittel zur Abwendung der Gefahr nicht besteht oder nicht ausführbar[38]). Bösartige Hunde, insbes. auf den Mann dressierte, die selbständig angreifen, dürfen ohne polizeil. Erlaubnis nicht frei umherlaufen. Werden die erforderl. Vorsichtsmaßregeln zur Verhütung von Beschädigungen[39]) unterlassen, so kann trotz polizeil. Erlaubnis vom Tötungsrechte nach Art. 19 Gebrauch gemacht werden[40]). Gegen unbefugtes Hetzen von Hunden auf Menschen[41]) handelt der Abwehrende in Notwehr, da der Angriff des Tieres als objektiv rechtswidriger Angriff eines Menschen aufzufassen[42]).

2. **Katzen**: a) Für Hauskatzen besteht das Tötungsrecht jetzt nicht mehr nur in der Zeit vom 1. März mit 31. August, sondern

---

35) OLG. Mü. 6, [3]; Wirsch. S. 223.

36) Anders „Wild und Hund" 1917 S. 269 und Pollw. i. BlfRA. 75, [26], der die Frage nunmehr als zweifelhaft bezeichnet und allgemein verneint S. 224 β.

37) ObstLG. St. 3, [199]; RGSt. 36, [236]; GoltdArch. 58, [473]; „Wild und Hund" 1923 S. 423; den Ausführungen in ZfRpfl. 1906 S. 311 kann nicht beigetreten werden.

38) Art. 19 PStGB.

39) Maulkorb, Führen an der Leine, Einsperrung oder Ankettung, sofortiges Abrufen.

40) Vgl. § 367 [11] RStGB.

41) § 366 [6] RStGB.

42) § 53 RStGB.; § 227 BGB.; ObstLG. St. 4, [383].

wie bei Hunden, das ganze Jahr (MinBek. v. 7. Juli 1926 Art. III — GVBl. S. 332).

b) Entfernung zu 200 m von den nächsten bewohnten Anwesen gilt nur für freies J.revier, nicht für Parke und Anlagen.

c) Bezügl. des Umherstreifens im allgemeinen die oben S. 275, 1, b entwickelten Gesichtspunkte maßgebend. Während der Setz- und Brutzeit werden Katzen, die sich im freien Revier oder in Parken und Anlagen, namentl. morgens und abends herumtreiben, als auf der Suche nach Wild oder Singvögeln befindl. zu erachten sein. Die Beunruhigung, die sie hervorrufen, verraten namentl. Vögel durch Warn- und Lockrufe sowie ängstl. Herumlaufen oder -flattern. Eine in der Nähe betroffene Katze darf dann unbedenkl. getötet werden; dagegen nicht, wenn sie unverkennbar dem Mäusefang obliegt[43]).

d) Selbsthilfe, Notwehr, Notstand: oben S. 277 1, d. In diesen Fällen ist auch Tötung zulässig in größerer Nähe von Wohnanwesen als 200 m[44]).

V. Nach § 16 erfolgte Tötung zieht keine Schadensersatzpflicht nach sich[45]). Unbefugte Tötung ist Sachbeschädigung, deren Verfolgung auf Antrag des Tierhalters erfolgt[46]). Durfte J.berechtigter den Hund nach den Umständen für aufsichtslos umherstreifend ansehen, so schließt diesbezügl. unverschuldeter Irrtum die Strafbarkeit aus § 303 und Schadensersatzpflicht aus. Die Möglichkeit eines solchen Irrtums wird viel zu wenig berücksichtigt. Zur Anstellung komplizierter Erwägungen bleibt dem Jäger bei der die Regel bildenden Unverhofftheit, Plötzlichkeit und kurzen Dauer seiner Begegnung mit streunenden Hunden ohne sichtbaren Begleiter keine Zeit, wenn nicht der Schutz des § 16 versagen soll. Das gilt insbes. in den Fällen, in welchen Landleute ihre Hunde zur Feldarbeit, zum Streu-, Laub-, Holzholen, Beeren- und Pilzesuchen in Waldungen mitnehmen. Meist kümmern sie sich über ihren Verrichtungen gar nicht um das Tier und denken erst daran, wenn der ihm geltende Schuß kracht. Der Jäger, welcher die Besitzer solcher „ländl. Begleithunde" nicht in deren unmittelbarer Nähe sieht und sehen kann, ist berechtigt, die Hunde schlechthin als „aufsichtslos umherstreifend" zu betrachten und eine von ihnen zu besorgende Beunruhigung, wenn nicht sogar Gefährdung des Wildstandes anzunehmen, gegen die er sich gem. § 16 verteidigen darf[47]). Sie suchen, da man sich mit ihnen nicht beschäftigt, Zerstreuung in der freien Natur, laufen zuerst planlos

---

[43]) OberstGH. St. 4, [32]; „Wild und Hund" 1905 S. 511.
[44]) Das verkennt DJäger 32, [430]; vgl. BGZ. 1913 S. 418.
[45]) OLG. Mü. v. 30. Jan. 1911; Rspr. OLG. 38, [245]; BlfRA. 76, [492]; „Wild und Hund" 1914 S. 509; Pollw. S. 225 N. 5; oben S. 273 II.
[46]) RGSt. 1, [306]; 4, [326].
[47]) DJäger 1919 S. 35.

herum, stoßen dabei auf Wildspuren, jagen zunächst gelegentl., dann mit Berechnung und wachsen sich schließlich zu raffinierten „Wilderern“ aus. Im freien Revier ist es unmögl., diese einzelnen Entwickelungsstadien zu unterscheiden. Wollte dies vom J.berechtigten verlangt werden, so würde man ihn der Tötungsbefugnis überhaupt berauben. Ebensowenig kann, namentl. im Wald, jedesmal geprüft werden, ob sich der Hund noch unter der Einwirkung seines Herrn befindet, wenn er allein betroffen wird. Das Recht des § 16 legt dem Hundebesitzer die Pflicht auf, alles zu vermeiden, was bei dem J.berechtigten die Überzeugung vom Vorliegen seiner Tötungsbefugnis erwecken kann. Nicht der sein J.recht wirkl. oder vermeintl. Verteidigende hat die Berechtigung dieser Verteidigung nachzuweisen, sondern der hiedurch Betroffene das Fehlen einer Störung dieses Rechtes und Kenntnis oder schuldhafte Unkenntnis des Jägers von diesem Mangel darzutun. Die Festhaltung dieses Grundsatzes wird allein dem wirkl. Verlauf der Dinge im freien J.gebiet gerecht und muß dazu führen, in der Mehrzahl der streitigen Fälle eher einen unverschuldeten Irrtum des J.berechtigten über sein Tötungsrecht anzunehmen, als im Zweifel von dem Hundebesitzer gehörige Beaufsichtigung und von dem Hunde eine seiner Raubtiernatur fremde Enthaltsamkeit vorauszusetzen und dadurch der Unsitte des Mitnehmens von Hunden zur Arbeit im Freien in die Hand, dem gesetzl. geforderten (§ 1 I JPB.) und gesetzl. geschützten (§ 16) Streben des J.berechtigten nach pflegl. Behandlung der J. aber entgegenzuarbeiten[48]). Aus subjektiven Gründen erfolgende Freisprechung von einem immer vorsätzl. Handeln verlangenden Vergehen der Sachbeschädigung berührt nicht die, namentl. bei voreiligem Handeln gegen einen in übersehener Nähe seines Herrn befindl. Hund begründete Ersatzpflicht für fahrlässig verursachten Schaden nach § 823[49]) und etwaige Haftung des J.berechtigten für seine J.schutzangestellten gem. § 831 BGB. Aber auch hier wird die Möglichkeit eines unverschuldeten Irrtums über die in der Praxis durchaus nicht immer klar erkennbaren Voraussetzungen der Tötungsbefugnis häufig zur Verneinung selbst fahrlässigen Verschuldens führen.

Tatsächl. Irrtum des nur mit mündl. Erlaubnis allein jagenden Gastes über Tötungsrecht, entschuldbarer Irrtum über den Besitz der J.ausübungsberechtigung überhaupt oder an dem Orte der erfolgten Tötung entkleidet die Handlung der Widerrechtlichkeit und damit Auftraggeber und Angestellten der Schadensersatzpflicht[50]). Ersatzforderung verjährt in drei Jahren[51]), Strafverfol-

---

48) RGSt. 19, 209; OLG. Mü. 2, 497; 8, 33; EJZ. 1908 S. 166, 228; DJäger 1908 S. 94; 1910 S. 94, 252; ZfRpfl. 1908 S. 166; Pollw. S. 225 A. 7; Schüllerm. S. 162 N. 3; Wirsch. S. 223, 224; „Wild und Hund“ 1916 S. 266.

49) Pollw. S. 225 Fußn. 1.

50) GoltdArch. 43, 296; JW. 24, 533.

51) § 852 BGB.

gung der Sachbeschädigung in fünf Jahren[52]), Antragstellung in drei Monaten[53]). Antragsfrist läuft neben der Frist des § 67 RStGB. selbständig[54]). Nach Ablauf der Strafverfolgungsverjährung, auch bei später erlangter Kenntnis, Strafantrag ausgeschlossen[55]).

VI. Besitzer von Hunden und Katzen, die nach § 16 getötet werden durften, zwar aus § 367 11 RStGB. nicht strafbar, da „J.gefährlichkeit" noch nicht „Bösartigkeit" begründet[56]). Schädigung der J. durch Versprengen, Verletzen oder Reißen von J.tieren begründet aber Schadensersatzanspruch des J.berechtigten, auch nach Tötung der schadenstiftenden Tiere[57]). Wird vom Tötungsrechte Abstand genommen, so kann trotzdem auf Unterlassung der Störung, deren Fortsetzung zu befürchten steht, geklagt und Strafandrohung für jeden Zuwiderhandlungsfall verlangt werden[58]). Diese Rechtsbehelfe gehen nicht verloren, wenn auch auf das Recht aus § 16 vertragl. verzichtet ist. Verzicht zulässig, da § 16 keine Pflicht, sondern nur ein diskretionäres Recht zur Tötung gibt[59]).

VII. Eigentum an getöteten Hunden und Katzen geht nicht auf den von der Befugnis des § 16 Gebrauch machenden J.berechtigten über. Nicht verpflichtet, Tiere, Halsband, Leine, Hundezeichen dem Eigentümer zuzustellen. Aber Benachrichtigung zur Vermeidung von Mißhelligkeiten und Schadensersatzansprüchen. Verständigung der Ortspol.beh., wenn der Kadaver nicht vom J.berechtigten selbst durch genügendes Verscharren beseitigt wird, im Hinblick auf Art. 70 PStGB., der Zuwiderhandlungen gegen die oberpol. Vorschr. über Wegschaffen und Vergraben getöteter Tiere mit Geldstrafe bis 150 RM bedroht[60]).

VIII. „Hinaufschießen" mit feinen Schroten als gelinderes Mittel, das Streunen zu verhindern, zulässig, wenn nicht mutwillige oder boshafte Tierquälerei. Die Tötung eines angeschossenen Hundes (Katze) nach längerem Zwischenraume unbedenkl., um das zusammengebrochene, leidende Tier von unnötigen Qualen zu befreien[61]). Bestrafung wegen Tierquälerei, wenn Tier entweder öffentl. oder vor Zeugen, die daran unmittelbar Ärgernis nehmen, boshaft gequält oder roh mißhandelt, also ohne vernünftigen Zweck durch Zufügung heftiger Schmerzen gepeinigt oder in einer gegen seine Leiden gleichgültigen Weise körperl. verletzt, insbes. auch nach stärkerem Anschießen hilflos liegen gelassen wird[62]).

---

52) §§ 303, 67 II RStGB.
53) § 61 l. c.
54) RGSt. 6, 37; Rspr. 6, 291.
55) Olsh. S. 284 f. A. 54 I b α; RGSt. 6, 37; Rspr. 6, 291.
56) Schüllerm. S. 162 N. 6.
57) §§ 823, 834 BGB.; § 827 ZPO.; oben S. 47; unten S. 350.
58) §§ 862, 1004 BGB.; § 890 ZPO.
59) OberstLG. St. 2, 366; OLG. Mü. 2, 498; Vollw. S. 225 A. 6; Schüllerm. S. 162 N. 8; BGZ. 1915 S. 62.
60) Zusammenstellung der oberp. V. bei Riedel-Sutner S. 251 A. 1 b.
61) Vollw. S. 225 A. 3.
62) § 360 13 RStGB.

§ 17.[1])

I Beschwerden gegen Verfügungen und Beschlüsse, welche die Bezirkspolizeibehörden im Vollzuge dieser Verordnung erlassen, sind innerhalb einer ausschließenden Frist von 14 Tagen anzubringen.

II Über diese Beschwerden entscheiden die Regierungen, Kammern des Innern, in zweiter und letzter Instanz.

§ 18.

Übertretungen der Vorschriften in den §§ 2—5, 8—15 werden mit Geldstrafe bis zu 150 *RM*, Übertretungen der Vorschriften in den §§ 6 und 7 nach § 368 Ziff. 9 und 11 des Strafgesetzbuches für das Deutsche Reich mit Geldstrafe bis zu 150 *RM* oder mit Haft bis zu 14 Tagen bestraft.

§ 361 RStGB.: Mit Haft wird bestraft:

9. wer Kinder oder andere, unter seiner Gewalt stehende Personen, welche seiner Aufsicht untergeben sind und zu seiner Hausgenossenschaft gehören, von der Begehung strafbarer Verletzungen der Gesetze zum Schutze der Jagd abzuhalten unterläßt. Die Vorschriften dieser Gesetze über die Haftbarkeit für die den Täter treffenden Geldstrafen oder anderen Geldleistungen werden hiedurch nicht berührt.

1. § 18 wiederholt bezügl. der §§ 2—5 und 8—15 JPV. nur die bereits in Art. 23⁵ JG. enthaltene Strafdrohung und hat daher insoweit keine selbständige Bedeutung[1]). Keine Idealkonkurrenz der beiden Bestimmungen, weil tatsächlich nur ein Strafgesetz, und zwar Art. 23⁵ verletzt wird.

Hinsichtl. der §§ 6 und 7 JPV. verweist er ledigl. auf die Strafbestimmung des § 368 Ziff. 9 und 11 RStGB. Hier rechtl. Zusammentreffen der reichs- und landesgesetzl. Bestimmungen (§ 73 RStGB.).

2. Der Strafdrohung gegen Verletzung der Vorschr. über Wildbretverkehr fehlt zurzeit die gesetzl. Grundlage[2]).

3. Strafrechtl. Verantwortlichkeit des Gewalthabers für Übertretung j. polizeil. Vorschriften, deren Erlaß durch Art. 23⁵ JG. dem Verordnungswege vorbehalten ist, ergibt sich aus § 361⁹ RStGB.[3]). Ehefrau und großjährige Kinder sind nicht der „Gewalt" des Ehemannes und Vaters unterworfen[4]). „Kinder" sind

---

[1]) Vgl. hiezu die einzelnen Paragraphen.
[1]) ObersttLG. v. 28. April 1914 in ZfRpfl. 1914 S. 329.
[2]) S. oben S. 256.
[3]) RGSt. 35, 403; EJZ. 1908 S. 4.
[4]) §§ 1354, 1626 BGB.; Olsh. S. 1438 A. d α; Pollw. S. 187 Fußn. 1.

auch solche im Kindesalter stehende Personen, welche nicht eigene Kinder des Hausgenossenschaftsvorstandes sind[5]). Strafrechtl. Unzurechnungsfähigkeit[6]) schließt Strafbarkeit des Gewalthabers nicht aus; großjährige Gewerbs- und Handwerksgehilfen zählen trotz Hausgenossenschaft nicht hieher[7]). Teilnahme des Gewalthabers nach §§ 47—49 RStGB. zu strafen[8]).

4. Zuständig zur Aburteilung Amtsrichter.

§ 19.

Diese Verordnung, durch welche die Bestimmungen der Verordnungen vom 5. Oktober 1863, polizeiliche Vorschriften über Ausübung und Behandlung der Jagden betreffend, vom 4. Januar 1872, polizeiliche Vorschriften über Ausübung und Behandlung der Jagden im Regierungsbezirk der Pfalz betreffend, und vom 9. März 1896, den Schutz von Wachteln betreffend, endlich der § 4 der Verordnung vom 19. Oktober 1908, den Schutz von Vögeln betreffend, ersetzt werden, tritt mit dem Tage ihrer Verkündung für das ganze Königreich in Kraft.

Ergänzungsbestimmungen.

Art. 125. PStGB.: I Die Übertretung der gesetzlichen Bestimmungen über Ausübung der Jagd und der nach Maßgabe des Gesetzes im Verordnungswege erlassenen jagdpolizeilichen Vorschriften wird nach den hierüber bestehenden Gesetzen bestraft.

II Auf Personen, welche bei Ausübung des Jagdrechts eine gemäß § 367 Ziff. 9 des Strafgesetzbuches für das Deutsche Reich verbotene Waffe führen, sind die Bestimmungen jenes Gesetzes anwendbar.

III Unbeschadet der nach Maßgabe des Abs. I verwirkten Strafe unterliegt Wild, welches mit Übertretung der die Hege oder Hegezeit betreffenden Bestimmungen erlegt wird, desgleichen Wild, welches während der für die betreffende Wildgattung festgesetzten Hegezeit und nachdem

---

5) Olsh. S. 1442 A. a.
6) Art. 1, 2 JGG.
7) OLG. Mü. 7, 72; Olsh. S. 1442 A. b β; Vollw. S. 187 Fußn. 1.
8) Vgl. unten zu § 6 Absatz II VSchG.

seit deren Eintritt vierzehn Tage verstrichen sind, ohne von der Bezirkspolizeibehörde bewilligte Terminsverlängerung zum Verkaufe gebracht wird, der Einziehung. Der Erlös daraus fließt in die Armenkasse des Ortes der Übertretung.

I. Abs. I:

1. Die gesetzl. Bestimmungen über Ausübung der J.: §§ 292 bis 295, 368 [10], [11] RStGB., Art. 23 JG.[1]).

2. Nach Maßgabe des Gesetzes erlassen: VO. v. 11. Juli 1900 und 6. Juni 1909 [2]).

II. Abs. II:

1. § 367 [9] RStGB.: Mit Geldstrafe bis zu 150 RMk. oder mit Haft wird bestraft, wer einem gesetzlichen Verbot zuwider Stoß-, Hieb- oder Schußwaffen, welche in Stöcken oder Röhren oder in ähnlicher Weise verborgen sind, feilhält oder mit sich führt.

„Gesetzliches" Verbot (Art. 2 [10] PStGB.): § 3 der VO. vom 19. Nov. 1887 (GVBl. S. 655):

„Das Feilhalten oder Mitsichführen von Schußwaffen, welche in Stöcken oder Röhren oder in ähnlicher Weise verborgen sind, ist nur mit Bewilligung der Bezirkspolizeibehörde, in München der Polizeidirektion [3]) zulässig. Das Mitsichführen von Stoß- [4]) und Hiebwaffen dieser Art ist [5]) Personen unter 18 Jahren, Lehrlingen, ledigen Dienstboten, Eisenbahnarbeitern, Tagelöhnern, Gewerbsgehilfen, Fabrikarbeitern und in der Hausindustrie beschäftigten Personen, endlich den, noch im Brote des Familienhauptes stehenden ledigen Haussöhnen [6]) verboten." [7])

Besitz der J.karte [8]) gewährt nicht das Recht zur Führung der genannten Waffen. Die genannten Personen dürfen diese, sowie Dolche, Stilete, andere im Griffe feststehende oder mittels einer Vorrichtung feststellbare, sowie Messer, deren Klingen mangels einer Einschlagrinne in den Griff nicht einfallen können [9]), zugespitzte Streicher und Pfriemen, Revolver, Terzerole [10]) und Sackpistolen, Abschraubgewehre, Raufringe, Schlageisen, Schleudern und Totschläger jeder Art nur führen, wenn sie einen gebührenfrei, widerrufl. oder auf bestimmte Zeit erteilten Erlaubnisschein der Bez.pol.beh. während des Waffentragens bei sich führen [11]).

---

[1]) Art. 11 AG. StPO. v. 18. Aug. 1879.

[2]) Oben S. 56 ff. und 233 ff.

[3]) Polizeiämter, MB. v. 25. Juni 1898 B 2.

[4]) ObLG. 4, 404.

[5]) Unter anderen, hier nicht in Frage kommenden.

[6]) Auch volljährigen; Familienhaupt kann auch Mutter sein (§§ 1684 bis 1687 BGB.; OLG. Mü. i. MABl. J. 1888 S. 443).

[7]) § 1 III VO.

[8]) Art. 19 Z. 1, 5 JG.; oben S. 213, 217 VI.

[9]) „Schwedische Messer."

[10]) Auch wenn als Schußwaffe nicht brauchbar, OLG. Mü. 5, 393. „Scheintod-Pistole": RGSt. 53, 210; OLG. Dresden 16. März 1923, DJäger Zu. 36/26 S. XIII.

[11]) Art. 39 PStGB.; §§ 1, 2, 3 II VO. v. 19. Nov. 1887.

2. VO. vom 7. Dez. 1921 (GVBl. S. 585) über Führung von Schußwaffen:

§ 1: Allgemeines Verbot der Führung von Schußwaffen überhaupt, auch wenn nicht unter § 367 ^{9} RStGB. fallend.

§ 2: Waffenscheine der Bez.pol.beh. (Pol.amt) ständig mitzuführen.

§ 3 Abs. II: Für J.waffen und von Jägern zum persönlichen Schutze mitgeführte Faustwaffen ersetzt die J.karte (J.schein, Schutzgewehrschein) den Waffenschein. — Gemeint sind J.schußwaffen und Faustschußwaffen (Revolver, Pistole). — „Jäger" = J.ausübungsberechtigter, nicht bloß Berufs- oder gelernter Jäger. — Kein Waffenschein erforderl. für Personen über 17 Jahre zur Führung von Zimmerstutzen, Scheibengewehren, Luftdruck- und Flobertwaffen (vgl. DJäger 1924 S. 75).

Einziehung der verbotswidrig geführten Waffen nach § 367 II RStGB. und Art. 39 PStGB. zulässig (nicht obligatorisch), ohne Unterschied, ob dem Verurteilten gehörig oder nicht [12]. J.gewehr, das J.berechtigter ohne J.karte und ohne Waffenschein führt, einzuziehen [13]. Ist Verurteilung wegen gänzl. Unzurechnungsfähigkeit [14], Verjährung, Tod des Täters oder Unbekanntheit seines Aufenthaltes oder mangels subjektiven Verschuldens nicht mögl., so kann vom Richter auf Einziehung selbständig erkannt werden [15].

III. Abs. III:

1. Bei Erlegung von Wild mit Übertretung der Hege- oder Hegezeitbestimmungen oder unter Verletzung der von der Behörde gemachten Auflagen [16] Bestrafung nach § 18 JPB. [17] und obligatorische Einziehung des Wildes [18]. Hinsichtl. des zerlegten wie des Wildes in ganzen Stücken, nicht aber des lebenden [19] und des zum Genuß fertig zubereiteten [20], nicht gegen gutgläub. Erwerber [21]. Einziehung Nebenstrafe [22], die nur den, der sich einer Gesetzesverletzung nach Abs. I schuldig gemacht hat, treffen kann, aber Rechte Dritter, an dieser nicht Beteiligter nicht berührt. Voraussetzung objektiv strafbare Handlung [23]. Wird bei einer Treibj. Schonwild von J.gästen erlegt, Täter aber nicht festgestellt; wird in einem J.gebiete nicht nachweisbar vom J.berechtigten geschossenes Schonwild, dessen Erleger nicht zu ermitteln, oder sonst

---

12) Oben S. 268 VI.

13) OberstLG. 28. Sept. 1926 DJäger JU. 53/26 S. IX.

14) § 51 RStGB.; § 1 JGG.

15) Art. 18 PStGB.; § 430 RStPO. — objektives Verfahren.

16) JPB. v. 6. Juni 1909 oben S. 233 ff.; Pollw. S. 229 und F. 1.

17) Art. 23 ^{5} JG., 368 ^{11} RStGB.

18) Wild, das keine dauernde, oder im Augenblick der Erlegung, keine zeitige Schonzeit genießt, kann auch bei Erlegung durch Wilderer nicht eingezogen werden.

19) Abs. III spricht nur von „erlegtem" Wild; Wirsch. S. 216 Fußn. 161.

20) § 8 I JPB., oben S. 257, 3.

21) OberstGH. 8, ^{1}; and. OLG. Mü. 2, ^{372}; Wirsch. S. 218 (Nebenstrafe!); Pollw. S. 229.

22) Nicht „polizeil. Sicherungsmaßregel", vgl. unten § 295 RStGB. I.

23) § 2 RStGB.

verendetes Schonwild oder ein von einem ermittelten Nichtberechtigten in einer Schlinge gefangenes, zu hegendes J.tier gefunden, Einziehung nicht zulässig, weil sie den eine Schuld nicht tragenden J.berechtigten treffen würde[24]). Ist nur ein Mitpächter schuldhaft beteiligt, Einziehung unzulässig, da sie auch nicht beteiligten Mitpächter treffen würde[25]). Naheliegender, aber nicht bewiesener Verdacht der Täterschaft des J.berechtigten rechtfertigt die Einziehung nicht. Er kann sofortige Ablieferung des in seinem J.bezirke erlegten Schonwildes verlangen, auch wenn es schon aus diesem entfernt ist[26]), sowie des Wildes, das in fremdem Revier tödl. verletzt und in seiner J. verendet ist. Klagbarer Anspruch darauf, da sein Aneignungsrecht fortbesteht[27]).

Die Einziehung ist nicht Ermessen des Richters, wenn die Verfolgung einer bestimmten Person nicht mögl.; muß in Fällen, in welchen sie durch Strafurteil gegen bestimmten Täter auszusprechen wäre, im objektiven Verfahren verhängt werden[28]); trifft daher auch die mehreren J.pächter, Eigenj.berechtigten, Vertrauensmänner[29]), welche ohne Zuziehung anderer J.teilnehmer miteinander die J. auf Schonwild ausübten, wenn Täter nicht ermittelt, oder die Bestrafung des bekannten Täters nicht ausführbar; letzterer haftet den anderen nicht für den Schaden, da alle schuldhaft beteiligt.

2. Verkauf von Wild während der Hege- oder Verbotszeit dann keine selbständige Handlung, wenn er durch den J.berechtigten, der Wild okkupiert hat, selbst geschieht[30]). War schon die Erlegung unbefugt, so ist er wegen des Verkaufs nicht gesondert zu bestrafen; Einziehung zulässig, wenn die Aneignung durch einen Dritten, ohne Verschulden des Berechtigten, Verkauf jedoch ohne bez.pol. Bewilligung durch J.berechtigten erfolgt. (Art. 18, 125 III PStGB.)

Erwerber nicht strafbar, weil § 18 JPV., soweit er Verletzung des § 8 mit Strafe bedroht, der gesetzl. Grundlage ent-

---

[24]) OberstLG. St. v. 28. April 1914 Nr. 178/14; 2,[372]; 9,[204]; 16,[150]; ZfRpfl. 1914 S. 339 f.; DStrafrZtg. 1914 S. 368; 30. Nov. 1916 DJäger 1919 S. 401; RGRspr. 4,[601]; RG. 15. April 1925 DJäger JU. 53/26 S. IX; OLG. Mü. 8,[58]; OberstGHSt. 8,[1]; ZfRpfl. 1905 S. 408; GoltdArch. 38,[362]; Pollw. S. 229 und F. 2; Wirsch. S. 216, 218 Fußn. 161; Schüllerm. S. 154 N. 4; Riedel-Sutner S. 440 A. 4; Reger-Dames S. 304 A. 5; anders: OLG. Mü. 2,[372]. — Kein Schadensersatzanspruch der Gemeinde (DJäger 1923 S. 377).

[25]) OberstLG. 9,[204]; ZfRpfl. 1909 S. 235.

[26]) Oben S. 32/33.

[27]) OberstLG. St. 8,[384]; 9,[204]; BlfRA. 73,[905]; ZfRpfl. 1908 S. 362; 1909 S. 235; BGZ. 1891 S. 555; ZfRpfl. 1905 S. 408; DJäger 17,[9]; Wirsch. S. 216; einstw. Verfüg. auf Verkauf und Erlöshinterlegung wegen drohenden Verderbs: §§ 940, 942 ZPO.

[28]) OberstLG. St. v. 28. April 1914, ZfRpfl. 1914 S. 339; Deutsche Strafrechtszeitung 1914 S. 368 f.; v. 13. Jan. 1913 Nr. 290/12; RGSt. 28,[122]; Art. 18 PStGB.

[29]) Die der Gemeinde für den Schaden haften. § 823 BGB.

[30]) OberstLG. v. 28. April 1914, ZfRpfl. 1914 S. 330; Deutsche Strafr.-Ztg. 1914 S. 368.

behrt[31]). Erwerb als solcher von der Einziehung nicht betroffen. Verkauft aber der Erwerber Wild während der Hege- oder Verbotszeit, oder trägt es zum Verkauf herum, so ist, trotz der Unmöglichkeit einer gegen ihn aus § 18 JPG. zu verhängenden Strafe, Einziehung nach Art. 18, 125 III PStGB. im objektiven Verfahren als selbständige Strafe obligatorisch. Gutgläubiger Erwerber hat Rückgriff gegen den Verkäufer auf Herausgabe des Kaufpreises[32]). Einziehung zulässig auch bei bloßem Versenden, Ausstellen, Feilbieten, Bereithalten, sonstigem entgeltlichem Veräußern oder Veräußerungsvermittellung, nicht bei Verschenken[33]).

3. Personen, welche rechtl. Anspruch auf Gegenstand der Einziehung haben und, soweit ausführbar, zum Einziehungstermine zu laden sind[34]), können als Zeugen im objektiv. Verfahren nicht vernommen werden[35]). Die Kosten des objekt. Verf. der Staatskasse aufzuerlegen, nicht den Einziehungsinteressenten[36]), die aber ihre Auslagen zu tragen haben[37]). Antrag auf Strafverfolgung und objektives Verfahren durch Amtsanwalt.

4. Einzuziehen nur das Wild selbst und dessen Eier[38]), nicht dessen Wert oder der erzielte Erlös, nicht die zur Erlegung benützte Waffe[39]). J.berechtigter hat Anspruch auf Herauszahlung des Erlöses, wenn Einziehung zu Unrecht ausgesprochen und noch nicht rechtskräftig erkannt. Auch die Armenkasse muß ihn ohne Abzug der Versteigerungskosten herausgeben, wenn die Pol.beh. das Wild mit vorläufigem Beschlag belegt[40]), in Verwahr genommen und wegen Gefahr des Verderbs versteigert hat, demnächst aber die Unzulässigkeit der Einziehung gerichtl. ausgesprochen wurde[41]).

5. Erlös des eingezogenen Wildes, abzügl. Versteigerungsbarauslagen, fließt in die Armenkasse des Übertretungsortes; wenn dieser nicht festgestellt, in die des Fundortes. Liegen diese Orte in einem ausmärkischem Bezirk, so hat die Staatskasse Anspruch auf den Erlös[42]).

---

31) Oben S. 256 A.
32) Oben S. 284; OberstGH. 8,[1]; Pollw. S. 230; anders OLG. Mü. 2,[372].
33) Pollw. S. 230 A. b.
34) § 431 StPO.
35) RGSt. 46,[88].
36) RGSt. 12,[198]; 17,[114]; Rspr. 7,[297]; 10,[131].
37) RGSt. 22,[351]; Loewe S. 954 A. 6; 981 A. 4 c; anders: ObersttLG. v. 21. Juli 1908, ZfRpfl. 1908 S. 362; BlfRA. 73,[905]; Pollw. S. 232.
38) Vgl. S. 55, 65.
39) ObersttLG. 9,[204]; BlfRA. 73,[905]; ZfRpfl. 1908 S. 362.
40) Art. 20 PStGB.
41) Vgl. StenBer. z. d. V. d. K. d. A. ü. PStGB. 1871 Bd. I S. 102; Riedel-Sutner S. 73 A. 3 b; BGZ. 1915 S. 405 f.; nur Bürgermeister, nicht Gendarmerie oder Forstbehörde, zur Versteigerung befugt, BGZ. 1913 S. 383; gegen Hilfsbeamte der StA., welche vorl. Beschlagn. ungerechtfertigt vornehmen, ohne Vorentscheidung des VGH. Schadensersatzklage VGH. 34,[37]; Pollw. S. 231 F. 1; BGZ. 1911 S. 230.
42) BlfAdmPr. 44,[284]; Pollw. S. 231 A. 2; Schüllerm. S. 166 N. 1; Riedel-Sutner S. 441 N. 5.

V. Vogelschutz.

1. Vogelschutzgesetz vom 30. Mai 1908.

(RGBl. S. 314, 317.)

§ 1.

Das Zerstören und das Ausheben von Nestern oder Brutstätten der Vögel, das Zerstören und Ausnehmen von Eiern, das Ausnehmen und Töten von Jungen ist verboten.

Desgleichen ist der Ankauf, der Verkauf, die An- und Verkaufsvermittlung, das Feilbieten, die Ein-, Aus- und Durchfuhr und der Transport der Nester, Eier und Brut der in Europa einheimischen Vogelarten untersagt.

Dem Eigentümer und dem Nutzungsberechtigten und deren Beauftragten steht jedoch frei, Nester, welche Vögel in oder an Wohnhäusern oder anderen Gebäuden und im Innern von Hofräumen gebaut haben, zu zerstören.

Auch findet das Verbot keine Anwendung auf das Einsammeln, den Ankauf, Verkauf, die An- und Verkaufsvermittlung, das Feilbieten, die Ein-, Aus- und Durchfuhr und den Transport der Eier von Möven und Kiebitzen, soweit es nicht durch Landesgesetz oder durch landespolizeiliche Anordnungen auf die Eier dieser Vögel für bestimmte Orte oder für bestimmte Zeiten ausgedehnt wird.

Absatz I:

1. Ausheben von Nestern oder Brutstätten, im Gegensatz zu Ausheben der Eier und der Nestbrut[1]) und Ausnehmen der Eier und Jungen[2]) bedeutet das Entfernen, auch der leeren Nester und der künstl. Nistvorrichtungen. Beschädigung und Wegnahme in Zueignungsabsicht bei Letzteren Sachbeschädigung und Diebstahl[3]).

2. Nur vorsätzl. oder fahrläss., bewußtes und rechtswidriges „Zerstören“ und „Töten“, nicht unbewußtes, versehentl.

---

[1]) § 7 JPB.
[2]) § 368 11 RStGB.
[3]) §§ 303, 242 RStGB.

Ausmähen, Zertreten von Nestern bei Feldarbeiten, Abschütteln von Bäumen, unvermeidl. Beschädigen oder Vernichten bei Schneiden einer Hecke oder Baumfällen.

3. „Junge" sind sowohl Nestlinge, wie halbflügge, noch in der Nähe der Brutstätte sich aufhaltende, von den Alten gepflegte Jungvögel[4]).

Absatz II.

4. „Verkauf": auch Anbieten zum Kauf[5]). „Vermittelung": Bemühung um Zustandekommen eines An- oder Verkaufes, ohne Rücksicht auf Erfolg; nicht bloß Angebot der Verschaffung einer Gelegenheit.

5. In Europa heimisch: Die da brütenden Vogelarten, wenn auch Nester, Eier, Brut in anderen Erdteilen erlangt wurden[6]).

Absatz III:

6. Auch Schwalbennester und Storchennester auf Gebäuden dürfen zerstört werden; verboten aber allgemein Ausnehmen ihrer Eier, Ausnehmen und Töten ihrer Jungen (Abs. I) und deren sowie der Nester Inverkehrbringen (Abs. II).

Absatz IV:

7. Möven und Kiebitze in Bayern j.bar. In Bayern J.recht auch auf die Eier j.baren Federwilds ausgedehnt[7]), Einsammeln derselben nach § 7 JPV. verboten und auch dem J.berechtigten nur unter bestimmten Voraussetzungen gestattet[8]). Möven- und Kiebitzeier dürfen in Bayern zu Handelszwecken unter keinen Umständen gesammelt werden; An- und Verkauf, An- und Verkaufsvermittelung, Feilbieten, Ein-, Aus- und Durchfuhr, Transport außerhalb Bayerns gesammelter Eier gestattet, soweit nicht eine Versendung nach Bayern während der Hege- oder Verbotszeit erfolgt[9]).

8. Ausnahmen von § 1: § 5 III VSchG.; § 3 VSchV.

§ 2.

Verboten ist ferner:

a) Jede Art des Fangens von Vögeln, solange der Boden mit Schnee bedeckt ist;

---

[4]) Vgl. „Nestbrut" in § 7 JPV.; oben S. 252 ff. I 1.

[5]) OLG. Mü. 1, 171; 2, 546; ObersttLG. St. 4, 97; oben S. 259, 7.

[6]) Japan. Schwalbennester, in Deutschland gelegte Kanarienvogeleier (f. § 5 Abs. III); nicht Straußeneier.

[7]) Art. 1 a Abs. I S. 2 JG.

[8]) § 7 Abs. I S. 2, Abs. II JPV.; oben S. 252 ff. I 1 u. 3.

[9]) § 8 JPV.; oben S. 65/66; 258, 4.

b) Das Fangen von Vögeln mittels Leimes und Schlingen;
c) Das Fangen und die Erlegung von Vögeln zur Nachtzeit mit Netzen oder Waffen; als Nachtzeit gilt der Zeitraum, welcher eine Stunde nach Sonnenuntergang beginnt und eine Stunde vor Sonnenaufgang endet;
d) Das Fangen von Vögeln mit Anwendung von Körnern oder anderen Futterstoffen, denen betäubende oder giftige Bestandteile beigemischt sind, oder unter Anwendung geblendeter Lockvögel;
e) Das Fangen von Vögeln mittels Fallkäfigen und Fallkästen, Reusen, großer Schlag- und Zugnetze, sowie mittels beweglicher und tragbarer, auf dem Boden oder quer über das Feld, das Niederholz, das Rohr oder den Weg gespannter Netze.

Der Bundesrat ist ermächtigt, auch bestimmte andere Arten des Fangens sowie das Fangen mit Vorkehrungen, welche eine Massenvertilgung von Vögeln ermöglichen, zu verbieten.

Absatz I Ziffer a:

1. Wo in den Monaten Oktober bis März Boden allgemein mit Schnee, nicht nur stellenweise mit Schneeflecken, bedeckt ist, und deshalb der Vogelfang während des ganzen Jahres unmögl. wäre, kann der Bundesrat (bisher nicht zugelassene) Ausnahmen bewilligen (§§ 3 I, 5 V).

Ziffer b:

2. Schlingenfang ohne Ausnahme verboten[1]).

Ziffer c:

3. Nachtzeit anders wie in § 293 RStGB.

Ziffer d:

4. Vergiftete Köder § 13 JPV.[2]).

Ziffer e:

5. Auch der „Vogelherd"[3]); nicht der „Lerchenspiegel", dessen Anwendung auf Lerchen in Bayern, da während des ganzen Jahres geschützt, ausgeschlossen, auf Wachteln und Feldhühner aber nicht verwehrt.

6. Netze (kleine sind gestattet) s. oben § 13 JPV. II.

---

1) § 8 II; § 13 JPO.
2) Oben S. 266 III.
3) Welser S. 26 A. 8; anders: Goercke S. 4 A. 8.

Absatz II:

7. Ausdehnung in Bayern: § 2 BSchB.

8. Erweiterung der Fangverbote durch Bundesrat bisher nicht erfolgt.

§ 3.

In der Zeit vom 1. März bis zum 1. Oktober ist das Fangen und die Erlegung von Vögeln sowie der Ankauf, der Verkauf und das Feilbieten, die Vermittelung eines hiernach verbotenen An- und Verkaufs, die Ein-, Aus- und Durchfuhr von lebenden sowie toten Vögeln der in Europa einheimischen Arten überhaupt, ebenso der Transport solcher Vögel zu Handelszwecken untersagt.

Dieses Verbot erstreckt sich für Meisen, Kleiber und Baumläufer auf das ganze Jahr.

Der Bundesrat ist ermächtigt, das Fangen und die Erlegung bestimmter Vogelarten sowie das Feilbieten und den Verkauf derselben auch außerhalb des in Abs. 1 bestimmten Zeitraums allgemein oder für gewisse Zeiten oder Bezirke zu untersagen.

Absatz I:

1. Als Ergänzungsbestimmung zu § 1 schützt er die erwachsenen Vögel in der Paarungs-, Brut- und Brutpflegezeit, Jungvögel bis zum Abschlusse ihrer Entwickelung[1]).

2. Abschluß und Lieferung außer der Schutzzeit nicht verboten, aber Ausstellen im Verkaufsladen und Versand auf Grund dieser Verträge. Transport bei Wohnungsumzügen nicht zu „Handelszwecken"[2]).

3. Handel mit lebenden Vögeln zu untersagen, wenn Tatsachen vorliegen, welche die Unzuverlässigkeit des Gewerbetreibenden in bezug auf diesen Gewerbebetrieb dartun[3]). Bestimmung umfaßt den Handel mit Vögeln jeder Art, nicht bloß mit solchen, auf die sich das BSchG. bezieht, sondern vor allem auch mit lebendem Wildgeflügel[4]).

4. Auch „zerlegte" Vögel sind unter den „toten" begriffen; nicht Konserven, zu Hutschmuck verarbeitete Federn und Bälge,

---

[1]) Welser S. 27 A. 1.
[2]) Welser S. 29 A. 8.
[3]) § 35 Abs. I, II RGewO.
[4]) Landmann, GewO. I S. 375 A. 4a; die Bek. v. 6. Okt. 1910, GVBl. S. 945, 947, enthält Vorschriften über Bücherführung und polizeiliche Kontrolle des Vogelhandels.

ausgestopfte Vögel, dagegen unverarbeitete, rohe Bälge. — Papageien, Kanarienvögel in Europa nicht „heimisch".

Absatz II:

5. Meisen = sämtl. Angehörige der Gattung Parus. Kleiber = Spechtmeise: Sitta caesia. Baumläufer: Certhia familiaris.

Absatz III:

6. Ausdehnung in Bayern durch § 1 VSchV.; durch Bundesrat bisher nicht erfolgt.

4.

Dem Fangen im Sinne dieses Gesetzes wird jedes Nachstellen zum Zweck des Fangens oder Tötens von Vögeln, insbesondere das Aufstellen von Netzen, Schlingen, Leimruten oder anderen Fangvorrichtungen gleichgeachtet.

Versuch[1]) des Fangens der Vollendung, diese dem Töten gleichgestellt[2]). Aufzählung der einen Anfang der Ausführung des Fangens bildenden Handlungen[3]) nur beispielsweise.

§ 5.

Vögel, welche dem jagdbaren Feder- und Haarwild und dessen Brut und Jungen, sowie Fischen und deren Brut nachstellen, dürfen nach Maßgabe der landesgesetzlichen Bestimmungen über Jagd und Fischerei von den Jagd- oder Fischereiberechtigten und deren Beauftragten getötet werden.

Wenn Vögel in Weinbergen, Gärten, bestellten Feldern, Baumpflanzungen, Saatkämpen und Schonungen Schaden anrichten, können die von den Landesregierungen bezeichneten Behörden den Eigentümern und Nutzungsberechtigten der Grundstücke und deren Beauftragten oder öffentlichen Schutzbeamten (Forst- und Feldhütern, Flurschützen usw.), soweit dies zur Abwendung dieses Schadens notwendig ist, das Töten solcher Vögel mit Feuerwaffen innerhalb der betroffenen Örtlichkeiten auch während der im § 3

---

1) Nicht Vorbereitung durch zu Hause erfolgende Herstellung der Fangvorrichtungen.
2) Welser S. 31 A. 3.
3) Vgl. § 43 RStGB., § 13 JPB. „Jagdbetrieb".

Abs. 1 bezeichneten Frist gestatten. Das Feilbieten und der Verkauf der auf Grund solcher Erlaubnis erlegten Vögel sind unzulässig.

Ebenso können die in Absatz 2 bezeichneten Behörden einzelne Ausnahmen von den Bestimmungen in §§ 1—3 dieses Gesetzes zu wissenschaftlichen oder Lehrzwecken, zur Wiederbevölkerung mit einzelnen Vogelarten, sowie für Stubenvögel für eine bestimmte Zeit und für bestimmte Örtlichkeiten bewilligen.

Der Bundesrat bestimmt die näheren Voraussetzungen, unter welchen die im Abs. 2 und 3 bezeichneten Ausnahmen statthaft sein sollen.

Von der Vorschrift unter § 2a kann der Bundesrat für bestimmte Bezirke eine allgemeine Ausnahme gestatten.

Absatz I:

1. Art. 85 Fisch.Ges. räumt F.berechtigten solche Tötungsbefugnis ein[1]). Ähnliche Befugnis zum Töten j.schädlicher Vögel überhaupt kennt das bayer. JR. nicht. Sie steht dem J.berechtigten faktisch[2]) doch zu, da die j.schädl. Vögel z. T. j.bar und ohne Hegezeit, z. T. dem auch ihm gestatteten freien Tierfange unterstellt[3]). Gegen überhandnehmen j.schädl. j.barer Vögel Abminderungsanordnung § 5 II JPV.[4]). Gegenüber geschützten Vögeln, welche beim Nachstellen, Töten, Wegschleppen j.baren Feder- oder Haarwildes, seiner Eier oder Jungen betroffen werden, Selbsthilferecht des J.berechtigten[5]).

Absatz II:

2. Er läßt, wenn die üblichen Verscheuchungsmittel versagen, Gestattung des Tötens mittels Feuerwaffen während des ganzen Jahres zu, aber nicht zum Schutze der J., der schwerl. nötig wird[6]). Selbsthilfe ist auch dem j.berechtigten Besitzer der bezeichneten Örtlichkeiten nicht erlaubt[7]).

---

1) Oben S. 48 ff.

2) Vielleicht mit Ausnahme des nicht ganz unschädl. Mäusebussards und Storches.

3) § 1 B Z. 28—40 VO. v. 11. Juli 1900; § 8 b, c VSchG. — rabenartige Vögel.

4) Abschießen am Horst zur Paarzeit! § 5 II JPV.

5) § 228 BGB., Vollw. S. 249 A. 1; Abend-, Rötel-, Turmfalke; Schell-, Schlangen-, Schrei-, Stein-, Seeadler; Mäuse-, Rauhfuß-, Wespenbussard; Uhu, Eulen; roter und schwarzer Milan, Storch.

6) § 3 I VSchG.; § 1 VSchV.

7) § 228 BGB.; Obers tLGSt. 2, 383; RTVerh. S. 2311, 2312; Vollw. S. 250 A. 2.

§ 6.

Zuwiderhandlungen gegen die Bestimmungen dieses Gesetzes oder gegen die von dem Bundesrat auf Grund derselben erlassenen Anordnungen werden mit Geldstrafe bis zu einhundertundfünfzig Mark oder mit Haft bestraft.

Der gleichen Strafe unterliegt, wer es unterläßt, Kinder oder andere unter seiner Gewalt stehende Personen, welche seiner Aufsicht untergeben sind und zu seiner Hausgenossenschaft gehören, von der Übertretung dieser Vorschriften abzuhalten.

1. Ersetzt hinsichtl. der Singvögel den § 368[11] RStGB. Abs. I bedroht nur vorsätzl., Abs. II auch fahrläss., aus Mangel an pflichtgem. Aufsicht begangene Zuwiderhandlungen.
2. Wegen der Begriffe „Kind", „Gewalt" oben S. 281, 3.

§ 7.

Neben der Geldstrafe oder der Haft kann auf die Einziehung der verbotswidrig in Besitz genommenen, feilgebotenen oder verkauften Vögel, Nester, Eier, sowie auf Einziehung der Werkzeuge erkannt werden, welche zum Fangen oder Töten der Vögel, zum Zerstören oder Ausheben der Nester, Brutstätten oder Eier gebraucht oder bestimmt waren, ohne Unterschied, ob die einzuziehenden Gegenstände dem Verurteilten gehören oder nicht.

Ist die Verfolgung oder Verurteilung einer bestimmten Person nicht ausführbar, so können die im vorstehenden Absatze bezeichneten Maßnahmen selbständig erkannt werden.

1. Der Vogel wird durch Erlangung der tatsächl., dauernden Verfügungsgewalt in Besitz genommen; Annahme zu Geschenk keine „verbotswidr." Besitznahme[1]).
2. Einziehung oben § 13 JPB. II, 1, 2; oben Art. 125 PStGB. III. — Bei Werkzeugen gleichgültig, ob sie dem Täter oder Teilnehmer oder unbeteiligten Dritten gehören[2]).

§ 8.

Die Bestimmungen des Gesetzes finden keine Anwendung:

---

[1]) Pollwein S. 250.
[2]) Goercke S. 10 A. 36.

a) auf das im Privateigentume befindliche Federvieh;
b) auf die nach Maßgabe der Landesgesetze jagdbaren Vögel;
c) auf die in nachstehendem Verzeichnisse ausgeführten Vogelarten:

Tagraubvögel mit Ausnahme der Turmfalken, Schreiadler, Seeadler, Bussarde und Gabelweihen (rote Milane),
Uhus,
Würger (Neuntöter),
Sperlinge (Haus- und Feldsperlinge),
Rabenartige Vögel (Rabenkrähen, Nebelkrähen, Saatkrähen, Elstern, Eichelhäher),
Wildtauben, (Ringeltauben, Hohltauben, Turteltauben),
Wasserhühner (Rohr- und Bleßhühner),
Reiher (eigentliche Reiher, Nachtreiher oder Rohrdommeln),
Säger (Sägetaucher, Tauchergänse),
alle nicht im Binnenlande brütenden Möven,
Kormorane,
Taucher (Eistaucher und Haubentaucher).

Jedoch gilt auch für die vorstehend unter a, b, c bezeichneten Vögel das Verbot des Fangens mittels Schlingen.

1. Zu a:[1])
Bestimmung auf Hausgeflügel, Stubenvögel, Geflügel in Volieren, zoolog. Gärten, Menagerien zu beziehen[2]).

2. Zu c:
Tagraubvögel: § 6c—e VSchV.; § 1B Z. 19, 24, 25, 28—32 V. v. 11. Juli 1900.
Eulen: Schleiereule (Strix flammea), Waldkauz (Syrnium aluco), Habichtseule (Syrn. uralense), Lapplandskauz (Barteule, Syrn. lapponicum), Rauhfußkauz (Nyctala Tengmalmi), Steinkauz (Glaucidium noctua), Schneeule (Nyctala skandiaca), Sperbereule (Surnia ulula), Sperlingseule (Carine passerina), Uhu (Bubo maximus)[3]), Sumpfohreule (Otus brachyotus), Waldohreule (Otus silvestris), Zwergohreule (Pissorhina scops) § 1 VSchV. und Anl. I hiezu.

---

[1]) Oben S. 46, 42 f.
[2]) Goercke S. 10 A. 38.
[3]) MinVO. v. 29. April 1925 GVBl. S. 143, 144.

„Neuntöter:“ Nicht nur der gewöhnl. als „Neuntöter“ bezeichnete rotrückige Lanius collurio, sondern auch großer L. excubitor, rotköpfiger L. senator und schwarzstirniger Würger L. minor[4]). Steinsperling (Passer petronius) geschützt[5]).

Rabenartige Vögel erschöpfend aufgeführt; nicht hierher gehören: Kolkrabe (Corvus corax), Alpenkrähe (Pyrrhocorax pyrrhocorax), Alpendohle (Pyrrh. graculus), Dohle (Colaeus monedula), Nußhäher (Nucifraga caryocatactes[6]).

Wasser-, Rohr- und Bleßhühner drei zoolog. verschiedene Arten: Fulica atra; Ortygometra porzana, parva und pusilla; Gallinula chloropus. Alle j.bar[7]).

Von den schonzeitlosen, j.baren Möven macht nur die Lachmöve (Larus ridibundus) eine Ausnahme, welche auf bayr. Mösern brütet, nicht j.bar, vom 1. März bis 1. Okt. reichsrechtl. geschützt[8]).

§ 9.

Die landesrechtlichen Bestimmungen, welche zum Schutz der Vögel weitergehende Verbote enthalten, bleiben unberührt. Die auf Grund derselben zu erkennenden Strafen dürfen jedoch den Höchstbetrag der in diesem Gesetz angedrohten Strafen nicht übersteigen.

Weitergehende Verbote enthält:

Art. 125 Abs. IV PStGB.: An Geld bis zu 150 RM oder mit Haft bis zu sechs Tagen wird gestraft, wer Vögel, deren Einfangen, Töten oder Verkauf durch Verordnung verboten ist, einfängt, tötet oder verkauft.

Auf Grund desselben ist ergangen die

2. Vogelschutzverordnung vom 5. Mai 1913.

(GVBl. S. 189).

§ 1.

Das Fangen und das Erlegen der in der Anlage I angeführten Vögel sowie der Ankauf, der Verkauf und das Feilbieten, die Vermittlung eines An- oder Verkaufs, die Ein-, Aus- und Durchfuhr von solchen Vögeln in

---

[4]) Welser S. 42 A. 6; oben S. 253.
[5]) § 1 VSchV. und Anl. I S. 300 Ziff. 10.
[6]) Welser S. 43 A. 8.
[7]) Oben S. 60 Ziff. 1, 2, 40.
[8]) §§ 1, 3 I VSchG.; § 6 b VSchG.; oben S. 59 Ziff. 20; 236 III B.

lebendem oder totem Zustande ist auch außerhalb der in § 3 Abs. I des Vogelschutzgesetzes festgesetzten Schonzeit (1. März bis 1. Oktober), sohin während des ganzen Jahres, verboten.

1. Insoweit Inverkehrbringen usw. von Vögeln außerhalb der reichsgesetzl. Schutzzeit vom 1. März bis 1. Oktober verboten ist, findet nicht § 6 VSchG., sondern Art. 125 IV PStGB. Anwendung, dessen Strafbestimmung sich in dem durch §§ 9 S. 2, 6 VSchG. gezogenen Rahmen hält. Einziehung § 7 VSchG.

2. Schwarzamseln (Turdus merula) durch Reichsgesetz geschützt [1]).

Zu den in Anlage I genannten Finkenarten gehört auch der in Obstgärten manchmal lästige Kirschkernbeißer (Coccothraustes communis) sowie der Kreuzschnabel (Fichtenk. Loxia curvirostra und Kiefernk. L. pityopsittacus), welche Schutz während des ganzen Jahres verdienen, da sie häufig im Winter (Dezember, Januar) brüten [2]).

Die Böhemer (Bergfinken, Fringilla montifringilla) zwar nicht mehr j.bar, aber nach §§ 1, 3 I VSchG. geschützt. Früher in der Rheinpfalz übl. „J." mit Blasrohren bei Fackelschein in der Nacht durch § 2 c VSchG. verboten [3]); oben S. 289.

3. „Fangen": §§ 2, 4 VSchG. [4]).

§ 2.

Das Fangen von Vögeln jeder Art mit Pfahleisen ist verboten. Art. 85 Abs. I des Fischereigesetzes vom 15. August 1918 wird hierdurch nicht berührt.

Vgl. oben S. 267, IV.

§ 3.

I Die nach § 5 Abs. II und III des Vogelschutzgesetzes zulässigen Ausnahmebewilligungen werden von den Bezirkspolizeibehörden, in München von der Polizeidirektion, erteilt.

---

1) § 3 I l. c.; Ausnahme bei Schadenstiftung in Weinbergen usw. § 5 II l. c., 3 VSchG.; OberstLG. 2, 381; Reger 23, 325.

2) OLG. Mü. 4, 528; Reger 1, 177; Naumann III S. 220, 222 (228); 232 (236); Fürst, Deutschl. nützl. und schädl. Vögel, Text S. 56, 57; Brehm II S. 138; Floericke, Vögel des deutschen Waldes S. 25.

3) S. Naumann III S. 348; Beckers Roman: Hedwig; Anl. I z. VSchV.

4) OberstLGSt. 4, 98; 1, 171; oben S. 288, 291.

II Dieselben Behörden können einzelne Ausnahmen von den weitergehenden Vorschriften in § 1 dieser Verordnung zu wissenschaftlichen oder Lehrzwecken sowie zur Wiederbevölkerung mit einzelnen Vogelarten oder zur Verhinderung einer schädlichen Überhandnahme für eine bestimmte Zeit und für bestimmte Örtlichkeiten bewilligen. Sie können weiter für Stubenvögel, mit Ausnahme der in der Anlage II aufgeführten Vögel, den An- und Verkauf und die Vermittlung eines solchen, das Feilbieten, die Ein-, Aus- und Durchfuhr in lebendem Zustande für eine bestimmte Zeit und für bestimmte Örtlichkeiten gestatten.

III Gesuche um solche Bewilligungen sind bei der Ortspolizeibehörde des Wohn- oder Aufenthaltsorts zu stellen. Die Ortspolizeibehörde legt die Gesuche mit gutachtlicher Äußerung der Bezirkspolizeibehörde vor.

IV Die Bezirkspolizeibehörde prüft die Gesuche, nimmt die erforderlichen Erhebungen vor und holt vor der Bescheidung die gutachtliche Äußerung der Forstbehörde, der landwirtschaftlichen Interessenvertretung, der staatlich autorisierten Kommission für Vogelschutz in Bayern oder anderer Sachverständiger ein.

Hinsichtl. der in Anl. II aufgeführten besten und nützlichsten Singvögel keinerlei Ausnahme von Schutzbestimm. des § 1 zulässig. Bezügl. Schwarzplättchen und Sprosser ME. v. 9. Okt. 1910[1]): auch i. d. Z. v. 1. März bis 1. Okt. dürfen nur von auswärts eingeführte Vögel in den Handel gebracht werden[2]). Gegenstandslos, da Verbot des § 1 für sämtl. Vögel der Anl. II gilt.

§ 4.

I In den Fällen des § 5 Abs. III des Vogelschutzgesetzes und des § 3 Abs. II dieser Verordnung dürfen Ausnahmebewilligungen nur an durchaus gut beleumundete Personen erteilt werden. Die Bewilligung erfolgt durch Ausfertigung eines Erlaubnisscheins.

Dieser hat zu enthalten:

1. den Namen und die genaue Personalbeschreibung des zur Führung des Scheines Berechtigten,

---

[1]) MABl. d. J. S. 684.
[2]) BGB. 1910 S. 562.

2. den Inhalt der Bewilligung, insbesondere die Vogelart, Örtlichkeit und Zeitdauer, auf die sie sich erstreckt,
3. den Vorbehalt jederzeitigen Widerrufs der Bewilligung,
4. alle sonstigen Bedingungen, unter denen die Ausnahmebewilligung gewährt wird,
5. das Verbot der Überlassung des Erlaubnisscheins an andere Personen.

Den Erlaubnisschein hat der zu seiner Führung Berechtigte bei Ausübung seiner Befugnisse stets bei sich zu tragen und den Polizei-, Forst- und Jagdschutzbediensteten, dann den Feldschutzbediensteten auf Verlangen vorzuzeigen.

§ 5.

§ 13 der Verordnung über die Ausübung und Behandlung der Jagd und den Verkehr mit Wildbret vom 6. Juni 1909 (GVBl. S. 409) erhält folgende Fassung:

„Zum Jagdbetriebe dürfen Fang- oder Fallgruben, Schlingen, vergiftete Köder und Pfahleisen nicht verwendet werden."

Oben S. 264 ff.

§ 6.[1]

In § 1 Buchstabe B der Verordnung über die jagdbaren Tiere vom 11. Juli 1900 (GVBl. S. 693) treten folgende Änderungen ein:

a) Ziffer 20 hat zu lauten:
„alle übrigen Sumpfvögel sowie Wasser- und Rohrhühner mit Ausnahme der Störche und des Triels (Dickfußes)".

b) Ziffer 25 hat zu lauten:
„die Möven mit Ausnahme der Lachmöve:

c) Ziffer 29 hat zu lauten:
„die Adler mit Ausnahme der Schelladler, Schlangenadler (Schlangenbussarde), Schreiadler und Seeadler".

[1]) Tafel.

d) Ziffer 30 hat zu lauten:
„die Falken mit Ausnahme des Abendfalken, Rötelfalken und Turmfalken“.

e) Ziffer 33: „die Milane“ und Ziffer 34: „die Bussarde“ werden gestrichen.

f) Ziffer 35 wird Ziffer 33.

VO. vom 29. April 1925 (GVBl. S. 143, 144):

§ 1. Das Fangen und Erlegen des Steinadlers und des Uhu, das Zerstören ihrer Horste und Brutstätten, das Ausnehmen und Töten ihrer Jungen, das Wegnehmen ihrer Eier ist im Lande Bayern verboten.

§ 2. Auf Antrag kann die Bezirkspolizeibehörde in besonders begründeten Fällen von vorstehenden Vorschriften Ausnahmen gestatten.

§ 3. Zuwiderhandlungen gegen § 1 werden mit Geldstrafe bis zu 150 RM. oder mit Haft bestraft.

§ 4. Die oberpolizeiliche Vorschrift tritt am 15. Mai 1925 in Kraft.

Gesetzl. Grundlage: Art. 1 Abs. I, 7, 22b Abs. II PStGB.

§ 7.

Diese Verordnung tritt mit der Verkündung in Kraft. Gleichzeitig tritt die Verordnung über den Schutz von Vögeln vom 19. Oktober 1908 (GVBl. S. 965) außer Wirksamkeit.

Anlage I.[1]

1. Abendfalke (Cerchneïs vespertinus).

2. Ammern: Schneeammer, Eis-, Spornammer, Schneefink, (Calcarius nivalis); Lerchen-, Lappenammer (Calc. lapponicus); Rohrammer, Rohrspatz, Moos-, Wasser-, Riedsperling, Schilfschwätzer (Emberiza schoeniclus); Grau-, Gersten-, Hirsen-, Wiesen-, Winterammer (Emb. calandra); Goldammer, Emmerling (Emb. citrinella); Zaunammer (Emb. cirlus); Garten-, Fett-, Feld-, Sommerammer, Ortolan, Jutvogel (Emb. hortulana); Rostammer (Emb. caesia); Zipp-, Bart-, Rotammer, Steinemmerling (Emb. cia).

3. Bachstelzen: Bach-, Weiß-, Grau-, Blau-, Haus-, Stein-, Wasserstelze, Nönnchen (Motacilla alba); Gebirgs-, Wald-, Winter-, gelbbrüstige, schwarzkehlige Bachstelze (Mot. melanope); Schaf-, Kuh-, Rinder-, Wiesen-, Triftstelze (Budytes flavus).

4. Blaukehlchen: weißsterniges (Erithacus cyaneculus) und rotsterniges (Erith. suecicus)[2]). — Braunkehlchen: braunkehliger Wiesen- oder Steinschmätzer (Pratincola rubetra)[3]).

---

1) Zu § 1 VSchV.
2) Siehe auch Anlage II Ziff. 1.
3) Siehe auch Anlage II Ziff. 1.

5. Braunellen: Heckenbraunelle, Waldflüevogel (Accentor modularis); Alpenbraunelle, -flüevogel, Gadenvogel (Acc. collaris).

6. Bussarde: Mäusebussard, (Buteo vulgaris); Rauhfußbussard (Archibuteo lagopus); Schlangen-, Natternbussard, Schlangenadler (Circaëtus gallicus)[4]).

7. Drosseln: Schwarzamsel, -drossel (Turdus merula); Ring-, Schild-, Rost-, Bergdrossel oder -amsel (T. torquatus); schwarzkehlige Dr. (T. atrigularis); Naumannsdr. (T. Naumanni); Singdr., Zippe (T. musicus); Rot-, Wein-, Winter-, Heide-, Blut-, Buntdr., Rotzippe, -ziemer (T. iliacus); Misteldr., Schnerrer, Schneekater (T. viscivorus).

Krametsvogel, Wacholderdr., Ziemer (T. pilaris) j.bar: Hegezeit: 1. März mit 30. September[5]).

Zur Fam. der Dr. gehören auch: Steinmerle oder -drossel, Steinrötel (Monticola saxitilis) und Blaumerle oder -drossel, Gebirgsamsel (Mont. cyanus); sie werden, da in Deutschland recht selten, Schutz der übr. „Drosseln" genießen.

8. Eisvögel: Königsfischer, Wasserspecht, Martinsvogel (Alcedo ispida); nach Art. 85 I FischG. durch F.berechtigte ohne Schußwaffen, Gift- und Sprengstoffe, aber mit Pfahleisen erlegb.[6]).

9. Eulen: oben S. 294, 2.

10. Finken: „Alle Finkenarten", — eigentl. Finken, Fringillidae: Kiefernkreuzschnabel (Loxia pityopsittacus); Fichtenkreuzschnabel (Loxia curvirostra); Haken-, Fichtengimpel (Pinicola enucleator); Rotgimpel, Blutfink, Dompfaff (Pyrrhula vulgaris); Kirschkernbeißer, Kirschfink (Coccothraustes vulgaris); Girlitz (Serinus hortulanus); Erlenzeisig (Chrysomitris spinus); Zitronenzeisig (Chrys. citrinella); Birkenzeisig (Acanthis linaria); Bluthänfling (A. cannabina); Distelzeisig, -fink, Stieglitz (Carduelis elegans); Schnee-, Alpenfink (Fringilla nivalis); Buch-, Edelfink (Fring. coelebs); Grünfink, Grünling, grüner Hänfling (Fring. chloris); Stein-, Berg-, Ringsperling (Passer petronius).

Bergfink, Böhemer (Fring. montifringilla) nach § 3 I VSchG. v. 1. März mit 31. Okt. geschützt.

Haus- und Feldsperling (Passer domesticus u. montanus) ungeschützt, Fangen in Schlingen und mit Pfahleisen verboten[7]).

11. Fliegenschnäpper: Gefleckter Fliegenfänger (Muscicapa grisola); schwarzgrauer F. (Musc. atricapilla); Halsband-, weißhalsiger F. (Musc. collaris); kleiner F. (Musc. parva).

12. Gabelweihen: Roter Milan, Königsweihe (Milvus regalis).

---

4) Unten Ziff. 31.
5) § 2 B KAB. vom 6. Juni 1909; § 1 B 13 KAB. v. 11. Juli 1900); oben S. 58 Z. 13; 235.
6) Siehe oben S. 48, 55.
7) § 8 Abs. I Buchst. c (4) und Abs. II VSchG.; § 2 VSchV.

13. Gartenrotschwanz: Waldrotschwanz (Ruticilla phoenicurus)[8]; Hausrotschwanz (Erithacus titys) Ziff. 17!

14. Goldamsel: Pirol, Gold-, Kirschdrossel, Pfingstvogel (Oriolus galbula).

15. Goldhähnchen: gelbköpfiges (Regulus cristatus); feuerköpf. (R. ignicapillus).

16. Grasmücken: Sperber-Gr. (Sylvia nisoria); Sänger-Gr. (S. orphea); Mönchs-Gr., Schwarzblättchen (S. atricapilla); Garten-Gr. (S. simplex); Zaun-Gr. (S. curruca); Dorn-Gr., braune Gr. (S. sylvia)[9].

17. Hausrotschwanz: Ruticilla titys[9]); Gartenrotschwanz Ziff. 13!

18. Laubsänger: Weidenlaubvogel (Phylloscopus rufus); Baum-L. (Ph. sylvestris); Fitis-L. (Ph. trochilus); Wald-L.-, Schwirrvogel (Ph. sibilator).

Gartenspötter: Hypolais philomela[9]).

19. Lerchen: Feldlerche (Alauda arvensis); Heidel. (Lullula arborea); Haubenl. (Galerida cristata).

20. Kuckuck: Cuculus canorus.

21. Mandelkrähen: Blaurake (Coracias garrulus).

22. Nachtigallen: Erithacus luscinia[9]).

23. Nachtschwalben: Ziegenmelker (Caprimulgus europaeus).

24. Pieper: Baum-P. (Anthus arboreus); Wiesen-P. (A. pratensis = Moorlerche); rotkehliger P. (A. cervinus); Berg-P. (A. spipotella); Brach-P. (A. campestris).

25. Rohrsänger: Sumpf-R. (Acrocephalus palustris); Teich-R. (A. streperus); Trossel-R. (A. arundinaceus); Schilf-R., Bruchweißkehlchen (Calamodus schoenobaenus); Binsen-R. (C. aquaticus); Heuschrecken-R., Feldschwirl, Bruch-R. (Locustella naevia); Fluß-R., Schlagschwirl (L. fluviatilis[9]).

26. Rötelfalken: Rot-F. (Cerchneis cerchneis).

27. Rotkehlchen: Erithacus rubeculus[9]).

28. Schwalben: Rauch-Sch. (Hirundo rustica); Haus-, Mehl-Sch. (Chelidonaria urbica); Ufer-Sch. (Civicola riparia).

29. Segler: Alpen-S. (Apus melba); Mauer-S. (Cypselus apus).

30. Schelladler: Aquila clanga.

31. Schlangenadler: Schlangenbussard (Circaëtus gallicus)[10]).

32. Schreiadler: Aquila pomarina.

33. Schwarze Milane: brauner M. (Milvus korschun).

34. Schwarzkehlchen: schwarzkehliger Wiesenschmätzer (Pratincola rubicola)[11]).

35. Seeadler: Haliaëtus albicilla.

---

[8]) Anlage II Ziff. 2.
[9]) Anlage II; oben S. 297 zu § 3 VSchV.
[10]) Siehe oben Ziff. 6.
[11]) Vgl. oben Ziff. 4; Anl. II Ziff. 8.

36. Seeschwalben: Binnen-S. (Hydrochelidon nigra); Fluß-S. (Sterna hirundo); Küsten-S. (St. macrura); Raub-S. (St. caspia); Zwerg-S. (St. minuta); Brand-S. (St. cantiaca); Lach-S. (Gelochelidon nilotica).

37. Spechte: Großer Bunt-Sp. (Dendrocopus major); mittlerer Bunt-Sp. (D. medius); kleiner Bunt-Sp. (D. minor); Weißrücken-Sp. (D. leuconotus); Dreizehen-Sp. (Picoides tridactylus); Schwarz-Sp. (Dryocopus martius); Grün-Sp. (Picus viridis); Grau-Sp. (P. viridicanus).

38. Sprosser: polnische Nachtigall (Erithacus philomela)[9]).

39. Stare: gemeiner St. (Sturnus vulgaris); Rosen-St. (Pastor roseus).

40. Steinadler: Aquila chrysaëtus (VO. v. 29. April und 9. Mai 1925 — GVBl. S. 143, 144).

41. Steinschmätzer: grauer St. (Saxicola oenanthe); weißer St. (S. stapazina); Ohren-St. (S. aurita).

42. Störche: weißer St. (Ciconia alba); schwarzer St. (C. nigra).

43. Triel: Dickfuß, großer Regenpfeifer (Oedicnemus oedicn.)[12]).

44. Turmfalken: Cerchneis tinunculus.

45. Wasseramseln: Wasserstar, -schmätzer (Cinclus merula). Durch Fischereiberechtigte in künstl. angelegten geschlossenen Gewässern ohne Anwendung v. Schußwaffen, Gift- und Sprengstoffen, aber mit Pfahleisen erlegbar[13]).

46. Wendehälse: Jynx torquilla.

47. Wiedehopfe: Upupa epops.

48. Zaunkönige: Anorthura troglodytes[9]).

Anlage II.[14])

1. Blau- und Braunkehlchen — Anl. I Ziff. 4.
2. Garten- und Hausrotschwanz — Anl. I Ziff. 13 u. 17.
3. Grasmücken, sämtl. Arten mit Einschl. der Garten-Gr. und des Schwarzplättchens — Anl. I Ziff. 16.
4. Laubsänger, sämtl. Arten mit Einschl. des Gartenspötters — Anl. I Ziff. 18.
5. Nachtigallen — Anl. I Ziff. 22.
6. Rohrsänger, sämtl. Arten — Anl. I Ziff. 25.
7. Rotkehlchen — Anl. I Ziff. 27.
8. Schwarzkehlchen — Anl. I Ziff. 34.
9. Sprosser — Anl. I Ziff. 38.
10. Zaunkönige — Anl. I Ziff. 48.

---

[12]) Oben S. 59, 236 III B.
[13]) Oben S. 48, 52, 55 f.
[14]) Zu § 3 Abs. II VSchV.

VI. Sonntagsfeier.

1. § 366. RStGB. Mit Geldstrafe bis zu 150 *RM* oder mit Haft bis zu vierzehn Tagen wird bestraft:

1. wer den gegen die Störung der Feier der Sonn- und Festtage erlassenen Anordnungen zuwiderhandelt;

2. K. A. Verordnung v. 21. Mai 1897, die Feier der Sonn- und Festtage betr.

(GVBl. S. 197.)

§ 3.

Die Abhaltung von Getreide- und Viehmärkten, von Treibjagden und öffentlichen Versteigerungen an Sonn- und Festtagen ist verboten.

1. § 3 bezweckt ausschließl. Schutz der religiösen Feier der Sonn- und Festtage, die einerseits in gottesdienstl. Versammlungen und Andachtsübungen, andererseits in der Beobachtung der für die Sonntagsheiligung überhaupt erforderl. äußeren Ruhe besteht[1]). Dieser Zweck läßt als Grund des Verbotes der Abhaltung gerade von Getreide- und Viehmärkten, Treibj. und öffentl. Versteigerungen unzweifelhaft erkennen, daß eine größere Menschenansammlung, Einwirkung auf breitere Schichten der Bevölkerung, damit unvermeidl. verbundene Erregung von Lärm und dadurch bewirkte Störung der äußeren Sonntagsruhe verhütet werden sollte; denn das sind die einzigen gemeinschaftl. Merkmale dieser Veranstaltungen[2]). Beim Verbot der Treibj. speziell handelt es sich also nicht um eine j.polizeil. Vorschr., sondern um eine zum Schutze einer religiösen Einrichtung getroffene Bestimmung, durch die nicht das Jagen an Sonn- und Festtagen schlechthin verboten werden soll. Das Verbot will nicht so sehr den die äußere Ruhe störenden Lärm abstellen, der mit Zutreiben von Wild überhaupt verbunden ist, den auch eine Suchj. bei Beteiligung mehrerer Schützen erzeugen kann[3]); dem Gesetzgeber war vielmehr daran gelegen, zu verhindern, daß Ausübung der J. durch Treiben an Sonntagen einen größeren, namentl. aus den mit Vorliebe zu Treibern gewählten Leuten schulpflicht. Alters zusammengesetzten Personenkreis den religiösen Pflichten entfremde, und daß eine

---

[1]) Riedel-Sutner S. 218 A. 3.

[2]) DJäger 30, 79.

[3]) Vgl. Kammergericht v. 9. Nov. 1915, Schultz Jahrbuch XII 205; „Wild und Hund" 1916 S. 571.

derart., profanen Zwecken dienende Menschenansammlung, die schon durch die Art ihrer Bewegung besonders sinnfällig wirkt, von Unbeteiligten als Sonntagsentheiligung empfunden werde. Von einer Treibj., die zu solchen Befürchtungen Anlaß gibt, kann aber nur dann die Rede sein, wenn die J., bei der Wild getrieben werden soll, entweder Gestalt und Umfang einer *regelrechten Treibj.* im engsten Wortsinne annimmt, oder wenn daran doch eine *größere Anzahl von Personen* beteiligt ist, deren J.betätigung dann naturgemäß besonderen Lärm verursacht[4]). Frage, ob eine größere Anzahl beteiligt, nach Umständen des Einzelfalles zu entscheiden[5]): zu berücksichtigen Gesamtheit der zur Veranstaltung zugezogenen Personen, einschließl. der zur Bedienung der Schützen, zum Wildtransport u. dgl. verwendeten Leute, neben der durch Erregung von Lärm verursachten Störung der Sonntagsfeier, die Beeinträchtigung des vor- und nachmittägigen Gottesdienstes und der Sonntagsschule sowie die Förderung des Wirtshausbesuches „meist weit über Mitternacht hinaus"[6]), Sonntagsentweihung durch „zügelloses J.laufen", durch „ganze Treibj. in größerem Maßstabe"[7]). — *Treibj.*: *J.art*, bei der unter Verwendung von Treibern und Jägern z. Zw. vermehrten Wildabschusses in der Weise gejagt wird, daß auf der einen Seite die Jäger, auf der anderen die Treiber stehen, die in einer Linie auf erstere zugehen und dabei mehr oder weniger Geräusch machen, um das Wild aufzuscheuchen, an der willkürlichen Fortbewegung zu hindern und zu zwingen, Richtung auf die Jäger zu nehmen[8]). „*Vorstehtreiben*", bei welchem Treiber allein in Bewegung sind: „*Kesseltreiben*", bei welchem Schützen und Treiber, die in einem Kreise aufgestellt sind, durch gleichmäßiges, konzentrisches Vorgehen den Kreis verengern; „*böhmisches Treiben*", bei dem eine Schützenlinie sich in breiter Front vorwärts bewegt, zwei Treiberlinien als Senkrechte auf beiden Endpunkten stehen, in gleicher Richtung, nach vorne ein offenes Rechteck bildend, vorschreiten, und die zunächst fortgetrie-

---

4) OberstLGSt. 10,[188]; BlfRA. 1910 S. 79; ZfRpfl. 1910 S. 344; BGZ. 1910 S. 530; DJäger 32,[301].

5) EJZ. 1908 S. 150; DJäger 31,[44] (wo Festsetzung einer bestimmten Teilnehmerzahl vorgeschlagen).

6) OLG. Mü. 5,[182]; OberstLGSt. 2,[127]; BlfRA. 1909 S. 11.

7) StenBer. d. Verh. d. K. d. A. 1850 Bd. 2,[66], [73]; 3,[86]; 4,[11]; d. K. d. R. 1849 Bd. 2,[600]; Schüllerm. S. 178 N. 1.

Bisherige Rechtsprechung erblickte das Wesentliche der Treibjagd im Zutreiben von Wild in Richtung auf Schützen, ohne Rücksicht auf Zahl der Beteiligten, Maß des entwickelten Lärmes und Umfang der Abhaltung von der Sonntagsfeier: Reger 1,[342]; 6,[495]; 9,[463]; 15,[82]; 25,[458]; BlfAdmPr. 26,[377]; OLG. Mü. 5,[183]; OberstLGSt. 2,[127]; 5,[99]; ZfRpfl. 1905 S. 42, 28; DJäger 26,[317]; Recht 1908 S. 606; 1909 S. 158; BlfRA. 1911 S. 11 ff.; Wirsch. S. 219; OberstLG. 3. und 7. Mai 1926 erklärt *jede* Jagd, an der größere Zahl von Jägern und Treibern beteiligt ist, ohne Rücksicht auf den im Einzelfalle größeren oder geringeren Lärm, als *Treibjagd*. DJäger Ill. 35/26 S. XIII, 36/26 S. XI; „Wild nud Hund 1927 S. 371.

8) OberstLGSt. 12,[84],[300]; ZfRpfl. 1912 S. 242; 1913 S. 153; BGZ. 1912 S. 297; 1913 S. 378; DJäger 34,[628].

denen Hasen nach kurzer Zeit die Schützen wieder anlaufen[9]). Keine Treibj.: wenn nur mit Hunden, ohne Treiber, gejagt wird[10]); wenn sämtl. Schützen im Halbkreis auslaufen und sich zu einem Kreis zusammenschließen, um in diesem aufstehendes Wild zu schießen; wenn zwei Jäger mit schußbereitem Gewehr an beiden Längsseiten eines Niederwaldes von geringem Umfange einherschreiten, während dritte, nicht zur J. ausgerüstete Person, mit einem Stock an Bäume und Büsche schlagend, durchs Holz geht, um den Schützen Wild zuzutreiben; wenn ein Jäger sich am Holzrande aufstellt, der andere mit dem Treiber durchdrückt, wobei mit Stecken an Bäume geklopft, mit Gewehrriemen an den Flintenlauf geschlagen, „Brr, brr" gerufen wird: „Klopf- oder Riegelj."; wenn sich vier Jäger am Saume von Waldabteilungen auf den bekannten Wechseln aufstellen, während zwei Nichtjäger aus der entgegengesetzten Richtung ohne Lärmen, Patschen, Klopfen, Schreien, möglichst ruhig hin- und hergehend, sich nach dem Standorte der Schützen fortbewegen: Riegeln[11]); wenn eine Gesellschaft von Jägern, in einer Linie sich fortbewegend, den zu bejagenden Bezirk unter Benutzung von Hunden, mitunter auch von Wildträgern, durchgehen und das vor ihnen hochwerdende Wild zu erlegen trachten: Suche, Streife, Buschieren[12]); wenn ein Jäger auf der Birsch einen Bock, der flüchtig abging und sich vermutl. in ein Haberfeld steckte, angeschossen hatte, sich, um des Bockes habhaft zu werden, am folg. Tage, einem Sonntag, mit J.freunden dorthin begibt und in J.ausrüstung das Feld umstellt, während seine Buben, lärmend und Steine aneinander schlagend, dieses durchstreifen. Eine J.ausübung, die ausschließlich den Zweck hat, angeschossenes Wild in einem scharf umgrenzten J.gebietsteile aufzusuchen, um es vollends zu töten oder als erlegtes Tier in Besitz zu nehmen, fällt keinesfalls unter den Begriff „Treibj.": Nachsuche[13]).

Parforce- oder Hetzj.: J. zu Pferde, die hinter der „Meute" geritten wird. Durch den „Pikör" zur Fährte gelegte Hunde verfolgen das Wild bis zur Ermattung und stellen es, worauf es von dem zuerst bei ihm anlangenden Mitglied der J.gesellschaft „ausgehoben" und vom Führer der Meute abgefangen wird. Sie ist J.ausübung, wenn es sich um gehetztes Wild in natürl. Freiheit, nicht um eigens zu diesem Zwecke gehaltenes und erst zur Hetzj. freigelassenes handelt; aber niemals Treibj., da keine Treiber, sondern nur Jäger vorhanden.

---

9) Dietzel, Niederjagd S. 274 ff.

10) OberstLGSt. 5, 100. Anwendung des § 3 wegen „Ähnlichkeit der Umstände im Vergleich mit Treibjagd im technischen Sinne" nicht angängig (DJäger JU. 32/26 S. XII).

11) EJZ. 1908 S. 150.

12) OberstLGSt. 12, 82.

13) EJZ. 1908 S. 87; DJäger 29, 444; BlfRA. 1909 S. 13.

„Beize": „Abgetragener" Raubvogel verfolgt und schlägt den zu erjagenden Vogel, während die berittene J.gesellschaft folgt; in Deutschland so gut wie abgekommen; an sich J.ausübung, jedoch nicht Treibj.

„Schnitzelj.": Form der Parforcej., bei der Hunde und Wild durch Mitglieder der berittenen J.gesellschaft, die Fährte durch Papierschnitzel dargestellt wird. Da kein Wild vorhanden, keine „J.", sondern reiterische Veranstaltung.

2. Strafbar nur Veranstalter, der Treibj. „abhält", nicht auch Gäste, Treiber, sonstige Beteiligte[14]).

3. Treibj. auf Wildschweine und Wölfe zur dringenden Abwendung gemeiner Gefahr auf bez.pol. Anordnung auch an Sonn- und Festtagen zulässig[15]).

PolVO., welche das Abhalten von J. an Sonntagen gänzl., ohne Rücksicht, ob dadurch eine Störung der Festtagsfeier herbeigeführt werden kann, untersagt, ungültig[16]).

Verwendung von Kindern unter 13, oder von schulpflicht. Kindern über 13 Jahren als Treiber fällt nicht unter Kinderschutzgesetz, da es nur Beschäftigung in gewerbl. Betrieben i.S. der Gew.O verbietet[17]).

4. Abhaltung öffentl. J.versteigerungen an Sonn- und Festtagen verboten, beeinflußt aber nicht das Ergebnis[18]).

§ 4.

. . . . . . , lärmende Unterhaltungen in der Nähe von Kirchen an Sonn- und Festtagen während des vor- und nachmittägigen Pfarrgottesdienstes sind untersagt.

Trifft Veranstalter und J.gäste, welche sich in der Nähe von Kirchen zu genannter Zeit durch lärmendes Jagen „unterhalten". Die Tätigkeit der Treiber, auch wenn sie zum Vergnügen mitgehen, keine „Unterhaltung" durch Jagen. Infolge einzelner Schüsse bei Ausübung der J. durch wenige Personen verursachtes, mit jeder gemeinhin mittels Schießgewehrs ausgeübten „J." verbundenes Geräusch wegen seiner kurzen Dauer und geringen Stärke kein „Lärm". Wenn auch wirkl. Störung nicht erfordert, muß doch wenigstens die Handlung geeignet sein, die äußere Heilighaltung der Sonn- und Feiertage und in diesem Sinne die allgemeine Sonntagsfeier zu beeinträchtigen[1]).

---

14) Vollw. S. 246 A. 3.

15) Kultus-ME. v. 10. März 1876; Geib, Handb. d. i. Verw. I S. 570; Vollw. S. 245; Wirsch. S. 220.

16) Schüllerm. S. 179 N. 2; Goercke S. 164 A. 58; Reger-Dames S. 445 N. 9; BlfAdmPr. 26, 377.

17) §§ 1, 2 Kinderschutzgesetz v. 30. März 1903 — RGBl. S. 113; Rohmer, KSchG. S. 13 ff.

18) Oben S. 147, 303; BayrB. 1913 S. 418.

1) Goercke S. 164, 165 A. 57, 58; GoltdA. 25, 227.

§ 8.

Die Vorschriften der §§ 1—7 mit Ausnahme jener des § 2 Absatz 1 Ziff. 3 finden bezüglich der Sonntage und der den christlichen Konfessionen gemeinschaftlichen Festtage auch in konfessionell gemischten Orten Anwendung. In Ansehung der besonderen Feiertage eines Religionsteiles sind die Bestimmungen des § 82 der zweiten Verfassungsbeilage maßgebend.

1. Allgemeine Festtage: Neujahr, Dreikönig (6. Jan.), Josephi (19. März)[1]), Oster- und Pfingstmontag, Christi Himmelfahrt, Fronleichnam[2]), Peter und Paul (29. Juni)[3]), Mariä Himmelfahrt (15. Aug.), Allerheiligen (1. Nov.)[3]), Mariä Empfängnis (8. Dez.)[4]), beide Weihnachtsfeiertage (25. u. 26. Dez. [Stephan]). — Johanni (24. Juni) auf Sonntag verlegt; Mariä Lichtmeß (2. Febr.), Mariä Verkündigung (25. März), Mariä Geburt (8. Sept.) abgeschafft[5]). — Karfreitag in Bayern kein allgem. Feiertag[6]).

2. Das Überwiegen der Bewohner einer Konfession, das einem Orte ein bestimmtes konfessionelles Gepräge gibt, schließt den Begriff eines konfessionell gemischten Ortes aus. Nebeneinanderwohnen von Bekennern verschiedener Konfessionen überhaupt macht ihn nicht dazu. Andererseits nicht erforderl., daß die Zahl der Bekenner der verschiedenen Konfessionen ganz gleich groß. Im einzelnen Falle entscheiden immer die obwaltenden Verhältnisse und richterl. Ermessen[7]). Daß die gewerbl. Tätigkeit der in der Minderheit befindl. Konfessionsangehörigen dem Orte einen bestimmten Charakter gibt, daß diese den überwiegenden Teil der Steuer zahlen, daß die Angehörigen der verschiedenen Religionsgesellschaften je in einem besonderen, auch äußerl. erkennbaren Kirchenverbande, einer förml. Kirchengemeinde leben, ist ohne Belang[8]). Eigenschaft eines Ortes als eines kathol. nicht dadurch beseitigt, daß neben der kathol. auch protestant. Kirche und Schule besteht[9]). — Bamberg, Pasing, Aschaffenburg katholisch[10]); Augsburg, Kempten, Weiden konfessionell gemischt[11]).

---

1) GVBl. 1923 S. 104.
2) Reger 12, [20].
3) Reger 9, [123]; anders RGSt. 17, [58].
4) OLG. Mü. 10, [299]; ObersttLGSt. 8, [53]; VGH. 24, [479]; Reger 21, [388]; Bek. v. 31. Jan. 1922 (StAnz. 29/22).
5) MB. v. 12. Mai 1912 JMBl. S. 100; OLG. Mü. 10, [299]; Oberst.-LGSt. 8, [53]; VGH. 24, [479].
6) RGSt. 4, [240]; ObersttLGSt. 11, [180]; ZfRpfl. 11, [346]; VGH. 31, [147]; BGZ. 1911 S. 92.
7) OLG. Mü. 5, [256].
8) OLG. Mü. 8, [73]; ObersttGHSt. v. 2. Dez. 1864.
9) OLG. Mü. 7, [326].
10) OLG. Mü. 6, [256]; Schüllerm. S. 178 N. 6; OLG. Mü. 10, [299]; VGH. 31, [149].
11) RGSt. 17, [57]; Schüllerm. S. 179 N. 6; RGSt. 33, [440]; Riedel-Sutner S. 222 ff. A. 6; Landmann, GewO. II, [239]; Pollw. S. 246.

VII. Hundehaltung.

I. Art 83 PStGB.

Art. 83. An Geld bis zu 150 *RM* wird bestraft:

1. wer Hunde der durch ober- oder ortspolizeiliche Vorschrift angeordneten und öffentlich bekannt gemachten Visitation entzieht oder nicht rechtzeitig unterstellt oder die ober- oder ortspolizeilich vorgeschriebenen Zeichen für dieselben nicht löst;
2. wer Hunde in Kirchen oder zu Pferderennen mitnimmt;
3. wer gegen ortspolizeiliches Verbot oder in Ermangelung eines solchen gegen bezirkspolizeiliche Anordnung Hunde auf Leichenhöfe, in öffentliche Wirtschaftslokale, in Theater, Fleischbänke, auf Märkte oder zu öffentlichen Feierlichkeiten mitnimmt, solche während der Nachtzeit auf öffentlichen Straßen frei herumlaufen läßt, läufige Hündinnen nicht gehörig verwahrt oder freilaufende Hunde größerer Gattung nicht mit einem wohlbefestigten Maulkorbe versieht.

Unabhängig von der Strafverfolgung steht der Polizeibehörde die Befugnis zu, die ohne vorgeschriebenes Zeichen oder gegen Verbot frei oder ohne Maulkorb herumlaufenden Hunde einfangen und nach Ablauf eines festgesetzten, öffentlich bekannt gemachten Zeitraumes töten zu lassen, wenn sich der Besitzer innerhalb dieses Zeitraumes nicht gemeldet hat.

1. Die Bestimmungen richten sich gegen jeden, der einen Hund in unmittelbarem Besitze oder Gewahrsam hat[1]). Fahrlässigkeit, z. B. mangelhafte Aufsicht, genügt[2]).

2. Verjährung beginnt erst mit Nachholung der unterlassenen Handlung[3]). Wiederholte Vorführung auch zu einem an Stelle eines ausgefallenen anberaumten neuen Termine[4]). Unterlassung nicht strafbar, wenn der Hund entlaufen war, oder wenn, wegen Verweigerung der Untersuchung durch den Amtstierarzt, das verlangte Zeugnis nicht vorgelegt werden kann[5]).

---

[1]) OLG. Mü. 3, 191.
[2]) OLG. Mü. 3, 75; 4, 541; 7, 38; OberstGHSt. 4, 601.
[3]) OLG. Mü. 5, 328.
[4]) OLG. Mü. 3, 187.
[5]) OLG. Mü. 3, 371.

3. Öffentl. Wirtschaftslokale: Auch Erfrischungsräume der Eisenbahnhöfe[6]), Wirtschaftsgärten, Bierkeller[7]). Wirt darf eigenen Hund in seine Wirtschaft nehmen[8]). — „Frei herumlaufenlassen“: Laufenlassen eines nicht an der Leine geführten Hundes[9]); dieses Verbot trifft, soweit es sich auf die Nachtzeit bezieht, alle Arten von Hunden[10]), die unbeaufsichtigt herumstreunen. — Hühnerhunde keine Hunde größerer Gattung[11]).

4. Dulden ruhestörenden Hundegebells, auch bei Tage; § 360 Ziff. 11 RStGB.[12]).

II. Seuchenbekämpfung.

1. Reichsviehseuchengesetz vom 26. Juni 1909[1]). Anwendbarkeit auf Tollwut der Hunde § 1 II; Anzeigepflicht des Besitzers[2]); Tötungs- oder Einsperrungspflicht des Besitzers oder Aufsichtführenden; Verbot von Heilversuchen; polizeil. Tötungsanordnung auch bei bloßem Wutverdacht; Anordnung der Hundesperre, wenn wutkranker oder wutverdächtiger Hund frei umhergelaufen ist[3]); Strafbestimmungen[4]) — Gefängnis bis zwei Jahre; Geldstrafe 3 *RM* bis 10000 *RM*; neben Gefängnis fakultativ Geld bis 10000 *RM*; — fahrläss. Verletzung der gen. Best. § 75 — 10 bis 150 *RM*; Haft nicht unter 1 Woche; im Falle des § 74[5] — Geld bis 150 *RM* oder Haft § 76.

Die einzelnen Anordnungen werden jeweils durch die Gemeindebeh. in öffentl. Ausschreiben erlassen. Ausnahmen vom Maulkorb- und Leinenzwang für J.hunde bei Gebrauch während der J., unter Vorbehalt besonderer Sicherungsmaßregeln, zulässig[5]).

2. Keine Entschädigung für polizeil. getötete Hunde[6]). Der Staat bestreitet die Kosten der Anordnung, Leitung und Überwachung der Maßregeln und der amtstierärztl. Dienstverrichtun-

---

[6]) OLG. Mü. 6, 559.
[7]) Reger-Dames S. 267 A. 5.
[8]) OLG. Mü. 10, 250; OberstLG. 9, 190; SeuffA. 75, 317.
[9]) OberstLGSt., 2, 409; 4, 181; OLG. Mü. 2, 387; 4, 541.
[10]) OLG. Mü. 2, 387.
[11]) OberstLGSt. 9, 192; DJäger 31, 160; BGB. 1909 S. 257; früher anders: OLG. Mü. 4, 541; 7, 38; dagegen DJäger 1896, 325; 1907, 354.
[12]) Wer ungebührlicherweise ruhestörenden Lärm erregt; Geldstrafe bis 150 RMk.; Haft bis 6 Wochen; OLG. Mü. 5, 413; 7, 259; 8, 252; OberstLGSt. 3, 891; 12. März 1926 DJäger Jll. 13/27 S. VIII; Reger E. 1, 341; 14, 62; 16, 195; 18, 85, 752; DJäger 1906, 55.
[1]) RGBl. S. 519.
[2]) §§ 9, 10 Z. 2.
[3]) §§ 36—40; OberstLGSt. 7, 178.
[4]) §§ 36—38: § 74[1]; §§ 9 und 10: § 74[2]; §§ 39, 40, Zuwiderhandlungen gegen polizeiliche oder amtstierärztliche Anordnungen: § 74[3]; Ausgraben oder Ansichbringen von Kadavern: § 74[4].
[5]) MinBek. d. J. 20. August 1926 und VAnw.: StAnz. 192/26 (Dauergenehmigung bis zu 3 Monaten; alle 4 Wochen amtstierärztl. Untersuchung).
[6]) VO. v. 21. April 1912 (GVBl. 401), V.B. 27. April 1922 (GVBl. 403, 438); MinBek. d. J. 31. August 1922 (StAnz. 203/22); § 71[3] VSG.; Art. 1 II bayr. AG. v. 13. August 1910 (GVBl. S. 615).

gen[7]); Kosten der Schutzimpfung wegen des Bisses eines tollwütigen Hundes trägt die Gemeinde[8]); nicht aber die den Unternehmer treffenden Kosten der amtstierärztl. Beaufsichtigung öffentl. Hundeausstellungen[9]).

Gegen viehseuchenpoliz. Anordnungen Beschw. an die vorgesetzte Stelle bis zum StMJ.[10]).

3. Frei umherlaufende Hunde müssen mit Halsbändern versehen sein, die Name, Wohnort, Wohnung des Besitzers oder ein sonstiges die Zugehörigkeit des Hundes sicherstellendes Erkennungszeichen des Hundes ersehen lassen; Verfahren bei Tollwut[11]).

4. Viehseuchenübereinkommen zwischen Deutschland und Österreich v. 25. Jan. 1905, RGBl. S. 287. Art. 1 Eintrittsstationen und tierärztl. Kontrolle in diesen; Art. 2 Ursprungszeugnis; Art. 3 Zurückweisung ansteckungskranker oder -verdächtiger Tiere; Art. 5 gegenseitige Einfuhrverbote. — Bekämpfung der Tollwut in den Grenzbezirken des Deutschen Reichs und Österreich-Ungarns, MBJ. v. 9. Jan. 1911, GVBl. S. 14.

III. Abgaben.

Hundeabgabengesetz v. 23. Aug. 1922 (GVBl. S. 616) 6. Juni 1926 (GVBl. S. 327).

VollzBek. hiezu v. 3. Febr. 1923 (GVBl. S. 5).

Obpoliz. V. z. Sicherung und Überwachung der Hundeabgabe v. 3. Febr. 1923 (GVBl. S. 20).

Obpoliz. V. über gesundheitspoliz. Untersuchung der Hunde v. 4. Febr. 1925 (GVBl. S. 70).

Wer Hund im Alter von 4 Monaten im Laufe des Rechnungsjahrs (1. April bis 31. März) besitzt, hat ihn bei der Gemeindebehörde des dauernden Aufenthaltsortes zu melden und Abgabe zu entrichten. Wird Hund erst im Februar oder März erworben oder nach Bayern verbracht oder erst nach 31. Jan. vier Monate alt, keine Abgabepflicht. An Stelle eines nachweisl. verendeten oder getöteten versteuerten Hundes getretener Ersatzhund für laufendes Rechnungsjahr abgabefrei, aber anzumelden. Von öffentl. Forst- oder J.schutzbeamten unmittelbar zur Erfüllung öffentl. Aufgaben, nicht bloß zum persönl. Schutz gehaltene Hunde abgabefrei. — Zeitpunkt der jährl. Anmeldung und Abgabenentrichtung bestimmt Gemeindebehörde. — Bei Erwerb während Rechnungsjahr Anmeldung binnen 2 Wochen nach Erwerb (auch für Ersatzhund!). — Vorführung an Leine, wenn nötig, mit Beißkorb durch Erwachsenen. Mindestabgabe:

---

7) Art. 6 l. c.

8) BGZ. 1909 S. 554, 589.

9) § 16 III BSG.; § 6 RKB. v. 25. Dez. 1911 — RGBl. 1912 S. 8; Art. 7 AG. BSG.; § 18 bayr. BB. v. 27. April 1912 — GVBl. S. 403.

10) VO. v. 27. April 1912 § 3 — GVBl. S. 402.

11) §§ 34, 110 ff. AusfVO. d. Bundesr. v. 25. Dez. 1911 — RGBl. 1912 S. 11, 27.

In Gemeinden mit mehr als 15 000 Einwohnern		. . .	15 *RM*,
" " "	1501—15 000 "	. . .	9 *RM*,
" " "	301— 1500 "	. . .	6 *RM*,
" " "	300 oder weniger "	. . .	3 *RM*,
in Einöden u. Weilern u. Schutzhunde v. Forstbeamten			3 *RM*.

Erhöhung und Abstufung nach bestimmten Merkmalen (auch für mehrere Hunde) durch Gemeindeverwaltung. — Bei Änderung des Haltungsortes vor 1. Febr. Nachzahlung der Differenz zur höheren Abgabe des neuen Haltungsortes. — Für entrichtete Gebühr Quittungskarte und Hundezeichen, mit dem Hund ständig versehen sein muß. — Zulässigkeit ober- und ortspolizeil. Strafbestimmungen: Bei Hinterziehung Geldstrafe bis zum zehnfachen, im Rückfalle bis zum zwanzigfachen Betrage der hinterzogenen Abgabe. — Gegen andere Zuwiderhandlungen Geld- oder Ordnungsstrafe von 3—1000 *RM* (§ 27 RStGB.; Art. XIV GeldstrafenG. v. 6. Febr. 1924, RGBl. S. 44).

IV. Beförderung:

Kleine Hunde (Dachshund, Fox), die auf dem Schoß (im Rucksack) getragen werden, dürfen in Eisenbahnpersonenwagen mitgenommen werden, wenn Mitreisende nicht widersprechen; Hunde jeder Größe, wenn dem Besitzer ein besonderes Abteil angewiesen werden kann. Sonst sind Hunde in genügend sicheren Behältern zur Beförderung in Gepäck- oder Güterwägen, nicht in Behältern verwahrte Hunde in besonderen Wagenräumen zu befördern, soferne solche vorhanden oder frei; für Entweichen ohne Verschulden eines Bediensteten haftet die Bahn nicht[1]); Ein-, Um-, Ausladen hat der Reisende zu besorgen; zur Verwahr. der nicht sofort nach Ankunft in der Bestimmungsstation abgeholten Hunde ist die Bahn nicht verpflichtet[2]). — Beförderung von Hunden auf Eisenbahnen ohne Begleitung §§ 48 ff. EVerkO., insbes. §§ 56, 58 und Anl. B, GVBl. S. 86 ff. — Mitnahme von Hunden in Pferdeposten nicht, in Motorposten unter Einverständnis der Mitreisenden gestattet[3]). — Frachtbegünstigungen bei den von Fall zu Fall bekanntzugebenden Ausstellungen nach den bei den Reichsbahndirektionen aufliegenden Bedingungen; Gesuche mindestens 4 Wochen vor der Ausstellung bei Reichsbahnverwaltung des Ausstellungsortes unter Angabe der deutschen Bahnstrecken.

V. Eigentümer eines Deckrüden hat gegen den, der ihn unbefugt zum Decken seiner Hündin benützt, Anspruch auf Ersatz der üblichen Deckgebühr (Schadensersatz weg. unerlaubter Handlg. — entgangener Gewinn: §§ 823, 252 BGB.) und auf übliche Überlassung eines Welpen (§ 816 BGB. — ungerechtf. Bereicherg.)[4]).

---

[1]) SeuffA. 63, 469.
[2]) § 27 EVerkO. v. 23. Dez. 1908; GVBl. 1909 S. 29.
[3]) DA. III, 1 § 73 e; V, 5 § 11, 22.
[4]) DJäger 1918 S. 339.

B. Wildschadenersatz.

„Der Wildschaden, seine rechtliche Behandlung, Ermittelung und Behandlung im Kgr. Preußen" — Simon 1912.

„Wildschadenersatz" — Inaug.-Diss. Würzburg 1916 von Günther Gereke-Pressel.

I. Reichsrecht.

§ 835. BGB. I Wird durch Schwarz-, Rot-, Elch-, Dam- oder Rehwild oder durch Fasanen ein Grundstück beschädigt, an welchem dem Eigentümer das Jagdrecht nicht zusteht, so ist der Jagdberechtigte verpflichtet, dem Verletzten den Schaden zu ersetzen. Die Ersatzpflicht erstreckt sich auf den Schaden, den die Tiere an den getrennten, aber noch nicht eingeernteten Erzeugnissen des Grundstücks anrichten.

II Ist dem Eigentümer die Ausübung des ihm zustehenden Jagdrechts durch das Gesetz entzogen, so hat derjenige den Schaden zu ersetzen, welcher zur Ausübung des Jagdrechts nach dem Gesetze berechtigt ist. Hat der Eigentümer eines Grundstücks, auf dem das Jagdrecht wegen der Lage des Grundstücks nur gemeinschaftlich mit dem Jagdrecht auf einem anderen Grundstück ausgeübt werden darf, das Jagdrecht dem Eigentümer dieses Grundstücks verpachtet, so ist der letztere für den Schaden verantwortlich.

III Sind die Eigentümer der Grundstücke eines Bezirkes zum Zwecke der gemeinschaftlichen Ausübung des Jagdrechts durch das Gesetz zu einem Verbande vereinigt, der nicht als solcher haftet, so sind sie nach dem Verhältnisse der Größe ihrer Grundstücke ersatzpflichtig.

1. Grundsatz: Wer Vorteile und Annehmlichkeiten der J. genießt, hat, ohne Rücksicht, ob der Schaden auf sein Verschulden zurückzuführen oder nicht, auch die mit ihr verbundenen wirtschaftl. Nachteile zu tragen [1]).

Bestimmungen des Feldschadenges. v. 6. März 1902 bei Übertreten von Wild auf fremde Grundstücke nicht anwendbar [2]).

---

1) Staud. II b S. 915 A. 3.
2) Art. 1, 2 ds. Ges.; von der Pfordten S. 23 A. 2, 1.

Wildschadenersatzpflicht nur in freier Wildbahn. Auch hier ist Schaden, den Wild durch Angriffe auf Menschen an Leben, Gesundheit oder Eigentum zufügt, kein „Wildschaden".

a) Nur der durch das ausdrückl. aufgeführte **„Schadenwild"**, gleichgültig, ob Stand-, Wechsel- oder Streifwild, verursachte Schaden ist zu ersetzen. Neu eingebürgerte Wildarten fallen unter diesen Begriff nur, wenn es sich um Angehörige der gesetzl. bestimmten Wildgattungen handelt[3]). Kreis der im BGB. genannten J.tierarten — des Haar-, wie Federwildes — kann landesrechtl. erweitert, nicht aber beschränkt werden[4]); stets müssen es j.bare Tiere sein. Auch Schaden, der durch ein aus einem Gehege ausgetretenes Wild angerichtet wird, zählt hierher[5]) Nicht wirksam am Verlassen des Geheges gehindertes Wild bleibt herrenlos[6]), befindet sich tatsächl. in freier Wildbahn, verpflichtet den Gehegebesitzer nicht zum Ersatze des von ihm angerichteten Schadens[7]). Hinsichtl. des Federwildes läßt sich Ausfliegen aus dem Gehege, bei Belassung natürl. Bewegungsfreiheit in diesem, nicht verhindern, es bleibt herrenlos; Schaden, den es außerhalb des Gatters auf fremdem J.gebiete anrichtet, hat der in freier Wildbahn J.berechtigte zu vertreten. Wehrt dieser das Wild von seinem Grundstücke ab, so kann derjenige, auf dessen Grund und Boden es infolgedessen anderswo Schaden stiftet, ebensowenig Ersatz von dem Abwehrenden verlangen, wie der dort Ersatzpflichtige[8]).

Für ausgebrochenes Tiergartenwild i. S. des § 960 I S. 2 BGB. haftet der Tiergartenbesitzer hinsichtl. eines jeden, also auch des eigentl. Wild-Schadens, solange er seine Verfolgung irgendwie betreibt[9]), gemäß §§ 833, 834 BGB. als „Tierhalter"; gibt er die Verfolgung auf, und wird das Wild dadurch herrenlos[10]), so tritt Ersatzpflicht desjenigen gemäß § 835 ein, auf dessen J.gebiet es schadenstiftend sich aufhält[11]).

Schaden von Wild, das nicht zum Schadenwild gehört[12]), kein „Wildschaden" im techn. Sinne, Ersatzanspruch aus

---

[3]) „Rotwild", auch Wapiti-, Maral-, Altai-, Sika-, Axis-, virginischer Hirsch, oben S. 56 A 1; „Fasanen" auch bisher der freien Wildbahn unbekannte Arten, oben S. 58 B 9; Gereke S. 40; RG. 5, [85]; preuß. ObVerwGer. 14, [430]. Nicht z. B. Muffelwild.

[4]) Art. 71 Ziff. 1 EG. BGB.; Simon S. 15.

[5]) Staud. II b S. 917 A. 8.

[6]) Kein „Tiergartenwild" i. S. des § 960 I S. 2 BGB.; oben S. 45.

[7]) JW. 1909 S. 238; Rspr. OLG. 18, [67]; Vollw. S. 295. — Art. 71, [2] EG. BGB., welcher es der Landesgesetzgebung überläßt, für den, durch ein aus einem Gehege ausgetretenes Jagdtier angerichteten Wildschaden den Eigentümer oder Besitzer des Geheges verantwortlich zu machen, also eine Ausnahme von der Regel des BGB. zu schaffen, wonach der Gehegebesitzer für solchen Schaden nicht haftet. — Bayern hat von diesem Vorbehalt keinen Gebrauch gemacht.

[8]) Vollw. S. 295 Fußn. 1.

[9]) Oben S. 44, 42 Fußn. 75.

[10]) § 960 Abs. II BGB.; oben S. 42, 2 a.

[11]) Gereke S. 38 f.

[12]) Z. B. in Bayern Wildenten an aufgesetzten Weizengarben.

§ 835 ausgeschlossen. Art. 71 [1] EG. BGB. überläßt es der Landesgesetzgebung, alles Wild als „Schadenwild" zu erklären. Ist dies nicht geschehen [13]), kann keine anderweite Gesetzesbestimmung, etwa § 823 I, herangezogen werden, um eine Entschädigungspflicht für Schaden der in § 835 bezeichneten Art, der durch J.wild entstanden ist, zu konstruieren [14]).

Verpflichtet sich der Gemeindej.pächter im J.pachtvertrage mit der Gemeinde zur Tragung des durch anderes als Schadenwild verursachten Wildschadens, so ist damit im Zweifel keine Verpflichtung der Gemeinde zum Ersatz auch dieses nicht gesetzl. Wildschadens an die beschädigten Grundbesitzer vereinbart. Nach Reichs- und Landesrecht ist die Gemeinde nicht ersatzpflichtig, daher keine Schuldübernahme durch den J.pächter [15]). Vielmehr Vertrag zugunsten eines Dritten mit der aus dem Vertragszwecke sich ergebenden Abmachung, daß Wildschadenverletzter unmittelbare Ersatzleistung von J.pächter fordern kann [16]).

b) Gegenstand des Ersatzes: Schaden, der von Schadenwild angerichtet wird.

α) am J.grundstück selbst, ohne Unterschied seiner Nutzung, auch an Brachland oder frisch gepflügten Äckern [17]), Seen und Teichen [18]), Gebäuden und sonstigen mit dem Boden festverbundenen Anlagen, als Bestandteilen [19]); nicht dagegen an lose, auf dem Grundstück befindl. Sachen [20]).

β) an den noch nicht getrennten Erzeugnissen, insbes. an Früchten auf dem Halm, Wald-, Zier- und Obstbäumen, gleichviel, ob gesät, gepflanzt oder von selbst gewachsen [21]).

γ) an den getrennten Erzeugnissen, die noch nicht eingeerntet, d. h. noch nicht nach dem dauernden oder vorläufigen, für ihre Verwahrung bis zum Verbrauch oder zur Verwertung bestimmten Ort geschafft sind [22]). Eingeheimste, in Schobern, Diemen, Stadeln, Mieten, Staken aufgestapelte Früchte können durch

---

[13]) Wie in Bayern bezüglich der Enten.

[14]) § 835 hat die Materie des Wildschadenersatzes ausschließl., in bewußter und gewollter Abweichung von den sonstigen Ersatzpflichtgrundsätzen geregelt, dem Landesrecht nur ganz bestimmte Ausnahmevorschriften gestattet und damit ausgeschlossen, daß in Fällen, in welchen die reichs- und landesrechtlichen Wildschadensbestimmungen keine Ersatzpflicht vorsehen, andere Schadensersatzvorschriften aushilfsweise herangezogen werden. Gereke S. 42 ff.

[15]) § 415 BGB.

[16]) § 328 BGB.; Gereke S. 65 ff.

[17]) Simon S. 13.

[18]) Gereke S. 44 f.

[19]) §§ 93, 94 BGB. Zäunen, Brücken, Durchlässen, Dammbauten, Straßen, Treppen, Wasserleitungen usw.

[20]) Sä-, Düngerstreumaschine, Pflug, Egge usw.: Gereke S. 46.

[21]) Simon S. 13. WSchBerechnung auf Waldgrundstücken. DJäger 1924 S. 106.

[22]) Fischer-Henle S. 571 A. 9; Staud. II b S. 917 A. 9 c.

gehörige Sicherung geschützt werden, brauchen daher keinen besonderen gesetzl. Schutz vor Wildbeschädigung[23]).

Nur der auf dem J.gebiet des Ersatzpflichtigen entstandene Schaden zu ersetzen, nicht der in Hausgärten, Höfen, umfriedetem Besitztum des Art. 2 Ziff. 1 und 2 JG. entstandene[24]).

c) **Art und Weise der Schadensverursachung** gleichgültig: Abäsen[25]), Verbeißen, Benagen, Verliegen[26]), Zerstampfen, Zertreten, Aufscharren[27]), Nesteranlegen[28]), Bereitung von Lagerstätten[29]), Wühlen, Brechen[30]), Schälen[31]), Fegen, Schlagen[32]).

Nicht hierher gehört der von Raubtieren am zahmen Vieh und seinen Produkten[33]), von Jägern, Aufsehern, Gehilfen, Treibern, Trägern, Hunden, Pferden, Fuhrwerken angerichtete Schaden, für dessen Ersatz Art. 13 JG., §§ 823 ff. BGB. maßgeben[34]), auch nicht der infolge Ungezieferfraßes oder verspäteter Abschätzung, etwa durch Ausfallen der Körner, entstandene Schaden[35]).

2. Grundstücke, an denen dem Eigentümer das J.recht nicht zusteht, gibt es in Bayern nicht[36]).

3. a) Gesetzl. entzogen ist dem Eigentümer die Ausübung seines J.rechtes nur wegen Kleinheit seines Grundbesitzes (oder wegen Unzulänglichkeit der Abschließung)[37]) — dann tritt an seine Stelle entweder die Gemeinde[38]) oder der Eigenj.berechtigte, dessen Grundkomplex das Grundstück umschließt[39]).

Schadensersatzpflichtig: Der „nach dem Gesetz" J.ausübungsberechtigte, also die Gemeinde oder Eigenj.berechtigter als Inklavenj.berechtigter[40]). Bei Mehrheit der Verpflichteten Solidarhaft[41]). Nicht gesetzl. ersatzpflichtig der J.pächter, der nur

---

[23]) Heuschinden und -triften im Hochgebirge: DJäger 1923 S. 275. Wirsch. S. 303 Fußn. 7; OberstGHZ. 6,[632]; Simon S. 13; Gereke S. 45.

[24]) Gereke S. 47.

[25]) Vgl. BayrB. 1916 S. 181.

[26]) Dachslager im Klee und in Wiesen; Rehbette im Getreide.

[27]) Fuchsbau in Getreideacker: „Hubertus" 1912 S. 394, 700.

[28]) Fasan, Feldhuhn.

[29]) Kessel der Wildschweine.

[30]) Sauen.

[31]) Des Rotwildes.

[32]) Der Cerviden: Barlet S. 18; Recht 1911 S. 493; Pollw. S. 294. Simon S. 13; Rörig S. 82 ff., 74 ff., 88, 89 f., 91 ff.

[33]) Unten Art. 2 WSchG., 2 a; Simon S. 20; Wirsch. S. 304 Fußn. 9; Pollw. S. 294; Schüllerm. S. 288 Nr. 3 e; Barlet S. 18; BGZ. 1910 S. 484; 1912 S. 92, 494; BayrB. 1916 S. 168, 181.

[34]) Beschädigung von Bäumen beim Fuchsgraben, Gereke S. 46; Recht 1911 S. 493; Pollw. S. 294 und Fußn. 1; Wirsch. S. 305 und Fußn. 11; Schüllerm. S. 287 N. 1 a; oben S. 201, 245; Simon S. 19 f.; § 6 JPB.

[35]) Pollw. S. 294; unten Art. 7 WSchG., 2.

[36]) § 835 I BGB.; Art. 1 II JG.; Pollw. S. 294.

[37]) Art. 2 Z. 1 und 2 JG.

[38]) Art. 4, 7, 11 JG.; Art. 71,[6] EG.BGB.

[39]) Art. 3 JG., Inklaven; Art. 71,[3] EG.BGB.

[40]) S. Art. 2, 3, 4 JG. und 3 WSchG.

[41]) §§ 420, 426 BGB.; unten Art. 3 WSchG., 2.

vertragl. regreßpflichtig gemacht[42]), mangels besonderer Vertragsabmachungen nur im Rahmen des Gesetzes herangezogen, aber vom Ersatzberechtigten nicht direkt belangt werden kann[43]).

b) Übermäßiges Hegen verpflichtet den J.berechtigten nicht zur Gewährleistung gegenüber dem Nachbarn, dessen Wildschadensersatzpflicht durch zahlreiches Überwechseln von Wild auf dessen Gebiet erhöht wird [44]). Letzterer kann bei Bez.pol.beh. Abminderungsanordnung anregen[45]). — § 835 setzt weder Verschulden des J.berechtigten, der weder j.karten- noch deliktsfähig zu sein braucht, voraus, noch kennt er einen Unterschied zwischen verschuldetem und unverschuldetem Wildschaden[46]). Ohne Raum für abweichende landesgesetzl. Vorschriften oder Gegenbeweis für mangelndes Verschulden des in Anspruch Genommenen, deckt er nicht nur die Fälle regelmäßiger Wildschadensverursachung, sondern auch alle Fälle, in denen Wildschaden durch Verschulden beim J.betrieb, insbes. infolge Vernachlässigung oder Nichtbefolgung polizeil. angeordneter Wildstandsabminderung, entsteht[47]). Sache der Gemeinde ist es, sich gegen die Folgen einer Überhege durch den J.pächter zu sichern. Zwar kann neben dem nach § 835 Ersatzpflichtigen ein Dritter aus einer unerlaubten Handlung ersatzpflichtig werden, mit der Haftung des J.berechtigten die Deliktshaftung des Wilderers, der Wild in ein Kornfeld treibt, oder dessen, der vorsätzl. oder fahrläss. einen das Wild vom Eindringen in Gärten oder bestellte Felder abhaltenden Zaun offen stehen läßt, zusammentreffen[48]). Der J.pächter ist der wildschadenersatzpflichtigen Gemeinde gegenüber kein Dritter i. S. des § 840 Abs. III BGB., insoweit es sich um Ausübung der J.pacht handelt, und insoweit er als J.pächter in Frage kommt. Der J.pächter kann also wegen eines von ihm zu verantwortenden Handelns bei der J.ausübung in Wildschadensfragen nur von der verpachtenden Gemeinde und von dieser nur nach Maßgabe seines Pachtvertrages, nicht auf Grund des § 823 II in Anspruch genommen werden [49]).

c) Nach § 5 I JPV. vom 6. Juni 1909 ist J.ausübungsberechtigter verpflichtet, auf Anordnung der Bez.pol.beh. übermäßigen Wildstand abzumindern. Der Gemeindej.pächter, der diese Auflage

---

42) Art. 3 IV WSchG.

43) Oertm. I S. 284; Barlet S. 37; Pollw. S. 295; ZfRpfl. 1906 S. 44; BGZ. 1914 S. 428; BayrB. 1914 S. 186; 1917 S. 140; Gereke S. 52.

44) SeuffA. 1908 S. 150; Recht 1910 S. 803; EJZ. 1907 S. 248; ZfRpfl. 1906 S. 44; Pollw. S. 295; folg. Anm. c.

45) § 5 JPV.

46) Simon S. 19, 43.

47) Wirsch. S. 304.

48) Der „Dritte" haftet dem Geschädigten neben dem J.berechtigten als Gesamtschuldner aus § 823 BGB.; der Ersatzberechtigte kann nach Belieben ihn oder die Gemeinde in Anspruch nehmen. Die gemäß § 835 ersatzpflichtige Gemeinde kann den von ihr geleisteten Ersatz von dem Dritten nach § 840 III BGB. ersetzt verlangen (Gereke S. 52 f.).

49) OLG. Zweibrücken in ZfRpfl. 1906 S. 44 ff.; Pollw. S. 294 A. 5. Gereke S. 41 ff.

nicht oder ungenügend erfüllt, verstößt gegen ein den Schutz „eines Anderen", nämlich der Grundbesitzer, gegen Wildschaden bezweckendes Gesetz im Sinne des § 823 II BGB.

Der Grundbesitzer, dessen im betr. Gemeindej.bezirke liegende Grundstücke infolge dieses Verstoßes in unvermindertem, vielleicht sogar gesteigertem Maße unter Wildschaden leiden, kann trotzdem aus § 823 II keinen Schadensersatzanspruch gegen den Gemeindej.pächter herleiten, da Wildschadensersatz lediglich auf Grund des § 835 verlangt werden kann, und zwar gem. § 835 Abs. II Satz 1 mit Art. 71 Ziff. 6 EG. BGB. und Art. 3 Abs. I bayr. WSchG. in allen Fällen nur von der verpachtenden Gemeinde.

Die Gemeinde, welche sich den Rückgriff auf ihren J.pächter wegen des von ihr geleisteten Wildschadensersatzes nicht vertragl. vorbehalten hat, kann von diesem Vergütung nach § 823 II nicht fordern, weil diese Bestimmung den Anspruch nur dem „Anderen" gewährt, der durch das verletzte Gesetz (§ 5 JPV.) geschützt werden soll, nicht sonst irgendeinem Geschädigten. „Geschützt" werden soll durch § 5 nur der Grundeigentümer gegen Wildschaden, nicht die Gemeinde gegen ihre gesetzl. Wildschadenshaftung, die sie vertragl. auf ihren Pächter abwälzen und stets gem. Art. 3 Abs. III sich vergüten lassen kann[50]).

4. Ersatzberechtigt: Nicht der die J. selbst ausübende Eigenj.-berechtigte, nicht die ihre Eigenj. in Regie betreibende Gemeinde[51]),

---

[50]) Treten z. B. Rotwild und Sauen aus dem Gemeindewald A auf die Felder der Gemeindeflur B schadenstiftend aus, so haftet den geschädigten Feldbesitzern immer nur die Gemeinde B. Kein Anspruch gegen die Gemeinde A nach § 835, da diese für einen außerhalb ihres Bezirks durch Standwild ihres J.gebietes verursachten Wildschaden nicht aufzukommen hat. Die gemeindefremden Feldbesitzer können sich gegenüber der Gemeinde A nicht auf § 823 I stützen, da dieser Verschulden voraussetzt, das der Gemeinde A bei Verstoß ihres Pächters gegen § 5 JPV. nicht zur Last fällt, und durch die Sonderbestimmung des § 835, der kein Verschulden kennt und unter allen Umständen die Gemeinde B haftbar erklärt, ausgeschlossen wird. § 823 II steht ihnen gegen die Gemeinde A nicht zur Seite, da diese nicht gegen § 5 JPV. verstoßen hat. Den Pächter der Gemeindejagd A, der diesen Verstoß begeht, können sie nicht in Anspruch nehmen, da er ausschließl. nach § 835, Art. 71 6 EG. BGB., Art. 3 I WSchG. und nur von seiner Gemeinde regreßpflichtig gemacht werden kann. Deshalb kann auch die ihren Feldbesitzern Ersatz leistende Gemeinde B den Gemeindejagdpächter A nicht belangen, weil er nicht ihr J.pächter ist und weil § 5 JPV. ihren Schutz überhaupt nicht bezweckt. Ebenso versagt der Schutz des § 823 II bei einem Vorgehen der hienach nicht aktiv legitimierten Gemeinde B gegen die Gemeinde A, deren Passivlegitimation wie bei einer Forderung der fremden Feldbesitzer nicht gegeben ist. Endlich gibt § 823 II dem von seiner Gemeinde rückgriffsweise herangezogenen Jagdpächter B keinen Anspruch gegen die Gemeinde A oder den Gemeindejagdpächter A, da § 5 JPV. ihn nicht schützen will. Es verbleibt also bei dem Wildschadensersatzanspruch der Feldbesitzer gegen die Gemeinde B und ihrem etwaigen vertragl. Regreß gegen ihren eigenen J.pächter; gegen den Gemeindepächter A kann nur strafrechtlich gemäß §§ 5, 18 JPV. vorgegangen werden.

[51]) Vgl. Gereke S. 41 ff; von dem Vorbehalte des Art. 71 Ziff. 7 EG. BGB., wonach die Landesgesetzgebung dem zum Wildschadensersatz Verpflichteten das Recht einräumen kann, Erstattung des geleisteten Ersatzes von demjenigen zu verlangen, welcher in einem anderen Bezirke jagdausübungsberechtigt ist, hat Bayern keinen Gebrauch gemacht.

da bei ihnen Recht und Pflicht zusammentreffen, sie es sich selbst zuzuschreiben haben, wenn sie ihr Eigentum vor Beschädigungen, die eine Begleiterscheinung der J. bilden, nicht besser geschützt haben[52]). Der Eigenj.berechtigte hat auch keinen Ersatzanspruch, wenn er auf Grund eigener Willensentschließung sein J.ausübungsrecht einem Anderen vertragsmäßig überläßt, also insbes. nicht gegenüber seinem Eigenj.pächter. Ist er zu dieser Überlassung gezwungen, weil er nicht j.kartenfähig ist, so liegt zwar ein gesetzl. Grund der J.ausübungsentziehung vor; allein dieser findet Ursache in persönl. Verhältnissen des J.berechtigten, nicht im Mangel der dingl. Gesetzesvoraussetzungen, steht körperl. Verhinderungsgründen (Krankheit) oder mangelndem Interesse an der J.ausübung gleich, kann ihm daher keinen Wildschadensersatzanspruch gegenüber dem geben, dem er sein J.ausübungsrecht freiwillig vertragl. überläßt, um sich die ökonom. Vorteile des J.rechtes zu erhalten.

Keine gesetzl. Entziehung des J.ausübungsrechtes, sondern eine neben seinem Verpachtungsrechte gesetzl. gewährte, weitere Verwertungsbefugnis, die seinem Belieben überlassen bleibt und lediglich eine Pflicht der Gemeinde zur Übernahme der ihr freiwillig überlassenen J. begründet, enthält Art. 6 JG. Der seinen Eigenj.bezirk in den Gemeindej.komplex einwerfende Grundeigentümer hat den Wildschaden auf seinem Gebiete selbst zu tragen, keinen gesetzl. Ersatzanspruch gegen die übernehmende Gemeinde; er muß ihn sich vertragl. sichern. Der J.pächter, welcher mit dem Gemeindej.bezirk auch den eingeworfenen Eigenj.komplex pachtet und vertragl. der Gemeinde gegenüber Wildschadenstragung übernimmt, zu Wildschadensersatz hinsichtl. der Eigenj. nur verbunden, wenn sich die Gemeinde gegenüber dem Eigenj.-berechtigten hiezu verpflichtet, und „Rückvergütung" durch den Pächter ausdrückl. auch auf diese Verpflichtung der Gemeinde im Vertrage erstreckt wird[53]).

Hat Eigenj.berechtigter das Grundstück verpachtet und sich die J.ausübung vorbehalten, so hat der Grundstückspächter gesetzl. keinen Wildschadensersatzanspruch[54]).

Wider die guten Sitten verstoßende Schädigung des Grundstückspächters durch den Eigenj.berechtigten ist in dessen J.ausübung nie, in einer Überhege nur zu erblicken, wenn sie bloß in

[52]) Barlet S. 42, 32.
[53]) Barlet S. 39/40; Wirsch. S. 297; a. A. Pollw. S. 300 Fußn. 1.
[54]) Denn auch der Grundstückseigentümer selbst, von dem er sein Pachtrecht herleitet, hat keinen Wildschadensersatzanspruch. Aus § 823 I kann er seinen Grundstücksverpächter nicht belangen, da Wildschadenersatz nur aus § 835 geltend gemacht werden kann, § 823 durch § 835 ausgeschlossen wird, Ausübung des J.rechtes durch den Eigenj.berechtigten auch gegenüber Grundstückspächter nie eine „unerlaubte" Handlung im Sinne des § 823, der „widerrechtliche" Verletzung des Pachtrechtes voraussetzen würde. DJäger 1920 S. 64; „Wild und Hund" 1923 S. 563; 1925, S. 772.

der Absicht geschieht, dem Grundstückspächter zu schaden[55]). Dem Hegerecht des Eigenj.berechtigten steht aber das Recht seines Grundstückspächters gegenüber, gem. § 581 BGB. von ihm Gewährleistung des Fruchtgenusses zu verlangen, der nach den Regeln einer ordnungsgemäßen Wirtschaft als Grundstücksertrag anzusehen ist. Der die Ausübung seines Eigenj.rechts sich vorbehaltende Grundstücksverpächter muß seinem Pächter den ordnungsgemäßen Fruchtgenuß ungestört gewähren und allen Schaden ersetzen, der dem Pächter durch Beeinträchtigung seines Fruchtgenusses infolge Duldung oder Züchtung eines übermäßigen, der Bewirtschaftung des Pachtgutes schädl. Wildstandes erwächst. Er haftet für diesen Schaden wegen verschuldeter Unmöglichkeit seiner Vertragsleistung[56]).

Hat Eigenj.berechtigter Grundstück und J. an zwei verschiedene Personen verpachtet, so steht ein gesetzl. Wildschadensersatzanspruch dem Grundstückspächter gegen den J.pächter nicht zu, da dem aus dem Rechte des Eigentümers abgeleiteten Rechte des Grundpächters keine weitergehenden Pflichten gegenüberstehen können, wie sie dem Grundeigentümer selbst obliegen. Bei vertragl. Übernahme durch den J.pächter hat der Grundstückspächter direktes Klagerecht gegen diesen[57]); gegen den Eigenj.berechtigten hat er es mangels Vertragsabmachung nicht, weil es keinen Unterschied macht, ob dieser die J. selbst ausübt oder durch Überlassung an einen Anderen verwertet. Sind Grundstücks- und J.pächter dieselbe Person, kein Ersatzanspruch gegen den verpachtenden Eigenj.berechtigten[58]).

Auf Inklaven sind die Grundstückseigentümer gegenüber dem Eigenj.besitzer anspruchsberechtigt, und zwar auch dann, wenn er Eigen- und Inklavenj. einem Anderen[59]) überläßt, sich vertragl. diesem gegenüber Regreß sichert und den Ersatzberechtigten unmittelbaren Klageanspruch gegen den J.pächter[60]) nach § 328 II S. 2 BGB. einräumt[61]), da stets er der gesetzl. J.ausübungsberechtigte.

Ersatzberechtigt weiter die Grundstückseigentümer, deren Grundeigentum den Gemeindej.bezirk bildet, gegenüber der verpachtenden oder selbstverwaltenden Gemeinde oder den vereinigten, als Gesamtschuldner haftenden Gemeinden[62]). Verzicht auf Wildschadensersatz im J.pachtvertrage für die Grundeigentümer nur

---

[55]) § 826 BGB.

[56]) §§ 581, 280, 241 BGB.; Staud. IIb S. 916 A. 6; Rspr. d. OLG. 2, 1186; Barlet S. 47; Gereke S. 56 ff.

[57]) § 328 II BGB.; Barlet S. 47.

[58]) Vollw. S. 300; Staud. IIb S. 916 A. 6; Barlet S. 47.

[59]) Auch der Gemeinde nach Art. 6 JG.

[60]) Oder die Gemeinde, Art. 6 JG.

[61]) Barlet S. 33; Oertm. I, 380; Vollw. S. 297, 301 A. 4a; DJäger 1920 S. 64.

[62]) Art. 4, 11 Z. 2 und 3, 5 II JG.; § 421 BGB.; Barlet S. 33 ff., 43.

bindend, wenn und soweit jeder Einzelne diesen Verzicht ausdrückl. erklärt[63]). Das Gesetz wählt mit Absicht für die Bezeichnung des Ersatzberechtigten den Ausdruck „Verletzter", um klarzustellen, daß der Ersatzanspruch nicht bloß dem Grundeigentümer zusteht, sondern auch dem Grundstückspächter[64]). Ob ein zu Wildschadenersatz verpflichtender Fall vorliegt, entscheidet stets rechtliche Stellung des Eigentümers des geschädigten Grundstücks, gleichgültig, ob er es selbst nutzt oder einem Anderen zur Nutzung überläßt. Der Pächter hat demnach gesetzl. Anspruch, insoweit dem Eigentümer ein solcher im Falle der Selbstbewirtschaftung zukäme[65]). So der Pächter eines zum Gemeindej.-bezirk gehörigen Grundstücks[66]). „Verletzt" ist aber Jeder, in dessen Recht das schadenstiftende Ereignis unmittelbar eingreift[67]), also jeder Nutzungsberechtigte, sowohl der dingl. berechtigte Nießbraucher, Servitutberechtigter, Inhaber einer beschränkten persönl. Dienstbarkeit[68]) und Käufer[69]) als auch der Gläubiger, der zur Sicherung seiner Forderung die Feldfrüchte mit Arrest belegt[70]) oder als Pfandgläubiger pfändet[71]), der Konkursverwalter[72]), der Zwangsverwalter[73]). Voraussetzung aber, daß nicht dem Eigentümer das J.ausübungsrecht zusteht[74]). Anspruch richtet sich nicht gegen den Grundeigentümer, sondern gegen den J.berechtigten[75]), die Gemeinde.

In ausmärkischen Bezirken übt die Gesamtheit der nichteigenj.berechtigten und nicht durch Art. 3 JG. getroffenen Grundbesitzer die J. aus im Wege der Verpachtung oder Selbstverwaltung durch höchstens drei J.kartenfähige aus ihrer Mitte[76]). Den einzelnen in der Gemeinschaft vereinigten Grundbesitzern ist die Ausübung des J.rechts durch Gesetz zugunsten der Gemeinschaft entzogen; da diese aber ein Verband ist, der nicht als solcher haftet[77]), so ist jeder Gemeinschafter dem Geschädigten nach Größe seines Grundbesitzes ersatzpflichtig[78]).

---

[63]) Simon S. 18.
[64]) Prot. II S. 832 z. Entw. d. BGB.
[65]) Barlet S. 46.
[66]) Staud. IIb S. 1499 A. 6; Planck II S. 1024 A. 7; Pollw. S. 295 A. 6; Gereke S. 55 f.
[67]) Barlet S. 47.
[68]) § 1065 BGB.; Staud. III S. 326 Anm. Abs. 4 zu § 1004 BGB.; § 1027, Staud. III S. 301 A. 3; §§ 1090, 1027, Staud. III S. 347 A. II 1 d.
[69]) Wenn Wildschaden vor Grundstücksübergabe entstanden, §§ 447, 873, 925, 100 BGB.
[70]) §§ 916, 930 ZPO.
[71]) § 1204 BGB., Staud. III S. 546 Anm. I 1 c; §§ 804, 810, 824 ZPO.; nicht dagegen Beschlagnahmegläubiger, §§ 23, 24 ZwVG.
[72]) § 6 KO.
[73]) §§ 152, 65 ZwVG.
[74]) Simon S. 22 A.
[75]) Barlet S. 48.
[76]) Art. 4, 11 JG.
[77]) § 835 III BGB.
[78]) Art. 8 JG.; oben S. 110; Barlet S. 43 ff. und BlfAdmPr. 57, 366, 368.

Die Schadensersatzverbindlichkeit gehört bei der gesetzl. Haftung der Inklavenj.berechtigten, als Ausgabe für die Verwaltung der Masse, im Konkurs des Wildschadenschuldners zu den Massekosten[79]; bei der vertragl. übernommenen Haftung gegenüber seinem Grundstückspächter oder des Eigenj.pächters gegenüber dem Grundstückspächter ist sie Anspruch aus zweiseitigen Verträgen, dessen Erfüllung zur Konkursmasse verlangt wird oder für die Zeit nach Konkurseröffnung erfolgen muß, gehört daher zu den Masseschulden[80].

5. Art und Umfang des Ersatzes: Zunächst §§ 249 ff. BGB.

a) Beschädigter soll vom schädigenden Ereignisse nicht Nutzen noch Schaden haben, seine wirtschaftl. Lage nach Leistung des Schadensersatzes die gleiche sein, wie sie im näml. Zeitpunkte ohne Schadensfall gewesen wäre[81]. Grundsätzl. Naturalrestution oder doch Lieferung einer gleichen Menge von Erzeugnissen gleicher Güte, wie die durch Wildschaden zerstörten, bereits getrennten Erzeugnisse[82]. Ersatzberechtigter hat die Wahl zwischen dieser und einem zur Wiederherstellung benötigten Geldbetrag[83]. Bei Vernichtung oder Beschädigung stehender Früchte Herstellung in natura objektiv unmögl., daher von vornherein Entschädigung in Geld[84]. In geeigneten Fällen angemessene Frist zur Herstellung. Nach erfolglosem Ablauf Ersatz in Geld; Anspruch auf Herstellung ausgeschlossen[85]. Ist die Herstellung zur Entschädigung des Berechtigten nicht genügend, dann ohne Fristbestimmung Geldersatz[86]; ist die Herstellung mit unverhältnismäßigen Kosten verbunden, Befriedigung durch Geldersatz[87].

Zwischen schädigendem Ereignis und Schaden muß ununterbrochener Kausalzusammenhang bestehen. Zu unterscheiden, ob für Schadensberechnung und Ersatzleistung der Zeitpunkt der Wildschadensentstehung oder aber ein späterer Zeitpunkt maßgebend ist[88]. Ersteren Falles können neue, dem Wildschadenseintritte nachfolgende Ereignisse den Ersatzanspruch nicht beeinflussen, da dieser sofort mit dem Wildschadensfall fällig. Ereignet sich dagegen zwischen der Beschädigung von Getreide oder ähnl. Erzeugnissen durch Wild und der für Bemessung des Schadensumfanges entscheidenden Ernte[89] ein vom Ersatzpflichtigen nicht zu vertretender Vorgang, dem allein die Beschaffenheit der Bodenerzeug-

---

79) § 58² KO.; Jaeger S. 403 A. 5.
80) §§ 21, 59² KO.; Jäger S. 406 A. 7; a. A. Pollw. S. 301 F. 1.
81) Barlet S. 18, 21; Pollw. S. 296 A. c; Gereke S. 49.
82) Staud. II a S. 30 A. 3 Abs. II; scheinbar anders: Simon S. 14.
83) § 249 BGB.
84) § 251 BGB.; Gereke S. 47 f.
85) § 250 l. c.
86) § 251 I l. c.
87) § 251 II l. c.; Barlet S. 18 f.
88) Unten S. 331, 2.
89) Art. 7 WSchG.

nisse z. Zt. der Ernte zuzuschreiben ist, so ist jede Beziehung zwischen dem vor dem neuen Schadensereignis vorhanden gewesenen Wildschaden und dem schließl. Zustande abgeschnitten. Tatsächl. ist die Lage genau so, wie wenn überhaupt kein Wildschaden vorhanden gewesen wäre; Beschädigter ist wegen des früher bestandenen Wildschadens nicht schlechter daran, wie wenn das spätere Schadensereignis allein eingetreten wäre. Ob der Wildschaden bis zur Ernte ausheilen konnte (wie bei Abäsen der Wintersaat durch Rehe), oder nicht, macht keinen Unterschied: Bei schwerer Beschädigung von Hopfentrieben durch Wildverbiß im Frühjahr und kurz vor der Ernte erfolgender vollständiger Vernichtung der reifen Hopfendolden durch Hagelschlag kein Wildschadensersatz, wenn auch ohne den Wildverbiß die Ernte durch den Hagelschlag verloren gewesen wäre[90]). Von späterem „schädigenden" Ereignis dann keine Rede, wenn Bodenerzeugnisse durch Wild[91]) derart verwüstet werden, daß daran überhaupt nichts mehr zu „beschädigen" war. Dann bleibt Wildschadensforderung, wenn auch noch Hagel die letzten Reste in den Boden schlägt.

Vom Beklagten behauptete Unterbrechung des Kausalzusammenhanges ist Bestreitung des Klagegrundes (nicht Einrede), deshalb vom Kläger zu widerlegen[92]). Bei Verzug der Ersatzleistung hat der Pflichtige auch durch Zufall eintretende Unmöglichkeit der Leistung zu verantworten, daher zu beweisen, daß der Schaden auch bei rechtzeitiger Leistung eingetreten wäre[93]). Zu vergüten der Wert z. Zt. der Schadensentstehung, auch entgangener Gewinn[94]).

b) Bei Beschädigung durch Schadenwild und anderes nicht zu diesem gehöriges Wild, Haus- oder sonstige Tiere Schaden gleichheitl. zuzumessen, falls Aussonderung nicht mögl.[95]).

c) Mitwirkendes Verschulden des Beschädigten infolge absichtl. verspäteten Einerntens; Anlocken des Wildes durch Futterauslegen[96]); Anbau anspruchsvoller Pflanzen auf armem Boden, um Wildschaden zu erreichen; Unterlassen der Anbringung von Schutzvorrichtungen, deren Herstellung die im Verkehr erforderl. Sorgfalt erheischt; Wegnahme bisher vorhandener Abwehreinrichtungen ohne Verständigung des Ersatzpflichtigen[97]); Bestellung von

---

90) Barlet S. 20; Oertm. I, 281; unten S. 330, 3 b; 332, 2 z. Art. 7; anders BGZ. 1908 S. 310; 1911 S. 310; Gereke S. 48 f.; Pollw. S. 296 A. 7 b.
91) Ein Weizenstück durch Sauen, ein Kartoffelfeld durch Rotwild.
92) Barlet S. 20.
93) § 287 BGB.; RGZ. 49, 49; Barlet S. 20; unten S. 332, 2 z. Art. 7.
94) Bei Schadenseintritt mögl. gewesener, gegenüber dem nach Entstehung zu erzielenden, höheren Preis der beschädigten Erzeugnisse; § 252 BGB.; Barlet S. 20; Pollw. S. 296 A. 7, c; Simon S. 14; Gereke S. 48; Modifikation Art. 7 WSchG.
95) Pollw. S. 297 A. 7; Recht 1912 S. 101; Gereke S. 47; vgl. auch unten S. 324, 1 a.
96) Wirsch. S. 315.
97) DJäger 1920 S. 408.

unverwahrten Grundstücken mit besonders wertvollen und vom Wild bevorzugten Gewächsen in der Nähe wildreicher Forsten[98]); Nichtverwahren einer von Wild besonders gesuchten Strobenkieferjugend gegen Verbiß[99]); Unterlassung der dem Ersatzberechtigten selbst ohne besondere Umständlichkeiten mögl. Verhinderung oder Einschränkung drohenden Schadens nach Maßgabe des Einzelfalles und unter Berücksichtigung von Treu und Glauben im Verkehr, die wenigstens rechtzeitige Benachrichtigung des Ersatzpflichtigen von einem bevorstehenden besonders erhebl., durch diesen mittels entsprechender Vorkehrungen abzuwendenden oder doch zu vermindernden Schaden angemessen erscheinen lassen; Ablehnung des Anerbietens des Ersatzpflicht., ausreichende Schutzvorrichtungen selbst anzubringen, mit der Erklärung, daß Art und Farbe der angebotenen Umfriedung nicht gefallen[100]). Hier hängt Verpflichtung und Umfang des Ersatzes davon ab, wieweit der Schaden vorwiegend vom einen oder anderen Teile mitverursacht, wieweit insbes. der Ersatzpflichtige sich billigerweise darauf verlassen darf, daß der Ersatzberechtigte als verständiger Mensch das Seinige selbst tunlichst vor Schaden schütze[101]). Dies gilt insbes. dann, wenn das Verschulden des Beschädigten sich darauf beschränkt, daß er unterlassen hat, den Ersatzpflichtigen auf die Gefahr eines ungewöhnl. hohen Schadens, den dieser weder kannte noch kennen mußte, so rechtzeitig aufmerksam zu machen, daß dieser ihr entgegentreten konnte, oder es versäumte, für eine ihm unschwer mögl. Abwendung oder Minderung selbst zu sorgen[102]). Der Ersatzberechtigte hat Verschulden seines gesetzl. Vertreters oder der Personen, deren er sich zur Erfüllung seiner bezügl. Verpflichtungen bedient, wie eigenes Verschulden zu vertreten[103]). Art. 8 WSchG. schließt sogar den Ersatzanspruch unter gewissen Umständen ganz aus[104]).

---

[98]) Topinambur, Helianthi, Klee, Erbsen, Wicken, Bohnen, Serradella, Esparsette. — DJäger 1923 S. 548.

[99]) Verzäunen, Teeren, Bestreichen mit Jauche; — Papier- oder Leinenschnitzel, Filzstaub so gut wie wirkungslos.

[100]) Fischer-Henle S. 396 A. 6; Staud. II b S. 917 A. 10; Vollw. S. 296 und Fußn. 1; LG. Nürnberg v. 23. Juni 1908; Barlet S. 22 f.; RGZ. 52, [351]; JW. 1905 S. 367, [4]; EJZ. 1907 S. 4, 18, 21, 33; Recht 1911 S. 266; „Wild und Hund" 1906 S. 33/35; Gereke S. 61 f.

[101]) Gereke S. 60.

[102]) § 254 BGB.

[103]) §§ 254 II S. 2, 278 BGB.; Vollw. S. 296 A 7 a; Barlet S. 30; Gereke S. 59.

[104]) Unten S. 332 f.

II. Bayerisches Gesetz den Ersatz des Wildschadens betr. vom 15. Juni 1850/9. Juni 1899.[1])

Art. 1.

Die Vorschriften des Bürgerlichen Gesetzbuchs über die Verpflichtung zum Ersatze des Wildschadens werden durch die folgenden Bestimmungen ergänzt.

Danach sind die auf den Vorbehalt des Art. 71 EG.BGB. gegründeten, durch Art. 144 AG.BGB. geschaffenen bayr. Wildschadenbestimmungen neben dem BGB. geltende, zu dessen Ergänzung dienende Vorschriften.

Art. 2.[1])

Die Ersatzpflicht erstreckt sich auf den Schaden, welcher durch jagdbare Säugetiere anderer als der im Bürgerlichen Gesetzbuche bezeichneten Gattungen angerichtet wird.[2])

1. a) § 1 A K. V. v. 11. Juli 1900 zählt unter „Haarwild" alle j.baren Säugetiere erschöpfend auf. Alles j.bare Haarwild ist „Schadenwild" i. S. des § 835 BGB. und des bayr. WSchG., gleichgültig, ob es im einzelnen Schaden anrichten kann oder nicht[3]). Auch Raubzeug kann Schaden anrichten[4]).

Kein Wildschaden der von Raubzeug durch Reißen von Wild, Haustieren oder Rauben von Fischen angerichtete Schaden[5]).

Für Eichhörnchenverbiß wird Wildschaden nicht vergütet[6]).

---

[1]) Das materielle und formelle Wildschadensrecht in Bayern: Dr. Behr: BayrV. 1917 S. 99 ff. und 115 ff.; BGZ. 1915 S. 351 f.

[1]) Wirtschaftliche Bedeutung der Jagdtiere: Roerig S. 65 ff., 110 ff.

[2]) Art. 71 [1] EG.BGB.: Unberührt bleiben die landesgesetzlichen Vorschriften, nach welchen die Verpflichtung zum Ersatze des Wildschadens auch dann eintritt, wenn der Schaden durch jagdbare Tiere anderer, als der im § 835 BGB. bezeichneten Gattungen angerichtet wird.

[3]) Barlet S. 17; Pollw. S. 299 Fußn. 1; a. A. Böhm-Klein, AG.BGB. S. 240.

[4]) Henle-Schneider, AG.BGB. S. 233 A. 3. Fuchsgehecke können Getreidefelder teilweise verwüsten, da dort Baue, Röhren angelegt, in deren Umkreise Halme geknickt und der Boden glatt getreten werden („Hubertus" 1912 S. 394, 700); der Dachs kann in Weinbergen und Kartoffeläckern Schaden anrichten; wenn er, Kartoffel ausgrabend und Engerlinge aufsuchend, diese zernagt; der Schaden vorwiegend, wenn nicht ganz, auf Rechnung der die Früchte vernichtenden Larven zu setzen (DJäger 1910, [386]; oben S. 322, b).

[5]) Vgl. oben S. 315, 1 c; BayrV. 1916 S. 168, 181; 1917 S. 99; BGZ. 1917 S. 562. Bei vertragl. übernahme §§ 823 BGB. (Nachweis des Verschuldens — mitwirkendes Verschulden des Verletzten — § 254 a. a. O.). DJäger (Kalender) 1922, [162]; 1924, [58]; 1917, [369]; 1918, [280] [370].

[6]) Wirsch S. 305 Fußn. 12; DJäger 20, [45]; vgl. § 5 II JPV.

b) Vom Federwild[7]) gesetzl. nur der Fasan Schadenwild[8]). Vertragl. Haftung auf andere j.bare Vögel ausdehnbar[9]).

Art. 3.[1])

Ist das Jagdrecht auf den zu einem Jagdbezirke vereinigten Grundstücken nach den gesetzlichen Vorschriften über die Ausübung der Jagd von der Gemeinde verpachtet, oder wird es von der Gemeinde in Selbstverwaltung ausgeübt, so haftet dem Beschädigten an Stelle der Grundeigentümer die Gemeinde.

Sind mehrere Gemeindebezirke zu einem Jagdbezirke vereinigt, so haften die Gemeinden als Gesamtschuldner.

In allen Fällen ist der aus Gemeindekassen geleistete Ersatz von den einzelnen Grundeigentümern der betreffenden Gemeinde zu vergüten und auf dieselben verhältnismäßig zu verteilen.

Der Gemeinde ist unbenommen, in dem Jagdpachtvertrage den oder die Pächter der Jagd für den Rückersatz des aus der Gemeindekasse geleisteten Wildschadens haftend zu erklären

1. Absatz I: Diese primäre Haftung der Gemeinde ist eine logische Folgerung aus Art. 4, 11 JG., wonach diese kraft öffentl. Rechtes im eigenen Namen, nur für Rechnung der Grundbesitzer die J. durch Verpachtung oder Regie verwertet, ihre Ausgaben, wenigstens teilweise, durch Verrechnung gegenüber den Beteiligten,

---

7) § 1 B VO. v. 11. Juli 1900.

8) Vgl. S. 58; Simon S. 16.

9) Enten und Gänse, welche mitunter auf abgeernteten Äckern stehende Weizen- und Korngarben plündern (Simon S. 18; Rörig S. 134). Der durch Enten und Säger an Fischen und deren Brut verursachte Schaden ist ebensowenig Wildschaden, wie der durch Reiher, Rohrdommeln, Fischadler, Möven, nur daß letzterer (wie der des Fischotters) vom Fischereiberechtigten selbständig durch Erlegung der Fischräuber abgewehrt werden kann, ersterer aber nicht (Art. 85 FischG.). Überhandnehmen der Fischereischädlinge erlaubt kein Abminderungsgebot nach § 5 JPB.; Überhege verstößt hinsichtlich der Interessen des Fischereiberechtigten nicht gegen die JPB. (§ 1 II), also nicht gegen ein Schutzges. i. S. § 823 II BGB., kann aber unter Umständen als fahrlässige, objektiv widerrechtl. Verletzung fremden Eigentums nach § 823 I schadensersatzpflichtig machen; vgl. Art. 85 VI FischG.; oben S. 48 ff.

1) Art. 71 [6] EG. BGB.: Unberührt bleiben die landesgesetzl. Vorschr., nach welchen die Gemeinde an Stelle der Eigentümer der zu einem J.bezirke vereinigten Grundstücke zum Ersatze des Wildschadens verpflichtet und zum Rückgriff auf die Eigentümer berechtigt ist oder an Stelle der Eigentümer oder des Verbandes der Eigentümer oder der Gemeinde oder neben ihnen der J.pächter zum Ersatze des Schadens verpflichtet ist. Vgl. oben S. 125.

aus dem J.erträgnisse bestreitet[2]). Passiv legitimiert in allen Streitfällen die Gemeinde, auch wenn sie den J.pachtschilling an die Grundeigentümer ohne Abzug verteilt[3]).

2. Absatz II: Ersatzberechtigter hat die Wahl[4]); die an ihn erfolgte Leistung einer Gemeinde befreit die anderen ihm gegenüber[5]); untereinander haften sich diese, mangels anderer Abmachungen, nach Verhältnis der Grundfläche, mit der sie am gemeinschaftl. J.bezirk beteiligt sind[6]).

3. Absatz III: Da die Gemeinde die J. nur für Rechnung der Grundeigentümer ausübt, und diese Nutzen wie Schaden tragen sollen, muß durch sie jeder aus der Gemeindekasse geleistete Wildschadenersatz vergütet werden. Verhältnismäßige Verteilung der Vergütung analog der J.erträgnisverrechnung[7]), mangels anderer Übereinkunft nach Tagwerkzahl des Grundbesitzes; wenn Ortsgemeinden vorhanden oder Unterbezirke nach Art. 5 II JG. gebildet und gesondert verpachtet, ist es gleichgültig, wo Wildschaden entstanden ist; am Rückersatz haben sich sämtl. Grundbesitzer des Gesamtj.bezirkes zu beteiligen[8]). Die Gemeinde kann zur Deckung ihrer Auslagen sich an das J.erträgnis halten und sie gleich an den jeden Beteiligten treffenden Pachtschillings- oder J.erlösanteilen abziehen; soweit diese nicht hinreichen, verhältnismäßige Barleistungspflicht der Grundbesitzer, die vor den ordentl. Gerichten geltend gemacht, nicht aber, da keine Gemeindelast, nach den Grundsätzen über Einhebung von Gemeindeabgaben behandelt wird[9]). Im Prozeß wird die Gemeinde nach den allgem. Vorschr. der GemO. und über Vertretung jurist. Personen vertreten[10]). Der Pächter kann nicht gleichzeitig mit Gemeinde als Streitgenosse verklagt werden, da ihm gegenüber kein Ersatzanspruch des Grundeigentümers. Beklagte Gemeinde kann dem ihr regreßpflichtigen Pächter den Streit verkünden[11]). Der Pächter kann dem Rechtsstreit als Nebenintervenient der Gemeinde beitreten, da rechtl. Interesse an deren Obsiegen[12]). — Kosten für Frondienste, die zur Wildschadenabwendung geleistet werden, müssen die an diesen nicht beteiligten Grundbesitzer sich am J.pachtschilling anrechnen lassen[13]).

---

2) Oben S. 125, 4; 185 f. VI; Barlet S. 34, 35; Schüllerm. S. 289 N. 3; Oertm. I S. 378; 379, 284.

3) Oben S. 124 f., 185 VI; BayrV. 1914 S. 186; 1916 S. 168; BGZ. 1916 S. 421; 1917 S. 113 f.

4) § 421 BGB.

5) § 422 l. c.

6) Barlet S. 35; Pollw. S. 302 A. 3.

7) Art. 8, 9 JG.

8) BGH. 14, 372; Barlet S. 36; Pollw. S. 302 A. 4; BGZ. 1894 S. 41.

9) Barlet S. 36; Oertm. S. 284; Pollw. S. 414 A. 4; Schüllerm. S. 289 N. 5; BGZ. 1911 S. 502.

10) OberstGHZ. 7, 987; Schüllerm. S. 289 A. 4; oben S. 109.

11) §§ 72 ff. ZPO. Gaupp S. 201 ff.

12) § 66 ZPO.; Pollw. S. 302 A. 2; Barlet S. 52; BayrV. 1915 S. 146.

13) BGH. 9, 319.

4. Absatz IV: Befugnis der Gemeinde, im Pachtvertrage den oder die Pächter für Rückvergütung des aus der Gemeindekasse ausgelegten Wildschadens haftbar zu machen[14]). Dadurch kein Verzicht der Gemeinde auf die „in allen Fällen" gesetzl. gewährleistete Vergütungsforderung gegenüber den Grundeigentümern, nur auf Recht, diese zuerst in Anspruch zu nehmen. Tut sie letzteres trotzdem, dann nicht bloß Einrede oder Entschädigungsforderung der einzelnen Grundbesitzer, in deren Interesse die Haftung des Pächters vorbehalten wurde[15]), sondern in rechtsähnl. Anwendung des § 771 BGB. Einrede der Vorausklage. Die Gemeinde darf von primärer Belangung des in erster Linie für den Rückersatz verantwortl. Pächters absehen, wenn in dessen Person ein wichtiger Grund vorliegt, der einer nach Abs. IV ausbedungenen Befriedig. durch ihn z. Zt. hindernd oder verzögernd in den Weg tritt[16]), oder wenn die Gemeinde der Gefahr entgehen will, endgültig den Schaden eines zahlungsunfähigen Pächters tragen zu müssen[17]). Nichtzahlung des Wildschadens durch den Pächter gibt der Gemeinde keinen Kündigungsgrund, wenn nicht der Vertrag anders bestimmt[18]). Haben die Grundbesitzer, trotz der Haftung des Pächters, Rückersatz an die Gemeinde geleistet, so geht deren Regreßforderung gegen den Pächter an die Grundeigentümer über[19]). Sie können sich, wenn er wieder zu Vermögen kommt, an ihn halten, müssen aber, da ihnen das J.erträgnis zugute kommt[20]) und der Haftungsvorbehalt zu ihren Gunsten stattfand, den aus einer Zahlungsunfähigkeit des Pächters erwachsenden Schaden tragen, der sie ohne den im Belieben der Gemeinde stehenden Haftungsvorbehalt auch träfe[21]). — Grundlose Abstandnahme der Gemeinde von der Belangung des vertragl. regreßpflichtigen Pächters gewährt den statt seiner in Anspruch genommenen Grundbesitzern die Einrede der Arglist, da willkürl. Beiseiteschiebung der im Interesse der Grundbesitzer vereinbarten, primären Pächterhaftung wider Treu und Glauben verstößt, die rechtl. und wirtschaftl. Lage der Grundbesitzer verschlechtert[22]). Der Pächter kann sich durch einrede- und aufrechnungsweise Berufung auf die gleichen Gesichts-

---

14) BGZ. 1915 S. 62; über Gebrauch dieser Befugnis vgl. BayrB. 1917 S. 102.

15) Vollw. S. 303 A. 5 und Fußn. 4; Schüllerm. S. 289 N. 8.

16) Wesentl. Erschwerung der Rechtsverfolgung infolge einer, nach Übernahme der Rückersatzpflicht eingetretenen Änderung des Wohnortes, der gewerbl. Niederlassung, des Aufenthaltsortes; Unbekanntheit seines Aufenthaltes, Konkurseröffnung über dessen Vermögen, voraussichtl. Erfolglosigkeit der Zwangsvollstreckung gegen ihn, §§ 772, 773 Z. 2, 3, 4 BGB.

17) §§ 414, 771 BGB.; Barlet S. 37, 38; Oertm. I S. 284.

18) BayrB. 1914 S. 186.

19) § 774 BGB.

20) Art. 8 JG.

21) Barlet S. 38.

22) §§ 157, 242 BGB.; vgl. RGZ. 52,[19]; 53,[201]; SeuffA. 59,[258]; JW. 1904 S. 89, 482, 555; DJZ. 1904 S. 314; ZfRpfl. 1905 S. 35 ff.; Barlet S. 38.

punkte und die Vertragspflicht der Gemeinde gegen selbständige, ihn benachteiligende Erledigung der Rückersatzansprüche zwischen dem Berechtigten und der Gemeinde schützen, u. U. nach § 826 BGB. Schadensersatz beanspruchen[23]). Bei Vorliegen einer zum Schadensersatz verpflichtenden Handlung der Gemeindeorgane Schadensersatzanspruch des Grundbesitzers wie des Pächters gegen die Gemeinde[24]).

Art. 4. (Verschulden).

Aufgehoben durch § 835 BGB., Art. 144 Ziff. VI des bayr. AusGes.

Art. 5.[1])

Der vom Wilde in Baumschulen, in Obstgärten oder an einzeln stehenden jungen Bäumen verursachte Schaden wird nicht vergütet, wenn die Herstellung von Schutzvorrichtungen unterblieben ist, die unter gewöhnlichen Umständen zur Abwendung des Schadens ausreichen.

1. Keine allgemeine Verpflichtung des Grundeigentümers, seinen Grundbesitz durch Einzäunung, Wildhut, Aufstellen von Scheuchen, Abgeben von Blindschüssen, Teeren usw. von Forstkulturen, besondere Auswahl des Ortes für Anpflanzungen gegen Wildschaden zu schützen[2]). Sofern die Unterlassung von Abwehrmaßregeln im einzelnen Falle nicht gegen Treu und Glauben, gegen die guten Sitten verstößt[3]), trotz Nichtanwendung dieser Mittel Anspruch auf Wildschadenersatz[4]). Nur für Baumschulen, Obstgärten oder einzeln stehende junge Bäume ist der Ersatzanspruch bedingt durch den nicht in die Klagebegründung aufzunehmenden, sondern vom Ersatzpflichtigen zu führenden Nachweis, daß der Ersatzberechtigte die Herstellung der unter gewöhnlichen Umständen zur Schadensabwendung ausreichenden Schutzvorrichtungen, wenn auch unverschuldet, unterlassen hat[5]).

---

[23]) §§ 157, 242, 276 BGB.; Barlet S. 51, 52; Pollw. S. 303 F. 2.

[24]) §§ 31, 89, 276, 278, 831, 839 BGB.; Art. 77 EG. BGB.; Art. 60, 61 AG. BGB.; Art. 7 BGG.; Barlet S. 38, 52; Pollw. S. 303 Fußn. 4.

[1]) Über Schutz der Kulturpflanzen gegen Jagdtiere vgl. Rörig S. 251 ff. Art. 71[4] EG. BGB.: Unberührt bleiben die landesgesetzl. Vorschriften, nach welchen der Wildschaden, der an Gärten, Obstgärten, Weingärten, Baumschulen und einzelstehenden Bäumen angerichtet wird, dann nicht zu ersetzen ist, wenn die Herstellung von Schutzvorrichtungen unterblieben ist, die unter gewöhnlichen Umständen zur Abwendung des Schadens ausreichen.

[2]) Vgl. S. 183 IV, 81, schikanöse Einzäunung.

[3]) Oben S. 322 f., 5 c.

[4]) Pollw. S. 296 Fußn. 1; Wirsch. S. 305 und Fußn. 14; Recht 1911 S. 266; DJäger 1920 S. 408.

[5]) Henle-Schneider S. 233 A. 6; Böhm-Klein S. 241 A. 4; Pollw. S. 304 A. 1; Schüllerm. S. 291 N. 1; Oertm. S. 282, b.

Verpflichtet zur Herstellung geeigneter Schutzvorrichtungen ist, bei Vermeidung des Verlustes seiner Ersatzansprüche, der Besitzer von Obstgärten usw. Er kann nicht Herstellung solcher Vorkehrungen vom J.berechtigten verlangen, weil der Wildschaden, den Letzterer zu leisten hat, wenn ausreichende Schutzvorrichtungen nicht vorhanden sind, höher ist, als die Kosten der Herstellung der Vorrichtungen. Der J.berechtigte kann aber vertragl. die Herstellung bestimmter, im Vertrage genau zu bezeichnender Schutzvorrichtungen gegen Verzicht des Ersatzberechtigten auf Geltendmachung von Wildschadenansprüchen übernehmen. Kein Zwang zur Eingehung einer solchen Verpflichtung während der J.pachtperiode; aber bei Neuverpachtung entsprechende Bedingung im J.pachtvertrag möglich. In diesem kann die Folge des Art. 5 überhaupt ausgeschlossen und der J.pächter zum Ersatz des an Baumschulen usw. entstehenden Wildschadens ungeachtet des Nichtvorhandenseins von Schutzvorrichtungen verpflichtet werden. Herstellung durch J.pächter muß der Besitzer dulden, soweit sie seine Bewirtschaftung nicht beeinträchtigt. Eintritt von Wildschaden trotz der vom J.pächter hergestellten, an sich ausreichenden Schutzvorrichtungen entbindet ihn nicht von seiner vertragl. Schadensersatzpflicht, wenn nicht im Vertrag ausdrückl. vorgesehen[6]).

2. Für Weinberge, welche in Art. 71⁴ EG.BGB. neben den „Obstgärten", demnach als etwas von diesen Verschiedenes genannt, in Art. 144^IV AG.BGB., der die „Obstgärten" aufgenommen hat, aber nicht aufgeführt sind, und für Gemüsegärten im freien Felde gilt das gewöhnl. Wildschadensrecht (nicht Art. 5), also Ersatzpflicht ohne Rücksicht auf Vorkehrung oder Unterlassung von Schutzmaßregeln[7]). Wildschaden kann auch an Fallobst entstehen.

3. a) Als Schutzvorrichtungen genügen Einzäunungen nach Art. 2 Ziff. 2 JG. dann nicht, wenn nicht „wilddicht"[8]). Sie begründen aber, wenn wilddicht, ipso jure das Eigenj.recht und nehmen dem Besitzer jeden Wildschadenanspruch[9]), dessen es bei „Wilddichtheit" gegen Haarwild nicht bedarf. Gegen Fasanen versagt jede Einzäunung, da sie diese überfliegen können, und da Eigenj.recht den Wildschadensersatzanspruch beseitigt, selbst wenn die eingefriedigte Fläche der Gemeinde zur Mitverpachtung überlassen wird[10]). Der Besitzer muß seine Eigenj.berechtigung gegen den Wildschaden eintauschen und tut gut, vom Recht des Art. 6 JG. Gebrauch zu machen, da er dann wenigstens Anspruch auf

---

[6]) BayrB. 1917 S. 349; BGZ. 1917 S. 562.

[7]) Böhm-Klein S. 241 A. 4; Henle-Schneider S. 233 A. 7; Pollw. S. 304 A. 2; Wirsch. S. 306 und Fußn. 17; Schüllerm. S. 291 N. 2; Barlet S. 28; Oertm. I, 283; OberstGHZ. 6,[632]; BlfRA. 42,[104]; DJäger 1923 S. 548; vgl. Art. 112¹ PStGB.; § 368⁹ RStGB.; aber oben S. 322 c, 328, 1.

[8]) Oben S. 42 ff., 80 III, 83.

[9]) Oben S. 43 ff.

[10]) Art. 6 JG.; oben S. 318.

J.pachtschillingsanteil hat[11]) und J.karte erspart[12]). Einzäunung daher unter „Schutzvorrichtungen" i. S. Art. 5 überhaupt nicht zu verstehen, wenn auch bei deren Unterlassung der Ersatzpflichtige Schutz des § 254 BGB.[13]) genießt[14]).

b) Damit entfällt auch[15]) die Frage, ob ein „außergewöhnlicher" Umstand vorliegt, wenn Schneeverwehungen dem Wilde das Überspringen der sonst genügenden Einzäunung gestatten, oder Schneedruck, Windbruch, Wasser die Schutzvorrichtung zerstören, und Wildschaden eintritt, bevor ihre Wiederherstellung mögl. war, und ob diesesfalls der Ersatzpflichtige die Gefahr des Eintretens außergewöhnl. Umstände zu tragen hat[16]). Zum Schutze gegen Wildschaden werden daher Bäume in umzäunten Baumschulen und Obstgärten überhaupt, einzelnstehende junge Bäume im besonderen, durch Einbinden mit Dornen, Stacheldraht, geteertem oder gekalktem Stoffverband, Dachpappe, in Ochsenblut oder Wildschweiß getränktem Lehmumschlag, Maschendrahtzylindern zu schützen sein. Werden Baumschulen usw. nicht entsprechend geschützt, so handelt der Eigentümer auf eigene Gefahr; es kommt nicht darauf an, ob ihm nach Sachlage die Herstellung von Schutzvorrichtungen billigerweise zugemutet werden kann, ob sie große oder geringe Kosten erfordert[17]). Einzeln stehende ältere Bäume brauchen nicht besonders geschützt zu werden, da nur junge infolge ihrer glatten, saftigen Rinde dem schädigenden Verbisse hungernder Hasen vor allem ausgesetzt sind[18]). Zerstören ausreichender Schutzvorrichtungen durch den ersatzpflicht. J.berechtigten oder Beschädigungen, die sie ihren Zweck nicht mehr erfüllen lassen, begründen Ersatzpflicht[19]) und machen ihn, wenn er Pächter ist, gegenüber dem Verpächter im Regreßwege haftbar[20]).

c) Anspruch auf Wildschadenersatz beseitigt das Selbsthilferecht zur Tötung von Wild zwecks Wildschadenminderung[21];

---

11) Art. 9 JG.
12) Barlet S. 25 ff., oben S. 188.
13) Mitwirkendes Verschulden des Berechtigten wegen versäumter Minderung des Schadens.
14) JW. 1903 Beil. 1; Barlet S. 27.
15) Abgesehen vom Falle des § 254 BGB.
16) Henle-Schneider S. 233 A. 8; Oertm. I, 282 und Fußn. 6; Pollw. S. 304 A. 3, 4; Schüllerm. S. 291 N. 1; Wirsch. S. 306 und Fußn. 15; BGZ. 1911 S. 109; solche Umstände schließen nur konkurrierendes Verschulden des Ersatzberechtigten aus.
17) Gereke S. 59. Bloßes Teeren, Bestreichen mit Kalkwasser, Umhüllen mit Stroh, Anbinden von Papier- oder Leinenfähnchen, Blech- oder Drahtschützern (z. B. Knospenschützer von Hörnle & Gabler in Zuffenhausen, oder von Simon in Ellenhausen), Verhanfen, Bestreuen mit Filzstaub im Rahmen des Art. 5 nicht genügend, Wirsch. S. 306 und F. 16.
18) Barlet S. 28; Pollw. S. 304 A. 2.
19) § 823 BGB.
20) Wirsch. S. 306 F. 15.
21) § 228 BGB.; Pollw. S. 296 F. 1; RGSt. 14,[419]; 22,[115]; 34,[296]; DJZ. 1910 Spruchsammlg. S. 29; BlfRA. 74,[561]; Recht 1912 Nr. 843; GoltdA. 59,[401]; SeuffA. 42,[190].

beläßt aber Abwehr durch Scheuchen[22]), blinde Schüsse, Verlappen, Versprengen mit Hilfe kleiner, das Wild nicht verfolgender Hunde[23]), Anregung einer Abminderungsanordnung[24]).

Art. 6.

Von dem Federvieh verursachter Schaden wird nicht vergütet.

Aufgehoben durch Art. 144 VI AG. BGB. (§ 835 BGB.). Vertragl. Erstreckung der Wildschadenshaftung auf anderes Federwild als Fasanen, Art. 2, 2b.

Art. 7.[1])

Wenn Getreide und ähnliche Erzeugnisse, deren voller Wert sich erst zur Zeit der Ernte bemessen läßt, vor diesem Zeitpunkte durch Wild beschädigt werden, so ist der Wildschaden nur in demjenigen Umfange zu erstatten, in welchem er sich zur Zeit der Ernte darstellt.

1. Getreide: alle Arten Körnerfeldfrüchte[2]), (getreide-) ähnliche Erzeugnisse: alle Pflanzen, deren voller Wert sich erst z. Zt. der Ernte, nicht schon an der Saat bemessen läßt[3]), stehende sowohl, wie getrennte, aber noch nicht eingeerntete[4]). Pflanzen, die nicht eigentl. geerntet werden, rechnen nicht hierher; insbes. nicht Blumen[5]), Sträucher, Bäume, ausgenommen Obstbäume[6]).

2. Während sonst der Zeitpunkt des Wildschadenseintrittes für dessen Berechnung maßgebend[7]), wird Ersatz hier nur in dem Umfange gewährt, in dem er z. Zt. der Ernte besteht. Vor dieser vermag die Klage nach Umfang und Größe des endgült. Schadens nicht hinreichend begründet zu werden. Aber beiden Parteien zum Vorteil, schon gleich nach Schadenseintritt dessen Vorhandensein durch privaten oder gerichtl. Augenschein zwecks

---

[22]) Strohmänner, Klappern, Räder, die sich im Winde drehen.

[23]) Vgl. pr. JO. § 65.

[24]) § 5 JPB.

[1]) Art. 70 EG. BGB.: Unberührt bleiben die landesgesetzlichen Vorschriften über die Grundsätze, nach welchen der Wildschaden festzustellen ist, sowie die landesgesetzlichen Vorschriften, nach welchen der Anspruch auf Ersatz des Wildschadens innerhalb einer bestimmten Frist bei der zuständigen Behörde geltend gemacht werden muß. — Über Schutz der Kulturpflanzen gegen J.tiere vgl. Roerig S. 251 ff.

[2]) Gerste, Hafer, Dinkel, Korn, Roggen, Spelt, Weizen, Veesen.

[3]) Mais, Topinambur (Helianthus tuberosus, salsifis), Gras (BayrV. 1917 S. 140), Heu, Grünfutter, Hanf, Flachs, Raps, Kartoffel, Rüben, Kraut, Kohl, Erbsen, Linsen, Wicken, Klee, Hopfen, Obst, Weinstöcke, Fenchel.

[4]) Barlet S. 21; Pollw. S. 306; Wirsch. S. 307; § 835 BGB.; oben S. 314 β, γ.

[5]) Vielleicht mit Ausnahme der als Nutzgewächs gepflanzten Sonnenblume (Helianthus annuus) und Mohnblume (Papaver rhoeas, somniferus).

[6]) Barlet S. 21; Wirsch. S. 307 Fußn. 20; a. A. Pollw. S. 306.

[7]) Oben S. 321, 5a.

Beweissicherung feststellen zu lassen. Denn es ist zu besorgen, daß eine z. Zt. der Saat durch Abfressen, Benagen, Knicken der Jungtriebe entstehende Beschädigung bis zur Ernte der Schadensobjekte durch natürliches Nachwachsen und Sicherholen der Pflanzen entweder folgenlos ausheilt oder aber nur äußerl. völlig verwächst, während sie durch Bewirkung von Ernährungshemmungen einen Ausfall an Fruchterträgnis herbeiführt, der an den reifen Erzeugnissen in seinen Ursachen nicht mehr aufklärbar[8]). Ertrags- und Wertminderung auch durch andere Umstände, Witterungsungunst, Ungeziefer, konkurrierendes Verschulden des Beschädigten. Dieser zwar zur Vorkehrung von Abwendungsmitteln gegen Wildschaden allgemein nicht gehalten, allein seine Untätigkeit, nicht nur in Verhinderung des zu gewärtigenden, sondern auch in Behebung oder Abschwächung des eingetretenen Wildschadens geht auf seine Gefahr, wenn er eine ihm billigerweise zuzumutende entgegenwirkende Tätigkeit, also mindestens die im gewöhnl. Verkehr erforderl. Sorgfalt in eigener Angelegenheit[9]), außer acht läßt[10]). Einwirkung von Frost, Regen, Schnee, Hagel, Überschwemmung, Raupen-, Larven-, Käferfraß, tierischen und pflanzlichen Schmarotzern bei Schadensberechnung zugunsten des Ersatzpflichtigen zu berücksichtigen[11]), ersparte Erntekosten dem Beschädigten abzuziehen[12]).

Art. 8.

Insoweit der Wildschaden nach den Grundsätzen einer ordentlichen Wirtschaft durch Wiederanbau in demselben Jahre ausgeglichen werden kann, soll hierauf bei der Abschätzung Rücksicht genommen werden.

1. Art. 8 erstreckt sich nur auf „Getreide und ähnl. Erzeugnisse" (Art. 7)[1]), Voraussetzung, daß „Wiederanbau" im gleichen Jahre *objektiv* möglich[2]).

2. *Kein Zwang* zum Wiederanbau; maßgebend *Grundsätze einer „ordentl. Wirtschaft"*, also die allgemein anerkannten Regeln der Land- und Forstwirtschaft, des Frucht-, Wein- und Gartenbaues, welche auch zur Ausgleichung anderer Getreide und ähnl. Erzeugnisse heimsuchender Beschädigungen an-

---

[8]) §§ 485 ff. ZPO.; OberstGHZ. 6, [293]; Barlet S. 22; Pollw. S. 305; Schüllerm. S. 269 f. N. 1, 2; Wirsch. S. 307, 314; Simon S. 77; BayrV. 1914 S. 187; wegen des Sachverständigen: BayrV. 1915 S. 164; unten S. 334, 4.

[9]) §§ 276, 277 BGB.

[10]) § 254 BGB.; oben S. 322 c; 328 f.; Barlet S. 24/25; Gereke S. 60; vgl. Art. 8.

[11]) Oben S. 321 f.

[12]) Gereke S. 49.

[1]) Pollw. S. 306.

[2]) Barlet S. 29.

gewendet zu werden pflegen[3]). Wer nach Beschädigung oder Vernichtung der jungen Saat dem weiteren Verlaufe der Dinge müßig oder dolos zusieht, soll nicht Anspruch auf gleichen Ersatz haben, wie der Andere, welcher das ihm Mögliche tut, um zu erhalten, was zu retten, zu ersetzen, was einzuholen[4]). Anspruch auf Ersatz der Kosten des wiederholten Anbaues. Bei Schadensberechnung zu berücksichtigen, wieweit der Ertrag des zweiten Anbaues unter den gleichen äußeren Verhältnissen hinter dem schätzungsweisen Ergebnisse des ersten Anbaues zurückbleibt oder diesem gleichzusetzen ist[5]). Bei Unterlassung mögl. Wiederanbaues der Schaden zu ermitteln, wie er sich bei dessen Durchführung berechnet haben würde, aber zu erwägen, ob und wieweit der Schaden durch zweiten Anbau ausgeglichen oder vermindert worden wäre und nicht etwa geringer ist, wie die Kosten eines neuen Anbaues[6]).

3. Eine „ordentl. Wirtschaft" hat die erwähnten allgemeinen Regeln[7]) und Vorschr. über Bekämpfung der Bodenkulturschädlinge zu befolgen; so das Raupen einschließl. des Beseitigens der Raupennester[8]) und die sonstigen Vorkehrungen zur Abwehr und Vertilgung schädl. Tiere und Pflanzen[9]).

Art. 8 a.

Der Beschädigte hat den Anspruch auf Ersatz des Wildschadens bei Verlust des Anspruchs binnen sechs Tagen, nachdem er von der Beschädigung Kenntnis erlangt hat, bei der Ortspolizeibehörde anzumelden, in deren Bezirke der Schaden entstanden ist. Zur Wahrung der

---

[3]) Wirsch. S. 307.

[4]) Barlet S. 30; Gereke S. 60.

[5]) Wirsch. S. 307; Pollw. S. 306 A. 2.

[6]) Barlet S. 30; Pollw. S. 306 A. 2; Schüllerm. S. 292 N. 1; Wirsch. S. 307/308; näheres BayrV. 1917 S. 116 Ziff. 3.

[7]) Insbesondere auch Bearbeitung und Pflege des Ackers, Recht 1910 S. 92.

[8]) § 368 ² RStGB.; Riedel-Sutner S. 331 A. 3.

[9]) Art. 120 ² PStGB.; Kartoffel- (Kolorado-) Käfer (Leptinotarsa septemlineata, Brehm III S. 495; Hesse-Doflein, Tierbau und Tierleben II, 41, 873), MinBek. 1. Sept. 1924 StAnz. 203/24; RKBek. v. 26. Febr. 1875 RGBl. S. 135, ME. v. 20. Aug. 1877, 8. Sept. 1877, 20. April 1878, 15. Dez. 1879 (oberb. KrABl. S. 1181, 319; 553; 614); — Wanderheuschrecke (Pachytylus migratorius, Brehm III, 651; Hesse II, 27, 517); Mai- und Junikäfer; Engerlinge (DJäger 32, ³⁸⁶); Spargelkäfer (DJäger 34, ⁹⁰⁷; 35, ¹⁹⁰); Schnecken, Reblaus (Phylloxera vastatrix, Brehm III, 665; Hesse II, 192; RG. v. 6. Mai 1875 und 3. Juli 1883 — RGBl. S. 175 u. S. 149 — bayr. AG. v. 27. Jan. 1884 — GVBl. S. 41 —; obpol. V. bei Riedel-Sutner S. 344 A. 3); Spring-, Heu-, Sauerwurm (Raupen von Conchylis ambiguella und Polychrosis botrana. Brehm III; 596; Hesse II, 2): San-Jose-Schildlaus (Brehm III, 662 ff.; Hesse II, 207), Kais. VO. v. 6. Aug. 1900 — RGBl. S. 791 —; Ringelspinner (Gastropacha neustria, Brehm III, 580); Kleespinner (Bombyx trifolii); Goldafter (Porthesia chrysorrhoea, Brehm III, 582), ME. v. 3. März 1902 — MABl. S. 77 —; Feldmäuse, VO. v. 3. März 1873; Maulwurf.

Frist genügt die Absendung der Anmeldung. Die Ortspolizeibehörde soll die Anmeldung sofort dem Ersatzpflichtigen mitteilen.

1. Anmeldung in Land- und Ortsgemeinden beim Bürgermeister, in unmittelb. Städten beim Stadtrat, in ausmärk. Bezirken beim Bezirksamt[1]). Unschädlich, wenn sie zuerst beim J.-pächter erfolgt, der sie innerhalb der Frist an die Gemeinde leitet[2]). Mündl., telephon., schriftl., telegraph. zulässig; in letzteren Fällen genügt Absendung durch Post oder Boten, auch wenn die Anzeige ihren Bestimmungsort nicht erreicht[3]). Bezeichnung der Schadenwildart nicht erforderl., da Feststellung doch erst bei Abschätzung mögl.[4]).

2. Frist läuft von erlangter Kenntnis über den Schadenseintritt, von der ab auch dreijährige Verjährung sich berechnet[5]), beginnt mit dem folgenden Tage[6]) und endet mit Ablauf des 6. Tages[7]). Folge der Fristversäumnis Ausschluß des Beschädigten mit der Ersatzklage; die Einhaltung von Amts wegen zu prüfen, im einredeweisen Bestreitungsfalle vom Beklagten zu widerlegen, da nicht zur Klagebegründung gehörig[8]).

3. Sofortige Mitteilung an den Ersatzpflichtigen, welche diesem die Vorbereitung des Gegenbeweises, daß kein Wildschaden oder aber konkurrierendes Verschulden des Beschädigten vorliegt, ermöglichen soll; für Ersatzanspruch einflußlos; Unterlassung kann aber verschuldenden Beamten ersatzpflicht. machen[9]).

4. In allen Fällen bleibt es jedem Teile unbenommen, durch Sachverständige privatim, ohne Zuziehung des Gegners den Schaden feststellen und schätzen zu lassen[10]). Es empfiehlt sich aber, um einer Nichtanerkennung solchen Privatvorgehens vorzubeugen, und zwecks Gewinnung einer sicheren Grundlage Einnahme des Augenscheins und Vernehmung von Zeugen und Sachverständigen zur Beweissicherung durch das zuständige Amtsgericht[11]), womöglich nach Einholung der Zustimmung des Gegners zu beantragen, da stets[12]) zu besorgen, daß das Beweismittel — die beschädigten Pflanzen — verloren oder dessen Be-

[1]) Art. 3 II GemO.; s. Proegel S. 405.
[2]) ZfRpfl. 1907 S. 108 A. 1.
[3]) Barlet S. 50; Wirsch. S. 313/314.
[4]) Pollw. S. 307.
[5]) § 852 I BGB.
[6]) § 187 I l. c.
[7]) § 188 l. c.; BGZ. 1914 S. 571; 1915 S. 351 f.
[8]) Barlet S. 50; Henle-Schneider S. 234 A. 9; Pollw. S. 307 A. 1.
[9]) § 839 BGB.; Barlet S. 50; Henle-Schneider S. 234 A. 11; Pollw. S. 307; BayrB. 1914 S. 186; 1917 S. 140; Proegel S. 405.
[10]) BayrB. 1917 S. 140.
[11]) Unten S. 335.
[12]) Nicht bloß in den Fällen des Art. 7.

nützung erschwert werde[13]). Beweisführer muß unter Zustellung des die Beweisaufnahme anordnenden Gerichtsbeschlusses und einer Abschrift seines Gesuches den Gegner zu dem von Amts wegen anzuberaumenden Beweistermine so rechtzeitig laden, daß dieser seine Rechte wahrzunehmen vermag. Versäumung von Zustellung und Ladung hindert die Beweisaufnahme nicht, wohl aber die Benützung der Beweisverhandlungen im Prozeß[14]).

Art. 9.

Ansprüche auf Ersatz des Wildschadens sind ohne Rücksicht auf die Klagsumme und auf den persönlichen Gerichtsstand des Beklagten vor demjenigen Stadt- oder Landgerichte geltend zu machen, in dessen Bezirk der Schaden verursacht worden ist.

1. Sachliche Zuständigkeit § 23² RGVG.: Wildschadenstreitigkeiten, auch gegen den J.pächter, ohne Rücksicht auf Streitwert den Amtsgerichten zugewiesen[1]); ausdrückliche oder stillschweigende Vereinbarung erstinstanzieller Zuständigkeit des Landger. möglich[2]).

2. Örtlich drei Gerichtsstände:

a) Allgemeiner Gerichtsstand des Wohnsitzes, Aufenthaltsortes oder letzten deutschen Wohnsitzes des Bekl., bei Gemeinden, jurist. Personen, Korporationen des Privatrechts Gerichtsstand des Sitzes, der Verwaltung[3]).

b) Dingl. Gerichtsstand beim AG., in dessen Bezirk das beschädigte Grundstück belegen, wenn es sich um stehende Früchte handelt[4]).

c) Gerichtsstand für unerlaubte Handlungen, zu denen § 835 nach der Systematik des BGB. gehört[5]), beim AG., in dessen Bezirk die Handlung begangen[6]).

3. Einigen sich die Parteien über Bestehen, Art und Umfang des Schadens nicht[7]), so kann in allen Fällen (außer Art. 7) sofort geklagt werden.

4. Streitgenossenschaft, Streitverkündung, Nebenintervention oben S. 326, 3.

---

[13]) §§ 485, 486, 489 ZPO.; oben S. 331, 2.
[14]) §§ 491, 493 II ZPO.; Barlet S. 51; BayrB. 1914 S. 187, 2.
[1]) Gaupp S. 20 A. II, 2 e.
[2]) §§ 38, 39 RZPO.
[3]) §§ 12, 13, 16, 17 ZPO.
[4]) §§ 24, 26 l. c.
[5]) Barlet S. 49.
[6]) § 32 ZPO.; Gaupp S. 90 A. III Abs. 2.
[7]) Auf Anrufen des Beschädigten ist der Bürgermeister verpflichtet, Vermittelung auszuüben; bei Ausbleiben des Ersatzpflichtigen gilt der Einigungsversuch als mißlungen, GemO. Art. 100, 144; Lindner S. 283 ff.; AG. ZPO. Art. 12; Proegel S. 405 A. 2; 406.

Art. 10.

Wenn mehrere Grundeigentümer, deren Grundstücke in dem nämlichen Jagdbezirke liegen, vor demselben Gerichte und gegen den nämlichen Beklagten Ansprüche auf den Wildschadensersatz erheben, so können sie gemeinschaftliche Klage stellen.

Ersetzt durch

§ 60 ZPO.

Mehrere Personen können auch dann als Streitgenossen gemeinschaftlich klagen oder verklagt werden, wenn gleichartige und auf einem im wesentlichen gleichartigen tatsächlichen und rechtlichen Grunde beruhende Ansprüche oder Verpflichtungen den Gegenstand des Rechtsstreits bilden.

§ 61 ZPO.

Streitgenossen stehen, soweit nicht aus den Vorschriften des bürgerlichen Rechts oder dieses Gesetzes sich ein anderes ergibt, dem Gegner dergestalt als Einzelne gegenüber, daß die Handlungen des einen Streitgenossen dem anderen weder zum Vorteile noch zum Nachteile gereichen.

Art. 11.

Das Verfahren und der Instanzenzug richten sich nach den für die Zivilrechtsstreitigkeiten bestehenden Vorschriften.

Beklagter = Ersatzpflichtiger, J.berechtigter;

Kläger = Ersatzberechtigter, Grundeigentümer.

Absatz 2 gegenstandslos durch § 5 ZPO.[1]):

Mehrere in einer Klage geltend gemachte Ansprüche werden zusammengerechnet: eine Zusammenrechnung des Gegenstandes der Klage und der Widerklage findet nicht statt.

Für Revisionsinstanz § 546 Abs. I und II l. c.

Art. 12.

Gegenwärtiges Gesetz tritt mit dem Tage seiner Verkündigung durch das Gesetzblatt in allen Landesteilen diesseits des Rheins in Wirksamkeit.

Jagdpachtverträge, welche vor diesem Tage abgeschlossen werden, können einseitig vom Verpächter oder Pächter aufgelöst werden, vorbehaltlich der Entrichtung

---

[1]) § 60 l. c.; Gaupp S. 35 A. I; §§ 511 ff. ZPO.

oder Wiedererstattung des Pachtschillings nach Maßgabe des Zeitraums der bisherigen Jagdbenützung.

Die Kündigung muß, wenn sie statthaft sein soll, längstens bis zum 1. Juli 1850 erklärt werden, worauf die Auflösung innerhalb des im Art. 24 des Gesetzes vom 30. März d. J. „die Ausübung der Jagd betreffend" bezeichneten Termins erfolgt.

Unser Staatsminister der Justiz ist mit dem Vollzuge dieses Gesetzes beauftragt.

C. Körperverletzung, Tötung, Sachbeschädigung im Jagdbetrieb.

I. Strafrechtliches:

1. Vorsätzl. körperl. Mißhandlung oder Gesundheitsbeschädigung: §§ 223, 223a, 224, 226 RStGB.[1]).

2. Fahrlässige Körperverletzung: § 230 RStGB. Wenn durch eine Handlung oder Unterlassung die körperl. Beschädigung eines anderen verursacht wird, die der Verletzende als mögl. Erfolg seines Tuns oder Lassens sich nicht vorgestellt hat, aber als eine im konkreten Falle nicht ausschließbare, nach dem gewöhnl. Lauf der Dinge zu erwartende Folge bei Anwendung der nach Lage der Sache erforderl. pflichtgemäßen Aufmerksamkeit und Vorsicht wenigstens in ihren allgem. Umrissen voraussehen konnte und mußte[2]). Gleichgültig, ob der Täter von der irrigen Vorstellung ausging, seine Handlung werde den eingetretenen Erfolg nicht herbeiführen, oder ob er handelte, ohne überhaupt zu einer Vorstellung über die

---

[1]) „Leichte" KV.; nur auf Antrag verfolgbar §§ 232, 61 RStGB. § 158 II RStPO.; von Amts wegen bloß bei öffentl. Interesse, sonst im Wege der Privatklage §§ 376, 374 [3] RStPO.

„Gefährliche" KV., mittels Waffe, insb. Messers, oder anderen gefährl. Werkzeugs, hinterlistigen Überfalles, von mehreren gemeinschaftl., mittels einer das Leben gefährdenden Behandlung — Hundehetzen!

„Schwere" KV., Verlust eines wicht. Körpergliedes, des Sehvermögens auf einem oder beiden Augen, des Gehörs, der Sprache, der Zeugungs- (nicht der Beiwohnungs-) Fähigkeit, erhebl. dauernde Entstellung, Verfallen in Siechtum, Lähmung, Geisteskrankheit.

KV. mit Todesfolge.

[2]) Lukas, Anleitg. z. strafrechtl. Praxis II S. 143 ff.; Liszt, Lehrbuch S. 162 ff.; RGSt. 3, [208]; 6, [249]; 8, [66]; 9, [63]; 12, [317]; 15, [345]; „Wild und Hund" 1904 S. 11, 51; 1905 S. 46, 447, 30, 412, 510, 828; 1906 S. 110; 1907 S. 738, 753, 792, 939; 1914 S. 33, 133, 295, 391; 1915 S. 100, 575; 1916 S. 154 (Mithaftung des Gastwirtes); 1917 S. 612; unten S. 338 II 1.

verursachende Bedeutung seiner Handlung zu gelangen[3]). Maßstab für den Grad der anzuwendenden Sorgfalt: Die in Jägerkreisen bekannten und übl. Vorsichtsmaßregeln, insbesondere über Führung und Handhabung der Schußwaffen[4]), Verhalten bei Treibj.[5]), Legen von Eisen, Selbstgeschossen, Giftbrocken[6]), gefährl. Schießen[7]). Bei fahrläss. KV. in Ausübung eines Amtes, Berufs oder Gewerbes[8]) wirkt straferschwerend die Vernachlässigung der Aufmerksamkeit, zu welcher Amt, Beruf, Gewerbe besonders verpflichten[9]).

In allen Fällen der KV. kann auf Verlangen des Verletzten neben der Strafe auf eine, die Geltendmachung weiterer Entschädigungsansprüche ausschließende, nicht in Freiheitsstrafe umwandelbare Buße, als einmalige Abfindung des Verletzten (nicht als Rente) von 3 bis 10000 *RM* erkannt werden[11]). Der Anspruch steht dem Erben nicht zu[12]).

3. Vorsätzl. Tötung: Mord oder Totschlag[13]); hinsichtl. der fahrläss. gilt das über fahrläss. KV. Gesagte[14]).

4. Fahrl. Verletzung oder Tötung von Tieren[15]) nicht strafbar, aber Schadensersatz[16]). Vorsätzl. Beschädigung oder Zerstörung fremder Sachen[17]): Sachbeschädigung[18]).

II. Zivilrechtliches:

1. Verschuldungsformen wie im Strafrecht. Nach § 823 I BGB. genügt zur Schadenshaftung vorsätzl. oder fahrlässige Rechtsverletzung durch positives Tun oder durch Unterlassung und dadurch verursachter Schaden, der selbst nicht schuldhaft angerichtet zu sein braucht, wenn nur der Täter das Recht kennt oder mit dessen mögl. Bestehen rechnen mußte, und voraussah oder bei Anwendung der Sorgfalt, welche die normale Berührung einer die J. ausübenden Person mit dem Rechtskreise anderer nach allgem. und besonders in Jägerkreisen zu verlangenden, gesunden Anschauungen erheischt, voraussehen mußte, daß seine Handlung fremdes

---

3) Olsh. S. 257 A. 17 b 4.
4) § 15 JPB.; oben S. 270, 1—2.
5) Oben S. 270, 3.
6) § 13 JPB.; oben S. 266 III.
7) § 367 8 RStGB.; Art. 78 PStGB.; Vollw. S. 281 F. 2; Wirsch. S. 255, 258; oben S. 267 VI.
8) Nicht der J. als Liebhaberei.
9) § 230 II RStGB.; hier kein Strafantrag erforderlich.
10) Nebenklage §§ 395, 403 RStPO.
11) § 231 RStGB.; RGSt. 17, 178; OberstGH. 6, 600.
12) § 404 IV RStPO.
13) §§ 211, 212, 213 RStGB.
14) § 222 l. c.; hier nie Strafantrag nötig.
15) Insbes. Haus- und Zugtieren, Weidevieh, Hunden.
16) § 823 I BGB.
17) Dazu gehören auch in fremdem Eigentum stehende lebende Tiere, nicht herrenloses Wild. — Hunde und Katzen: oben S. 274, 277; 278 V.
18) § 303, Strafantrag § 61 RStGB. § 158 II RStPO.

Recht verletze[19]. § 823 II läßt Schadensersatzpflicht schon mit dem Verstoß gegen ein den Schutz eines anderen bezweckendes Gesetz eintreten, selbst wenn ein subjektives, fremdes Recht oder eines der in Abs. I bezeichneten Rechtsgüter nicht verletzt. Widerrechtlichkeit wird durch Handeln in Notwehr oder Notstand ausgeschlossen[20].

2. Wird bei gemeinschaftl. J. eine widerrechtl. Körperverletzung, Tötung oder Sachbeschädigung verursacht, so ist jeder Teilnehmer für den Schaden haftbar, wenn nicht ermittelt werden kann, wer den Schaden durch seine Handlung herbeigeführt hat, aber erwiesen wird, daß von den mehreren, an der gemeinsamen J.ausübung Beteiligten einer den Schaden verursacht haben muß, daß er von einem jeden der Teilnehmer veranlaßt sein kann, daß die Handlungsweise eines jeden, falls sich seine Urheberschaft feststellen ließe, unerlaubte Handlung i. S. § 823 BGB. ist[21]. Die, von denen feststeht, daß der Schaden auf sie nicht zurückzuführen sein kann, scheiden aus[22].

3. Der J.geber haftet zwar nicht gemäß § 831 BGB. für einen durch einen nicht ermittelten Treibj.gast verursachten Unfall, da keine Bestellung zu einer Verrichtung vorliegt, aber gemäß § 823, wenn ihm eine für den Unfall ursächl. Fahrlässigkeit bei Leitung der J. zur Last fällt[23].

Haftung des Treibj.veranstalters für Fahrlässigkeit seiner J.gäste, wenn er bei deren Auswahl die im Verkehr erforderl.

---

12) Vgl. Zitate S. 337 Fußn. 2. Streuschuß wg. mangelhafter Patronenladung: JW. 1904 S. 357 [8]; Streuschuß dch. Aufprallen auf stumpfe Gegenstände: Recht 1912 Nr. 1889; selbstgefertigte Patronen, Verwendung von Klebstoff: Recht 1908 Nr. 2815; ZfRpfl. 1908 S. 286; — gefährl. Gewehrhaltung beim Laden: Recht 1913 Nr. 676; fahrl. Schießen b. Kesseltreiben: RG. 22. Nov. 1906 VI 140/06; — Schießen in Hecke (Verletzg. eines Menschen): Recht 1919 Nr. 571; ZfRpfl. 1919 S. 256); — Losgehen des quer über die Knie gelegten Gewehrs — mitwirkendes Verschulden des Verletzten: DJäger JU. 13/27 S. VII — RG. 20. Dez. 1926).

20) §§ 227, 228; Prot. II Komm. S. 2719, 2727, 2786 ff., 2712; Wirsch. S. 254 Fußn. 34; oben S. 337 I 2; DJäger 1926 S. 280; „Wild und Hund" 1921 S. 135 (bedenkl., da Schuß in tiefer Dämmerung, wenn nicht Körper des Wildes sichtbar, unbedingt verwerflich); 1922 S. 266.

21) Prot. II S. 606; Mot. II S. 738; Staud. A. 3 b zu § 830; „Wild und Hund" 1916 S. 254; RG. 19. Jan. 1920 „Wild und Hund" 1920 S. 154, 505; 1921 S. 407; DJäger 1920 S. 450. „Prellkörner" „Wild und Hund" 1923 S. 279, 443; „Streuschrote" (Schießen trotz treffbarer Nähe von Treibern) Recht 1920 Spruchbeil. Nr. 601; RGZ. 98, [58]; JW. 1904 S. 357 [8]; 1909 S. 489 [11]; Recht 1918 Nr. 1521; BlfRA. 75, [328]; JW. 1909, [687]. Verhältnis der Beteiligten untereinander §§ 426, 840 II, III, 841 BGB.

22) Wer in Treiben, in welchem Treiber angeschossen wurde, nachweisl. überhaupt keinen Schuß abgab; wer sich an einer Stelle befand, von der aus er an die Anschußstelle unmögl. schießen konnte; wer mit Schrotgewehr und Schrotladung schoß, während Verletzter Büchsenkugelschuß hat; wer Patronen von der Schrotnummer, wie im Körper des Getroffenen gefunden, unzweifelh. nicht geschossen hat; Wirsch. S. 256.

23) „Wild und Hund" 1906 S. 174, 748; RG. Urt. v. 1. Nov. 1906, Zf.-Rpfl. 1907 S. 63.

Sorgfalt außer acht läßt, also selbst fahrlässig handelt[24]). Läßt er einen Gast an der J. teilnehmen, dessen Unzuverlässigkeit, Unkenntnis oder Leichtsinn in der Handhabung von Schußwaffen ihm bekannt, oder dem gem. Art. 18 JG. die J.karte verweigert, oder nur deshalb nicht verweigert ist, weil die zwingenden Gründe des Art. 18 der ausstellenden Behörde nicht bekannt waren, oder dem die J.karte gem. Art. 19 JG. hätte verweigert werden können, so ist er demjenigen, welcher durch einen fahrlässigen Schuß dieses J.gastes verletzt wird, nach § 823 I schadensersatzpflichtig.

Überläßt er einem Gaste, der keine J.karte besitzt, und dem diese nach Art. 18, 19 JG. hätte verweigert werden müssen oder können, seine J.karte zum Gebrauche bei Teilnahme an der von ihm veranstalteten J., so verstößt er gegen ein den Schutz eines anderen bezweckendes Gesetz (Art. 23 Ziff. 3 JG.) und haftet dem, welchen der Gast durch einen Schuß fahrlässig körperl. beschädigt, gem. § 823 Abs. II BGB., wenn ihm die in der Person des Gastes vorliegenden Voraussetzungen der Art. 18, 19 JG. bekannt waren, außerdem aus § 823 I, wenn er schuldhaft unterließ, sich über die Gründe des Nichtbesitzes der J.karte und über Person seines J.gastes zu erkundigen. Schon irrige Annahme, Gast besitze J.karte, genügt[25]).

4. J.herren sind zum Ersatz des Schadens verpflichtet, welchen ihre Angestellten innerhalb des die Ausführung ihrer aufgetragenen Verrichtungen bildenden Handlungskomplexes, wenn auch nicht schuldhaft, anrichten. Ersatzpflicht entfällt, wenn sie bei Auswahl der Angestellten hinsichtl. ihrer J.erfahrenheit, Verlässigkeit, Nüchternheit, bei Beschaffung der ihnen überlassenen Gerätschaften[26]), bei Leitung ihrer Verrichtungen[27]) die im Verkehr, mit Rücksicht auf die besonderen Verhältnisse der J. erforderl. Sorgfalt beobachten, oder wenn der Schaden auch bei Anwendung dieser Sorgfalt entstanden sein würde[28]).

5. Der Besitz von J.schußwaffen verlangt besondere Sorgfalt in der Art ihrer Aufbewahrung. Offenes Aufstellen oder Aufhängen eines geladenen J.gewehres in einem freizugängl. Raume[29]), Ansichnahme ermöglichende, unverschlossene Aufbewah-

---

[24]) § 276 Abs. I Satz 2 BGB.; DJäger 1926 S. 280 (Zulassg. betrunkenen J.gastes).

[25]) Vgl. „Wild und Hund" 1917 S. 447; RG. Urt. v. 6. Mai 1917; DJäger 1920 S. 354; Rspr. OLG. 39, 187.

[26]) Insbesondere Schußwaffen.

[27]) Anstellen der Schützen, Instruktionserteilung an diese.

[28]) §§ 830, 840 II BGB.; Mot. II, 736; Wirsch. S. 257. Unterlassg. v. Nachforschung über Eignung eines noch sehr jungen Angestellten gerade zum J.- und Forstschutz, der häufig mit nicht einwandfreien Personen zusammenführt: RG. 8. Dez. 1919 DJäger 1920 S. 231.

[29]) Schadensersatzpflicht des Ehemannes gegenüber Ehefrau, welche dessen, frei im Zimmer stehendes, geladenes J.gewehr hinaustrug, um Verwirklichung seiner Selbstmorddrohung zu verhindern, und sich beim Sturz ins Bein schoß — Ersatzpflicht der Haftpflichtversicherung: RG. Urt. in „Wild und Hund" 1917 S. 419 f.

rung von J.patronen, welche in ein ebenfalls frei zugängl. ungeladenes J.gewehr geladen werden können, ist Fahrlässigkeit, die nach § 823 Abs. I zu Schadensersatz verpflichtet. Ähnl. Haftung bei ungenügender Verwahrung von Tellereisen und dgl. Fanggeräten, J.messern, Gift in Wohnräumen.

6. Eine „Gefährdungshaftung" erwächst aus der Verwendung von J.hunden, sei es, daß sie Eigentum des Jägers, sei es, daß er in eigenem Interesse durch Gewährung von Obdach und Unterhalt die Sorge für das Tier nicht bloß zu ganz vorübergehendem Zwecke, sondern auf einen Zeitraum von gewisser Dauer übernommen hat[30]). Bei vorläufiger Aufnahme eines zugelaufenen Hundes nur Haftung aus § 823[31]). Mehrere Halter eines Hundes haften samtverbindl. (§ 840); ebenso die einzelnen Halter mehrerer Hunde, die durch ihr Zusammenwirken Schaden anrichten[32]). Haftung ist unbedingt, ohne Zulassung eines Entlastungsbeweises. Nur das Maß der Haftung wird durch konkurrierendes Verschulden des Verletzten beeinflußt[33]).

Ausnahme von der strengen Haftung nur für Haustiere, die dem Berufe, der Erwerbstätigkeit oder dem Unterhalt des Tierhalters zu dienen bestimmt sind, falls dieser entweder bei Beaufsichtigung die im Verkehr erforderl. Sorgfalt beobachtet, oder der Schaden auch bei deren Anwendung entstanden sein würde[34]). Hierher gehören J.hunde der Berufsjäger und J.aufseher, zur persönl. Sicherheit und zur Ausübung des Forstschutzes gehaltene Hunde des Forstpersonals, der die J. als wirtschaftl. Einkommens- und Erwerbsquelle betreibenden Eigenj.berechtigten und J.pächter, das Frettchen, welches diese Personen zur Karnickelj. halten, wohl auch das Dienstpferd, welches ein J.- oder Forstschutzangestellter für seine Schutzgänge zugewiesen erhält, und Zuchthunde eines Handelszwingers[35]), nicht dagegen Hunde des J.liebhabers (Luxustiere) und in Haus, Hof, Garten gehaltene J.tiere (als gezähmtes Wild nie „Haustiere")[36]). Entscheidend ist, ob das Tier im Augenblicke der Schadensstiftung einem der genannten Zwecke tatsächl. gedient hat[37]).

Vertragsmäßig mit Aufsicht über ein Tier Betrauter[38]) kann sich gegenüber Entschädigungsanspruch durch Beweis der Beobachtung erforderl. Sorgfalt oder Unabwendbarkeit des

---

30) § 833 BGB.; RGZ. 52, [118]; 62, [81]; BlfRA. 73, [469]; vgl. RGZ. 60, [303]; 62, [79]; JW. 1905 S. 734; SeuffA. 58 Nr. 186; Staud. S. 1481 A. 3 a; DJäger 1917 S. 141.

31) Staud. S. 1487 A. 5 d; Fischer-Henle S. 567 A. 4.

32) §§ 830, 840; RGRspr. 14. [45].

33) Reizen des Tieres! § 254 BGB.; Staud. S. 1489 A. 6 e.

34) Nov. v. 30. Mai 1908, RGBl. S. 313.

35) BlfRA. 1908 S. 649, 655: DJäger 30, [324], [334].

36) Staud. S. 1491 A. 7 b α; 1492 β, δδ

37) DJZ. 1906 S. 394; BlfRA. 73, [655]; Staud. S. 1492 β, εε.

38) Jäger, dem J.hund in Pension übergeben ist.

Schadens entlasten[39]). Für Verletzung solcher Personen selbst haftet — außer bei vertragsmäßiger Ausschließung[40]) — Übergeber des Tieres. Für Verletzungen Dritter haftet neben „Aufseher" der Tierhalter samtverbindl.[41]).

7. Der J.berechtigte ist im Gegensatz zum Tiergartenbesitzer nicht „Tierhalter" i. S. des § 833 BGB.[42]), auch nicht hinsichtl. der von ihm aus einer Wildhandlung bezogenen und im Revier ausgesetzten J.tiere[43]). Er ist weder aus § 833 schadensersatzpflich., noch zur Beseitigung der durch J.tiere im allgem. drohenden Gefährdungen oder zur Vornahme der zur Abwehr von Schädigungen erforderl. Maßnahmen verpflichtet[44]). Auch § 823 II BGB. findet im Zusammenhalt mit dem, ein „Schutzgesetz" darstellenden § 367 Ziff. 11 RStGB. keine Anwendung, weil letzterer ein bei herrenlosem Wild nicht vorhandenes Herrschaftsverhältnis voraussetzt. Dagegen könnte eine Haftung des J.berechtigten auf Grund des § 823 I BGB. für die gedachten Schäden entstehen, wenn er trotz Kenntnis von Bösartigkeit eines einzelnen Stückes Wild die ihm mögl. und nach billigen Verkehrsanschauungen durchführbaren Vorkehrungen zu seiner Unschädlichmachung unterläßt[45]).

Für durch Wild in Tiergärten verursachte Verletzungen haftet der Tiergartenbesitzer als „Tierhalter" nach Grundsätzen der §§ 833, 834 BGB., ohne Nachweis eines Verschuldens. § 254 BGB. schließt jede Haftung des Tiergartenbesitzers aus, wenn er entsprechende Vorkehrungen zur Abhaltung Unbefugter vom Zutritt zum Tierpark getroffen hat[46]).

Bricht Tiergartenwild aus und verletzt Menschen, haftet Tiergartenbesitzer bis zur Aufgabe der Verfolgung. Für den durch gezähmtes Wild angericht. Schaden haftet Besitzer nach § 823 I BGB. Ist der Bock von nicht J.berechtigtem gezähmt, bleibt er herrenlos; Haftung des Besitzers aus § 368[11] RStGB., § 823 II BGB.[47]). Erst wenn Bock nicht mehr zurückkehrt, hört Haftung auf.

8. Ersatzpflicht erstreckt sich auf die durch die Handlung für Erwerb und Fortkommen des Verletzten herbeigeführten Nachteile; Anspruch vererbl. und übertragbar[48]). Bei Aufhebung oder Minderung der Erwerbsfähigkeit oder Vermehrung der Bedürfnisse

---

39) § 834.
40) RGZ. 58,[412].
41) § 840; RGZ. 60,[315].
42) Vgl. RGZ. v. 30. März 1916 in ZfRpfl. 1916 S. 257 f.
43) Vgl. Staud. II b S. 908 A. 4 zu § 833 BGB.; „Wild u. Hund" 1903 S. 287.
44) Staud. a. a. O. S. 910 A. 5 d.
45) Staud. II b S. 864 A. C 1 Abs. I und II zu § 823 BGB. „Wild u. Hund" 1916,[267]; 1918,[424]; DJäger 1917,[274]; JW. 45,[907].
46) RGZ. 50,[219]; 51,[375]; JW. 1903 S. 42,[66]; DJäger 1919 S. 219.
47) BlfRA. 63,[285]; RGSt. 23,[89]; v. 16. März 1911 Recht 1911 Nr. 1674; DJäger 1919 S. 221.
48) § 842.

Geldrente, bei Vorliegen eines wichtigen Grundes[49]) Kapitalrente auch dann, wenn ein anderer dem Verletzten Unterhalt zu gewähren hat[50]). Billige Entschädigung wegen des Schadens, der nicht Vermögensschaden ist[51]). Dieser Anspruch nur übertragbar und vererbl., wenn vertragl. anerkannt oder rechtshängig geworden. Im Falle der Tötung Beerdigungskosten zu ersetzen, unterhaltsberechtigten Dritten Geldrenten nach Maßgabe der mutmaßl. Dauer des Lebens und der Unterhaltspflicht des Getöteten zu entrichten[52]), Dienstberechtigten Geldrenten für entgehende Dienste zu leisten[53]).

D. Versicherung.

I. Unfall:

1. J. als selbständiger Zweig erwerbswirtschaftl. Tätigkeit, namentlich Pachtung von J., die ausschließl. oder überwiegend des Gewinnerwerbes halber ausgeübt werden, kein unfallversicherungspflichtiger Gewerbebetrieb. Für einen hiebei sich ereignenden Unfall ist der, welcher ihn verschuldet, nach §§ 823, 843, 844 BGB. schadensersatzpflichtig[1]).

2. Der Unfallversicherung unterliegt die J., welche ein Unternehmer neben seinem land-(forst-)wirtschaftl. Hauptbetriebe, in wirtschaftl. Abhängigkeit von diesem und in räuml. Zusammenhange mit ihm, ganz oder teilweise zur Befriedigung von Bedürfnissen der Landwirtschaft, kraft eigenen Rechtes (Art. 2, 3 JG.) oder auf dazu gepachteten Grundstücken ausübt. — Anhaltspunkte für Annahme eines land-(forst-)wirtschaftl. Nebenbetriebs: Verwendung landwirtschaftl. Personals im J.betriebe, Verhältnis der räuml. Ausdehnung beider Betriebe, der auf sie verwendeten Arbeitszeit, des aus ihnen bezogenen Einkommens, Entfernung des hinzugepachteten Bezirkes vom Eigenj.gebiet. Gleichgültig, ob der Unfall sich innerhalb des vom Unternehmer land- oder forstwirtschaftl. genutzten Grundkomplexes oder im Pachtrevier ereignet[2]), ob der Unternehmer an der Ausübung des J.betriebs, bei dem sich der Unfall zutrug, beteiligt war oder nicht, wenn nur die Schaden ver-

[49]) Unfähigkeit des Verpflichteten zur Sicherheitsleistung für Rente; Ableben desselben unter Hinterlassung zahlreicher Erben — Mot. II, 785 —; günstiger Einfluß einer endgültigen Erledigung der Angelegenheit auf Zustand des Verletzten — RGZ. 73, [419]; JW. 1909 S. 137.

[50]) § 843.

[51]) Körperl. Verunstaltung, körperl. und seel. Schmerzen, Sorgen. — Verhinderg. an J.vergnügen: „Wild und Hund" 1921 S. 745. — § 847. Oben S. 165 F. 197.

[52]) § 844.

[53]) § 845.

[1]) DJäger 14, [134]; 19, [7]; 20, [6]; oben S. 338 f. II.

[2]) DJäger 20, [6].

ursachende, bezahlte oder unbezahlte Verrichtung in dessen besonderem oder aus der Beschäftigungsart allgemein hervorgehendem Auftrage und für dessen Rechnung ausgeführt wird. Versichert sind nur der Unternehmer und sein Ehegatte, sein eigentl. J.personal (Jäger, J.aufseher), die bei J. verwendeten J.gehilfen, Treiber[3]), Träger, Hundeführer, Büchsenspanner, Kutscher, Fuhrleute, nicht dagegen J.gäste[4]).

3. Betriebsunfall: Bei der eigentl. J.tätigkeit zustoßender Schadensfall, durch J.gäste verursachte Unfälle Versicherter[5]), Verrichtungen, die nicht J.ausübung im engeren Sinn sind (Zerlegen von J.wild, Erlegen nicht j.barer Tiere, Herstellung von Hochsitzen, Salzlecken, Birschsteigen, Futterständen, Abrichten von J.hunden des Unternehmers): Pferdejunge eines Landwirtes führt während der J. dessen Hund, muß längere Zeit auf derselben Stelle stehen und erfriert sich dabei die Füße. Sohn eines Landwirtes schießt nach dem über dem Geflügelhof kreisenden Raubvogel und verletzt sich infolge Zerspringens des Gewehrlaufes an der Hand. Gutsherrl. Hofmeister, der gelegentl. der Begehung der zum Gut gehörigen Forsten auftragsgemäß jagt, verletzt sich durch Sturz bei Verfolgung eines angeschossenen Hasen. Eigenj.besitzer und landwirtschaftl. Unternehmer wird beim Birschgang in seinem Revier von einem Unbekannten angeschossen. Landwirt wird, als er, in einer Kartoffelfurche liegend, auf dem Acker zu Schaden gehendes Rotwild durch Blindschüsse abwehren will, von einem Wilderer erschossen[6]). Städtischer Wirtschaftsbeamter, welcher im Auftrage der Stadtgemeinde zwecks Beaufsichtigung der J.ausübung zur Verhütung von Kulturschäden an einer Treibj. städtischer J.pächter teilnimmt, wird hiebei verletzt[7]). Fabrikaufseher, der mit J.schutz und J.ausübung auf dem an Fabrikgelände anstoßenden Pachtj.bezirke beauftragt ist, wird durch Entladen des Gewehrs bei Sturz verletzt[8]).

Kein landwirtschaftl. Betriebsunfall: Tödl. Sturz eines landwirtschaftl. Knechtes, der seinen Dienstherrn mit Wagen von einer auf Nachbargut stattfindenden Treibj. abholt[9]), Verunglücken eines landwirtschaftl. Arbeiters bei Abschlagen und Sammeln wilder Kastanien in einer städt. Allee, das zum Zwecke der Fütterung von Wild in einem vom Dienstherrn gepachteten Revier erfolgt[10]).

---

[3]) Amtl. Nachr. d. RVA. 1897 S. 309 Nr. 1604.
[4]) Amtl. Nachr. d. RVA. 1897 S. 308 Nr. 1603; 1893 S. 433 Nr. 1275; 1895 S. 221 Nr. 1422.
[5]) DJäger 19, [219]; 20, [6].
[6]) Pollw. S. 287 f.; Wirsch. S. 260 ff., insbes. 262.
[7]) Amtl. Nachr. d. RVA. 1897 S. 308 Nr. 1602.
[8]) „Wild und Hund" 1918 S. 102.
[9]) Amtl. Nachr. d. RVA. 1897 S. 504 Nr. 1654.
[10]) Amtl. Nachr. d. RVA. 1897 S. 503 Nr. 1653.

II. Invalidenversicherung:

1. J.angestellte für den Fall der Berufsunfähigkeit und des Alters sowie zugunsten ihrer Hinterbliebenen vom vollendeten 16. Lebensjahre an versichert, wenn nicht berufsunfähig, bei Eintritt noch nicht 60 Jahre alt, in leitender oder, ohne Rücksicht auf Vorbildung, in gehobener oder höherer Stellung befindlich, Beschäftigung Hauptberuf bildet und Jahresarbeitsverdienst 5000 *RM* nicht übersteigt[11]).

2. J.angestellte in gehobener Stellung mit regelmäßigem Jahresarbeitsverdienst bis zu 2000 *RM* in gleicher Weise versichert[12]), zur Selbstversicherung berechtigt, wenn sie jährlich mehr als 2000, aber nicht über 3000 *RM* beziehen[13]). Wer reichsgesetzl. Invaliden- oder Hinterbliebenenrenten erhält oder invalide ist, bleibt versicherungsfrei[14]).

3. Vorübergehende Dienstleistungen" i. S. § 1232 RVO.[15]): Dienste der Treiber und Träger dann frei von Invaliden- und Hinterbliebenenversicher., wenn nur gelegentl. oder, zwar in regelmäßiger Wiederkehr, jedoch bloß nebenher und gegen geringfügiges Entgelt von Personen geleistet, die berufsmäßig keine Lohnarbeiten verrichten, oder von solchen Berufsarbeitern, die in einem regelmäßigen, die Versicherungspflicht begründenden Arbeits- oder Dienstverhältnis zu einem bestimmten anderen Arbeitgeber stehen, ohne Unterbrechung dieses Verhältnisses nebenher, sei es gelegentl. zur Aushilfe, sei es regelmäßig übernommen[16]). Demnach in der überwiegenden Mehrzahl der Fälle Treiber überhaupt nicht versicherungspflichtig, da es sich meist um die bezahlten Treiberdienste eigener oder fremder landwirtschaftl. Dienstboten, Holzhauer, Kultur- und Waldarbeiter, selbständiger Häusler, Gütler, Inwohner und ihrer Angehörigen, von Schulkindern usw. handelt, die bald gelegentl., bald jedesmal bei den alljährl. Treibj. geleistet werden. Unentgeltl. Treiberdienste oder solche, für die als Entgelt nur freier Unterhalt gewährt wird, ebenfalls versicherungsfrei[17]). Nicht dagegen diejenigen von Gelegenheits- und Taglohnarbeitern, die in keinem festen Arbeitsverhältnis stehen, aber berufsmäßig Lohnarbeiten verrichten[18]). Für solche Treiber und Träger gilt §§ 1226 ff. RVO.: Derjenige Arbeitgeber, welcher den Ver-

---

11) § 1 VersG. f. Angestellte v. 20. Dez. 1911, RGBl. S. 989; freiwillige Weiterversicherung § 15 l. c.

12) §§ 1226 ff. RVO.; RGBl. 1911 S. 737 ff.

13) § 1243 l. c.

14) § 1236 l. c.; vgl. BGZ. 1914 S. 334.

15) Gemäß der, auf Grund des § 4 Abs. I InvVersG. erlassenen, nach Art. 104 EG. RVO. in Kraft gebliebenen BRBek. v. 27. Dez. 1899, RGBl. 1912 S. 725.

16) Kommentar z. RVO. von Hanow-Lehmann, A. 5 zu § 1232 RVO. Bd. IV S. 37, 627 ff.

17) § 1227 RVO.

18) Vgl. „Wild und Hund" 1916 S. 110: Jagdklub Mannheim; die Ansicht des Einsenders ist irrig.

sicherten erstmals in der Woche beschäftigt, hat die Beitragsmarke für die laufende Woche in Quittungskarte zu kleben[19]).

III. Krankenversicherung:

Bemißt sich für Betriebsbeamte und andere Angestellte in ähnl. gehobener Stellung, wenn Beschäftigung im J.betriebe den Hauptberuf bildet, nach § 165 [2] RVO. Treiber und Träger bleiben für den J.tag in der Kasse ihrer sonstigen Beschäftigung[20]).

E. Zivilrechtlicher Schutz des Jagdrechts.

I. Der Eigenj.berechtigte findet als Grundeigentümer Schutz seines J.rechtes in der actio negatoria des § 1004 BGB., die ihn vor allen Beeinträchtigungen schützt, welche eine gewisse Dauer haben oder in Wiederholungsabsicht vorgenommen werden und eine Fortsetzung besorgen lassen[1]). §§ 858, 862 BGB. geben Klage auf Beseitigung der Besitzstörung und — im Falle weiterer Störungsbesorgnis — auf Unterlassung, vorausgesetzt auch hier eine gewisse körperl. oder psych. Fortdauer der Beeinträchtigung. — §§ 228—230 BGB. lassen in der Zuerkennung des Notstands- und Notangriffsrechtes eine Reihe von Störungen unberührt, denen der J.berechtigte ausgesetzt ist. Eigentums- und Besitzschutz für ihn insoweit unzulängl. Die Rechtsprechung hat aber auch dem J.recht als solchem einen diesem analogen Schutz zugesprochen, der eine Spezifikation für die Bedürfnisse des J.berechtigten zuläßt: Dem durch einen widerrechtl. Eingriff in irgendein gesetzl. geschütztes Rechtsgut Betroffenen, also dem Eigenj.berechtigten wie dem J.pächter steht eine actio quasi negatoria zu, wenn weitere Beeinträchtigungen zu besorgen sind: RGZ. 60, 7; — Rechtsschutz nach Analogie der §§ 12, 862, 1004 BGB. mittels Klage auf Unterlassung künftiger Verletzungen, auch wenn dem Verletzenden subjektives Verschulden nicht nachzuweisen: RGZ. 61, 369; RGZ. vom 29. Nov. 1906 VI 126/06 JW. 1907 S. 48 [8]; RGZ. vom 9. Juli 1907 II 116/07 JW. 1907 S. 505 [1]; RGZ. vom 14. Jan. 1908 II 333/07 JW. 1908 S. 34 [1]; — Unterlassungsklage nur gegen körperl., sinnl. wahrnehmbare Einwirkungen zulässig: RGZ. vom 8. Jan. 1908 V 186/07 JW. 1908 S. 142 [12]; vom 28. Okt. 1910 II 688/09 JW. 1910 S. 26 [2]; vom 4. Mai 1911 IV 438/10 JW. 1911 S. 573 [2];

---

19) § 1426.
20) § 165 [1] l. c.
1) SeuffA. 31, [115]; 57, [122]; 58, [35]; ObersiLG. Z. 3, [500].

wo ausdrückl. hervorgehoben, daß ernste Besorgnis fernerer Beeinträchtigung gerechtfertigt sein muß, welche bei Möglichkeit wirksamer Beseitigung der Störung durch einfache Verwarnung nicht anzuerkennen ist; — RGZ. vom 22. April 1911 V 381/10 JW. 1911 S. 586[31]: Klage ist zu gewähren, wenn der Eingriff, sei es auch nur in der Vergangenheit und auch nur objektiv, bereits verwirklicht worden ist, und in Zukunft weitere Eingriffe zu besorgen sind; — RGZ. vom 29. Jan. 1912 VI 131/11 JW. 1912 S. 392[13]: Abstrakte Möglichkeit der Wiederholung genügt nicht. Aus vorliegender Zwangslage im Einzelfalle kann geschlossen werden, daß Wiederholungsgefahr nicht vorliege; — RGZ. 51, 369; 60, 7; 77, 217; 82, 61; JW. 1913 S. 594[6]; „Recht" 1913 Nr. 1284, 1285: Klage auf Unterlassung in den allgem. Rechtskreis eines anderen eingreifender Handlungen, nur wenn durch eine vorausgegangene unerlaubte Handlung ein dauernd schädigender Zustand geschaffen, der durch Zwang zur Unterlassung weiterer Störungen beseitigt wird, so daß die Unterlassung die Wiederherstellung des früheren Zustandes i. S. des § 249 BGB. bedeutet. Nicht in jedem Falle, in dem Schadensersatzanspruch wegen unerlaubter Handlung gegeben wäre, muß auch Klage auf Unterlassung gegeben sein. Maßstab bildet das Rechtsschutzbedürfnis. Wo die Wiederholung einer Handlung bereits, als gesetzl. verboten, mit öffentl. Strafe bedroht ist, bleibt für weitere, zivilrechtl. Strafdrohung (§ 890 RZPO.) kein Bedürfnis und kein Raum. Dieser Grundsatz greift[2]) durch, wo öffentl. Gewalt Strafverfolgung des Täters selbst übernimmt. Dann Schadensersatzklage nach § 823 BGB. und fortgesetzte Strafanzeige genügend[3]): Fortgesetzte Störung der J. durch einen mit Forstschutz auf dieser betrauten staatl. Förster mittels absichtl. schikanöser (§ 826 BGB.) Erregung von Lärm zwecks Verjagens von Wild berechtigt zur Unterlassungsklage. Zivilgericht zuständig, da der Anspruch auf Unterlassung einer außerhalb der Grenzen der Amtsbefugnis vorgenommenen Störung erhoben[4]), nicht aber Unterlassung einer Amtshandlung verlangt wird[5]). — Gegenüber augenblickl. einzelnen Handlungen, welche mit einer mehr oder minder unangenehmen Störung des J.betriebs (insbes. der Birsch, des Anstands, Ansitzes), verbunden sein können, muß äußersten Falles § 859 Abs. I BGB. helfen, der bei rechtsähnl. Anwendung der dem Besitzer gegebenen Abwehrbefugnis, auch dem J.berechtigten gestattet, sich der gegen sein J.ausübungsrecht gerichteten „verbotenen Eigenmacht" mit Gewalt zu erwehren. Denn „verbotene Eigen-

---

[2]) Im Gegensatz zum Privatklageverfahren §§ 394 ff. RStPO.

[3]) RGZ. 77, 222; JW. 1911 S. 981. Dagegen (mit Recht) JW. 1913 S. 34, 594; 1914 S. 612; 1924 S. 776; RGZ. in JW. 1908 S. 653[2].

[4]) Vgl. RGZ. v. 7. März 1907 VI 422/06 und v. 29. April 1907 VI 424/06.

[5]) Vgl. RGZ. 24, 38; 6, 204 ff.

macht" ist es immer, wenn ein Fremder den J.berechtigten in der J.ausübung stört. Er besitzt kein objektives Recht zu der Beeinträchtigung, handelt „widerrechtl.", ohne daß besonderes Verbot, Schuld, Bewußtsein der Widerrechtlichkeit, Verantwortlichkeit, überhaupt die Voraussetzungen einer unerlaubten Handlung erforderlich wären [6]). Beeren, Schwämme-, Leseholzsammler, johlende, schreiende, lärmende Spaziergänger, Leute, die in den Dickungen herumschlüpfen, Wild aufscheuchen, sich auf Hochstände setzen, in Enten- und Spielhahnschirme eindringen, sich an Wildfutterplätzen, Salzlecken herumdrücken, Birschsteige abstreunen, Hunde herumhetzen, in Röhricht und Wasser schicken, abrichten [7]), Reiter, die durch Dick und Dünn dahintraben, womögl. Schnitzelj.en abhalten, kann der J.berechtigte unter Androhung, nötigenfalls unter Anwendung von Gewalt wegweisen, der Pächter selbst dann, wenn der Eigenj.besitzer oder (bei Inklaven- und Gemeindej.en) ein Grundstückseigentümer selbst ihn stören, oder andere von diesen Erlaubnis zu den betr. Handlungen besitzen. In vielen Fällen genügt gütl. Abmahnen und ruhiges Ersuchen, die J. nicht zu stören,. Das wird auch meistens hinreichen, um landwirtschaftl. Verrichtungen, die an und für sich als Beeinträchtigungen des J.ausübungsrechtes i. S. einer „verbotenen Eigenmacht" nicht angesehen werden können [8]), gerade für die Zeit der J.ausübung verschieben zu lassen, wenn sich der Jäger mit der Bevölkerung gut zu stellen versteht. Schafweide und J.pachtschilling [9]). — Streuabgabe und Pachtminderung [10]). — Vornahme von Sprengungen durch explodierende Stoffe: § 367 [5] RStGB. und Art. 86 PStGB. Weitere Vorschriften zum Schutze der J. gegen Störungen durch Stein- und Stocksprengen bestehen nicht [11]).

Wird das J.recht des Eigenj.berechtigten von einem Anderen bestritten und durch Ausübung gestört, so kann die quasi negatoria des § 1004 BGB. angestrengt werden [12]). Bei Streitigkeiten zwischen zwei Grundeigentümern oder deren J.pächtern oder zwischen Grundeigentümer und Pächter entscheiden die Gerichte über den privatrechtl. Anspruch auf das J.recht. Wenn eigenj.berechtigte Grundeigentümer und Gemeinden über das J.ausübungsrecht streiten, handelt es sich um Verwaltungsrechtssachen [13]), durch die klargestellt werden soll, ob Grundeigentümer (dessen Pächter) oder Gemeinde (deren Pächter) auf einem bestimm-

---

6) Fischer-Henle S. 413 Anm. 6 zu § 858 BGB.

7) Sie also nicht „frei herumstreifen" lassen!

8) Weiden von Vieh, Mistbreiten, Sprengen mit dem Jauchefaß, Mähen, Ziehen von Entwässerungsgräben, Flurbegang u. ä.

9) DJäger JU. 36/26 S. XI.

10) DJäger 1919 S. 467; 1923 S. 427.

11) DJäger 1919 S. 466.

12) RGZ. 61, [369]; Pollw. S. 48.

13) VGH. 1, [252]; BGG. Art. 8, [17] und Vollzugsvorschr. hiezu (GVBl. 1901 S. 41); VGH. 1, [161], [173], [250].

ten Grundbesitze j.ausübungsberechtigt; ob bei einem Grundkomplex die gesetzl. Voraussetzungen für die Ausübung der Eigenj. vorhanden sind; ob Eigenj.berechtigter, dessen Verfügungsbefugnis von der Verwaltungsbehörde verneint wurde, zu J.verpachtung befugt[14]).

Der J.gast eines Eigenj.pächters hat, trotz Verbots des Verpächters, die J. ausgeübt und erklärt, sich an diese Untersagung nicht zu kehren. Er ist nicht Zessionar des J.pächters, hat keinen Besitzschutz in Ausübung der J., kein obligator. Recht auf Vornahme der störenden Handlungen, ein Gesetz, das ihm Betreten des J.gebietes gestattet, steht ihm nicht zur Seite, er handelt deshalb widerrechtl., in verbotener Eigenmacht, deren sich Verpächter durch Gewalt erwehren kann[15]): einstweilige Verfügung auf Unterlassung der J.ausübung[16]). — Das J.recht, als Ausfluß des Grundeigentums, kann nur der Gesamtheit der Genossen einer Alpen- oder Waldgenossenschaft zustehen[17]). Genossenschaft selbst ist Trägerin des Rechts[18]). Eigenj.gebiet einer Alpengenossenschaft wurde, wie bisher, von Gemeinde als Teil des Gemeindej.bezirks mit verpachtet. Die Genossenschaft beschloß gesonderte Verpachtung an einen Genossen. Dieser klagte gegen die polit. Gemeinde und ihren Pächter auf Unterlassung jeder Störung in Ausübung der Alpenj. Rechtl. ist die Klage als Unterlassungsklage des obligat. Berechtigten gegen Störung (als eine Art quasi negatoria) aufzufassen[19]). An der Störung ist die Gemeinde mit beteiligt, da sie als Verpächterin den Eingriff mit herbeigeführt hat und fortgesetzt duldet und ermöglicht[20]). — Einwand der Unzulässigkeit des Rechtswegs unbegründet gegenüber einer Klage, durch welche der Kläger sein Recht auf Ausübung des ihm verpachteten J.rechts gegen widerrechtl. Störungen durch den Beklagten verteidigt. Verfolgt wird nicht ein Gegenstand des öffentl. Interesses oder des Gemeinwohls, sondern Verteidigung des Rechtsguts eines Einzelnen[21]). — OLG. München hat (Beschluß vom 10. Febr. 1906) den Antrag des Erwerbers eines Eigenj.bezirks, dem auf Grund Pachtvertrags mit dem Eigentumsvorgänger das J.ausübungsrecht beanspruchenden Eigenj.pächter die J.ausübung bis zur

---

14) Pollw. S. 46.

15) § 859 BGB.

16) OLG. Rostock OLGRspr. 1903 S. 254 Nr. 42; Art. 10 Abs. III JG. gibt in Verb. mit Art. 23 Z. 6 dem J.pächter das Recht, J.gästen die J.ausübung unter gewissen Voraussetzungen zu gestatten; sind diese Bedingungen erfüllt, so kann Verpächter nicht einseitig dieses Recht ausschließen (über vertragl. Ausschluß von J.gästen s. oben S. 73), sondern muß auch dem J.gast unbehinderte J.ausübung gewährleisten (oben S. 70); dieser selbst hat zwar keinen klagbaren Anspruch darauf, doch kann J.pächter die Gestattung der J.ausübung durch den J.gast und Unterlassung jeder Störung derselben erstreiten.

17) S. oben S. 67, 1.

18) BlfRA. 22,[105]; 70,[647]; VGH. 13,[190]; BayrV. 1913 S. 406.

19) RGZ. 61,[369]; JW. 1907 S. 48 u. 505; 1908 S. 133.

20) OLG. Mü. OLGRspr. 1913 S. 73ff.

21) OLG. Frankfurt a. M. „Recht“ 1907 S. 1148 Nr. 2812.

rechtskräftigen Entscheidung des auf Unterlassung der J.ausübung durch den Pächter gerichteten Rechtsstreites im Wege der einstweil. Verfügung zu untersagen, abgewiesen: J.ausübung durch Pächter bis zu dem durch gesetzl. Kündigung des Pachtvertrages festgelegten Zeitpunkte bringe dem Eigentümer keinen wesentl. Nachteil, da die von jenem übernommene Entschädigung sich nach dem Zeitraume richte, für den das ihm vertragsmäßig eingeräumte J.pachtrecht entfalle, und auch eine übermäßige J.ausnützung hiebei in Berücksichtigung gezogen werden könne. Drohende Gewalt könne durch Gewährung weidmännischer Bejagung an den Pächter verhindert werden. Der Eigentümer habe hier gegenüber dem Pächter keinen Anspruch auf bevorzugten Schutz, da zunächst der zu schützen sei, welcher den bestehenden Zustand für sich habe. Bis zum Beginne der neuen J.zeit könne der Eigentümer vollstreckbares Urteil in Händen haben; werde dies durch Prozeßverschleppung des Pächters vereitelt, so könne neuer Antrag gestellt werden[22]. — Schadensersatz gegen den Besitzer jagender Hunde kann, da das J.recht im Hinblick auf § 16 JPG. zu den geschützten „sonstigen" Rechten des § 823 II BGB. gehört, aus dieser Bestimmung geltend gemacht werden, wenn durch dauerndes Versprengen, Verletzen, Töten von Wild tatsächl. ein Schaden entstanden, nicht aber, wenn eine bloße Beunruhigung, ein zeitweises Vergrämen des Wildes eingetreten ist[23]. Mitentscheidend für Bemessung des Schadensbetrages ist bei gerissenem Wilde der Wert des lebenden Tieres für die Nachzucht, bei beschlagenen Geißen also mindestens auch der Wert der aus den vorhandenen Embryonen im Falle der Erhaltung des Muttertieres entstandenen Tiere[24]. Klageberechtigt nicht nur Eigenj.berechtigter und Gemeinde, sondern auch J.pächter nach §§ 852, 862, 869, 1004 BGB. wegen Schädigung seines ausschließl. Okkupationsrechtes[25]. — J.berechtigter wurde vom Nachbarn durch Pfeifen, Lärmen, Blasen auf einer Huppe, wiederholtes Abschreiten der Grenzen, Abgeben von Schüssen vor Büchsenlicht während des Ansitzes auf den in der Nähe der Grenze angebrachten Hochständen in Ausübung der J. gestört und klagte auf Unterlassung unter Strafdrohung. Einwand des Beklagten, es sei nicht nur Verscheuchen des Wildes auf der J. des Klägers, sondern auch Abhaltung des auf dem Gebiete des Beklagten stehenden Rehwildes vom Übertreten bezweckt worden, wurde zurückgewiesen, da es sich nur um die Frage handle, ob eine beabsichtigte widerrechtl. Störung des J.betriebes vorliege. Diese wurde bejaht und der Behauptung, es liege eine weidmännischen Anschauungen über an-

---

[22] ZfRpfl. 1906 S. 297.

[23] Ziegler in ZfRpfl. 1906 S. 313; EJZ. 1907 S. 21; DJäger 1923 S. 257; s. auch oben S. 47, 280 VI.

[24] Vollw. S. 22 A. ββ; unten S. 353 bei Fußn. 35.

[25] RGZ. 41, 349; 52, 128; anders DJäger 1926 S. 513.

ständige J.nachbarschaft zuwiderlaufende Grenzjägerei vor, ein Einfluß auf die rechtl. Beurteilung der störenden Handlungen (§ 826 BGB.) abgesprochen[26]). Dauerndes Versprengen von Rehwild durch fortgesetztes Bellen eines tägl. viermal zum Viehtrieb verwendeten, nicht unentbehrl. Hundes in der Zeit v. Mai bis Oktober: Anspruch gegen Gemeinde auf Gewährung ungestörter J.ausübung und gegen Viehhalter (Hirten) auf Beeinträchtigungsunterlassung. — Eintrieb von Vieh in Waldung — J.störung. Ertragsminderung: Anspruch auf Pachtzinsminderung[27]). — Dem, der trotz mangelnder Einwilligung des Verpächters ein Mitj.pachtrecht in Anspruch nimmt (Art. 12 JG.), ist auf Antrag des vertragsmäßigen Pächters durch einstweil. Verfügung bis zur Entscheidung über die gegen ihn wegen des von ihm beanspruchten Mitj.rechtes anhängig gemachte Klage die J.ausübung bei Meidung von Strafe für jeden Übertretungsfall zu untersagen, da das J.recht des Pächters durch Ausübung des ihm nach dessen Behauptung nicht zustehenden Mitj.rechtes erhebl. gefährdet werden kann[28]). — Bei einer Treibj. gerieten einige Schützen versehentl. auf angrenzendes fremdes J.gebiet, erlegten dort drei Hasen und vertrieben einige aus ihrem Lager. Der die Treibj. veranstaltende J.berechtigte ließ deshalb drei Hasen im Nachbargebiet aussetzen, dessen Pächter trotzdem Schadensersatz verlangte. Abweisung, da mittels Ausgleichung des durch das schädigende Ereignis erwachsenen Nachteils der frühere Zustand gemäß § 249 BGB. wieder hergestellt. Ob die ausgesetzten Hasen auf Gebiete des angebl. Geschädigten bleiben werden, nicht zu erwägen, da auch nicht festzustellen, ob dies die erlegten Hasen getan hätten. Auch von den aufgetriebenen Hasen könne nicht nachgewiesen werden, ob sie auf dem J.gebiet des Klägers Stand- oder Wechselwild waren, weshalb dieser auch keinen Schaden in dieser Richtung glaubhaft machen kann[29]). — Dem Eigenj.berechtigten wird meistens ein für sein Grundstück bestehender Notweg zur Ermöglichung der J.ausübung genügen. Auch Notweg ausschließl. für J.zwecke dem J.berechtigten zu gewähren, da das J.recht Bestandteil des Grundstückseigentums ist, zur „ordnungsmäßigen Benützung des Grundstücks" auch j.liche Ausnützung durch den Eigenj.berechtigten gehört. Er ist hiezu auch befugt, wenn er sein Grundstück, statt es selbst zu bewirtschaften, einem anderen zur Benützung überläßt[30]). — Verbleibt bei Meinungsver-

[26]) OLG. Köln; EJZ. 1908 S. 211.
[27]) „Wild und Hund" 1918 S. 230.
[28]) OLG. Celle; EJZ. 1908 S. 23.
[29]) OLG. Hamburg; EJZ. 1907 S. 37; „Wild und Hund" 1906, 733.
[30]) BGZ. 1904 S. 307/308. — RGZ. JW. 1912 S. 641 Nr. 6; E. 79, 116. OLG. Jena (EJZ. 1907 S. 53; Neumann: Jahrb. d. D. Rechts Bd. 6 [1908] S. 375): „Der Pächter als solcher könne Notweg nicht beanspruchen; indes werde man eine Erweiterung des Notwegrechtes zugunsten des J.berechtigten nicht schlechthin ausschließen dürfen, da J.recht als Ausfluß und Bestandteil des Grundstück-

schiedenheit der Grenznachbarn über die Grenze zwischen den beiden Linien, bis zu denen das beiderseitige Eigentum anderweit ermittelt ist, ein Zwischenraum, hinsichtl. dessen auch der Besitzstand nicht zu ermitteln ist, so sind die Grenzen, unter Zuteilung eines gleich großen Stückes der Streitfläche an jedes Grundstück, durch Urteil festzustellen — „Grenzverwirrung"[31]). Auch dieser Anspruch steht dem J.pächter als Gewährleistungsanspruch gegen seinen J.verpächter zu.

Werden zwei Grundstücke durch einen Zwischenraum, Rain, Graben, Hecke, die zum Vorteile beider Grundstücke dienen, voneinander geschieden, so wird vermutet, daß die Eigentümer der Grundstücke zur Benutzung dieser Einrichtung gemeinschaftl. berechtigt sind — Grenzeinrichtung[32]). Hier ist die Grenze feststehend und unbestritten; die Grenzeinrichtungen liegen zu gleich oder verschieden großen Teilen auf den aneinandergrenzenden Grundstücken. Schon für eigenj.berechtigte Grenznachbarn werden Schwierigkeiten erwachsen, da eine, aus der Beschaffenheit der Einrichtung sich ergebende — also sicher auch eine j.liche — Benutzung nur insoweit gestattet ist, als nicht die Mitbenutzung des anderen beeinträchtigt wird[33]). Feld- und Waldraine, wo Hasen gerne liegen, trockene, verwachsene Gräben, die Feldhühnern und Fasanen als Aufenthalt dienen, feuchte Gräben, wo Enten weilen, Hecken, in denen Reh, Hase, Huhn, Fasan stecken, sind von besonderer j.licher Bedeutung. Hier kann nur eine vertragl. Regelung und gütl. Vereinbarung fortgesetzte Verdrießlichkeiten hindern und ein nachbarschaftl. Auskommen ermöglichen. Jedenfalls kann der J.pächter, wie bei der Grenzverwirrung, Klarstellung der Rechte an der Grenzeinrichtung durch den Verpächter fordern[34]).

II. Der Täter eines J.vergehens nach §§ 292 ff. RSt.-GB. haftet dem hiedurch verletzten J.berechtigten wegen Scha-

eigentums an dessen Prärogativen teilnehme." Der J.pächter ist von klagbarem Anspruch auf Notweg gegenüber Nachbarn ausgeschlossen, kann aber vom Verpächter als Grundstückseigentümer (oder als Vertreter der Grundeigentümer Art. 4 JG.), unter Berufung auf dessen Pflicht zur Gewährleistung ungehinderter J.ausübung auch Verschaffung des Notweges verlangen, welcher ihm das, eine wesentl. Voraussetzung seiner J.ausübung bildende Betreten des J.grundes ermöglicht. Besitzschutz, welcher dem Besitzer eines Grundstückes gegen Störung in Benutzung einer, für den Eigentümer eingetragenen Grunddienstbarkeit gemäß § 1029 BGB. gewährt ist, gebührt auch dem Eigen- und Gemeindej.pächter hinsichtl. des Notweges (Neumann, Handausg. des BGB. Bd. I S. 643 A. 3 zu § 917; Meisner, Nachbarrecht § 22 S. 160, 166; RGRKomm. 1913 Bd. II S. 917 A. 6 zu § 917; Staud. III S. 287; Planck Bd. III S. 188 A. 2a; Pollw. S. 22; DJäger 1920 S. 64; 1925 S. 739.

31) § 920 BGB.

32) § 921 BGB.

33) Also diejenigen Maßregeln rechtzeitig getroffen werden, die bei billiger Rücksichtnahme auf die Interessen des Nachbarn getroffen werden müssen — RGZ. 60, 141.

34) Pollw. S. 23.

densersatzes nach §§ 823 ff. BGB. Inhalt und Umfang des Anspruches bemißt sich nach §§ 249 ff. l. c. Schadensstifter hat danach wirtschaftl. den Zustand herzustellen, der bestehen würde, wenn der zum Ersatze verpflichtende Umstand nicht eingetreten wäre, also z. B. das gefangene Rehkitz zurückzugeben. Statt Herstellung kann bei Beschädigung einer Sache, also bei Anschießen von Wild, der zur Herstellung erforderl. Geldbetrag verlangt werden. Wahl des Beschädigten zwischen Naturalrestitution und Geldentschädigung ausgeschlossen, wenn Herstellung nur mit unverhältnismäßigen Aufwendungen mögl., z. B. Rückverbringung eines bereits weit fort verkauften lebenden Stückes Wild. Diesesfalls und soweit Herstellung überhaupt nicht mögl. oder zur Entschädigung des Gläubigers nicht genügend, wie stets bei Tötung des gewilderten Wildes, hat der Ersatzpflichtige den Berechtigten in Geld zu entschädigen, wobei auch der entgangene, nach dem gewöhnl. Laufe der Dinge oder nach den besonderen Umständen mit Wahrscheinlichkeit zu erwartende Gewinn zu ersetzen ist. Der J.-berechtigte braucht den auf seiner J. gefrevelten Bock oder die dort gewilderte hochbeschlagene Geiß nicht anzunehmen, sich auch nicht mit einem lebenden, aus freier Wildbahn frisch eingefangenen Bock oder Mutterreh zu begnügen, sondern kann den Betrag vom Frevler fordern, der für Anschaffung und Einsetzung eines Rehbockes gleicher Qualität auf freier Wildbahn nötig ist, und bei der beschlagenen Geiß auch außerdem noch den Wert der im Falle ihrer Erhaltung aus den vorhandenen Embryonen entstandenen Tiere verlangen[35]). Ist die Herausgabe, etwa des gefangenen Rehkitzes, durch Vorsatz oder Fahrlässigkeit des Frevlers nicht möglich, so wird Ersatzpflicht dadurch nicht beseitigt[36]). Der aus §§ 292 ff. RStGB. Herausgabepflichtige hat auch den zufälligen Untergang, eine aus einem anderen Grunde eintretende zufäll. Unmöglichkeit der Herausgabe[37]) oder zufäll. Verschlechterung[38]) zu verantworten[39]). Vgl. Art. 1 JG. A 1, B. IV 2 a[40]).

III. Auch gegenüber der Übertretung j.polizeil. Vorschr. wird dem dadurch verletzten J.berechtigten Schadenersatzanspruch gewährt, indem § 823 Abs. II BGB. den für ersatzpflichtig erklärt, der ein den Schutz eines Anderen bezweckendes Gesetz verletzt. Der Pächter haftet seinem Mitpächter, der Gast, Jäger, J.aufseher dem J.berechtigten, der Vertrauensmann[41]) der Gemeinde für allen Schaden, der entsteht durch Erlegung von Wild während der

---

35) „Wild und Hund" 1917 S. 13; oben S. 350 bei F. 24.
36) § 276 BGB.
37) Verenden, Entkommen des Kitzes in fremdes J.gebiet.
38) Verletzung.
39) § 848 BGB.
40) D.Jäger 1918 S. 330; 1923 S. 129, 441 (hier auch Bestimmung der Schadenshöhe); 1924 S. 748; — „Wild und Hund" 1919 S. 6; 1922 S. 498; 1927 S. 370 (Klage auf Lieferung lebenden Bockes gerechtfertigt).
41) Art. 11 JG.

gesetzl. Hegezeit, von Rehgeißen, Gems- und Rehkitzen, Auer- und Birkhennen, Übertretung der Abschußerlaubnis, Nichterfüllung der Abminderungsanordnung, Ausheben der Eier und Nestbrut von Federnutzwild, Verwendung von Fang- und Fallgruben, Schlingen, Giftködern, Pfahleisen. Zivilrechtl. Haftung aber stets vom Verschulden des Täters abhängig[42]).

IV. Ansprüche aus dem J.pachtvertrag oben Art. 7 D Ziff. V 1; insbes. J.schäden inf. Truppenübungen: S. 163 f.

V. Verjährung.

1. Schadensersatzansprüche aus unerlaubten Handlungen (Ziff. II, III): 3 Jahre vom Zeitpunkt an, in dem der Verletzte vom Schaden und der Person des Ersatzpflichtigen Kenntnis erlangt; ohne Rücksicht auf diese Kenntnis 30 Jahre; Herausgabe des auf Kosten des Verletzten Erlangten auch nach Vollendung der Verjährung (§ 852 BGB.) —

2. Gewährleistungsansprüche des J.pächters aus J.pachtvertrag (Ziff. I, IV): 30 Jahre (§ 195 BGB.).

VI. Außer auf Schadensersatz kann wegen unerlaubter Handlung auch auf Unterlassung geklagt werden, wenn diese Handlung bereits verwirklicht, weitere Eingriffe zu besorgen, und mit der Klage der Fortsetzung oder Vollendung der verübten oder begonnenen Schädigung entgegengetreten werden soll[43]).

F. Strafrechtlicher Schutz des Jagdrechts.*)

Das RStGB. regelt das Jagdstrafrecht nicht abschließend, sondern befaßt sich nur mit Tatbeständen, die einen Angriff auf das fremde ausschließl. Aneignungsrecht des J.berechtigten bilden. Die jagdpolizeil. Vorschriften bleiben dem Landesrecht überlassen. Das landesrechtl. geregelte materielle Jagdrecht, welches entscheidet, unter welchen Voraussetzungen und in welchen Grenzen eine Jagdberechtigung besteht, welche Sachen ihr unterliegen, und wer sie ausüben darf, ist Grundlage der reichsgesetzl. Strafbestimmungen.

Gegenstand des strafrechtl. Schutzes nicht nur das Jagdrecht, sondern auch das Recht der Jagdausübung, das vertragsmäßige Jagdrecht: DJäger 1925 S. 414; Wild und Hund 1925 S. 771; — OLG. Stuttgart 4. Sept. 1924; — RG. 10. Dez. 1891.

---

42) § 823 II 2 BGB.; „Wild und Hund" 1918 S. 493; 1919 S. 662.

43) RGZ. 48, ^{114}; 56, ^{271}; 60, ^{2}, ^{7}; JW. 1903 Beil. S. 11; 1902 Beil. S. 264; 1905 S. 20, 174, 239, 715; „Recht" 1901 S. 426; 1903 S. 79; 1904 S. 447; OLGRspr. 2, ^{482}; 5, ^{239}; GoltdA. 47, ^{447}; Staud. II b S. 853 Vorbem. zum II. Buch, 7. Abschn. 25. Titel, A. VII. 4. und Zitate.

*) JMBek. über Bekämpfung des Wildererunwesens vom 13. August 1919 (JMBl. S. 303) und 23. Nov. 1922 (StAnz. Nr. 280/22); 19. Dez. 1924 (JMBl. 25 S. 3). — über Strafrechtsreform und J.vergehen: DJäger 1921 S. 610.

§ 292 RStGB. Wer an Orten, an denen zu jagen er nicht berechtigt ist, die Jagd ausübt, wird mit Geldstrafe oder mit Gefängnis bis zu drei Monaten bestraft.

Ist der Täter ein Angehöriger des Jagdberechtigten, so tritt die Verfolgung nur auf Antrag ein. Die Zurücknahme des Antrags ist zulässig.

A. Positive Voraussetzung: Vorhandensein eines fremden ausschließl. Okkupationsrechtes; negatives Erfordernis: Nichtbestehen von Eigentum am Wild.

Deshalb scheidet aus:

I. Aneignung von Wild, das in Tiergärten z. Zw. der Besitzausübung derart gefangen gehalten wird, daß es, der Herrschaft des Parkbesitzers unterworfen, als nicht mehr herrenlos anzusehen ist: Diebstahl[1]).

Flugwild bleibt auch in vollständig umschlossenen Gehegen bei Belassung seiner natürl. Bewegungsfreiheit herrenlos[2]). Wer außerhalb eines Wildgatters stehend, auf innerhalb aufgebaumte Fasanen schießt und, um die erlegten zu holen, über die Umzäunung steigt, begeht J.vergehen in sachl. Zusammenflusse mit Hausfriedensbruch[3]). Einsteigen einer mit Waffe versehenen Person oder Mehrerer gemeinschaftlich: schwerer Hausfriedensbruch[4]).

Geweihabwürfe oben S. 44, unten B V 3, 4.

II. Aneignung von gezähmtem Wild, das ohne besondere Schutzmaßregeln gehalten und erst herrenlos wird, wenn es die Gewohnheit ablegt, an den ihm bestimmten Ort zurückzukehren[5]).

A hat mit stillschweigender Genehmigung des J.pächters C einen dem Verenden nahen Rehkitzbock nach Hause gebracht, gepflegt, gezähmt und dadurch zu Eigentum erworben. B, der vom J.pächter C J.erlaubnis hatte, erlegte in unmittelbarer Nähe des Aschen Anwesens das von ihm als der gezähmte Bock des A erkannte Reh: Diebstahl[6]); mangels Aneignungsabsicht: Sachbeschädigung.

---

1) §§ 242, 243 Ziff. 2, 3, 5, 6; 244, 245; oben S. 42, 45, 262; Pollw. S. 167; Schüllerm. S. 124 N. 10; Wirsch. S. 186; Olsh. S. 902 A. 5 d α; Frank S. 490 A. III 2 b α; RGRspr. $1,^{120}$; $4,^{254}$; RGSt. $8,^{273}$; $26,^{268}$; JW. 1911 S. 846^{2}; DJZ. 1911 S. 1447; 1913, 30. Spruchs. S. 11; GoltdA. $59,^{324}$.

2) Oben S. 80, 83, 262, 313 a.

3) Da Eindringen in das Gehege eine dem bereits vollendeten Tatbestande des § 292 fremde, selbständige Handlung bildet (§§ 123, 74 RStGB.). GoltdA. $59,^{324}$; $62,^{202}$; JW. 1916 S. 907.

4) DJäger 27 S. 61; EJZ. 1907 S. 200; RGSt. $11,^{321}$; Rspr. $6,^{637}$.

5) § 960 III BGB.; Frank S. 490 III 2 b γ; Schüllerm. S. 124 N. 9.

6) OberstLGSt. $1,^{53}$; $3,^{329}$; BlfRA. $63,^{286}$; RGSt. $21,^{341}$; Olsh. S. 904 A. 10; „Recht" 1911 Nr. 2685; vgl. Wild und Hund" 1903 S. 352.

Wer in Kenntnis der widerrechtl. Erlangung eines gewilderten j.baren Tieres, dieses dem Besitzer, der es gezähmt hat, eigenmächtig wegnimmt, begeht keinen Diebstahl, da der Frevler auch durch Zähmung nicht Eigentum erwarb, keine Hehlerei, da nicht derivativer Erwerb vorliegt[7]), sondern *J.vergehen*, da er in das fortbestehende Okkupationsrecht des J.berechtigten eingreift[8]).

Gefangenes oder gezähmtes Wild, welches die Freiheit wieder erlangt oder die Gewohnheit der Rückkehr ablegt, wird neuerdings Gegenstand des ausschließl. j.lichen Aneignungsrechtes[9]).

III. Aneignung *bereits okkupierten* Wildes:

1. Wegnahme eines j.baren Tieres, welches in eine vom *Berechtigten* auf seinem J.gebiete aufgestellte *Fangvorrichtung* geraten und dort verendet oder so festgehalten ist, daß es nicht zu entkommen vermag[10]): *Diebstahl*.

Aneignung von Wild, das sich in einer von einem *Unberechtigten* aufgestellten *Fangvorrichtung* gefangen hat und herrenlos geblieben ist[11]): nicht Diebstahl, sondern *J.vergehen*[12]).

Ein J.aufseher findet eine Schlinge, schießt einen Hasen, hängt ihn in die Schlinge, um den Schlingensteller abzufassen, und ertappt einen Mann, der sich vorsichtig der Schlinge nähert, den Hasen herausnimmt und in einem Sack verbirgt, die Schlinge wieder fängisch stellt und sich schleichend entfernt. Der Hase war tatsächl. bereits okkupiert, konnte also nicht mehr Gegenstand eines J.vergehens, sondern nur eines Diebstahls sein. Das wußte der Schlingensteller nicht, glaubte vielmehr, das Tier habe sich in seiner Schlinge gefangen, handelt also subjektiv mit dem Willen des Wilderers und kann daher nicht wegen Diebstahls belangt werden[13]). Trotzdem Bestrafung wegen vollendeten J.vergehens, da schon Schlingenstellen allein, ohne Rücksicht auf Erbeutung von Wild, den Tatbestand des § 292 (293) erfüllt[14]), und wegen Diebstahlsversuchs (§§ 242, 43, 73).

2. Wegnahme von *Wild auf der Strecke*, aus dem Wildwagen, der Wildkammer: *Diebstahl*; ebenso von im Wald ge-

---

7) Olsh. S. 1011 Art. 10a.
8) Oben S. 32ff.; JW. 1907 S. 552,[34].
9) Pollw. S. 167, 24; Opph. S. 786 N. 11.
10) Oben S. 40 Abs. III; Olsh. S. 902, 5 b α; RGSt. 7,[281]: 13,[197]; 15,[268]; 23,[89]; 25,[92]; 29,[216]; 32,[164]; Frank S. 490 III 2 b β; DJäger 16,[127]; anders Wirsch. S. 183.
11) Oben S. 41 Abs. II.
12) ZfRpfl. 1911 S. 426; EJZ. 1907 S. 103; GoltdA. 54,[252]; Lukas II S. 322; RGSt. 23,[89]; Recht 1911 Nr. 2685; Pollw. S. 165 A. 8c; anders: Doerr BlfRA. 77,[81].
13) Frank S. 496 VII 1.
14) Vgl. „Deutsche Jägerzeitung“ 48,[645]; EJZ. 1907 S. 100; JW. 31 S. 298,[19]; Recht Bd. 6,[157], [786]; a. A. GoltdA. 32,[348]; Pollw. S. 168.

lüftet oder aufgebrochen aufgehängtem, neben dem Wege, in einem Gebüsch mit zusammengebundenen Läufen hingelegtem Wild[15]).

3. Aneignung bereits okkupierten, aber durch den Berechtigten oder dessen Beauftragten *verlorenen Wildes*: (Fund-)*Unterschlagung*[16]).

4. Zueignung des von einem Berechtigten für den J.herrn okkupierten Wildes: *Unterschlagung*. Nichtablieferung des vom J.*gaste*, J.personal für den J.herrn, von Vertrauensmännern für die Gemeinde erlegten Wildes: *Untreue*[17]); des von *Treibern*, Trägern bei Treibj. oder Nachsuche verendet aufgelesenen Wildes, auch wenn der J.herr oder die an der J. Beteiligten nicht jedes einzelne erlegte oder gefallene und später verendete Stück gesehen haben und den Ort, wo es liegen geblieben ist, nicht kennen: *Unterschlagung*, bei Staats- oder Gemeindebediensteten Amtsunterschlagung[18]).

Wegnahme einer von einem J.gaste unabsichtl. geschossenen, vom J.berechtigten versteckten Rehgeis durch den J.gast oder einen vom Vorgange Kenntnis besitzenden Dritten: *Diebstahl*[19]). Aneignung eines von einem J.*teilhaber* erbeuteten, vereinbarungsgemäß an das J.konsortium abzuliefernden Wildes durch den Erleger: *Unterschlagung* hinsichtl. der den übrigen Gesellschaftern zustehenden Anteile[20]). Der, welcher mit Erlaubnis oder im Dienste des J.herrn jagt, Schonwild versehentl. erlegt, sich schämt, dies einzugestehen, und deshalb *vernichtet*, begeht *Sachbeschädigung*, u. U. *Untreue*[21]).

Wer im *Notstande* Wild tötet, übt nicht J. aus; er begeht J.*vergehen*, sobald er, ohne im Besitze der J.befugnis zu sein, das Wild sich aneignet, statt es dem J.berechtigten abzuliefern oder liegen zu lassen. Durch Tötung wird das Wild nicht Eigentum des J.berechtigten, weshalb keine Unterschlagung mögl. Es bleibt herrenlos. Aneignung von Wild, das bei Verjagen zur Wildschadenverhütung zufällig, oder beim Mähen unabsichtlich getötet wurde (Fallwild!): J.vergehen[22]).

5. A verbringt von ihm *gewilderte* Fasanen in eine *auf anderem J.gebiete* gelegene Scheune, aus der sie B *wegnimmt*: Die gefrevelten Fasanen sind herrenlos geblieben[23]).

---

15) Wirsch. S. 184.
16) Wirsch. S. 184; GoltdA. 32, 349; Pollw. S. 168.
17) § 266 Z. 2 RStGB. Kein Rechtsanspruch auf Aufbruch und Trophäe.
18) §§ 350, 359 RStGB.; RGSt. 13, 195; 23, 89; 22, 250; OLG. Mü. 1, 339; DJZ. 5, 76; BlfRA. 65, 116; E. 9, 254; Pollw. S. 169; DJäger 27, 136; Wirsch. S. 184; RGRspr. 8, 556; DJZ. 1911 Spruchs. S. 32.
19) OberstLGSt. 12, 297.
20) OLG. Mü. 1, 339; RGSt. 22, 250.
21) §§ 303, 266 2 RStGB.; RGSt. 13, 195; Rspr. 6, 727; Pollw. S. 169.
22) Pollw. S. 168.
23) Oben S. 32 f.; RGSt. 23, 89.

Weiß B, daß es sich um Wildderergut handelt: § 292 [24]). Glaubt er irrigerweise, fremdes Eigentum zu verletzen: Diebstahlversuch (am untauglichen Objekt) [25]).

Durch streunenden Hund getöteter und liegengelassener Hase wird von einer des Weges kommenden Frau mitgenommen, gelangt in unaufgeklärter Weise an St und wird von diesem und M heimgenommen, zubereitet und gegessen: Hase ist Fallwild [26]), dem Okkupationsrecht des J.berechtigten unterworfen, bis zu dessen Verwirklichung herrenlos. Frau begeht J.vergehen, falls sie den Hergang kennt; hält sie Hasen für verloren, versuchte Fundunterschlagung [27]). Im ersteren Falle begeht St. Hehlerei, da nicht „eigenmächtige" Aneignung, sondern abgeleiteter „Erwerb" irgendwelcher Art, „Ansichbringen" aus der Hand irgendeines Dritten. Nimmt er Diebstahl an, so hindert dies trotz der unrichtigen rechtl. Qualifikation der Handlung des Haupttäters seine Belangung wegen Hehlerei nicht, da nicht festgestellt zu sein braucht, mittels welcher Strafhandlung der Vormann die Sache erlangt hat, wenn nur abstrakt feststeht, daß diese überhaupt mittels einer strafb. Handlung erlangt wurde, und der Erwerber dies wußte oder den Umständen nach annehmen mußte; auch eine zweite und fernere Hehlerei möglich; Feststellung der Person des Vormannes nicht erforderl [28]). Gleiches gilt für M [29]).

Wer eine Person, welche von ihr gefundenes Fallwild dem J.berechtigten bringen will, durch die falsche Angabe, er sei dieser J.berechtigte, zur Übergabe an ihn veranlaßt, um das Erhaltene für sich zu behalten, greift unmittelbar in fremdes Aneignungsrecht ein, begeht J.vergehen [30]). A erklärt seinen J.gästen beim Anstellen zur Riegelj., daß sie nur 70 und 120 m von der Grenze entfernt stehen, ohne diese näher zu bezeichnen. Der Gast B schießt in Abwesenheit des A einen Rehbock an, den er nach kurzer Verfolgung erreicht und knickt, ohne zu wissen, daß er sich bereits auf Nachbargebiet befindet, und übergibt ihn dem A auf dessen J. A. nimmt, obwohl er erkannte, daß die Erlegungs-Stelle nicht mehr zu seiner J. gehört, den Bock an sich: Kein Diebstahl, da wirkl. J.berechtigter durch Handlung des B, der

---

[24]) Hehlerei nicht anzunehmen, da § 292 gegenüber § 259 RStGB. die speziellere Bestimmung ist, die das „Ansichbringen" von Wild, d. h. die Verletzung fremden J.rechts behandelt, und § 259 derivativen Erwerb, nicht aber eigenmächtige Wegnahme oder Fund trifft, Olsh. S. 1011 A. 10a, 1012 A. 11.

[25]) RG. v. 29. Okt. und 6. Dez. 1906, EJZ. 1907 S. 103, 138; „Wild und Hund" 1918 S. 603.

[26]) Oben S. 63.

[27]) Am untauglichen Objekt; vollendete U. nimmt an GoltdA. 32, [349].

[28]) RGSt. 10, [155]; Rspr. 3, [589]; es genügt alternative Feststellung; Olsh. S. 1010 A. 7; 1012 A. 11; RGSt. 5, [58]; 2, [323].

[29]) GoltdA. 54, [252]; Gruchot 57, [343].

[30]) GoltdA. 54, [252]; nicht Betrug, da das geschädigte „Vermögensrecht" unter den Spezialschutz des § 292 gestellt ist, der die allgem. Bestimmung des § 263 RStGB. ausschließt; a. A. Vollw. S. 169 unter Hinweis auf RGSt. 25, [244]; 39, [82], die aber der hier vertretenen Ansicht nicht entgegenstehen.

nicht für diesen, sondern für A okkupieren wollte, Eigentum nicht erwarb; Tier blieb herrenlos, bis B es sich für A zueignete; aus gleichem Grunde keine Unterschlagung; keine Hehlerei, da der von der Rechtmäßigkeit seiner Handlung überzeugte B eine Straftat überhaupt nicht begangen hat[31]); J.vergehen, da A den herrenlosen Bock sich unter Verletzung des ausschließl. Okkupationsrechtes seines J.nachbars aneignete. — Aber Hehlerei des J.-herrn, wenn J.gast wußte, daß Bock auf fremder J. verendete (DJäger JU. 13/27 S. VIII; LZ. 1927[63]). § 292, wenn A seine Gäste in der Nähe der Grenze anstellte und über deren Verlauf absichtlich im unklaren ließ oder falsch unterrichtete, weil er damit rechnete, daß gerade an dieser Stelle Wild anlaufen, auf fremdem Gebiete okkupiert und von den gutgläubigen Erlegern ihm gebracht werde. Er ist mittelbarer Täter, der sich seiner gutgläubigen Gäste als Werkzeug bedient[32]). In allen Fällen Herausgabe des Bockes wegen ungerechtfert. Bereicherung[33]).

B. „Jagen" und „J.ausübung" gleichbedeutend: Vornahme der dem J.berechtigten in bezug auf die Okkupation j.barer Tiere zustehenden Handlungen[34]).

I. Nicht nur die unmittelbar auf Okkupation des J.objektes gerichteten äußeren Willensakte, sondern jede Tätigkeit, durch welche Jemand den J.gegenstand aufsucht, verfolgt, ihm nachstellt, um ihn weidgerecht oder unweidmännisch zu erlegen, einzufangen oder sonst in Besitz zu nehmen[35]).

1. Nicht vorausgesetzt, daß die auf Okkupation von Wild abzielende Handlung bereits so weit gediehen sei, daß durch sie schon unmittelbar Aneignung eintritt oder ermöglicht wird, vielmehr genügt eine auf Okkupation gerichtete Tätigkeit, welche zur wirkl. körperl. Erlangung des Wildes noch eines weiteren Abschlusses bedarf. „Jagen" im Gegensatze zum „Erjagen" fordert demnach nicht, daß die Handlung überhaupt zum Ziele geführt hat oder dieses erreichen konnte; Mangel des Erfolges drückt sie nicht zum[36]) Versuche herab, welchen der Begriff „Jagen" in sich schließt[37]). Offenlassen von „Einsprüngen" in der Umzäunung eines Wildparkes ist „J.ausübung": Dem außerhalb des Gatters in freier Wildbahn stehenden, herrenlosen Wild wird Ein-

---

31) RGSt. 6, ^{336}; 12, ^{298} ^{419}; 35, ^{73}; OLG. Mü. 5, ^{98}; Olsh. S. 1008 A. 3 b, c; GoltdA. 40, ^{149}.

32) OberstLGSt. 6, ^{94} u. ^{243}.

33) §§ 812 ff. BGB.; vgl. unten S. 377.

34) RGSt. 3, ^{226} oben S. 203 II zu Art. 14 JG.

35) RGRspr. 1, ^{14}; Wirsch. S. 183; DJäger 1923 S. 392 (Fangen von Rehkitzen zum „Aufziehen").

36) Straflosen §§ 43 II, 292 StGB.

37) RGSt. 6, ^{375}; 11, $^{249, 421}$; 13, ^{84}; 14, ^{419}; 15, ^{268}; 20, ^{498}; 22, ^{115}; Rspr. 7, ^{184}; 8, ^{102}; 10, ^{331}; OLG. Mü. 1, ^{205}; 3, ^{139}; 6, $^{26, 98, 365}$; 8, $^{84, 196, 275}$; EJZ. 1907 S. 89; 1908 S. 135; Olsh. S. 1226 A. 4.

wechseln in den umschlossenen Raum ermöglicht, aus welchem es nicht mehr in die Freiheit gelangen kann, in welchem es in Besitz und Eigentum des Parkbesitzers übergeht, also „Okkupation" herrenlosen Wildes durch Entziehung der natürl. Freiheit mittels Festhaltens im Tiergarten[38]), Anbringung — J.vergehen[39]).

2. J. wird nicht bloß durch Tötung oder Lebendfangen des Wildes, sondern auch durch Schießen usw. nach ihm, durch Treiben, Aufscheuchen, Anstehen, ohne daß sich Wild zeigt oder auf Schußweite nähert, ausgeübt, umfaßt daher auch alle Tötung und Fang unmittelbar *vorbereitenden Handlungen*, die eine Gefährdung des Okkupationsrechtes enthalten[40]).

3. *Nicht* erfordert *Gefährdung des Wildes oder Wildstandes* durch die auf Erlegung gerichtete Tätigkeit[41]), *genügend Gefährdung des Okkupationsrechts*.

Nicht genügend: Wenn zu Hause Patronen oder Schlingen zum Zwecke des Wilderns angefertigt, in gleicher Absicht J.ausrüstung angeschafft (straflose Vorbereitungshandlungen); Wild bloß aus Neugierde oder Übermut aufgescheucht oder angeschlichen wird[42]). Blindes Schießen zwecks Verscheuchens von Wild aus Grundstücken oder Verjagen durch Hunde ist nicht „J.", selbst wenn dabei unbeabsichtigt ein Stück verletzt wird[43]). Aneignung des verletzten Tieres J.vergehen[44]). — Anblatten von Rehwild auf der Fahrt durch fremdes Revier, um es einem mitfahrenden Gaste zu zeigen, Feststellung von Feldhühner- oder Fasanenbrutstätten mit dem Hund, um Ausmähen zu verhindern[45]), geschieht nicht in Verfolgungs- oder Aneignungsabsicht[46]).

4. Wer Messingschlingen behufs der zum Aufstellen und für das Einschlüpfen von Rehen nötigen Rundung aufbiegt, mit Bindfaden an ein Bäumchen anzubinden im Begriffe steht und vorragende Äste mit einem Messer ausschneidet, um die herankommenden, den Wechsel einhaltenden Rehe auf den Platz der Schlingen hinzuleiten[47]); wer mit *Schlingenaufstellen* erst begonnen hat, ja sogar der, welcher mit zubereiteten Schlingen, oder nur mit Messingdraht, Spagat, Schere ausgerüstet die zur

---

[38]) § 960 Abs. I BGB.; oben S. 42 ff.; 83; 265; unten S. 364 B V 1; „Wild und Hund" 1907 S. 2 ff.

[39]) Oben S. 265; unten S. 382 IV.

[40]) Verh. d. AK. 1849/1850 Beil. Bd. 5,[71] f.; RGSt. 6,[376]; Rspr. 7,[184]. GoltdA. 48,[366]; ObersttLG. 4,[398]; 21. Juni 1919 DJZ. 1920 S. 158; BlfRA. 61,[177]; 68,[467]; Olsh. S. 1226 A. 1; Pollw. S. 157; Wirsch. S. 172 Fußn. 4.

[41]) Wie Frank S. 660 A. II 4 meint; dagegen GoltdA. 48,[366]; Binding Lehrb. S. 330; Olsh. S. 1226 A. 4; DJZ. 1908 S. 243 II.

[42]) Pollw. 161; Wirsch. S. 181 Fußn. 28 a; Olsh. S. 1226 A. 4[2].

[43]) Schüllerm. S. 125 N. 12.

[44]) Schüllerm. S. 127 N. 24; oben S. 357, 4 bei F. 22.

[45]) Goercke S. 103 A. 15.

[46]) Pollw. S. 161.

[47]) RGSt. 11,[249].

Legung geeigneten Stellen aufsucht[48]), oder mit Rucksack, Messer, Stricken versehen sich an Orte begibt, wo er Fangvorrichtungen eines Dritten aufgestellt weiß, um etwa darin befindl. Wild sich anzueignen; Eisen und Schlingen revidiert[49]); Giftbrocken zum Zwecke der Tötung von Füchsen legt[50]); nach Dächsen gräbt; Dohnen oder Leimruten zum Krammetsvogelfang aufhängt oder aufstellt; wer in der Absicht der J.ausübung auf dem Anstande, angesichts eines außer Schußweite auf einer Wiese stehenden Rehes, hinter einem Busche gedeckt eine Ladung Rehposten mit dem Ladestock im Laufe seiner Vorderladerflinte feststößt und diese schußbereit macht, übt die J. bereits aus, trifft nicht erst Vorbereitungshandlungen[51]).

Bloßes Betreten fremden J.gebiets in J.ausrüstung ist noch nicht unbefugte J.ausübung, es muß wenigstens eine auf Aneignung von Wild abzielende Handlung, z. B. Schußfertighalten des Gewehres, Birschen, Anstellen, hinzukommen[52]).

II. Keine widerrechtl. Aneignung, wenn der sich eines j.baren Tieres Bemächtigende damit nicht seine eigenen Zwecke, sondern die des J.berechtigten verfolgt, indem er ein in den Wasserfluten unterzugehen drohendes Stück Wild errettet und an sich nimmt, um es dem J.berechtigten zu erhalten[53]).

III. Nur Absicht der Erlegung überhaupt, nicht auch der Überführung in das Vermögen des Okkupierenden verlangt. Aufnahme der Strafbestimmungen der §§ 292 ff. in den 25. Abschnitt mit der zusammenfassenden Überschrift „Strafbarer Eigennutz“ bewirkt nicht, daß nur „Eigennutz“ oder „Gewinnsucht“ zum formellen Tatbestandsmerkmal für J.vergehen geworden wäre[54]). Besitznahme für einen Dritten genügt; Behalten und Verwerten des Wildes gehört nicht zum Begriff des J.vergehens, das auch vorliegt, wenn nur aus J.leidenschaft Wild erlegt und dann liegen gelassen oder zur Verminderung des Wildstandes zwecks Abwendung von Wild- oder Fischereischaden auf eigenem Grund und Boden getötet und verscharrt wird[55]). Parforcej., wenn und soweit sie Verfolgung und Ergreifung von

---

48) RGRspr. 8, ^{378}.
49) CJZ. 1908 S. 263.
50) DJäger 32, ^{324}; JU. 13/27 S. VII; „Wild und Hund 1919 S. 149.
51) Dem steht RGSt. 11, ^{422}, JW. 18 S. 472 ^{30} nicht entgegen, da dort nicht unbedingt verneint wird, daß ein Befinden auf dem Anstande auch schon vorliegen kann, wenn das mitgeführte Gewehr noch nicht geladen ist; Wirsch. S. 176 Fußn. 15; Olsh. S. 1232 A. 12.
52) Vgl. oben S. 250 f., 5, 6; § 368, ^{10} RStGB.; vgl. OberstLGSt. 4, ^{398}.
53) JW. 18, S. 340 ^{2}; vgl. S. 37, 3; 205, 1; Frank S. 662 IV; unten S. 362 IV.
54) RGSt. 14, ^{419}; 26, ^{216}; Schüllerm. S. 119 N. 2; Wirsch. S. 172 Fußnote 1.
55) RGSt. 4, ^{261}; 11, ^{249}; 14, ^{419}; 22, ^{115}; GoltdA. 32, ^{354}; OLG. Mü. 5, ^{135}; vgl. oben S. 205, 1; 330; Wirsch. S. 173; Pollw. S. 160; BlfRA. 71, ^{160}; a. A.: GoltdA. 39, ^{351}, wonach die Umstände des Falles entscheiden sollen.

Wild in Ausübung des Reitsportes bezielt, J.ausübung[56]). *Besitzergreifung* überhaupt nicht verlangt; schon *Auslegen* von Gift zur Verhinderung von Wild- oder Raubzeugschaden erschöpft den Tatbestand. Der Grundbesitzer, welcher auf seinem Acker mit Salz und Schweinfurtergrün bestreute Brotstücke auslegt, um Rehe zu vergiften, ist strafbar, auch wenn noch kein Reh etwas aufgenommen hat[57]).

IV. Auf die *Dauer der beabsichtigten Aneignung* kommt nichts an. Auch Einfangen von Wild in der Absicht, es alsbald wieder in Freiheit zu setzen, ist J.ausübung. Verfolgen und Fangen eines Hasen durch den nicht J.berechtigten, welcher ihn nach Hause trägt, seiner Familie zeigt und dann wieder aussetzt[58]). Dagegen keine Okkupationsabsicht dessen angenommen, der ein schlafendes Reh mitnahm, um es, nachdem er es daheim gezeigt hatte, dem J.*berechtigten* zu überbringen[59]); mit Unrecht, da die Mitnahme des Tieres durch nichts gerechtfertigt, dem gemeinhin anzunehmenden Willen des J.berechtigten widerspricht, dessen Aneignungsrecht wenigstens zeitweise zwecklos aufhebt, endlich auch eine schwer widerlegbare Ausrede des vor der gar nicht beabsichtigten Ablieferung ertappten Frevlers und damit eine bedenkl. Gefährdung des J.rechtes begünstigt wird[60]). Anders, wenn Jemand aus Mitleid oder im *Interesse des* J.*berechtigten*, augenblickl. in Gefahr befindl., verletztes, krankes, von Raubzeug angefallenes oder von den Elementen (Wasser, Schnee, Sturm, Feuer) bedrängtes Wild an sich nimmt, pflegt und dann wieder laufen läßt[61]). Objektiv J.ausübung, allein der Eingriff in fremdes Okkupationsrecht subjektiv kein rechtswidriger, da er das durch §§ 292 ff. geschützte Recht nicht nur nicht verletzt, sondern fördert[62]). Zum J.vergehen wird die Handlung, wenn das aus Mitleid getötete Wild den eigenen Hunden des nichtj.berechtigten Erlegers vorgeworfen wird[63]).

Zeichnen von Jungwild mit *Wildmarken*, um es bei etwaiger Erlegung im eigenen Gebiet zu erkennen und sein Alter festzustellen, ist Eingriff in fremdes J.recht, da es mit einer Verletzung des Tieres verbunden, bei ungeschickter Ausführung Kümmern und Eingehen bewirken kann.[64]).

---

56) RGSt. 26,[216]; Opph. S. 785 A. 8; oben S. 305; nicht dagegen „Schnitzeljagd" oben S. 306.
57) RGSt. 14,[419].
58) GoltdA. 60,[164].
59) Olsh. S. 1130 A. 4 der 6. Aufl.; in der 7. Aufl. aufgegeben; S. 1227 A. 4[3]; Stengl. 7,[349].
60) RGSt. 26,[216]; Rspr. 4,[713]; Pollw. S. 160; Wirsch. S. 182.
61) Oben S. 361 II.
62) Wirsch. S. 183; a. A. JW. 1889 S. 98,[54]; OLG. Mü. 1,[229]; DJäger 16[189]; Pollw. S. 161, wo objektiv Jagdvergehen angenommen wird.
63) Pollw. S. 161.
64) „Wild und Hund", 1905 S. 443.

V. „J." kann nur auf „j.bare" Tiere ausgeübt werden[65]), welche erschöpfend und ohne Spielraum nach der negativen oder positiven Seite in der KAB. vom 11. Juli 1900 aufgezählt sind[66]).

1. Da das J.recht sich auf alles J.wild erstreckt, ist der Vorsatz, dem Wilde im allgemeinen nachzustellen, ausreichend[67]). Absicht, ein bestimmtes Tier oder eine bestimmte Wildart zu okkupieren, Nachweis des Vorhandenseins j.barer Tiere und der Möglichkeit ihres Betreffens und Erlegens an Ort und Stelle, nicht erforderl.[68]). Doch muß die Verurteilung erkennen lassen, was für wilde Tiere Gegenstand der J.ausübung überhaupt an der fragl. Örtlichkeit sein können, damit J.barkeit prüfbar[69]). Es genügt Ansitzen oder Anstehen mit noch ungeladenem, aber jederzeit schußfertig zu machendem Gewehr[70]), Anlocken von Wild durch den mit schußbereitem Gewehr gehenden Jäger[71]), Auslegen von Futter oder Ködern und Warten auf das zum Futter- oder Luderplatz kommende Wild in Erlegungsabsicht[72]), Beschleichen der Wechsel und Pässe, Ansitz am Bau[73]), Durchstreifen des J.gebietes, um etwa anzutreffendes Wild zu erlegen[74]). — Durchgehen des Nachbarreviers, um aus diesem Wild für die nächsten Tages stattfindende Treibj. ins eigene Gebiet zu drücken, ist eine bei Beeinträchtigung der J. zu Schadensersatz verpflichtende, aber nicht strafbare Vorbereitungshandlung; dgl. „Ausmachen" und „Verlosen" von Böcken, Hirschen, Hahnen vor der Schuß- und Balzzeit, um bei deren Aufgang Standort und Wechsel zu kennen. Anders, wenn während der J. Wild auf- und den Schützen zur unmittelbaren Okkupation vom Nachbarbezirk aus zugetrieben wird, da diese Handlung ein Teil des Jagens[75]). Öffnen eines Parktores, um Wild einziehen zu lassen, ist dann nicht mehr lediglich. Vorbereitungshandlung, wenn eine Art Zwangswechsel im dichten Unterholz des angrenzenden fremden Reviers in der Richtung auf das Gatter ausgeschnitten und die Dickung vorsichtig durchgangen wird, um Wild zur Vorwärtsbewegung auf und zum Eintritt in die nachher wieder geschlossene Einzäunung zu veranlas-

[65]) Schüllerm. S. 121 N. 5; 123 N. 8.

[66]) Oben S. 56; auch keine Abänderung durch Vertrag möglich, Schüllerm. S. 122 N. 6; oben S. 144 F. 21.

[67]) S. aber unten S. 382 IV.

[68]) BlfRA. E. 13,[233]; Bd. 14,[283]; RGRspr. 8,[103]; ObersLG. 10. Aug. 1924 DJäger Ill. 35/26 S. XIII; DJäger 1,[78]; Pollw. S. 158; Wirsch. S. 173.

[69]) RGRspr. 4,[280].

[70]) Wirsch. S. 176.

[71]) Rehblatte, Anreizen des Spielhahns, Haselhuhn- und Schnepfenlocke, Hirschmuschel, Mäusepfeifchen für Fuchs.

[72]) ZfRpfl. 7,[370].

[73]) DJäger 34,[729].

[74]) EJZ. 1908 S. 167.

[75]) GoltdA. 32,[355]; 48,[366]; Olsh. S. 1227 A. 4[2]; RGRspr. 7,[184]; 10,[331]; BlfRA. 66,[495]; DJZ. 7,[126]; Pollw. S. 158.

sen[76]). Herstellung von „Einsprüngen" in der Umzäunung eines Wildparks, durch welche Wild in einen Park hinein-, aber nicht mehr hinausgelangen kann, ist Eingriff in fremdes J.recht, da „in" der Umfriedung keine Vorrichtungen zum Okkupieren von J.wild angebracht werden dürfen[77]). — Anstellen der Schützen zur Treibj. auf die Plätze, von denen aus sie unmittelb. Okkupation des anlaufenden Wildes bewirken sollen, ist Vornahme einer, diese ermöglichenden, nicht nur vorbereitenden Handlung und darf daher nicht unter Betreten fremden J.gebietes geschehen[78]).

2. „J.bar" ist nicht nur das in normalem körperl. Zustande befindl. Wild, sondern ohne Rücksicht ob es im Einzelfalle für den Menschen nutzbar ist oder nicht[79]), auch krankes[80]) und Fallwild[81]). Landesgesetzl. Strafvorschriften über unbefugte Aneignung von Fallwild sind aufgehoben, bestehen in Bayern auch nicht[82]). Dagegen erstrecken sich die reichsgesetzl. Strafbestimmungen auch auf dieses[83]). J.vergehen: Wegnahme verendeten Wildes aus einer von einem Unberechtigten gestellten Schlinge[84]). Aufsuchen verendeten Wildes, welches bei einer Treibj. im eigenen Revier auf das angrenzende Gebiet geraten und dort verendet ist, von Fallwild, das im Walde gesehen wurde und mittels mitgeführter Stricke und sonstiger Ausrüstung (Schweißhund!) aufgesucht und fortgeschafft werden soll[85]). Wer einen Wildkadaver, der in seinem Hofe gefunden wird, auf den Mist wirft oder von seinem Felde wegräumt und vergräbt, begeht kein J.vergehen, da er ihn auf seinem Grund und Boden nicht zu dulden braucht und dem J.berechtigten nicht nachtragen muß[86]). Genießbarkeit, Verwertbarkeit des „Fleisches" oder anderer Teile des „gefallenen" Tieres nicht Voraussetzung für die Anwendbarkeit des § 292. Tatsächl. Wertlosigkeit wird im Zweifel Anhalt

---

76) So wohl auch Pollw. S. 159.

77) ObersttLG. 2. Sept. 1924 DJäger JU. 35/26 S. XIII; oben S. 80 f., 265 I, 360 B I 1; „Wild und Hund" 1907 S. 2.

78) a. A. Pollw. S. 159.

79) RGRspr. 4, ^{713}; DJZ. 1910, 18. Spruchs. S. 29; 1911, 22. Spruchs. S. 32.

80) Oben S. 362 IV; Pollw. S. 160; Schüllerm. S. 127 N. 23; Wirsch. S. 179; BlfRA. 49, ^{38}.

81) Oben S. 63; Art. 1 a JG.; Olsh. S. 1228 A. 7 b; Frank S. 659 I Absatz 3.

82) Olsh. S. 1226 A. 2 a; Art. 1 a Abs. II JG. erklärt Fallwild nur für „jagdbar", trifft also eine zivilrechtliche Bestimmung über das ausschließliche Aneignungsrecht; oben S. 55, 63 f.

83) RGSt. 3, ^{226}; 5, ^{281}; 13, ^{84}; 18, ^{226}; 19, ^{49}; Rspr. 4, ^{713}; 5, ^{126}; 9 ^{127}; RGSt. 13, ^{268}; 23, ^{89}; Rspr. 2, ^{721}; 7, ^{674}; GoltdA. 43, ^{48}; ObersttGH. 8 ^{26} ^{479}; ObersttLG. 8, ^{387}; 9, ^{207}; OLG. Mü. 4, ^{440}; 5, ^{343}, ^{349}; 7, ^{282}; Pollw. S. 24 165 A. c; Wirsch. S. 179.

84) Oben S. 41 A. III 1. ObersttLG. 19. August 1924; DJäger JU. 35/26 S. XIII.

85) Olsh. S. 1232 A. 12; anders Frank S. 660 A. 4; GoldtA. 32, ^{355} die nur Vorbereitungshandlung annehmen; unentschieden Pollw. S. 165/166.

86) GoltdA. 32, ^{355}; 54, ^{252}.

für die Frage des Vorliegens oder Fehlens bewußt rechtswidrigen Handelns geben[87]). Völlige Zerstörung des Kadavers durch Fäulnis hebt nicht nur jeden Okkupationswert, sondern auch den Begriff des „j.baren Tieres" auf[88]).

3. Wie Wegnahme eines brauchbaren Schlegels von einem im übrigen anbrüchigen Rehkadaver einen Eingriff in das den ganzen Tierkörper umfassende ausschließl. Aneignungsrecht des J.-berechtigten bedeutet[89]), so auch Abtrennung anderer zwar nicht genießbarer, aber sonst verwertbarer Teile von verendetem Wild[90]). „Denn, wenn auch bezügl. der unbefugten J.ausübung das gewinnsüchtige Moment nicht notwendige Voraussetzung ist, so erscheint dasselbe doch aus diesem Begriffe keineswegs ausgeschlossen, wie die Stellung der Strafbestimmung unter den Abschnitt „Strafbarer Eigennutz" zeigt. Aus diesem Gesichtspunkte wird hinsichtl. der Aneignung von Fallwild ins Gewicht fallen, ob und daß dasselbe im ganzen oder wenigstens in Teilen für den J.ausübungsberechtigten einen Okkupationswert hat, und dies ist bei Geweihen usw. zweifellos der Fall"[91]). Allgemeiner Vermögenswert nicht verlangt, Affektionswert genügt. Abtrennung des Kopfes und Geweihes von einem Hirschskelett, des Gehörnes mit Schale von einem nur mehr aus Kopf und Rückgratskelett bestehenden Rehkadaver ist J.vergehen[92]).

4. Genügt für die J.barkeit von Geweihen usw., wenn nur erkennbar ist, daß sie zu gefallenem Wild gehören, so sind abgeworfene Geweihe und Gehörne, von den Stirnzapfen gelöste Krickeln, ausgebrochene Hirschhaken und Sauwaffen für sich selbst bestehende, mit dem j.baren Tiere oder dessen Kadaver nicht mehr in ungetrenntem oder erkennbarem Zusammenhange befindl., herrenlose Sachen, auf welche sich die ausschließl. Aneignungsbefugnis des J.ausübungsberechtigten nicht erstreckt[93]). Ihre Aneignung jedem gestattet, auch Treibern, J.aufsehern, Vertrauensmännern. Da diese selbständigen, herrenlosen Sachen mit J.ausübung rechtl. nichts zu tun haben, kann nicht angenommen werden, daß

---

87) RGRspr. 4,[713]; Vollw. S. 165; Wirsch. S. 179.

88) Opph. S. 785 A. 9; Olsh. S. 1229 A. 7 b; Wirsch. S. 179; RG.-Rspr. 4,[713]; 5,[126]; GoltdA. 43,[48]; OLG. Mü. 9,[89]; BlfRA. 61,[408]; „Wild und Hund" 1903 S. 127; oben S. 63.

89) RGSt. 40,[9]; Schüllerm. S. 125 N. 14; a. A. Frank S. 659 I Abs. 3.

90) Hierher gehören Geweihe, Krickeln, Gehörne, Hirsch-, Dachs- und Gemsbärte, Hirsch- und Rehhacken, Sauwaffen, Schnepfen- und Fasangrandeln (= Malerfederchen), Auer- und Spielhahnstöße, Fasanschwerter, Erpeltriller, Reiherschmuckfedern usw.

91) Wirsch. S. 180 Fußn. 27; Schüllerm. S. 120 N. 2.

92) Mit OLG. Mü. 9,[89]; BlfRA. 61,[408]; GoltdA. 60,[328]; ObersfLG. 9,[47]: „Wild und Hund" 1903 S. 127, 256; RGSt. 13,[84]; gegen BlfRA. E. 11,[11]; RGRspr. 4,[713]; 5,[126].

93) RGSt. 13,[84]; Rspr. 7,[674]; GoltdA. 37,[211]; 39,[74]; Stengl. 1,[138]; 5,[153]; ObersfGH. 8,[26]; OLG. Mü. 5,[343]; DJäger 22 Nr. 35; Wirsch. S. 180; Vollw. S. 25 A. 4, 166 A. d; S. 31 A. 4; Schüllerm. S. 125 N. 13, 14[2].

sie von diesen Personen, die nur in j.lichen Beziehungen zum J.herrn stehen, im Zweifel für diesen in Besitz genommen werden[94]). Vielmehr kann höchstens ein anerkanntes örtl. Herkommen oder ausdrückl. Vertragsabmachung eine Ablieferungspflicht begründen. Gegen jedermann gerichtetes Verbot des „Hirschhornsammelns" unwirksam, da es die zum Eigentumserwerb an herrenlosen Sachen erforderl. Erlangung des Eigenbesitzes[95]) nicht ersetzt[96]), den in Art. 1a JG. erschöpfend geregelten Begriff der J.barkeit nicht auf weitere Objekte ausdehnen kann. — Abwürfe usw. in Wildgärten Eigentum des Parkbesitzers, ebenso die, welches gezähmtes Wild in Gefangenschaft abwirft. An ihnen Diebstahl und Unterschlagung möglich[97]). — Geweih- oder Gehörnstangen der Zerviden bilden, solange sie sich in ihrer natürl. Verbindung mit der Hirnschale befinden, Bestandteile des Tierkörpers. Wird in der Absicht, diese Bestandteile zu erlangen, dem Wilde nachgestellt, so genügt auch diese Absicht schon zur Annahme einer J.ausübungshandlung. Die Tätigkeit des Nachstellens richtet sich, obschon sie nur Okkupation eines Teils des Wildkörpers bezielt, doch gegen das Wild selbst und bildet ohne Erlaubnis des J.berechtigten einen Eingriff in dessen ausschließl. J.befugnis, gleichgültig ob die Nachstellung den bezweckten Erfolg hat oder nicht: Aufsteigen zu einem bekannten Einstand von Hirschwild, Aufscheuchen desselben, Nachfolgen auf seinen Fährten z. Zt. des Geweihtwechsels in der Absicht, durch Veranlassen der Flucht die Tiere zum vorzeitigen Abstoßen der Geweihe zu bringen = „Hirschsprengen"[98]).

5. Ausnehmen von Eiern j.baren Federwildes, Ausheben von Jungen im und Fangen außerhalb des Nestes durch den Nichtj.berechtigten ist J.vergehen[99]).

a) § 368[11] RStGB. kommt für Bayern nicht in Anwendung. Vom reichsgesetzl. Standpunkte aus richtet sich sein Verbot

---

[94]) a. A. Pollw. S. 25; BlfRA. 1909 S. 64. DJäger 30,[442]; oben S. 64f.; Olsh. S. 1228, 7a. Das Ergreifen derselben fällt nicht ohne weiteres in den ihnen bei Ausübung der Jagd zugewiesenen Pflichtenkreis, mögen Geweihabwürfe usw. auch nicht bloß ein Affektionsinteresse, sondern vor allem einen Vermögenswert für den J.herrn besitzen. Unterlassung einer ausdrückl. speziellen oder allgem. Aufforderung, diese herrenlosen Sachen an ihn abzuliefern, läßt einen Verzicht auf diese gegenüber den genannten Personen mit viel mehr Recht präsumieren, wie den Willen, sie stillschweigend zu beanspruchen. Denn gerade das Interesse des J.herrn an ihnen läßt, wenn anders es vorhanden ist, eine Sicherung ihrer Ablieferung erwarten. Wird dieser Wille nicht ausdrückl. kundgetan, so verstößt die Nichtablieferung keinesfalls gegen die Grundsätze von Treu und Glauben, ist nicht widerrechtl. Eigentum des J.berechtigten besteht nicht; daher auch keine Unterschlagung. „J.bar" sind sie nicht; deshalb kein J.vergehen.

[95]) § 958 I BGB.

[96]) §§ 854, 872 l. c.

[97]) Oben S. 44, 65, 355 A 1.

[98]) Oben S. 65, 203 II 2; RGSt. 40,[7]; DJZ. 1910, 18; Spruchs. S. 29; EJZ. 1907 S. 119; JW. 1907 S. 557[64]; Recht 1907 S. 466; Frank. S. 659 I Abs. 3.

[99]) Oben S. 252ff.

allerdings gegen den Nichtj.berechtigten ebenso wie gegen den J.-ausübungsberechtigten. Allein Art. 69 EG. BGB. überläßt Bestimmung der J.objekte, als dem Gebiete des bürgerl. Rechtes angehörend, der Landesgesetzgebung, welche in Art. 1a JG. Eier des (j.baren) Federwildes dem ausschließl. Aneignungsrechte des J.berechtigten unterwirft[100]). § 368[11] hat, soweit er sich gegen Nichtj.berechtigte wendet, nur in den Bundesstaaten Geltung, in welchen Eier der J.vögel nicht Gegenstand des J.rechtes sind[101]). In Bayern sind sie durch Art. 1a Abs. II JG. dem Schutze des § 292 unterstellt[102]).

b) J.bares Flugwild in vollständig geschlossenen Gehegen, bei Belassung seiner natürl. Bewegungsfreiheit ohne wirksame Beraubung des Flugvermögens, herrenlos[103]), weil nicht „gefangen gehalten". Dagegen sind die Eier des Federwildes im Park, unbewegl. an Ort und Stelle gebunden, jederzeitiger objektiver Verfügungsmöglichkeit des Gehegebesitzers anheimgegeben, in dessen Besitz und Eigentum stehend; unbefugte Wegnahme ist Diebstahl. Gleiches gilt von den Nestjungen, welche bis zum Flüggewerden im Nest verbleiben[104]), denen Entweichen aus dem Tiergarten nicht mögl. Anders bei „Nestflüchtern", welche gleich nach Verlassen des Eies über solche Bewegungsfreiheit verfügen, daß sie laufend, tauchend, schwimmend aus dem Gehege gelangen können[105]). Nur wo Entkommen wirksam durch in den Boden versenkte oder bis auf

---

100) Oben S. 55, 65, 252 ff.; Frank S. 809 XI; Olsh. S. 1491 f.; Opph. S. 993, 46.

101) Z. B. Preußen § 117 I 9,[4]; § 5 II 16 PrALR.; Goercke S. 78 A. 18; S. 167 A. 74.

102) Dafür war die vom Gesetzgeber des EG. BGB. in Berücksichtigung der Lokalbedürfnisse des J.betriebs dem Landesrechte reservierte Erwägung maßgebend, daß zur Wahrung einer nachhaltigen Benutzung der J. gerade der Schutz der leicht zu erbeutenden Eier unumgängl. und ebenso wirksam, wie der des Wildes selbst, zu gestalten ist. Dem kann nicht entgegengehalten werden, daß § 292 nicht Schutz des Wildstandes, sondern des Okkupationsrechtes des J.berechtigten bezweckt; denn die unausbleibl. Verringerung, wenn nicht Vernichtung des Federwildstandes durch rücksichtsloses Wegnehmen der Eier gefährdet dieses Aneigmungsrecht viel erheblicher, wie etwa das, als Verletzung desselben anerkannte Durchstreifen fremden J.gebietes. Auch den Gesetzgeber des RStGB. wird bei Schaffung des § 368[11], der Eier jagdb. Federwildes als nicht dem J.recht unterworfene Sachen, die §§ 292 ff. schützen, behandelt, ein ähnl. Gedanke geleitet haben, nur hat er sich mit Androhung einer Übertretungsstrafe begnügt, während Art. 69 EG. BGB. es dem Landesrechte anheimgab, es bei dieser zu belassen oder aber diesen für die Jagd besonders wichtigen und besonders gefährdeten herrenlosen Sachen durch Aufnahme unter die J.objekte den stärkeren Schutz des § 292 zu sichern. Jedenfalls kann daraus, daß § 368[11] sich gegen jedermann, J.berechtigte oder „Unbefugte", richtet, nicht gefolgert werden, daß er Anwendung findet ohne Rücksicht, ob nach dem im einzelnen Falle geltenden bürgerl. Recht Eier des J.federwildes auch ihrerseits als Jagdobjekte anerkannt sind oder nicht. Denn gerade die Unterscheidung will Art. 69 EG. BGB. ermöglichen. A. A. RGSt. 40,[241]; JW. 1907 S. 577,[67]; oben S. 254, 2.

103) Oben S. 262, 313, 1; 355 I.

104) „Nesthocker": Junge aller Tagraubvögel, Eulen, Tauben, Reiher; s. Tafel.

105) Junge aller bodenbrütenden Federnutzwildarten: Feldhuhn, Fasan, Wachtel, Auer-, Hasel-, Spielgeflügel, Schnepfen, Enten usw.; s. Tafel.

die Gewässersohle reichende, engmaschige Drahtgitter, welche Durchschlüpfen unmögl. machen, verhindert ist, Eigentum des Gartenbesitzers, das verloren geht, wenn sie durch Beflogenwerden die Fähigkeit des Entweichens erlangen und damit ausgewachsenen Vögeln gleichstehen.

C. J.recht als Ausfluß des Grundeigentums[106]) stets auf ein territorial begrenztes Gebiet beschränkt, an örtl., geometrische Grenzen gebunden.

I. Innerhalb ihrer erschöpft sich eigene und abgeleitete J.ausübungsbefugnis des Eigenj.berechtigten im räuml. Gebiete seines Grund und Bodens[107]), zu dem j.rechtl. auch die Inklaven gehören[108]); des Eigenj.pächters im gleichen Bereiche[109]); der Gemeinde und ihrer Vertrauensmänner in dem Grundkomplexe, welcher entweder ihr Eigentum als grundbesitzender Rechtspersönlichkeit ist oder sich aus den ihre Markung bildenden Grundstücken der Gemeindebürger und Forensen zusammensetzt[110]), und zu dem j.rechtl. auch eingeworfene Eigenj.bezirke gehören[111]); des Gemeindej.pächters im ganzen Gemeindej.bezirke oder dem ihm überlassenen Unterbezirke[112]); des Mitpächters, bei privater Teilung des Pachtbezirkes in einzelne Bögen, in dem ihm zur ausschließl. Bejagung zugewiesenen Revierteile[113]); des J.personals und der J.gäste in dem dem J.herrn zustehenden Gebiete. Alle, außerhalb dieser, durch natürl. oder künstl. Grenzen umschlossenen Grundstücke, auf, unter oder über der Erdoberfläche gelegenen Örtlichkeiten sind „Orte", an denen die Genannten „zu jagen nicht berechtigt sind". Der Eigenj.besitzer, welcher auf dem von ihm verpachteten Eigenj.gebiet[114]) oder auf dem von ihm zur Mitbenützung vorbehaltenen, verpachteten Eigenj.revier gemeinschaftl. mit einem nichtberechtigten Dritten[115]) oder auf den nicht ausdrückl. mitverpachteten Inklaven jagt, oder in der Umschließung seines Hausgartens eine Falle aufstellt, in der Umzäunung seines Wildparkes „Einsprünge" herstellt[116]); — der Mitpächter, der in dem seinem J.teilhaber zur ausschließenden Begehung vorbehaltenen Bezirke[117]); der Vertrauensmann, der auf

---

106) Art. 1 I JG.; oben S. 35, 107, 2; 110, 117, 120.
107) Art. 2 JG.
108) Art. 3 l. c.
109) Keine Trennung von Eigenj.besitz und Inklaven! Oben S. 117, 5.
110) Art. 4, 5 I u. II S. 1, 11 JG.; oben S. 121 ff.
111) Art. 6 l. c.
112) Art. 5 II S. 2 l. c.
113) Oben S. 190, 2 b. F. 8.
114) Opph. S. 783 A. 2.
115) GoltdA. 51, 400.
116) OberstLG. 2. Sept. 1924 DJäger JU. 35/26 S. XIII; vgl. DJäger 1925 S. 187.
117) RGSt. 24, 122; OLG. Mü. 3, 463; oben S. 189, 2; Opph. S. 783 A. 2; Bollw. S. 161/162; a. A. RGSt. 22, 250 (f. Hessen).

dem verpachteten Teile des Gemeindej.bezirkes, der Gemeindej.-pächter, der in dem einem anderen verpachteten Unterbezirke, der Grundbesitzer, der auf seinem von Gemeinde verpachteten oder in Regie bejagten Grundstücke J. ausübt, begeht J.vergehen.

Mit dem Aufhören der örtl. J.berechtigung[118]) endet auch die zeitl. J.ausübungsbefugnis. Wer in seinem früheren J.gebiete aufgestellte Fangvorrichtungen stehen läßt, um daraus nach Beendigung seiner J.ausübungbefugnis darin gefangenes Wild zu okkupieren, verübt J.vergehen[119]). Bei Versagung staatsaufsichtl. Anerkennung eines gemeindl. J.pachtvertrages ist die in Kenntnis dessen erfolgende J.ausübung eine unberechtigte; gleiches gilt von ungültigen Pachtverträgen, auch wenn staatsaufsichtl. Beanstandung nicht erfolgt[120]).

II. Innerhalb seines J.bezirkes kann J.berechtigter im Rahmen der Gesetze und Verordnungen frei verfügen, insbes. anderen J.erlaubnis erteilen, mit der Wirkung, daß ihre subjektiv zulässigen J.ausübungshandlungen auch objektiv „befugte“ sind. Erlaubnis muß zur Vermeidung der Strafe des Art. 23 6 JG. schriftl. sein; auch mündl. oder stillschweigende Genehmigung schließt Widerrechtlichkeit und Bestrafung aus § 292 aus[121]). Erlaubnis erlischt mit Widerruf, Beendigung der J.berechtigung des Erteilenden (Ablauf der Pachtzeit, Aufhören der dingl. Voraussetzungen der Eigenj.berechtigung, Tod des Erteilenden, insbes. des Pächters, wenn die Genehmigung nicht im gemeindl. J.pachtvertrage niedergelegt[122]), Entlassung der Inhaber eines Schutzgewehrscheines mit J.erlaubnis. Beendigung der Vertragstätigkeit eines gelernten Jägers oder gemeindl. Vertrauensmannes beeinflußt die von diesen als Vertretern des J.herrn oder der Gemeinde erteilte J.erlaubnis nicht, die bis zum Widerruf durch den Vertretenen diesem gegenüber fortwirkt[123]). Strafbarer Eigennutz, wenn J.gast, Jäger, J.aufseher, welcher Erlaubnis zur J.ausübung für den J.herrn in dessen J.bezirk besitzt, dort für sich jagt[124]); trotz der auf bestimmte

[118]) Verlust der dinglichen Voraussetzungen des Grundbesitzes, Ablauf der Pachtzeit, des Vertrags des gelernten Jägers, des Auftrages des Vertrauensmannes, der Erlaubnis des J.gastes.

[119]) Pollw. S. 163 A. 3; 84 A. 5.

[120]) Oben S. 150 B; 176 f. 5; Opph. S. 783 A. 2.

[121]) RGSt. 9, 432; OberstLG. 2, 13; 3, 99. J.gast mit Erlaubnisschein nur eines Mitpächters nicht aus § 292 strafbar: „Wild und Hund“ 1925 S. 651: — nachweisl. guter Glaube an Einverständnis des J.herrn mit J.ausübung und an Erteilung seiner J.erlaubnis auf Ansuchen: nicht § 292, aber Art. 23 6 „Wild und Hund“ 1925 S. 570; — dsgl. bei mündl. Erlaubnis ohne Erlaubnisschein: DJäger 1925 S. 12; — dsgl. bei Jagen mit schriftl. Erlaubnis des J.pächters trotz unbekannten Verbotes der Zulassung von J.gästen im gemeindl. J.pachtvertrag: „Wild und Hund“ 1925 S. 651.

[122]) OLG. Mü. 9, 99; Pollw. S. 161.

[123]) § 164 BGB.

[124]) RGSt. 9, 431; Opph. S. 784 A. 5a.

J.tiere[125]) beschränkten Genehmigung anderes Wild erlegt[126]); beschränkte Zeitdauer überschreitet; nur ab und zu gestattetes Jagen ständig betreibt[127]); trotz Wegfalles oder Nichteintrittes der Voraussetzungen der Erlaubnis jagt[128]). J.vergehen dagegen nicht, wenn der J.aufseher statt des von der Herrschaft verlangten Kugelschusses auf Rehwild die Schrotflinte verwendet, oder an Stelle des mühsameren Auslegens und Revidierens von Eisen die Erlegung von Füchsen mit Giftbrocken wählt[129]), oder wenn der J.gast statt des gestatteten Ansitzes Birsch ausübt; denn hier handelt es sich nur um Nichteinhaltung von Modalitäten der an sich erlaubten J.ausübung[130]).

III. Ohne Erlaubnis J.ausübung auf fremdem Gebiet unbefugt.

1. Dies gilt vor allem für die[131]) J.f o l g e, d. i. Verfolgung, Suche, Ergreifung des auf eigenem Gebiete verletzten und durch eigene physische Fortbewegung auf fremde J. gelangten Wildes[132]). Schon das Betreten fremden J.bezirkes in der Absicht, erst dort die „physische Möglichkeit faktischer Einwirkung" bietendes, der Okkupation sich nicht mehr zu entziehen vermögendes Wild in seine Gewalt zu bringen, ist auch nach Ablegung der J.ausrüstung rechtswidrig[133]). Samt Eisen über Grenze geflüchteter Fuchs, angeschossener Bock darf nicht verfolgt werden[134]). Fehlt A n e i g n u n g s absicht und geschieht Verfolgung und Ergreifung nur im Interesse des Nachbarn, um ihm den Besitz des Wildes zu sichern, mangelt subjektives Tatbestandsmerkmal der Widerrechtlichkeit: A schießt auf seinem J.boden einen Bock an und will ihn unmittelbar an der Grenze knicken. Der Bock entkommt über die Grenze, worauf er ihn im fremden J.gebiet abfängt und dem Nachbarn überbringt[135]). Bei vertragl. oder

---

[125]) z. B. nur solche der Niederj., Hühner, Schnepfen.

[126]) Oben S. 199 II 3; Opph. S. 784 A. 5a; OberstLG. 23. Sept. 1924 DJäger Jll. 35/26 S. XIII; Pollw. S. 161; Recht 1913 S. 473; Reger E. 4, 309; SächsArch. 6, 324.

[127]) Pollw. S. 161; Opph. S. 784 A. 5 a; RGSt. 43, 439; OberstLG. 9, 376; Recht 1911 Nr. 945 und S. 46.

[128]) Pollw. S. 161.

[129]) Hier § 13 JPB.!

[130]) Opph. S. 784 A. 5 a.

[131]) In Bayern durch Art. 2 [2] mit 10 Ges. vom 25. Juli 1850, Bestrafung der J.frevel betr. aufgehoben. GBl. 1849/50 S. 470.

[132]) Oben S. 37 II; OberstLGSt. 13, 487; RGSt. 9, 49; 18, 226; 19, 49. Rspr. 9, 462; BlfRA. E. 12, 154; JW. 1892 S. 139 34; DJäger 18, 136; GoltdA 60, 311.

[133]) Oben S. 37 II; 39 IV 1 a; BlfRA. E. 3, 258; OberstGHSt. 1, 47.

[134]) Oben S. 40 f. RG. 2. Juni 1926 JW. 1926 S. 2647; „Wild und Hund" 1927 S. 12. DJäger 1927 S. 762.

[135]) Vgl. oben S. 205 III 1; DJäger 8, 88; Pollw. S. 162; Wirsch. S. 174 und Fußn. 11; vgl. dagegen oben S. 38.

stillschweigend *vereinbarter*, stets Erlaubnisschein erfordernder J.folge[136]) ist der Beginn der J.ausübung, die die Tötung unmittelbar bezielende Handlung, immer rechtmäßig; war aber diese wegen ihrer Vornahme auf fremdem Gebiet rechtswidrig, so bildet Suchen, Verfolgen, Ergreifen, auch wenn es erst nach einiger Zeit und in fremdem Gebiete geschieht, keine selbständige Handlung, sondern nur Fortsetzung der von vorneherein „unbefugten J.ausübung": Wer vom eigenen Revier aus auf eine von diesem in fremdes Gehölz geflüchtete Rehgeiß geschossen, sich das im Dickicht verendete Tier wegen Anwesenheit eines Zeugen nicht zu verfolgen getraut und am nächsten Tage danach gesucht hat, setzt das bereits begangene Vergehen fort, um sich den Erfolg des Jagens zu sichern[137]). Zwischen beiden Handlungen muß aber ein gewisser sachl. und zeitl. Zusammenhang bestehen: Daher zwei real konkurrierende J.vergehen, wenn der in fremder J. angeschossene und nicht gefundene Bock nach *Aufgebung* der Nachsuche einige Tage später zufällig im fremden Revier gesehen, neuerdings verfolgt und ergriffen wird. In fremdem Bezirk begonnene Verfolgung eines in unbefugter J.ausübung verwundeten Wildes wird nicht dadurch berechtigt, daß sie infolge Zurückkehrens oder Wiedergelangens des Wildes ins eigene Revier durch die *hier* erfolgende Okkupation abgeschlossen wird[138]). — *Keine* J.folge, wenn die Okkupation bereits beendet, nur die äußere Handlung des definitiven, körperl. „Ergreifens" der eigener willkürl. Fortbewegung nicht mehr fähigen J.beute noch ausstand, diese aber, vor körperl. Ansichnahme durch den J.berechtigten, auf fremdes J.gebiet gelangt[139]). Hier zu prüfen, ob die zum Eigentumserwerb erforderl. Aneignung mit vollkommener Verfügungsmöglichkeit bereits auf eigenem Gebiete vollendet war, J.berechtigter sich nach dem *gewöhnl.* Verlaufe der Dinge in der erlangten Gewalt behaupten konnte[140]). Das ist zweifellos, wenn der im zuständigen Revier *getötete* Hase beim Aufheben dem Jäger entgleitet und über einen Abhang hinunter auf angrenzendes Gebiet rollt, oder die schon verendete Ente beim Hineinwerfen in den Kahn ins Wasser fällt und an fremdes Ufer getrieben wird. Dieses Wild darf der Jäger vom fremden J.gebiete holen. Nicht dagegen die Gemse, die auf seinem Gebiete in einem an unzugänglicher Wand stehenden Latschenbusch verendet hängen bleibt und, von diesem herabrutschend, in eine zu fremder J. gehörige Schlucht stürzt; ebensowenig den Fasan, welchen der Jäger tot schießt, aber nicht findet, der Fuchs ins Nachbarrevier schleppt und, vom Hunde des Angrenzers

---

136) Oben S. 37 II; 224 B I; 228 VI 1.

137) OberstGHSt. 8,214; ZfRpfl. 1907 S. 88; RGRspr. 10,331; Pollw. S. 162.

138) unten S. 373, 2a.

139) Opph. S. 784 A. 5.

140) Oben S. 38 f.

verscheucht, dort liegen läßt; nicht die tote Ente, welche vom Hund aus dem unzugängl. Schilf der eigenen J. nicht apportiert und an fremdes Ufer geschwemmt wird[141]). Hier war Aneignung nicht mögl., durch Umstände gehindert, welche menschl. Einwirkung entzogen sind. Aneignung solchen Wildes J.vergehen, nicht Unterschlagung, da vom J.berechtigten, auf dessen Gebiet das Wild durch Naturereignisse, Zufall, willkürl. Tätigkeit eines Tieres gelangt ist, nur durch eigenes Handeln Besitz und Eigentum erworben werden kann[142]). Solches Wild ist „Fallwild". Anders, wenn ein Nichtberechtigter Fallwild, von ihm oder, wie er weiß, von einem Dritten gefreveltes Wild aus dem Gebiet des J.berechtigten A auf J.revier des B verbringt und hiebei von A verfolgt wird. Dieses wird unter Erhaltung des ausschließl. Aneignungsrechtes des A auch in der Hand des Wilderers nicht Gegenstand einer Unterschlagung durch A, da der Wilderer für sich selbst erwerben will, nicht als „ungewollter Stellvertreter" des B handelt, für ihn nicht Eigentum erwirbt. Verfolgung des Frevlers auf fremdes J.gebiet in der Absicht, ihm Wildererbeute abzunehmen, niemals J.folge, denn diese ist J.ausübung, welche als unmittelbarer Erwerbstitel nur mögl. ist an herrenlosen J.tieren[143]). Wilddieb erwirbt aber Besitz — Eigenbesitz, da er die Sache als ihm gehörend besitzen will[144]). Deshalb kann B an dem in sein Gebiet gebrachten Wilderergut nicht „J. ausüben", kein ausschließl. Aneignungrecht erwerben, welches etwa durch den das gefrevelte Wild in seinem Bezirke verspeisenden Wilderer[145]) oder durch den in seinem Okkupationsrechte beeinträchtigten A oder überhaupt durch irgend jemand verletzt werden könnte. Wenn A dem von ihm verfolgten Wilderer auf dem Gebiete des B seine Beute abnimmt, greift er nicht in das J.ausübungsrecht des B ein. Er nimmt zum Zwecke der Selbsthilfe eine Sache weg, und zwar keine eigene, da er erst durch die Wegnahme selbst Eigenbesitz und damit Eigentum erwirbt[146]), sondern eine im Besitze des Wilderers befindliche. Wegnahme dient zur Verwirklichung seines Anspruches auf Unterlassung jeder Störung seines ausschließl. Aneignungsrechtes, die bei Unmöglichkeit rechtzeitiger Erlangung obrigkeitl. Hilfe und ohne sofortiges Eingreifen vereitelt oder wesentl. erschwert würde[147]), ist nicht widerrechtl. und nicht in die örtl. Grenzen seines J.ausübungsrechtes gebannt. Erfolgt Wegnahme ohne Rechtseinwand des Betroffenen, so hat es dabei sein Bewenden; andernfalls Zwangsvollstreckung oder dingl. Arrest[148])

---

[141]) „Wild und Hund" 1917 S. 378.
[142]) §§ 854 I, 958 I BGB.
[143]) Opph. S. 783 A. 1.
[144]) §§ 958 I, 854, 872 BGB.; oben S. 32.
[145]) Der dadurch nur die unbefugte J.ausübung fortsetzt und deshalb nicht etwa Unterschlagung begeht.
[146]) § 958 I BGB.
[147]) §§ 958 II, 229, 194 I BGB.; Staud. S. 530 ff.
[148]) § 917 ZPO.

zu erwirken[149]). B würde durch Wegnahme des bei A gefrevelten Wildes gegenüber dem Wilderer verbotene Eigenmacht[150]), gegenüber A Hehlerei begehen, seines Vorteils wegen eine Sache, von der er weiß oder den Umständen nach annehmen muß, daß sie mittels einer objektiv strafbaren Handlung erlangt ist, an sich bringen[151]). Der Besitz des Wilderers ist fehlerhaft und kann von A aus dem Gesichtspunkte der ungerechtfert. Bereicherung[152]), nicht aber vom Frevler, der bei Besitzerwerb bösgläubig war, zurückverlangt werden[153]).

2. Da § 292 die Verletzung fremden Okkupationsrechtes trifft[154]), das an ein bestimmtes räuml. begrenztes Gebiet gebunden, ist maßgebend der Standort des Wildes zur Zeit der Aneignungshandlung, nicht der des Jagenden[155]).

a) Es begeht kein J.vergehen, wer auf zuständigem Boden sich befindend und über fremdes Gebiet hinwegschießend, J.tiere, die auf seinem Gebiete stehen, erlegt[156]); wer Wild, das auf seinem Bezirke steht, von fremdem J.grunde aus schießt[157]); wer auf Nachbarrevier sich in Deckung aufstellt, um von dort aus auf Wild zu schießen, das in sein keine Deckung gewährendes Gebiet wechselt[158]); wer Wild nachschleicht, das dem natürl. Triebe folgend, auf einem in fremdem Bezirk befindl. Wechsel zur Äsung auf seine J. zieht, um es in letzterer zu erlegen[159]): Wer dagegen in seinem J.gebiete einen Schuß auf jenseits der Grenze befindl. Wild abgibt, ist strafbar, auch wenn er es dort liegen läßt, oder wenn er hier tödlich getroffenes und zusammengebrochenes, bei seiner ohne Betreten des Nachbarreviers erfolgenden Annäherung wieder hoch werdendes, in sein Revier flüchtendes und verendendes Wild sich aneignet[160]). Errichtung von Hochständen an dem die Grenze gegen fremdes Feldrevier bildenden Saume einer Dickung,

---

149) § 230 II BGB.
150) § 858 BGB.
151) Er bleibt strafbar, auch wenn der Frevler als Angehöriger des A mangels Strafantrags nicht verfolgt werden kann, da Hehlerei niemals Antragsdelikt; § 259 StGB.; Frank S. 553 A. III, 1; Olsh. S. 1009 A. 3 c γ. Kein Jagdvergehen, da abgesehen vom Besitz des Wilderers und dem dadurch ausgeschlossenen originären Erwerb auf eigenem J.gebiet unberechtigte J.ausübung nicht möglich. A. A. hinsichtl. der Frage der Jagdfolge überhaupt EJZ. 1907 S. 97 ff.; vgl. Pollw. S. 166 F. 1.
152) §§ 852 II, 812 ff. BGB., oben S. 32.
153) § 1007 I u. III BGB.
154) Oben S. 355 A; 360, 2.
155) Opph. S. 784 A. 3; Olsh. S. 1229 A. 8; Wirsch. S. 173/174; OberstLGSt. 13, 486; BlfRA. 12. E. S. 154; OberstGHSt. 8, 212; OLG. Mü. 5, 135.
156) Oben S. 250, 5.
157) Aber u. U. § 368 10 StGB.; oben S. 250, 5; RGSt. 6, 375; OberstGHSt. 3, 207; Opph. S. 784 A. 3.
158) RGSt. 6, 375.
159) U. U. § 368 10 StGB.; oben S. 250, 5; RGSt. 6, 375; Wirsch. S. 178; RGRspr. 4, 556; Opph. S. 784 A. 3; DJäger 5, 24.
160) Vgl. oben S. 371 b. F. 138; OberstGHSt. 8, 212; OLG. Mü. 8, 275.

in welche wegen des dichten Unterholzes und der engstehenden Stangen nicht geschossen werden kann, ist nur Vorbereitungshandlung. Wer sich aber da zur J.ausübung ansetzt, begeht ein J.vergehen, weil er bloß auf das fremde offene Feld hinausschießen, daher nur die Erlegung dort erscheinenden, wenn auch aus seinem Gehölze austretenden Wildes beabsichtigen kann[161]). Gleiches gilt, wenn jemand in dem an seinen Hausgarten oder Hofraum angrenzenden fremden J.bezirke, ohne diesen zu betreten, Haberstroh, Heu und Buchenästchen aufrichtet, um Hasen anzulocken, und sich am Fenster seines Hauses mit geladener Pistole aufstellt, um die auf fremdem Boden erscheinenden Hasen zu erlegen, oder wenn jemand von seiner auf fremdem Gebiete stehenden Ökonomiehütte aus durch Lücken Heublumen streut, um Fuchs, Marder, Iltis zum Einwechseln in diese zu veranlassen und da zu erlegen[162]). Futterstreuen oder Anbau gesuchter Wildfutterpflanzen auf eigenem Gebiete zwecks Anlockens von Wild aus der Nachbarj. ohne Übergriff in diese straflos; ebenso Verhinderung des Zurückwechselns von Wild ins fremde Revier durch Abzäunen, Verlappen, Verderben von Wechseln, Aufstellen von Scheuchen auf diesen, wenn die Handlungen nur auf eigenem Gebiete vorgenommen werden[163]); dgl. Anlocken oder Anreizen von Wild aus fremdem J.gelände durch das auf zuständigem Gebiete vorgenommene Nachahmen seiner Lock-, Klage-, Brunft-, Balz- oder Schreckstimme[164]).

b) Entscheidend Feststellung einer Tätigkeit, welche, wo immer vorgenommen, die Okkupation in fremdem J.gebiet selbst ermöglichen will, oder Nachweis von Handlungen, welche das Wild zur Veränderung seines Standortes im fremden J.bezirke, zum Übertreten in eigenes Revier veranlassen und dadurch erst die Möglichkeit der Erlegung in letzterem schaffen sollen. Im zweiten Falle jedoch immer Einwirkungen zu fordern, welche nicht nur auf die Sinne des Tieres wirken, sondern physischen Zwang auf dieses selbst ausüben[165]). Hiezu eigene Tätigkeit des Jagenden nicht verlangt, vielmehr kann er sich auf eigenem Revier anstellen, das Treiben des Wildes aus dem angrenzenden in seinen Bezirk anderen Personen oder Hunden überlassen. „Wenn auch der Jäger nicht selbst auf fremdes J.gebiet übergetreten ist, so hat er sich doch der durch den Dritten oder den Hund entwickelten, von ihm gewollten und veranlaßten Tätigkeit bedient und sie als Mittel benützt, um auf fremdem Gebiete Wild aufsuchen und in seine Gewalt bringen zu können"; dies bleibt Verletzung fremden J.-

---

161) Wirsch. S. 177; vgl. RGSt. 4, 261; 11, 251; 20, 5; Rspr. 7, 185; 8, 103.
162) OLG. Mü. 5, 135; RGSt. 20, 98, 343; Rspr. 8, 420; 10, 565; BlfRA. 72, 231; ZfRpfl. 1911 S. 370; Pollw. S. 164 A. 5.
163) Pollw. S. 165 A. 6; Wirsch. S. 175.
164) Oben S. 363; Pollw. S. 164 A. 5; Wild und Hund 1927 S. 12.
165) RGSt. 10, 565.

rechts selbst dann, wenn das Wild erst nach übertreten auf eigenes Revier erlegt werden soll[166]). — Revierenlassen von Hunden im unzuständigen Gebiete zwecks Erlegung von Wild; Aussenden von Hunden zum Absuchen und Durchstöbern fremder J. und Erlegen des von diesen auf eigenes Revier getriebenen Wildes; Abnehmen eines von ihnen in letzterem aufgejagten, auf fremdes Gebiet geflüchteten und dort durch sie gefangenen J.tieres im zuständ. Bezirke; Okkupation von Wild, welches durch den eigenen Hund im Nachbargebiet gefangen, diesem von einer dritten, zufällig hinzugekommenen Person ohne Aneignungsabsicht dort abgenommen und im Gebiete des, von diesen Vorgängen Kenntnis besitzenden Täters niedergelegt wurde[167]); Abrichten eines Hundes zum Jagen und Nachhausebringen der Beute ist Vorbereitungshandlung, Aussenden in fremdes Revier und Aneignung des von ihm nach Hause gebrachten Wildes J.vergehen[168]); Gewährenlassen des in unzuständigem Revier Wild tatsächl. verfolgenden Hundes, Verhinderung des Begleiters am Abrufen ist Eingriff in fremdes J.recht, gleichgültig ob der Hund durch Pfeifen, Rufen, Schießen sich vom Jagen hätte abhalten lassen[169]); ebenso übergabe des vom Hunde auf Veranlassung seines Herrn in fremder J. gefangenen J.tieres an einen Strafunmündigen zwecks Ablieferung an die Ehefrau des Täters[170]). Wer seinen Hund in ein auf seinem J.gelände befindl. Dachsrohr einschliefen läßt, muß ihn abrufen, wenn er im Bau auf fremdes J.gebiet gerät, darf den aus dem dort gelegenen Kessel gesprengten, zur Einfahrtröhre ausfahrenden Dachs auf seinem J.gebiete nicht erlegen[171]). In allen diesen Fällen bedient sich der Jäger des Hundes als absichtl. gewählten Werkzeugs zu unbefugter J.ausübung[172]). In gleicher Weise kann er sich auch menschl. Helfer zur Durchführung seiner Absicht bedienen, Wild aus fremder J. zu erlangen, ohne diese selbst zu betreten. Revieren des J.hundes in einer solchen ohne Kenntnis und Duldung des Herrn kein J.vergehen[173]). Ohne sein Veranlassen durch seinen Hund aus fremdem Bezirke in den eigenen verschlepptes Wild ist Fallwild und unterliegt seinem Aneignungsrechte[174]),

---

166) Wirsch. S. 175; Olsh. S. 1229 A. 8[3], I; JW. 17 S. 230,[28]; DJäger 2,[7]; OberstGHSt. 8,[313]; OLG. Mü. 8,[85]; RGSt. 20,[98]; Rspr. 8,[420]; 10,[565]; „Wild und Hund" 1925 S. 405; KG. 11. Okt. 1924, GoltdA. 69,[191].

167) RGSt. 4,[262]; 18,[266]; Rspr. 8,[103]; OberstGHSt. 7,[179]; OLG. Mü. 8,[84]; GoltdA. 32,[358]; 38,[362]; Stengl. 6,[26]; 7,[353]; Pollw. S. 163 A. 2; Wirsch. S. 176 f.

168) Recht 1909 S. 1081. Ob auf abgesuchtem fremdem Gebiet Wild vorhanden, ob Hund nach Rasse und Dressur „Jagd"hund, oder nicht, gleichgültig; ObstLG. 10. August 1924, DJäger JU. 35/26 S. XIII.

169) EJZ. 1908 S. 241, 243; GltdA. 52,[426]; OberstLGSt. 15,[79].

170) Pollw. S. 163 A. 4; GoltdA. 52,[426]; ObstLG. 24. Mai 1911 Nr. 223/11.

171) GoltdA. 32,[358].

172) Wirsch. S. 176.

173) BlfRA. 74,[465]; DJZ. 1910, 18. Spruchs. S. 29.

174) GoltdA. 32,[358].

wenn es nicht vorher schon okkupiert war, und dann erst zufäll. Überführung durch den Hund geschah[175]). Durch fremden streunenden Hund aus Nachbarbezirk ohne seine Einwirkung auf sein Gebiet getriebenes oder getragenes, durch Soldaten bei einer Felddienstübung dorthin gescheuchtes, gelegentl. einer Treibj. im angrenzenden Revier angeschossen, gesund, allein oder von fremden Hunden verfolgt, zu ihm versprengtes oder auf seinem J.grunde verendetes Wild darf er okkupieren[176]).

3. Zweifel möglich, wenn in zuständigem Gebiete erlegtes Wild auf der Grenze fällt oder Fallwild auf der Grenze gefunden wird. Diese können durch nachbarl. Übereinkommen gelöst werden, das auch in Anerkennung eines Jägerbrauches bestehen kann[177]). Im Zweifel J.beute dem zuzuerkennen, welcher sie, ohne körperl. Übergriff in fremden J.grund, an sich zu nehmen vermag, da diesesfalls von einem „Verlassen" des zuständigen Gebietes durch das Wild nicht gesprochen werden kann. Wer einen, von ihm geschossenen Hasen an einem Löffel, einen von ihm erleg-Bock an einem Lauf, den von ihm getöteten Fasan am Stoß zu sich ziehen kann, ohne mit der Hand über die, als geometrische Linie zu denkende Grenze hinwegzugreifen, kann Okkupationsrecht beanspruchen, wenn auch der größere oder größte Teil des Wildkörpers auf fremdem Grunde liegt. Dadurch werden Schwierigkeiten beseitigt, welche sich ergeben sollen, wenn z. B. ein Hase auf der Grenzlinie selbst liegen bleibt[178]). Auch in diesem Falle muß ein Teil des Körpers diesseits des „Grenzstriches" sich befinden, wenn anders überhaupt von einem Liegen „auf der Grenzlinie" gesprochen werden kann. Es entfällt weiter die willkürl. Unterstellung, daß „Lage und Richtung der Läufe" entscheiden soll[179]), sowie ein Streit über die Teilung des Erlöses[180]).

D. Außer dem bisher behandelten objektiven Tatbestande erfordert Verurteilung aus § 292 subjektiv Dolus auf Vornahme der J.ausübungshandlung, verbunden mit Bewußtsein der Widerrechtlichkeit, also den bewußten Willen durch die Handlung in fremdes J.recht verletzend einzugreifen[181]).

I. Guter, wenn auch rechtsirriger Glaube an tatsächl. nicht bestehende Berechtigung schließt Bestrafung aus, mag die Unkennt-

---

175) Olsh. S. 1229 A. 8[3].

176) DJZ. 1913 S. 1076; Recht 1913 Nr. 902. OLG. Mü. 10,[54]; GoltdA. 32,[355]; 52,[426]; EJZ. 1908 S. 243 II.

177) Im Hochgebirge vielfach üblich, Hoch- und Rehwild dem zuzusprechen, auf dessen Gebiet Haupt mit Geweih oder Gehörn liegt.

178) Pollw. S. 165.

179) Welche beim „Roulieren" anders sein kann, wie beim Zusammenbrechen „im Feuer".

180) Wenn Wildkörper durch Grenzlinie nicht gerade „halbiert" wird; Pollw. S. 165 A. 8. „Wild und Hund" 1921 S. 650, 743; 1922 S. 26, 170; 1924 S. 620.

181) RGSt. 6,[375].

nis über objektive oder subjektive Berechtigung oder die J.grenzen vermeidbar gewesen sein oder auf Fahrlässigkeit beruhen[182]; so z. B. die aus früherer Freisprechung in gleichgelagertem Falle geschöpfte Überzeugung, auf einem mit Drahtzaun umgebenen Grundstücke eigenj.berechtigt zu sein[183]). Wer bei Verfolgung von Füchsen im J.eifer seine J.grenze überschreitet, ohne dies überhaupt zu bemerken, handelt fahrlässig, kann nach § 368[10] StGB. strafbar sein, nicht aber aus § 292[184]). Gleiches gilt von dem, welcher sich rechtsirrtüml. zur J.folge befugt hielt: Ein J.pächter verfolgt einen auf seinem Gebiet angeschossenen Bock über die Grenze in die anstoßende J., nimmt ihn dort an sich und verbringt ihn heim in der Annahme, hiezu berechtigt zu sein, weil auch der J.nachbar einen angeschossenen Hasen aus dem Revier des Pächters in sein eigenes zurückgeholt hatte[185]). Dagegen kann die Behauptung des Täters, er habe auf nachträgl. Genehmigung der Wildfolge gerechnet, als willkürl. Unterstellung nicht schützen[186]).

II. Dolus eventualis, Bewußtsein, möglicherweise an einem zur J.ausübung nicht berechtigenden Orte zu jagen, kommt Vorsatz gleich[187]). Demnach unberechtigtes Jagen, wenn jemand begründeten Zweifel hegen muß, ob er sich nicht schon auf fremdem Gebiete befinde, da er sich, trotz Erbietens des Bürgermeisters, nach Pachtung der J. nicht vollständig in diese einweisen ließ, sondern sich mit dessen Beschreibung begnügte, daß das Nachbarrevier an einer Stelle mit einem Streifen in seinen Bezirk hereinrage. Obwohl er nach dieser Auskunft wußte, daß er über die Grenzen unmögl. informiert sein konnte, und daß da, wo er jagte, der „Zwickel" irgendwo liegen mußte, also ein Überschreiten der Grenzen sehr nahe lag, verabsäumte er, sich vollends einweisen zu lassen, und betrat tatsächl. fremdes Gebiet, hat sich also absichtl. über die Grenzen im unklaren gehalten und von vorneherein eine allenfallsige Überschreitung derselben in seinem Willen aufgenommen[188]). Zur Verurteilung nicht positiver Nachweis wirkl. Unkenntnis der Grenzen und ihrer trotzdem erfolgten Verletzung erforderlich.

III. Straffrei machender Irrtum über Zivilrechtssätze ist der über die J.barkeit eines Tieres[189]); allein bei der genauen Feststellung der j.baren Tiere durch § 1 V. v. 11. Juli 1900 wird

---

182) JW. 1891 S. 234,[29]; GoltdA. 14,[370]; Opph. S. 786 A. 14; OLG. Karlsruhe 3. Juli 1925, DJäger JU. 36/26 S. XII; Pollw. S. 159 A. 2.

183) § 59 StGB.; EJZ. 1907 S. 231; ObstLG. 13. April 1910 Nr. 247/10; Pollw. S. 159.

184) Wirsch. S. 177; Opph. S. 786 A. 14.

185) Wirsch. S. 175 F. 11; Opph. S. 786 A. 14; a. A. GoltdA. 52,[262].

186) OLG. Mü. 3,[609]; 4,[459]; Wirsch. S. 182 F. 32.

187) „Bedingter Vorsatz", OLG. Mü. 10,[54].

188) Wirsch. S. 178; OberstLGSt. 7,[216]; BlfRA. 64,[316]; Olsh. S. 1231 A. 11[2].

189) RGSt. 10,[234]; ObstLG. 25. Mai 1917, Beibl. z. JMBl. 1917 S. 136; GoltdA. 32,[346]; oben S. 56.

die Berufung auf ihn schwerl. Glauben finden[190]); sie muß auch hinsichtl. der nur allgem. genannten „Sumpfvögel"[191]), mindestens Zweifel erwecken, deren Vernachlässigung Eventualdolus begründet [192]). Irrtum ausschließl. über die J.barkeit von Fallwild als solchem rein strafrechtl., durch Berufung auf § 59 RStGB. nicht entschuldbar[193]).

IV. Wer auf einen Gegenstand schießt, den er irrtüml. für j.bares Wild hielt, ist aus § 292 zu verurteilen[194]). Der Tatbestand wird vom Mangel des Erfolges nicht beeinflußt und auch erfüllt, wenn das auf Wild gerichtete Gewehr versagt. Der Jäger, welcher schlecht zielend vorbeischießt, also unmöglich das Stück, dessen Erlegung er beabsichtigte, treffen konnte und durch die Erfolglosigkeit seines Schusses den Beweis liefert, daß sich dort, wohin er tatsächl. die Schußwaffe richtete, Wild nicht befand, verstößt gegen § 292 ebenso wie der, welcher durch seinen Schuß das bezielte Stück zur Strecke bringt. Rechtl. gleichgültig ist, ob der beabsichtigte Erfolg ausblieb, weil das vom Täter gegen das tatsächl. vorhandene Objekt angewandte Mittel zu dessen Herbeiführung nicht ausreichte[195]), oder deswegen, weil im gegebenen Falle ein Objekt fehlte. In beiden Fällen wird der verbrecherische Wille durch über Vorbereitung hinausgehende, äußere Handlungen betätigt[196]). Immer aber muß Handlung objektiv ein j.bares Tier betreffen. Kein J.vergehen, wenn Spaziergänger zahme Ente, die er für Wildente hält, mit Stock erschlägt[197]).

E. Zusammentreffen:

I. Realkonkurrenz nicht schon bei unberechtigtem Jagen in mehreren fremden J.gebieten, falls einheitl. Handlung vorliegt, wie bei Verfolgung angeschossenen Wildes, in einem J.gange erfolgendes Streifen durch mehrere, verschiedenen Berechtigten zustehende Bezirke[198]). Mit Führung verbotener Waffen sachl. Zusammentreffen mögl.[199]).

II. Idealkonkurrenz bei unberecht. Jagen ohne J.karte. Art. 23¹ JG. richtet sich nur gegen den J.berechtigten („wer von der ihm zustehenden Befugnis zur J.ausübung

---

190) Pollw. S. 160 Fußn. 1.
191) § 1 B 20 a. a. O.
192) Wirsch. S. 182 Fußn. 30.
193) Recht 1912 Nr. 833.
194) Error in objecto; event. Idealkonkurrenz mit fahrlässiger Körperverletzung oder Tötung! GoltdA. 46,³⁵⁰; RGSt. 10,²³⁵; a. A. „Recht" 1919 S. 124 (OLG. Hamm 14. Mai 1918).
195) Zielfehler, zu schwache Ladung, zu große Entfernung.
196) Reger 20,⁸⁶; Schüllerm. S. 121 N. 17.
197) DJäger 1920 S. 63. — Diebstahl oder Sachbeschädigung!
198) Recht 1911 Nr. 2402; Olsh. S. 350 N. 6.
199) LG. III Berlin v. 22. März 1915, DStrafrZ. 1915 S. 473; aber „Recht" 19 Z. 2611; oberst. LG. i. Beibl. z. JMBl. 1915 II S. 30 f.; 1916 II S. 42 ff.

Gebrauch macht"); Art. 14 erklärt, daß „niemand" ohne gültige J.karte jagen darf; das JG. enthält hinsichtl. des Nichtj.berechtigten keine Strafbestimmung, da Art. 23[5] nur von den „im Verordnungswege", also außerhalb des JG., erlassenen j.polizeil. Vorschriften spricht, die es in Bayern hinsichtl. der J.karte nicht gibt. Deshalb kann der Wilderer nicht zur Zahlung einer dem J.kartenstempel gleichkommenden Geldstrafe verurteilt werden[200]). — Die Strafbestimmungen der §§ 368[10] und 292 schließen einander aus, da ersterer gerade voraussetzt, daß der Betroffene J. nicht ausübt; tut er es, liegt J.vergehen vor[201]). — § 292 schließt auch Art. 23[6] JG. aus, da er gerade „Genehmigung" des J.berechtigten voraussetzt[202]). Besondere Gestalt. fortgesetzter J.handlung nach den Grundsätzen der gleichartigen Idealkonkurrenz: Wenn jemand, der in Preußen unberechtigt auf dort nicht j.bare Kaninchen[203]) frettiert hat und hiewegen auf Grund der PolVO. vom 17. Okt. 1892 durch Pol.strafverfügung bestraft wurde, so steht dies der Annahme einer fortgesetzten Handlung und einer Bestrafung wegen J.vergehens nicht entgegen, falls dieselbe Person in unmittelb. Anschlusse hieran auf dem benachbarten bayr. Gebiete dieselbe Handlung fortsetzt. Denn beide Vorschriften[204]) bezwecken Schutz des J.rechts; begriffl. Gleichartigkeit des verletzten Rechtsgutes genügt für die Herstellung des Fortsetzungszusammenhanges auch dann, wenn die Einzelhandlungen sich gegen zwei verschiedene J.berechtigte richten; rechtskräft. Pol.strafverfüg. wegen einer als Übertretung anzusehenden Einzelhandlung verbraucht Strafklage wegen einer anderen als J.vergehen sich qualifizierenden Einzelhandlung nicht[205]). Die wegen des Vergehens auszusprechende Strafe muß, unter Abzug der wegen der Übertretung verhängten und etwa bereits entrichteten Geldstrafe, in der Weise festgesetzt werden, daß nach Maßgabe des § 29 RStGB. ein entsprechender Teil der Gefängnisstrafe als durch Zahlung der Geldstrafe getilgt zu bezeichnen ist[206]).

Eine Handlung des Richters, welche sich auf Verfolgung eines J.vergehens richtet, unterbricht Verjährung der Strafverfolgung aus § 368[10] StGB. auch dann, wenn Freisprechung aus § 292 erfolgt; denn unter der „wegen der begangenen Tat gegen den Täter gerichteten" richterl. Handlung[207]) ist das stets das-

---

200) Art. 23 II JG.; RGSt. 22,[234]; 24,[77]; Olsh. S. 1232 A. 13 b; Opph. S. 786 A. 16.

201) Oben S. 246/247 III; Olsh. S. 1489 A. b; Frank S. 809 X; Pollw. S. 183 A. 2; 247 A. 6; RGSt. 13,[270]; RGRspr. 8,[378]; ObersLGSt. 8,[157]; GoltdA. 42,[282]; Idealkonkurrenz nehmen an Opph. S. 993 A. 44; Stengl. 3,[43].

202) Vgl. oben S. 369 II; 223, 228/229.

203) § 1 a pr. JO. A. 1 Abs. II S. 30, A. 12 S. 76 bei Goercke.

204) PolVO. v. 17. Okt. 1892 und § 292 RStGB. mit § 1 A Z. 7 KAB. v. 11. Juli 1900.

205) RGSt. 14,[360]; 34,[168].

206) RGSt. v. 12. Febr. 1914 in „Deutsche Strafrechtszeitung" 1914 S. 365 f.

207) § 68.

selbe bleibende konkrete Vorkommnis, welches den Verdacht der Strafbarkeit hervorgerufen hat, verstanden, Entscheidung der Frage, ob und wieweit dieser Verdacht sich bestätigt, und Subsumtion des äußeren Ereignisses unter eine Strafbestimmung bleibt dem erkennenden Richter überlassen[208]).

F. Zuständigkeit:

I. Sachliche: Amtsanwalt (Verfolgung); Amtsrichter (Aburteilung)[209]). Strafbefehl zulässig, wenn keine andere Strafe als Geldstrafe oder Freiheitsstrafe von höchstens 3 Monaten sowie auf eine etwa verwirkte Einziehung erkannt wird[210]). Gegen Personen, die z. Z. der Tat das 18. Lebensjahr noch nicht vollendet haben, darf Strafbefehl nur Geldstrafe, an ihre Stelle tretende Freiheitsstrafe und Einziehung aussprechen[211]). Unzulässig, als Grund für Zumessung einer empfindl. Strafe zeugschaftl. bekundeter längst bestehender Wildererverdacht, der bloß als Beweismoment für die richterl. Überzeugung verwertbar, daß der Angekl. des auch sonst als nachgewiesen erachteten konkreten J.vergehens für fähig erachtet werden dürfe[212]). — Von rechtskräft. Verurteilungen wegen J.vergehens hat Amts- oder Staatsanwalt das für den Tatort zuständige Forstamt[213]) von J.frevelanzeigen und dem Ausgang des Strafverfahrens die Bez.Verw.Beh. zu benachrichtigen[214]).

II. Gerichtsstand der begangenen Tat oder des Wohnsitzes des Beschuldigten[215]). Für das Forum delicti commissi entscheidet sowohl der Ort, wo die zum Tatbestande erforderl. Tätigkeit des Täters entwickelt ist[216]), als auch derj., wo die durch seine auf Entfernung wirkenden eigenen Handlungen oder durch fremde Kraft, deren er sich bedient, erzielte Wirkung eintritt[217]). Wird vom eigenen J.bezirk aus auf Wild im fremden Nachbargebiet geschossen oder dieses von hier aus zugetrieben[218]), so ist in beiden Bezirken die Tat begangen; wird in mehreren unzuständigen Gebieten verschiedener Berechtigter gewildert, so ist in jedem einzelnen ein Gerichtsstand begründet, gleichgültig, wo eine Aneignung von Wild erfolgte oder zum Abschlusse gelangte. — Liegt Standort des Wildes in einem anderen Bundesstaate, wie Standort des

208) RGSt. 24, 79.
209) §§ 142 I 3; II; 25 2 b GVG.
210) § 407 StPO.
211) § 39 JGG. v. 16. Febr. 1923.
212) BlfRA. 72, 425.
213) Bek. v. 29. Nov. 1913 Z. 6; JMBl. S. 698.
214) § 106 IV Dienstvorschr. f. d. StA. vom 13. Jan. 1926 (JMBl. S. 50); Art. 19 2 JG.
215) §§ 7, 8 RStPO.
216) RGSt. 1, 279; 9, 10.
217) Olsh. S. 53 A. 3 und 5; Opph. S. 34 A. 6, 7.
218) Oben S. 373, 2a; 374, 2b.

Täters, so ist für die Frage der J.barkeit des Tieres und die Schonzeit das Recht des Ersteren maßgebend.

III. Ist die Tat im Auslande begangen, dann Verfolgung im Inlande nur zulässig, wenn sie nach ausländ. Gesetz alle Begriffsmerkmale eines Straffalles in sich vereinigt, mag diese auch unter andere rechtl. Gesichtspunkte wie im deutschen Rechte oder auch nur unter Übertretungsstrafe gestellt sein[219]). „Jurisdiktionsverträge", welche Verfolgung im Auslande begangener Taten unter den vertragschließenden Staaten regeln, sind durch § 4 StGB. für das Reichsrecht (§ 292 f.) beseitigt und gelten nur noch für das Gebiet des Landesstrafrechts[220]).

IV. Verjährung der Strafverfolgung: 3 Jahre[221]).

G. Angehörige:

§ 52[II]: Verwandte und Verschwägerte auf- und absteigender Linie[222]), Adoptiv-[223]) und Pflegeeltern und -Kinder, Ehegatten, Geschwister und deren Ehegatten[224]) und Verlobte[225]). — Antrag §§ 61, 63 StGB[226])) Offizialverfolgung, wenn die Straftat außer „Angehörigen" Dritte verletzt. „Dritter" aber nur ein J.ausübungsberechtigter, nicht auch der Grundeigentümer, der sein J.recht aus gesetzl. oder vertragl. Gründen nicht ausüben kann[227]). Verweigerung oder Entziehung der J.karte nimmt dem J.berechtigten das Strafantragsrecht nicht[228]).

§ 293 RStGB. Die Strafe kann auf Gefängnis bis zu sechs Monaten erhöht werden, wenn dem Wilde nicht mit Schießgewehr oder Hunden, sondern mit Schlingen, Netzen, Fallen oder anderen Vorrichtungen nachgestellt oder, wenn das Vergehen während der gesetzlichen Schonzeit, in Wäldern, zur Nachtzeit oder gemeinschaftlich von mehreren begangen wird.

---

[219]) RGSt. 5,[424]; Stengl. 4,[99]; Opph. S. 41 A. 84; § 4[3] RStGB. — „Aneignung von Wild" ist z. B. nach §§ 171, 174 II g österr. StGB. v. 27. Mai 1852 „Diebstahl" (Manz, 20. Aufl. 1905 Bd. I S. 238 A. 34 ff.; 251 ff.).

[220]) Opph. S. 38 A. 4; Olsh. S. 61 A. 2; BlfRA. 68,[69] ff.; obst. LG. 5. Nov. 1912 Nr. 451/12; so bayr.-österr. Salinenkonvention v. 18. März 1829, wonach Gerichtsbarkeit im österr. J.bezirk Falleck hinsichtl. der J.frevel Österreich, im Falle der Betretung eines bayr. J.frevlers durch bayr. J.personal aber Bayern zusteht (Art. 7; Pollw. S. 170 A. III b).

[221]) § 67 II StGB.

[222]) Ohne Beschränkung auf den Grad; §§ 1589, 1590, 1705 ff., 1719, 1723, 1736, 1737 BGB.

[223]) §§ 1741 ff. BGB.

[224]) Nicht deren Abkömmlinge: Neffen, Nichten, Vettern, Basen; nicht die Ehemänner zweier Schwestern oder die Ehefrauen zweier Brüder.

[225]) § 1297 BGB.; RGSt. 10,[117]; 35,[49]; Rspr. 2,[182].

[226]) Oben S. 280 V.

[227]) RGSt. 4, 158; Opph. S. 788 A. 29.

[228]) GoltdA. 24,[599]; oben S. 190 f. II 1; 222 IV.

I. „Schießgewehr" jede Schußwaffe, nicht jedes Schießwerkzeug[1]).

II. Schlingen, Netze, Fallen oben § 13 JPB. II, § 292 RStGB. B I 4.

III. Andere Vorrichtungen: z. B. Windbüchsen, Luftpistolen, Blasrohre, Pfeil und Bogen, Schleudern, Armbrust[2]), vergiftete Köder[3]), Pfahleisen, Legebüchsen, Fang- und Fallgruben, Schaufeln[4]), Frettieren, Fuchsgraben und -ausräuchern, Dachszange, Otterwurfgabel, Saufeder. U. U. auch zutreffend bei Fallwild[5]).

IV. Gesetzl. Schonzeit: periodische wie dauernde bedeutet Ausschluß der Schußzeit[6]). Unkenntnis schließt, auch wenn auf Rechtsirrtum beruhend, Straferhöhung nicht aus, da Irrtum über eine Strafrechtsnorm[7]). § 293 kann nur in Frage kommen, wenn feststeht, auf welche Wildart die J. ausgeübt wurde, und daß die auf Verfolgung gerichtete Handlung einem z. Zt. der Tat mit der J. zu verschonenden Wilde galt; doch genügt Feststellung eines Eventualdolus[8]). Werden „Einsprünge" in der Umzäunung von Wildparken während der Schonzeit offen gehalten, so wird dadurch J. auf Schonwild ausgeübt[9]). Da die Hegebestimmungen nur Schonung lebenden Wildes bezwecken können, greift § 293 hinsichtl. Schonzeit bei Fallwild nicht Platz[10]).

V. Wald: Jede forstwirtschaftl.[11]) genutzte Fläche, ohne Rücksicht auf die Höhe der Bäume, im Gegensatz zu übersichtl. Gelände (Feld, Heide, Seen), nicht nur geschlossener Hoch- oder Niederwald, Schälwald, Feldgehölze, Auhölzer, sondern auch künstl. Parkanlagen mit mehr oder minder geschlossenem Baumbestand, Schonungen, mit schütterem Anflug bestandene Schläge, Jugendaufschläge mit niedrigem, den Jagenden in aufrechter Stellung nicht decken-

---

1) Oben S. 216 IV.
2) S. 216 IV F. 38.
3) S. 266 III; RGSt. 14,[419]; OLG. Mü. 4,[459]; DJäger 8,[172]; 9,[66]. „Wild und Hund" 1919 S. 149.
4) OLG. Mü. 4,[459].
5) Verwendung von Stricken, Jagdschlitten, Schleifen, Tragen, mit denen eigens zur Fortschaffung von Fallwild ausgezogen wird (allgemein anders RGSt. 15,[268]; Olsh. S. 1233 A. 2[2]; aber S. 1232 A. 12[2]). Dem steht die Anwendung des Ausdruckes „Nachstellen" nicht entgegen, da hierunter auch das planmäßige Suchen nach Fallwild fällt (z. B. nach Treibjagden, nach Niedergang von Lawinen oder an den Winterständen; so anscheinend auch Opph. S. 790 A. 2 a).
6) §§ 2, 3 JPB.; oben S. 234, 237; RGSt. 29,[8]; OberstGHSt. 9,[219].
7) Opp. S. 790 A. B; Pollw. S. 172; a. A. RGSt. 7,[141]; Olsh. S. 1234 A. 4 a; Wirsch. S. 190.
8) Olsh. S. 1234 A. 4 a.
9) Oben S. 358 I 1; 265 I; „Wild und Hund" 1907 S. 2 ff.
10) RGSt. 15,[268]; Rspr. 8,[540]; Reger 7,[260]; OberstGHSt. 8,[479]; OLG. Mü. 4,[440]; 5,[349]; EJZ. 1907 S. 231; Olsh. S. 1234 A. 4 a; Pollw. S. 17[illegible] A. 2; Wirsch. S. 190.
11) Daher nicht Schilf- oder Rohr-„Wälder".

dem Wuchs —, dagegen nicht Pflanzgärten mit kleinen Stecklingen, abgeholzter Wald, Kahlhiebflächen, auch wenn diese Grundstücke wieder als Wald genutzt werden sollen[12]). Kleine, am Waldsaume gelegene, in den Wald einspringende Blößen, in den Bestand eingesprengte Lichtungen und Wiesen, dort liegende Seen sind dem Walde selbst zuzurechnen, da auch auf sie das für Schaffung des Straferschwerungsgrundes bestimmende Motiv: Gewährung besserer Deckung für den Wilderer und Möglichkeit leichteren Verbergens der Beute in Wäldern — zutrifft[13]). Es kommt nur darauf an, daß das J.vergehen mindestens zum Teil „im Walde" vor sich geht. Es soll die Art der Begehung schärfer getroffen werden, welche die Entdeckung von Tat und Täter schwieriger macht, dadurch die öffentl. Sicherheit erheblicher gefährdet und Schädigung des Berechtigten vergrößert[14]). Deshalb hier der Standort des Täters in gleichem Maße zu berücksichtigen wie der des Wildes. Gleichgültig, ob der Jagende sich außerhalb des Waldes befindet und von da auf im Walde befindl. Wild schießt, sich dieses aus dem Walde von Helfern oder Hunden zutreiben läßt, es aus dem Walde durch dort schon beginnendes Futterstreuen herauslockt, ohne jeweils bei J.ausübung diesen selbst zu betreten, oder ob er sich im Walde aufhält, während das Wild auf freiem Felde usw. steht[15]). Dies gilt auch für Fallwild[16]).

VI. Nachtzeit nicht identisch mit der nach den Jahreszeiten wechselnden „ortsübl." Zeit der Nachtruhe, sondern Gegensatz zur Tageszeit. Beginnt mit Eintritt der Dunkelheit nach Sonnenuntergang und Schluß der Abenddämmerung, endet mit Anfang der Morgendämmerung[17]). Mondschein und Sternhelle schließt die Anwendung nicht aus[18]). — „Nachtzeit" qualifiziert auch J.ausübung auf Fallwild.

VII. „Gemeinschaftlich von Mehreren": Dieser Erschwerungsgrund ist durch die strafgesetzl. Merkmale der Mittäterschaft[19]) zu begründen[20]). —

---

12) RGSt. 25,[120]; OLG. Mü. 4,[140]; 5,[349]; GoltdA. 46,[203]; 52,[110]; Recht 1906 S. 1328; EJZ. 1908 S. 118; Olsh. S. 1234 A. 4b; Opph. S. 790 A. 3a; Frank S. 663 II 3; Pollw. S. 173 A. 5.

13) Wirsch. S. 191; Olsh. S. 1234 A. 4b; Ztschr. f. Forst- u. J.wesen 1912 S. 250.

14) RGSt. 13,[84].

15) RGSt. 20,[98]; 25,[120]; Reger 14,[389]; OLG. Mü. 4,[440]; GoltdA. 49,[212]; BlfRA. E. 14,[358]; Opph. S. 790 A. 3a; Olsh. S. 1234 A. 4b; Pollw. S. 173 A. 5; Wirsch. S. 191.

16) BlfRA. 1881 S. 189; Wirsch. S. 191.

17) RGSt. 3,[209]; 25,[291]; Rspr. 3,[12]; 5,[158]; 7,[56]; OberstGHSt. 6,[385]; BlfRA. E. 3,[257]; JW. 1889 S. 473,[31]; 1894 S. 222; DJZ. 1913 S. 1076; Olsh. S. 941 A. 52; S. 1234 A. 4c; ROHG. 25,[291]; anders: Opph. S. 790 A. 4; Stengl. 1,[283]; 6,[366]; 7,[129]; Pollw. S. 172 A. 4; Wirsch. S. 191: vgl. dagegen: BSchG. § 2 I c; RStPO. § 104 III.

18) Wirsch. S. 191.

19) § 47 StGB.

20) RGSt. 4,[262]; Rspr. 3,[409]; 10,[300].

1. Mittäter muß irgendeine positive Tätigkeit entfalten, ohne daß größeres oder geringeres Maß der äußeren Tätigkeit entscheidet, und jeder unmittelbar ein Merkmal des Tatbestandes verwirklichen muß[21]). Mitwirksamkeit muß in tatsächl. und objektivem Kausalverhältnis zur Tat stehen[22]). Bloße Vorbereitungshandlungen des einen Täters können genügen[23]), müssen sich aber bei Realisierung der einzelnen Tatmerkmale als ein die Gemeinschaftlichkeit der Ausführung herstellender Faktor gezeigt haben[24]). Dann können sie, falls sie der ausdrückl. oder stillschweigenden Vereinbarung des Planes unter den Beteiligten nachfolgen, auch vor Beginn der Ausführung stattfinden. Tätigkeit nach Tatausführung, nachträgl. Billigung reicht nicht aus[25]). Bloßes Mitwissen, stillschweigendes Einverständnis, untätiges Zusehen genügt nicht[26]), wenn nicht Pflicht zu verhinderndem Einschreiten besteht[27], oder bloße Anwesenheit, Mitgehen einen psychischen Einfluß bei Tatbegehung, also einen materiellen Akt zum Zwecke der Ausführung bildet[28]), wie Bereitsein zum Eingreifen und zum Schutz gegen befürchtete Gefahr, intellektuelle Beeinflussung des unmittelbaren Täters durch Ermunterung, Beruhigung, Drohung, Bereithalten zum Empfang des gefrevelten Wildes[29]). —

2. Subjektiv entscheidend animus auctoris im Gegensatze zum abhängigen Willen des Gehilfen — animus adjutoris —; der Wille des einen Mittäters ist von gleicher Beschaffenheit wie der des anderen; Vergehen soll unter ihrer Mitwirksamkeit zur Existenz gebracht werden, ohne daß einer den Willen des anderen als maßgebend für den seinigen gelten läßt. Gehilfe unterstützt fremde Tat, Mittäter will seine eigene[30]). Daher gleichgültig, ob der Einzelne für sich, den Anderen oder einen Dritten Besitz nehmen will[31]), und ob Teilung der Beute beabsichtigt[32]).

3. Vorsatz jedes Mittäters muß alle Tatmerkmale umfassen[33]). Mittäterschaft wird getragen vom Einverständnis der Beteiligten, indem jeder die Mitwirkung des anderen zur Herbeiführung der von ihm selbst als eigenen betrachteten Tat will, diese nur durch zusammenwirkende Tätigkeit — durch „bewußtes

---

21) RGSt. 3, 181; 9, 76; 26, 345; 28, 305; Rspr. 6, 645; 8, 80, 337.
22) RGSt. 26, 351.
23) RGSt. 9, 76; 15, 295.
24) RGSt. 15, 295.
25) RGSt. 35, 15; Rspr. 7, 341.
26) RGSt. 3, 268; 4, 177; 9, 3; Rspr. 2, 737; 3, 28, 309.
27) RGRspr. 2, 458.
28) RGSt. 4, 127; 15, 295; Rspr. 3, 28, 309.
29) RGSt. 9, 9; vom 18. Jan. 1918 ZfRpfl. 1918 S. 86 III.
30) StenB. z. d. Mot. d. RStGB. 1, 276; 3, 54; RGSt. 2, 160; 3, 181; 9, 76; 11, 439; Rspr. 2, 757; 8, 80.
31) JW. 1904 S. 585.
32) RGSt. 4, 262; Rspr. 3, 409; 10, 300; Reger 4, 185.
33) RGSt. 4, 262; 9, 439; 17, 413; 29, 419; Rspr. 2, 309; 7, 79; JW. 1912 S. 411.

und gewolltes Zusammenwirken" — ins Werk gesetzt wird. Sie reicht deshalb nur soweit als das Einverständnis[34]). Darüber hinaus entweder vorsätzl. oder fahrläss. Mehrtäterschaft, Anstiftung oder Beihilfe bezügl. des Exzesses. Mittäter trifft der straferhöhende Umstand nachträgl. Beteiligung dann nicht, wenn er erst nach Eintritt dieses Umstandes hinzukam[35]). Einverständnis fehlt, wo ein Beteiligter juristisch nur als Werkzeug in Betracht kommt[36]). —

4. Mittäterschaft: Verbleiben des einen auf zuständigem Gebiet, um hier Wild zu erlegen, Aufscheuchen und Zutreiben des Wildes durch den anderen in fremdem Bezirk mit dessen Einverständnis[37]). — Treibj.schütze A tritt in zuständigem Gebiet vom Stand ab und übergibt sein Gewehr dem nichtj.berechtigten B, welcher auf sein Geheiß Hasen schießt: A Anstiftung § 48; B § 292[38]). — Aufstellen in der Schützenlinie ohne oder mit ungeladenem Gewehr, um sie geschlossen zu halten: § 293, 47, da letzteres wesentl. Erfordernis der Treibj. und eine darauf abzielende Tätigkeit wechselseitiges Unterstützen und Zusammenwirken der die Schützenkette bildenden Personen bedeutet[39]). — Durchstreifen und Absuchen fremden Bezirks durch Mehrere, um das auf der vorher stattgefundenen nachbarl. Treibj. angeschossene Wild an Ort und Stelle zu töten oder ins eigene Revier zu treiben und dort alsbald zu erlegen[40]). — Durchstreifen fremden J.reviers, wobei ein Teilnehmer den Lauf, der andere den Kolben des zerlegbaren Gewehrs versteckt trägt[41]). — Schießen von Wild durch A in Gegenwart des B, der verabredungsgemäß erlegtes und verstecktes Wild später abholen, angeschossenes nachsuchen und heimschaffen soll[42]). — A schießt ein Reh, verbirgt es, holt Ehefrau (Bruder) und schafft es mit ihr (ihm) heim[43]). — J.gast und der von diesem zu gemeinschaftl. Jagen mitgenommene Nichtberechtigte bei Kenntnis des Letzteren von der mangelnden Erlaubnis des J.herrn Mittäter; bei Annahme der Erlaubnis Straflosigkeit wegen mangelnden dolus; J.gast Anstifter (§ 48). Hat er den Irrtum über

---

34) RGSt. 12, 8.

35) RGRspr. 7, 341; 8, 80.

36) RGSt. 1, 146.

37) RGRspr. 10, 331; Reger 13, 140; GoltdA. 54, 480; EJZ. 1908 S. 136; 1907 S. 119; BlfRA. 1907 S. 247; DJäger 12, 4.

38) Wirsch. S. 192 Fußn. 70.

39) Stengl. 6, 369.

40) ObstLG. 9. Nov. 1912 Nr. 511/12; Pollw. S. 174.

41) „Wild und Hund" 1916 S. 651; RG. v. 15. Juni 1915: Schultz, Jahrbuch 12, 166.

42) GoltdA. 50, 132; RGRspr. 1, 589; Recht 1911 Nr. 1667 u. 3399; Opph. S. 785 A. 8: Fortsetzung des Vergehens!

43) Mit Erlegung war J.vergehen rechtlich vollendet; zum Abschluß gelangt, tatsächl. beendet aber erst mit Fortschaffung des Wildes von der fremden Jagd: RG. 17. März 1922 „Wild u. Hund" 1922 S. 498. — A. A. DJZ. 1911 S. 707 (Begünstigung).

Vorhandensein der fehlenden Erlaubnis erregt, Alleintäter[44]). Verpflichteter J.aufseher führt J.gast in ihm bekanntes, dem Gast unbekanntes fremdes J.gebiet, wo Gast einen Hasen schießt: J.aufseher Alleintäter.

5. Beihilfe: Zufällig anwesender Dritter gibt unberechtigt Jagenden Warnungszeichen bei Annäherung von J.berechtigten oder J.aufsichtsbeamten[45]). — Treiber sind Gehilfen (§ 49), üben durch ihre nicht auf eigene Erlangung, sondern auf Ermöglichung der Besitzergreifung durch den Jäger gerichtete Tätigkeit die J. nicht aus, handeln nicht mit dem Willen, Wild für ihre Zwecke aufzusuchen, zu scheuchen und zur Erlegung zu bringen. Vergütung oder Unentgeltlichkeit macht keinen Unterschied[46]). — Erschwerungsgrund auch bei Fallwild.

VIII. Mehrere Fälle unberechtigten Jagens unter verschiedenen Erschwerungsmomenten des § 293 motivieren jeder für sich Strafschärfung[47]). Bei Vorliegen mehrerer Qualifikationsgründe bei derselben Handlung nie Realkonkurrenz; auch nicht „mehrere Strafgesetze verletzt"[48]); nicht „Gesetzeskonkurrenz"[49]), weil keine zeitl. trennbaren Tätigkeitsakte. Wenn Mehrere gemeinschaftl. nachts während der gesetzl. Schonzeit in Wäldern mittels Schlingen Rehe fangen: eine bei Straffestsetzung zumeßbare Häufung verschiedener Begehungsarten desselben Deliktes.

IX. Verfolgung auch bei Angehörigen von Strafantrag nicht abhängig[50]).

Straferhöhung fakultativ; kann unter Höchststrafmaß des § 292 heruntergehen; Geldstrafe kann in Gefängnis nicht über 6 Monate umgewandelt werden[51]). Strafbefehl zulässig[52]). — Verjährung: 5 Jahre[53]). Zuständigkeit: Amtsrichter[54]). Verurteilung aus § 293 nur nach Hinweisung auf veränderten rechtl. Gesichtspunkt[55]); Anführung der „§§ 292 ff." im Eröffnungsbeschlusse macht Hin-

44) ZfRpfl. 1909 S. 276; RGRspr. 8, 546; DJZ. 1910 Spruchs. S. 29; RGSt. 17, 413; Rspr. 10, 300; Pollw. 174 A. 6; Wirsch. S. 193/194.

45) RGSt. 22, 2; ein als Wache ausgestellter Beteiligter, der den Frevlern folgt, um ihnen die unbehelligte Tatausführung durch Aufpassen zu ermöglichen, ist Mittäter.

46) RGRspr. 10, 331; Opph. S. 790 A. 5; S. 785 A. 10; Pollw. S. 167 A. 1; Wirsch. S. 193.

47) Opph. S. 789 A. 2.

48) § 73 StGB.; Olsh. S. 338 A. 21 a.

49) Wie bei KO. § 239 Z. 1 u. 2; RGSt. 2, 337.

50) RGSt. 4, 330; Reger 4, 186; Stengl. 1, 53, 300, 306; 5, 152; 2, 204; 3, 33; ObstGH. 6, 205; Olsh. S. 1235 A. 5; Pollw. S. 174 A. 8; Wirsch. S. 195; a. A.: Opph. S. 790 A. 6; Frank. S. 663 I.

51) §§ 28 II, 29 II S. 2 StGB.; Olsh. S. 1235 A. 6.

52) § 407 StPO.; oben S. 380 I.

53) § 67 II StGB.

54) §§ 24 2; 25, 2 b GVG.

55) § 265 I StPO.

weis nicht entbehrl., wenn dort Erschwerungsgrund nicht ausdrückl. erwähnt[56]). —

§ 294 RStGB. Wer unberechtigtes Jagen gewerbsmäßig betreibt, wird mit Gefängnis nicht unter drei Monaten bestraft; auch kann auf Verlust der bürgerlichen Ehrenrechte, sowie auf Zulässigkeit von Polizeiaufsicht erkannt werden.

I. Gewerbsmäßiger Betrieb: Auf ständigen, wenn auch nicht ununterbrochen und regelmäßig fließenden Erwerb gerichtete Tätigkeit, entwickelt in der Absicht nicht nur einmaliger, sondern fortgesetzter, wenn auch bloß bei günstiger Gelegenheit vorzunehmender Begehung[1]). Diese Absicht liegt auch vor, wenn sie nicht auf Erlös des gefrevelten Wildes, sondern unmittelbar auf seine Erlangung selbst gerichtet[2]). Auch eine einzelne, in solcher Absicht vorgenommene Handlung kann „gewerbsmäßige" Tätigkeit sein, wenn es auch noch nicht zu ferneren Handlungen gekommen ist[3]). Feststellung, der Täter habe nicht aus bloßer J.-leidenschaft, sondern der Beute und ihres Vermögens- oder Verbrauchswertes halber gewildert, reicht nicht aus[4]). Einzelhandlung kann als Anhaltspunkt für früher verübte oder später beabsichtigte Handlungen derselben Art und zur Folgerung des „gewerbsmäßigen Betriebes" dienen[5]). Nicht einmal die Feststellung eines konkreten Einzelfalles „gewerbsmäßigen" Handelns erforderl., wenn nur Umstände den Schluß auf Vorliegen einer ständigen Erwerb bezielenden, in Fortsetzungsabsicht begangenen Handlung gestatten[6]). Gewerbsmäßigkeit einer festgestellten Einzelhandlung kann gefolgert werden aus Vorstrafen wegen gewerbsmäßigen Wilderns[7]), — aus Fällen, welche durch Freisprechung erledigt, aber jetzt eine andere Beurteilung finden[8]), — im Auslande verübt, — unter anderer Gesetzgebung begangen, — als Einzelhandlungen verjährt, — nur gewohnheitsmäßig ausgeführt, — als Einzelfälle, da auf zuständ. Gebiet geschehen, nicht widerrechtl. sind, aber nach Gewinn trachtenden Betrieb verraten[9]). Wurden unter Verneinung der Gewerbsmäßigkeit nur mehrere Einzelfälle nicht gewerbsmäßigen Jagens festgestellt, ist Verfolgung weiterer, in diesem Verfahren nicht

---

56) RGRspr. 3, 531; Opph. S. 791 A. 8; Pollw. S. 175.
1) RGSt. 4, 184; 12, 388; Rspr. 1, 654; 3, 669; 9, 714.
2) RGRspr. 2, 236; 4, 280; 9, 90; DJZ. 8, 224; JW. 1894 S. 222; EJZ. 1907 S. 38; Recht 1910 S. 1093; GoltdA. 49, 117.
3) RGSt. 12, 388; 27, 138; Rspr. 3, 442, 669; 5, 59; RG. 30. Mai 1916 „Wild u. Hund" 1919 S. 150.
4) Opph. S. 791 A. 1.
5) Opph. S. 650 A. 2.
6) OberstLGSt. 4, 208.
7) RGRspr. 2, 336.
8) RGSt. 33, 303; Pollw. S. 176.
9) Opph. S. 650 A. 2; 791 A. 1; GoltdA. 29, 410; RGSt. 5, 369; Rspr. 3, 716; GoltdA. 41, 421; Recht 1905 S. 318; 1910 Nr. 1693; Pollw. S. 175/176.

erörterter, vorher begangener Einzelfälle nicht ausgeschlossen[10]). Mehrere Fälle gewerbsmäßigen Jagens: keine Realkonkurrenz[11]). Wird aus dem Gesichtspunkt der Fortsetzung[12]) einheitl. Straftat angenommen, so hindert das nicht, in dieser Handlung, als einer auf fortgesetzten Erwerb abzielenden Tätigkeit, das Merkmal der Gewerbsmäßigkeit zu finden[13]). Bei getrennter Verurteilung wegen mehrerer J.vergehen aus § 292, 74 kann ein neuer Fall unberechtigten Jagens nicht mit den bereits abgeurteilten zu einem gewerbsmäßigen, oder zu einem fortgesetzten Delikt zusammengefaßt und nicht, als durch jene Verurteilung abgegolten, für straflos erklärt werden[14]). Wegen gewerbsmäß. J.V. Bestrafter kann wegen weiterer, nach den abgeurteilten, aber vor Aburteilung verübter Fälle nicht nochmals vor Gericht gestellt und mit Zusatzstrafe belegt werden, selbst wenn diese Fälle bei Aburteilung nicht bekannt waren[15]). — Gewerbsmäß. J.V. ist Sammeldelikt und vollendet mit Abschluß der letzten Einzelhandlung[16]). Erschwerende Umstände des § 293 bei Verurteilung aus § 294 als strafschärfend verwertbar[17]). Besitz von Munitionsvorräten, Waffen, sonstiger J.ausrüstung, Vorhandensein eines für Wildaufbewahrung dienenden Kellers genügt nicht zum Nachweis der Gewerbsmäßigkeit[18]). Letztere darf bei gemeinschaftl. Jagen mehrerer, von denen nur einer gewerbsmäß. handelt, bloß diesem als erschwerender Umstand zugerechnet werden[19]). Gleiches bei Anstifter und Gehilfen. Bloße Kenntnis des einen vom gewerbsmäßigen Handeln des anderen ersetzt die bei jenem fehlende Gewerbsmäßigkeit nicht[20]). Da bei Begünstigung Kenntnis von der speziellen konkreten Gestaltung der Haupttat nicht erforderlich, braucht der Begünstiger eines gewerbsmäßigen Wilderers sich der, dessen Handlung qualifizierenden Erschwerungsumstände nicht bewußt zu sein[21]).

II. Strafantrag nicht erforderl.[22]) — Verjährung: 5 Jahre[23]). — Ehrenrechtsverlust: § 32; Polizeiaufsicht: §§ 38 ff.[24]) — Zuständig Schöffengericht oder Amtsrichter[25]).

---

10) RGSt. 23,[230]; Pollw. S. 176.
11) RGSt. 8,[16].
12) § 73 StGB.
13) GoltdA. 52,[256].
14) GoltdA. 42,[116].
15) Rspr. 4,[690].
16) ObstLG. 3. Juli 1923 ZfRpfl. 1923 S. 217 gegen Slg. 12,[134].
17) RGRspr. 3,[312],[415]; Recht 1907 S. 780; DJZ. 1910, 18. Spruchs. S. 29.
18) GoltdA. 44,[161].
19) RGSt. 26,[3]; Olsh. S. 1021 A. 4; Opph. S. 791 A. 3; § 50 StGB.
20) RGSt. 4,[184]; 23,[378]; Opph. S. 651 A. 9.
21) Olsh. S. 996 A. 25 1; S. 1235 A. 3; RGRspr. 8,[650].
22) Opph. S. 791 A. 3; Olsh. S. 1235 A. 2; Stengl. 1,[306]; Pollw. S. 176; Frank S. 664 II.
23) § 67 II StGB.
24) Oben S. 212 V, 211 III.
25) §§ 28,, 25 I 2 c, II GVG.

Häufige Begleiterscheinung des J.frevels ist **Hehlerei**[1]), da namentl. der gewerbsmäßige Wilderer Absatzgelegenheit für seine Beute braucht, die er gewöhnl. bei Wildbrethändlern und Wirten findet, welche in der Regel das gefrevelte Wild unterm Preise kaufen, um damit wieder ein Geschäft zu machen. Geschieht dies in der Absicht der Eröffnung einer ständigen Erwerbsquelle, so liegt gewerbsmäßige Hehlerei vor [2]). Da Hehlerei Verletzung fremder Vermögensrechte, Schaffung einer veränderten rechtswidr. Vermögenslage voraussetzt, die in ihrer Dauer nicht aufrechterhalten werden darf[3]), ist Ankauf von Wild, das J.berechtigter unter Übertretung j.polizeil. Vorschriften, nicht unter Eingriff in ein fremdes Vermögensrecht erlegt hat, nicht Hehlerei; ebensowenig Begünstigung[4]) oder Beihilfe[5]), da diese Verbrechen oder Vergehen als Haupttat voraussetzen, J.berechtigter aber durch Verletzung j.polizeil. Vorschriften nur eine Übertretung begeht[6]). — Gastwirten ist Konzession zu versagen oder zu entziehen, wenn gegen sie Tatsachen vorliegen, welche die Annahme rechtfertigen, daß sie ihr Gewerbe zur Förderung der Hehlerei mißbrauchen werden[7]).

§ 295 RStGB. Neben der durch das Jagdvergehen verwirkten Strafe ist auf Einziehung des Gewehrs, des Jagdgeräts und der Hunde, welche der Täter bei dem unberechtigten Jagen bei sich geführt hat, ingleichen der Schlingen, Netze, Fallen und anderen Vorrichtungen zu erkennen, ohne Unterschied ob sie dem Verurteilten gehören oder nicht.

§ 40 RStGB. Gegenstände, welche durch ein vorsätzliches Verbrechen oder Vergehen hervorgebracht, oder welche zur Begehung eines vorsätzlichen Verbrechens oder Vergehens gebraucht oder bestimmt sind, können sofern sie dem Täter oder einem Teilnehmer gehören, eingezogen werden.

Die Einziehung ist im Urteile auszusprechen.

---

1) § 259 StGB.
2) § 260 StGB.
3) RGSt. 20,[223]; GoltdA. 38,[214].
4) § 257 I StGB.
5) §§ 257 III, 49.
6) Einziehung oben S. 284 f. II, III; vgl. § 8 JPB. oben S. 256 f. I.
7) §§ 33 Abs. II Z. 1, 53 Abs. II RGO.; Bestrafung nicht gefordert (Reger 5,[160]; 7,[7]); auch nicht Verübung bei Ausübung eines früheren Schankrechts (BGH. 13,[387]; Reger 13,[15]), oder in der der Gesuchstellung unmittelbar vorhergehenden Zeit (BGH. 7,[242]; Reger 1,[359]; 7,[365]); auch Bestrafung wegen J.frevels oder Unterstützung von Übertretungen jagdpol. Vorschr. genügt (BGH. 2,[271]; 13,[387]; Reger 1,[357]; 7,[370]; 13,[15]).

§ 42 RStGB. **Ist in den Fällen der §§ 40 und 41 die Verfolgung oder die Verurteilung einer bestimmten Person nicht ausführbar, so können die daselbst vorgeschriebenen Maßnahmen selbständig erkannt werden.**

I. Frage, ob Einziehung Strafe oder Sicherungsmaßregel, ist bestritten[1]). Häufig Doppelnatur, indem damit sowohl der Strafzweck als auch der Zweck polizeil. Sicherung mit dem Abmaße verfolgt wird, daß überwiegen des einen oder anderen Zweckes für Annahme eines Strafübels oder einer Sicherungsmaßregel maßgibt[2]). Entscheidung über rechtl. Natur aus dem Inhalt des Gesetzes zu finden, nicht von den Wirkungen abhängig zu machen, die im Einzelfalle die Einziehung nach sich zieht[3]).

Neben der durch J.vergehen verwirkten Strafe auf Einziehung der in § 295 bezeichneten Gegenstände zu erkennen, ohne Unterschied, ob sie dem Verurteilten gehören oder nicht. Sie ist zwingend vorgeschrieben. Eigentum an den einzuziehenden Gegenständen unberücksichtigt. Demnach unzweideutig polizeil. Sicherungsmaßregel, Einziehung, der die Eigenschaft einer Strafe mangelt, und welche daher auch bei Idealkonkurrenz mit höher strafbarer Handlung (z. B. § 230 StGB.) auszusprechen[4]).

II. Erkennung der Einziehung umfaßt ohne Einschränkung alle aufgeführten Gegenstände[5]), gleichgültig, ob vorher beschlagnahmt, spätere Vollstreckung gesichert, Einziehung von der Staatsanwaltschaft beantragt, § 295 im Eröffnungsbeschlusse angeführt oder nicht[6]). Erforderl. hinreichend deutl. Bezeichnung der einzelnen eingezogenen Gegenstände im Urteil, insbes. der bei J.ausübung mitgeführten, nicht ermittelten Gegenstände[7]). Werterſatz für den Fall der Unvollstreckbarkeit oder für ein vor gerichtl. Verwahrung beseitigtes J.gerät kann nicht gefordert werden[8]). Wohl aber kann

---

[1]) Vgl. Mot. S. 193; GoltdA. 20,[21]; RGSt. 7,[311]; 18,[44]; 46,[133]; Rspr. 8,[330]; Olsh. S. 1236 A. 1; Opph. S. 792 A. 1; Frank S. 664 I 2.

[2]) RGSt. 46,[132]; OberstLG. BeschwReg. Nr. 164/16, Beibl. XVI zum JMBl. 1916 S. 235.

[3]) RGSt. 49,[53 [57]]; ZfRpfl. 1912 S. 476 ff.

[4]) Frank S. 664 I 2; RGSt. 7,[311]; 49,[53 [57]]; Rspr. 8,[330]; 25. Jan. 1918 JW. 1918,[446]; ZfRpfl. 1912 S. 476 ff.; OberstLG. Beschl. v. 10. Juni 1916, Beibl. z. JMBl. 1916 Nr. XVI S. 235 f.; 21. Juni 1919 DJZ. 1920 S. 158; Olsh. S. 1236 A. 1; a. A.: Pollw. S. 177. Einziehung nach § 40 Strafe: RG. 30. Juni 1919 Recht 1920 Spruchbeil. Nr. 233.

[5]) RGSt. 1,[28]; 10,[139]; 12,[305]; Rspr. 7,[416].

[6]) RGRspr. 1,[301]; 3,[56]; 6,[284].

[7]) OberstGHSt. 3,[40]; Stengl. 2,[204]; EJZ. 1907 S. 24; Opph. S. 792 A. 5; Pollw. S. 178 A. 2.

[8]) RGSt. 7,[311]; Rspr. 4,[873]; Wirsch. S. 212. — „Eingezogen werden die von dem Verurteilten bei Begehung des J.verg. benützten beiden Gewehre, Rucksack, Hund und Munition, die der Angekl. bei sich geführt hat", genügt nicht, da Einziehung unvollstreckbar (Opph. S. 792 A. 5; OberstG. 3,[40]; OberstLG. 25. Mai 1909 Nr. 240; Pollw. S. 178 A. 2).

im Tenor erkannt werden: „Die zu Gerichtshanden gebrachten Schlingen, Fallen, Rucksäcke werden eingezogen.“ Unterbliebener Ausspruch der Einziehung ist, da es sich zwar um keine „absolut bestimmte Strafe“, aber um gleich zu behandelnden „absolut bestimmten“, notwendigen Ausspruch handelt, vom Revisionsrichter nachzuholen [9]).

III. Einziehung muß erfolgen, ohne Unterschied, ob Gegenstände dem Verurteilten gehören oder nicht. Selbst der Nachweis, daß sie Eigentum eines dritten Unbeteiligten sind, berechtigt den Richter nicht, von ihr abzusehen. Muß auch erfolgen, wenn etwa das Gewehr durch Wilderer vom J.berechtigten entlehnt wurde. Doch steht ihr § 111 RStPO. entgegen, wenn es dem unbeteiligten Eigentümer durch strafbare Handlung entzogen wurde, und wegen letzterer gleichzeitig Verurteilung erfolgt, da es diesesfalls dem Verletzten zurückzugeben ist. — Vor Verurteilung aus §§ 292 ff. steht dem Fiskus noch kein erworbenes Recht auf die Sache zu; es entsteht erst mit rechtskräftigem Ausspruche der Konfiskation, mit dem das Eigentum auf den Staat übergeht [10]).

IV. Voraussetzung der Einziehung:

1. Verurteilung aus §§ 292—294. Da Einziehung keine Strafe, nicht ausgeschlossen, wenn Täter nicht wußte, daß er die Gegenstände bei sich führte [11]). Trifft nicht nur Haupttäter, sondern auch den Gehilfen, welcher „durch das J.vergehen Strafe verwirkt hat“. „Täterschaft“ hier, wie anderweit [12]), „Verübung“ des Vergehens, gleichgültig, in welcher Form der Beteiligung [13]). Hunde, welche Treiber bei unberecht. Jagen mitführen, J.geräte, welches diese oder sonstige Personen für den unbefugt Jagenden tragen, einzuziehen [14]); diese Personen dienen dem Täter insoweit als lebendes Werkzeug, hinsichtl. J.ausübung selbst als Gehilfen.

2. Nur J.geräte und Hunde unterliegen dem Einzug aus § 295. „Geräte zur J.“ sind leblose Gegenstände, nach ihrer Beschaffenheit an sich zur Verwendung bei der J. geeignet und dauernd bestimmt [15]). Dagegen nicht Gegenstände, welche nur ge-

---

9) § 394 I StPO.; GoltdA. 38, 363.

10) RGSt. 8, 61; 15, 164; 18, 43; 21, 54; Rspr. 9, 12; 10, 457; Frank S. 77 IV 3; Olsh. S. 1236 A. 3 a; 1237 A. 4 2; Opph. S. 792 A. 1, 4; Pollw. S. 179 A. 4.

11) § 59 StGB.; Olsh. S. 1238 A. 4 3.

12) Z. B. §§ 51, 52 StGB.

13) Olsh. S. 1237 A. 3 c; Pollw. S. 177; a. A. Opph. S. 792 A. 3, der nur § 40 für anwendbar hält.

14) Pollw. S. 177.

15) Schußwaffen jeder Art (oben S. 382 I), Munition, Schrotbeutel, Pulverhörner, Patronenzieher, Ladestöcke, Gewehrriemen und -futterale, Mündungsschützer, Gewehrkoffer, Patronengürtel, Jagdtaschen, Rucksäcke, Hühnergalgen, Wildtransportnetze und -körbe, J.muff (wenn nicht bloß Kleidungsstück, sondern zugl. Patronentasche usw.), J.stock, -messer, -stuhl, Hirschfänger, Saufedern, Dachszangen, Ottergabeln, J.hörner, Signalhuppen, Lappen, Treiberklappern, Fern-

legentl. für den Einzelfall Bestandteil der J.ausrüstung, sonst aber an sich andere Bestimmung haben[16]). Bezügl. ihrer § 40 anwendbar, falls sie dem Täter oder einem Teilnehmer gehören. — Einzuziehen auch Schlingen, Netze, Fallen und „andere Vorrichtungen"[17]). Werden sie bei unberecht. J.ausübung mitgeführt und als „Geräte zur J." erachtet, so fallen sie an sich unter § 295; werden sie zur J. „gebraucht" ebenfalls, da dann stets mitgeführt; sind sie aber im Walde oder in der Wohnung des Frevlers gefunden und ist ihre „Bestimmung" zur Begehung eines bestimmten J.vergehens erwiesen, § 40. Drahtschlingen, welche bei Haussuchung mit Messer und Spagat auf dem Tisch des Beschuldigten gefunden und augenscheinl. erst kurz vorher fertiggestellt wurden, bei Annahme gewerbsmäß. fortgesetzten Jagens nach § 40 einziehbar[18]). Alle diese Gegenstände dürfen auch eingezogen werden, wenn nachweisl. zur Vorbereitung des konkreten J.vergehens nach §§ 292, 293 gebraucht[19]), da Vorbereitung und Ausführung des geschehenen Vergehens eine untrennbare rechtl. Einheit. Einziehung nicht zulässig, wenn Gegenstände zu einer künftigen, in ihrer objektiven Gestaltung noch nicht individualisierten, noch völlig unbestimmten und äußerl. in keiner Weise verwirklichten J.ausübungshandlung bestimmt, mag auch beabsichtigte Begehung eines J.vergehens mangels jeder Möglichkeit einer rechtmäßigen J.ausübung offensichtl. sein; denn es muß eine Straftat begangen, nicht erst in Vorbereitung sein[20]). Vom Hause aus mittels Drahtes aufziehbare und verschließbare Klappen in der Umfriedung eines Grundstückes dienen der Vorbereitung der J.; als „andere Vorrichtungen" einzuziehen, wenn wirkl. zur Ausführung eines J.vergehens gebraucht[21]). „Andere Vorrichtungen" nur solche, mittels deren körperl. Anwendung auf das J.objekt J.tätigkeit ausgeführt wird. Nicht tragbare Hochstände, Enten- und Spielhahnschirme. Ihre Herstellung dient der J.vorbereitung, bei Verwen-

gläser, Zielfernrohre, Hundepfeifen, Schweißriemen, Hundehalsungen und -peitschen, Wildlocken, Hühnerdrachen, Gehörnsägen, eigens zur Verwendung bei J.en eingerichtete und ausschließlich oder vorwiegend hiezu bestimmte Gefährte (Birsch-, Wildtransport-, Zeugwägen), Handschlitten.

16) Zur Fahrt ins J.gebiet oder zur Rückkehr von dort benütztes Fuhrwerk oder Fahrrad (DJäger 14, [14]); Zugslokomotive einer Privatbahn, von welcher aus Eisenbahnpersonal während der Fahrt wildert, da weder „Mitsichführen" noch „Gebrauch zu Verübung eines J.vergehens" bei Dienstfahrt vorliegt (DJäger 17, [304]; Stengl. 4, [197]; 5, [253]; JW. 1892 S. 139 [35]; Wirsch. S. 200 Fußn. 100).

17) Auch Habichtskörbe, Eisen, Schaufeln, Pickel, Gift, Mittel zum Ausräuchern, ausgestopfte Auf- und Lockvögel.

18) GoltdA. 52, [256]; RGSt. 42, [315]; Recht 1909 Nr. 3243; Pollw. S. 178; Wirsch. S. 201; ebenso Vorräte von Patronenhülsen, Pulver, Blei, Ladeutensilien (Lademaß, Pfropfenpresser, Rändelwerkzeug, Zündhütchenzangen, Pulverwage, Pulverflasche), Gewehrreinigungsgegenstände (Wischer, Bürsten, Werg, Öl, Fett, Talg), Kugelformen.

19) A. A. Olsh. S. 130 A. 9 [3].

20) RGSt. 16, [268]; 27, [243]; GoltdA. 52, [256]; OberstLG. 11. April 1918 DJäger 1919 [70]; 1922 [573]; ZfRpfl. 1918 [290]; unten S. 394, 4.

21). A. A. Recht 1912 S. 564; Pollw. S. 178 Fußn. 1.

dung zum Ansitz, zum Anstand, auf dem Entenfall oder der Birkhahnbalz sind sie aber „Gegenstände, welche zur Begehung eines vorsätzl. Vergehens gebraucht oder bestimmt sind“ i. S. des § 40 und einziehbar. Weder § 40 noch § 295 trifft zu auf die J.-kleidung, wenn nicht speziell für J. eingerichtet, ausschließl. zu Gebrauch auf dieser bestimmt[22]). — Aus der besonderen Aufzählung der Hunde neben dem leblosen J.geräte ergibt sich, daß Zuggespanne, Reitpferde, Frettchen, lebende Auf- und Lockvögel, zur Beize bestimmte Stoßvögel oder sonstige lebende Tiere nicht in den Kreis des § 295 fallen, sondern nur unter den Voraussetzungen des § 40 eingezogen werden können[23]). — Einziehung des Wildes selbst, des Wildbrets, der Felle, Decken, Geweihe, Gehörne des Erlöses weder auf Grund des a 295 noch nach § 7 VSchG.[24]) oder § 40, da die Straftat an ihnen verübt[25]), wohl aber unter den Voraussetzungen des Art. 125 III PStGB., selbst wenn die Gehörne usw. vom Wilde bereits getrennt sind[26]).

3. Zur Einziehung nach § 295 genügt, daß Gewehr, J.gerät, Hund beim unberechtigten Jagen vom Täter „bei sich geführt“ wurden; Absicht, sie hiezu zu verwenden, so wenig erforderl., wie tatsächl. Gebrauch oder Notwendigkeit oder Zweckmäßigkeit der Mitnahme. Schon „Beisichführen“ eines Hundes genügt, mag er auch zum „unberechtigten“ Jagen weder bestimmt noch verwendet noch objektiv geeignet sein[27]). Bei mehreren Mittätern anzunehmen, daß sie Geräte usw. gemeinschaftl. mit sich führen[28]). — Schlingen, Netze, Fallen und andere Vorrichtungen gehören schon sprachl. zum „J.gerät“ und würden bereits nach dem ersten Teile des § 295 der Einziehung im Falle der Mitführung durch Täter unterliegen. Ausdrückliche Hervorhebung im zweiten Teile, der nicht von „Mitsichführen“ spricht, drängt zum Schlusse, daß § 295 Einziehung nur zulassen will, wenn sie zum unberechtigten Jagen gebraucht wurden oder wenigstens gebraucht werden wollten, dann allerdings und zum Unterschiede von § 40, gleichgültig, ob sie dem Verurteilten gehören oder nicht[29]). — Feststellung, daß die Gegenstände beim unberechtigten Jagen mit sich

---

22) So Birschschuhe, Patronenwesten, Handschuhe mit Schießfinger, Schießbrillen, welche als „J.geräte“ und als „zur J. gebrauchte und bestimmte Gegenstände“ anzusehen sind; oben S. 391 F. 15.

23) RGSt. 12, [115]; 22, [15] ff. gegen 12, [305]; Rspr. 7, [419]; GoltdA. 52, [247]; EJZ. 1907 S. 24; 1908 S. 183; Olsh. S. 1236 A. 2; 1237 A. 3 d; Opph. S. 792 A. 1 a; Pollw. S. 178; „Wild und Hund“ 1913 S. 169.

24) Oben S. 265, II, 1.

25) GoltdA. 56, [276]; 60, [395]; JW. 1891 S. 444 [2]; Olsh. S. 130 A. 9 [4]: vgl. RGSt. 25, [165]; Pollw. S. 176 A. 1.

26) Oben S. 284 III [1]; ferner VSchG. oben S. 265 II 1, 2; 293 § 7.

27) RGSt. 1, [28]; 4, [262]; 12, [305]; 22, [15]; BlfRA. 77, [142]; Opph. S. 792 A. 2; Pollw. S. 177.

28) RGSt. 12, [305]; 53, [126]; LZ. 1916, [1035]; JW. 1916, [1025]; GoltdA. 45, [427].

29) Frank S. 664 A. I 3; Olsh. S. 1236 A. 2; Opph. S. 792 A. 2; RGSt. 22, [15].

geführt oder gebraucht oder hiezu bestimmt waren, im Urteil zu treffen, eine die Schuldfrage betreffende, dem Angekl. nachteilige Entscheidung, auch wenn der einzuziehende Gegenstand ihm nicht eigentüml. gehört, da er dann zu dessen Ersatz verpflichtet ist. Deshalb Zweidrittelmehrheit der Richterstimmen erforderl.[30])

4. Feststellung erforderl., daß die Gegenstände „bei" dem unberechtigten Jagen vom Täter mitgeführt wurden, also im Augenblicke, als er sich des J.vergehens schuldig machte. Keine Einziehung, wenn sich jemand, der Wild auf seiner J. angeschossen hat, unter Zurücklassung von J.ausrüstung und Hund in unberechtigter J.folge auf fremdes Gebiet begibt, von dort mit dem angeeigneten Wilde wieder in sein Gebiet zurückkehrt und dann erst Gewehr usw. wieder aufnimmt[32]). Läßt der Jäger aber auf eigenem Gebiete angeschossenes Wild von seinem Hund in fremdes Revier verfolgen und sich von dort auf seine J. bringen, wo er in J.ausrüstung zurückgeblieben ist, so muß nicht nur der Hund, sondern auch die J.ausrüstung eingezogen werden, da einheitliche Handlung vorliegt[33]). „Betroffenwerden" in J.ausrüstung nicht verlangt[34]). Hat aus § 293 Verurteilter von drei ihm gehörigen Gewehren nur eines beim J.frevel bei sich geführt, so kann Einziehung der beiden anderen weder aus § 295 noch aus § 40 erfolgen, selbst wenn als erwiesen angesehen, daß auch sie zur Verübung von J.vergehen „je nach Bedürfnis" bestimmt sind[35]). Gleichgelagert der Fall, in dem Verurteilung wegen Schlingenstellens nach § 293 und Beibringung von Schießgewehren erfolgt, die in der Wohnung des Täters gefunden wurden[36]). Gesetzl. Vermutung des „Bestimmtseins zur Verübung eines Vergehens"[37]), welche § 40 aufstellt, reicht nicht bis zur Präsumtion einer äußerl. noch gar nicht hervorgetretenen, wenn auch vielleicht wirkl. beabsicht. Straftat, deren Ausführung das J.gerät dienen sollte[38]). — Tatumstand „beim unberecht. Jagen" liegt auch noch vor, wenn das J.vergehen nach seiner jurist. Vollendung tatsächl. noch fortgesetzt wird, wie durch Fortschaffung der Beute mittels Schubkarrens, Handschlittens, solange nur die endgült. Zueignung noch nicht abgeschlossen und damit das Jagen überhaupt beendet;

---

30) § 263 StPO.

31) RGSt. 4,[261]; 12,[305]; Rspr. 7,[416]; 9,[502]; Stengl. 3,[138]; Olsh. S. 1237 A. 3 b; Opph. S. 792 A. 3; Pollw. S. 177.

32) GoltdA. 38,[363]; Olsh. S. 1237 A. 3 b; Pollw. S. 177; a. A. Opph. S. 792 A. 3.

33) Pollw. S. 177.

34) RGSt. 4,[472]; 27,[243]; GoltdA. 45,[427]; Stengl. 4,[197]; Opph. S. 89 A. 10; Pollw. S. 179.

35) RGSt. 5,[562]; Gewehre können nicht eingezogen werden.

36) OberstLGSt. 13,[31].

37) OberstGHSt. 4,[266]; OberstLG. 11. April 1918 ZfRpfl. 1918 S. 290; DJäger 1919 S. 70; 1922 S. 573; RGSt. 44,[142]; GoltdA. 45,[426]; Opph. S. 763 A. 8; Pollw. S. 179 A. 3; oben S. 392.

38) Olsh. S. 1237 A. 3 b; RGRspr. 9,[502]; „Wild und Hund" 1922 S. 498.

das ist mit dem Verbringen des gefrevelten Wildes auf eigenes J.gebiet des Täters noch nicht geschehen, wohl aber mit Verbergen an dem dafür bestimmten, wenn auch nur vorläufigen Aufbewahrungsort: Heimbringen vom Tatort Fortsetzung des J.vergehens, nicht aber spätere Weiterschaffung von der Wohnung des Täters oder eines Begünstigers zum Hehler[39]).

V. Zur Sicherung der Einziehung kann Beschlagnahme gemäß §§ 94 ff. StPO. stattfinden. Vorsätzl. Beiseiteschaffung, Zerstörung oder sonstige ganze oder teilweise Entziehung aus Verstrickung nach § 137; Veräußerung oder Beseitigung beschlagnahmter, im Besitze des Verurteilten befindl., durch Urteil eingezogener J.geräte gemäß § 288; Vertauschung gegen minderwertige Gegenstände als Betrug nach § 263 StGB., Entäußerung nach Rechtskraft des Urteils als Unterschlagung[40]) strafbar[41]). Vollstreckung erfolgt nach den Grundsätzen über Vollstreckung der Zivilurteile[42]). Bei Tod des Verurteilten vor Rechtskraft der Entscheidung geht das Eigentum am eingezogenen Gegenstande mit Rechtskraft nicht auf den Fiskus über, Vollstreckung nicht mögl.[43]). — Hätte Ausspruch der Einziehung nach § 295 zu erfolgen, so darf objektives Verfahren nicht stattfinden, da er eine „verwirkte" Strafe voraussetzt, neben der Einziehung erfolgt[44]). Aber Einziehung nach § 42, wenn gem. § 40 zulässig[45]). — Unzulässig Einziehung von J.gerät, im objekt. Verfahren, das unbekannter J.frevler zwar bei sich geführt hat, das ihm aber nicht nachweisl. gehört[46]). Im Falle des § 40 StGB. auf Einziehung selbständig zu erkennen, wenn Angekl. vor Rechtskraft des gegen ihn ergangenen Urteils stirbt[47]). Wird Verurteilung bei Lebzeiten des gemäß § 40 oder § 295 Betroffenen rechtskräftig, so Einziehung auch in den Nachlaß zu vollstrecken[48]). — Im Falle des § 292 II ohne Strafantrag oder nach dessen Zurücknahme Einziehung gemäß § 295 nicht mögl., da keine Strafe „verwirkt". Dagegen, bei Vorliegen der Voraussetzungen des § 40, § 42 anwendbar, da er gerade Unausführbarkeit der Strafverfolgung einer bestimmten Person aus rechtl. oder tat-

[39]) § 246.

[40]) DJäger 9,[132]; 27,[412]; RGRspr. 9,[10].

[41]) §§ 451, 463 StPO.; JMBl. 1900 S. 744; § 883 ZPO.; wird die herauszugebende Sache nicht vorgefunden, so ist Einziehungsschuldner auf Antrag des Landesfinanzamts zur Leistung des Manifestationseides verpflichtet, §§ 883 II, 900 I ZPO.; OLGRspr. 17,[345]; Pollw. S. 239 A. 4.

[42]) § 449 StPO.

[43]) RGSt. 19,[45]; 30. Juni 1919 I D 190/19; Recht 1920 Spruchbeil. Nr. 233; Olsh. S. 1238 A. 5 [2]; Pollw. S. 180 A. 5.

[44]) RG. 30. Juni 1919 Recht Spruchbeil. Nr. 233.

[45]) § 42 StGB.; § 430 StPO.; RGSt. 19,[45]; Opph. S. 90 A. 16; 95 A. 7.

[46]) § 42; Olsh. S. 131 A. 15 [2].

[47]) § 30 StGB.; Olsh. S. 131 A. 15 [1]; Opph. S. 90 A. 16.

[48]) Opph. S. 793 A. 8; Stengl. 3,[279]; a. A. Olsh. S. 139 A. 6 b; RGSt. 11,[119]; 14,[382]; Frank S. 81 II 2.

sächl. Gründen annimmt[49]), keine „Strafe", die sich nur gegen eine Person richten kann, sondern polizeil. Vorbeugungsmaßregel enthält, die auch da von Bedeutung bleibt, wo strafbarer Täter nicht vorhanden[50]).

VI. Eingezogene, gebrauchsfähige, mit Prüfungszeichen (oben S. 271 F. 10; Tafel) versehene, nicht aus militär. Beständen stammende Gewehre, J.gewehre, Pistolen, Revolver, J.messer, Dolche, Stilette und ähnl. Stichwaffen dürfen Landesfinanzzweigstellen ½ Jahr nach rechtskräft. Einziehung den Forstämtern, Gendarmerieabteilungen, Gerichten, Strafanstalten, Finanzämtern u. Gemeindeverwaltungen für die mit J.- und Forstschutz betrauten Beamten unter Eigentumsvorbehalt unentgeltl., dann noch verfügbare Bestände an vertrauenswürdige Privatpersonen gegen angemessene Vergütung überlassen, vollständig unbrauchbare Waffen freihändig verkaufen. Eingezogene Hunde an das Finanzamt abzuliefern.

VII. Personen, welche innerhalb eines Jahres wiederholt wegen unberechtigten Jagens zu Freiheitsstrafe verurteilt sind, kann durch Bez.Pol.Beh. Aufenthalt in fremder Gemeinde verboten werden von Rechtskraft des Urteils bis zum Ablaufe von zwei Jahren nach Beendigung des Strafvollzuges für die Dauer von zwei Jahren, in welche Zeit der Einsperrung nicht eingerechnet wird[51]).

G. Strafrechtlicher Schutz der Jagdberechtigten.*)

§ 117 RStGB. Wer einem Forst- oder Jagdbeamten, einem Waldeigentümer, Forst- oder Jagdberechtigten, oder einem von diesen bestellten Aufseher in der rechtmäßigen Ausübung seines Amtes oder Rechtes durch Gewalt oder durch Bedrohung mit Gewalt Widerstand leistet, oder wer eine dieser Personen während der Ausübung ihres Amtes oder Rechtes tätlich angreift, wird mit Gefängnis von vierzehn Tagen bis zu drei Jahren bestraft.

---

[49]) ObersfLG. Beibl. z. JMBl. 1916 Nr. 16 S. 234; oben S. 390.

[50]) FinMinE. v. 25. Aug. 1864 Nr. 10 023, v. 26. April 1873 Nr. 5085, v. 16. April 1889 Nr. 6607, v. 8. Aug. 1898 Nr. 15 327, v. 14. Nov. 1898 Nr. 22 431 und v. 18. Nov. 1921 Nr. 61 992 (StAnz. 173/21).

[51]) Art. 3 [5], 7 II, 9 bayr. AufenthGes. v. 21. Aug. 1914 GVBl. S. 577.

*) DJäger 1919 S. 329; Wild und Hund 1921 S. 647.

Ist der Widerstand oder der Angriff unter Drohung mit Schießgewehr, Axten oder anderen gefährlichen Werkzeugen erfolgt oder mit Gewalt an der Person begangen worden, so tritt Gefängnisstrafe nicht unter drei Monaten ein.

Sind mildernde Umstände vorhanden, so tritt in den Fällen des Absatz 1 Gefängnisstrafe bis zu Einem Jahre, in den Fällen des Absatz 2 Gefängnisstrafe nicht unter einem Monat ein.

A. Absatz I.

I. Personen, welche § 117 schützt:

1. Forst- und J.beamte: Begriff des Beamten allgem. aus § 359 RStGB. zu entnehmen: Alle im Dienste des Reichs oder in unmittelb. oder mittelb. Diensten eines Landes auf Lebenszeit, auf Zeit oder nur vorläufig angestellten Personen, ohne Unterschied, ob sie Diensteid geleistet haben oder nicht; insbes. auch Gemeindebedienstete, nicht aber gemeindl. Vertrauensmänner[1]). — Forst- und J.beamte nur solche, denen der Schutz eines Waldes oder J.reviers als besondere Funktion übertragen. Polizeibeamte, welche nebenher allgemein oder im Einzelfalle auch mit Wahrnehmung von J.vergehen beauftragt, Gendarmen, Grenzschutzbedienstete, die zur Überwachung von J.kontraventionen angewiesen sind, werden dadurch nicht zu J.beamten[2]). Ausschließl. für Forstschutz bestellte Beamte nicht zugleich J.beamte. Staatl. J.schutzbeamte in Bayern: Forstverwalter und -oberverwalter, -assistenten, Förster, Revierförster, Forstaufseher, Forstwarte, Oberforstwarte[3]). Forstreferendare als solche nicht Forst- oder J.beamte[4]); wohl aber die durch ihren bei der Forstbehörde geleisteten Diensteid für Forst- und J.schutz verpflichteten geprüften Forstassessoren, welche den in Art. 121 ForstG.[5]) vorgeschriebenen Eid beim Amtsgerichte nicht zu leisten brauchen[6]). — Privatforst-, Wald- und J.aufseher, gelernte Jäger der Gemeinden, Stiftungen, Körperschaften und Privaten erlangen durch forstpolizeil. (bezirksamtl.) Bestätigung und eidl. Verpflichtung die Eigenschaft öffentl. J.beamten, welche nicht verpflichteten Privatj.bediensteten mangelt[7]). — Alle hiernach als J.beamte anzusehenden Per-

---

[1]) Oben S. 196 f. II; Art. 1 des BeamtG. v. 15. Aug. 1908, GVBl. S. 581. RGSt. 7, [210]; 15, [244]; 30, [29].

[2]) Olsh. S. 460 A. 2 a; Opph. S. 305 A. 3; Stengl. 6, [184]; oben S. 226, 2 f.; aber § 113 RStGB.! Vgl. RGSt. 36, [393]; 43, [361]; Frank S. 289 II 1.

[3]) Oben S. 154 F. 110.

[4]) RGSt. 30, [343].

[5]) Fassung v. 4. Juli 1896, GVBl. S. 325.

[6]) OLG. Mü. 9, [289]; Bek. v. 8. Juni 1909 V, [34], GVBl. S. 388.

[7]) Unten S. 398, 4; EJZ. 1907 S. 123, 208; Recht 8, [257] Nr. 1255; RG.-St. 43, [361].

sonen sind zugleich Hilfsbeamte der Staatsanwaltschaft[8]) und Sicherheitsbeamte[9]).

2. Waldeigentümer: Voraussetzung ist Vorhandensein eines wenigstens zum wesentl. Teile als „Wald" anzusprechenden Grundstückes[10]); Bestimmung, Bäume hauptsächl. zum Zwecke der Holznutzung darauf zu ziehen, genügt nicht. Weidenpflanzungen an einem Flusse kein „Wald". Waldeigentümer ist Eigentümer der stehenden Bäume, auch wenn Grund und Boden ihm nicht gehört; nicht dagegen Eigentümer der gefällten Bäume, die keinen „Wald" mehr bilden[11]).

3. a) Forstberechtigte: Servitutberechtigte, Nutznießer, Pächter, andere Personen, denen auf Grund Übereinkommens persönl. Rechte am Walde zustehen[12]).

b) J.berechtigt: Jeder, dem ein erworbenes Recht zur J.ausübung zusteht, auch der gemeindl. Vertrauensmann[13]), nicht der nur prekaristisch berechtigte J.gast[14]). Gleichgültig, ob das J.recht originär, dingl. (Eigenj.), oder abgeleitet, persönl. (J.pächter); letzteres setzt einen rechtsgült. Vertrag voraus[15]). J.berechtigter kann u. U. auch gegen Waldeigentümer durch § 117 geschützt sein[16]).

4. Aufseher müssen von Waldeigentümern, Forst- oder J.berechtigten „bestellt" sein, nicht von Forst- oder J.beamten[17]). Forstbehörde kann aber in Vertretung des Forstfiskus einen Eleven als Aufseher bestellen[18]). Bestimmte Form der Bestellung, insbes. Vereidigung oder Verpflichtung für längere Zeit nicht verlangt[19]), Genügend vom Besteller ausgehender, auch durch Mittelsperson, Bevollmächtigten oder Stellvertreter ausgeführter Verfügungsakt[20]), der mündl. und nur für einen konkreten Vorgang erfolgen kann, wenn auch Bestellung als „Aufseher" immerhin Überlassung einer bis zu gewissem Grade selbständ. Tätigkeit voraussetzt. Bloße Zuziehung zur Unterstützung

---

8) § 1[4] VO. v. 31. Aug. 1879 m. §§ 11, 14 VO. v. 15. Dez. 1908, GVBl. 1879 S. 538; 1908 S. 1090, 1091; § 152 RGVG.; Art. 56 AG. GVG.

9) §§ 158, 161, 163, 189; 98, 105, 127 StPO.; §§ 152, 167 GVG.; Art. 102 AG. RStPO. v. 16. Aug. 1879, GVBl. I,[829]; unten S. 400 IV 1.

10) Oben S. 382 V.

11) Olsh. S. 460 A. 2 b α; Vollw. S. 192 A. 1; GoltdA. 8,[817]; a. A.: Opph. S. 305 A. 4; Frank S. 289 II 2.

12) Opph. S. 306 A. 5; Vollw. S. 193 A. 1; EJZ. 1908 S. 302; ZfRpfl. 1908 S. 438.

13) Oben S. 197, 4.

14) RGSt. 57,[79]; Opph. S. 306 A. 6; Vollw. S. 193 A. 1.

15) Opph. S. 306 A. 6.

16) Olsh. S. 460 A. 2 b β.

17) RGSt. 29,[310]; 34,[10]; Olsh. S. 460 A. 2 c; Opph. S. 306 A. 7; Vollw. S. 193; a. A. Stengl. 1,[116].

18) Opph. a. a. O.; Frank S. 289 II 4; RGSt. 29,[310]; 34,[10].

19) RGSt. 10,[333]; 36,[393]; Rspr. 2,[753]; 8,[102].

20) RGSt. 10,[333]; Rspr. 2,[753].

eines Beamten bei einer speziellen Verrichtung nicht schon Bestellung. § 117 enthält keine in dieser Richtung dem § 113 entsprechende Schutzbestimmung für zur Unterstützung zugezogene Privatpersonen. — Privataufseher, welche staatl. bestätigt, in Eid und Pflicht genommen und dadurch befähigt sind, eine dem öffentl. Interesse dienende amtl. Tätigkeit zur Wahrnehmung des J.schutzes auszuüben, sind J.beamte[21]).

II. Strenge Strafdrohung der §§ 117—119 gerechtfertigt durch die Notwendigkeit, den Gefahren vorzubeugen, welchen die den Angriffen der Forst- und J.frevler preisgegebenen Schutzbeamten usw. in höherem Maße ausgesetzt sind, wie andere Beamte; sie greift deshalb nur bei Amts- und Rechtsausübung Platz, welche auf Schutz von Wald und J. gegen Forst- und J.frevel i. weit. Sinne, auf Handhabung der Forst- und J.polizei abzielt, bleibt aber außer Anwendung, falls von einem Waldaufseher Fischereischutz ausgeübt wird[22]), ein J.beamter in seiner Eigenschaft als Arbeitgeber oder J.leiter gegenüber einem Treiber oder bei Beaufsichtigung j.licher Arbeiten[23]) gegenüber einem Tagelöhner handelt[24]), in seiner Wohnung Berichterstattung entgegennimmt[25]), — oder wenn Nachbarn im Streite über Grenzen ihrer J.bezirke und Tragweite ihrer J.befugnis (J.folge!) Tätlichkeiten gegeneinander verüben[26]), oder überhaupt nur eine Behinderung oder Störung der J.ausübung als solcher vorliegt[27]).

III. „Rechtmäßigkeit" der Amts- und Rechtsausübung; obwohl nur beim „Widerstand" ausdrückl. hervorgehoben, auch beim „Angriff" unerläßl.[28]), im letzteren Falle aber nicht gesetzl. Tatbestandsmerkmal i. S. des § 267 RStPO.; bedarf hier ausdrücklicher Feststellung nur bei Erhebung von Einwänden[29]). — Rechtmäßigkeit der Amts- oder Rechtsausübung ausgeschlossen durch Irrtum über Gesetz[30]), nicht bei Irrtum hinsichtl. der tatsächl., das Einschreiten veranlassenden und rechtfertigenden Umstände, sofern pflichtgemäße Prüfung genügende tatsächl. Veranlassung zum Einschreiten finden und die Überzeugung gewinnen ließ, daß

---

21) Oben S. 397 f., 1; RGSt. 4, ^{214}; 6, ^{400}; 29, ^{142}; 30, ^{343}; Rspr. 6, ^{478}; OberstLG. 2. Jan. 1917 DJäger 1918 S. 52; Opph. S. 306 A. 7.

22) RGRspr. 4, ^{132}; RGSt. 2, ^{170}; 3, ^{14}; 20, ^{156}; Rspr. 6, ^{641}.

23) Anlegen von Birschwegen, Herstellung von Kanzeln, J.hütten, Wildtransport.

24) RGSt. 5, ^{413}; Rspr. 10, ^{590}.

25) Opph. S. 306 A. 9; Olsh. S. 461 A. 4.

26) StenB. S. 436.

27) RGSt. 2, ^{170}; 3, ^{14}; 4, ^{641}; 5, ^{413}; 20, ^{156}; Rspr. 4, ^{132}; 10, ^{590}; 6, ^{641}; BlfRA. 1907 S. 596; EJZ. 1907 S. 208; Frank S. 289 III 1; 291 III 2.

28) RGSt. 20, ^{156}; 34, ^{154}; Rspr. 2, ^{543}; Pollw. S. 193 A. 2; Frank S. 289 III.

29) Olsh. S. 461 A. 3 ^{2}; RGSt. 2, ^{306}; a. A. Opph. S. 309 A. 23.

30) RGSt. 15, ^{356}; Rspr. 2, $^{424, 559}$; 3, ^{341}; 7, ^{280}; JW. 1889 S. 54 ^{7}; z. T. anders Frank S. 291 III 2.

betroffene Person im Schutzbezirke eine Strafhandlung begangen hat[31]).

IV. Den Personen des § 117 zur Handhabung des J.schutzes im einzelnen zustehende Befugnisse:

1. J.beamte[32]) und verpflichtetes privates J.schutzpersonal, vor allem gelernte Jäger, sind Hilfsbeamte der Staatsanwaltsch. und Sicherheitsbeamte und haben alle den Behörden und Beamten des Polizei- und Sicherheitsdienstes im Interesse der öffentl. Ruhe und Sicherheit und einer wirksamen Unterstützung der Strafrechtspflege obliegenden Verpflichtungen hinsichtl. des J.schutzes auszuüben, insbes. Übertretungen der J.straf- und -polizeigesetze[33]) möglichst zuvorzukommen und diese in ihrem Laufe zu unterdrücken, bereits verübte Straftaten auf diesem Gebiete zu erforschen und alle keinen Aufschub gestattenden Anordnungen zu treffen, um Verdunkelung der Sache zu verhüten, auf frischer Tat betretene Personen zur Verhütung der Fortsetzung von Strafhandl., wegen Fluchtgefahr oder wegen Nichtfeststellbarkeit der Person festzunehmen[34]). J.schutz umfaßt sonach vorbeugende und unterdrückende, ermittelnde, vorbereitende, die Strafverfolgung ermöglichende Tätigkeit[35]). J.beamte und private verpflichtete J.bedienstete können Vorzeigung der J.karten, J.scheine, Schutzgewehrscheine, Zertifikate, Abschußscheine, Ursprungszeugnisse fordern[36]), auch dann, wenn ihnen der Angehaltene persönl. bekannt und sich auf seinem Pacht- oder Eigenrevier befindet[37]); außerdem bei Zweifel über Identität einer Person, Gültigkeit, Echtheit oder Zugehörigkeit dieser Legitimationspapiere, welche sie im Beanstandungsfalle abzufordern und abzunehmen berechtigt sind, während die zweifelhafte Persönlichkeit zwecks Identifizierung und Personalienfeststellung verlässigen Auskunftspersonen oder nächster PolBeh. vorgeführt werden kann[38]). In allen Fällen, in welchen Einziehung einzelner Sachen gesetzl. zulässig, haben sie das Recht, sie mit vorläufigem Beschlag zu belegen[39]). Es steht ihnen der Vollzug der prozessualen Beschlagnahme und Durchsuchung[40]), bei Gefahr im Ver-

---

31) RGSt. 5, 296; Rspr. 3, 582, 624; 7, 238; 10, 40; Recht 1907 S. 1219; Wirsch. S. 235; Olsh. S. 462 A. 5 a.

32) §§ 80 ff. GeschAnw. f. d. bay. Forstämter (E. v. 13. Okt. 1925 FMBl. S. 127 ff.).

33) RGSt. 35, 403; EJZ. 1908 S. 4; oben S. 397 f., 1.

34) Z. 7 Bek. v. 31. Aug. 1879, GVBl. II S. 539.

35) Wirsch. S. 235; RGRspr. 2, 411.

36) Art. 23 4, 6; 15 II JG.; oben S. 226 f., 2; §§ 4 5, 5 3, 9 2, 3, 11 2 JPB.; oben S. 223, 225 IV 1.

37) BGZ. 1908 S. 581.

38) RGRspr. 8, 103; Wirsch. S. 228.

39) §§ 295, 40, 42, 367 II RStGB.; Art. 39, 125 III PStGB.; KAB. v. 19. Nov. 1887; § 7 BSchG.; Art. 20 II PStGB.

40) §§ 98, 105 RStPO.

zug auch ohne richterl. oder staatsanwaltschaftl. Anordnung[41]) zu. Bei Durchsuchung der Person eines Verdächtigen Wegnahme von Sachen, die nicht der Einziehung unterliegen, aber als Beweismittel für die Untersuchung von Bedeutung sein können[42]), als polizeil. Vorbeugungsmaßregel zur Vermeidung des Verlustes oder Unbrauchbarwerdens von Beweismitteln oder Einziehungsgegenständen, auch bei dringendem Verdacht einer erst bevorstehenden Strafhandlung zulässig[43]). Notwendigkeit einer Durchsuchung der Wohnung usw. kann gewaltsames Eindringen erforderl. machen, wobei der Beamte nicht auf Öffnung der Zugänge durch Handwerker beschränkt[44])). Unbefugt oder unter Umständen, welche den Verdacht einer strafbaren Handlung rechtfertigen, im J.gebiete verweilende Personen darf er wegweisen[45]), nötigenfalls gewaltsam entfernen[46]), von einem beim Schlingenlegen Betroffenen ohne Anwendung von Zwangsmitteln Vorzeigung der bereits gestellten Schlingen und Begleitung zur Polizeibehörde behufs Vernehmung verlangen[47]), abgesehen von Fluchtverdacht und Unbekanntheit der Persönlichkeit, einen bekannten Wilderer bei Vorliegen der Haftbefehlsvoraussetzungen und Verzugsgefahr vorläufig festnehmen[48]), ebenso jeden auf frischer Tat Betroffenen oder Verfolgten, der Wild aufsucht, verfolgt, Schlingen legt, okkupiertes oder Fallwild abholt, überhaupt mit Ausführung einer strafbaren Handlung bereits begonnen, nicht erst Vorbereitungshandlungen betätigt hat, oder der unmittelbar nach Tatvollendung entdeckt wird[49]). Vorläufige Festnahme nicht rechtmäßig, wenn Festzunehmender in der Lage und bereit, sich über seine Person auszuweisen; begründete Zweifel am Vorhandensein des Ausweises oder seiner Echtheit oder Zugehörigkeit rechtfertigen die Festnahme[50]). Verhaftung auf Grund richterl. Haftbefehls steht ihm zu[51]). Mit der Festnahme und Verhaftung gehen alle vom Ergriffenen mitgeführten Sachen ohne besonderen Beschlagnahmeakt in Polizei- oder Gerichtsgewahrsam über. Wegnahme der J.ausrüstung statthaft, der Waffen immer rätlich[52]).

---

41) RGSt. 43,[166].

42) §§ 94, 161 RStPO.; RGSt. 21,[48]; Rspr. 5,[637]; 7,[668]; „Wild und Hund" 1917 S. 72.

43) Wirsch. S. 229 Fußn. 196; a. A. RGRspr. 4,[415] und ZfRpfl. 1909 S. 357, wonach Durchsuchung eines bloß Verdächtigen, nicht im J.gebiete Betroffenen nach Schlingen durch J.aufseher unzulässig sei; Pollw. S. 188 Fußn. 1.

44) JW. 1892 S. 194[7].

45) RGSt. 5,[414].

46) RGSt. 27,[72]; Stengl. 6,[26].

47) GoltdA. 42,[133]; a. A. Wirsch. S. 235.

48) §§ 127, 112, 113 RStPO.; RGSt. 19,[101]; Frank S. 290 III 1 a.

49) EJZ. 1908 S. 4; Pollw. S. 188 Fußn. 2; Wirsch. S. 230, 231; Recht 1918[184]; GoltdA. 68,[214]; Art. 102 AG. RStPO. v. 18. Aug. 1879, GVBl. II S. 829.

50) EJZ. 1907 S. 166.

51) § 114 RStPO.

52) RGRspr. 5,[195]; Pollw. S. 188 F. 2.

Durch Wahrnehmungen im Dienstbezirke veranlaßte, außerhalb desselben durchgeführte Durchsuchung ist selbständiger Verfolgungsakt des J.beamten als Hilfsbeamten der Staatsanwaltschaft, ebenso auf Ersuchen einer Behörde vorgenommene Sistierung außerhalb seines Schutzreviers[53]; sie stehen nicht unter dem Schutz des § 117, sondern des § 113[54]. — Nacheile auch durch privates verpflichtetes J.personal über die Dienstbezirksgrenzen auf fremde J. und in J.ausrüstung[55]; ebenso außerhalb des ihm zugewiesenen Schutzgebietes Vornahme j.polizeil. Funktionen, welche, wie Auflauern auf Frevler, Streifen mit Gendarmerie, zur Feststellung wahrgenommener Strafhandlungen dienen, zulässig[56]. Dagegen Durchsuchung der in seinem Forstschutzbezirke gelegenen Gemeinde- oder fremden Eigenj. nach Wilderern in J.ausrüstung selbständig sowenig gestattet, wie überschreiten fremder J. zur Vermeidung eines Umweges auf seinem Dienstgang[57]. — J.schutzbeamte ermächtigt, auch zu bloßer Persönlichkeitsfeststellung die Verfolgung eines Flüchtigen auf das Gebiet eines anderen Gliedstaates fortzusetzen, diesen dort zu ergreifen und zu durchsuchen[58]. Zu selbständigen Haussuchungen oder Beschlagnahmen dort nicht befugt[59]. Die Übereinkunft mit österr. Kaiserstaaten v. 16. April 1844[60] durch GVG. nicht berührt. — Für die Rechtmäßigkeit der Amtshandlung nicht vorausgesetzt, daß sie innerhalb des dem Beamten zugewiesenen Reviers stattfindet, wenn nur eine gewisse räuml. Beziehung der zwecks J.schutzausübung vorgenommenen Handlung mit eigenem Revier besteht[61]. Verpflichtung, als Hilfsbeamter der Staatsanwaltschaft und Sicherheitsbeamter an der Strafverfolgung im weitesten Sinne teilzunehmen; insoweit an keine örtl. Grenzen innerhalb des Staatsgebietes gebunden, als es sich nicht erst um die Feststellung, ob überhaupt eine strafbare Handlung begangen wird, sondern um die Verfolgung eines bereits vorhandenen Verdachtes, Abstellung der Fortsetzung eines schon begangenen J.vergehens, Sicherung seiner strafrechtl. Ahndung handelt. J.beamter, der von seinem Schutzbezirke aus die Begehung einer J.rechtsverletzung, z. B. Tätigkeit von Wilderern oder Erlegung eines Kitzbockes ohne Abschußerlaubnis im angren-

---

53) § 105 I RStPO.

54) RGSt. 23, 357; 24, 344; 37, 32; Olsh. S. 466 A. 9 5; vgl. weiter Stengl. 2, 82; 4, 18, 279; 5, 34, 282; GoltdA. 40, 40; 51, 182.

55) § 12 Z. 5 IV VV. z. JG.; BlfRA. 65, 36; ZfRpfl. 1905 S. 470; vgl. RGSt. 43, 215.

56) RGSt. 16, 197, 202; 41, 431; D.Jäger 1908 S. 381.

57) Pollw. S. 183 F. 1, 188.

58) § 167 I GVG.; RGRspr. 8, 735; 10, 353; Loewe S. 1105 A. 2, 3 b; Wirsch. S. 233; der Ergriffene ist ohne schuldhaftes Zögern dem nächsten Gerichte oder Polizeiamte des Staates der Ergreifung zuzuführen, § 167 II GVG.

59) RGSt. 26, 211; BlfRA. 1905 S. 676; Wirsch. S. 234; Loewe S. 1106 A. 9; Pollw. S. 188 und F. 4.

60) RegBl. S. 308; MinE. v. 18. Nov. 1847; Döllinger, VS. Bd. 27, 420.

61) RGSt. 10, 106; 41, 431; Rspr. 6, 478; 8, 367; Stengl. 4, 18.

zenden Pachtrevier beobachtet oder gemeldet erhält, muß dagegen einschreiten[62]). Er darf in Ausübung seines Dienstes fremdes J.-gebiet auch außerhalb öffentl. Wege in J.ausrüstung betreten, nicht aber ein zugezogener Begleiter[63]). — Wegen der Notwendigkeit, der staatl. Autorität bei rechtmäßiger Ausübung durchgreifende Wirkung zu sichern, gehört Bewußtsein der Rechtmäßigkeit der Amtsausübung auf Seite des Zuwiderhandelnden nicht zum Tatbestande des § 117, der anwendbar, wenn Täter wußte, wissen mußte oder mit der Möglichkeit rechnete, einen J.beamten vor sich zu haben, trotzdem aber einer rechtmäßigen Amtshandlung Widerstand leistete oder den sie vornehmenden Beamten angriff, mag er die Handlung auch für nicht rechtmäßig gehalten oder an ihrer Rechtmäßigkeit gezweifelt haben[64]). Beamter schon geschützt, wenn er pflichtgemäß sein Ermessen walten läßt, mag er sich auch tatsächlich irren[65]).

2. Waldeigentümer, Forst- und J.berechtigte und deren nicht verpflichtete Aufseher können kein „Amt", das immer als „öffentl." zu verstehen ist[66]), sondern nur ihr „Recht" ausüben. Rechtsausübung durch sachl. Inhalt des Rechts und dessen örtl. Tragweite beschränkt[67]). Schutz ihres J.ausübungsrechtes können sie nur innerhalb ihres Eigen- oder Pachtreviers oder des ihrer J.herrn ausüben durch Wegweisung oder gewaltsame Entfernung unbefugt dort weilender, ihr oder ihrer Dienstherren dingl. oder abgeleitetes J.recht als solches, nicht bloß ihre konkrete J.ausübung störender Personen[68]), durch vorläufige Festnahme auf frischer Tat betroffener oder verfolgter, unbekannter oder fluchtverdächtiger J.frevler oder J.polizeikontravenienten ausüben. Auf die Beschaffenheit der Tat, insbes. Vorliegen eines Haftgrundes[69]) kommt es bei der Sistierung nicht an; auch bei Übertretungen zulässig[70]). Befugnis, die vom Festzunehmenden mitgeführten, als Beweismittel dienl. oder der Einziehung unterliegenden Sachen, vor allem Waffen i. weitesten Sinne[71]), mit diesem oder, wenn er sich der Festnahme entzieht, allein in Verwahr, bei Versuch der Beseitigung oder Vernichtung mit Gewalt abzunehmen[72]), auch zur Verhinderung weiterer J.-

---

62) RGSt. 19,[101]; 21,[203]; 37,[32]; 39,[218]; 43,[215]; Frank S. 290 III 1 a.
63) Wirsch. S. 204, 240; OLG. Mü. 3,[68]; oben S. 247 f., 2.
64) RGSt. 2,[306],[423]; 3,[14]; 20,[158]; 22,[300]; Rspr. 4,[132]; 2,[409]; 6,[478]; 7,[280]; 9,[473]; EJZ. 1908 S. 141.
65) OberstLG. 5. Juni 1925 DJäger Ill. 35/26 S. XIII.
66) RGSt. v. 12. Juni 1914; DStrafrZ. 1915 S. 82 f.
67) RGRspr. 8,[102]; BlfRA. 1907 S. 540; EJZ. 1907 S. 123; 1908 S. 4.
68) RGSt. 27,[70], soweit sie den Schutz des § 117 beanspruchen.
69) §§ 127, 112, 113 RStPO.
70) Loewe S. 297 A. 1 a; RGSt. 12,[194]; § 127 I StPO.; §§ 229, 858, 859 I BGB.; BlfRA. 41,[128]; RGSt. 3,[336]; 11,[421].
71) RG. 4. Sept. 1917 Recht 1918 S. 84.
72) RGSt. 8,[288]; Rspr. 5,[194]; Loewe 246 A. 2 b; „Wild und Hund" 1918 S. 275.

frevel[73]). Auch Transport des vorläufig Festgenommenen durch fremdes J.gebiet rechtmäßige Rechtsausübung, da § 128 RStPO. Vorführung vor den Richter schlechthin verlangt; ebenso bei Verfolgung des im eigenen Revier Betroffenen, auf fremdes Gebiet Entflohenen und dort Eingeholten[74]). § 167 GVG. kann auf J.berechtigte und ihre nicht verpflichteten Aufseher nicht ausgedehnt werden, da er ausdrückl. Recht der Nacheile über Landesgrenzen nur „Sicherheitsbeamten" einräumt[75]). Wenn das J.gebiet zusammenhängend in zwei oder mehreren Gliedstaaten liegt, so ist dem J.berechtigten und seinem Aufseher Verfolgung in diesem ohne Rücksicht auf Landesgrenze gestattet. Nur unter dieser Voraussetzung auch Verfolgung ins Ausland zulässig; Übereinkommen mit Österreich[76]) findet sonst auf Privatberechtigte keine Anwendung. — Betreten fremden J.gebiets in J.ausrüstung außerhalb öffentl. Wege auch diesen Personen zuzugestehen, falls zwecks Verfolgung eines auf frischer Tat Betroffenen, Feststellung seiner Person, vorläuf. Festnahme, Entwaffnung, Durchsuchung veranlaßt. Sie befinden sich in Ausübung einer gesetzl. „Befugnis", deren Verwirklichung die Mitsichführung von Waffen erfordert; J.waffen (Gewehr, Hirschfänger, Knicker), werden, als zu Schutz und Verteidigung dienende J.ausrüstung, nicht „ohne Befugnis" getragen[77]). — Privatpfändungsrecht des J.berechtigten und seines Aufsehers, unabhängig von Voraussetzungen der Beschlagnahme, besteht nicht mehr[78]). Aber Befugnis, den im J.gebiet betroffenen Frevler anzuhalten, zu durchsuchen, ihm J.ausrüstung und erlegtes Wild abzunehmen, wenn es z. Zw. der Selbsthilfe geschieht, obrigkeitl. Hilfe nicht rechtzeitig zu erlangen und ohne sofortiges Eingreifen Gefahr besteht, daß die Verwirklichung des Anspruches vereitelt oder wesentl. erschwert werde. Unwiederbringlichkeit nicht gefordert[79]). — Findet ein Privatberechtigter

---

73) RGSt. v. 12. Juni 1914, DStrafrZ. 1915 S. 82 f.; § 227 BGB.; GoltdA. 50,[110].

74) RGSt. 21,[10]; Rspr. 8,[102]; DJäger 20,[318], [339], [348]; Opph. S. 308 A. 11 b; Pollw. S. 191 A. 2; Wirsch. S. 231.

75) A. A. Pollw. S. 191; BlfRA. 1905 S. 677.

76) Oben S. 402.

77) Wirsch. S. 240, 204 und Fußn. 114; a. A. Pollw. S. 191.

78) Art. 89 EG. BGB. läßt nur die landesgesetzl. Vorschriften über die, zum Schutze der „Grundstücke und der Grundstückserzeugnisse" gestattete Pfändung von Sachen unberührt; auf Grund dessen ist das „Feldschadengesetz" vom 6. März 1902 — GVBl. S. 99 — ergangen, nach dessen Art. 20 die in einzelnen Landesteilen bis dahin gültig gewesenen Vorschr. über Privatpfändungsrecht aufgehoben sind. Bestimmungen jagdrechtl. Natur, die durch Art. 69 EG. BGB. gestützt wären, sind nicht vorhanden. RGSt. 34,[154]; Fischer-Henle S. 1541 A. 3; Olsh. S. 463 A. 6 b; Opph. S. 308 A. 11 b; Frank S. 291 III 2; a. A. Pollw. S. 191 A. 2; Wirsch. S. 232; Stengl. 6,[26]; BlfRA. 63,[296]; RGSt. 3,[337]; 11,[425].

79) §§ 229, 230 BGB.; § 917 RZPO.; oben S. 401; Opph. S. 308 A. 11 b; Pollw. S. 252 A. 2; Wirsch. S. 232; EJZ. 1908 S. 4, 135; JW. 32,[74]; BlfRA. 69,[357]; RGSt. 35,[403]; 46,[349], welches für die Berechtigung zur Abnahme des Gewehres § 227 BGB. — Notwehr — heranzieht; GoltdA. 50,[115], [278].

bei Rechtsausübung Widerstand, so findet § 117 dann keine Anwendung, wenn der sich Widersetzende im guten Glauben handelte, der ihm Gegenüberstehende mache Befugnisse geltend, die ihm rechtl. nicht zustehen. Täter muß von der Rechtmäßigkeit der Rechtsverfolgung überzeugt sein[80]). Entschließt er sich aber, trotzdem er sie sich als möglicherweise berechtigt vorstellt, zum Widerstand, handelt er mit dolus eventualis. Diese Vorstellung kann durch Äußerungen oder Handlungen des Berechtigten hervorgerufen werden[81]).

V. § 117 unterscheidet hinsichtl. der Tathandlung zwischen „Widerstand", der den dort bezeichneten Personen „in der rechtmäßigen Amts- oder Rechtsausübung" geleistet wird, und „tätlichem Angriffe", der „während der Rechts- oder Amtsausübung" erfolgt. Widerstand wendet sich gegen die bereits begonnene oder auf Grund schon gefaßten Entschlusses oder getroffener Anordnung, in der Ausführung unmittelbar bevorstehende[82]) Amts- oder Rechtshandlung als solche, gleichgültig in welcher Form sie zum Ausdruck kommt, mag sie dem Täter in Worten oder in sonstigen Handlungen zum Bewußtsein gebracht werden[83]). Beim Angriff wird nur auf zeitliches Zusammentreffen Gewicht gelegt, ohne daß eine Störung oder Vereitelung der Amts- oder Rechtsausübung bezweckt werden soll, wenn ihr durch den Angriff nur tatsächl. ein Hindernis erwächst[84]).

VI. 1. „Widerstand": Aktive Tätigkeit, bestimmt und geeignet, Amts- oder Rechtshandlung nicht zur Ausführung oder zum Ziele gelangen zu lassen[85]), gegen die Person gerichtete Kraftäußerung, welche erhöhte Kraftanwendung zur Durchsetzung des beabsichtigten Amts- oder Rechtsvorgehens erheischt.

2. „Gewalt": Unmittelbar gegen Körper einer Person selbst[86]) oder mittelbar gegen sie durch direkte Einwirkung auf Sachen: Anstemmen gegen den Boden, Anklammern an einen Baum oder Zaun, Anhalten des Reitpferdes, Festhalten der Waffe, welche ein Beamter wegnehmen will. Zur Überwindung dieser, die Betätigungsfreiheit des Beamten usw. beschränkenden, hindernden oder aufhebenden Handlungen ist gleicher oder größerer physischer Kraftaufwand nötig[87]). Auch der infolge eines Schusses verspürte

---

80) RGSt. 6, 400; 5, 377; ObstLG. 5. Juni 1925, LJäger JU. 35/26 S. XIII; Frank. S. 291 V.

81) RGSt. 20, 158, 159.

82) RGSt. 3, 334; 41, 181; Rspr. 7, 455; 9, 525; 10, 179; Frank S. 289 III.

83) RGSt. 4, 374; a. A. Rspr. 3, 11; 7, 85, wo ein, gegen eine körperliche Kraftäußerung des Berechtigten sich kehrender Widerstand verlangt wird.

84) RGSt. 13, 105; Rspr. 7, 453; Stengl. 2, 153; 7, 38; Olsh. S. 442 A. 20 a, b.

85) RGSt. 4, 374.

86) Straferschwerend! Abs. II.

87) OberstGH. 2, 167; 5, 362; RGRspr. 2, 424; 3, 12; 7, 83, 280; EJZ. 1907 S. 166; Wirsch. S. 237.

starke Luftdruck ist gewaltsame Einwirkung auf die Person[88]). Passiver Widerstand durch Hinlegen, Ungehorsam genügt nicht[89]).

3. Bedrohung mit Gewalt: Ankündigung einer bevorstehenden Kraftanwendung im erörterten Sinne[90]). Nicht angedrohte Gewalt selbst, sondern deren Androhung an sich muß zur Hervorbringung des die berechtigte Handlung hindernden Einflusses geeignet, braucht jedoch vom Drohenden nicht ernst gemeint, vom Bedrohten nicht ernst genommen, vielmehr nur objektiv zur Störung des Rechtsfriedens geeignet zu sein, nur dessen braucht sich der Täter bewußt zu sein[91]): Drohung mit Hundehetzen[92]), mit Niederstechen des Pferdes eines berittenen Beamten oder Berechtigten[93]).

4. Tätlicher Angriff: Nicht nur körperl. Anfassen, Berühren, wirkl. Beeinträchtigen des Körpers eines anderen, nicht nur Mißhandlung, Verletzung, Gesundheitsbeschädigung, sondern jede durch äußerl. wahrnehmbare Bewegungen kundgegebene, feindselige Einwirkung auf den Körper eines anderen erwartenlassende Willensrichtung[94]): Abgabe eines sein Ziel verfehlenden Schusses[95]); Ausholen mit dem Arm zum Schlag, auch wenn durch Dazwischentreten Dritter das Treffen des Körpers abgewendet wird; Zücken eines Messers zum Stoße; Anschlagen des Gewehrs; Vorhalten eines Revolvers[96]); Werfen mit Steinen[97]); vergebliches Hundehetzen[98]); Unternehmen der Einsperrung[99]). Kein tätl. Angriff bei Abgabe eines Schreckschusses aus einer jedes Treffen ausschließenden Entfernung, eines Blindschusses, da auf Körper des Bedrohten weder eingewirkt werden will noch kann[100]), doch eventuell „Bedrohung mit Gewalt“, die zwar bei Widerstand in, nicht aber bei Anwendung während Amts- oder Rechtsausübung genügt.

B. Absatz II:

1. „Drohung“ gleich „Bedrohung“ in Abs. I.

2. Kein Unterschied, ob Schießgewehr geladen oder nicht[101]); doch muß mit bestimmungsgemäßem Gebrauch einer Schußwaffe, mit Abgabe eines Schusses gedroht werden[102]).

---

88) RGSt. 16, [172]; Wirsch. S. 239.
89) RGRspr. 3, [11]; 7, [85].
90) „Wild und Hund“ 1917 S. 72.
91) RGSt. 5, [643]; Olsh. S. 444 A. 23 b; Opph. S. 294 A. 40.
92) OLG. Mü. 5, [316]; RGRspr. 3, [393].
93) Olsh. S. 444 A. 23 b.
94) Opph. S. 295 A. 44; Wirsch. S. 238.
95) GoltdA. 38, [359].
96) RGSt. 7, [301]; Rspr. 4, [818]; Stengl. 7, [89].
97) GoltdA. 46, [214].
98) OLG. Mü. 6, [470].
99) RGSt. 28, [32].
100) RGSt. 41, [181]; Pollw. S. 194.
101) RSRspr. 5, [643]; RGSt. 9, [176]; Frank S. 291 IV; a. A. Olsh. S. 468 A. 13.
102) Pollw. S. 194; BlfRA. 65, [36].

Zu weit daher die Auffassung, auch Drohung mit auseinandergelegtem Gewehr sei Drohung mit „Schießgewehr"[103]). Aufziehen zum Schlag mit am Laufe gefaßtem oder Anrennen mit gefälltem Gewehr: „Drohung mit gefährl. Werkzeug". —

3. Gefährl. Werkzeuge: Nur für die Person gefahrbringende Gegenstände, die nicht das Leben zu gefährden brauchen, sondern „nach den objektiven Verhältnissen zu der berechtigten Besorgnis Anlaß geben, daß die Integrität oder Gesundheit des „Leibes" eine nicht unerhebl. Beeinträchtigung erfahren könne", da nur dann die Person selbst als „gefährdet" anzusehen ist[104]). Daher neben Hieb- und Stichwaffen jeder bewegl. Gegenstand, durch dessen mechanische Anwendung eine Verletzung am Körper eines anderen verursacht werden kann[105]).

C. Zuständigkeit: Schöffengericht, auf staatsanwaltschaftl. Antrag Amtsrichter allein[106]). Verjährung: 5 Jahre[107]). Keine Idealkonkurrenz mit §§ 113, 114[108]) oder § 240[109]).

§ 118 RStGB. Ist durch den Widerstand oder den Angriff eine Körperverletzung dessen, gegen welchen die Handlung begangen ist, verursacht worden, so ist auf Zuchthaus bis zu zehn Jahren zu erkennen.

Sind mildernde Umstände vorhanden, so tritt Gefängnisstrafe nicht unter 3 Monaten ein.

1. Straferhöhender Umstand ist Verursachung einer „Körperverletzung" i. S. des § 223 StGB.[1]). Nachweis subjektiven Verschuldens nicht gefordert, nur Kausalität zwischen Widerstand oder Angriff und Körperverletzung[2]). Deshalb keine Buße[3]). Bei Vorsatz Idealkonkurrenz mit §§ 223 ff.

2. Zuständigkeit: Schöffengericht §§ 24 3a, 28. — Neben Zuchthaus und Gefängnis § 32 StGB.: Verl. d. bürg. Ehrenrechte. — Verjährung: 10 Jahre (§ 67 I StGB.). — Versuch: § 119, 4.

---

103) So Jäger 1912 S. 729 gegen GoltdA. 50, 115.

104) Olsh. S. 467/468 A. 12 b 1.

105) Stock, Peitsche, Prügel, Latte, Zaunpfahl, Hacke, Pickel, Schaufel, Deichsel, Wagscheit, Schlagring, schwerer Hausschlüssel, Stiefelabsatz, Axt (Wirsch. S. 239).

106) §§ 28, 24 2, 25 I 20 GVG.

107) § 67 II RStGB.

108) RGSt. 7 301; 34 114.

109) GoltdA. 55 311. — Bei Widerstand des Grundeigentümers (Art. 1 JG.), der besseres Recht behauptet (Art. 2 JG.), nicht § 117, sondern möglicherweise § 240 (Nötigung): ZfR. 1907 S. 208; BlfRA. 1907 S. 596.

1) RGSt. 11, 24; oben S. 337 C. — Der Paragraph qualifiziert nur § 117; RGSt. 23, 69.

2) Stengl. 2, 83; 3, 5; 5, 284; Olsh. S. 470 A. 4; Opph. S. 310 A. 3.

3) § 231 StGB.; DJZ. 1910, 18. Spruchs. S. 9; RGSt. 42, 317.

§ 119 RStGB. Wenn eine der in den §§ 117 und 118 bezeichneten Handlungen von mehreren gemeinschaftlich begangen worden ist, so kann die Strafe bis um die Hälfte des angedrohten Höchstbetrages, die Gefängnisstrafe jedoch nicht über fünf Jahre erhöht werden.

1. „Gemeinschaftlich": oben § 293 RStGB. VII. Bei Begehung durch mehrere gleichgültig, wer Körperverletzung (§ 118) zufügt; Strafe aus §§ 118, 119 trifft alle[1]).

2. Zusammentreffen mit Mord oder Totschlag: Idealkonkurrenz mit §§ 211, 212 StGB.

3. Zuständigkeit: Schöffengericht §§ 24 [3b], 28. Verjährung unverändert (§§ 117, 118); §§ 118 I, 119 aber 15 Jahre (§ 67 I StGB.).

4. Versuch, wenn qualifizierender Erfolg durch Versuch des einfachen Delikts (§ 117) eintritt (Frank S. 77 V 5).

5. Von J.berechtigten auf frischer Tat betroffener und verfolgter Wilderer, der jenen erschießt, um sich im Besitz seiner Beute zu erhalten und der Ergreifung zu entziehen: Erschwerter Totschlag § 214 PStGB.[2]).

H. Waffengebrauch.

I. Waffengebrauchsrecht des Forst- und J.schutzpersonals: VO. des bayr. GesMin. v. 20. Sept. 1920[1]):

1. Berechtigte: Im Forst- und J.dienst verwendete Beamte und Angestellte des Staates, der Gemeinden, Stiftungen, Körperschaften und Privaten, die entweder Diensteid geleistet haben oder auf Grund der gesetzl. Vorschr. als Forst- oder J.schutzbedienstete eidl. verpflichtet sind, wenn sie sich in Ausübung ihres Dienstes zum Schutz des Forstes und der J. befinden[2]).

2. W.G.recht besteht gegenüber Personen, die diese Berechtigten bei Zuwiderhandlungen gegen Forst- und J.gesetze oder auf deren Grund erlassene Pol.Vorschr. auf frischer Tat betreffen oder unter Umständen, die Verdacht solcher, sei es verübter, sei es beabsichtigter Zuwiderhandlung, begründen.

---

[1]) Opph. S. 310 A. 3.
[2]) RGSt. 59 [50].
[1]) StAnz. 222/20, GVBl. 1920 S. 431; DJäger 1920 S. 489.
[2]) Oben S. 397 A. 1; 398 A. 4; 227 A. 2 b.

3. Örtl. Beschränkung auf Dienstbezirk der Berechtigten.

4. Sachl. Beschränkung auf folgende Fälle, in denen es nicht weiter ausgedehnt werden darf, als zur Erreichung des hiernach erlaubten Zweckes erforderlich:

a) Wenn Berechtigter bei Dienstleistung angegriffen oder mit Angriff gefährl. bedroht, oder ihm durch Tätlichkeit oder gefährl. Drohung Widerstand geleistet wird — um Angriff abzuwehren oder Widerstand zu brechen. — Hiezu jeder J.berechtigte berechtigt (§ 53 StGB.).

b) Wenn Berechtigter bei Dienstleistung zu Ablegung der Waffen oder anderer zu Angriff oder Widerstand geeigneter Werkzeuge auffordert und Aufforderung nicht sofort befolgt wird, oder abgelegte Waffen oder Werkzeuge wieder aufgenommen werden — um Gehorsam zu erzwingen. — Auch dies gilt nach Notwehrbestimmungen für jeden J.berechtigten.

c) Wenn nach vorläufiger Festnahme Festgenommener entspringt oder auch nur Versuch dazu macht — um Flucht zu verhindern. — J.berechtigter, der nicht zu den in VO. bezeichneten Personen gehört, darf gegen den gem. § 127 StPO. vorl. Festgenommenen zur Fluchtverhinderung Waffe nicht gebrauchen.

5. Von Schußwaffe darf nur Gebrauch gemacht werden, wenn Angriff oder Widerstand mit Waffen, Äxten, Knütteln oder anderen Werkzeugen oder von mehreren gemeinschaftl. unternommen oder angedroht, oder wenn andere Waffen (z. B. Hirschfänger, Schlagring, Stock) unzureichend. Unmittelbarer Androhung eines Angriffs gleichzuachten, wenn Betroffener Waffen oder Werkzeuge auf Anruf nicht sofort ablegt oder wieder aufnimmt. Von Schußwaffe ist mit möglichster Schonung Gebrauch zu machen. — Sachgemäße Anwendung des § 53 StGB. führt für alle J.berechtigten zu gleichem Ergebnis.

6. Wenn irgend mögl., hat dem Waffengebrauch seine ausdrückl. Androhung voranzugehen.

II. Neben diesen Sondervorschr. allgemeine Notwehrbestimmungen, auch für J.- und Forstpersonal, maßgebend:

1. Notwehr (§ 53 StGB.): Jede, zur Abwehr eines gegenwärtigen, rechtswidrigen Angriffs von sich oder einem Anderen erforderl. Handlung ist straflos. Überschreitung in Bestürzung. Furcht oder Schrecken nicht strafbar. Auch Handeln in vermeintl. Notwehr straffrei[3]). — Keine Flucht statt angriffsweiser Notwehr, wenn Angegriffener durch Flucht berechtigtes Interesse an persönl.

---

[3]) Jäger hält bei Dämmerung durch entschuldbare Sinnestäuschung Arbeiter mit Axt unterm Arm für Wilderer mit schußbereitem Gewehr und schießt auf den bei Anruf Fliehenden. — JW. 1924 S. 1930, 1968: entschuldbarer Irrtum, eigenes Verschulden des Verletzten. — Hier kein Exzeß, da keine „echte Notwehr".

oder berufl. Ansehen, Sicherheit des J.reviers, Abstellung überhandnehmender Wilderei schädigt[4]). — Wird Wilderer auf frischer Tat betroffen, liegt bereits damit — ohne Bedrohung der Person des Berechtigten — gegenwärtiger, rechtswidriger Angriff, Eingriff in sein J.recht vor[5]). — Fortdauer des Angriffs auch über juristische Vollendung des J.vergehens hinaus[6]). — Verfolgung des Wilderers über Grenzen eigenen J.gebietes zwecks Abnahme der Beute[7]). — Notwehr auch gegenüber fliehendem, bewaffnetem Wilderer: Ist auch fliehender, aber Waffe bei sich führender Wilderer in den Angriffshandlungen auf verfolgenden J.berechtigten noch nicht so weit gegangen, daß er auf ihn anschlägt, so bietet doch diesem die Tatsache, daß Gegner sich seines einen Angriff jederzeit ermöglichenden Gewehrs auf Anruf nicht entledigt, genügenden Anlaß zur Annahme, daß Angriff im nächsten Augenblick erfolgen könne. Hier drängt Lage zu alsbaldigem Vorgehen mit Abwehrhandlungen, weil Gefahr durch Zögern wächst, daß Wilderer überfall begünstigende Deckung erreicht oder überraschung des auf plötzl. Angriff nicht gefaßten Verfolgers zu unerwartetem Umdrehen, Niederwerfen und Waffengebrauch ausnützt. Es liegt unmittelbar bevorstehender, also gegenwärtiger, rechtswidriger Angriff vor; Maß der erlaubten Verteidigung wird durch Benützung der Schußwaffe des J.berechtigten zu einer Körperverletzung des ihn an Leib und Leben bedrohenden Wilderers nicht überschritten[8]).

III. Begriff der zivilrechtl. Notwehr (§ 227 BGB.) deckt sich mit strafrechtlichem. Durch sie gebotene Handlung nicht widerrechtlich; keine Schadensersatzpflicht, die auch bei den durch VO. v. 20. Sept. 1920 (Ziff. I) gedeckten Handlungen nicht eintritt.

J. Tierschutz.

§ 360 RStGB. Mit Geldstrafe bis zu einhundertfünfzig Reichs-Mark oder mit Haft wird bestraft:

13. wer öffentlich oder in Ärgernis erregender Weise Tiere boshaft quält oder roh mißhandelt.

---

4) RGSt. 16 [69]; RGZ. 84 [308]; JW. 1914 S. 587.
5) RGSt. 35 [404]; 55 [167].
6) RGSt. 53, [132]; 55, [82]; RG. 10. Dez. 1921, „Wild u. Hund" 1921 S. 813; 1922 S. 498; oben S. 384, 1; 385, 3.
7) RGSt. 12, [115]; 57, [79]; „Wild u. Hund", 1921 S. 813.
8) RGSt. 23. Okt. 1918; 53, [59], [132]; DJäger 1917 S. 333, 572; 1918 S. 304; 1920 S. 318, 502, 503; 1919 S. 331, insbes. 334 ff.; Wirsch. S. 242 und F. 243, 244; „Wild und Hund" 1915 S. 466; 1917 S. 419; 1927 S. 778; ZfRpfl. 1919 S. 58; Recht 1919 S. 124; JW. 1924 S. 1968, [3]; — OLG. Mü. 3, [59]; RGSt. 21. Nov. 1904 DJZ. 1904 S. 267; Pollw. S. 190.

1. Bestimmungen über Hegezeit und Vogelschutz bezwecken in erster Linie die Erhaltung des Wildstandes und der nützl. Vögel im wirtschaftl. Interesse. Nebenher verfolgen sie auch den Zweck, grausame Erlegungsarten zu verhindern[1]), daneben aber § 360 Ziff. 13 RStGB. anwendbar, der nicht das Tier um seiner selbst willen schützt, sond. Verletzung des menschl. Empfindens straft, das im Mitgefühl für die Tiere sich äußert[2]), damit aber doch einen wirkl., wenn auch nicht sehr weitgehenden Tierschutz schafft. Gewisse ungewollte Grausamkeiten, die der beste Jäger am meisten bedauert und nach Kräften vermeidet, bringt auch der weidgerechteste J.-betrieb mit sich[3]). Das liegt in der Natur der Sache und berechtigt nicht zur Verdammung der J. als einer „tierquälerischen" Tätigkeit. Offensichtl. rohe, unweidmännische Handlungen werden leider vom Gesetz nicht getroffen, allein es finden sich doch Mittel, bei der Strafzumessung aus anderen Gesetzesbestimmungen, gegen welche solche Handlungen in der Regel verstoßen werden, auch die dabei bekundete rohe Gesinnung zu treffen. So bei unberechtigtem Erlegen einer Rehgeiß[4]), welche hilflose Kitze führte; Verwendung von Schlingen, in denen sich ein Rehkitz zu Tode marterte[5]); Gebrauch des Schrotschusses auf Hochwild, das wegen Mangels einer Schweißfährte nicht gefunden wird und elend verludert[6]). § 360 [13] ist hier nicht zutreffend; aber die einem Tier bereiteten, vom Täter voraussehbaren Qualen rechtfertigen eine empfindl. Bestrafung. Kastrieren eines Rehbockes zur Erreichung einer Perückenbildung: aus gefühlloser Gesinnung entspringende Störung des körperl. Wohlbefindens des Tieres, „rohe Mißhandlung", falls „öffentlich" oder in Gegenwart eines dadurch in seinem Mitgefühl verletzten Zeugen erfolgt, als „Tierquälerei" zu ahnden[7]). Ebenso zu beurteilen Liegenlassen schwer angeschossener Tiere, deren Erlösung dem Erleger mögl.[8]).

2. Im J.betriebe werden Hunde zur Erlegung von Raubzeug verwendet. Raubzeugarbeit der Erdhunde (Dachshunde, Foxterriers) im Bau, der Vorstehhunde am verwundeten Tiere muß gelehrt und geübt werden. Zu diesem Zwecke finden „Schliefen" im stets kontrollierbaren Kunstbau mit eigens gehaltenem Fuchs, Dachs, Iltis statt. Bei diesen „Übungsschliefen" kommt es ebenso, wie bei Dressur des Vorstehhundes auf jene Raubtiere und die Katze zu Kämpfen, die mit Verletzungen der Hunde wie der Übungstiere,

---

1) Vgl. §§ 13, 14 JPV.; §§ 2 Z. b u. d, 8 am Schluß VSchG.; § 2 VSchG.

2) Olsh. S. 1431 A. a zu § 360,[13] l. c.

3) Weidwund-, Laufschüsse, Verlieren angeschossenen Wildes, das oft erst nach langem Leiden verendet.

4) §§ 3, 18 JPV.

5) §§ 13, 18 JPV.

6) §§ 14, 18 JPV.

7) Olsh. S. 1432 A. c; 827 A. 4 a; Opph. S. 938 A. 89 a; 531 A. 17.

8) Raubzeug, Hunde, Katzen, vgl. oben S. 280 VIII.

häufig mit dem Abwürgen der letzteren enden. Jüngere und noch nicht ganz ferme Hunde werden dabei, um sie nicht abzuschrecken und ihren Schneid zu wecken, mit fertigen Hunden zusammen geübt, so daß sie im Übergewicht sind und den schon von letzteren tödlich verletzten Räuber rasch angehen und töten. Außerdem werden „Preisschliefen" abgehalten, um die fermen Hunde zu ermitteln, welche zur Vererbung ihres Schneids auf Raubzeug und damit zur Zucht tüchtiger Gebrauchshunde am geeignetsten sind. Beide Arten von Schliefen sind zur Heranbildung und Züchtung von Hunden notwendig, welche zum Betrieb der Raubzeugj. am besten verwendbar und damit der für eine pflegl. Behandlung und nachhalt. Benützung der J.n unentbehrl. Raubzeugverfolgung am vollkommensten zu dienen imstande sind[9]). Dressur- und Zuchtzweck können zur Erreichung ihres j.nützl. Zieles in der Verletzung und Tötung von Übungstieren ein Mittel nicht entbehren, das dem Laien grausam erscheinen, sein Mitgefühl verletzen mag. Nutzloses oder gar „boshaftes" Quälen und „rohes Mißhandeln" unterläßt der anständige Abrichter stets, mögen sie Hund oder Raubtier treffen. Deshalb können seine Handlungen nicht unter § 360 [13] fallen. Er wird auch für gehör. Abschließung der Schliefplätze sorgen, damit auch durch sachgemäße Raubzeugdressur das Publikum nicht belästigt oder in seinem Empfinden gestört werde[10]). Hetzen mehrerer Hunde auf den gesunden Fuchs oder Dachs, zumal älterer, fermer Tiere, ist über den Dressurzweck hinausgehende, nach § 360 [13] zu strafende Quälerei, wenn dadurch Ärgernis erregt wird; Öffentlichkeit diesesfalls nicht verlangt; umgekehrt Ärgernis nicht erforderl., wenn Öffentlichkeit vorliegt.

3. Rechtl. gleich zu beurteilen ist Einarbeiten oder Prüfen auf Schweiß, wobei dem Wild ein Schuß beigebracht wird, der ihm noch weitere Flucht ermöglicht und nicht allzuviel schweißt, um Aufgabe des Hundes zu erschweren, Verlässigkeit auf Schweiß möglichst sicher zu erproben, Ausharren beim verendeten oder gestellten Stück („Totverbellen", „Standlaut") bis zur Ankunft des Jägers, Verwendbarkeit zum „Totverweisen" und Apportieren auf größere Entfernung tunlichst einwandfrei beurteilen zu können.

4. Objektiv sind solche Abrichtübungen für J.hunde auch nicht „grober Unfug" nach § 360 Ziff. 11 RStGB. Gewisse Hantierungen des täglichen Lebens, also auch der J. und der J.hunddressur, sind berufs- oder gewohnheitsmäßig mit Vornahme von Handlungen verbunden, vor denen der zurückschreckt und in seinem Empfindungsleben gestört wird, dem Beruf oder Neigung zu den Hantierungen fehlt. Gewisse Dinge müssen im tägl. Leben vorgenommen werden, die störend in das Empfindungsleben Dritter eingreifen, die aber nach dem ganzen Gang der Entwickelung des Lebens geschehen

---

[9]) § 1 JPB.

[10]) Schöffenger. Mü., Urt. v. 1. Aug. 1912 C 2170/12.

müssen und nicht vermieden werden können. überempfindl. Anschauungen anderer, deren Denken möglicherweise feiner, vorgeschrittener als der gegen solche Dinge abgestumpfte Sinn der Täter, werden gegen Verletzungen nicht geschützt. Anschauungen, die schon durch die übl. Art der Tötung von Wild im J.betriebe[11]) oder der Abrichtübungen für J.hunde sich gestört finden, haben nicht Anspruch auf Schutz gegen Verletzungen, auf ihre Beeinträchtigung kommen objektiv die Strafbestimmungen des § 360 Ziff. 11 RStGB. nicht zur Anwendung[12]).

K. Steuerrechtliches.

I. Einkünfte aus Eigenj., soweit J.eigentümer auf Grund und Boden seiner Eigenj. Land- und Forstwirtschaft betreibt, einkommensteuerpflichtig. Einkünfte aus Pachtj. dagegen nicht[1]).

II. Erlöse aus Eigen- und Pachtj.betrieb umsatzsteuerpflichtig, außer wenn J.ausübender J.beute grundsätzl. für sich und seine Familie behält und nur ausnahmsweise verkauft. Gastwirt, der seine J.beute im eigenen Geschäft verwendet, umsatzsteuerpflichtig. — Steuersatz: 2½ %. — Zahlung an Finanzamt des Wohnsitzes[2]).

III. J.pachtstempel: oben S. 156. — J.karten-(J.schein-)stempel: oben S. 208[1].

---

11) Abnicken des angeschossenen Bockes, Erschlagen des im Eisen gefangenen Fuchses durch einen Stockhieb über die Nase, Töten des laufkranken Hasen durch einen Schlag mit der flachen Hand hinter die Löffel.

12) OberstLGSt. 11, 244.

1) §§ 6, 26 Abs. I, II Einkommensteuergeſ. vom 10. August 1925; DJäger 1925 S. 668; 1926 S. 279.

2) § 1 Abs. I, II Reichs-Umsatzsteuerges. vom 26. Juli 1918/24. Dez. 1919; DJäger 1921 S. 359, 462.

Jagdkalender

Bayerns und der angrenzenden deutschen und österreichischen Staaten.*)

Schwarz = Schonzeit; Weiß = Schußzeit; die Datumszahlen in den weißen Feldern beziehen sich auf die Schußzeiten.

Bayern r. d. R. (u. Coburg) VO. vom 6. Juni 1909. 7. Juli 1926.	Jan.	Febr.	März	April	Mai	Juni	Juli	Aug.	Sept.	Okt.	Nov.
Hirsche										15	
Alt- und Schmaltiere									16		
Wildkälber											
Damhirsche											
Damtiere											
Gemswild											
Rehböcke											
Rehgeißen, Reh- und Gemskitze,[1] Auer- und Birkhennen											
Hasen											
Dachse											
Murmeltiere								16			
Fasanen		15							16		
Auer- und Birkhähne				10	25						
Hasel-, Schnee-, Steinhühner											
Feldhühner und Wachteln								20			
Wildenten		15					16				
Waldschnepfen u. Bekassinen (im Hochgeb. v. 1. 5. m. 30. 6 Schonzeit)				15							
Das auf den Mösern brütende Federwild, Wildtauben											
Wacholderdrosseln (Krammetsvögel)											

[1]) Reh- und Gemskitze gelten als solche bis zum 31. Mai bzw. 31. Juli des auf das Geburtsjahr folgenden Jahres.

*) Größtenteils aus „Wild- und Hundkalender" 1928.

Preußen § 39 JO. vom 15. Juli 1907.	Jan.	Febr.	März	April	Mai	Juni	Juli	Aug.	Sept.	Okt.	Nov.	Dez.
Männliches Elchwild [1])	▨	▨	▨	▨	▨	▨	▨	▨		▨	▨	▨
Weibl. Elchwild,[2]) Elchkälber	▨	▨	▨	▨	▨	▨	▨	▨	▨	▨	▨	▨
Männl. Rot- und Damwild			▨	▨	▨	▨	▨					
Weibl. Rot- u. Damwild; Kälber [3])		▨	▨	▨	▨	▨	▨	▨	▨	▨ 16		
Rehböcke [4])	▨	▨	▨	▨	▨ 16							
Weibl. Rehwild, Rehkälber	▨	▨	▨	▨	▨	▨	▨	▨	▨	▨		
Dachse [5])	▨	▨	▨	▨	▨	▨	▨	▨	▨			
Biber [3])	▨	▨	▨	▨	▨	▨	▨	▨	▨			▨
Hasen	15 ▨	▨	▨	▨	▨	▨	▨	▨	▨			
Auerhähne						▨	▨	▨	▨	▨	▨	
Auerhennen		▨	▨	▨	▨	▨	▨	▨	▨	▨		
Birk-, Hasel-, Fasanenhähne[6])						▨	▨	▨	▨ 16			
Birk-, Hasel-, Fasanenhennen[6])		▨	▨	▨	▨	▨	▨	▨	▨ 16			
Rebhühner, Wachteln, schottische Moorhühner [6])	▨	▨	▨	▨	▨	▨	▨	▨				▨
Wilde Enten [5])			▨	▨	▨	▨						
Schnepfen				15 ▨	▨	▨						
Trappen				▨	▨	▨	▨	▨				
Wilde Schwäne, Kraniche, Brachvögel, Wachtelkönig, alle anderen Sumpf- u. Wasservögel, ausgenommen wilde Gänse					▨	▨						

[1]) Abschuß von Elchwild bis auf weiteres verboten.

[2]) Landwirtschaftsminister kann Abschuß vom 16. bis 30. September gestatten (§ 40 [1] JO.).

[3]) Bezirksausschuß kann Schonzeit verlängern oder auf das ganze Jahr ausdehnen (§ 40 [2] c JO.).

[4]) Bezirksausschuß kann Schluß der Schonzeit nicht über 14 Tage vor oder nach dem bestimmten Zeitpunkt anderweit festsetzen (§ 40 [2] a JO.).

[5]) Bezirksausschuß kann Schonzeit einschränken oder gänzlich aufheben (§ 40 [2] c JO.).

[6]) Bezirksausschuß kann Anfang und Schluß der Schonzeit nicht über 14 Tage vor oder nach den bestimmten Zeitpunkten festsetzen (§ 40 [2] a JO.).

Preußen § 39 JO. vom 15. Juli 1907.	Jan.	Febr.	März	April	Mai	Juni	Juli	Aug.	Sept.	Okt.	Nov.	
Drosseln (Krammetsvögel)[7]									21			
Männl. Muffelwild												
Weibl. Muffelwild									16			1
Wilde Truthähne					14					16		
Wilde Truthennen										16		

[7]) Bezirksausschuß kann Ende der Schonzeit bis 30. September einschließli hinausschieben (§ 40 ² b JO.).

Freistaat Sachsen Ges. v. 1. Juli 1925.	Jan.	Febr.	März	April	Mai	Juni	Juli	Aug.	Sept.	Okt.	Nov.	
Männl. Rotwild												
Weibl. Rotwild u. Kälber												
Männl. und weibl. Damwild und Kälber												
Rehböcke												
Ricken u. Kitze										16		
Männl. Muffelwild												
Weibl. Muffelwild												
Hasen	14											
Auer-, Birk-, Haselhähne												
Fasanen *)												
Rebhühner												
Wildenten, Bekassinen							16					
Waldschnepfen												
Marder												
Biber, Dachse, Wildkatzen												

* Hennen auch im Januar geschont.

Fortsetzung S. 417.

Freistaat Sachsen Ges. v. 1. Juli 1925.	Jan.	Febr.	März	April	Mai	Juni	Juli	Aug.	Sept.	Okt.	Nov.	Dez.
[A]uer-, Birk-, Haselhennen, Trappen, Kiebitze, Wachteln, Wachtelkönige, Ziemer, Uhu	▨	▨	▨	▨	▨	▨	▨	▨	▨	▨	▨	▨
[B]rachvögel, Rallen, Taucher, Möven, Fischreiher, Tagraubvögel mit Ausnahme der Turm- u. Wanderfalken, der Habichte und Sperber		▨	▨	▨	▨	▨	▨	▨				

Württemberg VO. d. StMin. v. 12. Mai 1924.	Jan.	Febr.	März	April	Mai	Juni	Juli	Aug.	Sept.	Okt.	Nov.	Dez.
Rot- u. Damhirsche	▨	▨	▨	▨	▨	▨	▨					
Rehböcke	▨	▨	▨	▨	▨							▨
Weibl. Rot- u. Damwild	▨	▨	▨	▨	▨	▨	▨	▨	▨	▥ 16		
Kitzböcke	▨	▨	▨	▨	▨	▨	▨	▨	▨	▥ 16		▨
Rehgeißen u. weibl Rehkitze	▨	▨	▨	▨	▨	▨	▨	▨	▨	▥ 16		▨
Wildkälber u. Damkitze	▨	▨	▨	▨	▨	▨	▨	▨	▨	▥ 16		
Hasen	▨	▨	▨	▨	▨	▨	▨	▨	▨	▥ 16		
Auer-, Birk-, Haselhähne	▨	▨				▨	▨	▨	▨	▨	▨	▨
Auer-, Birk-, Haselhennen	▨	▨	▨	▨	▨	▨	▨	▨	▨	▨	▨	▨
Feldhühner, Fasenenhennen und -hähne, Wachteln	▨	▨	▨	▨	▨	▨	▨	▨				▨
Wilde Enten			▨	▨	▨	▨	▥ 16					
Wilde Tauben				▨	▨							
Schnepfen, Bekassinen				15 ▥	▨	▨	▨	▨				

Baden.	Jan.	Febr.	März	April	Mai	Juni	Juli	Aug.	Sept.	Okt.	Nov.	De
Rot- u. Damhirsche		///	///	///	///	///	///					
Rot-, Damtiere, Kälber		///	///	///	///	///	///	///	///			
Rehböcke	///	///	///	///	5							
Rehgeißen u. Kitze	///	///	///	///	///	///	///	///	///			
Hasen		///	///	///	///	///	///	///	///			
Dachse		///	///	///	///	///	///					
Fasanen, Haselwild, Wachteln		///	///	///	///	///	///	24				
Auer- u. Birkhähne	///	///	///			///	///	///	///	///	///	///
Auer- u. Birkhennen	///	///	///	///	///	///	///	///	///	///	///	///
Rebhühner	///	///	///	///	///	///	///	24				///
Wilde Enten			///	///	///	///						
Schnepfen, Sumpf- und Wasservögel *)				///	///	///	///	24				

*) Ausgenommen Fischreiher, der keine Schonzeit hat. Alle anderen Wildarten haben das ganze Jahr Schutzzeit.

Hessen Ges. vom 19. 8. 1893. O. v. 2. 9. 1893 u. 29. 4. 1914.	Jan.	Febr.	März	April	Mai	Juni	Juli	Aug.	Sept.	Okt.	Nov.	Dez.
Männl. Rot- u. Damw., Schwarzw., Raubz., w. Kaninchen, w. Tauben u. alles i. Freistaat u. näher. Umg. nicht setzende oder nistende Wild												
Ricken	▨	▨	▨	▨	▨	▨	▨	▨	▨	▨		▨
Rehböcke	▨	▨	▨	▨	16							▨
Hasen	14	▨	▨	▨	▨	▨	▨	▨	▨			
Dachse		14	▨	▨	16							
Auer-, Rackel-, Birk-, Hasel-, Fasan-, Truthähne						▨	▨	▨	16			
Auer-, Rackel-, Birk-, Hasel-, Fasan-, Truthennen.		▨	▨	▨	▨	▨	▨	▨	16			
Enten		▨	▨	▨	▨	▨	16					
Trappen, Kiebitze, Brachvögel, Sumpfschnepfen				16	▨	▨	14					
Waldschnepfen				▨	▨	▨	▨	▨	16			
Sumpfschnepfen				16	▨	▨	16					
Rebhühner	▨	▨	▨	▨	▨	▨	▨	▨				▨
Stare		▨	▨	▨	▨	▨	▨					
Muffelwild	▨	▨	▨	▨	▨	▨	▨	▨	▨	▨	▨	▨
Alles übrige Wild		▨	▨	▨	▨	▨	▨					

Land Thüringen JO. v. 27. April 1926.	Jan.	Febr.	März	April	Mai	Juni	Juli	Aug.	Sept.	Okt.	Nov.	De
Männl. Rot- u. Damwild								16				
Weibl. Rot- und Damwild und Kälber										16		
Rehböcke						16					15	
Weibl. Rehwild											16	15
Rehkälber												
Hasen												
Dachse												
Auerhähne					15							
Birkhähne												
Fasanenhähne und -Hennen										16		
Rebhühner												
Wildtauben												
Wachholderdrosseln												
Schnepfen und Brachvögel				15								
Wildgänse u. Wildenten												
Haselhähne, Auer-, Birk-, Haselhennen, Wachteln, Trappen, Wildschwäne, Kiebitze, Wachtelkönige, Kraniche, Uhu, alle sonstigen Eulenarten, alle Tagraubvögel mit Ausnahme von Sperber, Habicht u. Rohrweihe; ferner Baum- u. Steinmarder — alle bis auf weiteres												

Oesterreich ob. d. Enns Ges. v. 8.2.02 (LG.- u. VBl. Nr. 90).	Jan.	Febr.	März	April	Mai	Juni	Juli	Aug.	Sept.	Okt.	Nov.	Dez.
Rehböcke		▨	▨	▨								
Rehgeißen [1])	▨	▨	▨	▨	▨	▨	▨	▨	▨	▨		
Hasen	15	▨	▨	▨	▨	▨	▨	16				
Gemsböcke	▨	▨	▨	▨	▨	▨	16					15
Gemsgeißen [2])	▨	▨	▨	▨	▨	▨	16					▨
Auer- u. Birkhähne	▨	▨				▨	▨	▨	▨	▨	▨	▨
Auer- u. Birkhennen	▨	▨	▨	▨	▨	▨	▨	▨	▨	▨	▨	▨
Hasel-, Schnee- u. Steinhühner		▨	▨	▨	▨	▨	▨	16				
Alle Schnepfenarten				15	▨	▨	▨					
Fasanen, Rebhühner, Wachteln		▨	▨	▨	▨	▨	▨					
Wildgänse, alle Wildenten, Sumpf- u. Wasservögel			▨	▨	▨							

[1]) Kitzböcke im Setzjahr bis 30. 9., weibl. Rehkitze bis 31. 10. — [2]) Gemskitze im Setzjahr und bis 15. 7. des folgenden Jahres. Rotwild ohne Schonzeit.

Salzburg Ges. v. 24. 6. 1910 (LG.- u. V.Bl. Nr. 50/1911).	Jan.	Febr.	März	April	Mai	Juni	Juli	Aug.	Sept.	Okt.	Nov.	Dez.
Jagdbare Hirsche	▨	▨	▨	▨	16							
Tiere und Kälber	▨	▨	▨	▨	▨	▨	▨	▨	▨	▨	16	
Rehböcke	▨	▨	▨	▨	▨							
Rehgeißen und -Kitzen	▨	▨	▨	▨	▨	▨	▨	▨	▨	▨		
Gemsen	▨	▨	▨	▨	▨	▨	▨					15
Alpen- u. Feldhasen, Fasanen		▨	▨	▨	▨	▨	▨	▨				
Murmeltiere	▨	▨	▨	▨	▨	▨	▨	▨	▨	15	▨	▨
Auer- und Birkhähne	▨	▨	▨				▨	▨	▨	▨	▨	▨
Reb-, Hasel-, Stein-, Schneehühner, Tauben, Sumpfschnepfen		▨	▨	▨	▨	▨	▨					
Wildenten u. -Gänse, Rohrhühner			▨	▨	▨	▨						
Waldschnepfen				15	▨	▨	▨					

Gemskitze, Auer- und Birkhennen haben ständige Schonzeit. Gemskitze und Rehkitze gelten als solche bis zum 1. 7. des der Geburt folgenden Jahres.

Tirol Statth.Bek. v. 14. 5. 1924 (LGBl. Nr. 36).	Jan.	Febr.	März	April	Mai	Juni	Juli	Aug.	Sept.	Okt.	Nov.	
Hirsche (s. unten)												2
Gemsen (s. unten)							16					
Rehböcke					16							
Rehgeißen, Reh- und Gemskitze, Auer- und Birkhennen												
Graue- und Alpenhasen												
Hasel-, Stein-, Schneehühner												
Murmeltiere												
Auer- und Birkhähne				16								
Rebhühner												
Enten, Wachteln, Sumpfvögel, Waldschnepfen				16								

Gabler, Spießer, Schmaltiere, Kälber dürfen nicht, — Alt- und Gelttiere von Rot- wild nur mit Bewilligung der polit. Behörde, — Bartgamsböcke bis 20. 12. geschossen, Treibjagden auf Gemsen nicht vor 1. 9. abgehalten, — Hunde zur Jagd auf Rot- und Gamswild nicht verwendet werden.

Schweiz

(Bundesges. v. 24. 6. 1904 über Jagd- und Vogelschutz):

a) Niederjagd: Eröffnung der Flugjagd — 1. September, der allgemeinen Jagd — 1. Oktober; Schluß — 5. Dezember, für Pachtreviere 31. Dezember.

b) Hochwildjagd: Gemsen und Murmeltiere — 7. bis 30. Sept.; übriges Hochwild, Alpen- und Schneehasen, Raubtiere — 7. September bis 15. Dezember.

c) Verboten ist Fang, Tötung usw. von Raub-, Schwimm- und Sumpfvögeln.

Vorarlberg 1. Juni 1926.	Jan.	Febr.	März	April	Mai	Juni	Juli	Aug.	Sept.	Okt.	Nov.	Dez.
irsche												
lte und gelte Tiere												
emsen												19
ehböcke						16					14	
otwildkälber, Spießhirsche, Schmaltiere, Rehgeißen, Gems- u. Rehkitze,¹) Auer- u. Birkhennen												
eld- und Alpenhasen												
Murmeltiere										14		
asel-, Stein-, Schneehühner												
uer-, Birk-, Rackelhähne				16		10						
ebhühner												
asanen									16			
nten, Wildgänse, Wildtauben, Wachteln, Wachtelkönig, Kiebitze												
Schnepfen				15	15							

¹) Kitze bis 1. 7. des der Geburt folgenden Jahres.

schechoslowakei Ges. v. 1. 6. 66 21. 2. 70 (RGBl. Nr. 49, Nr. 15).	Jan.	Febr.	März	April	Mai	Juni	Juli	Aug.	Sept.	Okt.	Nov.	Dez.
uer-, Birk-, Haselhähne, Waldschnepfen												
Wildgänse und Enten												
Rehböcke												
Alles andere Wild												

Die wichtigsten Daten über die Fortpflanzung des häufigsten Jagdwildes.*)

(§§ 2, 3 II, 7 KAV. v. 6. Juni 1909; § 1 KAV. v. 11. Juli 1900; § 6 KAV. v. 5. Mai 1913).

A. Haarwild.

Wildart	Paarzeit	Tragzeit	Setzzeit	Zahl der Jungen
Schalenwild	Brunft			Kalb — Kitz
1. Rotwild	September, Oktober	33—34 Woch.	Mai, Juni	1—2
2. Damwild	Oktober, November	ca. 30 Wochen	Juni, Juli	1—2
3. Gemswild	November, Dezember	21 Wochen	April, Mai	1—2
4. Rehwild	Juli, August	9—10 Monate (Das befruchtete Ei ruht bis etwa Dezember)	Mai, Juni	1—3
5. Schwarzwild	Dezemb. Jan. „Rauschzeit"	16—20 Woch.	April, Mai „Frischzeit"	4—12 „Frischlinge"
	Rammelzeit	Zeit d. Dickgehens		
6. Hase	erstmals: Jan., Febr.; 3 bis 4 mal im Jahre	28—30 Tage	1. Satz: Febr., März, weitere Sätze im Sommer u. Herbst, oft noch i. Okt.	1—5
7. Kaninchen	erstmals: Jan., Febr.; 4 bis 6 mal im Jahre	etwa 4 Woch.	desgl.	4—8

*) Schaeff, Jagdtierkunde; Dietzel, Niederjagd; Nordenflycht, Hohe Jagd: Raesfeld, Rehwild, Rotwild; Naumann, Vögel Mitteleuropas; Fürst, Wild und Hund 1915 S. 123, 141; Wild- und Hund-Kalender 1915 S. 22 ff.

Wildart	Paarzeit	Tragzeit	Setzzeit	Zahl der Jungen
Raubwild	Ranz-, Rollzeit	Zeit d. Dickgehens	Wölfzeit	Welpen, Geheck
8. **Fuchs**	Ende Januar, Februar	9—11 Wochen	April, Mai	4—11
9. **Marder**	Jan., Febr.	ca. 9 Wochen	April, Mai	2—4
10. **Iltis**	Februar, März	ca. 2 Monate	April, Mai	2—5
11. **Wiesel**	März	ca. 5 Wochen	April, Mai	3—6
12. **Dachs**	Juli	ca. 6 Monate (Das befruchtete Ei ruht etwa 5 Monate	Februar bis April	4—5
13. **Fischotter**	meist Februar, aber auch sonst während des ganzen Jahres	ca. 9 Wochen	meist April; doch werden Junge während d. ganzen Jahres gefunden	2—4
14. **Wildkatze**	März	9 Wochen	April, Mai	4—6

B. Federwild.

Wildart	Paarzeit	Brutzeit	Zeit des Ausfallens	Zahl der Eier
Polygam	Balzzeit		Nestflüchter	Gelege
1. **Auerwild**	April, Mai	28 Tage	Ende Juni, Juli	8—12
2. **Birkwild**	März—Mai	25 Tage	Juni, Juli	6—15
3. **Fasan**	März—Mai	25 Tage	Juni, Juli	8—15
Monogam				
4. **Haselwild**	März, April	21 Tage	April—Juni	8—15

Wildart	Paarzeit	Brutzeit	Zeit des Ausfallens	Zahl der Eier
5. **Alpenschneehuhn**	April, Mai	ca. 25 Tage	Juni, Juli	6—12
6. **Trappe**	März, April	30 Tage	Mai, Juni	2—3
7. **Rebhuhn**	März, April	21 Tage	Mai, Juni	9—26
8. **Wachtel**	Mai, Juni	18—20 Tage	Juni, Juli	8—15
9. **Schnepfe**	März, April	17—19 Tage (Wild u. Hund 1915 S. 210)	Mai	3—4
10. **Bekassine**	März, April	15—18 Tage	April, Mai	3—4
11. **Enten** (Stockente)	Reihzeit Februar, März	25—28 Tage	April, Mai	8—14
12. **Kiebitz**	März, April	17 Tage	April, Mai	4
13. **Brachvogel**	März, April	ca. 21 Tage	April, Mai	1
14. **Tauben**	I. März, April II. Mai, Juni	17—21 Tage	Nesthocker I. April, Mai II. Juni, Juli	2
15. **Fischreiher**	Februar, März	ca. 28 Tage	April, Mai	3—4

S. Eiertafeln bei Naumann.

Die deutschen Prüfungszeichen für Jagdgewehre.[1][10]

(S. auch Wild und Hund 1913 S. 631).

A. Flinten:

I. Schwarzpulverbeschuß:

1. Laufunterseiten:

a) Zylinderläufe:

b) Würgebohrung:

c) mit Zügen im gewürgten Teile:

2. Verschluß und dessen Hauptteile (in allen Fällen a—c):

II. Rauchloser Beschuß auf Läufen und Verschluß außer 1. und 2.:

N

oder Nitro

B. Büchsläufe (von Büchsen, Büchsflinten, Drillingen):

I. Schwarzpulverbeschuß:

1. Laufunterseiten:

a) gewöhnliche Büchsen:

U

G

118,35[2])

b) Expreßbüchsen:

U

24[2])

G

E

2. Verschluß:

U

II. Rauchloser Beschuß:

1. Laufunterseiten:

oder Nitro

St.M.G[4]) oder K.M.G[5]) oder Bl.G[6])

9,3[7])

82[8])

17,2[9])

2. Verschluß:

C. Besondere Zeichen:

1. Waffen, welche nach der Prüfung im Kaliber, an den Verschlüssen oder in den Patronenlagern eine Veränderung erfahren haben, erhalten außer den bei A und B angegebenen Zeichen noch:

2. Waffen, welche auf besonderen Antrag des Einsenders einer einzigen Beschußprobe im Zustande für die Endprobe mit der, dem betr. Kaliber entsprechenden Pulverladung der 1. Beschußprobe unterworfen worden sind

---

[1]) Bei sämtlichen Jagdgewehren findet zweimalige Beschußprobe statt (Ausnahme C 2); erste mit vorgerichteten Läufen, zweite (Endprobe) nach Fertigstellung der Läufe, einschließlich Vereinigung bei Mehrläufen und Anbringung der Verschlußstücke. — [2]) Kaliber nach Beschußtafeln: Laufkaliber. — [3]) Desgl. Patronenlagerkaliber. — [4]) Stahlmantelgeschoß. — [5]) Kupfermantelgeschoß. — [6]) Bleigeschoß. — [7]) Kaliber in mm. — [8]) Hülsenlänge in mm. — [9]) Geschoßgewicht in gr. — [10]) Wegen der belgischen, englischen, französischen und österreichischen Prüfungszeichen vgl. „Wild- und Hundkalender 1915" S. 75 ff.; „Wild und Hund" 1913 S. 630 f.

Nachtrag.

Zu Art. 8 Seite 185 bei Fußnote 51:

Heranziehung der Grundeigentümer zu den Kosten der Feld- und Waldwegunterhaltung sowie des Feld- und Waldschutzes kann unterbleiben, wenn der Gemeindej.pachtschilling in der Gemeindekasse belassen wird (Art. 29, 51 Abs. VI der neuen GemO.).

Zu § 4 JVB. Anm. VII Seite 242:

Für die Erteilung von Abschußbewilligungen sind in der Regel, wenn nicht besondere Umstände des Einzelfalles eine Ausnahme rechtfertigen, die Mindestgebühren nach Art. 143 Abs. I Ziff. 3 KostG. v. 16. Febr. 1921/22. Jan. 1924, der eine Spannung von 2—10000 *RM* zuläßt, in Ansatz zu bringen (Entschl. des StM. d. J. v. 3. Aug. 1927 Nr. 2545 a 30).

Zu § 10 JVB. Anm. IV Seite 262.

In stets widerruflicher Weise ist gestattet die Ein- und Durchfuhr nach und durch Bayern aus dem Auslande:

A. lebender Tiere:

1. Hunde,

3. Wild, ausgenommen lebenden Wiederkäuerwildes aus Bulgarien, Danzig, Esthland, Finnland, Jugoslavien, Lettland, Litauen, Memelgebiet, Polen, Rumänien, Rußland, Tschechoslowakei, Ungarn und den übrigen Balkanstaaten;

B. von gekochtem Fleisch;

3. Wildbret, ausgenommen Wiederkäuerwild aus Danzig, Esthland, Finnland, Lettland, Litauen, Memelgebiet, Polen, Rußland. Für Fleischbeschau gelten G. v. 3. Juni 1900, MinBek. v. 22. Febr. 1908 (GVBl. S. 136), Bek. über Vollz. des Deutsch-Österr. Tierseuchenübereinkommens v. 8. Juli 1925 (GVBl. S. 165), Deutsch-Russ. Vertrag v. 6. Jan. 1926 (RGBl. II S. 1).

Sachregister.

(Die Zahlen bedeuten die Seiten).

A.

B.

G.

J.

O.

P.

S.

U.

Z.

FSC
www.fsc.org
MIX
Papier | Fördert
gute Waldnutzung
FSC® C083411

Kolibri 360 GmbH
Ferdinand-Jühlke-Straße 7
99095 Erfurt, Deutschland
produktsicherheit@kolibri360.de